国家出版基金项目
NATIONAL PUBLICATION FOUNDATION

国家重点图书出版规划项目

20世纪
中国知名科学家学术成就概览

总 主 编　钱伟长

本卷主编　杜祥琬

能源与矿业工程卷

矿业科学技术与工程分册

科 学 出 版 社

北 京

内 容 简 介

国家重点图书出版规划项目《20世纪中国知名科学家学术成就概览》，以纪传文体记述中国20世纪在各学术专业领域取得突出成就的数千位华人科学技术和人文社会科学专家学者，展示他们的求学经历、学术成就、治学方略和价值观念，彰显他们为促进中国和世界科技发展、经济和社会进步所做出的贡献。

《20世纪中国知名科学家学术成就概览·能源与矿业工程卷》记述了200多位能源与矿业工程技术专家的研究路径和学术生涯，分五册出版。全书以突出学术成就为重点，力求对学界同行的学术探索有所镜鉴，对青年学生的学术成长有所启迪。

能源与矿业工程卷矿业科学技术与工程分册收录了47位专家，卷首简要回顾20世纪中国矿业科学技术与工程发展简史，卷尾附20世纪中国矿业科学技术与工程大事记。这与传文两相映照，从而反映出中国矿业科学技术与工程领域的百年发展脉络。

图书在版编目(CIP)数据

20世纪中国知名科学家学术成就概览·能源与矿业工程卷·矿业科学技术与工程分册/钱伟长总主编；杜祥琬本卷主编. —北京：科学出版社，2013.4

国家重点图书出版规划项目．国家出版基金项目

ISBN 978-7-03-036931-4

Ⅰ.2… Ⅱ.①钱… ②杜… Ⅲ.①矿业-工程技术人员-列传-中国-20世纪②矿业-技术发展-成就-中国-20世纪 Ⅳ.①K826.1 ②N12

中国版本图书馆CIP数据核字（2013）第042435号

责任编辑：张冬梅 万 峰 / 责任校对：包志虹
责任印制：钱玉芬 / 封面设计：黄华斌

科学出版社 出版
北京东黄城根北街16号
邮政编码：100717
http://www.sciencep.com

中国科学院印刷厂 印刷

科学出版社发行 各地新华书店经销

*

2013年4月第 一 版 开本：889×1194 1/16
2013年4月第一次印刷 印张：35 1/2
字数：660 000

定价：148.00元

（如有印装质量问题，我社负责调换）

《20世纪中国知名科学家学术成就概览》
能源与矿业工程卷编辑委员会

20 世纪的中国矿业科学技术与工程
20 世纪中国矿业科学技术与工程大事记 **编审组**

组　长　苏义脑

成　员　（按姓氏汉语拼音排序）

古德生　顾心怿　韩大匡　洪伯潜
彭苏萍　濮洪久　钱鸣高　唐　建
严大凡　于润沧　周煜辉

《20 世纪中国知名科学家学术成就概览》

总序

记得早在 21 世纪的新世纪之初，中国科学院、中国工程院和中国社会科学院的一些老同志给我写信，邀我来牵头一起编一套书，书名就叫《20 世纪中国知名科学家学术成就概览》(以下简称《概览》)。主要目的就是以此来记录近代中国科技历史、铭记新中国科技成就，同时也使之成为科技创新的基础人文平台，传承老一辈科技工作者爱国奉献、不断创新、追求卓越的精神，并以此激励后人。我国是一个高速发展中的大国，世界上的影响力不断增强，编写出版这样一套史料性文献，可以总结中华民族对人类科技、文化、经济与社会所做出的巨大成就与贡献，从而最广泛地凝聚民族精神与所有炎黄子孙的“中华魂”，让中国的科技工作者能团结奋进，为共建和谐的祖国多做贡献，更可以激发年轻一代奋发图强，积极投身祖国“科教兴国”战略的伟大实践中。

在党和政府的高度重视和长期大力支持下，酝酿已久的《概览》项目终于被列为国家重点图书出版规划项目，并由科学出版社承担实施。

《概览》总体工程包括纸书出版、资料数据库与光盘、网络传播三大部分。全套纸书计划由数学、力学、天文学、物理学、化学、地学、生物学、农学、医学，机械与运载工程、信息与电子工程、化工冶金与材料工程、能源与矿业工程、环境与轻纺工程、土木水利与建筑工程，以及哲学、法学、考古学、历史学、经济学和管理学等卷组成。

《概览》纸书预计收录数千名海内外知名华人科学技术和人文社会科学专家学者，展示他们的求学经历、学术成就、治学方略、价值观念，彰显他们为促进中国和世界科技发展、经济和社会进步所做出的贡献，秉承他们在百年内忧外患中坚韧不拔、追求真理的科学精神和执著、赤诚的爱国传统，激励后人见贤思齐、知耻后勇，在新世纪的大繁荣、大发展时期，为中华民族的伟大复兴和全人类的知识创新而奋发有为。

在搜集整理和研究利用已有各类学术人物传记资料的基础上，《概览》以突出对学术成就的归纳和总结为主要特色。在整理传主所取得的学术成就的基础上，分析并总结他们所以取得这些学术成就的情境和他们得以取得这些学术成就的路径，如实评介这些学术成就对学术发展的承前启后的贡献和影响，以及这些学术成就给人类社会所带来的改变。从知识发生、发展的脉络上揭示他们创造、创新的过程，从而给当前的教育界在培养创新型人才方面，以及给年轻科技工作者自我成长方面有诸多启示。同时，《概览》还力求剖析这些海内外知名华人科学技术和人文社会科学专家学者之所以成才成家的内外促因，提供他们对当前科技和学术后继人才培养的独到见解，试图得出在科学史和方法论方面具有普遍性意义的结论，进而对后学诸生的个人成长和科技人才培育体系的优化完善有所裨益。

在世纪转型的战略机遇期，编写出版《概览》图书，可以荟萃知名专家学者宝贵的治学思想、学术轨迹和具有整体性的科技史料，为科研、教学、生产建设、科研管理和人才培养等提供一个精要的蓝本。

他们的英名和成就将光耀中华，垂范青史。

钱伟长

2009年1月9日

《20世纪中国知名科学家学术成就概览·能源与矿业工程卷》

前　言

能源与矿业工程是一个重要的工程科技领域，它包含多个一级学科，如动力和电气科学技术与工程、核科学技术与工程、地质资源科学技术与工程、矿业科学技术与工程，这些学科既相对独立，又紧密关联或交叉。因此，中国工程院1994年成立时，将“能源与矿业工程”设为一个学部。21世纪初，在启动《20世纪中国知名科学家学术成就概览》编撰工作时，把“能源与矿业工程”作为一卷，也与此有关。

在能源与矿业工程涵盖的各学科中，有的学科历史悠久。例如，人类历史的发展阶段，就是按所利用的矿产资源的不同，划分成了旧石器时代、新石器时代，青铜器时代、铁器时代等。几十万年前的北京人，用岩石作原料制作粗糙的石器工具，寻找适用的岩石就是找矿工作的原始开端；世界上第一口天然气井于公元前250年前后在四川成都双流一带凿成；北宋时期的卓筒井钻井技术是人类第一次钻井技术革命，被誉为中国古代的第五大发明……地质和矿业一直伴随着人类文明的进程，逐步成长为内涵丰满而深厚的学科，不断推动着人类历史的进步。而动力和电气科学技术与工程、核科学技术与工程虽然相对年轻，却也走过了百年辉煌的历程。对所有这些学科来说，20世纪都是一个不寻常的世纪，是能源与矿业工程发生革命性巨变并做出非凡贡献的百年。

能源与矿业是经济和社会发展的基础，在20世纪的中国科学技术史上，奋斗在能源与矿业工程领域的大批工程科技专家艰苦创业、成就卓著。记录这个发展史、记录这些可敬的人才做出的贡献和他们的精神，不仅是宝贵的史料，更是为新世纪培养新人的生动教材，一代代新人的成长将推动中国工程科技的自主创新和中华民族的振兴，这也是前辈们的夙愿。

20世纪中国杰出的工程科技专家众多，要从中选出公认的专家，并如实地记述他们的成长经历和学术成就及贡献，是件非常不容易的事。在多方征询意见后，《概览·能源与矿业工程卷》于2007年10月组建了编委会，10月28日召开了第一次编委会议，确定了遴选原则：包括两院院士（截至2009年当选）在内的，在本学科领域做出开拓性贡献的，或者是有重大的、创造性的成就和贡献的老一辈工程科学技术专家（1927年12月31日以前出生）。候选人均由能源与矿业工程学部院士推荐，为保证资料准确，所有候选人的推荐材料要向其所在单位征求意见；并于2008年6月院士大会期间将候选人材料向能源与矿业工程学部全体院士征求意见，最后由能源与矿业工程卷编委会讨论确定入选名单。

《概览·能源与矿业工程卷》按动力和电气科学技术与工程、核科学技术与工程、地质资源科学技术与工程、矿业科学技术与工程四组展开传文组稿和学科发展简史及大事记的撰写工作，并按上述分册陆续出版。

传文组稿通过传主本人（或家属）、编委会、传主单位推荐等方式进行，函致全国近80家科研院所、高等院校及相关单位沟通撰稿。编委会力求结合多方面的力量举荐合适的撰稿人，以确保传文的高质量和高水平。在组稿的过程中，《概览》编委会办公室的同志们做了大量细致的工作，他们通过多种方式与传主或其家人、传主单位等多次沟通，保证传文如期交稿，但由于多种原因，组稿工作难度较大，致使少数传主的传文无法落实撰稿人（传主过世早，资料少；传主生前所在单位变动较大，无法联络传主家人，单位也不能推荐合适的撰稿人；传主本人或家人不愿意入传；涉及保密等）。

《概览·能源与矿业工程卷》各篇传文以突出学术成就为核心，透过传主的研究工作和成功经验，试图总结他们取得这些成就的路径和方法，分析他们成才成家的原因。同时向读者提供有关学科史的实用而可靠的资料。为此每篇传文尽量由传主本人或熟悉传主科研工作的同事、助手、学生、亲属执笔撰写。同时以编委会成员为主的各学科专家组成专家审稿队伍，对入传专家的科技成就、学术评价等方面的内容征求多方面的意见，反复补充修改，尽力做到史实准确、评价公允。但由于受各方面条件的限制，难免有疏漏和不当之处。

为了使各篇传文所述人物、事件较好地关联起来，生动展现20世纪中国能源与矿业工程发展历史，清晰勾勒出中国能源与矿业工程百余年发展的脉络，《概览·能源与矿业工程卷》每一分册于卷首置20世纪相应学科发展简史，卷中为传文，卷末置大事记，为方便读者阅读，传文按传主生年先后排列。形成传中有史、史中有传，前后呼应，一脉相承。在黄其励、胡思得、何继善、苏义脑四位副主编的组织和其他编委的积极配合下，分别成立了动力和电气科学技术与工程、核科学技术与工程、地质资源科学技术与工程、矿业科学技术与工程四个学科发展简史及大事记撰写组，四个专家审稿组，先后召开十余次会议，并多方征求意见，最终完成了撰写工作。

《概览·能源与矿业工程卷》全书编研工作是在相关院士、专家、教授和研究人员等的积极参与下进行的，并得到中国工程院、中国核工业集团公司、中国工程物理研究院、中国人民解放军总装备部、中国石油集团钻井工程技术研究院、煤炭科学研究总院、中国有色工程设计研究总院、中国地质科学院、北京矿产地质研究院等科研院所，中国电机工程协会等专业协会，清华大学、西安交通大学、上海交通大学、华中科技大学、华北电力大学等高等院校的大力支持和协助，这是全书的编辑工作能够顺利完成的有力保证。在此，谨向他们表示诚挚的感谢，并衷心希望广大读者提出批评意见。

杜祥琬

2010年9月2日

目　录

20世纪的
中国矿业科学技术与工程

导　言

本书是《20世纪中国知名科学家学术成就概览·能源与矿业工程卷》的《矿业科学技术与工程分册》，旨在反映和记录20世纪的100年中，中国矿业的科技发展、进步和为之奋斗并做出重要贡献的几代知名科技工作者的学术业绩。

矿业是国计民生的基础，是国民经济的支柱性行业，古往今来概莫能外。这是因为人类在长期的生产斗争中，最直接的活动是向自然界索取资源，其中主要包括矿产资源。矿业的开发推动了人类社会的进步，反之，人类的生活需求和社会经济进步又有力地刺激和推动了矿业的发展。

中国矿业史的研究一般把中国矿业的发展分为三个历史阶段，即“繁星闪烁的古代矿业（1840年前）、艰难起步的近代矿业（1840～1949年）和蓬勃发展的现代矿业（1949年后）”（朱训主编，《中国矿业史》，地质出版社，2010）。很多考古资料和史料记载表明，中国是世界上开采矿业最早的国家，但在第一次工业革命后开始落伍了。1840年鸦片战争后，中国沦为半封建半殖民地社会。20世纪的100年，对应着清朝末年、民国时期和中华人民共和国成立后的50年。清末的洋务运动和民国时期，是中国矿业小规模开发的起步阶段。20世纪的下半叶，即中华人民共和国成立以后，中国矿业才真正进入了蓬勃发展的历史时期，特别是1978年的改革开放以后，使中国矿业以空前的速度和规模步入现代化，矿业科学技术也取得了前所未有的发展和成就。

20世纪100年来中国社会与经济的发展史，从某种意义上说也是一部近现代中国矿业的发展史。孙中山先生在其《建国方略》的《实业计划》中写道：“矿业者，为物质文明与经济进步之极大主因也。”表明了他对矿业的高度关注。新中国成立伊始，毛泽东主席写下了“开发矿业”的题词，同样表达了党和国家对矿业发展的关心和部署。自此，中国矿业进入了规模化与快速发展时期，政府建立了矿业管理部门，逐步建立、调整形成专业门类齐全的矿业院校和科技研究机构，为矿业的勘察、开采、加工与应用提供了科技和人才保证。

20世纪100年来的中国矿业发展史，从某种意义上说也是一部近现代中国矿业的科技发展史。从矿业规模弱小落后的晚清到如今具有现代化矿业的世界矿业大国，这一历程的每一步无一不是矿业科技进步的结果，无一不体现“科学技术是第一生产力”这一论断的正确。

20世纪100年来中国矿业的科技发展史，从某种意义上说也是一部近现代中国矿业科技人才的成长史、奋斗史和贡献史。几代中国矿业科技精英们怀着实业救国、科技建国的热望，努力拼搏，矢志不渝，无怨无悔，薪火相传，在他们各自的岗位上为中国矿业科技的发展做出了彪炳史册的贡献，奋力向前推动着中国矿业快速进步的车轮。

本书，即《矿业科学技术与工程分册》，内容包括20世纪中国煤炭、石油和天然气、非煤矿山（金属和非金属矿）开采三大部分的科技发展简史与大事记，以及与之相应的47位知名科技专家的学术成就概览，可供了解历史，并启迪后人。

20世纪过去了，目前我们正沿着中国特色社会主义道路前进，展望未来，要在21世纪中叶实现人均国内生产总值达到中等发达国家的宏伟目标。中国现代化的矿业建设正在快速发展，将从世界矿业大国稳步走向矿业强国。

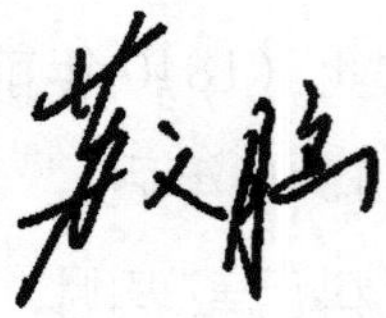

2012年9月27日

20 世纪的中国煤矿业科学技术与工程

中国煤炭资源丰富，是世界上开采煤炭最早的国家，早在六七千年前，就开始从地面煤层露头采拾利用煤炭，沈阳新乐遗址出土了利用煤炭的证据。春秋时期，就开凿矿井产煤。《山海经》有煤产地的记载。汉至魏、晋、南北朝时，用煤冶铁已初具规模。宋代设官员管理煤炭，河南鹤壁有宋代煤窑遗址，立井深 46m。元代马可·波罗将中国煤炭信息传至欧洲和西亚。明代宋应星的《天工开物》记述了生产环节齐全的采煤技术。明清时巷道已广泛用木框支架和畜力运煤。17 世纪前，中国采煤技术领先于世界，但长期滞留在手工开采水平。

1876 年开建基隆煤矿，是中国首座近代煤矿。1877 年开建开平（唐山）煤矿，之后在许多地方相继建近代煤矿，但采矿权大部分为外国控制。

民国成立后，近代煤矿进一步发展。1936 年，全国产煤 39.3Mt。煤炭工业已是中国近代工业的重要支柱。

日本入侵后大肆掠夺中国资源，1942 年，全国产煤 65.7Mt，90％产于日占区。

1949 年中华人民共和国成立时，全国产煤 32.4Mt。50 年代，在苏联帮助下，中国新建和改造了大批煤矿，建立起教学、科研、设计、信息和设备制造等比较完整的科技发展体系。60 年代走上自主科技发展的轨道。70 年代确定采掘综合机械化（以下简称综采）为煤炭技术的主攻方向，大力发展综采。改革开放后，生产建设、技术全面发展。1989 年产煤 1.08Gt，居世界第一。进入 21 世纪，在科学发展观推动下，综采水平大幅度提高，信息化自动化日益发展，促进煤矿的整体科技进步和集约化、规模化经营进入了空前发展阶段。“一井一面”年产超 10Mt 矿井群的生产技术和效益处于世界领先水平。建成年产 20Mt 级的井工矿和露天矿。近十年间，煤矿数量减少了约 3/4，产量增加 3 倍多，2010 年达 3.24Gt，约占世界总产量的 45％。设备和技术出口、承建国外煤矿工程和在国外投资建矿不断增加，但一些重大科技问题仍未攻克，煤炭工业总体科技水平仍不高。特别是还存在大量技术落后的小煤矿，导致煤炭工业总体科技水平不高。

一、中华人民共和国成立前煤矿业科学技术与工程的形成和发展

第二次鸦片战争后，洋务派开始办近代煤矿。1878 年首先建成基隆煤矿（1884

年法军侵台时被炸毁)，1881年建成开平煤矿，1894年又在林西和西山建井，到19世纪末，年产煤近0.8Mt。1912年，开平煤矿与滦州煤矿合并为开滦煤矿，1942年产煤6.7Mt，成为中国近代煤炭工业的源头。

1898年，外资取得在华办矿权，在萍乡、焦作等地办矿。20世纪初，中国开展了收回矿权的斗争，民族资本家开办了一批近代煤矿。1907年，中国颁布第一部矿业法《大清矿务章程》，当年产煤10.5Mt，煤炭生产开始有统计资料。1930年，国民政府颁布《矿业法》，煤炭工业快速发展，1936年有年产大于0.6Mt煤矿10个，年产大于50kt煤矿61个，全国年产煤39.3Mt，其中近代煤矿产煤29.6Mt。

1946年，全国产煤降至18.9Mt。国民政府于1947年在资源委员会下设煤业总局，管理煤矿生产和运销。1948年全国产煤20.1Mt。

开始办近代煤矿时，技术主要由外国专家主持。之后，天津中西学堂（北洋大学前身)、唐山路矿学堂（交通大学唐山工学院前身)、焦作路矿学堂（焦作工学院前身)、南开大学、北京大学、清华大学和东北大学等都设采矿专业，培养科技人员。1923年，孙越崎开办穆棱煤矿，1929年产煤0.31Mt。1935年，王德滋主持建成了淮南大通二号井；1946年又扩建了大通三号井，立井深330m，直径6m，年产0.9Mt。国民政府设有矿冶研究所，成立了矿冶工程学会，有了出版物。

矿井建设　主要是人工作业，井深一般100～300m。井筒和巷道用砖、料石或木支护。1905年萍乡矿开始用风钻，1914年枣庄矿开始用电钻。

开采方法　主要是人工采煤，广为采用落垛式和残柱式采煤法。比较先进的技术如：唐山矿在倾斜煤层用倒台阶采煤法；1912年抚顺矿用水力充填采煤法；1931年枣庄矿试用走向长壁采煤法，用德国截煤机掏槽，爆破落煤。

提升和运输　1908年林西矿安装了1906年英制最新型1000hp（1hp＝0.745kW）蒸汽提升机。1920年，赵各庄矿首先使用75hp电动提升机，1922年用了1175hp的电动提升机。1936年抚顺龙凤矿的电动提升机为5395hp，为全国之最。井下运输主要是人力和畜力。枣庄矿1930年使用2台德国制回采工作面运煤机（簸运机）运煤。萍乡矿在1907年投产时，在2850m长的平巷使用36台架线电机车（30hp和10hp)。抚顺、枣庄矿分别于1926年和1930年用无极绳运输。1931年，大同煤矿用胶带输送机运煤。京西和阳泉煤矿分别于1911年和1919年在井口安装架空索道运输。

矿井通风和排水　1936年，抚顺龙凤矿的主风机能力15 000m^3/min。焦作煤矿1902年起先后凿井5口，涌水量达1818m^3/h，共安装36台水泵排水。枣庄中兴矿于1929年用钻进百米的手动煤钻探水。

井下照明和安全　1884年开平矿开始用安全灯代替油灯。1918年阳泉矿采用蓄电池防爆矿灯。在井底车场、运输大巷等处安装电灯照明。总体上生产安全措施欠缺，矿难频繁。据不完全统计，1878～1945年共发生一次死亡超过300人的矿难7次，死亡4700多人。在日本人经营抚顺煤矿的1907～1919年，平均百万吨死亡率超过100人；1942年发生了世界采矿史上死亡人数最多的本溪湖矿瓦斯煤尘爆炸，死亡1500多人。为治理瓦斯，抚顺龙凤矿1938年将瓦斯引到地面使用，1940年用泵抽瓦斯。1914年抚顺煤矿首先建立了矿山救护队，随后一些大矿亦逐步建立了自己的矿山救护队。

露天开采　1914年4月，抚顺西露天矿开始建设，穿孔机打眼爆破，蒸汽挖掘机剥离（1915年从美国进口，斗容1.915m^3；1920年从日本进口，产能122.3m^3/h)。露天采场呈椭圆形，分若干台阶，铁道运输。1938年产煤4.1Mt。

二、中华人民共和国成立后煤矿业科学技术与工程的建设和发展

（一）概述

中国煤矿按隶属关系曾分为三类：一是国有重点煤矿，隶属煤炭工业部，以大型矿为主；二是国有地方煤矿，分为省、地、县三级，大部分为中小型矿；三是乡镇煤矿，1984年前均为集体所有，主要是小矿。煤炭工业部撤销后国有煤矿属国务院国有资产监督管理委员会管理，乡镇煤矿主要属于民营。2010年，全国有生产许可证的煤矿1.5万多个，其中国有重点矿681个，国有地方矿2210个；设计生产能力＞0.3Mt/a的矿758个，占煤矿总数的3.1%，产能占总产能的51.2%。

新中国成立初期，建立了以煤炭工业部为首的管理机构、科技机构和技术院校。制定了各种政策、规程和规划。煤炭生产建设大规模开展，主要采用苏联的技术和设备。年产量由1949年的32.4Mt增至1957年的130.7Mt。苏联援建了1个露天矿，7个井工矿，7个选煤厂和1个矿山机械制造厂，并改革落后的采煤方法为长壁采煤法，从此，煤炭工业走上了现代化发展轨道。20世纪60年代，技术发展主要依靠自己的力量，研制了采煤机等产品。1972年燃料化工部确定以综采为煤炭技术发展主攻方向；1973年进口43套综采设备；1977年再进口100套，并由国内研制500套，煤矿科技发展发生了质的飞跃。

改革开放后，重点建设的高产高效矿井的科技水平大幅度提高，首先是采掘运机械化的比例、水平和国产采掘设备的能力、质量大幅度提高。但从80年代起，乡镇小煤矿无序飞速发展，1993年达8万多个，1995年产量达596.55Mt，占全国产量的比重由1980年的18.3%增加到46.2%。小煤矿主要是人工作业，生产技术落

后，资源浪费严重，事故频发，污染环境。90年代后期，煤炭由供不应求变为供过于求，煤矿建设总能力由1995年的199Mt/a降至2000年的110Mt/a。煤矿企业经济极度困难，设备无法更新，科技人员大量外流，煤矿的科技发展严重受损。国务院决定整顿关闭小煤矿，狠抓安全生产后，煤矿才步入正常发展轨道。

进入21世纪，煤矿经济好转，科技进步进入快车道，推动煤矿产量、效率、效益和安全状况迅速提高（表1）。科技投入显著增加，科技进步和生产集中化、高产高效同步发展，煤矿科技面貌大为改观。一些煤矿利用信息技术，开始建设数字化煤矿，实现综合自动化。少数矿井的技术和效益跃居世界领先地位，但仍有大量落后煤矿，2010年全国煤矿采煤机械化程度仅达到65%。

*表1 中国煤矿产量、功效、机械化程度和安全状况表

年份	产量/Mt	百万吨死亡率/(人/Mt)	国有重点煤矿					国有地方煤矿		乡镇煤矿	
			产量/Mt	百万吨死亡率/(人/Mt)	机械化程度/% 采煤	机械化程度/% 掘进	工效/(t/工)	产量/Mt	百万吨死亡率/(人/Mt)	产量/Mt	百万吨死亡率/(人/Mt)
1950	42.9	14.77	30.2	—	—	—	0.445	12.7	—	—	—
1955	98.3	7.73	73.0	5.21	3.06	—	0.850	25.3	15.01	—	—
1960	397.2	17.80	240.4	15.57	9.46	—	1.059	156.9	21.12	—	—
1965	231.8	4.76	164.3	4.84	8.23	6.77	0.863	67.5	4.56	—	—
1970	354.0	8.55	226.7	7.56	18.43	16.11	0.910	95.8	11.14	31.4	7.76
1975	482.2	9.82	280.0	6.31	27.78	21.69	0.901	139.2	13.46	63.1	17.36
1980	620.1	8.32	344.4	4.68	37.06	37.49	0.912	162.1	11.00	113.6	15.56
1985	872.3	7.63	406.3	3.84	44.98	45.82	0.939	182.8	9.37	283.2	12.69
1990	1079.3	6.92	480.2	2.12	65.10	63.01	1.217	205.1	6.14	394.0	15.01
1995	1292.2	5.34	482.3	1.75	71.58	72.37	1.780	213.4	5.09	596.6	8.11
2000	999.2	5.80	535.7	1.42	74.43	73.29	2.526	194.3	4.25	269.2	14.61
2002	1415.3	4.94	714.6	1.26	77.78	79.85	3.118	267.2	3.82	433.5	11.69
2004	1997.4	3.01	938.8	0.90	82.72	80.10	3.764	296.8	2.74	761.8	5.71
2006	2331.8	2.03	1119.6	0.62	85.50	79.00	4.334	319.9	1.91	892.4	3.84
2008	2748.6	1.17	1377.8	0.33	89.97	80.03	4.987	349.7	1.15	1021.0	2.31
2010	3240.0	0.75	1730.0	0.29	91.98	81.50	5.664	540.0	0.62	1190.0	1.42

*本表取自中国煤炭工业年鉴（1982～2009年），不包括港澳台数据。

1985～2008年煤炭行业共获国家科技进步奖161项。其中特等奖1项、一等奖10项、二等奖59项、三等奖91项。

（二）煤矿业人才培养与科技工作

1. 人才培养

1949年起，燃料工业部先后在鸡西、鹤岗、抚顺、阜新、大同、徐州、淮南、重庆、西安、济南、太原等地创办煤炭工业学校，1957年中专达17所，在校生16 622名、毕业生11 743名。

1950年燃料工业部将焦作工学院迁至天津，建立中国矿业学院。将安徽工业专科学校改为淮南煤炭工业专科学校（1955年升为合肥矿业学院）。1952年院系调整，清华大学、天津大学（原北洋大学）、唐山铁道学院（原唐山工学院）采矿系并入了中国矿业学院，翌年迁北京，更名为北京矿业学院，成为煤炭专业最重要的高等学府。

1965年经对“大跃进”时期猛增的煤炭高校调整和整顿，保留了北京、西安、焦作、山西、阜新、山东6所矿院。到1965年，煤炭院校共培养21 116名大学生、43 821名中专毕业生。1957年部属企业工程技术人员比例由1952年的3.5%上升到6.1%。

“文化大革命”期间，北京矿业学院迁到四川华蓥山区，更名为四川矿业学院，1980年迁至徐州建校，更名为中国矿业学院，在徐州和北京成立研究生部，培养硕士和博士研究生，1986年建立博士后科研流动站，形成了煤炭系统高级人才培养体系，1988年更名为中国矿业大学。1997年，又建立北京校区。1971年合肥工业大学（原合肥矿业学院）采矿和地质专业迁回淮南，成立淮南矿业学院。1978年又增设湘潭、鸡西矿业学院。到1990年煤炭教育系统有高校14所（其中矿院9所），在校学生32 207名，中专47所、技工学校118所，另有管理干部学院5所，形成了完整的教育体系，累计培养中高级专业人才28.6万名（其中研究生2255名）。1995年始，除中国矿业大学外，其他矿业学院陆续改为理工高校，矿业学科招生大减，煤矿科技人员严重缺乏，进入21世纪，状况逐步改善。

2. 科学技术研究、检测、设计、信息机构和学术团体

(1) 中国煤炭科工集团有限公司（简称中国煤科） 经国务院批准，由煤炭科学研究总院（简称煤科总院）和中煤国际工程设计研究总院（简称中煤国际）于2008年合并组建的科技型企业，具有工程总承包及工程设计、勘察、监理等十多项甲级资质和一大批国家和行业重点实验室、质检中心及工程技术研究中心，建有博士后科研工作站、博士及硕士学位授予点。主营业务包括：煤炭等国内外工程的咨询、勘测、设计、总承包、监理及生产服务；煤炭开发和加工利用工艺技

术、矿山机电及相关产品的开发、转让、制造、销售、咨询、服务；进出口业务；对外派出工程所需劳务人员；对煤炭行业产品的质量检验等。

煤科总院，1951 年燃料工业部决定在北京成立综合性科研机构。1953 年，由抚顺矿务局研究所划分出的抚顺安全研究所改为煤管总局领导。1956 年，煤炭工业部先后建立唐山、抚顺煤炭科学研究院。1957 年建立北京煤炭科学研究院，并于 1960 年负责领导管理全国煤炭系统专业研究工作。1988 年更名为煤科总院，下设抚顺、唐山、太原、上海、西安、重庆、常州、杭州、淮北、南京等 18 个研究分院、所和中心，覆盖从地质勘探到煤炭利用全部专业。1999 年煤科总院整体转制为科技型企业，2000 年，成立控股上市的天地科技股份有限公司。煤科总院从 70 年代起组织实施综采技术攻关，从建立液压支架实验室开始，建立了拥有世界先进水平的采、掘、支、运、安全等方面的测试设施和制造厂，大型示范生产矿井；设有 3 个国家重点实验室和 2 个国家工程实验室；24 个行业重点实验室，7 个国家级、6 个行业级产品检测中心；12 个国家安全检测机构，2 个国家矿山计量检测机构；2 个国家级工程中心；1 个国家认定企业技术中心。50 多年来，取得科研成果 5600 余项，获国家和省部级奖励 1000 余项，专利 500 多项。编辑出版《煤炭科学技术》、《煤炭学报》、《洁净煤技术》等刊物。有 2 个博士学位、10 个硕士学位授予点，5 个博士后流动站。“九五”以来，承担煤炭行业 70%以上的科技攻关任务，是推动煤炭工业技术进步的主导力量，解决了行业技术变革中一系列重大关键技术。

中煤国际，1950 年燃料工业部煤矿总局成立设计总局，1952 年成立北京煤矿设计院，1984 年更名为北京煤矿规划设计总院，1998 年作为核心企业组建了北京煤矿设计研究院（集团），成员单位有沈阳、南京、重庆、武汉煤矿设计研究院和选煤设计研究院。1999 年，集团整体转制为科技型企业。2001 年 9 月，更名为中煤国际，拥有规划院、工程公司、设计研究院等九家全资子企业和设计公司、监理公司两家控股子公司。持有工程总承包、工程设计、工程勘察、工程监理、工程造价、工程咨询、建设项目环评等数十项甲级资质。编辑出版《煤炭工程》等刊物。中煤国际建立健全了以工程全过程服务为主的工程技术服务体系、不断创新商业模式、拓展服务范围，已形成四大产品（咨询、勘察设计、工程总承包、生产服务）和十大专业（矿井、露天、选煤、环保、电厂、水煤浆、民爆器材、建筑设计、市政工程、勘察）的业务板块布局，技术水平处于国内领先地位，部分达到国际先进水平，新技术应用与推广在行业内具有举足轻重的作用，共获国家和省部级科技进步奖千余项。

(2) 其他设计、科研机构　1952～1956 年成立了北京、沈阳、上海、重庆、武汉、西安6个大区煤矿设计院及北京选煤设计院。1958年山西、广东等省份相继成立煤矿设计院。1962年全国煤矿设计院由23个调整为11个。1965年成立水城、平顶山选煤设计研究院，1975年成立邯邢煤矿设计院。1990年全国共有29个煤矿设计院，高级技术人员2000人。1956年，一批矿务局、矿（厂）相继成立研究机构。1975年提出“一、二、三线科研纵深布局”：第一线是矿（厂）级，主要任务是解决本单位生产建设中的科技问题；第二线是省、自治区级，解决本省（区）科技关键问题；第三线是面向全国的专业研究机构——煤科总院，解决全行业重大的、关键的、战略性的科技问题。1978年10月，在中国矿业学院和阜新矿业学院成立科研所。各高校相继成立了科研机构，到80年代初，各省（自治区）普遍建立了煤炭科研所。2005年，在中国矿业大学（北京）组建煤炭系统第一个国家重点实验室——煤炭资源与安全开采实验室，在淮南矿区组建煤矿瓦斯治理国家工程中心。目前，许多大型煤炭企业亦组建了各自的设计和科研机构。产学研结合的技术开发模式日益发展。

（3）煤炭信息研究院　成立于1959年，前身是1956年成立的煤炭工业部技术司下设的技术通讯处，原名煤炭科技情报研究所，是行业的信息研究咨询、图书音像出版业务机构和管理机构，国家一级科技查新单位。建有“中煤信息网”、“中国媒体数字图书馆”和“中国安全数据图书馆”。出版《中国煤炭工业年鉴》《中国煤炭》《当代矿工》《中国煤层气》《煤炭信息》《矿业文摘》等刊物。曾在全国建有《采掘机械化信息中心站》等20个专业站，21个省（自治区）煤炭信息中心站和近20个大矿务局的信息站。“安全生产与经济社会发展”等百余项专题研究成果获得国家和省部级科技进步奖、国家科委的科技情报奖多项。

（4）学术团体　1962年筹建中国煤炭学会，开展国内外学术交流等活动。学会现设有煤矿开采损害技术鉴定委员会和煤田地质、矿井地质、瓦斯地质、煤矿建设与岩土工程、煤矿建筑工程、开采、露天开采、水力采煤、岩石力学与支护、矿山测量、爆破、煤矿机电一体化、煤矿自动化、计算机通讯、煤矿运输、煤矿系统工程、选煤、煤化工、煤矿安全、环境保护、科技情报、泥炭与腐植酸、经济研究、短壁机械化和煤层气等25个专业委员会和科普、青年、史志等3个工作委员会。学会主要开展国内外学术交流，参与组织专项调研、科技评审、奖励等工作。

（三）煤矿业生产建设的科技发展

1. 煤矿建设

（1）煤矿设计　1953～1957年，共完成矿区总体设计20部、矿井设计120部

(产能61.91Mt/a);年产量大部分是0.6Mt以下,个别0.9～1.5Mt,主要是炮采,采用苏联技术。委托苏联设计的煤矿项目共24项,如阜新平安矿井(1.5Mt/a)、海州露天矿(3Mt/a)等,同时聘请了40多位苏联煤矿设计专家。“大跃进”时期,大搞水力采煤和简化设计,1961年起工作恢复正轨。1965年又开展“设计革命”,边设计、边施工、边修正,结果欲速而不达。1970年起,设计采用普通机械化采煤的年产达1.8Mt的大型矿井,1973～1975年,兖州院、安徽院设计了17个年产3～4Mt的矿井。70年代后期,矿井设计向集中化、大型化发展。1978年12月,颁发《煤炭工业设计规范》,1980年制定了矿区总体设计和矿井初步设计编制内容(试行)的规定。1981年制定了矿区、矿井可行性研究报告编写内容。1981～1985年,委托美、英和苏等进行一些项目的设计或咨询。沈阳院与美国的设计公司就霍林河露天矿等项目进行合作设计。80年代中期开始了年产5～6Mt矿井设计。进入21世纪,随着生产技术发展,一些矿的设计产能达20Mt/a或更大。

(2)矿井建设　重点是井筒工程,施工按地质条件分为普通和特殊凿井法。①普通凿井法,1952～1973年,由手工作业过渡到半机械化作业,凿岩机打眼,爆破破岩,气动抓岩机装岩,提升机配1～3m^{3}吊桶提升。1974年煤炭、冶金、机械3个部组织立井施工机械化配套攻关,采用堵、截、排综合治水方案,以注浆堵水为主,使井筒涌水量小于10m^3/h;研制成伞形钻架,安装多台重型风动凿岩机,钻眼深度由1～1.5m提高到2.5～4m;抓岩机能力由0.11m^{3}扩大到0.4m^3、0.6m^3、1m^3。逐步研制成凿井专用大能力提升机、扬程750m的吊泵和高威力水胶炸药及高精度毫秒电雷管等。取消了井圈、背板临时支架,改用金属网喷射混凝土支护。机械化作业水平和凿井速度不断提高,平均大于100m/月,最高大于200m/月。全岩炮掘斜井月进大于300m。②特殊凿井法,冻结法:1955年由波兰成功引进,1962年,掌握了小于200m冲积层冻结凿井技术。到2006年已建成20个冲积层厚度为430～587m的立井井筒,2010年,最大全井冻结深度已达800m,达到国际领先。共用冻结法施工了720多个立井井筒,累计冻结深度约150km。冻结法还成功应用于北京、上海地铁和水平巷道等困难地段的施工。注浆法:20世纪50年代初鹤岗矿区等采用井壁注浆封堵井筒淋水成功。1958年峰峰立井采用地面预注浆,堵水效果达96%。60年代以后开发了多种注浆材料。90年代初开发了以黏土为主剂的浆液,推广少孔大段高注浆工艺和冻结—注浆—凿井同时作业,加快了深井建成速度。最大注浆深度达1078.2m。钻井法:1969年在淮北朔里煤矿首次应用成功,到2007年,已钻凿成70多个井筒,总长大于20km。1973年前以石油钻井设备为主进行配套。以后不断研制新型煤矿专用钻井机,最大设计钻井直径13m、深1000m;解决了一批深钻井关键技术，提出深井井壁结构设计理论，项目获国家科技进步一等奖。2004年完成的龙固一号主井穿过冲积层546.8m，成井深582.75m；井筒偏斜率仅0.23‰；钻井直径8.7m，井筒有效圆直径5635mm；平均月成井27.67m。2007年完成的板集主井深656.2m。研制的反井钻机成功用于多处蓄能电站等工程。钻井技术主要由煤科总院和特凿公司合作研发，攻克了440m以上厚表土不稳定含水地层，最大钻井直径9.3m的井筒施工方法，全部设备国产化，综合技术达到世界领先水平。

科技进步及现代化、信息化管理，使建一座3～6Mt/a矿井建设工期从20世纪七八十年代6～8年缩短到3～4年，少数大型矿井建设工期更短。

2. 煤炭开采

(1) 矿区开发　“一五”期间，颁布了《第一个五年计划期间煤矿矿井设计技术方向》，开始矿区总体规划设计。1990年进行了《中国煤炭发展战略研究》，对重要矿区的开发提出了指导性意见。2010年已建成14个大型煤炭基地，产煤2.8Gt，产量占全国总产量87.5%，十多个5000万吨级及以上煤矿企业的产量占全国总产量的一半以上。建立了矿区发展规划的系统动态模型，以达到技术经济和环境协调发展。

(2) 露天开采　中国露天采煤产量长期不到总产量的5%，近年来产量逐步增加，2008年露天产量244Mt，占总产量8.8%。“一五”期间新建及改建了阜新海州、抚顺等矿，采用单斗铲铲装，铁道运输，产能1～4Mt/a。20世纪80年代起建设以平朔安太堡矿为代表的多座千万吨级露天矿，其中黑岱沟矿2007年产25.49Mt。大露天矿采用单斗容量25.2m^{3}的电铲，40.50m^{3}斗轮，5000m^3/h排土机和145t的8轴自翻车，总体已达国际先进水平，但许多大型装备依靠进口。

(3) 矿井开拓与采区准备　矿井生产长期比较分散，回采工作面多，其长度和采区尺寸、水平高度、井田尺寸都较小。随着机械化发展，生产集中程度提高，采用上下山开采，分区域开拓。条件优越的矿区，矿井采用合理集中的无盘区开拓布置，回采工作面长达400m，推进长达6km，年生产能力大于10Mt。

(4) 采煤方法和工艺　主要是长壁采煤法。采煤工艺从非机采（爆落人装和爆落机装），普采（普通机械化采煤），发展到综采。1975～2010年，重点矿采煤机械化程度由27.78%提高到91.98%，工效由0.9t/工增至5.66t/工。2008年重点矿共有长壁综采面610个、普采面193个和非机采面725个，产量分别为829.31Mt、52.95Mt和98.82Mt，构成比例分别为84.53%、5.40%、10.07%，单产分别为113 243t/月、22 807t/月、11 359t/月，工效分别为38.256t/工、7.519t/工和

5.521t/工。薄及中厚煤层主要采用长壁垮落法。厚煤层曾长期采用分层人工假顶技术。20世纪80年代开始，在急倾斜特厚煤层发展放顶煤开采。以后在缓倾斜煤层推广和提高，成为独具特色的高产高效采煤方法，处于国际领先地位。1998年，以放顶煤技术为核心的“兖州矿区煤炭综合生产技术研究与开发”获国家科技进步一等奖。同时发展大采高综采，采高达到6～7m。机采开始采用苏联的联合采煤机，以后用滚筒式采煤机，配套发展普采。70年代发展综采，煤科总院等大批专家研发了中国第一批综采设备，突破液压支架关键技术；上海煤科院等单位的专家解决了采煤机电机频繁烧毁等技术难题，为发展综采做出贡献。80年代，综采单产达2Mt/a水平。进入21世纪，创多项世界纪录，2004年达7项。其中神华集团神东矿区6项：大柳塔矿（两井）年产21.09Mt；榆家梁矿一井（两面）年产14.8Mt；上湾矿综采面年产10.75Mt；上湾矿综采队8月份月产1.04Mt；大柳塔矿活鸡兔井综采队10月份月产1.07Mt和10月27日日产47.9kt。兖州东滩矿综采放顶煤工作面1项：年产6.58Mt。一些年产千万吨的矿井职工总数不到300人。2003年，以高产高效，集约化生产技术为中心的“神东现代化矿区建设与生产技术”获国家科技进步一等奖。神华集团神东矿区大力发展综采高产高效技术，开创了一井一面年产千万吨以上的先河，矿区采用符合矿井地质条件的大能力采煤设备、无盘区的矿井布局设计和井上下固定岗位无人值守等先进技术，为建设世界领先的神东矿区做出了贡献。

无人值守采煤技术研发取得成功。2000年，煤科总院等单位在铁法矿区小青矿薄煤层实施了自动化工作面采煤，最高月产142.6kt。2007年，兖矿集团无人值守放顶煤工作面在东滩矿成功投产。

（5）巷道掘进和支护　50年代用电钻、风镐打眼，爆破，人工装岩，木支护、部分大巷用料石砌碹，之后开始用装岩机和钢筋混凝土棚，70后代开始用掘进机，大规模使用金属拱形棚。80后代推广掘进机和锚杆、锚网和锚喷，也有用连续采煤机掘进，巷道掘进效率和质量显著提高。

（6）顶板控制和支护　采用长壁垮落法，难以控制的是顶板。20世纪50年代采用木支柱支护顶板，60年代初，煤科总院结合采煤工作面试验金属支柱，在淄博夏庄矿进行了深入的矿压现场观测，召开了全国现场观测培训班，在主要矿区进行了广泛的现场观测，为使用金属支柱液压支架做出贡献。中国矿业大学和原山东矿业学院等也较早开展了矿压研究。专家学者们提出了采场上覆岩层断裂后形成的“砌体梁”力学模型。研发了预测预报顶板事故的方法和各种仪器，包括支架工况的检测系统，为确定支架阻力和预测顶板来压奠定了基础。80年代，颁发了《缓倾斜煤层工作面顶板分类》，煤科总院提出了煤层底板分类方案，为选择围岩支护方法，确定支架参数提供指导。大同矿区坚硬顶板曾造成重大安全灾害。煤科总院和大同矿区长期合作，采取注水弱化顶板，爆破强制顶板垮落和强力支架等措施，实现了安全综采。对于冲击地压，经长期研究实践，颁发了《冲击地压煤层安全开采规定》。由于应力场复杂多变，仍难以完全控制。

(7) 深部开采　2005 年已有 171 处矿井采深大于 800m，2009 年已有 37 个矿井采深大于 1000m。煤炭探明储量中，深度大于 1000m 的占 53%。对深部开采严重影响生产安全和高效开采的高地压、冲击地压和煤与瓦斯突出防治技术、高地温和高岩溶水防治技术等，正进行科技攻关研究。

(8) 特殊条件下采煤　特殊条件下采煤，指建筑物下、水体下和铁路下采煤，称“三下采煤”，加承压含水层上采煤，称“三下一上采煤”。中国“三下一上”共压煤大于 10Gt，每年约采出 20Mt。20 世纪 50 年代在开滦、淮南等矿区建立了上千条地表移动观测线研究开采沉陷问题。煤科总院等在研究结合中国开采条件的“三下”采煤理论与技术方面做出了贡献，并形成了《建筑物、水体、铁路及主要井巷留设与压煤开采规程》。建筑物下采煤，1963 年在抚顺成功采出了车辆修理厂厂房下总厚 20m 的煤层。之后在峰峰等矿区也试验成功。1978 年开始新建建筑物的抗变形研究，在资江和阳泉煤矿效果良好。以后开发了智能化建筑物下采煤专家系统等。铁路下采煤，除主要国家干线外，其他类型铁路下采煤都已成功，如鸡西铁路干线下、淮南谢二矿铁路专用线 24m 大跨度铁路桥下采煤等。水体下采煤，1958 年，南桐矿在蒲河下试采成功，1959 年，淮河下试采成功，而后在湖下、水库下和海底下采煤也取得成功，技术达国际领先。承压含水层上采煤，石炭二叠纪煤层底部为奥陶纪石灰岩，富含高压水，容易突入开采空间，已发生 300 多次底板突水事故。多年来研究了底板突水机理，掌握原始导水带高度、底板裂隙深度、隔水保护层等数据；采取疏水降压等措施带压开采，在开滦、焦作、肥城、淄博等矿区都取得成功。

(9) 特殊采煤工艺　①充填法采煤，1957 年水力充填采煤产量曾达全国煤产量的 15%；急倾斜煤层曾使用自溜充填；少数矿亦曾使用风力充填，后来用得很少。近年来，为了解决“三下采煤”地面塌陷、实施矸石不升井和用充填取代煤柱，一些矿区开发了新的充填方法和设备。新汶、邢台等矿区将地面矸石通过钻孔送到井下充填。②水力采煤，1957 年试验成功后，曾全面推广。至 1960 年，建成 31 套生产系统，设计生产能力 17Mt/a，调整后下降到 2.8Mt/a。1963 年起，煤科总院唐山院等单位在鹤壁、枣庄、肥城矿区进行技术攻关，研制成功了压力 20MPa 的高压供水泵和集控设备等，建成了开滦吕家坨等 1～3Mt/a 大、中型水采矿井，全国产能较长时间稳定在 8～10Mt/a。80 年代后，转向用于急倾斜和不规则煤层的开采，生产规模和技术处于世界先进水平。③煤炭地下气化，中国矿业大学在20世纪80年代成立了煤炭地下气化工程研究中心。徐州、依兰、义马等矿区试验了“矿井气化技术”。2006年在内蒙古乌兰察布市弓沟煤田的试验达到日产煤气0.15Mm^3(800～1200kcal/m^3)。

3. 煤矿安全

1951年，燃料工业部颁布了《中华人民共和国煤矿技术保安试行规程》之后颁布了《煤矿安全规程》，曾多次修订。煤矿安全有几次大的起伏（表1），伤亡事故人数最多的是顶板事故，重大事故主要是瓦斯、煤尘爆炸和水害。

(1) 煤与瓦斯突出防治　中国90%以上矿井都是瓦斯矿，防治瓦斯首先是加强基础研究，中国矿业大学和重庆大学的专家学者们创建了“煤层瓦斯流动理论体系”和“煤和瓦斯突出的流变假说”；研究了煤层瓦斯赋存状态、吸附、渗流和涌出规律及突出煤层的结构与特性，都为防治瓦斯做出贡献。防治的措施是通风、监控及抽放（采)。通风：20世纪五六十年代，国有矿实现机械通风，以后利用计算机，实现了通风网络解算和通讯系统监测、分析、决策及控制各环节的闭环运行。改进了矿井反风技术。局部通风推广了高效、低噪声的对旋通风机，掘进工作面按双风机、双电源、并自动转换的方式设置，保证连续通风。要求所有矿井达到采掘面回风流中$CH_4<1\%$，总回风流中$CH_4<0.75\%$。监控：从80年代起，形成了KJ系列监测监控系统、瓦斯传感器热催化元件的性能已达国际水平，开始应用先进的红外甲烷传感器。全国煤矿基本已全部安装监控系统，并实现了全部技术国产化，工业以太网+环网的宽带智能监控系统已投入市场。采区干部、班组长等配备便携式瓦斯检测仪，部分配备了瓦斯报警矿灯。近期开始采用由便携式无线瓦斯检测仪组成的无线移动瓦斯检测系统。防止煤和瓦斯突出，最有效的预防技术是开采保护层。局部技术有多排钻孔网格式密集钻孔预抽，水力冲孔、深孔松动爆破等。安全防护措施有设置反向风门和压风自救器、实行远距离爆破揭开有突出危险煤层等。90年代初采用钻削法，用突出预报仪进行突出预测预报。已形成预测、防治、效果检验和安全防护的“四位一体”的综合防突技术体系，但仍难以做到确保安全防突。抽放(采)：50～60年代，抽瓦斯矿井由抚顺等6个矿发展到20个；1981～1995年，由75个矿增至149个，年抽放（采）由298.8Mm^{3}增至600.4Mm^3。2009年，抽放矿井达1335个。抽放（采）达6.45Gm^3，利用1.93Gm^3。90年代起试验从地面钻孔抽采瓦斯，2006年抽130Mm^3，2009年达1.03Gm^3（能力2.5Gm^3)。抽瓦斯技术经历了高透气性煤层瓦斯预抽、邻近层卸压瓦斯抽放（采)、低透气性煤层强化抽放(采取高中压注水、水力压裂、水力割缝、松动爆破等方法)，到80年代的高产高效

矿井综合抽放（采），主要是对瓦斯涌出总量＞100m^3/min的采煤工作面进行预抽，邻近层边采边抽和采空区综合抽放（采）。抚顺老虎台等矿年抽量＞100Mm^3，抽放（采）率＞80％。煤科总院西安院于2009年开发成功具有世界先进水平的千米水平钻机。淮南矿业集团对低透气性煤层实行卸压抽采，煤与瓦斯共采，2006年与1997年相比，瓦斯抽采量增加16倍多，瓦斯事故减少80％，百万吨死亡率由11.3降为0.18。90年代初把煤层气作为产业开发，成立了中联煤层气公司，从地面钻井抽采煤层气，已初具规模。“先抽瓦斯后采煤”成为重要技术政策。晋城矿业集团2009年已建成煤层气井2001口，产气621Mm^3，采煤采气协调发展。2010年中国煤层气产量达8.8Gm^3，利用3.6Gm^3，相当于减排CO_2 47Mt。开发成功了含CH_4＜30％和＜1％的煤层气利用技术。煤层气产业发展与瓦斯治理相辅相成，快速发展。

（2）火灾防治　1953年基本消灭了历史遗留的井下火区，之后自燃火灾基本被及时扑灭。煤科总院抚顺院等研究成“均压防灭火技术”和煤自燃发火的倾向性鉴定方法——色谱吸氧法，煤层自燃火灾防治达到国际先进水平。灭火措施主要是灌黄土、粉煤灰浆，开发出了新型悬浮剂、胶凝剂、复合胶体材料和以粉煤灰、黄泥为骨料的气、固、液三相泡沫。对外因火灾，推广了阻燃运输胶带及阻燃高低压动力电缆及阻燃通讯、照明电缆，对胶带机系统配备了火灾监测及自动灭火系统。

（3）水害防治　50年代至今，逐步形成“预防为主，防治结合”，预测预报，有疑必探，先探后采，“防、堵、疏、排、截”的综合措施。煤科总院西安和重庆院及中国矿业大学等单位分别研制成探水直流电法仪和地质雷达探测仪，采用地球物理方法、钻探相结合，井上下结合的综合探测方法，探测导水构造，预防水害。注浆堵水从脉状注浆发展到复合注浆；从无压注浆到通电、抽水、压气、旋喷等诱导注浆；从钻杆锚固注浆、爆破注浆到综合注浆，扩大了注浆范围和效果。

（4）顶板事故防治　采煤用木支柱时，冒顶事故频繁。60年采用金属支柱后，事故减少。70年代采煤推广液压支柱和液压支架，巷道使用金属可缩性拱形棚和锚杆、光爆锚喷锚网支护，加上矿压观测、顶板预报等，大中型矿的顶板事故大幅减少和基本消失，但由于大量小煤矿采掘工程支护水平低等原因，总体上顶板事故死亡人数仍占各类事故死亡人数首位。

（5）粉尘防治　50年代开始采用湿式凿岩。60年代建立洒水喷雾降尘系统，开展煤层注水。70年代推广综合防尘措施。80年代开始推广采煤机、掘进机、液压支架装备喷雾装置，锚喷采用潮粉喷浆机、甩浆机和喷浆机吸尘器等。产尘点设置水幕，安装光电、声控、触控等自动喷降尘装置。掘进工作面采用抽出式风机、湿式除尘风机、与掘进机配套的长压短抽通风除尘方式。加强了防尘口罩、防尘安全帽、送风式防尘口罩的使用。90年代推出151种高效降尘添加剂，开发了多种粉尘测定仪表和粉尘浓度传感器及在线监控系统。1986年，重点矿推广防隔爆装置。煤科总院重庆院具有世界水平的瓦斯煤尘爆炸试验巷道，进行防隔爆研究，开发了隔爆水槽、水袋和自动式抑爆等装置。煤矿粉尘不仅是爆炸源，更严重的是大量采掘工作面粉尘超标，导致尘肺病，危害极大。为此成立了尘肺病防治基金会，采用洗肺等办法防治。

(6) 矿山救护　50年代起组织矿山救护队。现在全国设有矿山救护中心，重点建设28个矿山救护基地。2007年建有独立建制救护队394个，队员24 522人。救护基地和救护队配备柴油发电机和惰气灭火器、泡沫灭火器、石膏注射泵等处理各种事故的技术装备和器材。还广泛建有兼职矿山救护队，数量和人员都超过专职矿山救护队。

4. 环境保护

煤矿较早采取特殊采煤法保护地面、水体和建筑物等，真正重视环保较晚。1979年6月，煤炭部决定矿区规划、矿井设计和改造都要包括环保内容。1983年颁布了《煤炭工业环境保护暂行条例》。1984年成立煤科总院杭州环保研究所。近期提出了保护水资源和生态环境的绿色开采理念和技术体系，建成了一些花园式矿区；开滦、兖州、淮南和阜新等矿区将塌陷区、矸石山、废弃露天矿坑等改建成国家矿山公园，全国工业遗产旅游示范区等。大同开始在塔山矿建设循环工业园。一些在荒漠地区建设的煤矿，如神华神东矿区等大力造林绿化，改善环境。但众多乡镇小煤矿破坏环境，治理差。

(1) 土地资源的破坏及治理　80年代起，东部矿区系统地进行了塌陷土地复垦综合治理研究。1998年8月，颁布《土地复垦规定》。用煤矸石和废弃物充填塌陷地，绿化矸石山，利用塌陷地养殖水产品等。另外，煤矸石也广泛用于制砖等建材及发电，2010年全国新建矸石电厂177万kW，全国矸石电厂总装机容量达2600万kW。

(2) 大气污染及治理　主要是治理煤矿排放的瓦斯及矸石山自燃产生的烟气污染。瓦斯的温室效应是二氧化碳的21倍。至2009年，矿井抽放瓦斯6.45Gm^3，但利用率仅29%，正逐步提高。矸石山烟气污染治理效果日益显著。少数矿区已采用封闭式运煤栈桥和储煤罐，实现了煤矿不见煤。

(3) 矿井水污染及治理　煤矿年排水约5.5Gm^3。矿井水处理有混凝沉淀法、电渗析法、反渗透法和中和法等，效果都较好。兖州、大屯等矿区矿井水已100%处理，一些煤矿已利用矿井水实现用水自给。但高矿化度等难处理的矿井水处理技术和设备还要研发提高。国家发改委编制了《矿井水利用专项规划》，规划2010年矿井水利用率由 2006 年的 26%提高到 70%，2010 年实际利用 3.6Gm³，利用率 65%。

5. 煤矿设备研制

1949 年 11 月，燃料工业部将鸡西煤矿机修厂、张家口机械厂、淮南煤矿机修厂收归煤矿总局管理，进行改扩建，并开始仿制苏联的一些采煤机械设备。1955 年，明确通用设备以机械工业部制造为主，煤矿专用设备以煤炭工业部制造为主。1958 年煤炭工业部将抚顺局所属矿灯厂、电机厂和安全仪器厂，徐州、石家庄煤机厂，天津煤矿专用设备厂和上海矿灯厂划归机械制造局管理。同年在北京、西安、郑州新建三个大煤机厂。1965 年，上述 13 个和煤科总院等主要科研单位合作，生产出单滚筒采煤机、可弯曲刮板输送机、金属摩擦支柱、带式输送机等，实现工作面采、支、装、运连续的普通机械化采煤，生产煤矿设备 100 多种。70 年代，燃料化工部成立综采办公室，以煤科总院为主，大力研发综采设备，特别是液压支架的研发。1973 年建立了液压支架实验室，80 年代相继建立了试验采煤机、刮板输送机等采掘运设备的国家级实验室，创建了世界一流的先进测试装置，有力促进了设备研发。1975 年，全国重点煤机厂发展到 47 个，其中国家重点厂 33 个、地方重点厂 14 个，生产产品增至 150 多种，总量 166.9kt。同时，确定以发展采、掘、运、支及安全装备为重点，提供成套中厚煤层综采设备。1978 年后，组织专业化生产，统一同类型产品的图纸、型号，并规定产品必须有标准。制定了部颁标准 165 个、企业标准 452 个、行业标准覆盖率达 95%以上。改变单纯引进装备为引进技术和加工设备。1982～1985 年，进口了先进的关键加工设备和检测仪器 525 台，以及专用产品的制造技术和加工手段，提高国产化能力。这期间，形成了以煤科总院在上海、太原、北京等的科研单位和煤机制造在鸡西、西安、佳木斯、张家口、石嘴山、郑州、北京等煤机厂为中心的研发和制造基地。80 年代中后期，已能生产适应大部分开采条件的采煤机、液压支架、刮板输送机和胶带输送机。1989 年向美国出口液压支架。2005 年向俄罗斯出口放顶煤综采成套设备和技术，规定平均日产 6kt，实际超过 10kt，获俄罗斯政府奖励。

进入 21 世纪，研制成年产 6Mt 综采成套设备，采掘设备科技进步显著：①大采高强力液压支架，适应采高为 4～6m（已试制成功高 7m，工作阻力最大 16 800kN的液压支架）；成功使用国产电液控制阀；②大功率电牵引采煤机，总功率 2500kW、最大牵引速度 20～30m/min，远程监控；③具有高结构强度、高耐磨性和高耐腐蚀性的重型刮板输送机、转载机和破碎机，输送能力 4kt/h，长度 350m，用特殊真空铸造工艺制造的全铸无焊接中部槽国际领先；④能力 3～4kt/h，运距3～6km带式输送机；⑤综采工作面自动化控制系统；⑥掘进机全自动遥控，恒功率、智能成形截割，集物探、掘进、锚喷于一体，一机多用，截割功率>300kW，截割断面达 $40m^2$，可截割岩石硬度达100MPa。煤机制造发展迅速，除原有大型国有煤机厂外，煤科总院、国际制造商、军工等行业及民企也加入煤机制造行业，加强了新产品研发，促进了产品水平提高和品种更新，已基本满足煤矿需要，一些产品世界领先，出口量不断增加。

三、存在问题和发展前景

中国煤炭储量丰富，但资源分布极不均衡，经济发达的东部只占1/10。煤矿采深每年延深10～20m，采深超过千米的矿井日益增加，带来地压、瓦斯和地温增高等一系列难题；煤和瓦斯突出、冲击地压等复杂的动力现象日益频繁，至今仍是技术上未解决的难题。开发的重点主要是资源丰富，赋存条件好，生态脆弱的中西部地区（山西、陕西、内蒙古、宁夏、新疆），大量采煤将给生态环境带来更大压力。储量少的地区在复杂地质条件下仍需办中小煤矿，才能满足不同地区的煤炭需求；这些中小煤矿实现现代化，任务艰巨。

煤矿的科学产能应是资源、人才及相应的科学技术和装备都到位，与环境容量相适应的，能保证职工安全与健康的，能将资源最大限度采出的综合能力。中国煤炭产量在世界上遥遥领先，少数地质条件好的矿井生产技术也领先于世界，但行业内部发展极不均衡，大量小煤矿生产技术非常落后，大量煤矿还没有实现现代化，在机械化、生产安全、环境保护和资源、人才与装备方面还处于粗放阶段。科技水平总体上和发达国家仍有不小差距，也落后于国内其他能源行业，有些方面差距较大。特别是一些地下工程特有的技术问题解决难度大，攻关力量不够。煤矿工作条件差，复杂多变，劳动强度大，职工素质较低，科技发展难度大，实现全行业现代化任重而道远。①许多方面对煤矿业科技发展的需求和难度认识不到位。上天难入地也难。煤矿是高危科技密集产业，但科技投入较低，基础研究弱。科技发展的关键是人才，煤炭行业目前的工作、生活条件和社会形象对人才缺乏吸引力。②实现完全成本是科学采矿的基础。中国目前采煤尚未包括生态等方面的全部成本，实现完全成本必然影响煤炭价格和煤矿经济，制约科学采煤的发展。③目前缺乏强有力的专门组织机构，全面统筹规划煤矿科技发展工作，例如：组织强大力量对严重的粉尘危害，低透性瓦斯的抽采，多变的地应力及其引起的煤和瓦斯突出、冲击地压等动力现象，环境与开采协调发展和复杂条件下的机械化等难题集中攻关。

资源条件决定了煤炭在中国一次能源结构中将长期是主要能源，中国将长期执行“煤为基础，多元发展”的能源发展方针。预测至 2050 年煤炭仍占一次能源 50%左右，煤炭产量仍将增长。为了保证能源安全，在科学发展观和以人为本的方针下，煤炭科技发展迎来了大好机遇，但仍需要国家采取有力政策措施，解决难点，煤炭科技才能得到应有发展，与产量相应，与其在能源中的地位相应，整体步入世界先进行列。

主要参考文献

煤炭工业部，等. 1982～2008. 中国煤炭工业年鉴. 北京：煤炭工业出版社.

祁守华，吴晓煜，等. 1986. 中国古代煤炭开发史. 北京：煤炭工业出版社.

祁守华，李进尧，等. 1990. 中国近代煤矿史. 北京：煤炭工业出版社.

高扬文. 1996. 我当“煤黑子”的头儿. 太原：山西人民出版社.

范维唐. 1996. 中国煤炭工业百科全书. 北京：煤炭工业出版社.

吴晓煜. 1999. 中国煤炭志·综合卷. 北京：煤炭工业出版社.

张先尘，钱鸣高，等. 2003. 中国采煤学. 北京：煤炭工业出版社.

煤炭信息研究院. 2005～2009. 煤炭信息周刊.

范维唐，芮素生，等. 2005. 中国科学技术专家传略·工程技术编·能源卷 1. 北京：中国科学技术出版社.

中国煤炭工业协会. 2006. 中国煤炭工业统计资料汇编 1949～2004. 北京：煤炭工业出版社.

煤炭科学研究总院. 2007. 现代煤炭科学技术理论与实践. 北京：煤炭工业出版社.

张永成，孙杰，王安山. 2008. 钻井技术. 北京：煤炭工业出版社.

中国煤炭报社. 中国煤炭报.

撰写者

芮素生（1933～），江苏宜兴人，高级工程师，教授，长期从事煤炭科学技术工作，曾任煤炭科技情报所所长兼煤炭工业出版社社长、中国煤炭报社社长、煤科总院院长兼煤炭工业部科技局局长等，现任中国老科学技术工作者协会煤炭工业学会理事长、中国矿业大学客座教授等职。

王金华（1957～），河北衡水人，博导，长期从事煤炭科学技术研究与开发和企业管理工作。

陈明和（1934～），北京市人，教授级工程师，曾任煤炭工业部总工程师，中联煤层气公司董事长，中国煤炭学会副理事长。

吴志莲（1933～），上海市人，编审，曾任煤炭工业出版社副总编辑。

叶敦和（1934～），福建福州人，研究员，曾任煤炭科技情报研究所文献室主任。

20 世纪的中国石油和天然气科学技术与工程

在全世界范围内，石油和天然气资源既是主要的优质能源，又是保障一个国家政治、经济、军事安全的重要战略物资。石油与天然气工程就是围绕石油和天然气资源的钻探、开发及储运而实施的知识、技术和资金密集型工程，是石油和天然气勘探开发的核心业务，是油气藏工程、油气井工程、油气开采工程和油气储运工程等的总称，是一项复杂的系统工程，涉及力学、化学、地质、材料、机电及管理等多学科领域，其规模和水平是一个国家经济实力的体现。中国石油与天然气工程在古代曾领先于世界，近代却发展缓慢，直到新中国成立后才有了飞速发展。展望 21 世纪，中国的石油与天然气工程正迈入自主创新的时代，将实现由石油大国向石油强国的转变。

一、领先的古代石油与天然气工程（1840 年以前）

中国是石油和天然气应用最早的国家之一。据文字记载，自从战国时期以来，石油和天然气已开始用于照明、熬盐、润滑、防腐、制墨、治病以及战争武器等。沈括在《梦溪笔谈》中根据这种油“生于水际，砂石与泉水相杂，惘惘而出”而将其正式命名为“石油”。该书在描述了陕北富县、延安一带石油的性质和产状后，预言“此物后必大行于世”。

公元前 69 年，四川钻凿出了著名的临邛火井；北宋时期用人工顿钻方式钻成卓筒井，实现了世界第一次钻井技术革命，被誉为中国古代的第五大发明。中国利用卓筒井钻井技术于 1835 年钻成了燊海井，井深 1001.42m，在世界上首次突破井深千米大关，并且形成了一套成熟的钻井工艺流程。英国李约瑟在《中国科学技术史》中评论说：“中国的钻井技术处于遥遥领先的地位，大约于 12 世纪传到西方国家，中国发明的钻头与钻具要比其他国家早 1100 年。”

四川富顺县（现自贡市）的自流井气田开发是世界上开发最早的天然气田。随着钻凿盐井技术的不断进步，到清代创造出一套科学的康盆采气工艺技术。康盆采气装置的结构能够测定气量大小，分离天然气和卤水，调整空气和天然气的配合比例，防止天然气的爆炸，具有减压、气水分离、配风、防爆、防毒和气卤同采之效，集多种功能于一身。

到了19世纪中叶，自流井气田木制的输卤管道有12条，总长达150多千米，它们纵横交错，翻山越涧，形成输卤网络，把卤水输送到烧锅煮盐的工地，推动了气田的开发，使当时的天然气达到年产7000多万立方米，数十万人从事天然气和盐业的生产，自贡成为中国西南年产15万t的盐都。

卓筒井技术、康盆采气技术、木制管道技术三项原创技术的问世为石油与天然气工程的发展打下了坚实的基础。

二、发展缓慢的近代石油与天然气工程（1840～1949年）

到了近代，西方资本主义国家迅速发展起来，开始以近代机器为动力，并应用地质学原理和方法开采石油，中国的油气钻采技术逐步落后于西方资本主义国家。1859年8月27日在美国宾夕法尼亚州钻成的德雷克井采用中国的卓筒井钻井技术，钻达井深21.7m，日产原油35桶（约5t），是世界上第一口使用以蒸汽机为动力的新式顿钻钻机钻成，并且用机器抽油的近代工业油井，从此开启了现代石油工业的大门。

中国新式顿钻技术的应用始于台湾。1878年台湾苗栗油矿聘请两名美国技师，购进一套美国顿钻钻机钻成中国第一口油井“苗1井”，井深120m，日产油0.75t。1907年延长油矿聘用日本技师，购进日本顿钻钻机钻成的中国大陆第一口油井“延1井”，井深80多米，日产油1～1.5t。由于认识到新式顿钻钻机的优越性，中国近代早期开发的油矿都开始采用新式顿钻钻机技术，培养了一批能独立操作新式顿钻钻机的技术人员和工人。自1937年中国首次使用旋转钻机钻成独山子油田的发现井以来，四川、甘肃等地也陆续使用旋转钻机，在钻井实践中不断摸索，注意选用合适的钻头和合理的钻井参数，进行了泥浆的使用和改进，开始使用泥浆搅拌机、泥浆枪、泥浆筛等泥浆设备，除随时观察、记录钻井情况、电测录井和油气显示外，还按时采集岩屑样品。成功进行了解卡、打捞、堵漏、控制井喷等钻井事故的处理，进行了井身结构和完井方法的探讨。1946年玉门老君庙油矿设立了泥浆实验室，这是中国第一个泥浆研究机构，开始进行泥浆设备和产品的研发。到20世纪40年代，以电测录井判断油气水层的位置应用已相当广泛。在这个阶段总共钻成十几口过千米的井，且机械钻速较低。这时期石油钻井技术的基本情况是：顿钻与旋转钻并用；刮刀与牙轮钻头并用，以刮刀钻头为主；钻井液为初级的细分散体系；开始下套管注水泥固井；所钻井全部是直井浅井；钻井主要装备、专用管材及井下工具仪器全部靠进口。中国石油钻井尚处于旋转钻井的起步阶段，技术基础十分薄弱。

中国近代早期的采油技术十分落后，油田完全靠天然能量开采，没有人工补充能量。油井的生产方式主要是原始的人工采油和简单的机械采油。如早期的一些油田都采用过手工采油方式，即用锹、勺或汲卤筒采油。机械采油始于1878年台湾苗栗出磺坑油田，苗1井出油后即用已装好的油管开始泵油。延1井钻好后也开始在油井中下泵抽油。玉门、延长等油田在油井管理方面虽然掌握了机械清蜡、测地层压力、测油气比及岩心分析等单项技术，也进行了一些简单的油藏动态分析，但没有建立起采油、修井、试井、动态分析等最基本的、必要的工作制度。油气开采往往是在对油田构造、油气水分布和油层变化还没有勘探清楚的情况下就已经开始进行，缺乏全面、科学的规划和管理。

中国近代油田集输工程的进步始于延长油矿，建有储油槽和分油槽。随着油气开采工艺技术的发展，中国近代油气集输工程的简陋状况也逐步得到改善。1943年开始，玉门老君庙油田采油流程全部改用管线输油，集油普遍使用了油罐。1945年，老君庙油田建设起南岗选油站和八井选油站，每个选油站设置储油罐3个，沉砂器和分离器各两个。同年9月，由输油总站至炼油厂的输油管线亦建设投产，管径114mm，管线长4km。原油从井口进出油管，过沉砂器，经油气分离器，分离出的天然气回收作燃料。原油流入油罐集中，然后用泵打到输油总站，再由输油总站输至炼油厂。

1949年10月1日，全国只有出磺坑、老君庙、延长、独山子4个小油田，自流井、圣灯山、石油沟等7个气田，8个石油钻井队，4台进口的中型钻机和4台轻型钻机。年产天然石油7万t，人造石油5万t，年产天然气0.1亿m^3。石油职工总数只有1.1万人，其中技术干部约700人，只有两个小型实验室，一个是在上海的地球物理实验室，另一个是玉门油矿的研究实验室。石油专业技术力量十分缺乏。

三、奋进崛起的现代石油与天然气工程（1949～1978年）

1949～1952年，中国原油产量得到快速发展，1952年的全国原油产量达到43.5万t。1953～1959年，先后开发建设了克拉玛依油田和青海油田及四川油气田，扩大了玉门油田，初步形成了玉门、克拉玛依、青海、四川四个石油和天然气生产基地。1959年全国原油产量达到374万t。1958～1977年是石油工业组织多次会战的时期，从川中石油会战、大庆石油会战到20世纪70年代中后期冀中石油会战，大小会战不下十余次，建成了大庆油田、胜利油田等，1978年全国年产石油超过亿吨，产量跃居世界第七位。

1950～1959年是中国石油钻井以引进国外技术为主的初步发展时期。吸收了苏联的钻井技术，采用了“重压、快转、大排量”的钻井方式，初步掌握了转盘钻井和涡轮钻具钻井两种旋转钻井的方法，并发展了中深井的钻井技术，初步掌握了定向井钻井技术，初步形成了一套快速钻井技术和处理井下事故的技术，固井技术有了初步发展。1960～1978年是中国石油钻井以自主攻关为主的发展时期。广大科技工作者克服重重困难，形成了浅井快速钻井成套技术，少数井队创造了年进尺10万m和15万m的记录；形成了中深井钻井成套技术，研制了聚晶金刚石刮刀钻头，试验了喷射钻井技术，推广了满眼和钟摆两种下部钻具组合；探索了深井、超深井钻井技术，1976年钻成的女基井井深6011.6m，是中国第一口超深井，1977年又钻成井深7175m的关基井；探索了海洋钻井技术，初步掌握了海洋钻井钻前工程技术及12口井以内丛式井钻井技术。这个时期提高机械钻速走的是一条强化钻井参数之路，技术进步主要体现在：发展了转盘钻井和涡轮钻具钻井两种旋转钻井的方法；刮刀钻头与牙轮钻头配合使用，开始了钻头选型工作；强化钻井参数，提高了机械钻速；普遍推广优质低密度钻井液，减少了井底压差。到1978年，在平均井深增加的情况下，全国钻井队年平均进尺上升到1万m。

在这一时期开始探索丛式井、水平井、深井超深井、小井眼井、保护储层等钻井完井技术；研制和发展了高效率刮刀钻头，生产了普通牙轮钻头，钻井速度有了较大提高；改进了下部钻具组合，初步发展了防斜打直技术；钻机配置的功率有了提高；研制成功液压防喷器；形成了常规取芯工具系列和配套工艺技术；针对不同地层岩性特点，研制改进泥浆和泥浆处理剂，不分散泥浆体系开始发展；在固井装备和工艺方面，研制成功气动下灰装置，配备管汇车，建成散装水泥库，在注水泥时采用双凝水泥和加回压候凝办法等。中国从1955年开始钻定向井，到1977年累计完成119口井，20世纪60年代中期在四川自主钻成了中国第一口水平井。4000m以上的深井钻井技术得到初步发展，到1977年，累计完成4000m以上的深井31口。

20世纪60年代，随着大庆油田的开发，中国油田开发朝着规模化、整体化方向发展。注水开发油田技术已经进入应用阶段，并且成为油田二次采油的关键技术，明显地提高了油田的采收率。1954年，在苏联专家帮助下，地质师陈贲等明确了玉门油矿是水驱油田，首先在老君庙油田进行注水开发。1960年开发克拉玛依油田时，中苏合作编制并实施了早期注水开发方案。60年代在大庆油田开发中，解决了一系列陆相砂岩油田注水开发理论和技术，创造了早期、内部、分层注水的开采方法，形成了一套适合中国油田特点的注水开发技术。60年代中期至70年代，又在低渗透油田、碳酸盐岩油田上成功实施了注水开发，并根据其他各油田的具体情况，采用了边缘注水、内部注水、底部注水等多种注水方式。在开发部署上，广泛实行分阶段布井，逐步完善油田开发井网系统。大庆油田生产根据实际，攻关提出了“松辽法”油井压力计算公式，为正确认识油层动态提供了理论依据；研究出了反映油水在地下不同压力和不同流量下流动情况的“大型电网模型”。在采油工艺技术上，全面应用分层段开采技术。大庆油田将油田各大开发区的许多油层，划分为若干小层，实行一整套分层注水、分层采油、分层测试、分层改造的采油工艺方法，使全油田保持了长期稳产高产。这套采油方法具有世界先进水平，已成为中国独特的最基本的采油工艺技术。在这套技术的基础上，又进一步发展，逐步形成了低渗透油藏、碳酸盐岩油藏和稠油油藏等多种类型的采油工艺技术。中国的碳酸盐岩油藏和基岩油田开发技术是以任丘油田为主发展起来的。任丘油田1976年4月投入开发，油井自喷生产。由于采取了底部注水、合理的采油速度和相应的技术措施，开发效果较好。

1954年玉门油矿首次在E16井进行酸化试验获得成功。1955年玉门油矿首次在老君庙油田新5井进行压裂试验获得成功。20世纪60年代以后压裂酸化工艺技术被广泛应用。1970年后，压裂技术有新的发展，主要是由油基液转化为水基液，增大了压裂的规模和范围，并发展了深井大型压裂技术。酸化工艺也有了进展，发展了如胶化酸等酸化技术，增加了处理深度。在70年代，大型水力压裂技术处于研究与开发阶段，开始了低渗透油田的开发试验。

20世纪70年代以前，中国的油气集输技术基本处于模仿苏联技术阶段。20世纪50年代采用了苏联的巴洛宁流程，即通常所说的选油站流程。大庆油田会战时根据大庆原油高凝、气候高寒的特点，创出了“水套加热炉-单管密闭油气混输流程”，即通常所说的萨尔图油气集输流程。70年代，根据不同油品性质及环境条件，油气集输系统分别采用单管、双管或三管小站流程。

中国油气管道建设，是在没有专用输油设备、没有专业施工队伍的情况下开始的。1958年建成的第一条原油管道，长147km，管径168mm，将克拉玛依原油输往独山子炼油厂；同年又完成第一条天然气管道，干线长20km，管径159mm，把四川黄瓜山天然气送至永川化工厂。从此开始了中国现代管道运输行业。

1970年，大庆油田原油产量突破2000万t，依靠火车运油远远满足不了大庆油田快速发展的需要。为了解决大庆油田被迫限产、关井的难题，国务院于1970年8月3日决定展开东北“八三工程”会战，掀起了中国第一次建设油气管道的高潮。1971～1975年先后在东北地区建成了庆抚线、庆铁线、铁大线、铁秦线、抚辽线、抚鞍线、盘锦线、中朝线8条管线，总长2471km，率先在东北地区建成了输油管网。1973年，成立了“石油管道局”，使油气管道运输从理论研究、设备研制、技术开发与引进，直到工程设计、施工及运营管理，都更加专业化，促进了管道运输事业的发展。

1976年以后，胜利油田、辽河油田、华北油田、中原油田相继进入快速开发期，中国掀起了第二次建设油气管道的高潮。至1980年前后，建成了贯穿东北、华北和华东的原油管道网，由多条管径为529mm或720mm的长距离、大口径管道组成，总长超过5000km。除了向沿线的各大炼厂供油外，还通过大连、秦皇岛、黄岛和仪征等水运港口向南方各炼厂输油，确保了中国石油产量突破亿吨的外输任务。与此同时配合油田的开发，在河南、湖北、陕甘宁及新疆等地区也铺设了相应的原油外输管道。至1986年底，四川天然气环形管网也基本形成，分为以成都为起终点的南北两大半环，总长约3000km，与几十个中、小气田相连，每年输气超过60亿m^3。此外，成品油管道也不断发展，管线较多但距离较短，最长的是1977年建成的格拉管线，长1080km，每年把11万t的成品油从青海格尔木运往西藏拉萨。

1965～1966年的四川“开气找油”会战取得了丰硕成果，1966年底四川天然气的井口产量达到11.6亿m^3。再加上全国原油产量的大幅增长，原油伴生气的产量也得到快速增长。1976年，中国天然气产量突破了100亿m^3，其中四川盆地年产气43亿m^3，成为当时中国最大的天然气生产基地。

新中国的第一批石油科研机构首先是在油田企业里建立的。1951年，中苏石油公司在独山子设立中心科学研究化验室。1952年，玉门油矿成立地质试验室，次年又建立9个研究队。1954年建立了包括采油、钻探等专业的中心试验室。1957年玉门油矿将研究机构整合成立了石油研究所。1958年四川油田组建成都试验研究所等，形成了油田企业科研机构的雏形。1958年正式成立石油工业部石油科学研究院，标志着石油科学技术工作开始进入了新的发展阶段。大庆石油会战期间，成立了石油科学研究院松辽研究站和大庆石油科学研究设计院，胜利油田、大港油田也相继成立了科研机构，科研队伍得到了快速发展。“文化大革命”中，石油科技事业遭受了严重摧残，许多科研机构被解散，油田开发上暴露出一系列的问题。在这种情况下，燃料工业部于1972年在北京成立了石油勘探开发规划研究院，新老油田的科研工作得到恢复和建立。1978年石油工业部为加强国家级科研机构，决定将石油勘探开发规划研究院一分为二，分别成立石油勘探开发科学研究院和石油规划设计总院。这样一个从上到下比较完整的科学研究体系已成雏形。据统计到1978年底，石油系统共有技术干部22 940名，其中科研人员11 884名。科技人员在“文化大革命”的困难条件下取得的石油工业的150项科研成果获1978年全国科学大会奖。

在这一阶段，石油高等教育事业从无到有，从小到大，为石油工业的发展培养了大批优秀人才。燃料工业部委托北洋大学在该校采矿系、机械系抽调学生，改学石油专业，这是中国培养石油专业人才的开端。1953年，以清华大学石油工程系为基础，从北京大学、天津大学、西北工学院等高校的地质、采矿等部分专业抽调部分师生组建起了北京石油学院（后改为华东石油学院）。1958年以后又成立了西安石油学院、新疆石油学院、西南石油学院、东北石油学院（后改为大庆石油学院）、江汉石油学院、抚顺石油学院等石油高等学府，设置了紧密服务石油行业的相关专业，为石油行业培养了一大批优秀科技人才。

四、阔步前进的现代石油与天然气工程（1978年至今）

改革开放以后，中国石油与天然气工程进入高速发展时期。为了有效开发海上油气资源，于1982年成立了中国海洋石油总公司，海洋石油成为了中国第一个全面对外开放的行业，逐步建设成了一个新型的与国际接轨的集团公司。1983年，石油工业部组织了19个科研院所的近200名科技人员参加了中原油田科技攻关会战，三年攻关取得比较重大的科技成果117项。1989年开始的塔里木石油勘探开发会战，始终坚持“两新两高”的会战方针，采取新的管理体制和工艺技术，集中全国先进的队伍和技术装备，打一场高水平、高效益的石油会战，瞄准世界先进勘探开发技术水平。所创立的甲乙方新体制为中国其他油田的发展提供了样本。1998年按照上下游一体化原则新组建的中国石油天然气集团公司和中国石油化工集团公司为两大公司的发展搭建了广阔的平台。随着百年大庆、百年胜利等百年油田建设目标的提出和实施，石油天然气科技的发展摆在了突出位置上。2000年，中国石油天然气集团公司在北京成立钻井工程重点实验室，2006年又成立了钻井工程技术研究院。经国家发改委批准，2009年以该院为基础成立油气钻井技术国家工程实验室，为中国油气钻井技术更好更快地发展创造了良好的平台。

自1978年中国实行改革开放到现在，是引进国外先进钻井技术与自主攻关相结合的时期，钻井技术得到了快速发展。通过组成多个“产、学、研”集团联合攻关的方式，每一个五年计划都精选1～2个重大项目“集中兵力打歼灭战”：“五五”期间（1975～1980年）开展了喷射钻井技术攻关并取得大规模推广，使全国平均钻井速度提高了一倍，并标志着中国钻井技术开始进入科学钻井时期，该项目获国家科技进步一等奖；“六五”期间（1981～1985年）开展了优选参数钻井及井控技术和近平衡钻井技术攻关，进一步促进了钻速的提高，有效地抑制了井喷失控恶性事故的发展，到90年代中期，井喷失控事故已极少发生；“七五”期间（1986～1990年）开展了定向井丛式井钻井技术和保护油层技术攻关，促进了定向井在油田开发中的规模性应用，实现了节约土地、减少环境污染、便于采油管理的目的，同时也标志着中国对保护油气层这一重要技术领域开始进行研究，这两个项目分别获国家科技进步一等奖和二等奖；“八五”期间（1991～1995 年）对水平井钻井技术和深井钻井技术进行攻关，深井钻井技术的攻关对塔里木等深井油田的勘探开发起到了促进作用，并在南疆钻成了全国的最深井（8408m）；“九五”期间（1996～2000 年）开展了老井侧钻水平井和欠平衡钻井技术攻关，前者节省了老油田调整的费用，后者对低丰度储层的动用和油气层保护起到了有利的作用。2001 年中国平均动用钻机台年进尺突破 3 万 m，已接近国外同期水平。中国钻井技术整体水平与国外的差距，由 1978 年的约 30 年缩短到现在的 5～10 年。

进入 21 世纪以来，钻井系统井下控制关键技术通过对地质导向系统关键技术研究和旋转导向系统关键技术的研究，研制成功国内新型 MWD 随钻测量系统及关键部件正脉冲发生器，完成了近钻头电阻率与自然伽马随钻测量技术研究。电阻率测量获得的测量曲线，与电缆常规电阻率测井曲线有很好的一致性。中国石油集团钻井工程技术研究院完成的“近钻头地质导向钻井系统与工业化应用”获得 2009 年国家技术发明二等奖。钻井工艺技术的重大进展，大幅度降低了勘探开发成本，装备研究制造能力具国际竞争力。欠平衡钻井、气体钻井大幅提高了机械钻速，在发现和保护油气层、减少井下事故方面起到了关键性的作用。多分支井钻井技术试验成功，开辟了我国提高单井产量、提高综合采收率的新途径。套管钻井填补了国内空白，陆上大位移井水平位移达到 4.841km。在重大装备研制上，以顶驱、盘刹为代表的一批高精产品达到国际先进水平。形成了机械、直流、交流变频、复合驱动四大系列钻机，并于“十五”期间实现了出口创汇。交流变频顶部驱动钻井装置，出口到美国、哈萨克斯坦等国家，得到广泛应用。随钻工程参数、自然伽马、电阻率测量及地质导向钻井工具的研制，打破了国外公司的垄断局面，部分技术达到了国际领先水平，缩短了中国复杂工艺井施工工程技术与国际水平的差距，为薄油藏等难动用储量得到有效开发，老油田挖潜等增储上产提供了技术保障。位于塔里木盆地井深 8408m 的塔深 1 井和位于江苏东海县井深 5158.2m 的大陆科钻 1 井，分别刷新了石油钻探和大陆科学钻探的亚洲纪录。两口井的顺利施工，显示了在高温高压、高陡构造等复杂环境条件下进行钻井、测试及坚硬地层连续取芯的先进设计技术与高超的施工能力。中国钻井工程技术现正向信息化、自动化、集成化、无害化的“四化”方向发展。

随着油井含水率的增加，大庆油田从 20 世纪 80 年代开始，确定了“科学研究超前，技术工艺准备超前”的开发方针。先后研发成功的“提液稳油”、“区块堵水”、“二次加密调整”、“注采系统调整”和“表外储层开采”技术成为稳油控水工程的主打技术。“大庆油田长期高产、稳产的注水开发技术”和“大庆油田高含水期‘稳油控水’系统工程”分别获得1985年和1996年国家科技进步特等奖，为大庆油田高产5000万t稳产27年做出了重要贡献，并在其他油田得到了推广应用，获得了良好的效益。

20世纪80年代，在引进技术的基础上，开始研究和应用二维二相和三维三相油藏数值模拟技术。油藏模拟技术的发展和应用明显地提高了油气田开发的水平。油藏数值模拟技术开始应用于油气田开发设计、油气井压裂、酸化、热采、聚合物驱油等，通过数值模拟提高了油田的开发效果。油藏描述技术、凝析气田的循环注气开采技术、聚合物驱油技术在这个时期处于研究与开发阶段。开始进行注蒸汽开采稠油技术的研究和应用，并且明显地提高了油田的产量和采收率。在注蒸汽开采稠油的技术应用方面，实现了1600m深层稠油的注蒸汽开采，形成了自己的特点，并且在辽河等油田大规模地推广应用。“稠油注蒸汽吞吐工艺技术”项目获1985年国家科技进步一等奖。大型水力压裂在低渗透油田中得到成功的应用，大庆、大港、长庆、新疆等地区的低渗透油田实施了大规模的开发，并且获得了较好的效益。大庆油田于1985年开发试验成功了限流压裂和薄油层开采技术，使可采储量进一步增加。大庆油田等针对国内外（特别是大庆油田）多层油田进入特高含水低效开采的实际，攻关完成的“桥式偏心分层开采及挖潜配套技术研究”获得2003年国家技术发明二等奖。由于低渗透油田的大规模开发，在压裂方面中国已经形成了自己的特点，如低渗透油田的整体压裂技术等。

20世纪90年代初，中国开始进行聚合物驱油，而且应用规模逐年增大，明显地提高了油田的产量和采收率。1995年，大庆油田的聚合物驱油工程建成投产。在20世纪90年代中后期，聚合物驱油技术已经在中国东部高含水老油田大规模应用，并且获得了很好的提高采收率效果。首次用分子设计理论研制出廉价、高效、无污染的梳形聚合物和疏水缔合聚合物两类新型耐温抗盐聚合物应用于油气田开发。中国在聚合物驱油技术的应用规模和效果方面已经处于世界领先，这样的应用规模在世界其他地区没有先例。目前，中国已经开始了三元复合驱油技术的开发和应用，并且获得了很好的效果。在耐盐聚合物、弱碱表面活性剂研制及可动凝胶驱油技术方面取得突破。由大庆油田完成的“聚合物驱油技术”获1998年国家科技进步一等奖。微生物采油技术已经进入了矿场试验阶段；同时，开始了稠油携砂冷采技术的研究，并且在吉林油田得到应用，获得了很好的增产效果。开始进行水平井技术的研究与应用，于1991年，首次在水平井上（胜利油田的埕科1井）成功地试出工业油流，到2011年水平井的数量超过千口，“石油水平井钻井成套技术”项目获1997年国家科技进步一等奖。中国石油天然气集团公司的“注烟道气提高采收率”成果摘取2006年“世界石油奖”最佳开采技术大奖。

在石油机械装备方面取得了重大进展，形成了一系列标志性的成果。胜利油田等研制的“链条抽油机”、“步行坐底式钻井平台”、“液压蓄能石油修井机”均获国家发明二等奖。“半潜式海上石油钻井平台”项目、“埕北油田A钻井平台设计和海洋丛式钻井技术”、“6000米电驱动沙漠钻机”项目获国家科技进步一等奖。中国研制成功国内外第一台拥有自主知识产权的陆地用12 000m交流变频电驱动钻机，是目前全球技术最先进的特深井陆地石油钻机。目前，主要专业的石油专用装备已全部立足于国内制造，自主创新能力大大增强。

20世纪80年代是中国油气集输技术的快速发展阶段，各油田逐步推广密闭集输工艺流程。各油田因地制宜地采用先进、经济、适用的工艺技术，油气集输系统整体技术水平取得长足进步。开展的“高寒地区石蜡基原油不加热集输工艺”、“高稠油集输及脱水回注技术”等项研究，形成了6套油田地面集输工艺模式及2套气田地面集输工艺模式，开发出了低温分离等成套设备，研究开发的直接从稠油中脱酸技术填补了国内外空白。胜利滩海油田地面工程建设探索出一套国产化的建设模式，节省投资并可有效提高建设速度。混输泵在新老油田中得到广泛应用，起到了降低油井回压，延长管线应用期、增加集输半径、有利于优化地面布局的作用。形成了适合于不同地层需求标准的含油污水处理技术，提高了注水指标达标率；研制开发并形成了注聚合物配套技术，有效地提高了采收率；开发研制了高压注汽锅炉，形成了稠油开采的高压注蒸汽配套技术等。

20世纪80年代末至90年代中，中国通过自主研究试验，先后在铁秦线、庆铁线等长输干线上实现密闭输送。同时引进国外先进技术和设备，使1986年新建的全长248km、管径711mm的东黄复线首先实现了全线自动控制的密闭输送技术。

1979年，中国油气管道首先在施工方面赶上了世界先进水平。通过自主研制和引进技术，陆续给管道施工企业装备了多功能大推土机、布管下沟大吊管机和内外对口器、管口整形坡口机、单斗挖沟机等，并在克乌复线施工中，第一次实现了扫线、布管、对口、组装、挖沟、下沟一条龙机械化施工，比此前的三角架吊管、导链对口、人力挖沟等施工方法，提高工效5倍左右。此后，又通过引进、消化和创新，组建了先进的穿越施工队，使管道穿越大江大河的速度提高了3倍以上；组建了半自动化、全自动化焊管机组，提高焊管速度7倍左右。中国建设的第一条海底原油管道，是1985年与日本石油公司合作设计建设的渤海埕北油田海底油气登陆管道。中国技术人员通过对外合作，掌握了海底石油管道设计与施工技术，于1992年引进了“滨海109号”铺管船，开始自主设计、自主施工海底油气管道。

20世纪80年代以后，油气管道勘察设计单位，普遍建立了计算机工作站，开发油气管道各个专业设计软件70多个，提高设计效率20多倍；应用计算机绘图出版资料，提高工效30多倍。从1985年开始，首次在库鄯线应用卫星遥感图像优选线路走向，应用卫星遥感资料分析地质灾害影响，比人工测绘地图、机械钻取工程地质资料提高效率30多倍。1995年，开始应用三维设计技术进行管道勘察设计，设计周期进一步缩短，设计成本大幅度下降，设计质量达到无差错标准，设计整体水平达到了世界先进水平。

中国油气储存罐库建造技术水平提高很快。1985年以前，只能建造2万～5万m^3金属储油罐。1985年以后，通过引进、消化、创新，开始向世界大型油罐、低温液化石油气罐和地下岩层岩穴储库技术发展。首先在秦皇岛、大庆、铁岭、仪征、黄岛等长输管道首末站，建造了50多座10万m^3金属储油罐，在太仓油库建造了一座15万m^3金属储油罐和两座3.2万m^3液化石油气低温储柜，在黄岛建造了一座16万m^3地下水封石洞油库。1993年，在三亚建造了两座1万m^3凝析油储罐，1999年在大港油田用采空凝析油地层建造了一座6.2亿m^3地层储气库。2003年开始在深圳秤头角建造两座半地下的12.5万m^3液化天然气储罐。大庆油田建设公司承建的大庆西油库1万m^3浮顶油罐整体气垫法搬迁工程，罐体重230t，搬迁距离达到230m，为亚洲首例1万m^3以上浮顶油罐整体搬迁。

中国油气管道专用材料设备制造技术，也达到了世界先进水平。1995年，武汉钢铁公司和宝山钢铁公司研制成功高强度的针状铁素体钢，型号有X60、X65、X70、X80，经国内外材料专家鉴定，质量达到世界先进水平。

20世纪90年代后半期，出现了中国油气管道建设的新高潮。一方面管道建设速度尤其是输气管道建设速度明显加快，平均每年建设近2000km管道；另一方面管道向长距离、大口径、高压力及采用新技术、新设备方向发展，并把管道铺向国外、铺进沙漠和海洋。如1996年在新疆流动沙漠中铺成中国第一条沙漠管道（并行的各长302.5km的塔中至轮南油管道和气管道），同年在南海建成崖13-1气田至香港的长778km的海底天然气管道，1997年在苏丹承建了长1505km的原油管道，2002年完成长1252km的兰成渝（兰州经成都至重庆）成品油管道，同年7月举世瞩目的西气东输管道全面开工。1978年，中国油气管道总里程仅为8000多千米，截至2007年底，已增至6万km，其中原油管道约1.7万km，天然气管道约3.1万km，成品油管道约1.2万km，初步构成覆盖全国的油气管网。继西气东输之后，一条横跨中亚三国，通往中国境内，全长上万千米的跨国油气大动脉——中亚天然气管道和西气东输二线也相继拉开建设大幕。

油气管道依托重大工程开展科研攻关，取得了一系列重大科技成果，使管道设计、施工、运营管理和技术服务得到了全面提升，增强了中国长输油气管道整体实力和核心竞争能力，实现了油气管道技术的跨越式发展，形成4大系列专有特色核心技术：①西气东输综合工程技术。在卫星遥感设计、制管、防腐、管道内外自动焊接、盾构穿越、X70钢级高强钢工业应用等方面取得了一系列重大科技成果，保证了西气东输一线、陕京二线等重大工程的竣工；②X80钢级管线钢焊接工艺参数优化及高韧性焊材选择技术。在西气东输冀宁支线工程应用取得重大突破后，实现了X80钢材、板材、钢管的国产化，成功实施了等强度7.71km工程应用；③管道内检测技术。ϕ1016mm高清晰度智能化漏磁检测装置的研制成功，经现场实际应用，检测器机械结构完好无损，动态性能和机械性能良好，运行平稳安全，操作方便，标志着中国石油管道内检测技术达到国际先进水平；④管道输送工艺和运行技术。鉴于中国国产原油80%以上属于易凝、高黏，中国对此类原油的输送工艺和运行技术持续了近半个世纪的研究攻关，整体上达到国际先进水平，部分处于领先地位，如管道科技中心已成为世界第三大减阻剂生产商。管道化学添加剂开发和应用取得了重要进展。易凝原油管道的降凝输送及冷热原油交替顺序输送等技术的应用，是管道安全保障和节能降耗的重要技术支撑。成品油管道顺序输送技术和事故抢险应急反应系统确保了成品油管道安全运行，低输量管网工艺运行技术保证了东北管网低输量安全运行，管道内检测和安全评价技术为管道安全保驾护航，管道安全预警和原油泄漏检测系统的投用减少了打孔盗油的破坏，管道完整性技术的应用使管道安全管理水平再上新台阶，在盐层构造中建造地下储气库技术和利用已有溶腔改建地下储气库技术为金坛储气库的建设提供了技术支持。到2004年，以建成的西气东输一线为标志，中国油气管道在设计、施工、管理等主要方面，已经从整体上达到了20世纪末的世界先进水平。

海上油气资源勘探开发经过30年来的大规模对外开放，通过中外合资和自营两种经营方式，面貌也发生了很大的变化。中国海洋石油总公司自1982年成立以来，全面负责对外合作开采海洋石油资源业务，相继在南海东、渤海和东海三大海域的近海发现并建成多个油气田。2010年，中国海洋石油总公司国内海上油气年产量超5000万t，建成了“海上大庆油田”。中国海洋石油总公司的科技发展大致分为两个阶段。第一阶段从公司成立之初到20世纪90年代中期，通过对外合作，引进、消化、吸收了大量世界最先进的石油技术，逐渐形成了具有自已特色的“勘探开发生产海上油气的四大能力和十大配套技术”；第二阶段从“九五”以后，是引进、集成、应用、创新相结合的发展阶段，形成以优快钻井为代表的一批集成创新技术，同时借助国家“863”计划的支持，在许多重要技术领域取得突破。“半潜式钻井平台研究设计建造”、“渤海绥中 36-1 油田试验区开发工程”等六项成果获得国家科技进步一等奖。中国海洋石油总公司在新时期确立了科技领先战略，争取到 2010 年在“海上稠油油田开发及提高采收率技术”、“海上边际油田开发技术”等六个方面达到国际先进水平。

这个时期，中国的天然气年产量有了快速增长，从 1978 年的 137 亿 m^3 增长到 2007 年的 693 亿 m^3，形成了塔里木、鄂尔多斯、四川、柴达木、莺-琼、东海六大供气区，松辽盆地深层火成岩区成为新的气区，山西沁水煤层气进入商业开发阶段。不断发展完善的气藏早期描述与数值模拟技术、碳酸盐岩气藏开发综合技术、凝析气田循环注气提高采收率技术、中低含硫气田的防腐技术、低渗砂岩气藏增产改造技术、异常高压高产气藏开发技术、多层疏松有水砂岩气田开发技术、地面高压集输技术八项开发实用技术实现了对天然气的有效开发。“中国煤成气的开发研究”获 1987 年国家科技进步一等奖。“塔里木盆地高压凝析气田开发技术研究及应用”项目获得 2005 年国家科技进步一等奖。

经过 30 年的对外开放，特别是近十多年来大力实施“走出去”战略，以中石油、中石化、中海油三大国家石油公司为主体的中国石油工业海外业务已遍及全球 50 多个国家和地区。截至 2007 年底，三大石油公司在海外已有石油剩余可采储量 14 亿 t，天然气剩余可采储量 4300 亿 m^3；海外原油作业产量和权益产量达到 8800 万 t 和 4100 万 t，相当于国内原油年产量的近一半；海外天然气作业产量和权益产量已分别达到 80 亿 m^3 和 60 亿 m^3。其中，中国石油海外原油、天然气作业产量分别为 6023 万 t 和 55.6 亿 m^3。海外石油工程技术服务合同额已达 52 亿美元；原油、成品油进出口贸易量已达 2.1 亿 t，增长势头强劲。呈现出海外油气生产与国内油气生产并驾齐驱，相互推进，国内外两种资源，两个市场全面发展，方兴未艾的喜人景象。

适应国家改革发展需要，贯彻“科教兴国”战略，围绕“稳定东部，发展西部”和“油气并重”等和“两种资源、两个市场”重大方针实施的要求，逐步建立形成一个门类齐全、专业配套、布局合理、协调发展的石油科学研究体系。截至 2005 年底，中国石油工业上游领域形成了一支高素质的科研人才队伍，中国石油、中国石化两大集团公司共有上游领域科研机构 94 个，从事上游业务研究开发、研发成果应用和技术服务及其相关的科技人员达到近 4 万人。

在这一时期，石油高等教育由大到强，办学的规模和质量都有了较大提高。1981年华东石油学院北京研究生部成立，开始招收研究生；1995年，西南石油学院的油气藏地质及开发工程实验室通过国家重点实验室的验收；1997年石油大学的“211工程”列入国家重点建设项目；2008年，中国石油大学列入“985工程”“优秀学科创新平台”建设项目进行建设。石油高校不仅培养了大批优秀人才，而且注重产学研的紧密结合，促进了石油工业健康快速的发展。

国家在2006～2020年中长期科学和技术发展规划纲要提出实施的16个科技重大专项中，“大型油气田及煤层气开发”是其中之一。该专项确立了“6212”科技攻关目标，即形成6大技术系列和20项重大技术、研制10项具有自主知识产权的重大装备和建设22项示范工程，以显著增强中国油气科技自主创新能力，形成具有国际先进水平的石油天然气勘探开发理论和技术，为保障国家油气安全提供有力的技术支撑。

主要参考文献

焦力人，李天相，申力生．1988．当代中国的石油工业．北京：中国社会科学出版社．

刘立范，张元强，张叔岩．2003．中国石油通史卷二．北京：中国石化出版社．

傅诚德．2004．中国石油科学技术五十年．北京：石油工业出版社．

《中国石油钻井》编辑委员会．2007．中国石油钻井．北京：石油工业出版社．

李润生，温厚文，王志明．2008．当代中国石油工业（1986～2005）．北京：当代中国出版社．

中国科学技术协会．2008．2007～2008石油与天然气工程学科发展报告．北京：中国科学技术出版社．

温厚文，王竹君，张江一，等．2009．百年石油．北京：当代中国出版社．

撰写者

张卫东（1968～），山东平阴人，博士，副教授，从事油气井工程教学科研工作。

20 世纪的中国非煤采矿科学技术与工程

一、1949 年前中国非煤采矿科技发展历程

（一）非煤采矿的萌芽与早期发展

人类很早就会运用矿物制造生产工具、生活器皿及防卫武器，在人类利用石材、装饰矿物、燧石、陶土之后，铜、砂金、铅矿、锡矿、汞矿等的开发利用标志着人类已从野蛮时代跨入文明的青铜时代，出土的铜器已经证明，中国早在夏代以前就已进入青铜时期，距今已有 4700 余年。春秋战国之际，人类在“山顶洞人”使用赤铁矿做赭红色颜料 16 000 余年后，终于开创了利用铁矿石制铁器的铁器时代。

湖北大冶铜绿山发掘出的古矿遗址证明，在 3000 年以前，中国已能凿井从矿坑中开采铜矿；2000 多年前的方框支柱采矿法、水平分层支柱充填采矿法、横撑支柱采矿法和井巷掘进、巷道支护、提升运输、通风排水以及照明等技术就已达到一定的水平。到北宋时期，溶浸采铜已遍布江南，年产铜达百余万斤，从业人数达十余万人。

18 世纪英国“工业革命”后，西方国家把机械引入矿山作业，代替手工挖掘和运输，再加上炸药、雷管、导火索，以及通风机械的应用，使采矿工艺发生了根本性的变化，从此采矿量成十倍、百倍、千倍地增长，为近 200 多年西方社会生产力的空前提高提供了重要的物质基础。

中国采矿业虽然早于 1596 年就使用了炸药，但凿岩、运输，仍沿用手工操作，通风仍采取自然通风，在漫长的岁月里，没有发生由手工转变为机械化作业的革命性变革，使本来居于先进地位的中国采矿业，在 18 世纪初叶开始逐渐落后于西方国家。

（二）近代采矿技术装备的引入与初步发展

19 世纪末 20 世纪初，中国非煤矿产开采技术在战乱的动荡中艰难发展。绝大多数非煤矿山没有地质勘探报告，甚至根本没有进行过勘探，开采时也没有正规的开拓系统和采矿方法，一般是从矿体露头起，掘进狭窄的坑道追踪矿脉或矿体，遇到富矿段，便将坑道局部扩大为采场，当采完富矿或采场扩大到不能保证安全时，

便停止开采，继续以小坑道向前或向下追踪矿脉或矿体。其间，少数有识之士在漠河金矿（1887）、大冶铁矿（1893）、锡矿山锑矿（1899）、铜仁汞矿（1899）、水口山铅锌矿（1904）等矿山引进国外采矿设备和工艺，分别使用露天采矿法、水平分层废石充填采矿法、浅孔留矿法、横撑支柱上向梯段法、方框支柱充填法和全面法等方法采矿，全国年产铁和有色金属矿石不到100万t。后来日本侵略者在华铜、天宝山、杨家杖子、青城子、马鞍山、金岭、鞍山等地使用风动凿岩机和黄色炸药掠夺式开采富矿资源，高峰时估计仅铁矿石产量就达411万t（1942）。由于作业很不正规，采富丢贫，破坏、浪费资源的现象十分严重，使非煤矿山很快处于奄奄一息的境地。到1949年，全国铁矿石产量降到仅有59万t，锡、锑、铅、铜、锌等主要有色金属产量仅有1.17万t。

二、1949年后中国非煤采矿科学技术的发展

中华人民共和国宣告成立后，迅速全面恢复了政府接收的帝国主义和官僚资本开办的矿山的生产，但那时的矿山几乎没有什么机械设备，大部分矿山采用手工开采方式，用钢钎、大锤打眼，用耙子、铁锹装矿，用人力推车运矿。1953年开始的第一个五年计划，非煤矿山，尤其是铁、金、铜、钨、铅、锌等主要金属矿产的开发被放在了重要地位，改造、新建了大孤山、东鞍山、弓长岭、铜陵、白银、德兴、东川、云锡、锡矿山、水口山、大吉山等一大批矿山，这些重点矿山项目从苏联引进了全套采掘设备，实现了部分矿山低水平机械化作业。1960年苏联停供油料备件后，国内科研院校和非煤矿业企业科技人员开始自主研制矿山装备，试验先进技术，改革开放后又从西方引进了先进的技术与装备，在几代人的共同努力下，水厂、梅山、德兴、金川、三山岛、盐湖钾肥等部分非煤矿山的采矿工艺技术水平逐步达到了国际先进水平。

（一）露天采矿技术的进步

中华人民共和国成立以来，兴建和改扩建了一大批大中型非煤露天矿山，如水厂铁矿、齐大山铁矿、白云鄂博铁矿、大石河铁矿、南芬铁矿、大孤山铁矿、白银厂露天矿、云锡砂锡矿、德兴铜矿、金堆城钼矿、平果铝矿、晋宁磷矿、排山楼金矿、紫金金矿等，这些矿山大都采用同期较先进的工艺设备，从根本上改变了旧中国露天开采技术的落后面貌，使非煤露天矿山整体采剥工艺及装备技术水平有了很大的提高。其中，德兴铜矿生产技术和装备水平达世界先进水平，生产能力达到13万t/d，成为世界特大型露天铜矿之一。

20 世纪 50 年代，国内非煤露天矿普遍使用苏式钢绳冲击式钻机钻凿 ϕ250～300mm 炮孔，60 年代初研制成功了 CZ 系列等第一批国产钻机，这类钻机仍然存在工人劳动强度大、效率低等问题；1965 年，YQ-150 型潜孔钻机开始用于露天生产，加上稍后研制成功并得到广泛应用的 KQ-250 等潜孔钻机系列，显著提高了露天矿凿岩效率。至 70 年代，已形成孔径 80mm、100mm、150mm、200mm 和 250mm 潜孔钻机系列，并在露天矿山全面推广应用。70 年代初，德兴铜矿等大型有色露天矿从美国引进了 45-R、60-R 两种牙轮钻机。第一台国产牙轮钻机 1973 年在大孤山铁矿进行了试验和鉴定。"六五"、"七五" 期间，由长沙矿山研究院、衡阳有色冶金机械厂、湘潭电机厂、常州冶金机械厂、鞍山矿山研究所、抚顺挖掘机厂等单位联合开展了"1000 万吨级冶金露天矿大型成套设备" 科技攻关，先后研制成功 KY-250、KY-310、YZ-35 和 YZ-55A 型牙轮钻机、MARK-36 型 154t 电动轮自卸汽车、WD-12 型电铲等 12 种大型露天矿山设备，结束了大型露天矿采掘设备完全依赖进口的历史。到 90 年代，牙轮钻机形成 KY 和 YZ 两个系列产品，潜孔钻机形成 YQ 和 KQ 两个系列产品，其主要产品沿用至今。2006 年问世的 CS165 /CS225 系列潜孔钻机基本跟上了国外钻机高气压、一体化、模块化、双动力、智能化的步伐，成为我国露天钻机更新换代的理想产品。

50 年代，非煤露天矿使用的斗容 $3m^3$、$4m^3$ 的电铲，10～27t 露天矿用自卸汽车全部从苏联进口。70 年代初，德兴铜矿开始从美国引进 $16.8m^3$ 电铲和 108t、154t 电动轮汽车。1960 年苏联停供油料备件后，开始自行研制电铲和矿用汽车，经过消化吸收，太原重工于 1961 年试制成功中国第一台 $4m^3$ 电铲，上海、北京、长春等地的汽车厂先后于 1964～1970 年研制出 15～60t 矿用自卸汽车，不同程度地推进了露天矿的发展，到 90 年代，国产 15～154t 矿用自卸汽车和斗容 1～$16.8m^3$ 的电铲已形成了系列产品，目前，自主研制的 220t 电动轮自卸车、斗容 $55m^3$ 矿用挖掘机已可满足 3000 万 t 级大型露天矿采装作业的需要。

在露天辅助机械方面，1964 年开始研制液压传动的前端式装载机，1977 年，试验了 Z-470 型和 QJ-5 型前端式装载机，2008 年 9 月，$6.4m^3$ 轮式装载机在广西柳工集团下线，标志着中国装载机研发又上了一个新台阶；80 年代，露天矿用振动压路机、多用洒水车、风动碎石机，移动式或固定式液压碎石机系列产品等相继研制成功，为解决露天矿山辅助作业机械化提供了有效的设备。自 1979 年中国先后从日本小松公司和美国卡特彼勒公司引进履带式推土机技术以来，目前形成了以 90 年代小松技术产品为主导的格局，1993 年，宣化工程机械集团有限公司研制开发出第一台 SD7（162kW）高驱动推土机，1999 年，生产出第一台 SD8（243kW）高驱动推土机，成为全国生产大功率高驱动推土机的唯一厂家。

1957 年，锡砂矿水采水运开采工艺在云锡新冠采选厂投入生产，黄金砂矿 1960 年以后进入采金船开采时代，至 1990 年全国砂金采矿量 7000 万 m^3/a，产金 10t，占产金总量的 13.5%，斗容 50～300L 采金船主要分布在黑龙江、四川、陕西、甘肃、吉林等省；70 年代，露天分期开采和陡帮开采技术开始在南芬铁矿、德兴铜矿等大中型露天矿山应用。南芬铁矿采用分期开采，头 20 年推迟剥岩 2 亿 t，每年少剥岩 900 万～1200 万 t，与全境界开采比较，分期开采生产剥采比降低 21%，投资省、见效快的优越性非常明显；德兴铜矿按照"一次设计，一次开建，分期投产"的原则开始进行三期工程的设计和建设，到 90 年代中期形成了 9 万 t/d 规模，年采剥总量达 8019 万 t；铜绿山铜铁矿露天采场为了采出富矿体和确保古矿冶遗址免受破坏，在 80 年代成功进行了边坡角高达 61°的陡坡开采设计和试验研究，但后来因其他原因未能全面实施；1984 年，孝义铝矿试验成功松土机-铲运机露天开采工艺，主要应用松土机松散和破碎矿岩，铲运机进行装载、运输和卸载，通过一机多用实现分层铲装、分层开采、分层排土，是铝土矿开采排土-复垦一体化的理想工艺；21 世纪初，紫金山金铜矿采用"全断面陡帮开采"技术，采用外包方式以小型采掘设备进行多台阶作业，在 0.8km×0.7km 的采场范围内，实现了大型矿的生产规模，2001 年采出矿石 700 万 t，2005 年达到 2000 万 t，这是实施强化开采的典型范例。

在运输方面，20 世纪 80 年代之前，国内露天铁矿以铁路运输为主，但有色金属露天矿主要使用汽车运输。攀钢矿业公司 90 年代在陡坡铁路运输工艺试验研究方面取得重大突破，将大型深凹露天矿铁路运输最大坡度从原来的 20‰提高到了 40‰～45‰。80 年代，德兴铜矿开始应用汽车-破碎机-胶带输送机间断-连续开采工艺，从而提高了大规模和深凹露天开采的技术水平，后来，齐大山、水厂、东鞍山、大孤山、南芬铁矿、晋宁磷矿等均已先后采用间断-连续运输系统。

非煤露天矿排土工艺比较简单，一般采用汽车运输高台阶排土，条件具备时，也采用采空区内排土；80 年代中期，孝义铝矿、平果铝矿将开采与复垦工艺有机结合，通过"剥离-采矿-复垦"一体化的工艺技术与管理措施，使铝土矿土地复垦几乎达到 100%，步入了良性循环的发展轨道；德兴、永平铜矿等矿山针对排土场实施了"以防为主，防治结合，综合治理，分期施工"的措施，有效防止了泥石流灾害。

（二）地下采矿技术的进步

采矿装备水平的提高推动着采矿技术的进步。中国非煤地下矿山的装备大体经历了从手工作业到从苏联引进成套设备与国内仿制，进而从西方引进和自己研制相结合的三个阶段。中华人民共和国成立后，首先对非煤矿山进行了恢复、整顿、改建和扩建。由于当时技术基础十分薄弱，凿岩采用气腿式凿岩机，装岩除少量采用轨道式单斗装岩机和小型电耙外，很多仍为手工劳动，运输依靠小型电机车和人推矿车，因此在“一五”期间，只能采用浅孔留矿法和干式充填法进行正规生产，以改变乱采滥挖现象。1955年，这两种采矿方法在中国非煤矿山地下开采中所占的产量比重达78.6%。1955年以后，随着采矿装备的发展和凿岩爆破技术的进步，高效率的中深孔分段采矿法、深孔阶段矿房法、中深孔留矿法、分段崩落法、房柱法、机械化充填法等逐渐开始采用。浅孔留矿法和干式充填法所占比重逐渐下降，1978年降到39.8%，1982年下降到30.6%（其中浅孔留矿法占29.4%，工艺复杂、效率很低的废石充填法仅占1.2%）。浅孔留矿法是中小型金属矿山使用的主要采矿方法，在急倾斜薄矿脉的开采中占有很大比重，其中钨矿占80%、黄金矿山占40%。

1951年，一批老矿山相继恢复生产，中国采矿作业开始走上正轨，浅孔留矿法是当初仅有的采矿方法之一。1955年，华铜铜矿从苏联引进中深孔凿岩设备试用分段空场法，随着中深孔凿岩设备的不断更新，分段空场法在大庙铁矿、弓长岭铁矿、金岭铁矿、因民铜矿、胡家峪铜矿、杨家杖子钼矿、青城子铅锌矿、开阳磷矿、峪耳崖金矿、金厂峪金矿、五龙金矿、望儿山金矿等矿山获得广泛应用，成为有色、黄金矿山的重要采矿方法之一。1959年，采用БА-100潜孔钻机发展了深孔留矿法。1959年，中南矿冶学院在湘东钨矿试验成功“小钎头、高风压、深打眼、密排炮”留矿法回采工艺，大大提高了留矿法的回采强度。1961年胡家峪铜矿依靠中深孔凿岩设备成功使用爆力运矿空场法。1962年长沙矿山研究院与北京有色冶金设计研究总院在锡矿山矿试验成功杆柱房柱法，取代长期以来留护顶矿的房柱法，使矿石损失率降低了40%。70年代末，许多薄矿脉留矿法矿山在中南矿冶学院的帮助下，采用了振动出矿底部结构，留矿法放矿效率与安全程度大大提高，获得了较好的技术经济效果。1983年在牟定铜矿研究成功预控顶房柱法，使千吨采切比比原分段空场法降低53%。1985年长沙矿山研究院和北京矿冶研究总院在凡口铅锌矿研究成功高效率的阶段大孔径深孔落矿嗣后充填采矿法，这一采矿法相继在铜坑锡矿、铜绿山铜矿、安庆铜矿、冬瓜山铜矿等矿山成功应用，安庆铜矿的出矿段高达到120m，空场嗣后充填采矿法已发展成为金属矿山的重要采矿方法。

20世纪60年代是中国非煤矿山崩落采矿兴起和发展的重要时期。初期，单层、分层崩落采矿法陆续应用于湘潭锰矿、遵义锰矿、庞家堡铁矿、明水铝土矿和苏州高岭土矿等矿山，并发展成为黏土矿山至今应用极广的主要采矿方法。稍后，阶段

强制崩落法和有底柱分段崩落采矿法分别在易门铜矿试验成功，并迅速在有色金属矿山和金山店铁矿、锦屏磷矿、玲珑九曲金矿、陕西太白金矿等矿山获得应用；易门铜矿总结形成的“强掘、强采、强出”技术管理经验促进了崩落采矿法的推广普及，到70年代中期，崩落法已占到地下矿产采矿总量的1/3，成为中国矿山采矿方法重大变革成功的典范。1985年长沙矿山研究院与中南工业大学在易门铜矿试验成功振动出矿阶段强制崩落法；1990年中南工业大学和北京矿冶研究总院分别研制成功振动出矿配振动运输列车和原矿车带式输送机连续出矿两条作业线，应用于狮子山铜矿的阶段强制崩落法出矿，解决了阶段强制崩落法长期存在的落矿高效率与出矿低效率的矛盾。

1965年，冶金工业部从瑞典引进利用Simba 11R凿岩台车凿岩和T4G风动装运机出矿的端部放矿无底柱分段崩落采矿法，并在大庙铁矿试验成功，后迅速在冶金矿山获得广泛推广应用。90年代，无底柱分段崩落法依靠更先进的凿岩和出矿设备逐渐向高分段、大间距方向发展，马鞍山矿山研究院、北京钢铁学院、东北工学院等开展了大结构参数无底柱分段崩落法的试验研究工作，先后在河北寿王坟铜矿、浙江漓渚铁矿、酒钢镜铁山铁矿、梅山铁矿等矿山取得提高矿块生产能力、降低矿石贫化损失等显著成果，至20世纪末，无底柱分段崩落法在全国冶金矿山中有80%以上的地下矿山采用。

1956年，中国开始研究大量崩落采矿法，1958年，阶段自然崩落法开始在古冶钒土矿进行试验；1960年，长沙矿山研究院在易门三家厂狮山坑首次成功使用阶段自然崩落法，1980年金山店铁矿推广应用了阶段自然崩落法，“七五”期间，中南矿冶学院、北京有色冶金设计研究总院、长沙矿山研究院、北京矿冶研究总院和北京钢铁学院等在引进消化自然崩落法技术的基础上，对铜矿峪铜矿矿岩自然崩落特性评价、岩石自然崩落规律、矿岩自然崩落控制与监测、出矿系统结构应力分析及支护、放矿控制技术等进行了深入研究并取得预期成果，将国外一直依靠经验类比方法确定的自然崩落法参数，发展成采用岩石力学和计算机数据模拟方法科学确定，使铜矿峪铜矿迅速成为年产400万t（2010年已达600万t）的国内最大、采矿成本最低的地下金属矿山。

20世纪50年代，非煤矿山充填采矿法仅有干式充填法一种，采出的矿石量一度占全国地下开采矿石总量的42%。1956年后，随着空场采矿和崩落采矿技术的发展，充填法由于繁重的充填作业和较低的生产能力被认为是落后的应被淘汰的采矿方法，充填采矿比重逐年下降，到1963年有色矿山担负的产量已降到0.7%。1962年，长沙矿山研究院开始研究现代充填采矿法，在凡口铅锌矿开发建设了中国第一个卧式砂仓的分级尾砂充填系统，并于1964年、1965年分别在凡口、金川龙首矿开始试验上向分层胶结充填采矿法，用低浓度砂浆充填和普通混凝土充填代替古老的干式充填获得成功，随后迅速在有色矿山和黄金矿山获得推广应用；1964年，冶金工业部为凤凰山铜矿从瑞典引进了分级尾砂充填采矿法及采掘、出矿运输成套设备，推动了中国地下金属矿山机械化采矿和充填采矿的发展；1974年，金川下向低分层倾斜进路胶结充填采矿法试验成功，1975年，水力坡度金川经验公式创立；1977年，凡口铅锌矿试验成功上向水平分层机械化盘区充填采矿法，走向长60m的盘区生产能力达500t/d；1977～1978年北京有色冶金设计研究总院在焦家金矿建成中国第一座立式砂仓的分级尾砂胶结充填系统，此后广泛推广应用于数十座矿山；1978年北京有色冶金设计研究总院与金川有色金属公司合作，试验成功戈壁集料棒磨砂高浓度胶结充填技术，成为逐步推广高浓度胶结充填技术的起点；80年代初，金川下向高进路充填采矿已具雏形，1985年开始向下向机械化盘区胶结充填采矿发展，1988年，走向长100m的下向进路机械化盘区胶结充填采矿法盘区生产能力达到800～1000t/d，使进路式下向充填法发展成为高效率采矿法；1987年，金川有色金属公司和北京有色冶金设计研究总院开始研究膏体充填技术，并于1996年在金川镍矿建成中国第一套膏体泵送充填系统，1999年又在铜绿山矿建成了第二套膏体泵送充填系统，2006年在云南会泽铅锌矿建成了管道输送距离长达4000m的全尾砂膏体胶结充填系统；80年代末，长沙矿山研究院与凡口铅锌矿合作开发了全尾砂胶结充填工艺与技术，并于1990年建成了中国第一个全尾砂胶结充填系统，其尾砂利用率达90%以上，随后相继在济南张马屯铁矿和南京铅锌银矿推广应用，使这两个矿山在国内率先实现了尾矿零排放，进入21世纪后，全尾砂充填已开始在安徽霍邱等地的一些大型铁矿获得推广应用。

1980年以后，先进采矿工艺、设备等引入国内黄金矿山，新城、焦家、三山岛金矿的机械化充填采矿法迅速发展，下向分层胶结充填法在河南前河金矿、内蒙古大水清金矿取得了很好的技术经济效益；北京矿冶研究总院80年代末在会泽铅锌矿试验成功宽进路粗粒级水砂充填采矿法；长沙矿山研究院开发的赤泥胶结充填技术1994年在湖田铝土矿应用成功，实现了无水泥胶结充填，1996年又在丰山铜矿试验成功机械化分段胶结充填采矿法，其碎石水泥浆胶结充填技术解决了粗骨料胶结充填料制备工艺复杂和输送难度大的难题，1998年块石砂浆胶结充填技术在铜坑锡矿得到成功应用，并在鱼儿山金矿和金山金矿、广西高龙金矿等矿山得到推广应用；高水速凝尾砂充填先后在焦家金矿、鸡冠嘴金矿、招远玲珑矿、灵山矿试验应用。

在自燃高温硫化矿床的开采方面，1964～1966年，铜陵松树山矿火区用灌黄泥浆灭火和加强通风等措施，试验成功了分条崩落法；70年代，长沙矿山研究院提出开采具有自燃发火倾向矿床的原则：“快采快出以防止自燃、加强通风以降温防火、充填空区以密闭防火”；80年代，大厂铜坑矿采用灌石灰水灭火、地表覆盖、坑内局部密闭、疏通通风网路，以及用隔离包装炸药进行高温爆破等措施，在不改变原设计的无底柱分段崩落法的条件下，成功地回采了近4个分层，为高温硫化矿床的开采积累了经验。

1953年，新建和改扩建老矿山工作全面展开，湿式凿岩、合金钎头、电耙搬运、局部通风等技术得到全面推广应用，2年多以后，全国重点矿山全部实行了机械凿岩，采矿工效由2t/工班提高到4.2t/工班。60～70年代国内生产的YGP系列、YG系列、YGZ系列、YQ系列钻机和CZZ-700型采矿台车，FZY-100型、AYZ-150型装药器，以及1978年长沙矿山研究院研制成功的YGZ-90外回转中深孔凿岩机和与之配套的CTC型台车和台架，成为无底柱分段崩落法的主要采矿装备。

20世纪70年代中期，从波兰引进了LK-1型铲运机，从芬兰引进了TORO-100型铲运机，铲斗容积均小于$1m^3$，后来长沙矿山研究院和北京矿冶研究总院与设备制造厂家合作研制成功国产井下柴油铲运机。1981年引进了电动铲运机，1984年由马鞍山矿山研究院等研制成功国产电动铲运机。1985年金川镍矿引进了斗容$6m^3$的柴油铲运机和H127型双机液压凿岩台车，1997年长沙矿山研究院和衡阳有色冶金机械厂合作研制了CY-6型$6m^3$铲运机。目前，国产铲运机已形成斗容0.38～$6m^3$的系列产品，与进口铲运机一起在几十个金属矿山使用。“七五”至“九五”期间，长沙矿山研究院、中南工业大学、北京科技大学等先后研制成功DQ150J型高风压潜孔钻机和YYG80、YYG90等10多种型号的液压凿岩机以及配套台车。1988年，莲花山有色冶金机械厂消化制造的200型液压凿岩机形成批量生产。在80年代，中国先后研制成功井下矿用无轨服务车、运料车、检修车、锚杆安装车、乳化炸药装药车等，1986年，马鞍山矿山研究院、长治矿山机械厂和符山铁矿共同研制成功井下中深孔装药车。

1977年，小寺沟铜钼矿成为中国第一座建设主斜坡道、采用无轨设备采矿的矿山，主斜坡道呈螺旋式布置，坡度15%，斜长576m，供8t汽车运矿和无轨设备出入井下。随后，寿王坟铜矿、凡口铅锌矿、丰山铜矿、铜坑锡矿、尖林山铁矿、符山铁矿、金川龙首矿、金川二矿区、三山岛金矿、开阳磷矿等矿山都建设了无轨斜坡道，其中金川二矿区的斜坡道是国内目前最长的斜坡道。90年代，三山岛金矿二期采用主斜坡道开拓、电动卡车运输矿石，采场矿石由铲运机运到溜井，电动卡车从溜井装载矿石后，由主斜坡道运至井下矿石溜破系统，实现了井下无轨采矿和无轨运输。进入21世纪后，铜矿峪铜矿二期工程、大红山铁矿等采用斜井胶带运输取代竖井提升，设置无轨辅助斜坡道和盲竖井，运输人员、材料和废石，取得减少基建投资、降低年经营费的良好效果。

地下工程掘进是矿山建设和生产的重要环节。20世纪60年代中期至70年代中期，长沙矿山研究院、上海煤矿机械研究所等60多家单位协作，完成了竖井掘进机械化作业线的装备研制，在铜陵有色金属公司、凡口铅锌矿等30多个单位采用，18次突破月成井100m大关，一般可达50m以上。1973年7月，云锡掘进四队创平巷多头掘进月进尺1726m；1976年3月，新晃汞矿率先突破平巷独头掘进月进尺1000m大关，达到1056.8m/月，从而使中国平巷掘进速度达到了世界先进水平。

20世纪50年代后期，长沙矿山研究院、华铜铜矿等单位研制了天井掘进吊罐、平巷掘进用的华-1型装岩机，并在非煤矿山推广应用，1965年，寿王坟铜矿用吊罐创造了单工作面累计月进416m的纪录，1972年还成功地用吊罐一次掘进了一条186m通风井；1958年开始研究深孔分段爆破法掘进天井，并在30多个矿山试用过，初期受凿岩设备限制进展缓慢，进入70年代后获得迅速发展，黄沙坪铅锌矿1971～1982年用该法掘进了150条天井，总进尺约5000m。1964年，从瑞典引进风动爬罐在凤凰山铜矿应用取得较好成效，国内仿制爬罐的应用解决了高、盲、斜天井的掘进困难；70年代，蟹爪式装岩机、立爪式装岩机和蟹立爪式装岩机等多种装载设备广泛用于井下掘进的装岩作业，80年代后期部分矿山开始采用无轨设备进行平巷掘进；1970年以后，长沙矿山研究院陆续研制了ϕ500～ϕ2000mm系列天井钻机，为中硬以下岩层的天井掘进提供了安全高效的装备。

1974年由中南矿冶学院和湖北长石矿首先研制成功中国第一台振动放矿机。1980年由湖北横店冶金机修厂批量生产出皮带传动激振器振动放矿机；1982年又研制成功以振动激磁电机作振源的振动放矿机；为解决黏性粉矿结拱，1983年研制成功带破拱排架的振动放矿机，同年又研制出双台板并联运行振动放矿机，使放矿能力提高到500～600t/h；1983年石人嶂钨矿实现了轻型振动放矿机由一个采场完整地移到另一个采场的重复使用。至1985年底全国推广应用了4000台振动放矿机，收到了显著的技术经济效果。

非煤矿山井下运输主要是电机车，各种粘着质量的电机车和不同容积的矿车均为国产，目前使用的最大设备为20t电机车和10m^{3}底侧卸矿车。为适应井下无轨运输的需要，已开发出8t、10t、12t、18t和25t井下矿用汽车。金川二矿区1000m主运输水平采用了无轨汽车运输。1997年三山岛金矿从瑞典引进两台K635E型35t架线式电动轮卡车用于井下运输。

无轨设备、液压设备、胶结充填技术和高效率采矿方法的应用，大大提高了矿山的机械化程度、采场的生产能力和矿产资源的回采率，依靠这些技术和装备逐步建成了金川镍矿、凡口铅锌矿、铜坑锡矿、铜矿峪铜矿、安庆铜矿、大红山铜矿、冬瓜山铜矿、梅山铁矿、镜铁山铁矿、西石门铁矿、程潮铁矿、焦家金矿、三山岛金矿、开阳磷矿等一批现代化地下矿山。

（三）数字技术的应用与发展

20 世纪 80 年代中期，有色、冶金等行业开始开发一些解决地质、测量、采矿等具体专业问题的矿业软件，主要用于地质作图、测量验收、开拓设计、编制进度计划等单一性工作，如露天矿山设计开始使用克里金法计算的地质软件建立地质模型，用浮动圆锥法软件圈定露天矿境界，优化设计开采境界，减轻了矿山设计人员的劳动强度，设计质量大为提高，设计周期大为缩短，促进了矿山生产力的发展；1998 年以前，露天矿采矿现场管理是通过无线通信系统由人工调度来实现的，1998 年，德兴铜矿引进 Modular 公司的 Dispatch 系统，配合 GPS 实现了采场装运设备的优化调度，铲车作业自动计量，实时掌控设备维修管理，使采矿效率大幅度提高。首钢矿业公司建立了信息化管理系统、GPS 卡车调度系统和全部胶带运输系统的远程集中控制，使人员大幅度减少。

从 20 世纪 90 年代中期开始，部分大中型矿山和科研设计院校，如首钢矿业公司、江西铜业公司、金川有色金属公司、开磷集团矿业公司、长沙矿山研究院、中国有色工程设计研究总院、中南大学等分别从美国、澳大利亚、英国、加拿大引进了 Surpac、Datemine、Mintec、Micromine 等大型矿业设计软件，针对国外软件在语言、标准、规范、设计思想、图纸表达习惯与中国的区别，部分单位在消化吸收的基础上，有针对性地对国外优秀的大型采矿设计软件进行了二次开发，目前已渗透到采矿工业的各个环节，包括地质作图、测量验收、开拓设计、采矿方法设计、进度计划编制、爆破设计、排土场设计、通风设计、巷道设计、配矿设计等工作，如 DIMINE 数字矿山软件系统，全面实现了从矿床三维地质建模、储量计算与动态管理、测量验收及数据的快速成图；地下矿开采系统设计与开采单体设计、回采爆破设计、生产计划编制、矿井通风系统网络解算与优化；露天矿开采境界优化、露天采场设计、采剥顺序优化与计划编制到各种工程图表的快速生成等工作的可视化、数字化与智能化，已成为中国黄金集团、江西新余钢铁公司、五矿集团邯邢冶金矿山管理局、中国核工业集团、铜陵有色金属集团、云南铜业（集团）有限公司、江西铜业股份有限公司、中国铝业矿业公司、本钢设计院、河北建筑材料工业设计研究院等100多个矿业企业进行数字化矿山建设的软件平台。

2006年12月，首钢矿业公司ERP项目成功上线，这是中国矿产资源行业首个完成数字化矿山整体架构，实现ERP（企业资源计划）、MES（生产制造执行系统）、PCS（过程控制系统）、DCS（集散控制系统）等信息化应用全面贯通的矿山企业。

数字技术在矿山的应用可以分为三个层次：第一个层次是矿山数字化信息管理系统；第二个层次是虚拟矿山，将真实的矿山通过多媒体、模拟、仿真、虚拟等技术以数字形式表现出来；第三个层次是远程遥控和自动化采矿，目前我国矿山正处于第二个层次的推广普及阶段。

（四）爆破技术与器材

1956年，白银公司露天矿建设采用了抛掷和松动大爆破方法进行剥离，3次爆破总药量1.5万多吨，爆岩量900多万立方米，大大缩短了基建时间。70年代以前，国内矿山爆破主要采用火雷管和瞬发电雷管，只能使用按导火线长短分段爆破和齐发爆破技术。70年代开始先后发展秒延期、半秒延期、毫秒延期、高精度毫秒延期电雷管和非电雷管，推广应用多排孔微差爆破、大规模分区微差爆破技术和逐孔起爆技术；1978年，由武汉冶金安全技术研究所与赣州冶金化工厂合作研制的塑料导爆管起爆系统首先在下垅钨矿应用成功，并以其成本低、制造方便、使用安全的突出优点迅速在非煤矿山中推广，与此同时，德兴铜矿、水厂铁矿等矿山开始对多排孔大区微差爆破进行深入、系统研究，确定了最合理的微差起爆间隔时间，解决了难爆矿岩的破碎块度问题。目前，国内已采用数值模拟爆破过程等新技术对爆破参数进行优化设计，提出了露天矿台阶爆破矿岩破碎过程的三维数学模型及露天矿台阶爆破岩石块度组成的计算数学模型并应用于生产。

20世纪50年代，非煤露天矿爆破普遍使用硝铵炸药和二号岩石炸药，1957年，长沙矿山研究院开始与铜官山铜矿等矿山协作，试验、试制和试用成功了主要性能接近2号岩石炸药的铵油炸药，解决了炸药原料来源问题。1959年，长沙矿山研究院研制出浆状炸药，解决了露天矿用炸药的防水问题。1965年后，粗粒状铵油炸药在金属矿山得到普遍推广应用；1979～1980年，由长沙矿山研究院、北京矿冶研究总院分别研制成功RJ、EL两个系列乳化油炸药及配套加工设备；1982年，不含TNT并在装药车混制、注入炮孔后才胶凝的浆状炸药及浆状炸药泵送车研制成功；1985年露天乳化炸药装药车由长沙矿山研究院等单位研制成功，露天矿装药及填塞开始采用国产设备，实现了制药装药现场以车代厂，提高了装药效率，炸药原料来源广泛、降低了爆破成本，促进了露天矿的生产。

另外，长沙矿冶研究院、马鞍山矿山研究院、昆明理工学院等在1980年前后分别研制成功了微差爆速仪、起爆器、起爆参数综合测试仪等起爆器材。

（五）非煤采矿安全与环境保护

在露天开采方面，中国自1973年开始进行边坡加固研究工作，总结出加固边坡的抗滑桩加固、挡土墙加固、锚杆锚索加固、注浆加固和综合治理5种主要方法。1975年，白银露天矿采用抗滑桩加固坡脚，锚杆加固坡面的综合治理措施处理Ⅰ号采场Ⅲ号滑坡体获得成功；1980年，石录铜矿采用半掩埋式抗滑桩加固了一长为120m，垂高16m的滑体；1995年会东铅锌矿采用抗滑桩、长锚索、锚杆联合加固不稳定边坡获得成功。80年代，德兴铜矿率先利用计算机进行边坡设计，在边坡滑动监测方面，研制了多点边坡位移自动记录仪。1969～1981年，金川露天矿开展了以岩体结构为中心的工程地质系统测绘，通过有限元分析及数值模拟，揭示了金川露天矿滑坡的倾倒式滑坡机理，并先后9次提交边坡整治方案，避免了一次灾难性的边坡事故。

1956年底，长沙矿山研究院成立了顶板管理小组，专门从事锚杆研究。1957～1984年，研究和应用过金属楔缝式锚杆、二翼和四翼金属胀壳式锚杆、楔管式锚杆、双楔式锚杆、木锚杆、竹锚杆、水泥砂浆钢筋锚杆和钢丝绳锚杆等。至70年代，几乎用砂浆锚杆取代了预应力金属锚杆；80年代后，锡矿山矿务局、牟定铜矿和凤凰山铜矿等开始大量推广楔管式锚杆。目前锚杆支护、锚喷支护、长锚索加固等已是我国非煤矿山围岩加固最基本、最主要的支护技术。锡铁山铅锌矿和凡口铅锌矿采用这一支护技术成功扩大了分段空场法和大孔采矿法的采场规模。金川镍矿、丰山铜矿采用这一技术成功地在高地压区和松软破碎岩层中开掘了大断面巷道。

喷射混凝土支护技术在20世纪70年代得到普遍推广应用，长沙矿山研究院、长沙建筑机械研究所等单位研制的782型速凝剂、HP-30型、ZHP-2型转子式喷射机和SP-3型干湿两用机，是中国目前使用最广泛的喷射混凝土添加剂和混凝土喷射机。

中国矿山的岩移监测预报研究工作始于20世纪50年代，采用直尺、木测杆、卷尺等一些简便的量测仪器（工具）进行监测。60年代开始，非煤矿山井巷岩移监测常用的仪器从简易的标尺、地面伸长计、简易钻孔伸长计发展到多点位移计、顶板岩层动态仪、经纬仪、水准仪等；90年代随着集成电子技术的发展，矿用监测仪器向便携式小型化、智能化、高精度、多功能、多层次方面发展，如全站型测量仪、声发射仪等；2003年，凡口铅锌矿在国内首次建成深井微震监测系统，对深井地压实施多通道、全数字、全天候的监测，可自动识别事件类型（爆破、微震、岩爆等），显示微震事件位置，震源定位误差小于5m；随后，冬瓜山铜矿也采用了先进的微震监测技术，使千米深井开采的岩移和岩爆监测预报研究一开始便进入了遥控全天候监测的新阶段。

2004年，铜坑矿在细脉带开采中，采用集束孔阶段深孔辅以局部中深孔和小硐室方案进行总装药量150t的大爆破，在爆区范围至地表形成了连续崩落体，基本消除了地压活动敏感区的地压安全隐患；2006年，柿竹园矿在开采群空区隐患矿体及610中段以上富矿时，采用总装药量达184.5t的中深孔控制爆破，成功地在地表形成约7000m^{2}的卸压天窗，同时崩落矿石62万t，解决了数百万立方米采空区的安全隐患问题。

20世纪50～60年代，中国借鉴苏联的经验，开展了矿床水文地质分类和矿坑涌水量预测方法研究，采用单一疏干排水为主的防治措施。1972年，长沙矿山研究院在水口山铅锌矿进行了大型截流帷幕注浆试验，达到了减少矿坑涌水量和控制地面塌陷的双重效果，此后先后在张马屯铁矿、黑旺铁矿和铜绿山铜铁矿、三山岛金矿等矿山推广应用，使一些岩溶、滨海大水矿床得以安全开采。

20世纪50年代以前，中国金属矿山基本采用自然通风，工作面气候条件十分恶劣。1953年，华铜铜矿建立了第一个机械通风系统，随后绝大部分矿山都相继实现了机械通风；1980年开始对传统的唯一主扇通风方式进行革新，采用有效风量大、节约能源的多级机站通风系统，在梅山铁矿、小官庄铁矿、程湖铁矿等矿山的推广应用收效极为显著，目前已成为较普遍采用的通风方式。进入90年代后，电子计算机在通风系统设计、计算和管理中逐步得到应用，实现了通风系统优化和网络化控制。

从1951年起，国家先后召开过8次全国性的安全生产、劳动保护和防尘防毒会议；1955年起普遍推广了湿法凿岩，大多数矿山广泛应用了以风、水为主体的防尘综合措施，使不少矿山井下测点的粉尘浓度合格率从新中国成立初期的零，上升到90%以上，普遍达到80%左右；江西下垅、西华山钨矿等一些通风防尘的先进矿山，从1958年后便基本上控制了严重危害矿工生命安全的矽肺病例的发生，曾受到美、日、德、澳、加等十多个国家专业考察团的一致好评；1975年、1978年和1983年3次召开了云锡矿山工人肺癌的防治工作会议，国家拨出近千万元专款开展了预防与诊治措施的科学研究，并取得了重要成果，提出了不少有效的防范措施，建立了专门的医疗机构。

矿山企业是产出固体废料最多的行业，这些固体废料不仅占用大量土地，而且破坏生态，污染环境。20 世纪 80 年代以来，北京矿冶研究总院等单位就开始研究矿山废弃物特性，实施露天废石场、尾矿库复垦，植被恢复、管护取得了较好的效果。如1993～2001 年，孝义铝土矿排土场和平果铝土矿排土场采用一系列加速生土熟化技术，将工程复垦与生物复垦有机结合，采用“边剥离、边采矿、边复垦”工艺，成功实现排土场的植被恢复，形成林区。1994～1997 年，中条山毛家湾尾矿库复垦农作物种植示范场成为花生、玉米、小麦的复垦实验区。1995～2000 年，在铜陵杨山冲和五公里尾矿库开发无土复垦技术，复垦后的尾矿库鲜花盛开，小鸟、野兔、昆虫等动植物得以回归。进入 21 世纪，有色金属矿业率先提出了工业生态型开采理念和无废开采模式，南京铅锌矿成为我国第一个无废开采矿山，冬瓜山铜矿和会泽铅锌矿深部采用无废开采模式进行设计和建设，在固体废弃物利用方面，有色金属矿业的利用水平高于其他矿业行业。

（六）特殊采矿与海洋采矿

1. 溶浸采矿

溶浸采矿分为堆浸、原地爆破浸出、原地钻孔浸出以及槽浸，是大规模处理贫矿、尾矿、含金属废石等物料，提取铜、金等金属的一种经济有效的方法。中国低品位含金氧化矿石的堆浸生产工艺研究始于 20 世纪 70 年代末，其堆浸方法及工艺参数不断优化，以堆浸提金工艺为主的国内采选规模最大的黄金矿山——紫金山金矿的浸出率已由 50%提高到 75%。德兴铜矿利用其含铜 0.1%～0.25%的 3.2 亿 t 废石，建成了年产 2000t 铜的生物堆浸厂，实现了规模化生产；紫金山铜矿在 2002 年年产 1000t 铜生物堆浸试验厂的基础上，建成了万吨级生物堆浸厂，并转入试生产。1995 年长沙矿山研究院在东乡铜矿进行了国内首次井下原地破碎浸铜试验；1998 年北京矿冶研究总院在武山铜矿进行了原地破碎浸铜试验；2000 年，铜矿峪铜矿“难采难选低品位铜矿地下溶浸工业试验”获得成功投入生产，并形成年产千吨级规模原地破碎浸铜采区；21 世纪初，寿王坟铜矿“井下残存铜矿资源就地生物浸出技术试验研究”也取得了重大突破，实现了工业化应用。

另外，南方离子吸附型稀土矿的原地浸出在“八五”至“十五”期间也得到了一定的研究和推广应用，采用该方法进行稀土矿原地浸出，母液收集率大于 90%，离子相稀土浸出率大于 90%，离子相稀土综合回收率大于 75%。

2. 水溶采矿

中国水溶采矿基本上与欧美国家同时起步，但用井组连通法水溶开采以中国最早。1960年秋，自贡大安盐厂大三井用简易对流法水溶开采获得成功，后在川、滇、湘、鄂、赣、皖、苏、粤、鲁、豫等省盐矿普遍推广应用；1969年5月，应城盐矿浅井近距压裂连通法水溶采盐试验成功；1970年5月1日，湖南湘澧盐矿井组压裂连通法水溶采盐试验获得成功。2004年，运用群井致裂控制水溶开采技术，运城盐湖芒硝矿区已经形成10个群井井网，水溶开采面积达10万m^2，年产芒硝近30万t，在提高盐矿资源回采率、降低生产成本的同时，可以控制岩盐溶腔的发展，防止地表不均匀沉陷以及在岩盐矿层内建造油气储库和废物处置库。

20世纪80年代，察尔汗钾矿采用独创性的井-渠式水溶开采法开采盐湖钾矿；1989年，以美国水采船为基础的20万t/a氯化钾水采水运工艺在青海察尔汗盐湖投产，1999年4月国产水采船投产，2003年8月，以国产世界领先水平水采船为基础的百万吨钾肥厂正式建成投产，“十一五”期间，青海盐湖工业集团股份有限公司用镁钠型溶剂作为溶解固体钾矿的主要溶剂，开发了浸泡式溶解开采技术开采察尔汗盐湖固体钾矿，固体钾溶解率达80%以上，溶解液的固体钾可利用率达85%以上，对中国钾肥工业可持续发展产生了积极影响。1999年6月，内蒙古远兴天然碱股份有限公司采用循环水溶采矿技术开采合同查汗淖碱湖低品位矿取得成功，回收率提高11.23%，成本降低13.66%，纯碱白度提高24.29%。

20世纪80年代中期，长沙化学矿山设计研究院在山东泰安试验过弗拉斯开采法（过热水溶解开采法）开采自然硫矿，并取得初步进展。

3. 海洋采矿

中国于20世纪70年代末开始深海采矿技术研究，80年代对太平洋多金属结核矿产资源进行过多航次地质调查。经联合国批准，1991年8月，中国在太平洋C-C区获得了一块面积为15万km^2的矿区，经1996年放弃30%的区域后，在10.5万km^2的保留区内蕴藏着5.4亿多吨金属结核，为了开采这一资源，1991年将大洋多金属结核资源勘探开发列入国家长远发展项目，制定了《大洋多金属结核研究开发第一期（1991～2005年）和第二期（2006～2020年）发展规划》，以及“大洋多金属结核研究开发‘八五’和‘九五’计划”。2001年9月12日，由长沙矿山研究院、长沙矿冶研究院等单位承担的“大洋多金属结核矿产资源研究开发中试采矿系统”在云南抚仙湖中船重工集团750试验场首次试采成功，打通了采矿系统工艺流程；9月15日和9月17日又分别进行了结核采集和输送综合试验，3天累计7个采集段，从130m深的湖底采集并回收模拟结核900kg，试验获得成功。

（七）非煤采矿教育、科研、设计机构与技术交流

1. 采矿教育

采矿专业是中国办学历史最悠久的学科之一。其中，本科采矿专业的设置最早可追溯到1895年成立的北洋大学，1929年重庆大学成立并设有采矿专业。广西大学也从1932年开始先后开办了采矿专修科、采矿工程本科、采矿职业师专等专业。1948年11月，东北人民政府即在夹皮沟金矿开办了采矿技术人员训练班，培养了一批采矿科技人员。1949年，全国设有采矿专业的院校有北洋大学、重庆大学、山西大学、武汉大学、湖南大学、广西大学、云南大学等，以及唐山工学院、西北工学院、沈阳工学院、华北大学工学院等。1950年哈尔滨工业大学设立了采矿系，1952年进行高校院系调整，该校的采矿系并入东北工学院；抽调北洋大学冶金系、采矿系，组建了北京钢铁学院；合并武汉大学、湖南大学、广西大学等校的矿冶系成立了中南矿冶学院；其后又成立了昆明工学院、鞍山钢铁学院、武汉钢铁学院、包头钢铁学院、江西冶金学院、华东冶金学院等，此外，还开办了长沙有色金属工业学校、昆明冶金工业学校等中等专科学校、技工学校、职工业余学校，从而培养和造就了一大批采矿专门人才和技术工人，扩大了矿山科技队伍，提高了矿业职工的素质。至今培养非煤采矿专业人才的高等学校有中南大学、东北大学、北京科技大学、重庆大学、西安建筑科技大学、昆明理工大学、武汉理工大学、武汉科技大学、西南科技大学、江西理工大学、武汉工程大学、内蒙古科技大学、南华大学、广西大学、青岛建筑工程学院、辽宁科技大学、新疆大学、中国地质大学等。

2. 采矿科研与设计

1949年前，中国采矿科研机构仅有一个十余人的采矿研究室。1956年在长沙创建了中国第一家全国性的采矿科研专门机构——长沙有色金属矿山科学研究所（长沙矿山研究院前身）；1960年在冶金工业选矿研究院（现北京矿冶研究总院）正式成立了采矿研究室；1964年，组建了冶金工业部马鞍山矿山研究院。2003年底，国家以长沙矿山研究院为依托，组建了“国家金属采矿工程技术研究中心”。此外，一些省、市及大中型企业，高等矿业院校也设立了采矿研究所。这些研究单位理论联系实际，面向生产，解决了一系列重大采矿技术难题，这些成果在矿山广泛推广应用，促进了生产发展，取得较好的经济效益、社会效益和环境效益。

中国最早的冶金矿山设计机构是鞍钢设计处，后升格为鞍钢设计公司，1956年2月改编为鞍山黑色冶金矿山设计院。1958年鞍山黑色冶金矿山设计院分出一批设计人员组建了长沙黑色冶金矿山设计院，1976年鞍山黑色冶金矿山设计院又分出两

批设计人员，分别组建了秦皇岛黑色冶金设计院和华北矿建公司设计院。与此同时，各省市陆续成立了省属冶金设计院，各大钢铁公司又成立了企业设计院，各院均下设矿山设计室承担矿山设计工作。

为适应有色金属矿山的恢复和发展，东北有色金属管理局于1950年在其基建处内成立了设计科，1952年扩充为设计处。1953年重工业部决定成立中央有色局设计公司，即后来的北京有色冶金设计研究总院（现中国恩菲工程技术有限公司），成为中国第一个有色采矿专业的设计院。1956～1957年，又先后组建了长沙有色冶金设计研究院、昆明有色冶金设计研究院（现云南华昆工程技术股份公司）、南昌有色冶金设计研究院（现中国瑞林工程技术有限公司），1958年在兰州成立了兰州有色冶金设计研究院（现兰州有色冶金设计研究院有限公司），1958年8月冶金工业部沈阳铝镁设计院增设了采矿专业。1959年，苏州非金属矿工业设计研究院成立于北京；1962年，化学工业部化工矿山设计研究院在连云港成立。这些设计院专业齐全，除承担国内大、中、小矿山的设计工作外，还完成了援外和涉外矿山设计任务。目前，许多省、市和大型矿业企业也都相继建立了自己的矿山设计机构，使矿山设计力量更为壮大。

3. 采矿技术交流

中华人民共和国成立后，广泛开展采矿学术活动和技术交流，对提高采矿技术水平、推广先进实用技术和装备发挥了重要的作用。

1956年成立了中国金属学会，1985年又成立了中国有色金属学会。每个学会都设有采矿学术委员会，领导开展采矿学术交流活动，提供咨询决策，出版学术刊物与科普读物等。1983年，中国金属学会、中国煤炭学会、中国硅酸盐学会、中国核学会、中国化工学会等组织召开了大规模、高规格的“第一届全国采矿学术会议”；从1986年“第二届全国采矿学术会议”起，中国有色金属学会、中国黄金学会、中国矿业联合会等相继加入主办方行列，这些学术活动，以及1990年北京“第十四届世界采矿大会和展览会”、2004年北京“第八届国际充填采矿会议”等国内国际采矿会议，检阅了采矿科技成果，探讨了采矿业发展趋势，对促进采矿界多出成果、多出人才以及推动采矿工业的发展都做出了较大的贡献。

非煤矿业系统是创办采矿刊物和出版专业文献资料较多的工业行业之一，全国性采矿刊物主要有《中国矿业》《金属矿山》《有色金属》《矿业研究与开发》《化工矿物与加工》《矿冶工程》《黄金》《非金属矿》《中国钨业》《中国钼业》《有色矿山》（《中国矿山工程》）《矿业工程》《现代矿业》《国外采矿技术快报》（《采矿技术》）和《中国锰业》，以及采矿专业院校的学报等期刊，全面报道国内外采矿科技成果、学术论文以及生产与科研动态等。另外，部分冶金和有色金属强省的金属学会、有色金属学会，以及主要钢铁、有色企业都主办了冶金、有色金属综合刊物或企业刊物，也对推广先进技术和推动生产发展起到了重要作用。1984～1988年，北京有色冶金设计研究总院联合国内主要矿山设计院，组织编写了《采矿设计手册》（1～4卷）；1985～1990年，由中国有色金属工业总公司、冶金工业部等主管部门牵头，长沙矿山研究院负责组织编写了《采矿手册》（1～7卷），2009年冶金工业出版社又出版了《采矿工程师手册》（上、下册），这些手册本着全面性、系统性、先进性、科学性、特别是实用性的原则，为矿山设计、科研、生产等部门的工程技术人员和管理者提供了重要参考文献。

三、中国非煤采矿的未来

随着矿产资源的不断消耗，矿产资源开发将不断向贫矿、难采矿、深部矿床开采乃至大洋采矿方向发展，面临的难题将越来越多。当前，矿业发达国家如澳大利亚、加拿大、瑞典、美国、俄罗斯、智利、南非等国的采矿研究重点已从传统开采领域转变为充分利用信息科学、计算机技术和自动化技术的发展成果，更加注重安全和环保的现代采矿科学研究。数字信息技术在采矿工艺优化、采矿工程设计、生产调度、设备智能化、灾害预报及无人采矿系统等方面的应用将得到长足发展，智能采矿设备将成为21世纪金属矿山提高劳动生产率和竞争能力所追求的目标，无废、少废采矿工艺技术的创新及其技术的工程化集成应用，将成为中国采矿技术的主要发展方向。随着远程遥控和自动化采矿技术的发展，采矿办公室化的梦想终将成为美好的现实。

中国作为一个矿业大国，非煤矿山的数量有十万个左右，大体可以分为三种类型：第一类为少数现代化矿山，代表着中国矿业发展的水平，其生产工艺、装备水平、资源回收和综合利用程度、矿山数字化信息系统建设，基本达到矿业发达国家同类矿山的水平；第二类是大量的中等水平矿山，其生产规模一般不大，机械化水平大致为国际上20世纪60～70年代中期的水平，资源回收率和综合利用率参差不齐，管理水平与国外比也有较大差距；更大量的是第三种类型的小型矿山，非机械化劳动还占很大比重，安全问题、资源浪费问题都比较严重。这三种类型的矿山处于非常不同的工程科技发展阶段，其战略定位、发展思路和目标必然也有很大的差别。总体来讲，第一类矿山的科技发展将引领中国矿业的进步，也会为第二、三类矿山的提高提供技术支撑。

主要参考文献

焦玉书. 1993. 21世纪的采矿技术. 矿业工程，(10).

姚培慧，等. 1993. 中国铁矿志. 北京：冶金工业出版社出版.

周爱民. 1999. 建国以来我国金属矿采矿技术的进展与未来展望. 矿业研究与开发，19 (4)：1-4.

焦玉书，等. 2000. 中国冶金矿山可持续发展战略研究. 北京：冶金工业出版社出版.

周爱民. 2001. 我国金属矿采矿技术主要成就与评价. 采矿技术，1 (2)：1-5.

吴爱祥，王洪江，杨保华，尹升华. 2006. 溶浸采矿技术的进展与展望. 采矿技术，6 (3)：39-48.

刘荣，李事捷，卢才武. 2007. 我国金属矿山采矿技术进展及趋势综述. 金属矿山，(10).

中国钢铁工业协会. 2009. “冶金矿产资源领域‘十二五’科技发展战略研究报告”初稿. 北京：中国钢铁工业协会.

撰写者

鲍爱华（1962～），高级工程师，长沙矿山研究院科技信息中心主任。

20世纪

中国知名矿业科学技术与工程专家

孙越崎

孙越崎（1893～1995），浙江绍兴人。能源专家，中国现代煤炭工业和石油工业的奠基人之一。毕业于北京大学矿冶系，1929～1932年留学美国。从20世纪20年代起，先后创建和领导过吉林穆棱煤矿（现属黑龙江），河南焦作煤矿，湖南湘潭煤矿，四川天府、威远、嘉阳、石燕等煤矿，还担任过陕北油矿勘探处处长，在陕北延长成功地打出了油井。抗日战争期间，任甘肃油矿局局长，在艰苦的条件下，出色地创办了玉门油矿。被誉为"中国煤、油大王"。在中国工程师学会，是继凌鸿勋、侯德榜、茅以升之后第四位金质奖章获得者。先后担任过焦作工学院（现河南理工大学）常务董事及名誉院长，积极支持发展矿业教育。抗日战争胜利后，曾任国民政府资源委员会副委员长、委员长，行政院政务委员，经济部长兼资源委员会主任委员等职，主管全国经济及工业建设。新中国成立前夕，将资源委员会所管辖的大中型工矿企业及其科技工程管理人员完整地移交给新中国，对以后国民经济恢复与发展起了重要作用。新中国成立后，担任中央人民政府财政经济委员会计划局副局长、开滦煤矿总管理处副主任兼总工程师、煤炭工业部顾问、国家进出口委员会顾问、全国政协常委兼经济组组长等职，曾对基本建设规程及长江三峡工程论证和煤炭、天然气能源开发利用等问题提出重要与有益建议。

一、简　历

孙越崎原名孙毓麒，1893年10月16日出生于浙江省绍兴县平水乡同康村。少年时务农，吃苦耐劳，上过私塾。1909年考进绍兴县简易师范学校。1913年他到上海，考取复旦公学。在学期间，恰逢第一次世界大战爆发，1915年5月日本政府向袁世凯提出《二十一条》不平等条约，等于逼迫中国承认是日本的殖民地。孙越崎为此愤怒万分，即将原名毓麒改为越崎，立志要救国图存，务使中国越过崎岖而达康庄。

1916年孙越崎从复旦公学毕业后考入北洋大学，先学文科后转入矿冶系。由于他成绩优异，思想进步，又有组织能力，不久就当选为北洋大学学生会会长。五四运动爆发后，他参加与领导天津学生反帝爱国运动，并被推选为学生代表与直隶省长谈判，因拒不写悔过书而被校方开除，后得到北京大学蔡元培校长的帮助，他转入北京大学矿冶系续学，直至毕业。

1924年他到哈尔滨，应聘去中俄合办的穆棱煤矿公司任探矿队长、工程股长，长达5年之久，实践了探矿、建井、采矿、经营和铁路勘探建设等全过程。1929年他自费去美国留学，先后进入斯坦福大学和哥伦比亚大学研究生院深造，攻读矿冶专业，他不追求学位，只想多学科学技术知识与办矿本领，为祖国效劳。1932年秋，他取道欧洲、苏联回国，沿途用心地实地考察工矿企业，吸取实践经验，颇有收获，这为以后开展工作打下良好基础。

1932年冬他回到南京，应聘担任国防设计委员会专员兼矿室主任。1933年去津浦、陇海铁路调查煤矿，同年担任陕北油矿勘探处处长。到陕北一带实地调查，绘制石油勘探开发计划。1934年他率队在延长、延川一带勘探石油，成功地打出了油井。

1934年冬，孙越崎被派去整顿长期亏损的中英合资河南焦作中福煤矿，先后担任总工程师、总经理。仅一年时间就扭亏为盈，成效显著。同时，他兼任焦作工学院常务董事，资助支持办学。抗日战争爆发后，他力排众议，将焦作煤矿的主要设备、技术人员和焦作工学院的仪器、设备与师生转移后方。1937年12月，孙越崎担任湘潭煤矿公司总经理，随后担任四川天府、威远、嘉阳、石燕4个煤矿的总经理。他把天府煤矿从原始生产方式改造成一座现代化煤矿，供应当时陪都重庆所需用煤的一半以上，有力地保证军需民用，以后在四川又合建威远、嘉阳、石燕煤矿，对增强后方能源实力起了重要作用。

抗日战争前，中国石油依赖进口。抗战爆发后，港口被日军占领、封锁，油路逐渐断绝，石油奇缺，汽车靠木炭发动，当时有“一滴汽油一滴血”的说法。1941年3月孙越崎被任命为甘肃油矿局局长、总经理，负责创办玉门油矿，开采石油。在短时期内，他率领员工，依靠自力更生为主，在荒无人烟的戈壁滩上建成了第一座石油基地，年产180万加仑（1加仑=3.785升）汽油，很快缓解了后方的严重油荒，有力地支援了抗日战争。为了表彰他的功劳，中国工程师学会在1942年年会上授予他金质奖章。他重视派遣工程技术人员出国留学深造，着力培养中国自己的技术力量。因而玉门油矿成为我国石油工业的摇篮。

抗战胜利后，孙越崎被国民政府任命为河北平津敌伪产业处理局局长兼东北区特派员，资源委员会副委员长、委员长，行政院政务委员、经济部长兼资源委员会主任委员等职，他是主管全国经济与国有企业、工业建设的领导人。新中国成立前夕，他冒着生命危险，组织与领导资源委员会管辖的1000多个大中型企业、3万多名科技管理人员、70多万工人完整地移交给新中国。对新中国初期的经济恢复与发展起了重要作用。

新中国成立后，孙越崎积极参政议政。先后担任中央人民政府财经委员会计划局副局长、开滦煤矿总管理处副主任，河北省政协副主席、河北省人大常委会副主任，煤炭工业部和国家进出口委员会的顾问。多届全国政协委员、常委，中国国民党革命委员会中央副主席、名誉主席等职。还应聘担任三峡工程论证小组特邀顾问。全国欧美同学会名誉会长、中国辛亥革命研究会名誉理事长、中国和平统一促进会会长、复旦大学北京校友会会长等职。1995年12月9日因病在北京逝世，享年103岁。

二、中国现代煤炭工业奠基人之一

孙越崎从20世纪20年代开始，就参加创办穆棱煤矿，直到80年代后担任国家煤炭工业部顾问，为发展我国煤炭事业奋斗70余年。

1924年他应聘到中俄官商合办的穆棱煤矿担任探矿队队长、工程师，经常在冰天雪地、深山老林、土匪野兽出没的地区奔波，从事勘探、测量、修路等野外工作。一年后，升任矿务股长兼机械工程股长，与俄方人员分别负责开凿竖井，他虚心认真地向俄方工程师学习，并善于在实践中总结经验，专业技术逐渐赶上俄方人员。后来他被任命为路矿事务所所长。他在穆棱煤矿工作5年8个月，该矿成为当时较为现代化的大矿，年产量由不到10万吨增加到30多万吨，年盈利在50万元以上，带动与促进地方经济逐步繁荣。孙越崎在该矿工作中熟悉了钻探、建井、采煤及生产管理、运输、销售等全过程。在此基础上，他总结并撰写了《吉林穆棱煤矿纪实》一书，由中国矿冶工程学会出版。翁文灏曾到该矿考察过，对孙越崎的进取与工作能力大为赞赏。

1934年冬，孙越崎随翁文灏被调到河南焦作，先后担任了中英合办的中福煤矿总工程师、整理专员、总经理等职。该矿当时是全国第三大煤矿，也是河南省最大的企业，但由于经营不力，管理不善，造成开支大、产量低、成本高、亏损重，长期拖欠职工工资和铁路运输费用与坑木价款。国民党河南省党部主任委员、农工银行经理和河南省建设厅厅长等人先后主持该矿工作，也束手无策。孙越崎到任后，经调查研究，着手制定整顿方案，在精简机构、裁减人员的基础上，重点整顿工程，改变井下开拓掘进过度、采掘比例失调的状况，以便缩短生产线，节约开支，集中力量进行回采。同时，他果断地建立起一套经营管理制度，提出1935年完成产、运、销、盈“四个一百万”的目标。通过大力整顿，他使面临破产的中福煤矿迅速扭亏为盈。1935年产量超过百万吨，1936年产量达130.9万t，盈利达208万元。很快获得国内与英方的好评。

1937年抗日战争全面爆发，孙越崎以坚定的态度，排除万难，冒着生命危险，指挥拆运设备、转移人员，把中福煤矿整体迁移到四川后方。部分设备曾运到湘潭煤矿，他任总经理，边勘探边采煤，不到一年又将设备一并迁运四川。1938年3月他与实业家卢作孚合作，改建天府煤矿。卢作孚任董事长，孙越崎任总经理。他把天府煤矿从原始生产方式改造成一个现代化煤矿。包括建发电厂、生产机械化，双轨运煤，更新通讯设备，把巷道取直，扩大开高，以及改善矿工管理，由包工制改为矿方直接招募、管理、发工资等措施，使天府煤矿成为抗战陪都重庆最大的煤矿，供应当时重庆所需用煤的一半以上，接着还在四川先后合建威远、嘉阳、石燕等煤矿，均由他任总经理。对于增强后方能源实力，起了重要作用。

1952年11月孙越崎由中央人民政府财政经济委员会计划局调到河北唐山开滦煤矿总管理处任副主任，他主管唐山、临习、赵各庄、唐家庄、马家沟5个旧矿的技术改造，同时主管煤矿的基本建设工作。此时，他已60岁，还经常下井调查了解。过去矿井下开拓是干打眼，空气中每立方米含粉尘上千毫克，对矿工的身体健康有害，孙越崎提出改为水打眼，此项改进，使开拓时粉尘大为降低。他还改革了采煤的方法，逐步淘汰骡马运输，改用电机车，从而减轻了工人的劳动强度，有效提高了生产效率。

1981年孙越崎被国务院任命为煤炭工业部顾问。十多年中，他曾亲赴矿区实地调查研究，深入山东、内蒙古、河北、江苏等地，发现问题，即向有关部门反映，提出建议。1983年8月他赴内蒙古东胜、乌海等地调查煤矿，发现乱开小煤窑、浪费资源等问题，得到内蒙古自治区领导的重视。同年10～11月他到华北油田、京郊附近地区调查后，提出了为改善首都环境，需建设燃气化的战略性建议，得到国务院、北京市领导采纳。为合理开发与保护利用煤炭资源，建议尽快制定煤炭行业的法律法规，做到依法办矿、依法治矿。这得到中共中央领导和国家有关部门的高度重视，对《中华人民共和国煤炭法》的出台起了重要推动作用。

三、中国石油工业的创始人之一

新中国成立前，中国仅有的陕西延长、甘肃玉门、新疆独山子、台湾苗栗四个油矿，其中前三个矿均曾在孙越崎的领导之下。

早在美国留学期间，孙越崎就曾到休斯敦、洛杉矶等地的油矿考察实习过。1933年他到陕北地区调查勘察石油资源，写出了陕北油田调查报告及钻探计划，提出陕北油矿分布在陕北斜坡带及渭北凹褶两个次级构造单位，含油面积约5万km^2。延长是其中之一的中心油田。1934年春，孙越崎担任陕北油矿勘探处处长，即从上海购买两套顿钻式钻机，并从美国、德国进口各种钻头、钻具。好不容易把100多吨设备运往陕北延长，他又组织了100多人的钻井队伍，终于在延长打出了油井。

抗日战争爆发后，中国沿海口岸被日军占领封锁，石油进口来源断绝，形势危急。1938年国民政府经济部长兼资源委员会主任翁文灏决定要在甘肃玉门勘探石油，1939年春，终于在玉门成功地打出了石油。1941年3月成立了甘肃油矿局，孙越崎被任命为总经理，负责创办开发玉门油矿。从美国订购的一批石油设备，大部分在缅甸仰光被日军炸毁，于是孙越崎决心，在重庆组织力量，自行设计制造，赶制4组阶梯式连续甄炼和24座炼油釜和分馏塔等，同时抓紧搬运从美国购买而未损失的钻、采、炼设备器材。他还在四川涪陵找到了矿上急需的重晶石，装上球磨机磨成细粉，解决了配制重泥浆压井的问题。油矿还建立了一支拥有540辆汽车庞大运输队伍，从重庆至玉门2500km“大动脉”，沿途设站，运输物资器材和石油产品。为了提高油矿的技术和管理水平，孙越崎亲自挑选各部门的负责人，大都是留学生，包括孙健初、翁文波，还聘请美国专家蒲舒（钻井）、吉尔（炼油）、贝勒（采油），招聘吸收一批大专毕业生、青年技术人员，经常进行技术培训，提高技术素质。还派一批技术人员到中苏合办的新疆独山子油矿，学习苏联的钻井技术。1943～1946年他先后派出几批人员分别到美国、伊朗等地学习1～2年。如董蔚翘、孙健初、熊尚元、翁心源等到美国，杨玉璠、张芳骞等到伊朗学习钻井和炼油，这些人员对玉门油矿引进外国先进技术和管理经验，促进石油生产现代化起了积极作用。

为了使员工安居乐业，1942年孙越崎在玉门矿区增设了一个总务处，专管职工生活用品采购供应，安排好近万人的员工和家属生活。在附近有水源的地方如酒泉、赤金、嘉峪关和矿上开办了农场，生产蔬菜等副食品。筹建了学校、医院、福利社，专门为员工家属提供生活福利的服务。组建了一家建筑公司，在戈壁上承包盖起了职工住房，改善居住条件。当时玉门油矿大部分青年技术人员是大学毕业生，工作努力，很能吃苦耐劳，但不少人因婚姻问题而苦恼，为了留住这些青年人，除尽力改善矿区的物质文化生活之外，孙越崎还亲自当起了“月下老人”。他从老师邵力子的夫人傅学文在重庆办的一所女子学校招聘未婚和能吃苦的一大批女学生，到玉门矿区从事护士、会计、教师等工作。这些青年技术人员就在玉门安家立业，后来大多成长为我国石油工业中的砥柱人才。

孙越崎在到任玉门油矿总经理时，发动大家讨论后提出了1942年要生产汽油180万加仑的奋斗目标。他组织力量，发动群众，艰苦奋斗，于1942年11月中旬，终于提前实现了180万加仑汽油的生产目标，产量比上年增长9倍之多。全矿员工情绪高涨，欢欣鼓舞。玉门生产出了石油，可以提供能源，使军民能够及时把苏联支援中国的武器赶运前线，打破了日军入侵陕西省的企图。在以后的几年中，矿区各项建设日益完善，生产迅速发展。1941～1946年玉门生产原油达到31.4万t，有力地支援了抗日战争，也为中国石油工业的发展打下了基础。

1942年8月孙越崎到兰州参加中国工程师学会第十一届年会。这次会议对孙越崎抗日战争以来在大后方开发煤炭、石油取得的成绩给予很高评价，特别是在十分艰难的条件下，开发建设玉门油矿功绩卓著，因此授予金质奖章一枚。这是中国工程师学会对取得杰出贡献的工程师颁发的第四枚奖章。前三枚的获得者为创办粤汉铁路的凌鸿勋、发明侯氏制碱法的侯德榜、架起钱塘江大桥的茅以升。

1942年8月26日蒋介石曾亲赴玉门油矿视察，对油田成就和孙越崎艰苦创业的精神大加赞赏。

玉门油矿成为中国石油工业的摇篮。20世纪五六十年代在中国，凡有石油处，都有玉门人。

四、把原资源委员会所属厂矿完整移交给新中国

1947年5月起，孙越崎被任命为国民政府资源委员会副委员长和委员长。资源委员会领导着全国重工业、矿业、电力、制糖、造纸、化工等国有企业，有121个总公司，1000多个大中型企业，还有若干勘察设计等研究单位，有3.2万多名技术和管理人员，其中40%以上大学毕业，有3000多人是留过学的高级人才，有70多万工人，其中有20多万技术工人。在人民解放战争不断进展中，孙越崎认清形势，出于爱国和事业心，冒着风险珍惜资源委员会现有的工矿企业，认为它们是中国仅有的一点工业基础，有责任把它们保存下来，迎接解放，在他和其他人员的共同努力下防止了国民党的破坏与拆迁，最终将其所管厂矿全部、完整地移交给中国共产党。1948年10月他借国民党社会部在南京召开全国工业总会成立大会的机会，把参加会议的资源委员会外地厂矿负责人与本部机关各部门负责人共40多人召集在一起，就在机关内开秘密会议。会上他分析当时国内形势，认定共产党必胜，并会重

视国家建设，动员全体同仁和企业完整地留在大陆，为祖国人民服务，部署了“坚守岗位、保护财产、迎接解放、办理移交”的决策，让外地参会人员回去内部传达，并做好具体安排，避免发生财务困难或人员混乱等问题，要安定人心。会上得到热烈响应，表示理解。之后大家冒着风险，护厂护矿，拒绝拆迁去台湾。最终资源委员会的设备、物资、财产、人员、档案等被完整地移交给中国人民解放军，这是在国民政府机构中唯一完整移交的文职单位。

1949 年 4 月 21 日孙越崎在炮火声中从南京到上海，立即帮助资源委员会各部门做好在上海的应变工作，然后打算辞职隐居，但留守上海的一些资源委员会的领导层极力反对孙越崎辞职，希望他去广州留在国民政府工作，以掩护资源委员会在上海迎接解放的活动。孙越崎不得不采纳大家的意见，于 4 月 26 日离开上海到广州。先将家属送到香港，并见了中国共产党香港负责人乔冠华，乔冠华劝他仍回广州，留在国民政府工作为好。5 月 6 日他到广州向行政院院长何应钦报到，并以广州房屋紧张为理由，建议资源委员会留在上海不迁广州了，最后得到何应钦的同意。孙越崎在广州期间，把从上海带去的 208 万美元，设法迅速分发给华中、华南、西南待解放地区的资源委员会厂矿企业，作为应变期间的维持费用。孙越崎在广州住了约半个月。5 月 29 日台湾省主席陈诚主持行政会议，发现孙越崎未出席，就对他的动向表示了怀疑。孙越崎得知后立即向李宗仁、何应钦提出辞职，脱离国民政府，去了香港。

孙越崎在香港期间，筹划与部署资源委员会国外贸易事务所起义，把价值数百万美元、约 4000 多吨稀有金属矿产品移交给人民政府。1949 年 11 月 14 日资源委员会香港国外贸易事务所全体员工宣告起义。11 月 19 日得到毛泽东主席的复电嘉奖。

孙越崎于 1949 年 11 月中旬，乘船返回北京，参加人民政府工作，受到周恩来总理的热烈欢迎。

五、重视与关心矿业教育事业

焦作工学院位于河南省西北部焦作矿区，其前身是英国福公司创办于 1909 年的焦作路矿学堂。先后更名为福中矿务学校、福中矿务专门学校、福中矿务大学。1925 年五卅运动发生后，福公司的势力遭受打击，以致在焦作经营的煤矿停工停产，经营不善，亏损严重。中断了给福中矿务大学的拨款。

1933 年 6 月经艰苦谈判，中英双方达成协议，成立中福公司，重振企业。但由于机构依然庞大，经营管理不善，开支大、成本高、产量低、销售差、入不敷出，负债沉重。面临这种困难，在英国驻华大使的要求下，国民政府于1934年9月间委派翁文灏和孙越崎分别以整理专员和总工程师的身份到焦作整理中福公司矿务，期限定为两年。翁文灏较忙，只是兼职，主要工作由孙越崎负责。当时国民政府对焦作工学院的归属处理是划给省办。

孙越崎先对焦作煤矿和焦作工学院做了调查了解。于1934年12月到焦作煤矿正式上任。他既下力量整顿煤矿，又关注着焦作工学院的发展。他亲自担任焦作工学院董事会的常务董事。他在中福公司整理取得成效，扭亏为盈以后，焦作工学院的部分经费，由中福公司予以资助。

1935年12月9日孙越崎在他到中福公司一周年之际，专门到焦作工学院为全体师生作“本矿采煤计划概要”的演讲。他把煤矿生产概括为产、运、销、杂四个字，着重介绍了煤矿的开采程序，还介绍了采掘和煤矿安全的重要环节，以及当时领导的中福煤矿的生产计划。孙越崎为加快培养采矿工程技术人员，以适应当时需要，还在焦作工学院增办了一个矿冶专科班，学制两年，在矿实习，毕业后在中福公司工作。

1937年10月中旬，日本侵略军向南进犯河南安阳。焦作工学院积极准备迁移避难。当时学校拟不迁出河南省，去内乡。教育部电示，以迁西安为宜。孙越崎表态，坚持主张内迁西安，并即动员将全体师生员工及仪器设备、图书等运至郑州再向西转移。先后在陕西西安、甘肃天水、陕西城固等地继续办学，并于1938年7月与北洋工学院、东北工学院、北京大学工学院合并组成国立西北工学院，为国家培养了一批工业建设人才。

抗战胜利后，为尽快恢复焦作工学院，孙越崎等人向教育部呼吁提出建议获准。在新中国成立前夕，焦作工学院曾迁往洛阳、苏州，办学经费困难，由时任资源委员会委员长的孙越崎拨款支持。新中国成立后，孙越崎曾任焦作工学院的名誉院长。他还十分关注不断扩展的北京矿业学院、中国矿业大学。1984年12月中国矿业大学徐州校区举行隆重竣工典礼时，孙越崎当时任煤炭工业部顾问，同煤炭工业部高扬文、知名数学家华罗庚等前去出席剪彩仪式。

六、论证长江三峡工程

早在抗日战争后期，资源委员会曾与有关部门组成三峡计划技术研究委员会，并派40多名工程技术人员到美国田纳西河流域工程管理局实习。1947年因国内战争，撤销了与美国合作设计三峡工程的项目，并撤回了派出的实习工程技术人员。

20世纪80年代关于长江三峡工程问题，中共中央曾征求全国各方面专家、学者的不同意见进行论证。1983年初，全国政协第六届会议上，90岁高龄的孙越崎连任常委，并被任命为全国政协经济建设组组长。1988年初，在全国政协第七届会议上，他再次当选为常委，并被任命为全国政协经济委员会第一副主任。在这一段时间，他担任了全国政协三峡工程专题组组长，被水电部聘为三峡工程论证小组特邀顾问。为了论证三峡工程的利弊得失，他查阅了大量有关长江流域和三峡工程的资料，并听取有关专家、学者委员的各种意见。1985年他还亲自率组去长江上中游进行了为期36天的实地调查考察，写出了报告上报中共中央参考。又在政协七届三次会议上和水电部三峡工程论证领导小组等会议上做过长篇发言。用了5年的时间，亲笔写成《关于长江流域综合治理和三峡工程问题》共4万多字的论证报告，对有关的防洪、发电、航运、南水北调、泥沙、滑坡、生态环境保护、移民等一系列问题，提出了建设性的意见：总的趋向于推缓上马干流工程，先在上游支流（乌江、红水河、金沙江）兴建小工程。供领导决策参考。

孙越崎考虑是：三峡工程规模之大、工期之长、投资之多、移民之广、生态环境变化影响之严重，都是史无前例的，希望促进各方面对这项工程建设的艰巨性与复杂性的认识。重视论证工作的科学化、民主化。关于防洪，他通过长江中下游历史上1870年、1931年、1954年、1981年发生特大洪灾成因的分析，提出当前抓平原防洪工程，加固加高堤防和利用蓄洪区功能。关于发电，他认为，要先支流后干流；要水电火电相结合，华东地区以火电为主，水电为辅。关于航运，他主张长江的规划和整治应以航运为主，它是中国最大、最重要的通航河道。

七、怀念孙越崎的奋斗一生

1995年12月9日孙越崎以103岁高龄在北京逝世。生前遗言，丧事从简，不举行仪式；遗体进行医学解剖，骨灰作为肥料。

为了纪念孙越崎对中国能源事业做出的突出贡献，弘扬他发展科技教育，振兴中华的精神，1992年在朱学范、钱伟长、程思远等20多位各界知名人士倡议下，成立孙越崎科技教育基金。

为了宣传孙越崎一生表现出的爱国自强，不务浮名，廉洁律己的高贵品德，1992年由基金会组织编写了《孙越崎传》；以后又出版了《长忆百龄翁——孙越崎纪念文集》、《工矿泰斗——孙越崎》等传记、文集。

1996年孙越崎家乡、绍兴县人民政府为了纪念孙越崎，投资在山区兴建了一所全寄宿的新型高级中学，命名为越崎中学。在校内还建立了孙越崎纪念馆。

1999年焦作工学院在校园内安放孙越崎塑像。2009年中国矿业大学（徐州与北京）都安放了孙越崎铜像，中国矿业大学（徐州）于2008年还专门建立了孙越崎学院，选拔培养优秀矿业人才。甘肃玉门油田于2009年建矿70周年之际，建立油田展览馆，对孙越崎的功绩做了专门展出。浙江绍兴县档案馆将建立孙越崎档案室，收集保存孙越崎文物资料。

八、孙越崎主要论著

孙越崎. 1930. 吉林穆棱煤矿纪实. 长沙：中国矿冶工程学会.

孙越崎，严爽. 1933. 津浦铁路沿线煤矿调查报告. 内部资料.

孙越崎，张心田. 1934. 陕北油田调查报告及钻探计划. 内部资料.

孙越崎，汤子珍. 1935. 中福第一矿厂水患的治理. 内部资料.

孙越崎. 1938. 湘潭煤矿筹办之经过. 资源委员会季刊，(3).

孙越崎，张心田. 1938. 陕北油田钻探工作纪要. 资源委员会季刊，(2).

孙越崎. 1939. 四川之煤矿业. 新经济，(5).

孙越崎. 1940. 解决四川煤荒问题之建议. 西南实业通讯，(4).

孙越崎. 1951. 没有工程设计就不可能施工. 人民日报，第1版.

孙越崎. 1985. 河南焦作中福煤矿的坎坷道路. 内部资料.

孙越崎. 1992. 孙越崎文选. 北京：团结出版社.

主要参考文献

宋红岗，等. 1994. 孙越崎传. 北京：石油工业出版社：314.

薛毅. 1997. 工矿泰斗孙越崎. 北京：中国文史出版社.

张叔岩. 1988. 玉门石油管理局史志编纂委员会，玉门油矿史. 西安：西北大学出版社：199.

河南理工大学. 2009. 河南理工大学史. 上海：中华书局：591.

邹放鸣，等. 百年矿大人物传略. 2009. 徐州：中国矿业大学出版社.

撰写者

孙叔涵（1929～），孙越崎女儿，农业部中央农业广播电视学校原副校长，教授级高级农艺师。

朱丕荣（1928～），孙越崎女婿，农业部国际合作司原司长，联合国粮农组织计划委员会原委员，教授级高级农艺师。

王德滋

王德滋（1896～1977），河北怀来人。煤炭科学技术专家，中国现代煤矿建设的开拓者和煤炭科学技术研究事业的主要奠基人之一。1923年毕业于北洋大学。曾任南开大学助教，河北柳江煤矿和安徽淮南大通煤矿总工程师，云南明良煤矿总经理兼总工程师，安徽淮南煤矿铁路公司煤矿局局长兼总工程师；燃料工业部基建司副司长，北京煤炭科学研究院（现煤炭科学研究总院）首任院长。曾兼任国家科学技术委员会煤炭组副组长，北京煤炭学会筹委会副主任委员、理事长等。他长期在煤矿生产建设第一线负责技术和管理工作，采用新技术和实用技术改造、扩建落后矿井，提高技术和安全水平，大幅度提高产量。20世纪40年代，在淮南矿区设计建设了年产90万t的国内先进矿井。由于在抗战时期为大后方用煤做出巨大贡献，被国民政府授予“胜利勋章”。

一、成长经历

王德滋（曾用名王润琴），1896年3月5日出生于察哈尔省（现河北省）怀来县南辛堡村的农民家庭。由于家境困难，王德滋很晚才上学，到1917年中学毕业时已21岁。由于成绩优异，他获得了怀来县资助上大学的贷学金，并于1917年考入天津北洋大学采矿科（采矿、冶金工程）学习，1923年以第一名的成绩毕业。毕业后他到天津南开大学采矿系任助教一年。

1924年8月，王德滋辞去南开大学工作，到河北省秦皇岛开办不久的柳江煤矿工作，这是他人生道路上的第一个大转折。由于在柳江煤矿工作成绩显著，他由最基层的监工升为工程师、科长、工程部长兼总工程师，同时在长期实践中积累了丰富的工程技术经验。

1935年11月，柳江煤矿被日本侵略者占据，王德滋离开了柳江煤矿，被聘请到安徽省怀远（现淮南市）大通煤矿公司任总工程师。大通煤矿是于1935年8月17日由当时的国民政府建设委员会和华商大通煤矿股份有限公司共同组建成的。当年发行债券100万元，用于建设新井。原来该矿只有一个井出煤，日产煤500多吨。

王德滋任总工程师后，新建了日产煤2000t的大通二号井，只用了约一年半时间，大通矿每日产煤迅速增加到1700多吨，到1938年9月被日本侵略者占领时，已基本收回了投资。由于王德滋成绩突出，1938年被国民政府资源委员会吸收为资源委员会委员。

日本侵略者占据了大通煤矿后，王德滋带领部分技术人员撤到西南后方。他先是参加了贵州省贵阳市筑东煤矿的建设，任筑东煤矿筹备处主任。1939年9日，他被资源委员会派到云南明良煤矿公司任总经理兼总工程师，直到抗日战争胜利。他对该矿进行扩建和技术改造，大幅度增加了煤炭产量，对支援昆明地区战时煤炭急需起到了至关重要的作用。

1946年2月，抗战胜利后王德滋又回到淮南，任淮南煤矿铁路公司煤矿局（后为淮南矿务局）局长兼总工程师。淮南煤矿是淮河以南至长江间最大的煤炭生产基地，距上海、南京很近，曾被日本侵略军占据并对该矿的煤炭资源进行掠夺性开采，矿区已奄奄一息。王德滋回到该矿后，决定立即扩建大通矿3号井，依靠自己的力量，于1948年10月建成了年生产能力为90万t的矿井。同时又以同样方式继续改建九岗矿3号井，达到了年产90万t生产能力。在扩建矿井、提高产量的同时，王德滋看到老矿区煤炭储量有限，必须寻找新的煤田接替，为此，邀请地质学家谢家荣到矿区考察勘探，发现了八公山煤田。随即在这个新煤田新建了年生产能力为75万t的新庄孜煤矿。到新中国成立之时，淮南煤矿已成为全国大型的重要煤炭生产基地，并培养出了一大批煤炭生产建设工程技术骨干。

1949年9月，王德滋配合军管会接管淮南矿务局后被调任燃料工业部基本建设司副司长，负责煤炭工业基本建设技术工作。

1957年4月，王德滋被调任煤炭工业部新建的北京煤炭科学研究院首届院长。这是他一生工作的第二个重大转折，从干了多半生的生产建设、行政管理，转到科学技术研究，开始了他一生工作的第二个春天。在新的工作岗位上，他没有辜负国家的期望，同北京煤炭科学研究院其他领导人一起，为开创我国现代煤炭科学技术研究事业奠定了基础，做出了重要的贡献。

二、主要专业领域和技术成就

王德滋学的是采矿、冶炼工程，在大学当助教一年后，决心到艰苦的煤矿工作。十年间他从一个煤矿最基层的技术人员到总工程师，打下了扎实的工程技术基础。之后十五年，他仍在煤矿生产建设第一线负责技术和管理工作，并设计建设了当时在国内技术先进的大型煤矿。在这个基础上，他开始负责新中国煤矿基本建设的技术工作。八年后，他已 61 岁，负责建设成立北京煤炭科学研究院，直至 69 岁因病退休。

1. 理论和实际结合，在实践中发挥工程技术才干

柳江煤矿是一个新开的小矿，条件艰苦，井下工作还有安全问题，工作、生活无法和他在南开大学比。但王德滋认为，自己虽然在大学学了不少理论知识，而对于煤矿生产建设实际却接触不多，了解不深，只有进行实际锻炼，才能更好地发挥所学；另外他从小就参加农业劳动，不怕吃苦。其次，王德滋感到煤矿太缺乏技术人才，更何况柳江煤矿是自己家乡的煤矿，应该出一把力，于是下决心去了该矿。从此一直在煤矿生产建设第一线干了 25 年，直到 53 岁才改做行政管理工作。他在柳江煤矿工作了 10 年，设计施工了矿井地面工程、井下防水工程，解决了每年雨季淹井停产问题；改善了电力、通风系统，保障了安全生产；改进了窄轨铁路坡度和车辆结构，避免了频繁发生翻车、断轴事故。柳江煤矿年产量由不足 7 万 t 增加到 20 多万吨。由于成绩显著，他也由监工逐级晋升为工程部长兼总工程师。

日本侵占柳江煤矿后，王德滋到淮南大通煤矿任总工程师。当时矿井日产煤 500 多吨，为增加产量，他努力利用当时的技术条件，他带领仅有的技术助手 3 人，自行设计并亲自监督施工了日产 2000t 的大通 2 号井。他着重解决配套中的薄弱环节，修建轻便铁路运煤到铁路支线。全部工程约一年半建成，煤矿日产很快达到 1700t。由于成绩突出，王德滋的工程技术水平受到煤矿界的公认。

2. 对云南昆明明良煤矿进行技术改造，保障抗战大后方用煤

抗日战争时期，国民政府迁移到重庆，一批工厂、机关、院校和人员迁到西南地区，集中在重庆、昆明等少数几个大城市，因此，当地的工业、交通和生活用煤量急剧增加，保证煤炭供应十分重要。王德滋于 1939 年到云南明良煤矿任总经理兼总工程师。明良煤矿是昆明地区主要煤炭生产基地，但规模小，技术落后，地面运输不配套，基本上是属于一个土法开采的小矿。王德滋采用当时的先进技术对矿井进行大力改造。在战时物资供应十分困难的条件下，开凿了平硐三处，大幅度提高了全矿的生产能力。建立了完整的通风、排水系统，用蓄电池矿灯取代了矿工在井下用的电石明火灯，保证了安全生产。原来是用几十辆“木炭汽车”运煤，运量小、成本高、不安全，不能担负产量增加后的运输任务。为此，修建了由该矿到滇越铁路长 20 多千米的运煤轻便铁路。并且因地制宜设计了利用重力分三段下放重斗车，

用畜力拉回空斗车的方法，解决了煤炭地面运输问题。对明良煤矿的技术改造，不仅保障了战时昆明地区用煤，而且应用的一些新技术有着示范作用，对促进西南地区煤矿技术发展有深远影响。为此他获得了南京国民政府颁给的“胜利勋章”。

3. 在淮南矿区自行设计建设大型先进矿井，勘探扩大煤炭储量

抗战胜利后，王德滋回到淮南煤矿。1946 年 4 月 1 日，淮南矿路股份有限公司成立，王德滋任其隶属下的淮南煤矿局局长兼总工程师。当时全局职员 500 人，其中大学毕业生 200 人。煤矿只剩下两处 30m 深的井筒，即大通矿 3 号井和九龙岗矿 3 号井。大通矿 3 号井开采的 240m 水平以上煤层即将采完，开采深部煤层刻不容缓。王德滋决定立即将大通矿 3 号井井筒由 30m 深向下凿至 330m 深，开采 330m 水平煤层。他亲自参加和组织工程技术人员自行设计地面和井下全部工程。设计采用高 35m 的钢筋混凝土井架，7.46kW 蒸汽提升绞车，长 100m、跨度过 22m 的钢屋架，矿车自动滑行轨道布置，既减轻了井口工人的繁重的体力劳动，又大大提高了运输效率，当时国内尚无先例。全部工程均自行施工、安装，不到两年便扩建成了 90 万 t 的大型矿井，于 1948 年 10 月正式投产，使淮南煤矿的煤炭年产量首次突破百万吨水平。新建成的大通 3 号井在技术和装备水平上与当时外国资本运营的煤矿完全可以相媲美，属于当时一流大型煤井。他又以改扩建大通矿 3 号井的同样方式改扩建了九龙岗矿 3 号井，也达到 90 万 t 生产能力。

王德滋看到，淮南煤矿临近上海等大量用煤地区，急需增加产量。为此必须进一步找煤，扩大煤炭储量。1946 年 4 月，他邀请国民政府资源委员会矿产勘探处处长、地质学家谢家荣到淮南考察，发现八公山含煤地层，明确“淮南大盆地”概念，为找煤提供了依据。1946 年 9 月，由谢家荣定点，在新庄孜打钻孔勘探，在距地表 19m 深处发现了近 4m 厚的煤层。

1947 年春，淮南八公山新庄孜矿工程处成立，拉开了淮南煤矿新区的建设序幕，随即建成了年产能力 75 万 t 的新庄孜煤矿。淮南煤矿跻身全国重要煤炭生产基地，对我国能源供应和长江三角洲地区的经济发展，意义重大。

4. 创建煤炭科研机构，建立完整的煤炭科研体系

新中国成立前，我国基本上没有专业煤炭科学技术研究机构。1956 年国家决定筹备成立北京煤炭科学研究院。1957 年 5 月，北京煤炭科学研究院成立，王德滋被任命为院长。煤炭是我国的主要能源，且煤炭资源条件复杂多变，建立强大的煤炭科研机构意义重大。由于煤炭工业涉及许多专业，因此，必须要建立起一个多学科、

多专业的综合性研究体系；1960 年，煤炭工业部决定，由北京煤炭科学研究院负责领导管理全国煤炭系统专业研究工作。经过六七年的不懈努力，到 1965 年王德滋病休时，已在北京建立了开采、建井、煤化学、经济和煤田地质（现煤炭科学研究总院西安分院）5 个研究所，另外还在唐山、抚顺、太原、上海和重庆建立了 5 个研究所（现均为分院）。这 10 个研究所包括了煤炭工业涉及的煤田地质勘探、矿井建设、煤炭开采、煤矿安全、采掘机械化和电气化、煤炭洗选、煤化学及加工利用等各个方面，基本上实现了研究机构专业的配套，建立了集中统一的、完整的煤炭科研体系。实践证明，这种科研体系对提高煤炭科研的整体水平，实现煤炭工业现代化是有利的，起促进作用的。所以，几十年来，煤炭工业管理体制虽然经过多次改革，但煤炭科研的这种完整体系仍一直保持着。而且新增加了环境保护、自动化和信息化、爆破技术等科研实体，使煤炭科研集中统一的体系更完整了。

5. 明确科研方向，集中主要力量解决生产建设中的关键技术问题

王德滋长期在煤矿工作，对煤炭生产建设的急需有深刻的体验，从担任院长伊始，对煤炭科研工作的方向就有很明确的认识，他经常强调煤炭科研要面向生产建设，为生产建设服务。要立足当前，兼顾长远和基础研究。他说："我们是产业部门的科研机构，应当把结合实际，研究解决煤炭生产建设中的技术关键问题作为主要任务。"在制订科研计划，部署科研力量时，他提出 1∶8∶1 的意见。他说："我们和中国科学院不同，用 10%左右的力量搞技术基础理论就可以了；我们和厂矿研究所也不同，但有时现场找上门来，要求解决一些生产急需解决问题，我们也要管，也要抽一些人去搞'门诊'，一般不超过 10%的力量；其余 80%左右的主要力量，应针对生产建设中的技术关键问题，集中力量攻关。"按照这样的思路，重点是对煤炭工业当前生产建设中的重大技术难题开展研究。例如，由于煤炭产量增加很快，支护巷道和采煤工作面用的坑木的需求量大增，但我国木材资源又不丰富，因此，"坑木代用"成为当时煤炭生产建设中迫切需要解决的问题。1961 年，王德滋率工作组到全国主要矿区考察坑木代用与节约情况，工作组提出的报告被煤炭工业部采纳。同时，他立即组织力量在北京煤炭科学研究院开展了新型支架的研究，亲自审查研究方案，观看试验情况，帮助解决条件和存在问题。在他领导和组织下，研发的新型水泥支架迅速得到大面积推广，代替了大量巷道支架用坑木。此后，金属支柱又研制成功，大量推广应用于耗用坑木最多的采煤工作面，取代了木材支柱。"坑木代用"研究取得一系列成果，基本上解决了坑木供应紧张的问题，为煤炭大幅度增产创造了条件。

又如“冻结法凿井”是一项新技术，即用冷冻的方法将含水的流沙地层冻结，然后凿井，避免水、沙涌入凿井工作面危及工人安全，导致凿井失败。我国煤田上覆地层为冲击积层的不少，尤其是华东地区，有很厚的冲积层，迫切需要解决在这些地方新矿井建设中凿井的这一技术难题。因此，建院开始就把解决冲积层的特殊凿井作为急需问题，重点研究。现在冻结法、钻井法和注浆法等特殊凿井法已取得丰硕技术成果，为开发具有冲积层的煤田起到了极为关键的作用。

王德滋不光注重抓研究开发，还十分重视科研成果的推广应用和配套成龙。在审议、鉴定科研成果时，他很关心厂矿能否掌握和推广后的效益。他常说：“不要一出成果就完了，还要关心推广应用，必要时派人去现场具体帮助”；“我们只提供单项技术，其他环节不配套还是发挥不了生产效益”。例如，在研究采煤机工业性试验具体问题时，也要考虑相应的工作面支护、顺槽运输和通风等配套情况，甚至采区煤仓及其自动化问题也想到了，给科研人员留下深刻印象。

他在部署解决当前急需的同时，还兼顾长远和基础研究。如煤田地质结构（包括古生物、煤岩对比等）、水文地质、煤炭分类、煤的可选性、煤炭燃烧、煤炭加工利用、标准化等都建立了研究室或立项进行长期研究。

6. 探索研究新技术，为进入世界先进行列打基础

王德滋对新技术研究十分重视，建院伊始，就开始对一些新技术如物理勘探、钻井法特殊凿井、重介质选煤等开展研究。电子计算机在我国刚刚开始发展，他在1962年全国人大科技组会议上就提出电子计算机工业应用的建议。他亲自起草，并找技术人员讨论后正式提出这一提案，得到政府的支持。1962年秋，煤炭工业部决定在北京煤炭科学研究院组建这一专业，并拨专款购置了当时国内生产的第一代真空管电子计算机，使北京煤科院成为我国最早开展电子计算机工业应用研究的少数几个单位之一。刚建立不久，就利用这台电子计算机为国防部门服务，进行了大量运算。又如钻井法凿井，是用大型钻机钻进冲积层，在地面预制好，一节节的钢筋混凝土井筒，放入钻好的大钻孔内，便把井筒造好，工人不需下井操作，全部工程在地面完成，这是凿井工人多年的梦想，是继冻结法凿井后的又一新技术，在国外亦尚不成熟。1959年北京煤科院列此课题准备研究，但由于研制这一套大型设备投资很大等原因，不久便停了下来。1965年，王德滋随团去国外考察后，极力主张重新上马，经过几年努力，这一新技术研究成功，在许多新井建设中应用，受到施工单位和工人的欢迎。除以上新技术外，新型采掘机构、装运机构、瓦斯抽放、煤炭浮选、煤的沸腾床燃烧、同位素应用等许多新技术、新设备、新仪器仪表研究都先

后开展起来。由于狠抓了新技术研究，使科研起点高，一些新技术研究成果现已达到国际先进水平，为煤炭科学研究院进入世界同类研究机构的先进行列打下良好的基础。

7. 言传身教，培养大批煤炭科技人才

王德滋于1935年第一次到淮南煤矿任大通矿总工程师，他带领仅有的3个技术助手，设计施工了日产2000t的2号井。1946年回到淮南，任煤炭局局长兼总工程师，在日本人破坏的残局上恢复和重建整个淮南煤矿。他亲自领导和参加了大通矿3号井、九龙岗矿3号井改扩建的设计与施工。他身体力行，努力采用先进技术，组织矿区中央机厂依靠自己的力量制造矿井设备并自行安装，在较短时间内他和技术人员共同完成了两个大型矿井的改扩建，达到国内先进水平。在建设过程中，他十分重视人才培养，造就了一大批煤炭生产建设的骨干力量。据不完全统计，这一批人员中，在新中国成立后，成为教授的有5人；省煤炭局和大矿务局的领导有18人，总工程师15人；各煤矿设计院技术领导6人。他们为新中国煤炭工业蓬勃发展发挥了重要作用。

王德滋任北京煤炭科学研究院院长后，更重视人才的培养。新建研究机构，首要的是人才，组建研究队伍。为此，增加了一大批年轻的科研人员。王德滋更是热心培养他们，让他们在实际工作中得到锻炼。在研究方案、总体设计、试验过程中帮助他们发现问题，分析总结，使研究工作密切结合煤矿实际，理论与实际相结合，提高解决技术问题的能力。他重视学习国外先进经验，建院初期就聘请苏联专家为顾问，吸收留学回来的技术人员，还选派了大批青年科技人员到国外学习。后期尽管他年老多病，但仍深入矿井井下调查，考察试验情况，参加成果鉴定等。他对待研究工作严格踏实的作风，对煤炭科研事业的热爱，对年轻的科研人员的成长都有很深的影响。

王德滋一生历经了三个“朝代”。他曾写道：“看到清王朝的腐败，袁世凯的卖国，日本的侵略，因此痛恨官僚主义，帝国主义。”受到“为天下人造饭，己饭亦在其中”理论的影响，他前半生的人生观决定了他选择走“实业救国”的道路。在大西南后方很困难的条件下，努力多出煤，支援抗战。他的同学几次让他去南京国民政府做官，他都谢绝了，他不羡权势与富贵，坚持在煤矿艰苦奋斗。

他爱矿如家。一次，柳江煤矿被水淹，他率先下井，在齐腰深的水中带领工人修理排水设备，恢复了生产。有一次，煤矿被军阀占领后，职工都回家避难，他不顾个人安危，坚守矿井排水，防止矿井被淹没。

他关心工人安全和生活，重视安全生产。在大通矿和九龙岗矿修建了工人宿舍、医院、小学、俱乐部。

王德滋工作严谨，踏实负责。煤炭科学研究院的重大项目设计方案，他都亲自参加审查，重大成果鉴定也一定亲自参加。1965年，王德滋已患冠心病、高血压几年，装岩机项目在贵州进行技术鉴定，他仍带病参加。

王德滋一生清廉，为人正直，作风民主，尊重他人，对人热情和气。在家里也是一位好的家长，他的夫人是农家女，不识字，但他们却能相依相伴，白头偕老。

1977年3月3日，王德滋因病医治无效在北京去世。

王德滋将他的一生献给了煤炭生产建设和科学研究事业，并做出了重要贡献，他的科学精神、工作作风和道德风范，都值得我们深深怀念。

主要参考文献

董传馨. 2005. 王德滋// 中国科学技术协会. 中国科学技术专家传略·工程技术篇·能源卷1. 北京：中国科学技术出版社：41-50.

中国煤炭志编纂委员会 . 1999. 中国煤炭志·安徽卷. 北京：煤炭工业出版社：18-20.

撰写者

芮素生（1933～），江苏宜兴人，高级工程师，教授。长期从事煤炭科学研究工作，曾任煤炭科技情报研究所所长兼煤炭工业出版社社长，中国煤炭报社社长，煤科总院院长，现任中国老科学技术工作者协会煤炭工业分会理事长、中国矿业大学客座教授等。

董传馨（1930～），重庆市人，高级工程师，副教授。长期从事煤炭科学研究，煤炭科学技术宣传报道工作。曾担任煤炭工业部煤炭工业年鉴编辑（科学研究部分）。

严　爽

严爽（1896～1962），江苏泰兴人。石油工程专家，玉门油矿的开拓者、中国现代石油工业的拓荒者之一。1919年毕业于北京大学矿冶系，1937年入美国俄克拉荷马州诺曼大学进修石油工程。从20世纪30年代起从事中国现代石油工业的勘探开发工作，曾参与组织陕北石油钻探，发现永坪油田，研制凡士林供应中央红军急需；主持勘探开发中国第一个整装超高压油田——玉门油田，为缓解抗战大后方的油荒、支援前线做出了贡献。在组织开发玉门油田过程中，积极建议引进先进装备，组织员工消化吸收，推进石油勘探开发技术的进步，使之成为中国第一个现代油田；吸收了一批青年知识分子和年轻工人，在实际工作中进行培养、锻炼，使他们逐步成长为中国第一代石油专业技术人才。1949年，主持上海炼油厂的建设，并向燃料工业部领导提出中国石油工业恢复建设的一些建议；50年代曾以中国专家的身份与苏联专家一起研究探讨石油勘探开发部署和相关技术问题。

一、简　历

1896年7月5日，江苏省泰兴县殷家庄中医严祥之家的第三个儿子呱呱坠地了。全家浸润在喜气洋洋的气氛中，严祥之心情舒畅极了，便给新生的儿子起名严爽。

严爽的父亲严祥之行医，认真负责，在乡里很有名气，“求诊者颇多，赖以起家”，而母亲则是贤惠的农村妇女，操劳田间，勤俭持家。这不仅影响到儿子们的为人处世，而且还为他们创造了求学深造的经济条件。三个儿子中，除次子读了私塾继承父业外，长子毕业于北京政法学校，严爽毕业于北京大学。

1903年，严爽进乡间私塾就学，至1908年，接受了《三字经》、《千字文》等传统的启蒙教学，使他懂得做人的道理，同时打下了古汉语基础。时倡导新学，为了接受现代教育，在父亲的支持下，他于1909年进入县立小学求学。因为他是乡下孩子，难免有些土气，城里有的学生取笑他，他和善以对，不当回事，只顾埋头读书，成绩优异，那些同学也就不再欺侮他了。不久，他考入南京两江师范学校。时值辛亥革命，充满憧憬的严爽，接受了新的思想，懂得一个道理，就是“实业救国”。于是，他立志学工，1913年考入北京大学预科，第三年转入本科矿冶系。当他读本科二年级时，父亲病逝，家中经济情况发生变化，不能按时供给他学费，常使他囊中羞涩，颇受生活窘迫之苦，直到1919年毕业。

严爽大学毕业后，即参加开滦煤矿矿场实习员和国家文官高等考试，均被录取。他为了实现自己的理想，选定去开滦煤矿矿场实习，同时请求保留文官资格，竟如愿以偿。他到了开滦煤矿，被分配到马家沟矿。实习中遇一次矿难事故，使他万分震惊。他在自传中写道：“时开滦煤矿管理权由英商掌握……中国人处于被支配地位，处处反映着不平等待遇。我在马家沟矿实习期中，唐山矿井下曾发生大爆炸惨案，矿工死伤者达六七百人，舆论哗然，曾经北京（北洋政府）外交部会同农商部多方交涉，英方对死亡抚恤费每人仅允从50元增至100元。”对此他深感民族之不幸，乃于实习期满后愤然离开该矿。

1921年，他到北京石景山龙烟铁矿做会计员，该矿系新建，因贷不到款而发不出工资，员工星散。他凭借高等文官资格，到农商部矿政司兼任技士职务，不仅拿点兼职薪水养家糊口，重要的是结识了地质学家翁文灏。至1926年，他鉴于龙烟铁矿恢复无望，才专任矿政司技士。时国家机关也闹欠薪，一家几口人生活十分困难，翁文灏见状，便介绍他去吉林穆棱煤矿任采煤技师，后任探煤技师。他在那里认识了孙越崎。

严爽认识翁文灏、孙越崎两人，与他以后事业上的成就有着直接的关系。

1931年，九一八事变爆发，东北沦陷。严爽不愿在日本侵略者的铁蹄下工作，辗转千里，回到自己的家乡，安顿好家小，已是1932年11月了。在这国家危亡之际，他要为国家做些事情，便去了南京，找到孙越崎。孙越崎时任国防设计委员会专员兼矿室主任，正进行矿业调查和筹办陕北油矿的钻探，急需人手，对严爽的到来非常高兴，便留他在矿室任调查员。翌年，他随孙越崎调查了苏、皖、豫境内十个煤矿，撰写了报告。9月间，他随孙越崎去陕西联系开发陕北石油和钻机运输路线等事宜。1934年4月，陕北油矿探勘处成立，孙越崎任处长，严爽先后任该处技术员兼延长区主任、代处长等职。这是严爽一生中的重大转折，踏上了为发展中国石油工业奋斗的道路。

1935年4月28日，陕北红军解放延长，接收了陕北油矿探勘处，后因有人逃跑，代处长严爽被囚禁。10月，中央红军长征到达陕北，急需石油产品，遂将他审查释放，并找他谈话，说明留去自愿，但还希望他留下工作，他慨然应允。随后，严爽被任命为延长石油厂厂长。1936年6月，东北军奉命进犯延长、永坪一带，处于战争环境的严爽，因“不能安心从事矿业，经领导同意”，于10月间离开陕北。

严爽到了南京，资源委员会（主管重工业，前身是国防设计委员会）主任委员翁文灏决定派他去美国实习，以备日后之用。1937年1月，他启程赴美，途经日本时，不失时机地考察了秋田、新潟两地的油田和炼厂。到了美国，他首先考察西南各州的油田和炼厂，其规模之大，技术装备之先进，使他大开眼界，感慨万端。接着，他进入诺曼大学进修石油工程，深知这是一个系统接受专业教育的难得机会，必须万分珍惜，紧紧抓住。他如饥似渴，废寝忘食，刻苦攻读，收获巨大。

1938年9月，严爽奉命回国，就任甘肃（玉门）油矿筹备处主任兼矿务工程师。1941年3月，甘肃油矿局成立，孙越崎为总经理，局机关设在重庆，严爽先后任矿场矿长、局协理兼矿厂管理处处长、代总经理。1946年6月起，严爽任中国石油有限公司协理，分管勘探开发，兼采油室主任。1949年起，他先后任上海炼油厂建厂委员会主任委员，石油管理总局副局长，石油工业部一级工程师、地质勘探司副司长，石油科学研究院研究员。1962年5月2日于北京病逝。

二、参与组织陕北石油钻探，试制凡士林应红军急需

九一八事变爆发不久，国防设计委员会秘书长翁文灏决定钻探陕北和四川的石油，以应战时急需。1934年4月，严爽担任陕北油矿探勘处技术员兼延长区主任。

1934年9月，处长孙越崎奉翁文灏之命去整顿中福煤矿，处长一职由严爽代理。严爽继续组织钻探，与董蔚翘一起，根据王竹泉地质调查发现的构造，潘钟祥定的井位，决定钻探永坪樊家沟口河湾之201井，于1934年11月开钻，当钻至井深150m时，获日产原油1.5t，证实永坪油田具有开采价值。这是继延长油田1907年投入开发以来初次发现新的油田，曾经是延长油矿原油生产的主力油田。

1935年4月28日，陕北红军解放延长，接收了陕北油矿探勘处，除在永坪的人员撤走外，在延长的处本部，包括代处长严爽在内的全部人员均为陕北红军所接收，与延长石油官厂合并，成立延长石油厂，因处于非常时期，钻机、炼炉埋藏四乡，未能恢复生产。10月，严爽任延长石油厂厂长，与党代表高登榜一起，配合默契，组织员工把四散的设备收集起来，维修安装，全面恢复延长、永坪油田的生产，并把永坪的原油运往延长炼制，炼出了汽油、煤油、擦枪油、蜡烛、石墨等产品。

当时，红军经过长征，指战员脚皮粗糙，天一冷，又加气候干燥，裂开了道道血口，行军作战疼痛难忍，急需凡士林以期治疗。那时陕北正处于国民党军封锁之下，凡士林进不来，红军兵站部遂要求延长石油厂生产凡士林。生产凡士林不是什

么难事，可是延长石油厂从未生产过，作为厂长的严爽，认识到这个任务的重要性，下决心要把凡士林生产出来，于是运用他学过的科学知识，以石蜡为原料，反复试验，终于把凡士林生产出来，及时供应红军，解决了急需。当年红军兵站部部长，新中国成立初期任中央军委总后勤部部长的杨立三将军，还提起当年严爽研制凡士林之事，说他在陕北为红军做了一件好事情。

三、主持玉门石油勘探，开发中国第一个整装油田

抗战伊始，沿海口岸先后沦陷，一向依靠进口来满足国内需求的石油产品，来源基本断绝，而抗战大后方大宗物资的运输又要靠汽车完成，于是发生油荒，“一滴汽油一滴血”成为当时的口号。

在这样的情况下，翁文灏积极策划开发玉门石油，经请示蒋介石同意，资源委员会于1938年6月在汉口成立甘肃油矿筹备处，列为急要事业，派严爽为筹备处主任兼矿务工程师，主持勘探开发事宜。9月，严爽奉命回到重庆，翁文灏当面向他交代任务，并给了他一份美国地质学家韦勒、萨敦和中国地质调查所技正孙健初三人合作调查玉门石油地质的报告作为参考。他受命于国家危难之际，面对荒凉戈壁、交通不便、专业人才和技术装备奇缺的状况，以满腔的爱国热忱，组建筹备处于酒泉，展开各项筹备工作。他说：“当前困难容所不免，正吾人之奋勉益加努力工作焉。”10月10日，他在酒泉填报了第一份《资源委员会月报表》，其中写道：“本矿钻探区域系根据地质调查所孙健初先生及美技师二人调查报告，拟先从甘肃玉门县东南之石油河及干油泉二处着手。选择该二处不唯希望较大，且距离颇近，则易于设备运输，且于管理照料均较便利也。”说明他参考了韦勒他们的报告，已有了初步的钻探设想。

严爽按照翁文灏的指示，立即从酒泉赶赴兰州，途中遇筹备处地质工程师孙健初，会合后于是年11月3日同往苏联驻兰州外交代表处，会晤苏联专家谢格林、崔林根，就玉门石油勘探开发问题进行了历时一周的讨论，苏联专家发表了许多有益的意见，两人受到很大的启发。严爽在自传中写道：苏联专家“对油田如何探测，如何开发指导甚多”。他们返酒泉后，严爽立即筹划员工进入石油河区域勘察井位、测量矿区等各项准备工作。他在是年12月7日致电翁文灏、钱昌照：“职定于二十七日偕孙健初君赴肃州矿区勘察机眼地位（井位）……”

由于任务紧急，严爽决定提早进入矿区。是年12月23日，他偕孙健初、测量技术员靳锡庚及测工等8人，从酒泉出发，冒着数九寒天，骑着骆驼，踩着积雪，

于12月26日进入荒无人烟的石油河区域，在昔日淘金人建筑的濒于倾圮的老君庙旁，架起蒙古包，安营扎寨。翌日，严爽和孙健初等踏勘了石油河、弓形山、干油泉、三橛湾、石油沟一带地质，一起研究确定了井位。于是，严爽制订了1939年的《工作计划书》，内容包括地质、钻探、矿区建设、器材、费用预算等。他在钻探一节中写道：钻探"拟分石油河、干油泉、三橛湾、小石油沟四区进行，先从石油河区着手，逐次向他区发展"；"各处钻井数目当随时依据钻探结果而定，现暂以石油河与干油泉各三井、三橛湾二井，均在背斜层南翼；小石油沟二井，在南断层线南1500m，井之深度预计钻至500～1500m"。其钻探区域均在今油田范围之内。

为了全面展开钻探，严爽于1939年1月29日写信请求翁文灏、钱昌照催要他在与苏联专家会晤时谈妥，由资源委员会出面订购的苏联钻机。信中说："陕北钻机因附件及套管缺乏，将来打井时困难正多，又限于能力，深500m以外之钻井，须用苏联钻机，再……职处补充材料最好亦从苏联方面供给，由甘新公路至矿区公路现已修通，运输不成问题。恳二公催苏联大使馆将所购钻机三部提前启运到矿，以便早日得油"；"苏联钻机如有期启运，拟请其派油田地质专家一人与钻井工程师一人同来协助，非独技术上可获切磋之益，即补充工程上必须材料，亦可在苏联设法交涉方面便利许多"。可以看出他对于苏联的先进装备和技术是何等的渴望，可惜未能如愿，故当年未能全面实现钻探计划，仅用延长运来的顿钻钻探了石油河一处。

严爽在组织钻探过程中，广泛联系，广揽人才，招雇民工，周密组织各项工作的展开，如研究地质、测量地形、绘制地图、修建临时机厂、修筑公路、采购物资、平整井场、做井架、建房舍，把延长钻机从兰州运至钻探井位，以及设置和组建机构等。1939年3月，位于石油河区域老君庙北15m处的第一井，在人工挖方井中采得原油后，严爽即组织试炼，炼出了汽油、煤油、含蜡柴油、粗蜡等产品。是年5月6日，他决定第一井由助理矿务工程师董蔚翘负责，正式开钻。8月11日，该井钻至井深115.51m遇油层，初日产原油约10t，获工业油流，乃命名该处油田为老君庙油田，出油的油层为K油层。因大后方需油殷切，即进行边勘探边开发，连钻数井，井井出油，证实该油田具有开采价值。同时，他选择在石油河畔建设炼厂（即第一炼厂），就地加工原油，炼成品运往重庆，汽油供应军用，煤油、柴油等产品则在市场销售。

不容讳言，这个在荒无人烟的戈壁峡谷初创的油田、炼厂，由于设备、材料、配件的十分缺乏，自然因陋就简，甚至还带有原始性。这当然不是严爽甘心这样做的，假如一味追求现代化，那么正如在韦勒执笔的报告中所说的那样："开采第一口油井并建立一个小型炼油厂，即使以最快的速度，最佳的机遇，至少亦需两年的期限，始克有成”。可是筹备处的员工们仅用了几个月的时间，K 油层进入开采，第一炼厂开始炼油。然而，严爽并不满足。他认为地下储油之丰已有相当证明，必须向深部钻探，但仅靠现有顿钻是无法深钻的，便向资源委员会提议从国内几个煤矿、油矿调拨钻深能力较大的钻机，得到采纳，乃设立甘肃油矿筹备处重庆办事处，购得载重量 3t 卡车 50 辆，借以运输从湘潭、萍乡、高坑煤矿和四川油矿调拨的钻机，以及在重庆采购的钢板、管子、五金、水泥等材料至玉门矿区。

1940 年 6 月，资源委员会要求玉门油矿加紧扩充，增加军用汽油的供应。对此，严爽立即采取措施，除加制日产 1200 加仑（约 4t）汽油炉，改大陕北钻机能力外，加快运输高坑、湘潭两部 800m 钻机，以便加凿深井，增加原油产量。当煤矿的钻机运至矿区，严爽如鱼得水，决定用于加深第四井，新钻 8 井、10 井。第四井于 1940 年 11 月 2 日开钻，1941 年 4 月 21 日凌晨 3 时，钻至 439m 时遇一高达 84 个大气压的强大油层，喷出大量原油，从而发现 L 油层，转入边勘探边开发，证明该油层为老君庙油田的主力油层，可采储量丰富。至 1946 年，在 L 油层顶部钻井 28 口，共采出原油 321 037t，其中最高年产量为 70 235.423t，弥足珍贵，对缓解油荒、抗战胜利做出了贡献，正如翁文灏在 1946 年 6 月 4 日在资源委员会纪念周会上的讲话中所说，抗战后方的运输和战斗用油“终究靠了各酒精厂的酒精，甘肃油矿局的汽油，才勉强敷用”。

1943 年，地质师卞美年经过研究，认为 L 油层下面还有油层存在，严爽颇表同意，决定钻一探井——第一深井。此井于 1944 年 8 月 22 日开钻，1945 年 3 月钻至 467.5m 时遇到一个新的油层，厚 16m 许，续钻至 504m 时又发现油砂，4 月 15 日钻至 658.48m 时停钻试油，获日产将近 2t 的工业油流，即命名为 M 油层。至此，老君庙油田的三套油层已全部发现。

玉门油矿的开发，是中国石油史上的一个重大转折点，显示了中国能够生产大量石油，也标志着中国现代石油工业的开端。严爽是玉门油矿的开拓者之一，也是中国现代石油工业的拓荒者之一，时人曾冠以“拓荒英雄”的美称。

四、组织消化吸收引进装备，致力提高油田开发技术

1940 年 6 月 20 日，大后方通过越南的运输线被关闭，同年 7 月 14 日，通过缅甸的运输线亦被关闭 3 个月，汽油涓滴不进，油矿扩充迫在眉睫，资源委员会乃决定制订油矿两年（1940 年 9 月～1942 年 8 月）扩充计划，扩充的目标为每日产、炼原油各 7 万加仑（约 267t），到 1943 年预计原油产量可供炼成汽油 10 万 t。严爽作

为油矿负责人，扩充计划的主要参与者，提出向美国采购300万美元的油矿器材，包括钻机20台，抽油泵（机）150套等。这在当时是一个不小的计划，由上级议定派专员采购。由于太平洋战争爆发，经缅甸中转的这些扩充器材，十之八九被日军劫走，只有一小部分运到矿区，使扩充计划无法实施。

在美采购的大宗器材尚未进口，而L油层已经发现并开发，严爽亲历多次强烈井喷。第4井发生井喷约半小时后发生瓦斯爆炸，大火难灭，造成钻机烧毁，油井报废，9人受伤。8井井喷最多的一天喷油达2500余吨，连钻杆也被磨出了洞，有一节套管被拉成了条，形似破竹。10井井喷时使人感到地下像沸腾的大海一样，仿佛地层马上就要爆炸，喷得井口塌陷，钻机下沉，地面裂开长约200m，宽70～80cm的裂缝，最多日喷2000多吨，原油从裂缝像瀑布般地直泻石油河，淌得满河是油。

严爽面对这样的局面，为了保护油田，决心要改变这种状况。他抓住要点，旨在提高员工开发高压油田的技术水平，要求技术人员边干边学。他还进行具体指导，把自己在美国看到的、学到的给大家讲，把在诺曼大学学过的石油工程书籍拿出来，组织技术人员学习，还亲自讲课。其中莱贝的《钻井工程手册》和尤尔的《采油工程》最受欢迎，成为玉门技术人员开发老君庙油田高压油层的“圣经”，带着工程中遇到的问题到书中去找解决的办法。这样，对于当时钻井无法控制井喷的原因不只是严爽一人认识，而是所有技术人员都能知道，只是由于技术装备和泥浆材料的缺乏而无法解决。同时，他特别注重对新毕业来矿大学生的培养，把他们放到生产第一线，从基础工作做起，规定他们必须到各个主要生产岗位实习，指定工程师负责指导考核，使他们了解、熟悉石油工程的各个环节，写出实习总结，然后分配到基层生产单位担任工务员（即技术员），参加实际操作锻炼，并形成制度。当年亲历者后成为中国石油钻井专家的史久光说：“当时矿上要求很严，钻井工、采油工会干的事，他们也会干，工人佩服他们有一手，从而培养出一批讲求实际的石油专业人才。”严爽就依靠这批年轻的石油专业人才，在井场值班，取资料，处理出现的技术问题；组织有关人员去四川和油矿附近地区找重晶石、坩子土等泥浆原料，研究配制重泥浆在钻井中使用。这时，上级紧急派员去巴林岛购买的高压防喷器、高压井口设备等运矿应用，在1942年钻的14井实现了有控制完井。他还和员工们一起，从运到矿区的一小部分扩充器材中，配套了4台艾迪尔30型钻机（其中一台缺柴油机），整理出部分采油设备，使油矿获得了新的装备，同时上级聘请的美国技师、工程师也来矿帮助，严爽在努力发挥他们作用的同时，组织员工认真学习，使大家懂得新装备的性能和操作，为进一步提高油田开发技术打下了基础。

从1943年起，严爽在组织钻井工作中，依靠技术人员逐步建立取砂样、取岩心、电测、地层测试等录井制度；要求他们在钻达油层附近多取岩心，对中途录井资料进行综合研究，以决定是否完井和完井方法；规定以后所钻油井，要根据地层情况，适时下表层套管和油层套管，注水泥固井。为提高泥浆质量，1946年初，他决定在矿场工程室内设立泥浆研究室，配备了泥浆试验设备，研究配制适合钻井需要和不污染油层的优良泥浆，这是中国第一个泥浆研究机构。同年，他研究撰写《老君庙历年钻井意外事故及补救办法》一文，文中用表格列出23口井，包括4井、8井、10井、15井在内的事故类别、采取的措施、结果等，列出表格，系统总结经验教训，以为前车之鉴，并提出一系列防喷、解卡、堵漏、纠偏、打捞等技术措施。他在文章的结语中说："虽亡羊补牢为时未晚，何如补牢于未亡羊之时乎，甚愿同人观于上表，深体临时而惧，好谋而成之言，对于凿井工作，谨慎从事，力求减少事故，若于事后补救，败固悔恨莫及，成亦费时劳神矣。"这种指导思想，对于防止和处理事故，提高钻井质量具有深远意义。

在L油层开发之初，由于缺乏采油设备，工艺技术还很原始，国内也没有什么先进的技术。随着先进设备的陆续引进，为了结束明沟输油、土油池储油的状态，1942年，严爽就开始组织建设正规的原油集输流程，包括井口装置、管线、洗（集）油站、输油总站，锅炉供热设施等，至1945年已经比较完善，原油从井口流出，进入集油管线到洗油站，经过沉砂器、油气分离器，把分离出来的天然气收回来，油到油罐集中，然后输到输油总站，这是中国油田第一个原油集输流程。从1943年开始，他着手组织技术人员试验油井的井底压力，取油样化验含水量，取全日产油量、套管压力、油管压力等数据，测油气比等，对所获资料组织研究，绘制采油曲线图，分析油井生产状况和油田动态，并使之制度化，这在当时国内任何油田也是没有的。起初，由于完井后直接用套管出油，使钻杆和井口控制器不能替下来再钻新井，他采纳了工程师刘树人等人的建议，对1943年6月以后完成各井，均采用油管出油，实施机械清蜡。由于无节制采油，有的油井被喷垮，他又决定从1944年起采用小油嘴，严格限制各井采油量，这是保护油层、延长油井寿命、提高采收率的重要措施。1945年，他还在矿场工程室内设置研究室，对油田地下构造、驱动类型、油井动态、各井最经济之采油率、最有效之防砂措施及清蜡方法等展开研究，曾最早提出老君庙油田可能为水驱类型等，这是中国第一个采油科学研究机构。

1945年7月，严爽决定成立矿场地质室重磁力队，翁文波任队长，在河西走廊展开工作，这是中国第一个重磁力队。1946年初，时任代总经理的严爽，根据战后石油工业发展的需要和老君庙油田开发中出现的一些新情况，经翁文灏同意，在矿场地质室的基础上成立甘肃油矿局探勘处，这是中国第一个集勘探与研究为一体的，研究门类和设备较全的石油地质机构，孙健初任处长，从而加强了甘青地区的石油地质勘探。

1946年6月，严爽任中国石油有限公司协理（分管勘探开发）兼采油室主任。他在任期间，组织规划公司的勘探、采油计划，审定各油矿年度勘探、采油计划，组织编制向美国订购勘探、钻井、采油等设备材料计划。此外，他还组织研究、审定各油矿的重大技术措施，如老君庙油田布井向L油层翼部展开、油井按坐标编号、采油流程和选油站调整等。他还先后深入到四川、台湾等油矿进行调查研究和指导工作。他站在发展中国现代石油工业的高度，于1947年研究撰写了国内第一本全面阐述中国石油工业发展历史的文稿——《中国油矿纪要》，于次年3月油印成册。文稿内容除阐述中国石油资源、供需述要、建设刍议、公司现状，以及甘青、新疆、陇东陕北、四川、东北、太湖、台湾等区域的勘探开发（各油田）、炼油、人造油的生产（地质）情形外，还提出一些独到的见解："将来四川即无油产，而气产则甚可靠，宜尽量利用天然气，或提炼汽油，或作为动力燃料，或烧制炭烟"；"为保存（老君庙）油田产能及油井寿命，每井日产量宜以150桶为限"，老君庙油田M层"应继续钻探"等，无疑具有借鉴意义。

五、参与新中国成立初期石油工业建设，积极贡献自己的才智

1949年，上海解放不久，中国石油有限公司军事代表徐今强任命严爽兼任上海炼油厂建厂委员会主任委员，主持上海炼油厂的建厂工作，于9月1日开始施工，至次年3月，日加工原油370t的常压蒸馏装置建成投产，这是当时国内原油加工能力较大的炼油厂之一。中华人民共和国成立不久，严爽奉燃料工业部电召，偕陈贲赴北京向部领导汇报中国石油事业概况，汇报内容包括中国石油资源状况，石油地质状况、石油产品供需情况，中国石油有限公司现状，各油田和煤炼油、页岩油厂的生产情形，各在华石油公司的规模和经营，石油储运状况等。汇报时他强调："因美（国）人在油苗最多之陕北凿井采油之不成功，乃以我国为无油之国。至今正式采油之地唯有玉门、延长、台湾三处，至中国腹地之油究有若干，固难预为论断，然知其绝非仅如现在已有产量。"在提到中外地质家对我国石油蕴藏量估计过低时，他说"均缺乏根据……与实际相差甚远……尚待详细之探勘工作始能决定。"他还提出解决液体燃料的途径，认为除积极勘探开发现有油田外，还要恢复页岩油厂和煤

炼油厂的生产，输入国外原油设厂提炼，以及炼厂设置的原则和石油运输方法等问题，对部领导部署新中国成立初期石油工业的恢复建设工作具有参考价值。他们于12月中旬返沪。

1950年3月，他再次赴京参加全国石油会议，6月下旬奉调燃料工业部。8月11日，严爽被任命为石油管理总局副局长。这位50多岁的石油专家以满腔热情经常深入油田、探区，几度去延长、玉门、新疆、四川等油田和探区，以及兰州炼油厂建设工地调查研究，多次主持全国性的石油工程专业会议，推广先进经验，组织制订操作规程等，并以中国专家的身份与苏联专家一起研究勘探部署、开发方案、重要探井和重大技术措施等，为新中国石油工业贡献他的经验和才智。他还针对石油工程名词的不统一，编译了《采油工程中英名词》，共收地质、物探、钻井、采油等名词近8000个，内部印发，从而统一了名称，受到石油战线科技人员的欢迎。1955年10月，石油工业部成立，严爽任地质勘探司副司长，仍然负责技术工作。1959年6月，这位为新中国石油工业奔忙了整整十年的老专家受到审查，离职进中央社会主义学院学习马列主义理论。学习结束，他回原单位，于1960年9月5日，被调任石油科学研究院研究员。他以自己娴熟的英语和俄语，潜心翻译美国、英国、苏联和中东、北非的石油勘探开发资料，贡献他剩余的光和热。

1962年5月2日，严爽病逝于北京，享年67岁。因他是一级工程师、研究员，《人民日报》发了讣告，葬于八宝山革命公墓。

严爽是最早赴美攻读石油工程回国又搞石油的人，是中国第一位石油工程专家，他与孙健初等一起，肩负时代的使命，应抗战的需要，深入不毛之地，筚路蓝缕，开拓玉门油矿。8年中，他始终在矿区第一线主持勘探开发，克服重重困难，生产了一定数量的原油，为缓解抗战大后方的油荒做出了贡献。玉门油田是当时中国开发的最大油田，显示了中国能够生产大量石油，增强了国人找油的信心。

玉门油矿开发之初，设备十分简陋，他急实际之需要，屡提建议调集、引进比较先进的技术装备。他尊重上级聘来的美国技术人员，在努力发挥他们作用的同时，积极组织员工消化吸收，推进勘探开发技术的进步，使玉门油矿成为当时中国第一个技术比较先进的现代油田，是中国现代石油工业的开端。

他为人正派，给下属赠言说："君子道长，而小人道消"，要求员工做一个道德高尚的人。他素以实事求是、艰苦朴素、任劳任怨著称，在实际工作中，努力培养、锻炼了一批能够吃苦、讲求实际的专业技术人员和技术工人，他们在以后的石油工业发展中发挥了积极作用。

六、严爽主要论著

严爽．1946．老君庙油田历年钻井意外事故及补救方法．上海：中国石油有限公司内部印发．

严爽．1948．中国油矿纪要．上海：中国石油有限公司内部印发．

严爽．1949．中国石油事业概况．上海：中国石油有限公司内部印发．

主要参考文献

张叔岩．1988．玉门油矿史（1939～1949）．西安：西北大学出版社．

张叔岩．2001．20世纪上半叶的中国石油工业．北京：石油工业出版社．

张叔岩．2006．翁文灏的石油业绩．北京：石油工业出版社．

撰写者

张叔岩（1933～），江苏启东人，高级政工师，曾研究过严爽的生平事迹。

靳锡庚

靳锡庚（1900～1998），河南杞县人。石油钻井工程专家，是玉门油矿早期创建者之一，中国现代石油工业开拓者之一。1932年毕业于焦作工学院采矿系。先后去美国休斯敦韩卜石油公司、怀俄明州兴吉公司、加利福尼亚州美孚石油公司实习一年。1938年，参加老君庙油矿的创建工作，首次绘制出了老君庙和石油沟地区的地质地形图和地质构造图，为老君庙定井位和钻井取砂样进行地层对比提供了重要依据。试用土法炼油成功，满足了当时用来运输生活必需品的汽车用油，这是老君庙炼油历史的开端。1941年，负责用旋转钻机钻成了中国第一口高压自喷井——老君庙8井，有力地支援了抗日战争。1942年，参加了新疆独山子油矿接收工作，撰写了《独山子油矿钻采概况》，为老君庙地区控制井喷事故提供了经验。1948年，玉门油矿60号井下套管注水泥出现异常，他赶赴现场作出了准确的判断并迅速采取了有效措施，制止了即将发生的井喷，保护了油田资源和国家财产。

老君庙油矿从无到有、从土法取油到打出高压自喷井的发展过程，是处在资金、设备与技术等各个方面皆举步维艰的抗战时期。创业之难，超出常人之想象。“凡有石油处，皆有玉门人”。老君庙油矿的创建与开发，开创了中国近代石油开采历史，为中国的石油工业发展奠定了有力的基础。

一、开拓者之路

靳锡庚，字寿山，1900年11月生于河南省杞县邢口集。幼年师从伯父读经书与实用之学，思想倾向进步，在河南省进步人士吴芝圃的影响下他加入“杞县风俗改革会”，于1927年参加了睢县的农民起义。大革命失败后，他外出求学，欲以“知识救国”，1929年考入河南省焦作工学院采矿系。1931年九一八事变后，他与进步学生一起组织了“焦作工学院学生抗日救国会”和抗日救亡游行等活动。1932年毕业后，在湖北大冶富华煤矿任测绘采煤技术员，后在河南杞县中学任英语及数学教员，继而任豫北公路测修技术员，焦作中福煤矿井下采煤兼测绘技术员，陕北同官（现铜川）煤矿勘探技术员等职务。

1938年他初到玉门油矿时，任测绘技术员。1939～1944年任钻井工程师，负责钻井及采油工作。1945年任油矿工程委员会脱产委员。先后去美国休斯敦韩卜石油公司、怀俄明州兴吉公司、加利福尼亚州美孚石油公司实习一年，在此期间，他大量阅读国外有关地质勘探及钻井技术的文献，分析玉门油矿动态，结合自己测绘的玉门油矿地质地形图，制作出玉门油矿立体地形模型，作为研究油田地质构造及地面建设的参考。

1948年，在玉门油矿60号井下套管注水泥后泥浆外溢，井喷即将发生，但防喷器因尺寸不对无法关闭。听到消息后，靳锡庚立即赶赴现场，在器材极其缺乏的情况下，组织工人土法上马，用石子、布条和水泥等自制了堵塞器，关井后，成功地顶住了井口高达三四十个的大气压，制止了一场重大事故，使油田资源及国家财产得到保护。据当时在美国学习的刘树人来信说：美国人听了这件事后都拍案叫绝。他还研制出油井衬管，从此改变了从套管出油的技术。

1949年玉门油矿解放，从此揭开新的发展篇章。军代表给予职工的是尊重和更多的发言权，职工的工作和生活条件也得到改善，矿区人心安定，秩序井然。历经军阀混战、日本侵略者的践踏和旧社会的苦难，靳锡庚更加奋发学习，努力工作。

1950年靳锡庚任西北石油管理局器材处副处长，1951年任石油总局器材处副处长，1955年任石油工业部勘探司钻井处副处长兼勘探司副总工程师。回到了热爱的钻井工作上，他如鱼得水，每天早上七点到晚上十点，除了工作就是学习。虽然他在大学时期所学的并非石油专业，但凭借着丰富的实践经验和较强的英语阅读能力，他查阅了许多外文技术书籍并翻译了许多国外油田开发技术资料。他在延长油矿做试油工作期间，该矿技术人员黄先驯与苏联专家莫西耶夫在延长油层的油藏类型认定上有争论：黄先驯认为是裂缝出油；而莫西耶夫对此予以否认，并部署打了多口探井。靳锡庚为这些井做试油工作，试油的结果证明了黄先驯的观点是正确的。但莫西耶夫竟然还要继续打探井，见此，靳锡庚秉公直言：试油结果已经说明了一切，再继续下去只能造成更大的浪费。在当时，反对苏联专家的意见，是要冒政治风险的。但他不顾旁人的善意劝阻，坚持自己的观点。最终，在事实面前，苏联专家不得不接受他的意见。

1960～1966年，靳锡庚在担任石油科学研究院副总工程师及副院长期间，带领人员深入大庆调查研究，研制出大庆萨尔图试验区的立体模型，后在各采油队普遍推广。1964年他当选为第三届全国人民代表大会代表。1966～1969年在北京东郊农场劳动。1978年任石油勘探开发研究院总工程师。1984年他在84岁高龄时加入中国共产党。1988年退休，但他仍心系石油。

二、急国家之所急

1937年7月，日本帝国主义对我国的侵略战争爆发后，南方港口相继沦陷，当时中国的燃料油基本上依赖进口，进口“洋油”的断绝，使得后方运输战略物资的汽车用油濒于中断。为了解决燃料的不足，大后方的民众甚至大办酒精厂，试图以酒精替代汽油。尽管付出了高昂的代价，但仍然不能从根本上解决燃料紧缺的问题。汽油——成了决定这场战争胜败的重要战略资源，当时甚至有“一滴汽油一滴血”的口号。

1938年5月，日本军队攻占河南，日军飞机狂轰滥炸，民不聊生，靳锡庚的父母妻子先后在战乱中逝去。靳锡庚不甘做亡国奴，流亡西安。经同学介绍，他到同官（现铜川）煤矿做勘探工作。10月，他完成了那里的勘探任务，回到西安，经他中学时代的老师，时任陕西省建设厅同官探矿处处长的高伟伯介绍，认识了孙健初。

出于抗日战争的需要，孙健初受资源委员会主任翁文灏的委派，准备去玉门考察油苗，急需一名测绘人员。当他得知靳锡庚尚带有三个女儿后，恐他难以成行，几经犹豫之后还是把此行的重要性和艰巨性做了简要的介绍：“现在国难当头，一切为了抗战，后方的运输主要靠汽车，海上洋油进口的路已经被日本人封锁，燃料奇缺，政府用尽了一切办法也不过是杯水车薪，现在唯一的希望是到玉门开发油矿……但那里是个荒无人烟的地方，不知你是否能行?”他的一番话使靳锡庚心潮翻滚，他毫不犹豫地说：“国难当头，匹夫有责。我自身的经历就是最好的例证：没有国就没有家！再苦再难我也不怕，你能行我就能行。”

三、艰难跋涉，奔赴老君庙

1938年10月15日，靳锡庚带着三个女儿，和孙健初乘坐甘肃油矿自购的一部福特牌敞篷汽车，从西安出发行驶在西兰公路上，由于年久失修路况极差，人称其为“稀烂公路”。一路颠簸还在其次，更难以忍受的是寒冷。由于对西北的气候情况估计不足，行前没有带上棉衣。而十月的西北寒风是如此凛冽，以至于坐在敞篷车上的孩子们冻得缩成一团，靳锡庚把一切能御寒的衣物全盖在了孩子们身上，而他自己却在出发后的第五天发起了高烧，由于没有药，唯一能做的事就是继续赶路。第六天，他们绕过六盘山，当晚投宿在甘草店。甘草店虽说是个小镇，但却连感冒药都买不到，只好买点红糖冲水喝。当地的水都是混浊的，并且水资源短缺，因而大家不得不合用一盆水洗脸。他初次品尝到了大西北艰苦的滋味。

10月22日他们到达兰州，住在甘肃油矿筹备处的一个马车店。在这里，他们做了如下几件事：一是筹备处主任严爽（后为矿长）从重庆乘飞机接来了苏联地质专家斯维尔金等人，双方商谈开发玉门油矿等相关事宜。起初，谈话的气氛很友好，中方向苏方请教如何找油、钻井、采油等方面的知识，但当中方提出要向苏联购买石油器材时，对方说这个问题需要待其回国后请示苏联政府才能作出答复。苏联方面的意思是，两国合作开发玉门油矿；而中方则对此持否定态度。苏联专家回国后，购买石油器材的事便再无下文。二是靳锡庚招收了两名农民当测量员，并给他们进行了一般知识的培训。三是由于人员的增多，需要补充帐篷，但又没钱买，无奈之下孙健初只得托人借了两顶，租了一辆卡车，并购买了部分器材。11月28日，坐在租来的卡车上，沿着凹凸不平的兰新公路，颠簸着向酒泉行进。越向西走越荒凉，只见无垠的戈壁、沙漠和大风卷起的层层沙浪。由于卡车陈旧，外加负荷超载，途中时常抛锚，有时甩在前不着村后不着店的地方，还要忍受饥寒之苦。

12月4日，他们到达西北重镇——酒泉。靳锡庚将三个女儿托给他人照料，随即投入到紧张的筹备工作中。玉门老君庙海拔2200多米，属于高寒地带，是个荒无人烟的戈壁荒山，任何东西都买不到，所以他们必须做好充分的准备，从头到脚都装备齐全。接下来的行程多半是崎岖山路，汽车行驶困难，于是就租了22匹骆驼，共8个人各骑一匹，其余驮着蒙古包、粮食、器材和锅碗瓢盆等生活必需品。12月23日，伴着叮叮当当的驼铃声，他们奔向老君庙。茫茫戈壁、视野空旷，唯有这支驼队在与大自然的搏斗中艰难地跋涉着。虽然这里听不到中国军民与日寇激战的枪声，但这声声驼铃同样昭示着中国人民战胜日本侵略者不可动摇的意志。

第一天夜宿嘉峪关，关内的数间房屋已是破败不堪，唯有那高大的城郭依然保留着昔日的雄姿。关上门洞里刻着一些过客的留言，但更多的是戍守边关的将士的怀乡之言。当地有句顺口溜："出了嘉峪关，两眼泪不干，向前看鬼门关，向后看白碱滩"。老百姓很是不解：这些人为什么要在大雪封山、数九隆冬的季节进入祁连山？第二天出了嘉峪关，傍晚时分他们到了第二个落脚点——火烧沟。赤红色的土地，火烧沟因此而得名。第三天转而向南行进，基本已是无路可循，全靠牵骆驼人引路。下午，在翻过了一座小山后，到达了白杨河村。村长此前已得到通知，率村民在村口迎接，并指派了陶复兴和罗生泉作为驼队的向导。第四天一早，他们直奔目的地——老君庙。一路上坡度不大，但由于海拔的缘故，人和骆驼都气喘吁吁。老天爷也作梗，下起雪来，素称"沙漠之舟"的骆驼也越走越慢。下午，他们经过一条峡谷。峡谷为南北走势，东西宽约一二百米，深百米左右，旁边有条小河，陶复兴兴奋地说："这就是石油河！"他们又沿着深谷缓慢前进，这里是祁连山的北坡，绝壁挺立，积雪茫茫。陶复兴指着东岸半坡上的一座破旧的小红庙："那就是老君庙。"谈起从西安到老君庙那段历程，靳锡庚感慨万千："现今当日即可到达的路程，我为它奔波了两个月！"

从酒泉到玉门老君庙，行程80多千米，整整走了4天。在冰天雪地的季节，在一望无垠的荒漠旷野，靳锡庚和孙健初、严爽等一行8人，忍着饥渴，迎着刺骨寒风，到海拔2200m的祁连山麓去寻找石油，这在当时的中国是绝无仅有的，他们是中国知识分子的骄傲。

四、绘出老君庙第一幅地质地形图及地质构造图

1938年12月26日黄昏时分，他们到达了老君庙。小庙作为厨房，在庙旁架起蒙古包，铺上芨芨草，和衣而卧。头顶着头、脚对着脚，蜷缩着睡在一起。工人们倒头便睡，鼾声如雷，靳锡庚与孙健初、严爽却睡不着，脑中充满对未来的憧憬。后半夜炉火渐熄，更令人睡意全无。

第二天一早，孙健初就迫不及待地要察看山背后的地形，他们踏着无人走过一尺多深的积雪来到了祁连山下，孙健初指着面前的山对靳锡庚说："你看这山多么像把弓。""弓形山"因此而得名。他认为弓形山不但表面凸起，里面也是个隆起构造，因为隆起构造多半有油藏。他们想到山上看个究竟，但山上无路可行，于是，他们便一个人在前面凿、一个人在后面扶着，硬是在悬崖峭壁上凿出一个勉强立足的台阶。就这样一步一凿、一步一登，小心翼翼地爬上山顶。从山顶往下看是悬崖陡壁，令人心惊胆战。

兵分两路，孙健初去干油泉、角塘沟等处察看油苗；靳锡庚负责地质测绘，每日领着几个工人上山。当时他已经年近40，身穿老羊皮、脚下踏着看不见路的积雪，深一脚浅一脚，每走一步都气喘吁吁。工人刘万才心疼地说："靳先生，越往上爬路越陡，雪越滑，搞不好会摔下去，还是我上去替你看看吧。"靳锡庚听了好笑："要是你能看，我来干啥！"工人岂知，必须攀登最高的山峰，才能画出最为接近地形外貌的等高线。山顶经常出现旋风，陶复兴是当地人，有经验，旋风一来赶紧让靳锡庚卧倒，以免被风卷到山脚下。测量时，靳锡庚左手扶持平板仪、持笔的右手几乎不能弯曲。鼻涕流在平板仪上，很快便冻成冰疙瘩。渴了，到沟里抓把雪；饿了，掏出冻得硬邦邦的馒头，拔些骆驼草烤着吃。山地崎岖，天寒地冻，如此艰危

困苦的生活持续了几个月后，靳锡庚日渐消瘦，面容枯槁。终于有一天，他眼前一黑，突然晕倒在戈壁滩上，十几分钟后才苏醒过来。工人将他抬回帐篷，由于无医无药且任务在身，第二天，身体尚未恢复的他又领着工人上山了。这是新中国成立前唯一的一次冬季野外石油勘测。

测量工作要有熟练的测量工配合才能顺利地进行，可当时只有几名新招来的农民工，他们顶多识几个字，基本属于文盲。不认识标尺，更不懂旗语。因此只好白天测量、晚上教他们认识标尺，每天要工作十一二个小时，日复一日。

老君庙和石油沟地区，约有上百平方公里的山峦丘陵地质测绘任务，工作量大而且要求高，共有4000多个测点，开始只有五六个人，除靳锡庚之外都是工人。1939年3月间，筹备处又派技术员李同照来担任记录工作，从而加快了测量速度。工友们进步也很大，从最初的每天测量五六个点提高到一天测量八九十个点。靳锡庚踏遍了弓形山一带的高山低谷，终于在1939年当年胜利地完成了野外测量工作，绘出老君庙和石油沟地区缩尺为万分之一的地质地形图和地质构造图各一幅及剖面图多幅。在当时没有地质仪器的情况下它能初步地展示出地质地层分布情况及构造上各岩层的薄厚，为老君庙初期定井位提供了重要数据。在没有电测的情况下，钻井也根据它指出地层位置取砂样。反过来取出的砂样又验证图示的位置是否正确，为下一个井位的确定提供依据。

五、玉门油矿第一次土法炼出汽油

1938年12月底，就在他们刚到老君庙的傍晚，大家正忙着搭帐篷，只见一个黑黢黢的小家伙向他们走来，到跟前一看，原来是个满身油污、满脸乌黑的十几岁男孩。经询问得知，他是受雇于赤金堡的一个地主，到这里来舀油的，人们称之为“油娃”。他在油苗处挖一个七八尺深的大坑，让油从坑中流出，积满之后再用马车运到城里卖钱。这里对石油的发现及使用由来已久，早在西晋人张华所撰的《博物志》中就有记载：“酒泉延寿县南山（即祁连山）出泉水，大如筥（箩筐），注地为沟。水有肥如肉汁，取著器中，始黄，后黑如凝膏，然极明，与膏无异，膏车及水碓缸（利用水力启动的舂米设备）甚佳。”这种挖坑取油的方法，一直延续下来。油娃的做法引起了靳锡庚的思考，他想：总不能守着金饭碗要饭吃。为解决他们目前汽车用油的困难，他与孙健初商量后买下了三个油苗坑。靳锡庚在煤矿工作过，根据煤矿坑道的经验，他指导工人在悬崖下顺着油层挖了三条平巷，人们称其为“平硐”，巷道用木柱支撑，叫做石油坑道。这三个平硐每天可出一吨多油，相当于一口浅井，出油量比当地人挖的竖坑高出十倍以上。出油后他们就用一个七八十加仑（三百多升）的圆铁桶当炼油炉，以骆驼草作燃料，尝试着炼油，每天能炼出5加仑（23升）的汽油。区区二十几升汽油现在看来实属微不足道，但在当时，却可以用来满足卡车往返于酒泉和老君庙之间的用油，解决了运送生活必需品的大问题。

六、钻成我国第一口高压自喷油井

1938年国共合作，在周恩来的亲自过问与支持下，在油矿物资最困难的时期，将两部顿钻和数名钻工支援玉门油矿。两部钻机的钻进能力为200m，用它们钻了五六口油井，都在K层，仅有一口井出油。因此急需添加钻进能力更大的钻机。为此，资源委员会决定：从宜洛、湘潭等煤矿及四川油矿勘探处调旋转钻机给玉门。1941年，玉门首次使用旋转式转钻加深4号井，当钻入压力较高的L层时，由于缺乏经验没有固井装备又不会使用重泥浆，4号井发生强烈井喷，造成机毁人伤。1941年2月1日开钻8号井，由工程师靳锡庚为队长，吴德楣、刘树人分别值班。他们接受4号井的经验教训，从四川勘探处借来防喷闸门，储备了重泥浆，又挖了五个大油池预防喷油。钻至80m时下了表层套管，注入水泥浆返至地面。这是中国第一次固井，获得成功。9月8日钻至439m处进入了油层，天然气增强，随之发生间歇的涌动，泥浆比重下降，压不住井。4号井的事故历历在目，如果8号井出现同样的险情，以现有的经验和人员设备，能应付得了吗？他感到像有块巨石悬在头顶，心中惴惴不安。

1941年10月20日，对于靳锡庚来说，是个刻骨铭心的日子。当钻进至448.76m时，突然喷出油和砂，把钻台下的工作套管撕出一个裂缝，原油夹带着天然气呼啸而出，喷向40多米的高空。吼声震天动地，发出火车汽笛般的长鸣，喷势难以扼制。直到25日，靳锡庚带领钻机班长陶复兴冒着生命危险，顶着气浪硬是冲上去装上防喷闸门。但数小时后防喷闸门被油砂冲出一个10cm左右的窟窿，油和气像滂沱大雨般倾泻而下，现场的人都成了“油人”，彼此之间只能凭借身材的轮廓相互分辨。他们不顾个人安危，两人一组，抬着钢板奋勇冲向井口，刚一靠近就被瓦斯冲倒，后面的人又冲上去……前赴后继。尽管如此，却依然无法制服井喷。直至27日凌晨，因井内油砂堵塞，喷势出现减弱，机不可失！靳锡庚与司钻徐成华迅速冲上，成功地安装上第二部防喷闸门，这时大家才松了一口气。

其后，8号井有7个月是在控制下采油。当井不出油或流速减小时，就用铰链上下提放钻杆、并同时将闸门打开，油便自动流入油池。到了1942年8月7日，无论怎样提放钻杆也没有油流出。为保证每天给炼厂提供100t原油，靳锡庚和钻工商量后，把钻杆取下来查看是否发生了堵塞，果然，他们发现在套管100多米的位置被蜡糊住了，套管管箍下边“肩膀”处已被砂子磨平，部分套管已经被砂子磨出道道沟痕，有的已经断了，卡在钻头上，起钻时连套管也带了出来。大家吃力地把钻头连同钻铤取出来，刚刚放在地上，通行无阻了的原油有如出笼的野兽般咆哮而出。一小时能喷出2500余吨，此前备用的储油池都满了，后来顺着那条自然沟又挖了十几个储油池，但也很快都被灌满！照此继续下去，家属区、矿场、机厂，一切都将被原油所淹没。如遇明火，整个矿区和职工的生命财产将毁于一旦！部分家属已经开始向东岗上转移，大家忧心忡忡，靳锡庚更是心急如焚。说来也真是幸运，就在所有油池都被灌满的危险时刻，井喷突然停止了！乘此机会，大家即刻下钻并安装上新到的美式防喷器，避免了一场可能发生的灾难。

与井喷搏斗了七天七夜，靳锡庚已累得精疲力竭，回到家，他那满身油污的样子把孩子都吓哭了。但他想到七天中所喷出的16 000多吨原油，心里像打了胜仗般的痛快。1942年11月，油矿提前完成了资源委员会下达的180万加仑汽油的生产任务，全矿职工欢欣鼓舞，总经理孙越崎带领着上千人的队伍，敲锣打鼓，亲自把一面锦旗赠给8井。

8号井自喷14个月，共采原油约53 417吨，1942年用此油炼出汽油187万加仑，有力地支援了抗日战争的用油。

当玉门石油的涌流将开拓者的憧憬化为现实的时候，老君庙几乎在一夜之间闻名于世。大后方的人民激动不已，日本侵略者则表现出无可奈何的震惊。他们的震惊，不仅是因为中国人拥有了石油，更因为玉门油矿的开发展现了中国人坚韧不拔的民族精神。

七、为改变现状，迫切需要学习

打开L层的井都发生井喷，原因很多。主要是由于缺乏在高压油层钻井的技术和设备；不会使用重泥浆；没有防喷器和高压井口装置。万事开头难，在玉门创业时期，一切都是从零开始，玉门油矿的钻井工艺技术同其他石油工程方面一样，都是在不断地摸索、学习与实践的过程中得到提高的，老一辈石油人为此付出了艰辛的努力。

通过8号井井喷的教训，他们认识到学习技术的重要性。靳锡庚说：“在毫无技术与经验的状况下去钻井，犹如赤手空拳抓老虎。”1942年，靳锡庚参加了新疆独山子油矿的接收工作，他分工调查钻井与采油，撰写了《独山子油矿钻采概况》。借此机会，他更着重地学习了矿场钻井泥浆的布置系统，使他大开眼界。他把所见到的泥浆搅拌机和油层射孔枪绘制成图，回到玉门后按图制作并运用于生产当中，提高了工作效率。同时总结教训，由过去的用套管出油改为用油管出油，由大油嘴改为用小油管控制出油。此外还学会了泥浆的配制，测试和钻高压井之前要严格检查井口各接头，做好试压等工作。

1942年，随着矿区的发展，招募了许多农民工，他们能吃苦，但大多是不识字的文盲。考虑到这些人将来都是油田的基础力量，油田将来的发展需要他们掌握文化知识。靳锡庚说："庄稼错过农时耽误一年；人年轻时不学习耽误一辈子。"事业要发展，必须以培养人为本。靳锡庚想方设法办工人夜校，当时没有钱，没有教室，他就发动工人捡废砖头盖起个简陋的校舍，废砖头搭起课桌。他讲语文和数学，史久光、吴士壁讲技术课。他们每晚要翻过两个山头，风雨无阻地按时给工人讲课，扫除了许多文盲，王进喜就是其中的一个。当年一些夜校学员后来也成为各大油田的骨干，有的给靳锡庚来信说："感谢你那时给我们打下的文化基础，才使我在后来有了进修的可能，并为油田的发展做出了贡献。我一生忘不了靳老先生。"

中华人民共和国成立后，他多半时间担任行政领导工作，但仍不忘钻研业务，翻译了许多国外油田开发技术资料。

20世纪60年代初，他带领工作组回玉门油矿调研，对油田的开发提出了新的建议。他认为过去十余年玉门油矿采出的油几乎全部来自L_3层，而L_1、L_2、L_4等层几乎未动，几个层尚有可采储量几千万吨之多。他还建议，对L层如采取边部注水，远不如分割注水效果好且来得快，在顶部注水有利而无害。他还建议对L层应采取分采分注水，否则对L_1、L_2、L_4这些渗透率低的各层很不利。如井内条件允许，可在同一井内分采两层油，甚至三层油。后来的实践证明他的建议是正确的。

大庆会战初期，他到大庆搞调研，对大庆萨尔图开发实验区做了开发分析。他针对该区断层多、生产井和注水井都交织在一起关系错综复杂的特点，根据成千上万的岩芯和电测测井数据，按照地下的油层、水层的薄厚，用泡沫塑料制作了一个模型。使用不同的颜色区分油层和水层，把地质状况由地下搬到了地上。过去采油工只管采油不知道地下状况，而这种模型使地下油层水层情况一目了然。该方法后被大庆各井队推广，叫做"游地宫"。今日的大庆"地宫"已经颇具规模。

靳锡庚一生追求进步、不懈地学习，热爱党，他在84岁高龄加入了中国共产党。他热爱石油事业，直到临终前《中国石油报》不离手。他勤俭朴素、廉洁奉公，常以艰苦奋斗的创业精神教育后代。"河西走廊大漠风尘，驼铃声中谱写石油创业曲；百年征程知行垂范，功名置外唯有一颗赤诚心”。这是他一生的真实写照。

八、靳锡庚主要论著

靳锡庚. 1942. 独山子油矿钻采概况. 内部资料.

靳锡庚. 1950. 钻井采油工艺. 内部资料.

靳锡庚. 1957. 试油工作总结，试油方法. 内部资料.

靳锡庚. 1960. 老君庙油田 L 油层开发经验总结 . 玉门石油科协管理所.

撰写者

凌光（1929～），辽宁省西丰县人，中国石油勘探开发研究院原石油史研究室编辑，1985 年离休。在石油史写作过程中曾对靳锡庚进行过多次采访。

靳鸿中（1954～），出生于北京，现任中国石油勘探开发研究院离退休管理处政工师，靳锡庚之子。

费广泰

费广泰（1904～1969），辽宁锦西人。煤矿瓦斯治理专家，中国煤矿瓦斯抽放技术主要创始人。1930 年毕业于东北大学采矿冶金专业。历任抚顺龙凤矿总工程师兼第一副矿长，抚顺矿务局总工程师，抚顺煤炭科学研究院院长（现煤炭科学研究总院沈阳研究院）。20 世纪 50 年代初，主持开展龙凤矿瓦斯灾害综合治理改造，使龙凤矿成为中国第一个预排瓦斯成功的矿井，从而开创了中国煤炭开采史的先河。1954 年，提出利用瓦斯制造优质炭黑的建议，开辟了瓦斯综合利用的新途径，改变了中国橡胶工业炭黑原料全部依赖进口的落后状况，产生了巨大的经济效益。撰写的《抚顺煤矿瓦斯排放和利用》一书对于中国特厚煤层矿井瓦斯抽放和综合利用具有重要指导意义，在第一届国际采矿安全会议上受到广泛赞誉，被国外翻译出版，为中国赢得了声誉，为中国煤矿安全和行业科技进步做出了突出的贡献。曾兼任辽宁省科协副主席，抚顺市首届科协主席，抚顺市煤炭学会理事长。三次获得抚顺市和东北煤矿工业劳动模范及科技精英等称号。

一、成长经历

1904 年 2 月，费广泰出生在辽宁省锦西县暖池塘区西边屯村。其父以教书为业，可谓书香门第。费广泰天资聪颖，又受家庭环境的熏陶，自幼就对知识有着浓厚的兴趣，五六岁时就随其父读唐诗、宋词，父亲对他也是悉心教诲，望子成龙，期望儿子长大能够博取功名，学业上有所建树。费广泰 8 岁入本屯私塾，14 岁考入私立学堂，16 岁毕业时正值新文化运动兴起，文言八股文和充满封建礼教的旧文化受到冲击，其父的教书事业朝不保夕，家庭经济每况愈下，为了生计也为了儿子能够继续求学，父亲放弃教书，到商铺做管账先生。改行后家庭生活状况日渐好转，其父望子成龙的欲望更加强烈了，对费广泰语重心长地说："集财千万，不如薄技在身，你如果想继续读书，家里就是再困难也要千方百计供你上学。"父亲的一席话语深深烙在少年费广泰的心里，也应和了他的心愿，从此，费广泰的求知欲望更加强烈了。不久费广泰便顺利考入奉天（现沈阳）省立第二中学。那时，父亲的教诲常在耳畔响起，因此，费广泰学习十分刻苦，经常熬夜用心苦读，在校四年，学习成绩一直名列前茅，受到同学和老师们的交口称赞。同班同学解静山见他才华横溢，将来一定会有出息，便将妹妹介绍给费广泰为妻。解家生活富裕，全力在经济上资助费广泰读书，这样他在经济上又多了一个保障，免除了后顾之忧，21 岁时便以优异的成绩考入东北大学工学院，专攻采矿冶金专业。

对于报考大学的专业方向，其初衷源自费广泰儿时的一段经历。费广泰的家乡在辽宁省南票煤矿附近，地瘠民贫，全屯大部分人都过着衣不遮体、食不果腹的穷苦生活。然而家乡的矿产却十分丰富，可惜的是长年埋在地下，没能得到应有开发。十余岁时费广泰每逢假期，经常和伙伴们一起去矿上挑煤，看见矿里的技术人员凭一技之长，不但收入稳定且受人尊敬，心里羡慕极了，便暗下决心，一定要学好采矿本领，不但自己有一份收入稳定的工作，将来还能开发家乡的煤矿，让家乡的父老乡亲摆脱贫困，能吃上饱饭，过上好日子。因此，采矿冶金专业成了他第一选择。

在大学的这段时光里，费广泰特别重视专业知识的学习，课余时间阅读了大量外文资料，学习和掌握了国际上许多先进的采矿技术，同时也较好地学习和掌握了英、日等外语。为日后的事业发展打下了坚实的理论基础。

1930 年，费广泰以优异的成绩毕业并获学士学位。此时的费广泰已经是学业有成，英姿勃发的青年了。他要把他所学到的知识献给他热爱的煤矿事业，实现他儿时的梦想。然而，事与愿违，费广泰从东北大学工学院毕业后，并未能回到家乡，而是来到当时抚顺的阿金沟煤矿，开始了他煤炭事业的生涯，他先后担任过技术员和坑下主任等职。这一时期，费广泰曾到沈海路局沿线探矿，同工人一起在大湾沟调查钻探半年，撰写了“大湾沟煤矿钻探与调查”一文，发表在当时的东北矿业会报上，为煤炭资源的合理开发提供了依据。1933 年，阿金沟煤矿被日本人侵占，费广泰不甘心为日本人效力，便愤然离开煤矿到奉天省立工科学校做了一名矿科教员。费广泰学的是采矿，心里总是想着煤矿，总是想找机会再回到煤矿，几年后他应聘来到一个集资合办的小煤窑当矿长。1945 年东北光复后，费广泰怀着报效祖国的雄心壮志从小煤窑来到抚顺龙凤矿。然而，国民党的接收大员们根本不重视矿山的恢复和建设，更不重视煤矿工人的人身安全，乱挖滥采，致使矿井巷道年久失修，大部分坍塌，煤矿自然发火，矿井瓦斯爆炸、矿井被淹等重大恶性事故不断发生，整个矿山基本处于瘫痪状态。从大学毕业算起，已经 15 年的光阴过去。由于国运多舛，费广泰这些年来也基本上是东奔西走，疲于奔命，先后换了五个地方，当过教员，做过职员，总是为了养家糊口四处奔波，虽满腔热血，一身才华竟无用武之地。

1948 年，辽沈战役进入决战阶段，抚顺矿务局一些要员纷纷逃往关内，局属各矿负责人多数也弃职逃跑，整个管理和生产指挥系统均处于无人管理状态，为保护矿山资源和财产，当时抚顺矿务局文书科长林世权、局主任秘书吴葆民、西制油厂副厂长贺子杰共同商议，出面组建了“抚顺矿务局爱矿委员会”进行护矿工作。费广泰毅然参加了这个组织并担任龙凤矿分会负责人，组织工人们开展护矿工作，为龙凤矿完好地被人民政府接收做出了贡献。

新中国成立后，党和政府对费广泰予以充分信任，对其业务能力也给予充分肯定。任命他为龙凤矿总工程师兼副矿长。此时的费广泰感到施展才华、报效祖国的机会终于来了。从此以后，他英姿焕发，仿佛换了一个人似的，感到浑身有使不完的劲。1955年，费广泰被任命为抚顺矿务局总工程师，1956年任抚顺煤炭研究院院长。由于业绩突出，成果卓著，费广泰在全市科技界中享有较高的声誉，党和政府也给了他很多荣誉。1950年，他作为抚顺市三名代表之一，出席了全国自然科学工作者表彰大会。同年10月被选为全国科联、科普东北地区工委委员。从1954年参加第一届全国人大算起，费广泰连续三次当选全国人大代表，先后兼任辽宁省科协副主席，当选为抚顺市首届科协主席，荣任国家科学规划委员会煤炭组成员。三次获得抚顺市和东北煤矿工业劳动模范和科技精英等称号。

费广泰在新中国成立后对共产党的认识也发生了很大改变，作为知识分子，他长期秉承靠技术挣钱吃饭的思想，因此只顾埋头业务，而对政治、国家大政方针很少关心。有一件事使他改变了想法，1952年他在井下突然中风，而后受到组织精心照顾，想尽一切办法予以治疗和疗养，终于使其身体得以康复，回想起1946年因患伤寒病卧床4个月后竟被矿上当面解雇之事，他打心眼里认识到还是共产党真心地关心和爱护知识分子。在以后的短短几年里，他看到在共产党的领导下，祖国建设日新月异，人民生活越来越好，从而坚定了跟共产党走的信念。1956年还是民主人士的费广泰在《抚顺日报》发表文章，以亲身经历和现身说法阐明，知识分子只有在中国共产党领导下，只有在人民的怀抱才能真正有用武之地，才有光明的前途。进而号召全市科技界同仁拥护党的领导，努力提高政治觉悟，提升业务水平，献身社会主义建设事业。1960年7月15日，费广泰光荣地加入了中国共产党。

费广泰是一位德才兼备的煤矿安全专家，可惜在“文化大革命”中却被诬陷为“三开人物”而被“劳动改造”。遭受到严重的折磨和迫害，终因体弱多病且得不到治疗，不幸于1969年8月3日含冤病逝，年仅65岁。1978年5月9日，抚顺矿务局党委为其平反昭雪。1989年在费广泰逝世20年后，抚顺市人民政府追认他为“抚顺市科技精英”。

二、主要研究领域和学术成就

1. 开拓进取，勇于创新，开创矿井瓦斯抽排放先河

煤矿瓦斯是煤炭开采和矿工生命安全的天敌。抚顺矿区正是高瓦斯矿区。新中国成立初期，煤矿井下瓦斯威胁相当严重，尤其是费广泰所在的龙凤矿，井下巷道大部分坍塌堵塞，空气不能流通，到处充满了瓦斯。为了不产生火花，引起瓦斯爆炸，采煤时不能使用炸药爆破和电动设备，矿工只好采用最原始的采煤方法——用手镐挖。这种笨方法不但产煤量少，工作效率低而且工人的劳动强度大。当时，矿区组织和领导工程技术人员以及经验丰富的老工人，修复坍塌巷道，增加供风量，稀释瓦斯，又用泥沙充填废旧巷道，消除瓦斯积聚场所和自然发火源地，使井下瓦斯的危害程度得到了一定程度的控制。然而这些传统又落后的方法不能从根本上解决时刻威胁矿井安全生产的瓦斯问题，困扰和制约着抚顺矿区经济发展。

当时身为龙凤矿总工程师的费广泰深感自己责任重大，他下定决心攻克这一难关。于是他同当时留用的日籍工程师北村义夫一起研究探讨解决方案，自己利用业余时间挑灯夜读，查阅了国内外大量有关瓦斯治理的资料，多次深入井下一线调查研究，走访井下技术人员和有经验的老矿工。通过反复调研论证分析，逐渐摸清井下瓦斯的各种特性和释放涌出规律。一个大胆方案在脑海中形成："开凿井下专用排瓦斯巷道，使煤层中的大量瓦斯自动聚集在瓦斯巷道里，然后通过瓦斯巷道将大量积聚的瓦斯抽引到地面上来，从根本上解决瓦斯危害"。1949 年秋天，上级采纳了他的方案并于同年 11 月在龙凤矿第三、第五大下山开始了试验，开始了瓦斯预抽排放工程的攻坚战。然而，瓦斯预抽排工程是一项科技首创，在既无经验借鉴又无现成资料参考的情况下，费广泰和科技人员一起，夜以继日地奋战在煤矿井下现场进行试验，把全部精力都用在研究和处理瓦斯排放工程问题上。同瓦斯打交道可不是一件容易的事，专用瓦斯巷道施工地点常常被高浓度瓦斯包围，弄不好就会威胁人身安全。每当关键时刻，费广泰总是蹲守在第一线，研究解决方法，果断地对巷道壁采用高压送通法、泥浆喷射隔离掘进法等措施，保证了瓦斯预抽排工程的顺利进行。经过 8 个多月的艰苦奋战，终于在 1950 年 7 月 1 日完成了全部试验工程。至此，龙凤矿成为我国煤炭开采史上第一个预抽排瓦斯成功的矿井。费广泰也成为我国第一位提出并实现矿井瓦斯预抽排的专家。这项科技创新为我国减少煤矿瓦斯灾害事故，促进安全技术发展，提高生产效益，产生不可估量的影响。经燃料工业部批准，1951～1952 年先后又在老虎台矿、胜利矿有计划地开凿瓦斯巷道，使抚顺矿

区在新中国建立初期就找到了解决瓦斯威胁的科学途径。

预抽排瓦斯的成功，极大地提高了生产效率。到1952年，抚顺矿务局原煤产量就恢复到历史上正常水平，为完成我国第一个五年计划任务奠定了坚实的基础。

2. 开动脑筋，变害为利，瓦斯综合利用再立新功

预抽排瓦斯的成功，使矿区安全生产得到了保证，但是一个新的问题又摆在了费广泰面前。由于当时抚顺市区以瓦斯为生活燃料的居民有限，因而民用瓦斯的需求量很小，大量抽排出来的瓦斯白白地排放到大气中，既浪费了资源又污染了自然环境。费广泰对此看在眼里，记在心上，又开始琢磨瓦斯综合利用的新思路。经过一年多的思考，他大胆提出了利用抽排出来的瓦斯制造优质炭黑的建议。矿务局和燃料工业部采纳了他的建议。1954年，费广泰受命负责该厂的筹建工作。对于这种变害为利、一举两得的大好事，他激情满怀地投入到工作中。从方案设计到厂址的选定，无不倾注着费广泰的心血。他带领建设队伍日夜奋战，为加快施工进度，他坚持现场办公，哪个环节有问题，哪个方面有困难，他就出现在哪里，现场解决问题。在他的精心规划和亲自指挥下，一个新的炭黑厂终于在抚顺新屯南山建成，并迅速交付生产，实现当年开工当年生产，当年见效。

炭黑厂建成后，年产炭黑2051t，产值达1840万元，上缴利润846万元。为国家创造了巨大的经济效益。炭黑是橡胶工业的原料，过去一直依靠国外进口。利用瓦斯制造炭黑的成功，一定程度上缓解了完全依赖进口的状况，同时在瓦斯综合利用方面又做了重大贡献。

3. 扎根现场，排忧解难，为矿区建设做贡献

费广泰的人生足迹和科研之旅从未离开过煤矿一线，在解决煤矿现场技术难题上屡有建树。

1955年，费广泰被任命为抚顺矿务局总工程师，期间，正值新中国第一个五年计划建设的重要时期，抚顺煤矿为适应国家对煤炭的需求，必须对现有的煤矿进行改扩建。矿井改扩建，主要是开拓延伸扩大采区，保证采煤作业的衔接，增加新采区，以提高煤炭产量。同时对矿井生产系统的薄弱环节进行必要的技术改造。费广泰是矿井扩改建工程的技术负责人，他带领工程技术人员，长年深入井下一线指导改扩建工作，严把施工质量关，狠抓建设速度，改扩建过程一个又一个技术难题迎刃而解，使得改扩建任务得以顺利完成。整个矿区新增煤炭生产能力达350万t，露天矿的采剥平衡问题也在很大程度上得到改善。第一个五年计划期间，抚顺矿务局

煤炭产量年递增速度达 11%，由 1952 年的 533 万 t 提高到 1957 年的 900 万 t。5 年共上缴利润 4.6 亿元。

1956 年，抚顺煤炭科学研究院建院，费广泰担任首任院长。在繁忙的行政管理事务中，他仍坚持带领科技人员深入煤矿生产第一线，结合实际开展科研工作，为煤矿生产解决实际问题。他坚定地认为科研人员不以煤炭一线为课堂，是永远不能成才的。正是本着这一宗旨，多年来他亲自带队组织科技人员为煤矿一线解决一个又一个煤矿安全领域和生产过程中的难题。在 1958 年西露天矿深部坑进行水力运煤工程技术改造时，费广泰亲临一线，下到深部坑，而且一待就是一天，在现场就地解决问题，圆满地完成了改造任务，使露天矿水力运煤速度提高了近一倍。

4. 潜心钻研，呕心沥血，在瓦斯安全领域铸辉煌

20 世纪 30 年代初，刚刚大学毕业不久的费广泰就撰写“煤矿保安之重要性”的论文。也就从那时起，他就认识到煤矿安全对煤炭事业发展举足轻重的作用，也决定他将倾毕生心血在煤矿安全领域潜心钻研，开拓进取。继新中国成立初期在龙凤矿巷道预排瓦斯成功，在瓦斯安全领域，他从来没有停止脚步，义无反顾地攀登一个又一个高峰。

1956 年，费广泰担任抚顺煤炭科学研究院院长后，继续带领科技人员，在瓦斯灾害防治领域开展了一系列的研究实验工作，先后试验成功和推广了预抽瓦斯、边采边抽、下向孔抽等多种方法，组织科技人员编写了《抚顺矿区瓦斯涌出量预测图》，准确可靠地为抚顺矿区的安全生产提供了基本数据。在担任繁重的行政职务和社会职务的同时，他从未间断对煤矿安全，特别是瓦斯安全方面的研究。在几十年的工作生涯中，他的足迹踏遍了祖国各个矿区，为煤炭系统一些矿务局解决了很多关键性的技术难题，如北票局煤矿的煤与瓦斯突出问题、辽源矿务局煤矿黄泥灌浆防火问题、鸡西城子河煤矿的瓦斯抽放问题、天府局磨心坡矿瓦斯抽放问题。这些科研成果，都是费广泰亲临现场，攻克技术难关而完成的，都凝聚着他的智慧和辛勤汗水。

在新中国建立后的十几年里，费广泰十分注重将在煤矿一线积累的经验和取得的成果上升至理论的高度。他始终钻研煤炭科学技术，关注国内外科技发展动向，广泛阅读有关文献和资料，在此基础上写成著作和论文。他先后编写出版了《煤矿保安》、《钻探》、《瓦斯研究》、《抚顺煤矿瓦斯排放和利用》等著作，还撰写了“矿山多用风量表”、“龙凤矿瓦斯”等论文。其中最有代表性、倾其毕生心血撰写的《抚顺煤矿瓦斯排放和利用》一书于 1965 年出版，并在第一届国际采矿安全会议上

作报告，受到与会专家与同行的重视与首肯，并在国外翻译出版，为国家在煤矿安全研究领域赢得了荣誉。该著作的出版使瓦斯这个长期困扰煤矿安全生产的重大难题，从理论和实践上得以攻克，对于我国特厚煤层矿井瓦斯抽放和综合利用具有重要指导意义。

费广泰毕生精力都倾注在他钟爱的煤矿安全科研事业上，是我国第一位提出并实现矿井瓦斯预抽排和综合利用的专家，是我国煤矿瓦斯治理研究领域创始人、奠基人之一。他倡导“现场第一，实践成才”的成长之路，为一代又一代煤炭科技人员指出光明的前景。他品学兼优，作风正派，办事严谨，为人谦和，深受广大科技人员爱戴和敬仰。他注重煤矿安全科技人员的建设和后继人才的培养。在任期间，抚顺煤炭研究院科技队伍日益壮大，攻关能力越来越强，知名度越来越高。在他的领导下，一批批科技成果不断涌现，一批批科技人才、专家、学科带头人茁壮成长。

三、费广泰主要论著

费广泰. 1963. 抚顺矿区瓦斯抽放和利用. 国际安全会议.
费广泰. 1965. 抚顺煤矿瓦斯排放和利用. 北京：中国工业出版社.

撰写者

煤炭科学研究总院沈阳研究院

杨力生

杨力生（1911～1996），河北省徐水县人。煤矿安全和瓦斯地质专家。曾任中国劳动保护学会安全理事、中国煤炭学会瓦斯地质专业委员会主任等。1938 年毕业于焦作工学院采矿冶金系。1947 年赴美留学，在宾夕法尼亚大学矿业系研究生部专攻矿井通风安全研究，1948 年学成回国。1950 年任国家燃料工业部安监局主任工程师，先后三次参与负责组织“煤矿安全规程”的起草修订工作，主编了中国煤矿生产技术“第一部大法”——《煤矿技术保安试行规程》，对中国煤矿安全生产起了很大作用。此后，先后深入焦作、淮南、徐州等全国各大矿区，组织煤矿通风系统改造，推广通风安全的新技术及先进经验，收到了显著效果。1962 年，率先探索瓦斯突发与地质构造的关系，提出了“瓦斯地质”的概念，并为这一新学科的建立做出了重要贡献。1981 年，开始组织国内 3000 多位煤矿瓦斯地质专家“编制全国煤矿瓦斯地质图”，1992 年，出版了专著《1：200 万中国煤层瓦斯地质图》及说明书。

一、成长足迹

（一）幼小心灵植入了成才报国的种子

1911 年 6 月，杨力生（又名杨灿）出生于河北省徐水县的一个农民家庭，幼年读私塾，顽皮、好动，喜欢游泳、爬树，敢于挑战，勇于尝试。当时父母对他要求不高，只求识文断字，能写会算，守住家业就行了，但他从父亲这个棉花经纪人的经历中，看到了四书、五经之外的东西，明白了世界的博大和生活的广阔，“走出去”的梦想开始在他幼小的心灵里发芽，蓬勃成长的理想使他慢慢不甘心于在狭小的地方生活。

九岁那年，杨力生被送入公立学堂读小学，天资聪慧的他对阿拉伯数字产生了浓厚兴趣，表现出独特优势。他连跳两级，成绩依然十分优异。小学毕业后，父母将他送到中国首批留德学人创办的公立学校——保定第六中学，该中学旨在培养具有科学创新思维和国际性视野的少年精英，在这里，杨力生心中植入了实现成才报国愿望的种子，开始站在了自己人生的新起点。

沐浴在中学先进教育理念的阳光下，杨力生培养了广泛的兴趣爱好，他不但数理化等学科成绩优秀，还喜欢参加各种体育比赛，更对中国历史情有独钟，直到晚年还通读“二十四史”。在穿越时空的历史体味中，杨力生知道了祖国曾经的伟大辉煌，认识了民国现实的积贫积弱，坚定了他刻苦学习、报效祖国的信心和决心。

（二）理想播种在精忠报国的信念之上

青年时代的杨力生把自己精忠报国的崇高理想播种在对祖国无限忠诚的信念之上，成长在顽强拼搏、锲而不舍的追求之中，他总是用超前的思维去钻研，用最新的技术去开垦，用奉献的精神去冶炼。

1934年，杨力生以优异的成绩考入焦作工学院采矿冶金系，开始跋涉于呵护矿工生命安全的希望之旅。“那时，我总觉得自己的肩上扛着沉甸甸的责任!”回忆起当年的学习生活，杨力生总是这样对家人们说。1935年，杨力生参加了“一二·九”学生运动，并结队南下请愿，要求国民党当局“停止内战，一致抗日”。中华民族独立富强的坚定信念，让每一个渴望民族复兴的中国人的梦想激情燃烧，杨力生的一生都在为这个美丽的愿望而坚守着。

抗战期间，焦作工学院为躲避战乱而西迁，在抗日救亡中图存发展。杨力生与同学们一起徒步至陕西西安、甘肃天水等地，在极端困难的颠沛流离中最终完成了学业。大学期间，杨力生生活拮据，曾多次得到同班同学吴京的资助，两个人结下了深厚友谊，并相约共同成为守望煤矿生产工人生命绿洲的使者，以爱心接力筑就煤矿生产“安全长城”。1938年，杨力生毕业并获得学士学位，从此，生活为他打开了另一扇窗，年轻的生命开始在责任和奉献中升华。

大学毕业后，杨力生开始在煤矿安全生产这块沃土上播种着理想与希望，先后在四川嘉阳煤矿、天府煤矿任技术员、工程师等。在此工作期间，他结识了矿业泰斗翁文灏、孙越崎等，并陪同他们考察四川的煤田地质。在大师们的鼓励下，1943年，杨力生考取了公费留学生，但由于战乱一直无法成行，直到第二次世界大战结束后，国民政府资源委员会得到联合国救济总署的拨款才最终使他的愿望变成了现实。1947年，经过两周在太平洋上的远航，他到达美国西海岸，在芝加哥与他的好友吴京会面，就读宾夕法尼亚州立大学（Pennsylvania State University）采矿系，成为中国第三代海外留学生之一。新中国成立前夕，他拒绝了美国同行的挽留，放弃国外优越的工作条件和优厚待遇，毅然于1948年底回到满目疮痍的祖国，回到了他魂牵梦绕的故土，回到了天府煤矿。

时代召唤创新创业型优秀人才。新中国成立后，杨力生迎来了成就事业、报效国家的美好时光。1950年，他调任燃料工业部安监局任主任工程师，开始长期从事煤矿技术安全工作。

（三）科研道路上的曲折与磨难

1957年春，全国出现煤炭供不应求的紧张情况。在煤炭工业部召开的工程技术人员座谈会上，杨力生对煤炭建设的方向、重大型井、轻小型井等谈了自己的看法，并提出“大力发展地方煤炭工业，迅速提高煤炭产量，调整煤炭供应布局，满足国家急需”的观点，在当时的《人民日报》及相关学术刊物上发表后，引起了强烈反响。不幸的是他的命运也因此而出现拐点，在“反右运动”中被作为反党反社会主义的大毒草而惨遭批判，杨力生也因此蒙受了屈辱。此外，由于他在部分技术问题上与苏联专家意见不一致，在当时“反苏联专家就是反共”等极左观点的支配下，杨力生更是横遭批判，从而被打成“右派”。

“文化大革命”开始，作为“反动学术权威”的杨力生被迫停止了自己钟爱的工作，被下放劳动改造。即使这样，他仍然偷偷阅读相关书籍，到井下记录相关数据，积累了大量宝贵的资料。在极度的苦闷中，煤矿生产安全技术的相关内容依然是他最忠实的朋友，陪伴他度过那些饱经磨难的岁月，以致到他绝望了，这个“朋友”还总在他身边，给他以慰藉。

1969年，杨力生被下放到江西“五七”干校，在那“触及灵魂”的日日夜夜里，杨力生不但要随时“接受贫下中农的再教育”，而且还学会了“自找苦吃”。1971年底，他作为退休人员被煤炭工业部交萍乡矿务局安置。就这样，杨力生最具创造力的十几年宝贵时光被“冲击”得支离破碎。

（四）在科学春天里的追赶与跨越

1978年的“全国科学大会”，解放了科技人员禁锢已久的思想，迎来了“科学的春天”。这次久违的盛会召开以后，国家出台了落实老科技专家的相关政策。杨力生作为从事煤矿安全技术的老专家重新出山，此时，他越发认识到加强煤矿生产安全技术研究的必要性。他一再强调：搞煤矿就要搞通风，搞通风就要搞瓦斯，搞瓦斯就要搞瓦斯地质。这在国内外瓦斯地质研究一片空白的当年需要何等的勇气和胆识！

当时煤炭系统的很多科研院所，他都可以选择，并都向他表达了希望其加盟的愿望。但是，当河南理工大学（当时校名为焦作矿业学院）向他发出召唤时，他毫不犹豫地选择了这所培养他成长成才的母校，来到了这所始建于1909年的中国历史上第一所矿业高等学府，任学校采矿系顾问、教授。

1985年，中国煤炭学会成立瓦斯地质专业委员会，挂靠在河南理工大学，杨力生任主任委员，负责组织领导全国瓦斯地质学科的学术活动。瓦斯地质专业委员会的成立，标志着瓦斯地质研究有了全国性的组织，全国的瓦斯地质研究以杨力生为领军人物、以河南理工大学为中心，驶入发展的快车道。此后，在杨力生的组织领导下，每年都举行瓦斯地质学术活动，并创办了《瓦斯地质》学术期刊。

为了总结几十年来全国瓦斯地质研究成果，给今后的研究搭建平台，同时为河南理工大学等开设瓦斯地质理论课并招收瓦斯地质研究生的高校提供教材，1990年，在杨力生的组织指导下，该校瓦斯地质与瓦斯突出防治研究所彭立世、袁崇孚、张子戌等编著出版《瓦斯地质概论》。这是中国第一部瓦斯地质研究专著，集中反映了20世纪60年代至80年代全国瓦斯地质研究的成果，是被其后瓦斯地质论文和专著频繁引用的重要文献。该书的出版，标志着杨力生开创的瓦斯地质理论体系基本形成。

此后，围绕瓦斯地质研究，相继出版了《1∶200万中国煤层瓦斯地质图》《中国煤层瓦斯分布特征》《瓦斯地质研究与应用》《瓦斯地质理论与实践》《瓦斯地质新进展》《瓦斯地质与瓦斯防治进展》等学术研究著作，使瓦斯地质研究不断迈上新的台阶。

1991年，80岁高龄的杨力生正式办理了退休手续，然而，一颗火热的赤诚之心使他退休后仍然关注、参加对瓦斯地质的研究，直至1996年因心脏病突发逝世。

二、科学贡献与思想

（一）科学发现和理论贡献

杨力生从事煤炭生产安全研究60余年来，在建立煤炭安全生产体系、探索瓦斯与地质构造关系和建立瓦斯地质新学科等方面，有多项科学发现和学术创新，是中国煤矿安全生产技术和瓦斯地质研究的开拓者和奠基人之一。

1. 煤炭安全生产体系研究方面

建立煤炭安全生产体系，促进了煤炭产业的科学发展。1950年，杨力生参加了燃料工业部召集的保安规程起草委员会，担任“通风”章的起草工作。规程草案主要依据国内如东北抚顺辽源、华北开滦、华东淮南、华南萍乡和西南天府等煤矿的先进经验。尽管当时标准不高，但从中国实际出发，反响较好。1951年，根据中国煤矿实际情况，杨力生主编了《煤矿技术保安试行规程》，由燃料工业出版社出版发行。1953 年，他还负责组织修改保安规程工作，并颁发了新规程。

1961 年，杨力生分析了全国煤矿在“大跃进”期间发生瓦斯煤尘爆炸的原因，总结了主要教训，建立了全国煤矿煤尘瓦斯事故档案，并在煤炭部安全监察局保存。他强调这些事故教训是煤矿工人用血汗换来的，把它作为宝贵遗产留给后人是每一个安全技术工作人员的神圣职责。他还在总结新中国成立后 12 年煤矿通风安全经验教训的基础上，提出防止瓦斯爆炸的三条防线：一、搞好矿井通风系统，保证充足风量，防止瓦斯聚集超限；二、建立严格的瓦斯检查制度，配足检查仪表和检查专职人员，及时发现和处理瓦斯聚集超限；三、杜绝井下一切火源。

1962 年，他第三次参加修订保安规程的工作，提出了要吸收国内外十余年事故的教训，从中国实际出发，作为煤矿技术大法中的规程在保持相对稳定的同时，他还强调建立规程的目的是执行，规程发现问题可随时修改，成熟一条改一条。

为使正确理论在生产实践中能够切实得到贯彻执行，杨力生多次深入到焦作、阳泉、洪山、淮南、徐州、南桐、鹤岗、鸡西、大同、辽源等矿区，组织通风系统改造，推广先进经验，帮助矿井在安全技术方面建章立制，设置通风安全组织机构，配备专业人员，建立安全监督体系等。

2. 瓦斯与地质构造关系研究方面

率先探索瓦斯与地质构造的关系，并为其深入研究做出了重要铺垫。1962 年，杨力生在分析大同忻州窑矿从 1956～1961 年连续 3 次发生采区瓦斯爆炸的原因时，提出事故原因除了主观因素外，客观上受该矿地质结构影响的看法。通过一系列论证，使矿井瓦斯变化受地质构造支配的观点初步形成。同年，他还对双鸭山岑东矿掘井通风进行了调研，分析了该矿过去发生的 11 次瓦斯爆炸，发现都是在掘井巷道遇到断层或火山岩侵入处，瓦斯突然大量涌出而造成的。于是，按地质构造预先划出瓦斯涌出区，另辟一条防止瓦斯新路子的观点又成了他的长期研究方向。1963 年，他对辽源西安矿进行调研，分析了该矿过去发生的数十次瓦斯突发事故，发现突发位置都分布在地质构造带附近，如断层褶曲、煤厚变化、倾角变化等处。于是，他着手绘制了该矿井煤、瓦斯突发和地质构造关系图，依图进行分析研究，总结了煤与瓦斯突发的十几条规律，作为今后防止煤与瓦斯突发的依据。同年，他在对重庆南桐煤矿的调整工作进行检查时，也发现了瓦斯突发点大部分集中在地质构造带附近的现象。于是，杨力生把矿井与地质构造的关系分成三类：地质构造简单的矿井瓦斯浓度低，不突出；地质构造较复杂的矿井瓦斯浓度高，易突出；地质构造最复杂的突出严重。据此，人们就可以对地质构造与瓦斯突出的关系一目了然，这不但反映在一个矿井，而且反映在整个矿区。

发现地质构造与瓦斯抽放密切相关。1964年，杨力生在焦作李封矿天官区搞抽放瓦斯试验时，发现一条掘进巷在断层附近的瓦斯涌出现象十分严重，每分钟多达4～5m^3，把巷道封闭起来进行抽放试验，每分钟抽出只有1～2m^3。焦作大煤（厚6m）透气性低，但在断层范围内透气性增加，也能造成本层抽放条件，地质构造与瓦斯抽放密切相关，这一结论在此后的生产实际中得到了充分验证。杨力生向时任煤炭部部长张霖之作了汇报后得到了肯定，并把这一发现载入到《煤炭通讯》上，赢得广泛认可。

3. 瓦斯地质新学科研究方面

提出“瓦斯地质”概念，编制《1∶200万中国煤层瓦斯地质图》，对“瓦斯地质”新学科的诞生与发展做出了重要贡献。

1965年，杨力生在焦作焦西矿搞瓦斯预测预报试验，在以往经验的基础上，绘制了煤层瓦斯受地质构造控制的“三线速描分析法”瓦斯地质图。这一成果在全国煤矿安全生产科研展览会上展出并引起广泛反响，遗憾的是，“文化大革命”使他被迫中断了研究。

加盟河南理工大学后，杨力生得以继续他的事业。1981年，他在焦作矿区再次进行瓦斯地质调查，并以此为论证材料，申请“编制全国煤矿瓦斯地质图”的科研项目，得到煤炭工业部的批准，决定在全国开展编制煤矿瓦斯地质图的研究工作。1982年，他受煤炭工业部委托，举办了全国煤炭瓦斯地质工作方法学习班。以后又举办了三届瓦斯地质研究班，组织了五届全国瓦斯地质学术会议。

1984年，河南理工大学成立瓦斯地质研究室，杨力生任研究室主任。他还先后招收3名瓦斯地质研究生，并主编《瓦斯地质》等学术刊物。在此期间，他不顾年迈体弱、路途遥远，到全国很多矿区指导瓦斯地质研究。1990年2月24日，他在皖北矿务局刘桥一矿指导编制瓦斯地质图，《光明日报》第一版还对此作了图片报道。1992年，《1∶200万中国煤层瓦斯地质图》及说明书专著正式出版。

（二）让安全意识涵养广大矿区，用生命和梦想构筑煤炭安全生产丰碑

为给煤炭安全生产保驾护航，杨力生经常深入基层、深入矿井，及时解决煤炭生产技术问题，用生命和梦想构筑了一座煤炭安全生产丰碑。几十年来，河南、安徽、山西、四川、山东、江苏、辽宁、内蒙古等全国各大煤矿都留下了他的足迹。

1938年底，杨力生参加四川乐山嘉阳煤矿建设，担任地勘测量及建井工作，当时山区物资短缺，为了快出煤，刚毕业的他刻苦钻研打井技术，半年时间就完成了一对年产20万t煤的小型竖井建设任务，并在建井过程中有效防范了岩层瓦斯喷发、放炮等可能引发的瓦斯爆炸。1940年，他任重庆天府煤矿煤师，对峰井大连子煤层进行短壁采煤法试验并取得了成功，此法一直延续到1957年。1941年，他主持天府煤矿龙井建设（自设计、自施工、自生产），当时人力、物力极度困难，他发扬自主创业、艰苦奋斗的精神，一年时间即完成建井任务，第二年煤炭产量即达20万t，成为全矿建井快、投资少、效率高、成本低的典型。

1943年，他带领大家改革龙井巷道布置，原规定巷道必须布置在大连子煤层的顶板里，鉴于顶板岩巷压力大维修困难，他尝试着把岩巷布置在大连子底板的茅口灰岩上并获得成功。对于急倾斜煤层，他加强地面和井下防水工程建设，使雨季大量涌水得到了控制，为西南区建井布置永久巷道提供了经验。同年，他还对龙井大连子煤层开拓方法进行改革。过去大连子煤层瓦斯大，自然发火严重，不但影响生产，而且极易引起瓦斯爆炸。当时又缺乏有效的防灭火设施，发火、灭火，只有用人力去拼，吃尽了苦头。他采用短走向、小阶段，划分采区、速开速采的方法，把开采周期控制在半年以内，采区结束后，迅速把煤眼、风眼严密封闭，隔绝空气进入采空区，该方法基本控制了大连子煤层的自然发火。

1948年春，（杨力生当时还在美国）重庆龙井煤矿由于自然发火引起瓦斯连续爆炸，死亡近百人全封在灾区。1949年，杨力生回国后立即着手重开灾区，使其安全启封并迅速恢复生产，废墟上终于燃起新的希望。同年，杨力生制定科学方案对天府煤矿通风系统进行改革，完成后矿井风量成倍增加，使这个长期为瓦斯所困扰的矿井在新中国成立后的三年恢复期和国家“一五”期间未发生瓦斯灾害。

1950年，杨力生帮助重庆南桐煤矿制定通风改革方案，把中央式通风改为对角通风，使矿井风量迅速提高，瓦斯威胁安全解除。同年，他还帮助山东洪山煤矿所属矿井成功进行通风改革。1951年，杨力生到山东坊子煤矿进行调研，当得知该矿煤已采完，准备报废时，杨力生提出了采空区复采和巷探下山断岩找煤方案，为其找到了新煤层，使坊子煤矿重获新生。

1958年，杨力生负责总结“一五”期间全国煤矿通风安全工作。在对事故进行认真分析的基础上，他指出，1949年以后发生瓦斯爆炸的原因主要有三点：一是先有瓦斯积聚，多由通风不良或停风造成；二是瓦斯检查不严，未发现积聚或处理不当；三是井下火源未得到严格控制，特别是电火、放炮火等。以此来检查矿井瓦斯隐患，采取针对性措施，就能有效预防事故发生。在此基础上，他还对中央直属矿井按照保安规程提出了具体要求，包括备用风机的配备、双供电路、反风装备、防爆门、矿井配风定额每人每分钟的标准、防爆电器设备、火药放炮的管理等，极大地提高了国有煤矿的安全生产水平。

“只要勇于探索和前进，梦想就能成为现实”，杨力生说。1982年，他在对平顶山五矿瓦斯爆炸调研中发现事故原因绝非偶然，而是由一系列薄弱环节叠加造成的。怎样才能把煤层中的瓦斯赋存状况直观地显示出来，为瓦斯治理提供理论依据呢？忽然一个念头闪现出来，如果将瓦斯地质信息标识在图纸上，让相关人员一目了然，有的放矢地采取相应的措施去预防，不就可以更好地避免惨剧发生，进一步实现自己从事瓦斯地质研究的初衷了吗。

1982年，杨力生等以前期的瓦斯地质调查及研究成果为基础，申请到“编制全国煤矿瓦斯地质图”煤炭工业部重大攻关课题。他所在的河南理工大学，成为编制全国煤矿瓦斯地质图的组织中心和学术指导中心。煤炭工业部要求全国25个省（区）煤炭厅（局）成立以总工程师为首的瓦斯地质编图领导小组，配合编图工作。

杨力生等制定出详细的编图原则，并相继在全国25个省（区）举办30余期编制瓦斯地质图研究班，讲授编图方法，先后有3000余名工程技术人员投入煤矿瓦斯地质编图工作。1985年5月2日，煤炭工业部下发《煤炭工业部关于召开瓦斯地质编图工作会议的通知》，委托杨力生在焦作主持召开全国瓦斯地质编图工作会议。到会的300余人中，有中国科学院力学研究所郑哲敏，中国矿业大学韩德馨，中国地质科学院地质力学研究所胡海涛，中国科学院地质研究所汪集旸，中国科学院煤化研究所吴奇虎，中国矿业大学周世宁，煤炭科学研究总院于良臣、王佑安、宋士钊、陈锐等。这是中国煤矿瓦斯治理顶级专家、力学科学家、地质科学家、煤化学科学家出席最多的一次盛会，是一次多学科相互交叉的交流大会。杨力生主持会议并做重要学术报告，会上20余个省（区）的代表和专家做了大会交流，同时验收、评审了全国20余个省（区）的100余幅矿区、500余幅矿井的瓦斯地质图。

这个项目历时六年，最终完成的图纸一捆捆装了满满一屋子。通过精心地检验、整理和分类，最后定稿25套省（区）、125套矿区、500余套矿井瓦斯地质图和相应的说明书。这些图表汇集了新中国成立后30余年积累的瓦斯地质资料和中国煤矿的瓦斯地质规律。这是一个划时代的研究成果，从这一天开始，全国矿区的总工程师手中都有了一张瓦斯地质图，可以按照图上标识的瓦斯位置、储量、级别制订相应的防护措施。为节省投资、有效减少灾难发挥了巨大作用。

然而，怎样让这些图纸由厚变薄，不仅成为煤矿技术人员得心应手的工具，也成为国家制定方针政策的依据呢？绘制全国瓦斯地质图，这是难度更高的工作。既然瓦斯地质在全国的分布是不均衡的，在每个地区的分布也是有差别的，那么按照板块构造区域理论和构造控制理论编图，在全国分区分带，把每个矿区的瓦斯类型、级别、赋存标识出来，不就可以清楚地展现瓦斯地质的分布状态了吗？

思路清晰了，选择什么底图又成为新的问题。他们首先选用的是李四光的中国大地构造体系图，后来又换成煤田地质图。1991年，《1∶200万中国煤层瓦斯地质图》定稿。在该研究成果中，他们以确立煤层瓦斯生成、保存条件为核心，结合板块构造理论，研究区域构造演化对华北区、华南区、东北区、西北区、藏滇区瓦斯赋存分布的控制，研究区域构造演化对每个矿区瓦斯的生成条件、保存条件的控制和不同特征，进而将中国煤层瓦斯赋存分布划分为22个大区88个瓦斯带和300余个不同瓦斯等级的矿区。做到区域控制矿区、矿区控制矿井、矿井控制采面，逐级控制瓦斯地质规律，使得瓦斯灾害预测和治理能够进一步做到有的放矢。该课题被鉴定为国内首创、国际领先。1992年出版了中国第一幅《1∶200万中国煤层瓦斯地质图》和《1∶200万中国煤层瓦斯地质图编制》原创性成果。随后，国家煤炭工业局局长张宝明曾指出，河南理工大学"瓦斯地质研究所编制瓦斯地质图，并进行了全国煤矿瓦斯地质研究工作，既提高控制瓦斯事故各项工作的前瞻性和计划性，又指导现场安全技术措施，是一项重要的安全基础"。

课题研究人员在编图过程中提出的煤与瓦斯区域突出危险性预测的瓦斯地质方法和指标、瓦斯地质单元法、瓦斯地质数量化理论预测方法、以构造煤和高能瓦斯为核心的煤与瓦斯突出预测方法，在全国得到推广应用，并写入《防治煤与瓦斯突出细则》和《煤矿安全规程》。尤其是完成的煤炭工业部重大攻关课题"编制全国煤矿瓦斯地质图"，是瓦斯地质研究的里程碑，也是中国煤炭安全技术研究的里程碑。其涉及的范围之广，层次之深，难度之大，都是空前的。该研究成果查明的中国煤层瓦斯资源量为34万亿m^3，与14年后的2006年国土资源部查明的中国煤层气资源总量36.8万亿m^3十分接近，为中国煤层瓦斯资源利用和瓦斯灾害防治战略性规划提供了理论与技术依据，该研究成果被国家发改委、中联煤层气公司、美国环境保护署（EPA）等多家国内国际组织引用。

全国瓦斯地质编图工作的开展，开创了"瓦斯地质"新学科，同时，成立了中国第一个瓦斯地质研究机构"瓦斯地质研究室"，后更名为"瓦斯地质研究所"。杨力生及其同仁把成功的经验和失败的教训焊接在一起，织就一张张力擒煤矿灾害元凶——瓦斯的天罗地网，搭起保障共和国煤炭生产的"平安天梯"，为最终制服吞噬矿工生命、危害国家煤炭生产安全的头号恶魔绘就路线图，一跃站在瓦斯灾害研究的最前沿。

（三）坚持真理，相信科学，敢于斗争

在维护煤矿生产安全的征途上，杨力生用严格的制度守护着矿工的生命，他遵循客观规律，敢于坚持原则，总是为1%的希望付出100%的努力，以自己的职业理想、职业精神和职业操守，保护一片晴空、守住一方净土。

1952年，阳泉四矿通风方案尚未完成，在瓦斯十分严重的情况下，为了突出生产，矿上又开了一个新采区。得知这一情况后，杨力生坚决反对，并与有关领导发生争执。随后，他立即回部向领导汇报，总局上午10时下令四矿先停产处理瓦斯，但就在当日夜里11时该矿就发生了一次区域性瓦斯爆炸，这成了杨力生刻骨铭心的沉痛记忆。同年，鸡西矿务局推广接力通风经验，杨力生不同意，他认为在技术操作上不科学、不合理，应改为单台局扇长距离通风，结果与矿务局有关领导产生矛盾，把他告到周恩来总理那里，指责他压制群众创造的先进经验，后因国务院专家组到现场进行实地调查，并向苏联专家作了汇报，他的方案才最终得以肯定。

然而，挫折、困难、打击和风险并没有使杨力生退缩，为了点亮人们心中安全的“灯”为煤矿生产护航，他依然勇往直前、无私无畏，讲真理、敢碰硬、不信邪，敢于同错误观点作斗争。在1957年煤炭工业部召开的座谈会上，杨力生对学习苏联采煤技术一面倒的现象提出质疑，并对苏联专家在辽源西安竖井两次翻盘事故、南屯矿煤层开采的失败、中梁山竖井大平峒联合开采引起瓦斯事故等方面的技术问题提出批评。他认为苏联的先进技术要学，但也要结合中国实际情况；外国的先进装备可以引进，但价格要公平合理。杨力生冒险提出的这些意见在“反右运动”中又成了他“反动”的罪证而再次蒙冤。

杨力生用生命的真诚传递温暖和希望，他那追求真理的执著、独立思考的品格、敢冒风险的风范、大刀阔斧的气魄、力排众议的胆量已成为一道永不褪色的亮丽风景。1960年5月，随着一连串惊天动地的巨响，山西大同老白洞煤矿井口浓烟滚滚，火焰直冲云天。这次“中国采矿史上最大的惨案”，吞噬684条鲜活的生命，年产150万t的大型矿井报废。杨力生受煤炭工业部张栋之部长委托紧急从黑龙江鸡西飞往现场。他首先组织抢救被困工人，同时分析爆炸原因，认为是煤尘爆炸，但该矿有关领导坚持大同煤尘不爆炸，后经抚顺煤炭研究所对大同煤尘鉴定，结论是煤尘强爆炸，才平息了争论，并最终找到了事故原因。爆炸后第3天，东大巷尚有37人无法撤出。杨力生经过勘察研究，认为该矿顶板坚硬，巷道塌陷后，空隙虽小，但继续冒顶可能性不大，巷道积水一米多深，但矿井涌水不多，不可能很快封顶，认为被困人员人尚有生还希望。于是，他立即提出抢救的具体实施方案，当时

遭到一些人的反对，认为抢救难度太大，怕抢救人员进入后出不来，但方案得到煤炭工业部领导的支持。于是，他带领抢救人员向发生事故的矿井边打钻孔边送压风，并通过钻孔放下矿灯和电话筒。几小时后，通话接通，工人全部生存，但已不能行走。随后，他们通过钻孔向被困人员输送牛奶，组织抢救人员穿过积水区和塌陷区，经过一昼夜的奋战，终于把 37 名工人全部救出，创造了矿山救护奇迹。

（四）多次临危受命，亲临矿难现场，分析事故原因，制定抢救方案，解救被困矿工

1954 年冬，内蒙古大发煤矿发生煤尘爆炸事故，杨力生第一时间赶赴现场进行调研分析，发现该矿煤尘爆炸的特征是：发生在进风巷道，爆炸的毒烟吹入采区毒害工人。由于爆炸摧毁巷道，工人无法撤退是造成事故扩大的主要原因。杨力生总结了事故教训，向全国煤矿发出通报，要求采取防止煤尘爆炸的措施，消灭煤尘爆炸的危害。大发煤矿煤尘爆炸后，矿井破坏严重，无法恢复生产，人员无法安置，杨力生建议把包头矿务局五当沟矿区划出一部分归大发开采，得到煤炭工业部同意，从而建立大磁煤矿，该矿认真吸取了大发煤矿煤尘爆炸的教训，创造了安全生产的好经验，成为内蒙古煤矿的先进典型。

1952 年，煤矿总局成立通风工作 9 人小组，杨力生任技术指导。不久，他帮助阳泉矿务局和焦作王封煤矿制定通风改革方案，建立通风管理制度，使矿井风量成倍增加，瓦斯高温解除，取得了成功的管理经验。此后，杨力生还为淮南矿务局新庄子矿成功制定排水方案，为华东地区低洼矿区地面防水提供了宝贵经验。同年，徐州贾旺煤矿夏桥采区工人一氧化碳慢性中毒，200 多人住院，杨力生下井调查原因，发现中毒是由于韩桥井下采用柴油机车造成的，由于矿井风量不足，柴油机车排出的一氧化碳浓度上升，建议改用电机车，当时煤炭工业部领导得知这一情况后，立即下令把仓库的电机车器材拨给该矿，确保了生产安全。

1961 年，杨力生赴辽源西安矿进行失修巷道调研，发现失修原因在于矿井开采范围太大、战线拉得过长，指出解决巷道失修的根本方法是集中开采、缩短战线。只有这样，巷道维修才能平衡，失修率才能下降。这一观点得到广泛认同并被普遍推广。

“发展与超越必须与安全生产同频共振。”“文化大革命”后恢复工作的杨力生依然坚守自己的信念。1981 年元月，杨力生到徐州韩桥矿夏桥井煤尘爆炸现场进行考察，并对该矿井巷煤尘沉积作出测定。在他的汇报中指出了全国煤矿煤尘隐患严重及采取措施的必要性，引起煤炭工业部的高度重视。同年，杨力生对焦作 9 对生产

矿井通风系统进行调研，摸清了存在问题，安排通风班学员回矿后，推动全国煤矿矿井通风调整，有效地控制了瓦斯煤尘爆炸。

（五）积极培养煤炭安全技术人才，用激情续写发展辉煌

人才是社会发展的火车头和发动机，杨力生进一步认为，人才是保证煤炭生产安全的千斤顶和聚合器。特别是新中国成立初期，煤炭技术人才匮乏，培养人才是一项紧迫任务。为培养大批专业人才，经煤炭工业部教育司批准，杨力生亲自任教，从1984～1987年连续招收四期瓦斯地质研究生班，培养研究生60余人。现在他们大多数已成为技术骨干，如中国矿业大学副校长秦勇、江西煤炭研究所所长谢晋珠、重庆煤炭工业局副局长郑先智等。此外，经他培养的各阶段煤炭安全技术人才现都已成为煤炭安全技术的骨干、学者、专家，他们对全国煤炭安全生产发挥着重要作用。

“通过人才培养让实现安全生产梦想的舞台更宽广。”杨力生总是这样看待人才培养的重要性。1951年，煤矿总局成立保安学校，杨力生兼任通风教师，并编写了矿井通风讲义，创建了通风实验室，使学员熟练掌握风机鉴定技术，并在北京城子矿进行风道测定实习，使学员得到了理论与实践相结合的训练，提高了分析研究的能力。这批学员在当时很快就成为全国煤炭通风安全的技术骨干。

1953年，煤炭工业部成立通风工作队，作为主要成员的杨力生积极开办基层通风人员培训班，并在《煤炭技术》上发表“通风专号”，对全国煤矿改进矿井通风，加强通风技术队伍建设起到了重要作用。1954年春，杨力生担任煤干校局、矿书记训练班主讲通风教师，编写“矿井通风使用讲义”，还安排一些瓦斯检查试验，让学员看到瓦斯在煤矿燃烧的颜色和高温，识别瓦斯在空气中的含量。

1982年，杨力生受煤炭工业部委托，举办了全国煤矿瓦斯地质工作方法学习班，组织了五届全国瓦斯地质学术会议，极大地推动了全国范围的瓦斯地质研究，培养了一批煤矿安全专家和煤层气专家。1985年，招收瓦斯地质研究生班，并在全国25省（区）举办了百余期瓦斯地质编图研究班，培养了数千名瓦斯地质专职人员和一大批瓦斯地质专家。

三、杨力生主要论著

杨力生. 1951. 煤矿技术保安试行规程. 北京：燃料工业出版社.

杨力生. 1954. 矿井实用通风讲义. 北京：煤炭工业出版社.

瓦斯地质研究室. 1990. 瓦斯地质概论. 北京：煤炭工业出版社.

杨力生，张祖银，张子敏，等．1991．1∶200万中国煤层瓦斯地质图．西安：西安地图出版社．

主要参考文献

中国矿业学院瓦斯组．1979．煤和瓦斯突出的防治．北京：煤炭工业出版社．

焦作矿院瓦斯地质课题组．1983．瓦斯突出煤层的煤体结构特征，统计分析在预测瓦斯突出中的尝试．煤田地质与勘探，(3)．

焦作矿院瓦斯地质课题组．1983．应用回归分析方法预测矿井瓦斯涌出量．河南煤炭，瓦斯地质专辑．

焦作矿业学院瓦斯地质研究室．1990．瓦斯地质概论．北京：煤炭工业出版社．

黄丹．2007．回忆我的外祖父．

撰写者

徐春浩（1971～），河南理工大学校报编辑部副主任、讲师，南京大学中文系硕士。

翁心源

翁心源（1912～1970），浙江省鄞县人。石油储运工程专家，中国第一位学习和掌握石油管道技术的工程专家，中国石油储运工程的开拓者和奠基人之一。20世纪40年代初出版了中国第一部《油管工程》专著。抗战时期，他设计并监督敷设了中国历史上第一条输油管道：从玉门油田8井输油总站至四台炼油厂管线。抗战胜利后担任中国石油公司工程室主任，负责组织了中国第一代储油所建设，改扩建上海高桥第一、第二储油所成为较先进的港口油库，在中国沿海沿江建立了一系列石油储存销售设施。新中国成立初期先后担任石油总局计划处处长、基建处总工程师，石油工业部基建司总工程师。1958年指导了中国第一条长距离输油管道克拉玛依至独山子炼油厂的设计和建设。1960年参加大庆石油会战，组织萨尔图油田地面建设工程的规划和建设。1962年现场指导研究解决巴渝输气管道建设中出现的过江难题，决定采用石笼护管方案，并监督实施，直到成功。他对防腐技术深有研究，曾被聘为国家科委石油地质组储运分组成员及腐蚀小组土壤腐蚀分组副组长、腐蚀学会秘书长；还被聘为清华大学兼职教授。1964年后，参与创办石油部工业情报所，任副所长兼总工程师。

一、生平概要

翁心源，字同书，又作桐书，汉族，1912年5月11日出生于浙江省鄞县，其父翁文灏是中国第一位留学地质博士、著名地质学家，中国近代地质学奠基人之一。翁心源青少年时期随父在北京读书，从小勤奋刻苦，成绩优异。父亲翁文灏对地质科学孜孜以求、对国家经济建设勤奋探索的精神对翁心源产生了巨大的影响，他立志像父亲那样以实业报国。1927年翁心源考入唐山交通大学土木系，经过一年补习班、两年预科、四年本科的学习，1934年7月以本科总评第一的成绩毕业。充满信心而满怀抱负的他以高昂的精神投身铁路建设，先后参加了粤汉铁路株韶段、湘桂铁路柳南段、滇缅、叙昆等铁路的修建，分别任副工程师等职。抗战爆发后，日本帝国主义大举侵略中国，打破了翁心源在铁路建设中大显身手、报国救国的梦想，也使刚刚铺开的中国铁路建设被迫中断。而此时作为能源的石油在战火弥漫的非常时期成为最重要最稀有的抗战物资，甚至有“一滴汽油一滴血”之说，因此开创石油工业便成为最迫切最紧急的战略任务。当时许多热血青年在国家危难时刻挺身而出，都以国家的需要、国家的利益为第一选择。翁心源也于这时在时任国民政府经济部长的父亲翁文灏指点下改行到甘肃油矿开始了石油事业。1942 年初，国民政府经济部资源委员会为培养国家建设人才，经考试选拔了一批优秀青年技术人员派往美国学习，翁心源便是其中之一。在选择专业时，翁心源根据当时条件意识到已经投入石油开采的玉门油矿地处西北荒原，远离内地，交通极为不便，生产出的原油、汽油、柴油等因运输上的限制，难以发挥应有作用。而管道运输是石油开发中的重要组成部分，也将极大地解决石油运输中的困难，于是他选定了在中国还属未开辟而又迫切需要的领域——石油管道运输专业。这一选择使他成为中国学习石油管道运输的第一人，也因此肩负起开创中国石油管道运输事业的重任。

1942 年 3 月翁心源离开炮火弥漫的中国前往美国学习，开始了他献身石油工业的第一步。在美国紧迫的学习期间，深陷战争灾难的祖国时时激励他加倍勤奋学习，他不但认真研读书本上最先进的理论，也非常注重实际操作锻炼。实习期间他在考察美国油管工程状况的同时，进行了甘肃长距离油管（从玉门到兰州）的设计研究，并于 1943 年 10 月写成中国石油储运专业首部专著《油管工程》，系统而简明地论述了油管工程理论与应用，分为四个部分：一、油管与石油工业。根据他对美国石油运输情况分析“在陆地运输方法——油管、铁路、公路中，当以油管最为经济”。“我国目前亟谋发展之西北油田，处地荒偏，与消费市场相隔颇遥，不但运输成本在产、运、炼三者之总合内占有十分显著之百分数，且实际之产炼数量，亦因运输之难易而受限制。”“而油管之分布设计与建筑，更为该项运输系统中最为重要之一环。”二、油管之设计与干线之规划：①设计之准备；②阻力之计算；③干线油管之选择；④干线规划；⑤油站之设计。三、油管干线之建筑：①敷设油管；②建筑油站。四、油管之运用与管理：①统计；②调度。此著堪称是中国油管工程的开山之作。实习结束翁心源被壳牌石油公司授予“油管博士”证书。

1944 年 9～11 月翁心源回国途中，专赴印度考察中印油管（第二次世界大战期间军用管道）的建设和运用，进行调研对比，以提高《甘肃油管试验性的设计》实习报告的确切性。

1944 年 12 月翁心源学成回国，此时抗战硝烟未灭，满目疮痍的祖国更激发他报效国家的心愿。他急于将所学付之于实践，尽快为抗战做出一份自己的贡献。他征尘未洗，便携夫人和两个年幼的女儿，于 1945 年最寒冷的 1 月坐油矿运货卡车经长途跋涉，又一次来到玉门油矿。他们的到来，轰动了整个矿区，翁心源的父亲是政府经济部长，他又刚刚从美国留学归来，在重庆有安全温暖的家不待，清闲自在的工作不做，竟然到“千山万碛皆白草”的玉门工作，不能不使人们对他多了几分敬佩和惊奇。到了矿上，翁心源顾不上休息适应，马上投入从8井输油总站到四台炼厂原油管道的设计工作。他脱下西装，换上工装，顶风冒雪同其他技术人员一起在现场测量、督导施工，风餐露宿，争分夺秒，在恶劣的自然环境下于当年9月就将管道建成并投入使用。这条管线长4.5km，管径为10.2cm，建成后，管道平均日输原油2000桶以上，被人们誉为“地下油龙”。尽管这条管线不长，但效益显著，极大地支援了抗战。这不仅是翁心源设计修建的第一条油管，也是中国人自己建造的第一条输油管道，这条管道也确立了翁心源中国石油管道运输奠基人的地位。

1946年6月，隶属于经济部资源委员会的中国石油公司在上海成立，翁心源被任命为公司工程室主任。他先后主持了石油公司在全国各地的储油所、储油库、仓库及加油站的设计、建设工程，形成了中国自己的一系列油品的储存、销售设施，在中国沿海沿江地区的油品市场占有了一定比例的营业额。

1949年上海临近解放，翁心源积极参加石油公司护厂斗争。当时南京已解放，石油公司在浦东所属的高桥第一、第二储油所（当时称东厂、西厂），开始受到国民党军队的干扰，每天经过第一储油所码头的军队不断向厂里征用物资，要求进驻和存放军用物资。而第一储油所存有待转运高雄炼油厂的原油5万余桶，考虑到油库距黄浦江不足百米，万一油库遭到破坏，不仅将使高桥一带储油所毁灭殆尽，而且着火的原油流入黄浦江中则后果不堪设想。此时翁心源专程赴厂视察，他一方面布置职工留下护厂，家属立即撤离高桥，一方面通过翁文灏的关系从上海卫戍司令部弄到“油库重地禁止驻军”的告示，使储油所免遭国民党军队强占和战火破坏，保证完整地回到人民手中。对这次护厂工作，1993年5月经中央复查肯定后，由中组部和统战部联合下发文件“对原国民党资源委员会人士中，在组织、领导护产中有重要贡献或立功表现的，可视为我党地下工作人员”。翁心源便是其中之一。

1950年4月，翁心源奉命赴北京参加筹备燃料工业部第一次全国石油工业会议。会后被任命为石油管理总局计划处处长，其间参加了石油工业第一个五年计划的制定，还负责年度计划的编排和实施。1955年成立石油工业部后，翁心源任基建司总工程师，先后组织了多项油气长输管道储运工程以及新建和扩建炼油厂等国家重点工程的设计审查、施工质量监管和验收投产等工作。1960年，翁心源带病参加大庆石油会战，亲自组织、参加了大庆油田萨尔图、喇嘛甸油区地面工程的规划和建设。

翁心源非常注重储运事业的发展及储运人才的培养，早在他写成的《油管工程》专著附记中就写到："深盼同仁中有对油管发生兴趣者，能进而加以研究……日后共同参加实建工作，为我国新兴之石油工业，解决运输之困难"。石油管道专家梁翕章、张英，就是先后在翁心源鼓励和影响下走上石油管道专业这一行的，并将此作为终身职业，成为石油管道储运专家。新中国成立初期，翁心源应清华大学邀请聘为兼职教授，在该校石油系讲授石油储运工程。而翁心源从印度带回的第二次世界大战时期修建的印度到中国陆上军用输油管道的设计资料，被他毫无保留地捐出，成为清华大学石油储运专业初建珍贵的英文"启蒙教材"。

1964年以后，翁心源转向从事石油科技情报信息工作。他在石油工业部原编辑室的基础上，筹备成立石油科技情报所，担任石油科技情报所第一任总工程师。他坚持情报工作为生产建设、科研和教学服务的方向，既抓国外科技情报，又抓国内技术革新和技术革命成果，使情报所的工作能及时准确地掌握国内国外石油工业动态和发展方向。在他主持下，仅1965年情报所就完成了540万字情报刊物、600万字的编辑工作和四项展览任务。"文化大革命"中翁心源受到迫害，于1970年在湖北潜江"五七"干校去世，享年58岁。

二、建立中国自己的储油销售系统

1946年6月，翁心源任中国石油公司工程室主任，负责主持石油公司所属各地储油所的建设工程。建设中国人自己的储油系统，是翁心源当初学储运时立下的愿望。抗战胜利，极大地激发了翁心源继续修建中国石油管道运输系统的热情和信心，他将全部的热情化作动力，带领工程室员工投入到油库系统的建设中。翁心源首先对一些现有的储油所进行全面了解，在此基础上，经仔细规划，充实完善了原有的设施。同时从美国订购了一套制桶设备，在上海高桥第二储油所建设制桶间，1947年12月设备到达上海，经6个月紧张的施工安装，建成了中国第一套先进的制桶生产线。1948年又扩充了广州白蚬壳储油所的储油能力。他还组织工程室对分布在天津、南京、宜昌、广州、汉口、台北、台中、苗栗等地的油库进行改造扩建。与此同时在上海、南京、广州、青岛、台湾等地新建了12座加油站，这些都是中国人自己建造的最早的加油站。翁心源本身具备工程建设的基础知识和实践经验，又有储运专业的领先知识，在建设这些储运工程时他用自己专业所长精心设计、施工，筹划安排，在短短的几年时间就建成了属于中国人自己的储油所、油库、加油站等一系列的储存、销售设施。到1947年底，中国石油公司已迅速占领中国沿海、沿江地区四分之一以上的油品营业额，结束了洋人在中国这些地区石油市场的一统天下局面。

石油储运在当时是一门前沿知识和新技术，为提高职工技术能力，翁心源把在美实习所学，翻译成中文，并以中英文对照形式编成储运专业书籍（共十余册），供工程室及所属油库人员学习。其中输油及油库建设与管理等知识极为详尽，储油区的油罐布局以及钢油罐建造、水消防等，相应配套，都很实际，易于掌握，学者便于引用，填补了当时尚无此类书籍的空白，许多人从中受益。他还亲自领导汇编出版了一本全国储油设施概况的完整资料，题目是《中国石油有限公司业务设备现况报告》（并绘制出包括地点、储油容量、码头装卸能力等布局详细图），此报告图文并茂，一目了然，既供作参阅，又便于查找各油库、站、所的概况。更为重要的是，此报告还为新中国成立时接收清点资产起到关键作用。

三、开创新中国石油工业基本建设工作并指导重大项目的建设

新中国成立后，翁心源以极大的爱国热情投身新中国的石油工业建设。1950 年初，燃料工业部第一次全国石油工业会议决定：在燃料工业部设立石油管理总局和西北、东北两个石油管理局，翁心源被任命为石油管理总局计划处处长。期间他参与了国民经济恢复时期及 1953～1957 年第一个五年计划中石油工业发展计划的制订和实施工作。1955 年石油工业部成立，翁心源任基建司总工程师。随着石油工业的发展，油气田和长输管道等各项工程建设的规模迅速扩大，工作量成倍增长。作为石油工业部基建工程的最高技术负责人和新中国成立初期储运工程领域带头人的翁心源，先后组织了多项油气长输管道、储运工程及新建和扩建炼油厂等国家重点工程的设计审查、施工质量监管和验收投运工作。

1958 年，翁心源组织指导了新中国第一条长距离输油管道：克独线（克拉玛依至独山子炼油厂）的建设，成功地解决了一系列技术难题，保证了管道安全投产。当时克拉玛依油田正值开发初期，国内还没有建设管道的专用设备和材料，翁心源以其丰富的学识和工程经验，踏实严谨的作风，深入实际指导，提出：为了降低能耗，在集油工艺上可采用井间接力输送，充分利用地层压力输送的办法。他还坚持从简节约的原则，在设备选用上，极力坚持就地取材，动员工程建设人员到油田的废料堆里寻找替代材料。用钻井用的柴油机和泥浆泵做输油动力，结合实际，采用已有的钻井成套动力设备设置泵站。在翁心源及全体人员努力下，这条长 147.2km，管径 168mm，设计压力 8.5MPa，年输油能力 100 万 t，中间设有 5 座泵站，初期投

产2座，投资1420万元的输油管道于1959年1月10日建成投产，解决了克拉玛依原油外输一直靠汽车运输的问题，为新疆石油工业发展发挥重要作用。

1960年翁心源患了肝炎，老胃病又复发，但他不顾个人安危积极投入大庆石油会战，亲自组织参加了大庆油田萨尔图、喇嘛甸油区产能地面工程的规划和建设。

1961年中国第一条穿越长江的巴渝输气管道开始修建，该管道从四川巴县石油沟气田至重庆，全长54.43km，管径426mm，设计压力2MPa，用A3螺纹焊缝钢管，沥青防腐，埋地敷设。翁心源非常关心该工程的进展情况，先后两次到建设工地检查，第一次过江工程失败后，他亲自到现场指导研究第二次过江方案。在现场，他同技术人员一起认真讨论分析第一次过江管道断裂的原因，经研究确定采用石笼稳管方法（将大块的卵石装入粗铅丝编成的笼子内，四川水利上称“石笼”），即先将管道铺过江，然后在管道两侧铺上石笼，形成一条人工管沟。这一方法几经协商完善，最终在施工中采纳使用。实践证明，此方法可行而且非常成功。翁心源一直参与这项工作直到完成。巴渝管道的建成，为川渝天然气环网建设提供了宝贵的技术数据和经验。在以后的过江管道施工中，此方法得到推广应用。20世纪70年代初，天然气管道河流穿越在缺乏大型穿越设备和开挖设备的情况下，多采用无沟敷设石笼稳管方式，占整个穿越次数的75%，包括先后六次穿越长江。

四、重视石油埋地管线的防腐工作

在石油管道建设中，翁心源一直注重埋地管线的防腐保温技术，国家科委在20世纪50年代就提出了“土壤腐蚀试验网站”课题的研究，翁心源是这个课题项目的负责人之一，并被聘为国家科委腐蚀小组土壤腐蚀组副组长、腐蚀学会秘书长。在他的倡导和组织下，制订了土壤腐蚀工作1963～1972年的10年发展规划；确定了土壤腐蚀规律的研究；地下构筑物防腐层的研究；地下金属构筑物电法防腐的研究；土壤微生物对地下金属构筑物腐蚀及其防护的研究；土壤腐蚀试验、测定方法及仪器设备的研究等重大课题，并在全国范围内建立了19个土壤腐蚀试验站，下设29个点。这个计划使我国油气埋地管线的防腐保温技术研究从未间断，并不断取得进步。在建设克独输油管道时，采用牛皮纸裹沥青做管道的防腐层，效果虽较好，但因基本是手工操作，劳动强度比较大。到60年代，研制成现场热缠防腐作业机，将除锈、刷底漆、浇沥青、缠玻璃布等工序全部在现场机械化完成，大大减轻了劳动强度。

五、将所学理论应用于实际工程中

作为工程技术人员，翁心源非常重视理论与实践的结合，善于将力学理论融于现实工程之中：第一，在油罐基础建设方面的陈规是按承载力设计重力基础，费工费料且工期长。翁心源运用油罐盛油呈平均下沉的原理，采取浅挖槽，垫砂层的方法，经一定时间，基础受油重压力逐渐下沉。沉实的基础，承力坚实可靠，再连外接管时，既不上下错位，又防止了水平位移。第二，翁心源还将沉降量的理论，用于建造 50 多米烟筒上。事先，他查明当地地层为淤积沉积型，适合采用预设沉降土壤。因此，不造常规的固态基础，任凭烟筒自重经一定时间下沉，成为可靠的基础。实践证明，由于算准下沉量（下沉深度），预留出烟道口，结果未发生尺寸差错。第三，以往沿长江油库码头栈桥大多数距岸边较近，有较好的受力条件，且多为木结构；而距岸边较远的码头栈桥一般采用钢筋混凝土建造。1948 年在建造南京浦口油库码头栈桥时，要求能泊 3000t 油轮的吃水深度，而且远离岸边约数百米，这种情况如按常规设计，一般以钢筋混凝土建造，而翁心源根据江流平稳、少浪、栈桥虽长但承重轻，只有四根不粗的油、水管等有利条件，决定仍采用木结构。为解决靠船横桥承受泊力的冲击，他取三点受力，船身部位直接靠在横桥或中介驳船上，船两端由撑桩承负，三支点全是自由端，灵活性高，易于消除碰撞。实践证明在该情况下建木栈桥是可行的，这在当时是个创举，不但大大节省了建造费用，而且缩短了工期。这项工程充分体现了翁心源在结构力学上的深邃造诣。也为以后的管道建设留下可贵的科学依据和第一手资料。

翁心源不仅自己重视理论与实践相结合，并且教育年轻人要将所学知识用于实际工作中。1962 年翁心源受邀参加北京石油学院 57 级储运专业毕业生座谈会，在向学生讲话中，他根据工作经验概括出当时储运工作急待解决的问题：①含蜡原油管道运输问题；②大型管线材料、设备制造和选型问题；③非金属管线和非金属油罐问题；④施工技术和施工机械问题；⑤地下管线防腐工作；⑥安全和消防问题。语重心长地勉励同学走上工作岗位后要将所学知识用于这些方面，大家共同努力不断解决发展中发生的新问题。

六、工程技术人员的楷模

翁心源是一个事业心、责任感极强的人，他深受父亲翁文灏的影响，在他青少年时期，父亲正主持中国地质调查所工作，父亲常常带学生去野外采样，调查分析，作学术研究，为中国刚刚起步的地质事业呕心沥血，这些都深深地印在了翁心源的脑海里，在潜移默化中翁心源继承了父亲严谨科学的工作作风和诚恳待人的生活态度。他热爱祖国，热爱石油储运事业。新中国成立前夕，他拒绝了美国亚细亚公司给予优厚待遇去美工作和去中国台湾工作的机会；担着风险，在父亲的帮助下，将已到中国台湾的妻子女儿接回上海，共同迎接新中国的诞生；他以民族利益为重，多方奔走，积极努力，终于使父亲翁文灏回到祖国。

他不仅是中国学习和掌握油管运输工程技术的第一人，而且对石油管道的作用和意义有很深的理解，是中国石油储运学科的引领人。他很早就意识到管道运输石油是最安全、科学、高效的手段，在中国必定会有极大的发展前途，因此积极指导鼓励多人学习管道工程技术。他重视中国自己培养油管运输专家。在中国石油公司工作时，他将在美实习所得储运工程方面知识编成活页专辑，供职工学习掌握。在工作中，他以精兵高效、一专多能的思路培养提高下属，充分发挥每个人的智能。当时中国石油公司工程室全员不及 20 人，在他的要求下均成为多面手，技术干部既负责工程设计，又担任现场施工指导及合同管理。新中国成立后，为培养石油工业人才，燃料工业部成立了北京石油学院。在讨论专业设置时，翁心源积极建议并力主设立石油储运专业（本科），并担任 1956 年北京石油学院储运专业第一届本科生毕业答辩委员会主席。他还曾被清华大学聘为兼职教授，讲授石油储运工程。

翁心源平易近人、谦虚和蔼，与同事和谐共处，特别关心下属，上海解放前夕，他将自己在上海小沙渡路的住宅让出，安置避难的中国石油公司职工家属。在后来历次政治运动，尤其是“文化大革命”中，被迫交代所谓的历史问题，他只谈自己，从不牵累他人，表现出极高的涵养和高尚的品德。他的朴实、诚恳、热情、正直感染着周围的人，至今一些老同事对他仍然充满敬意和怀念。尤其是在他领导下工作过的人，如今每当回忆起来感激爱戴之情油然而生。

他一生勤奋刻苦、严谨谦虚，对待工作极其认真负责，各项工程设计与建造中，组织制定设计、施工和验收标准规范，并亲自主持审查设计，数次现场监管，直至工程验收投运。他学识广博、技术全面，具有丰富的实践经验。1960 年，他带病积极投入大庆石油会战，与广大工人同甘共苦，为大庆油田地面工程规划和建设献出了自己的知识和力量。1959 年和 1963 年先后被评为石油工业部机关先进工作者和五好职工。

他品德端正，思想进步。父亲曾是政府高级官员，但他从不摆架子，从不以家庭背景为自己找享受，在民族危难的抗战时期，他毅然以国家的需要为第一选择，改行从事石油事业，并赴艰苦边远的西北荒原修建管道。新中国成立后，他努力学习，思想认识不断提高，由旧时代一个单纯的技术人员成长为一名石油行业的领导干部。“文化大革命”中，翁心源被所谓的“潜伏特务”问题列为专案，受到“残酷斗争，无情打击”。1979年，石油工业部党组对此错案予以彻底平反，也为翁心源举行了隆重的追悼会，号召大家学习“他热爱祖国，团结群众，顾全大局，艰苦朴素和实事求是的优良作风，学习他刻苦钻研科学知识，认真研究国外先进技术，勇于攀登科学技术高峰的精神”。今天，他虽然离开人世已40多年，但他留下的优良作风和工程建设成就，将依然激励着人们。

此文写作过程中，得到梁翕章、李建基、叶泽宏、邹明，严大凡、熊尚元、江士昂等的大力支持，在此深表感谢。

七、翁心源主要论著

翁心源．1943．油管工程．资源委员会季刊，5（3）．

翁心源．1943．甘肃油管试验性的设计．内部资料．

翁心源．1946．储运活页专辑（中英文十余册）．内部资料．

翁心源．1949．中国石油有限公司业务设备现况报告．内部资料．

主要参考文献

杜博民．1986-5-22．我心中怀念的地方——玉门．石油工人报．

李学通．1996．书生从政——翁文灏．兰州：兰州大学出版社：329．

中国油气管道编写组．2004．中国油气管道．北京：石油工业出版社．

张梅伊．2005．翁心源//中国科学技术协会．中国科学技术专家传略·工程技术编·能源卷2．北京：中国科学技术出版社：31-39．

撰写者

张梅伊（1956～），石油经济技术研究院（翁心源生前所在工作单位），高级政工师。

翁维珑（1940～），1962年北京石油学院机械系储运专业毕业，教授级高级工程师，翁心源二女儿。

简根贤

简根贤（1914～1985），广东省南海人。采矿工程专家，中国现代采矿技术与装备的开拓者之一。1935年毕业于交通大学唐山工学院采矿系。1935～1945年，先后在开滦矿务局、平绥铁路局任实习员，在重庆国民政府资源委员会滇北矿务局、茉莉坪矿任助理工程师、工程师、主任工程师等职。1945～1947年，赴美国犹他州州立大学读研究生。1947～1949年，在南京国民政府资源委员会钨锡公司、金属矿业管理处、广州办事处、香港办事处等单位任工程师。参与了南京政府资源委员会的护产起义，主持设计并建设了中国第一座大型地下铜矿山——安徽铜陵铜官山铜矿；参与国家1956～1967年全国科学技术发展远景规划纲要编制工作和创立新中国最早的采矿科学研究机构——长沙矿山研究院，并在技术负责人的岗位上制定与组织实施一系列研究项目，从根本上解决了中国矿用炸药的供应问题，以采掘机械为中心，谱写了高效掘进与采矿的新篇章，及时解决了当时矿山面临的地压问题，培养建立了一支能承担国家科技攻关和解决矿山生产关键技术问题的研究队伍。历任中国金属学会第一、二、三届理事会理事、采矿学术委员会副主任委员，湖南省金属学会第一、二、三届理事会副理事长等职。

一、倡导先进采矿技术并参与香港护产起义

简根贤，1914年3月26日生于广东省南海县的一个小商贩家庭，1935年7月毕业于交通大学唐山工学院采矿系。1935～1939年，先后在开滦矿务局、平绥铁路局任实习员，1939年春进入重庆国民政府经济部所属资源委员会滇北矿务局（现会泽铅锌矿）工作，担任助理工程师，主管采矿技术。当时矿山完全是土法生产，经过他的大力争取，矿山终于同意引进机械作业方式，于1940年中开始采用机械凿岩掘进巷道。1940年10月离开滇北矿务局后，经过半年的颠沛流离，直到1941年4月，他才在重庆国民政府资源委员会汞业管理处重新找到工作，该处负责开发管理川湘黔三省的汞资源，下面有十多个矿山；1941年6月任湖南晃县（现新晃县）茉莉坪矿的工程师兼主任，负责勘探、采、选、冶全部生产过程的技术和管理工作，

并很快在组织汞矿生产方面取得了一定成效，获得资源委员会的通令嘉奖。

1944年由汞业管理处推荐，简根贤通过考试被经济部选送赴美留学，1945年8月离开重庆到美国犹他州立大学研究院学习。在美学习期间，他先后在美国东、西和西北部的煤矿与铜矿实习考察，全面调查了解美国采掘工作的机械化发展动向和有关技术经济问题，并在犹他大学研究院研究煤矿和金属矿机械化开采，完成了矿山机械化技术和经济问题的论文。在美国的两年里，他除了学习采矿技术知识外，还通过与美国社会和民众的接触，对美国的生活有了深入的了解，使他既看到了美国人的热情，也领略和认识到美国"恩赐者"和"传教士"的真面目，改变了他对美国所谓"民主自由"的看法。重新认识美国，引起了他思想上的重要变化，同时也增加了他思想上的矛盾。1947年8月，他带着技术和思想上的收获回到祖国，被南京国民政府资源委员会派往江西钨锡公司画眉坳工程处任工程师、主任。1948年4月调任上海办事处工程师兼第一组组长，随后调广州办事处负责矿产品经香港的出口事务。为了处理资源委员会在港国外贸易事务所存放的大批矿产品和准备进口的器材，他随广州办事处的搬迁而来到香港，在港期间通过中共地下党的工作，使他心中的爱国热情迸放出来。在香港中共地下党组织和孙越崎的领导下，1949年11月13日资源委员会和招商局与中国、中央两家航空公司一起宣布起义，脱离国民党残余政府，简根贤毅然参加了护产起义，为保护在港的资金、资源、设备等财产并将所掌握的资产归还人民政府做出了重要贡献。他还利用在香港的有利条件，广泛收集各国矿业生产、消费、贸易等方面的资料，为日后参加祖国建设做好准备。简根贤热爱祖国、心向人民的正义行动得到了毛泽东主席和人民政府的嘉许。

1950～1956年3月，简根贤担任华东工业部铜官山铜矿工程处总工程师兼副主任。1956年调湖南参加长沙有色金属矿山科学研究所（现长沙矿山研究院）的筹建工作，并担任副所长，主持整个研究所的设计与技术规划工作，1960～1980年任长沙矿山研究院总工程师，1980年4月～1984年1月任副院长兼总工程师，1984年2月任技术顾问。1956年，简根贤参加1956～1967年国家发展科技规划采矿部分的编制工作，并于次年秋天为赴苏代表团编写了修订意见，1960年，又为冶金工业部主持编制发展规划的采矿部分，为我国现代采矿工业的发展做出了重要贡献。

简根贤1954年7月当选为安徽省人民代表大会代表，1957年7月被聘为国家科学规划委员会冶金组成员，1959年4月～1983年6月当选为中国人民政治协商会议第三、第四、第五届全国委员会委员。1964年4月被聘为中国科学技术委员会技术科学学科组采矿学与选矿学分组组员，1979年3月被聘为国家科学技术委员会有色金属冶金专业组组长，1979年9月被聘为国家矿业工程学学科组成员。历任中国金属学会第一、第二、第三届理事会理事、采矿学术委员会副主任委员，湖南省金属学会第一、第二、第三届理事会副理事长等职，1980 年 10 月加入中国共产党。

二、主要成就与贡献

1. 主持兴建共和国第一个大铜矿

铜是中华民族最早发现和使用的金属之一。20 世纪上半叶，由于长期的战乱和列强的入侵，我国铜的生产日趋萎缩，到 1949 年，全国铜的年产量已不足 3000t。

铜官山地区在南朝时即开始设官采铜，自古以来就是我国重要的铜生产基地，英国人在鸦片战争后在此经营；抗日战争时期，日本侵略军占领铜陵后，对铜官山铜矿进行了掠夺性开采，攫取含铜 1.4%以上的高品位矿石运往日本，掠走了大量宝贵资源；抗战胜利后，南京国民政府在此续建一座 400t/d 的矿山和选厂，但进展十分缓慢。新中国成立后，铜官山成为我国早期社会主义建设的重要铜工业基地。为响应毛泽东主席“开发矿业”的号召和满足建设的需要，华东工业部决定续建已有的矿井、选厂并扩大生产规模，拟在铜官山自行设计、建造年产 1 万 t 铜的采选冶联合企业。当时国内不仅缺乏大型采选冶联合企业的建设经验，更缺乏有经验的技术人员。

1950 年夏，简根贤响应祖国建设需要的召唤，满怀建设祖国、报效祖国的热忱，偕同妻子和不满周岁的女儿抵达首都北京。他被任命为技术代表，与党代表、军代表一道组成 3 人小组代表人民政府接管了铜官山铜矿。为了祖国经济的恢复，面对经济建设的需要和人民的信任，他毅然勇挑重担，肩负起主持设计建设新中国第一个大型铜矿的重任。1950 年 8 月，他被任命为铜官山铜矿工程处总工程师兼副主任，负责该矿建设的设计、施工和恢复生产工作，历过两年多的艰苦努力，矿山于 1952 年 10 月正式投产，采选能力 400t/d。1953 年元月，该铜矿正式改由国家重工业部有色金属工业管理局（简称有色局）领导，并成立矿务局，简根贤任总工程师，并开始扩建铜官山铜矿的工作。1954 年春，有色局在铜官山坑口实施责任制，他欣然下矿担任副矿长，到生产第一线解决设计施工中的问题。至 1956 年 3 月，他一直在铜官山铜矿主持和负责矿山工作，与其他同事一道，根据该矿的资源状况，采用适宜的工艺技术与装备，克服重重困难，成功地建成了我国有史以来自行设计建设的第一个铜工业生产基地，至 1956 年 10 月主要扩建工程完成，矿山生产能力比投产时期提高了 7 倍，为发展我国的铜工业做出了重要贡献。

2. 参与创立新中国第一个采矿科学技术研究机构，开创新中国工业炸药自力更生的新纪元

1956 年，简根贤参加了国家 1956～1967 年全国科学技术发展远景规划采矿部分的编制工作，3 月奉调北京参加长沙有色金属矿山科学研究所（现长沙矿山研究院，简称矿山院）的筹建工作，8 月被任命为副所长，主持整个研究所的设计与技术规划工作，1960～1980 年 3 月任矿山院总工程师，1980 年 4 月～1984 年 1 月任副院长兼总工程师，1984 年 2 月任技术顾问，为我国采矿技术装备的进步和矿山院的科研建设工作呕心沥血，取得了卓越的成就，开创了我国工业炸药自力更生的新纪元，彻底改变了我国地下采矿方法单一、生产效率低的落后状态，逐步缩小了采矿机械装备与世界水平的差距。

1957 年，由于国际关系变化的影响，矿用炸药供应紧张，矿山生产建设遇到严重困难，简根贤根据国外工业炸药的发展情况，组织矿山院的技术力量与铜官山铜矿等矿山协作，试验、试制和试用成功了主要性能接近 2 号岩石炸药的铵油炸药，很快就使全国工业炸药供应的紧张局面得到缓和，解决了我国爆破器材的自给问题，并迅速在全国矿山推广应用，奠定了铵油炸药廉价实用的工业炸药主要品种的地位。在他主持研究工作的近 30 年里，在工业爆破器材领域领导和支持开展了近 20 个项目的研究，包括铵油炸药、5 号抗水浆状炸药、RJ 系列乳化炸药，多孔粒状铵油炸药、黏性粒状炸药、可泵送浆状炸药等。其中，铵油炸药、浆状炸药、乳化炸药均属国内首创，使我国的矿用炸药问题得到根本解决，为我国矿山工业炸药的发展做出了重大贡献，标志着我国工业炸药体系的建立和发展水平。

3. 创新采矿方法，加速我国采矿技术的进步

作为矿山院的技术总负责人，简根贤高瞻远瞩，在开展矿山采矿方法研究方面善于正确选题，并明确提出中心环节和要求，如在充填采矿方法方面提出充填效率与采矿工艺配套，在缓倾斜采矿上提出了着重解决顶板管理和采场运搬，在大量崩落采矿中重点提出解决凿岩爆破参数和放矿等问题。20 世纪 50 年代，用充填法采出的矿石量一度占全国地下开采矿石总量的 42％，由于其繁重的充填作业，限制了矿山生产能力的提高，在 50 年代末期充填法采矿逐渐被其他采矿方法所取代。充填采矿法一度也被认为是落后的应被淘汰的采矿方法。简根贤认为充填法存在的问题是如何对其改造、充实，使之现代化的问题，力主矿山院从 1962 年开始了现代充填法的研究，随即在凡口、金川等矿用于生产实践，获得很大成功，为现代充填法奠

定了坚实的基础。在凡口铅锌矿试验成功的盘区机械化胶结充填采矿法，在龙首矿试验成功的高进路下向胶结充填采矿法，为我国矿体赋存条件复杂多变的贵金属开采寻找到了一种安全高效和低贫损的采矿方法，为充分利用矿产资源和加快有色金属工业的发展起了重要作用。

他能够密切注视国际采矿科技和国内矿业建设的发展状况，尤其在矿山技术发展的一些重要领域上更是抓住不放。如 20 世纪 60 年代，他积极试验推广采场中深孔凿岩爆破技术，主张凡口铅锌矿用水力充填替代干式充填采矿法并试验应用高分层水砂充填采矿法；1957～1965 年，通过对小龙钨矿选别回采等项目的研究，通过削壁充填，水平深孔削壁充填及浅孔留矿法等方案的试验，使矿石的回采率由原来的 30％提高到 70％～80％，采矿工效比原来提高十倍之多，达到了当时国外同类矿床开采的技术水平。

1956～1967 年，先后组织了铜官山松树山火区开采研究，向山硫铁矿、湘潭锰矿、云锡老厂锡矿硫化矿开采等研究工作，进行了采矿方法、灌浆灭火、通风降温和发火原因及规律的全面研究，特别是铜官山松树山火区开采研究，确定了发火的主要地质地带和主要发火矿物——胶状黄铁矿，成功地开采了多年不能开采的“火区”，为我国类似矿床的开采提供了经验。

1958～1960 年，先后在龙烟铁矿、古冶矾土矿、焦作黏土矿、锡矿山南矿、东川烂泥坪铜矿以及湘东铁矿等矿山进行了缓倾斜矿体采矿方法试验研究，试验成功的台阶式杆柱支护壁式采矿法、分层崩落采矿法、杆柱房柱法等采矿方法，卓有成效地及时解决了当时我国冶金矿山生产中的技术难题，有些采矿法推广应用至今。

1961～1964 年，简根贤在易门铜矿组织了垂直深孔崩矿分段崩落采矿法的试验研究，提出了集中作业、强掘强采强出的指导思想和相应的技术措施，并在工业试验中获得了较好的技术经济指标。该法在易门矿得到推广并沿用至今，成为该矿的主要采矿方法。

20 世纪 60 年代中期，铜官山铜矿松树山矿区高硫矿床开采中的自燃发火现象严重，极大地影响了工作面的开采环境，并造成大量资源损失。鉴于高硫矿床开采在有色金属矿山中占有一定比重，简根贤十分关心这一研究课题，亲自组织调研论证，制定了灌浆灭火、改进回采工艺及加强通风降温等综合技术措施，并多次深入现场指导试验，终于取得比较完整的高硫自燃发火矿床开采技术经验，解决了矿山生产的关键问题。

4. 强化采掘机械研究，谱写高效掘进与采矿的新篇章

简根贤认真研究国外矿山提高生产效率和经济效益的经验，认为我国地下矿山

应该研究采用先进机械化设备开采的采矿方法，矿山井巷建设应该考虑机械化发展的要求，不能一律追求小断面巷道，应全面考虑矿山整体的经济效果；主张通过技术改造不断利用现代技术装备建设一批矿山，解决矿山生产建设中存在的主要问题，消除某些主要生产工艺环节的技术落后状态，以满足国民经济发展的需要。20世纪50年代末试验研究的一次凿岩分段爆破的天井掘进法、吊罐天井掘进法，目前仍在许多矿山推广应用。1960年，苏联撤走援华专家，并停止供应重点矿山工程设备，简根贤及时主张将矿山机械化研究提到重要位置，把科研工作的主要力量用于从事巷道掘进、露天穿孔和坑内辅助设备等采掘新设备的研制，先后组织研制成功了天井掘进吊罐、KY系列露天潜孔钻机、YGZ系列地下中深孔凿岩机和第一代高风压潜孔凿岩设备，改变了我国矿山穿孔工作落后的被动局面。1965年，冶金工业部在寿王坟铜矿组织的矿山机械化试点中，以矿山院为主研制的矿用设备在天井掘进中创造了单工作面累计月进416m的纪录，平巷掘进机械化作业线1976年3月在湖南新晃汞矿创造了月进1056.8m的独头平巷掘进新纪录，达到了以机械化为中心，实现工艺、设备、劳动组织的综合配套，全面提高我国矿山生产水平和生产效率的目的。70年代初研制的天井钻机，目前已经系列化生产，为改善地下矿山天井掘进工人劳动条件，减轻工人劳动强度，保障工人作业安全都起了重要作用，为实现我国天井掘进机械化做出了重要贡献。

20世纪70年代中期，随着冶金工业的发展，受“文化大革命”冲击停滞多年的科研工作也逐步恢复和发展起来。这一时期，矿山设备及其他新产品的研究项目在矿山院科研项目中的比例迅速增大，研制的牙轮钻机、电动轮汽车、前端式装载机、液压碎石机、振动压路机、高风压边坡潜孔钻机、浆状炸药装药车等已成为千万吨级冶金露天矿山的主要作业装备，标志着我国露天装载运输设备走向现代化、大型化发展之路，从而提高了我国露天矿山的生产能力，为解决露天矿运输这一薄弱环节，改变我国冶金露天矿山深部开采的运输条件，做出了一定贡献。

5. 坚持科研为生产服务，及时解决矿山生产中面临的地压问题

20世纪50年代，矿山坑木供应严重不足，为了解决井巷支护问题和大幅度降低采矿过程中的木材消耗，简根贤积极组织金属杆柱支护、混凝土预制支架，金属、木质及砂浆锚杆支护试验，推动锚杆支护特别是金属锚杆和砂浆锚杆等支护技术的试验研究，使锚杆支护技术逐步在我国地下矿山得到广泛应用。如在锡矿山的杆柱房柱法开采就取得十分显著的效果。在研究和推广锚杆支护技术的同时，他还十分重视锚杆支护机理的研究，并为此建立了比较完善的测试试验设施。在简根贤的组

织领导下，矿山院成为我国最早试验研究锚杆支护技术并获得丰硕成果的单位。此后，对于锚杆与喷射混凝土联合支护技术，他也给予了很多的关注，20 世纪 70 年代和 80 年代，矿山院在推广应用喷锚支护、研制楔管式锚杆、新型混凝土喷射机、水泥速凝剂等方面取得了多项成果，对于全国冶金、煤炭、化工矿山以及铁道隧洞、水电等地下工程推广应用喷锚支护起了很大的促进作用，获得了显著的经济效益和社会效益。

在处理矿山技术问题方面，简根贤善于从客观实际中发现根本问题，并明确提出自己的独立见解，具体指导锡矿山缓倾斜矿体开采中的地压以及石嘴子铜矿深部开采地压的研究。如 20 世纪 60 年代初，他对锡矿山地压的研究十分重视，为解决矿山开采面临的地压难题献计献策：针对锡矿山开采 100 年以来的 54 万 m^2 采空区的大面积地压活动，主持了锡矿山地压活动规律及其控制方法的研究，对空区用尾砂进行了大量充填，对深部采矿用胶结充填取代了原用的房柱法，控制了地压活动的发展。在锡矿山长达 10 年的密切合作下，相继获得了采场顶板下沉规律，矿柱破坏机理和岩石破坏过程的表征参数，顶板冒落预报的数学方程，充填体力学性能和稳定性判据等一整套研究成果，成功进行了“三下”矿体的安全有效回采，创立了利用岩体力学研究成果解决矿山实际地压问题和“三下”开采的典范。

在研究石嘴子铜矿竖井产生错动问题时，他认为造成竖井错动的主要原因是开采不合理，对采空区处理不好，没有及时充填造成的，经过矿山加强空区管理和优化采矿方法，确实证明了他的见解是正确的。

三、学科建设卓有成效

1. 重视实验室的建设和科学试验

简根贤大力提倡将现场试验研究和实验室的试验与理论研究结合起来，通过模拟试验，将工艺技术的研究上升到科学理论的高度，再指导现场的试验研究，从而缩短研究工作的周期，提高研究成果的科技含量。矿山院在他主持下，相继建成了爆破、凿岩、相似材料和拖动实验室与试验巷道等，解决了以往采矿技术研究中许多试验不能在室内进行的困难，为加快研究速度，提高研究工作的理论水平做出了贡献。

2. 重视人才培养

注重培养有才能的技术骨干，使之成为某一学科带头人。简根贤指出：在矿山院的业务范围内，每个专业领域和方向都必须要有学术带头人。他主持选送了一批优秀人才到院校进修或到国外留学，一面读书一面搞研究工作。他强调课题研究时专题组长的作用，为此，特别制定了专题组长工作条例，并通过给他们学习和进修的机会，为矿山院培养了一批技术骨干。

3. 制定科研工作条例，规范科研工作

为了把科研工作搞上去，20世纪60年代初，简根贤认真贯彻科研工作十六条，为在矿山院建立正常科研秩序做了大量工作。1961年底，成立了以简根贤为首的矿山院技术委员会，负责全院年度计划和长远规划、人员培养、发展方向、重大研究成果的审查等科研管理工作，积极组织开展院内外的学术活动。1963年还制定了一套技术委员会的工作条例和科研工作条例，根据他对科研工作的摸索和探讨，初步总结出矿山院进行矿山科学技术研究工作的若干规章，将科研工作的科学性和质量保证提高到应有的高度，建立了一套保证科研质量的措施，对科研人员提出严格的要求，使研究工作初创时期的分散混乱状况很快得到扭转。

4. 注重情报信息研究

1964年，简根贤主持编写了矿山机械化调查报告，在编写该报告时，指导情报室收集了大量的美国、瑞典等发达国家的科技资料，包括采矿机械化的历史发展经验、过程和矿山机械的生产、维修、设计研究。70年代，他针对国外无轨采矿技术和大直径深孔球状药包爆破后退式采矿法（VCR法）的发展状况，指示技术情报部门从1975年开始收集资料，编译了大量的国外无轨采矿技术和VCR采矿法等无轨采矿的相关资料，大大推动了无轨采矿技术和VCR采矿法在我国的应用与发展。

5. 营造学术氛围，提倡著书立说

简根贤认为，作为一个研究院，要把学术空气搞得浓浓的。他坚持每个星期一定要有半天的学术活动时间，他带头组织人员撰写论文，提倡著书立说，并在1960年前后将其作为任务分配到各研究室，主持出版了《矿柱回采》。70年代中，又重新将学术活动及提倡撰写论文的工作提到议事日程，亲自做动员报告，并组织王爵鹤等联合兄弟单位编撰出版了新中国第一部《充填采矿法》（44.1万字）；组织翻译力量编译出版了喷射混凝土方面的专著和国外采矿专刊，为喷射混凝土支护、VCR采矿等先进技术在我国的推广应用打下了基础。晚年，他又亲自组织策划出版了矿山院主办的专门刊物《长沙矿山研究院季刊》（现《矿业研究与开发》），为传播采矿新技术和扩大矿山院在矿业领域的影响做出了贡献。

四、简根贤主要论著

长沙矿山研究所. 1957. 大吉山钨矿选别充填采矿法总结报告. 长沙：长沙矿山研究所.

长沙矿山研究所，大吉山钨矿. 1958. 大吉山钨矿主平窿快速掘进经验总结. 长沙：长沙矿山研究所，6.

长沙矿山研究所. 1958. 学习苏联矿山研究工作的先进经验. 长沙：长沙矿山研究所，12.

长沙矿山研究所. 1959. 矿井防尘. 长沙：长沙矿山研究所，2.

长沙矿山设计研究院. 1959. 金属矿山平巷快速掘进. 长沙：长沙矿山设计研究院，9.

长沙矿山设计研究院. 1959. 深孔大量崩矿采矿方法在我国的应用. 长沙：长沙矿山设计研究院，12.

长沙矿山设计研究院. 1960. 属矿山地下采矿集中作业的初步探讨. 长沙：长沙矿山设计研究院.

长沙矿山设计研究院. 1960. 井巷掘进技术参考资料汇编. 长沙：长沙矿山设计研究院，2.

长沙矿山设计研究院. 1960. 矿柱回采. 北京：冶金工业出版社.

简根贤. 1960-04-10. 一项重大技术革命——高速度采矿. 人民日报，21.

长沙矿山研究院，等. 1978. 充填采矿法. 北京：冶金工业出版社，9.

美国混凝土学会. 1979. 喷射混凝土在地下工程支护中的应用. 长沙矿山研究院译. 北京：冶金工业出版社.

美国土木工程师学会. 1982. 地层支护中的喷射混凝土. 长沙矿山研究院译. 北京：冶金工业出版社.

主要参考文献

新华社. 1960-04-07. 人大和政协继续举行大会，代表和委员热烈颂扬城乡各条战线沸腾景象. 人民日报，1.

长沙矿山研究院院志编纂办公室. 1985. 长沙矿山研究院院志第一卷（1956～1986）. 长沙：长沙矿山研究院，8.

铜陵有色金属公司. 1995. 铜陵有色金属公司志. 合肥：黄山书社，4.

刘晶芳. 1997. 建国初期发生在香港的一场特殊斗争. 百年潮，(3).

鲍爱华. 2002. 简根贤//中国科学技术协会. 中国科学技术专家传略·工程技术编·有色金属卷 2. 北京：中国科学技术出版社：17-24.

撰写者

鲍爱华（1962～），高级工程师，长沙矿山研究院科技信息中心主任。

梁翕章

梁翕章（1914～2011），广东南海人，石油储运工程专家。1936 年毕业于辅仁大学。1945 年赴美国福录（Fluor）公司进修石油储运工程专业。曾先后担任石油工业部北京勘察设计院总工程师，石油工业部基建司副总工程师，国务院管道建设办公室副总工程师，石油天然气规划设计总院总工程师。曾任石油学会第一届储运委员会副主任、第二届腐蚀与防护委员会主任、中国交通运输协会常务理事，1986 年担任国务院技术经济中心交通运输“发展我国成品油管道”课题组副组长。长期致力于油气管道、油库设计和建设工作。主持设计了克拉玛依-独山子的中国第一条原油长输管道，参加了铁岭-大连原油管道、威远-成都输气管道的踏勘及设计工作，组织中国第一条大口径穿越长江的巴渝输气管道工程，组织实施了铁岭-大连第一条长输原油管道的现代化改造工程。组织设计并建设了新中国第一批原油库、成品油库、航空港油库、海军油库及火车接转油库等输油系统。1958 年成立了由他任副组长的“全国土壤腐蚀试验网站”科研小组，多年来收集分析了大量土壤腐蚀性的数据，并针对全国土壤腐蚀性的情况组织了实际应用。

梁翕章，祖籍广东南海县，1914 年 5 月 18 日生于北京。在北京育英中学、汇文中学学习。自幼喜爱科学技术，对无线电特别有兴趣，经常自制无线电零件，组装收音机等。梁翕章在校读书期间，正值国家内忧外患，在北京的家和学校时常遭受日本兵的侵扰，老百姓敢怒不敢言，这些事在他的脑海中留下深刻印象，让他义愤填膺，热血沸腾。他先后参加了“五卅”、“一二·九”等学生爱国运动，逐步树立了“爱国是第一人格”的思想。

1936 年梁翕章从辅仁大学毕业后，到上海中国无线电业公司工作。第二年发生七七事变，而后日本进攻上海，让他再次目睹了日本侵略军的种种暴行，心中充满了民族仇恨。1938 年春，他所在的工厂开始辗转内迁，先是汉口，后到重庆。1940 年刚开工不久的工厂被日本侵略军的炸弹击中，工厂被毁，职工全部遣散。失业后梁翕章先在进步人士沙千里创办的建国机器厂当厂长，工厂很小，只有几个人，后又被招聘到甘肃油矿局驻重庆办事处工作，从此与石油工业结下了不解之缘。

1942 年梁翕章经常到湘南、广西西江沿岸为玉门油矿局采购所需物资。一次，由贵阳返回重庆的途中，遭翻车之祸，汽车跌入山谷，身受重伤，经过 7 个多月的治疗和休养才重新工作。1945 年甘肃油矿局委派他赴美国福录（Fluor）公司进修石油储运工程专业。到美国不久传来日本投降的消息，这让他振奋不已，并更加珍惜这次学习机会，利用所有的条件，争取学到更多的知识和技术以报效国家。在美国三年时间里，他对管道建设、输油工艺、炼油厂的施工及运行管理等各个环节都进行了深入的学习，为他以后从事石油储运工作打下了基础。

1947 年底，梁翕章学成回国。此时的甘肃油矿局办事处已经迁至上海，并成立了上海中国石油公司，委任他为业务处工程师。第二年改任上海石油公司高桥东厂主任兼工程队长，并负责高桥西厂正在建设中的制桶厂生产线的安装，生产标准油桶。由于过去学习过无线电知识，对于电阻焊、整流、交流变压技术轻车熟路，很快制桶生产线安装成功，并进行了试生产。当时正值上海解放前夕，按照中共地下党组织的要求及公司指示，由他负责组织东厂的护厂运动，使地处浦东战区前沿的高桥东厂和两万多吨油品免遭国民党军队的破坏，为解放军南下提供了物资保证。

中华人民共和国建国伊始，百废待兴。梁翕章全身心地投入到社会主义经济建设的高潮中。他参加了燃料工业部干部学校的第一期政治学习班，半年的学习使他加深了对中国共产党的了解。在学习班上，通知他将被安排到北京燃料工业部设计局工作，他欣然接受，并于 1950 年 8 月满腔热情地从上海来到了北京。

一、第一条长输管道

1950 年后国家的经济建设全面展开，对石油的需求量越来越大。1953 年，准备在兰州建设一座由苏联援建的炼油厂。由于没有铁路运送原油，计划修建一条原油管道将玉门的原油输送到兰州。由于梁翕章在美国进修实习过石油储运工程，因此由他组织这条管道的踏勘、选线和测量工作。回想新中国成立前中国人受到的屈辱，他身上就有使不完的力量。从玉门至兰州 800 多千米，管道经过的地方是黄土高原，沟壑纵横，他和同事们使用的是最原始的测量工具，手提肩扛，在根本没有路的戈壁荒滩上，在深山野岭间，与狼群为伴，测走向、量标高、测地温。经过两年多的艰苦努力，终于完成了踏勘任务，选定了一条沿古长城平行敷设的最为合理的线路，但在这时国家改变了原来的计划，开始修建由玉门到兰州的铁路，并决定由铁路兼运原油，取消管道建设计划。但是通过这次踏勘却为石油工业培养出了第一批勘测队伍。

1958 年梁翕章开始主持设计克拉玛依至独山子的输油管道。由于玉门到兰州的长输管道下马，这条管道就成为了名副其实的第一条长输管道。当时独山子已建有一座小型炼油厂，要将 100 多千米外克拉玛依的原油用汽车运到这里却十分困难。为了解决这个问题国家决定修建一条原油管道。这条管道计划长度 147km，年输量 100 万 t，管道直径 150mm，全线设 5 座泵站，管道埋地敷设，采用管道沥青作为外防腐。由于当时环境艰苦，条件恶劣，国家正处于经济建设的起步阶段，物资极为匮乏，没有电动机，更没有专用的输油泵。根据当时的条件他们想办法，利用钻井的泥浆泵代替输油泵，用柴油机代替电动机。为了保证输油泵房的安全运行，在柴油机与输油泵之间加设了一堵防爆隔离墙，以免输油泵在加压原油过程中挥发出的轻组分遇柴油机的高温引起泵房爆炸。柴油机通过传动轴伸入泵房，轴端有皮带轮带动输油泵运行，这一方法正是梁翕章将美国学习到的知识在工程实际中的应用。

二、第一次大规模油库建设

中华人民共和国建立以后，由于各地储油设施极其缺乏，国家决定大量修建各种类型的储油库。1956～1959 年梁翕章承担了这项任务。他和工程技术人员先后设计并参加建设了商业部北京市和汉口市的成品油库；这些油库的规模虽然不大，但是地理位置和战略位置都十分重要，梁翕章认真选址，反复斟酌，力争最安全、最经济、最容易施工。国家储备局湖南省、四川省、湖北省的原油和成品油库；铁道部二连市和牡丹江市接转苏联原油的铁路接运油库；交通部大连港、湛江港的原油和成品油库，海军的储油洞库以及改建抚顺二厂的原油储运系统等工程，它们的规模相对较大，位置敏感，每一项工程梁翕章都亲历亲为，实地调查，为储油库的建设积累了许多好经验。

20 世纪 50 年代可供建储油罐的钢材很少。当时除了轻质成品油罐为钢制油罐外，其他储油罐只能部分用非金属建造。有半地下砖砌储油罐、圆柱形半地下混凝土储油罐和圆柱形地上预应力混凝土储油罐等。然而无论哪种非金属储油罐都有渗漏问题，为此，梁翕章进行了长期研究。最后采用中国特产的生漆掺和黏合剂涂在混凝土罐内壁，基本解决了储罐的漏油问题。

商业油库必须用钢质油罐，但是我国当时没有足够的钢材。为了尽可能节省，梁翕章他们学习国外经验，设计推广了最省钢材的人字形剖面的无力矩油罐顶。这种罐顶由罐中间的立柱将薄钢板制成像帐篷一样的顶支撑起来，而不是用厚钢板制成的拱形罐顶。所有这些比较落后的石油储存设备一直沿用到 20 世纪 80 年代。虽然不尽如人意，都是一些解决当时急需的土办法，但也确实可以看出他们的良苦用心。

三、第一次管道过长江

1961 年梁翕章组织施工兴建了我国第一条大口径输气管道巴渝（即四川的綦江 9 号气井至重庆）输气管道。这在当时无资料、无经验、无专业施工队伍的情况下所面临的困难是可想而知的。巴渝输气管道的修建是因重庆钢铁厂生产热轧薄板时质量难以保证，重庆市领导希望采用天然气作为高品质的热源，轧出质量合格的薄钢板。距重庆钢厂最近的天然气源是綦江 9 号气井，将天然气送至钢厂的困难是输气管道工程必须穿过 500m 宽的长江“天堑”。面对水流滚滚的长江，他昼思夜想，“钢管会不会受水流的冲击而折断?”“输气后江水的漂浮力会不会把管道悬空?”“管道在高低不平的江底如何固定?”……这一连串的问题容不得他多想，因为枯水季节马上就要过去，只有枯水季节江面最窄，水深最浅，只有 7m，因此必须赶在汛期到来之前将管道穿过长江去。时间非常紧迫。他们项目组联系各方力量，做了大量的准备工作，用 20 天的时间先将穿越所需的 500 多米长，直径 200mm 管道焊接完成。而后在 200mm 管道外又套了一层 250mm 直径的保护套管，并在 200mm 管道上的每道焊口处增加四块支撑块儿定位，使 200mm 管道与 250mm 管道保持同心，以便在管道过江后向套管内填充水泥砂浆，增加管道的配重使管道不会漂浮，并有防腐作用，还能有效地保护输气管不受外力的破坏。管道焊接好后，按照国外的经验，过江管道的敷设必须先开挖管沟，管道下沟后再填埋。但是在当时根本没有水下的挖沟设备，也不可能在 7m 深的水下人工开挖，只能直接把裸管拖过江去与陆上直径 426mm 管道连接。管道过江那天，他们历尽辛苦，用拖船和多台拖拉机共同将管道勉强拖过江去，中途钢丝绳绷断数次。管道拖过江后用泥浆泵将水泥砂浆注入套管内。大约一年后整个巴渝管道工程才全部完工。但当管道全部接通，用天然气试压时，从江中喷出 10 多米高的水柱，这说明过江管道中间出现断裂，第一次穿越失败。

面对失败，当时的石油工业部副部长李人俊并没有责怪他们，而是鼓励他们继续想办法一定要突破这个难关。梁翕章与专程来现场指导的翁心源一起反复研究管道断裂的原因。梁翕章提出国外在海底管道敷设和管道过江工程中都尽可能使管道固定，为的是避免水流的冲击使管道产生悬空和共振，我们直接拖过江而不采取任何固定措施，江底激流产生的冲力会使在江底不稳定的管道发生振动，当振动的幅度过大，且反复发生时，管材会因疲劳而发生断裂。为防止管道的振动，有人提出必须在江底挖出一条沟，把管道放进去才行，但在满是鹅卵石的江底挖沟困难的确很大。翁心源和梁翕章一起集思广益，结合四川老百姓搞水利工程的做法，想出一个“土”办法，这就是将大块的卵石装进粗铅丝编成的笼子里，四川水利建设上称其为“石龙”，用石龙在江底摆出一条“沟”。做法是先将管道拖过江，然后用水上浮吊将“石龙”吊起放入水中，由在水中的潜水员协作将石龙摆放在管道的两侧，上面再覆盖几条石龙，将管道堆埋在江底，他们的这个土办法使第二次管道穿越长江获得成功，使重庆钢铁厂利用天然气生产出了合格的钢板。这条过江管道沿用了几十年。实践证明，在当时不具备大型施工机具的情况下，这种过江穿越不失为一种有效办法。

1963年四川石油会战开始，作为四川基建指挥部总工程师的梁翕章参加了四川境内几条主要输气管道的建设工作。在威远至成都的管道工程建设中，他再次组织选线、设计、施工、气体试压、管道穿越金沙江等工作。在威远至泸州的天然气管道穿江工程中，为了保险起见他们将过江时的单线改成双线，也就是在陆上是单线，在过江前变成双线，过江后再合并成单线，而过江的两条管道也都采用这一穿越的“土”方法完成。“文化大革命”开始以后，他从四川返回北京，又参加了北京至河南的输油管道踏勘工作。

四、第一次清管作业

为了保证长输油气管道安全、稳定、高效的运行就需要定期进行管道的清管作业，但是在20世纪60年代我们还没有这方面的经验。由于当时威远气田产出的天然气含有大量的硫，脱硫后天然气带水，硫化氢溶解在水中成为酸性水，使管道快速腐蚀。特别是在当时管材采用的是从苏联进口的12锰钢，由宝鸡钢管厂卷焊制成。当时并不了解这种钢材最怕硫化氢，容易产生晶间腐蚀，使管道的管壁很快就腐蚀穿孔，并且还发生过因天然气泄漏引起老乡家起火的事故。威远至成都新建管道中的水成了最大隐患，如何将管道中的积水排出，避免管道的严重腐蚀成为了当时最紧迫的任务。梁翕章与当时共同组织这项工作的张英研究讨论的结果是必须马上进行清管，扫净管中的积水避免腐蚀。于是决定由四川管理局成都机械厂生产橡胶空心清管球，并由四川设计院设计收发球筒，开始了我国首次清管试验。他们首先用一小段管道对橡胶球进行了实地检测并进行管道清扫，检查橡胶球是否可用，密封性如何。虽然知道清管球从管道中扫出时可能被抛出很远并特意留下较大的空间，但是仍然没有想到清管球越过了空地像炮弹一样射入了老乡家的院内，砸坏了篱笆墙，幸好并未伤人，大家虚惊一场。这让大家充分认识到安全的重要性和压缩气体的巨大威力。通过实验，清管球的密封性得到了验证，项目组马上进行正式清管试验。实验管道十几千米，由威远天然气脱硫厂出发，按照事先的安排，按正常程序操作，由发球筒发球，收球筒接收，但是试验并不顺利，发球后等了很长时间没有接收到清管球，根据计算清管球早应该收到，这一下大家都紧张起来，当时没有探测器和追踪器，虽然管道不算长，但是管道埋在地下根本无法了解清管球堵在什么地方。于是有人提出隔不远安排一个人，手持细钢钎钉入回填土，直到接触管道为止，然后用耳朵听，看看是否能监听到清管球的运动情况。经过几段的实验一无所获，什么也听不到。焦急中梁翕章和张英分析认为，清管球虽然没有过来，可是天然气过来了，说明管道并没有堵死，可能是清管球已经破损散布在管道中，气体绕过破损的球体到达了终点，破球却停留在了管道里。怎么才能让它出来呢，没有别的办法只能再投一个球进去，把水和这个破损的清管球一并扫出来，但是清管球一定要结实可靠。在投放清管球前，他们又对清管球进行了加强处理。这的确是一个大胆的想法，万一这个清管球投进去再出不来就将严重影响后续的工作。但是因为有着科学的分析，有着多年工作的经验，可谓艺高人胆大，他们做出了果断的决定，继续投球。这一次终于见到了效果，后投进去的清管球果然把前面破损的清管球连同大量的水一同推扫出来，第一次扫线成功，他们感到无比的喜悦。随后他们总结经验，改进清管球，使清管工作从此在全国油气管道推广开来，有效地提高了管道的输送效率，延长了管道的使用寿命。

五、第一次铁大线改造

由大庆到抚顺的东北输油管道是我国北油南输的主要干线。1970 年 8 月 3 日，东北输油管道工程建设领导小组在沈阳召开第一次会议，将这项工程定名为“八三”管道工程，中国长输管道建设的大幕自此开启。1975 年 11 月，铁岭至大连输油管道投产标志着“八三”会战胜利结束。当时通过它每年有 2000 万 t 原油从大庆输送到全国各地，铁岭到大连的铁大线是这条干线中的一条支线，建设目的是将大庆原油输送到大连附近的炼油厂和原油出口码头。梁翕章 1973 年由干校分配到沈阳工作后参加了这条线的选线工作。

铁大线总长度为 465km，中间设有 6 座热泵站。因为大庆原油属于三高（高黏度、高沥青质、高含蜡）原油，在常温下凝固，原油必须进行加热输送。根据原油的物性，每座热泵站设有加热炉为原油直接加热。铁大线输油热泵站流程是上游来油经输油泵加压后再进入加热炉，输油泵采用并联运行。这样的工艺流程存在三个问题，第一，由于加热炉通过炉膛中的炉管加热原油，因此容易造成炉管结焦。炉管结焦后继续加热，在高温高压的作用下炉管便可能产生穿孔和开裂，原油喷出后极有可能使炉膛内产生爆燃甚至爆炸。铁大线上就曾有两座热泵站的加热炉间因此被大火吞咽。第二，由于上游来油进站温度低，原油黏度高，原油进泵后消耗机泵功率较大，浪费大量的电能。第三，由于当年建设铁大线时，输油泵的配置采用的是小流量高扬程的泵并联运行，依靠阀门进行节流控制流量，产生大量的节流损失，浪费能量。

1983年，梁翕章前往美国参加SPE（美国石油工程师学会）会议，当时刚刚开放的中国能出国的机会很少，美国人也很少见有中国派人到美国参加石油方面的会议，因此受到很好的接待，尽可能地提供帮助。梁翕章没有任何的闲暇时间去游览观光、购物，而是充分利用这宝贵的几天时间，向美方提出要参观他曾实习进修过的美国福录（Fluor）公司高凝原油长输管道的运行情况以及工艺和设备。美国福录公司立刻答应了他的要求。在铁大线上的所见所闻一直在他的头脑中浮现，梁翕章带着这些问题参观了该公司后收获极大，实实在在地认识到我国管道运输技术与国外的巨大差距。回国后他向石油工业部做了汇报并提出了自己的想法：我国原油长输管道技术应该尽快提高，先搞试点而后逐渐推广，提出了“引进先进的管道设备和技术，改建铁岭至大连输油管道工程”的建议。这些建议得到了李天相部长的有力支持。

在美国早已不采用加热炉直接加热原油，而是采用间接加热技术。加热炉只加热热媒，然后将热媒送到换热器里，使热媒与原油进行热交换。“热媒”是一种耐高温、不燃烧、热容比较大的液体，它能高效率地将热间接传递给原油，这样就大大提高了加热过程的安全性，即使泄漏也不会燃烧，而且热媒也不会结焦，避免换热器管束的破裂。美国福录公司的工艺流程是上游来油先进换热器，使换热器不承受太高的压力，这样既节省管材又提高了传热效率。先进换热器再进输油泵的流程，既安全又使原油的黏度大大降低，减小了输油泵功率，节省大量电能。美国福录公司在输量基本稳定的情况下，采用大流量低扬程泵串联运行，可以合理匹配流量和扬程，避免产生节流，能耗明显降低。这看似简单，实际上却是一种理念的更新。

这三个问题是我们的主要差距。梁翕章把这些问题反复地向东北管理局的领导介绍，引起他们极大兴趣，并亲自到美国进行实地考察，切身感受到我们的差距。回来后东北管理局积极性很高，虽然困难很多，工程量很大，反对的人也不少，但是有李天相部长的关注，有东北局领导的积极行动，有梁翕章亲自负责国外技术设备的引进，项目很快得到了落实。经过几年的努力，铁大线的6座泵站全部改造完成。最终，铁大线各输油泵站采用了热媒炉加热原油，加热后的原油进入输油泵加压，输油泵采用串联方式并露天安装，避免油气聚集，降低发生着火爆炸事故概率。输油热泵站改造完后，更加安全更加简洁。通过 20 多年的运营收到明显效果，成为国内原油管道工程的样板。铁大线改造完后，东北管理局又对东北输油管道干线上的其他多座泵站进行了改造，并做到全部设备国产化。之后许多管道工程都借鉴铁大线的经验和做法，提高了石油管道建设的技术水平，培养了一大批技术人才。

六、不拘一格降人才

土壤对埋地管道的腐蚀是很严重的。因此，管道寿命的长短与土壤腐蚀性的种类有关，如含水率、含盐量、酸碱性等。1958 年国家科委成立了“全国土壤腐蚀试验网站”科研组，由梁翕章任总工程师的北京勘察设计院具体组织实施。到 1961 年，他们在全国不同的土壤地区设了 19 个网站，共埋设金属、非金属各类涂层的试件 4350 件。截至 1966 年，每年都按埋设时间长短分组取样进行化验分析，积累了大量的第一手资料。此项工作在“文化大革命”中被迫中止，直到 1981 年才得以恢复，并由国家科委牵头继续进行，更名为全国防腐保温中心站，梁翕章仍是主要负责人之一。项目组对原来的网点和已埋设十多年的试件进行了全面清查，获取了极为宝贵的资料。原在宝钢、葛洲坝附近埋设的试捧发挥了重要作用，为这两项大型工程的设计施工提供了重要的参考资料。这些腐蚀件的检测数据为全国管道和油库建设提供了重要依据。

在浩如烟海的数据中有怎样的规律可循一直是一个十分棘手的问题。中国幅员辽阔，腐蚀网站的人手有限经费不多，怎样才能以最少的投入产生最大的效果，充分利用发掘我们已经取得的数据成果是一个新课题。

1986 年的大连全国土壤腐蚀会议上梁翕章见到了一位刚刚由美国学成回国的留学生翁永基。在这次会议期间两人谈得很投机，虽然他没有什么资历，但是梁翕章认为这位年轻人有志向、有想法，是个人才，应该精心呵护委以重任。经他介绍这位年轻人参加了腐蚀会议，全面了解管道和油田存在的问题以及土壤网站、数据的利用等，并诚恳地对他说：“我这方面的知识有限，希望你能根据所学的知识在土壤腐蚀这条科技战线上打开一片新天地。”翁永基不负众望，经过 4 年的艰苦努力，把先进的模糊数学理论应用到土壤腐蚀性的识别技术上来，盘活了几十年积累下来的数据，能做到有计划、有目的地安排埋设腐蚀片的时间、地点、数量、材料等，如果推广开来就可以像天气图一样勾勒出全国土壤的腐蚀情况，为今后的管道建设及其他基础设施建设提供重要的腐蚀参数，可以采取有针对性的预防措施减小损失。1991年在苏州东山召开了成果鉴定会引起不小的轰动。

1995年开发塔里木油田时，由石油学会与防腐保温中心站联合组织人员到塔里木油区推广防腐新技术。在塔里木油田领导的支持下，由石油学会负责与防腐保温中心站协作开展了对塔里木油区进行土壤腐蚀性综合评价的科研工作。翁永基在塔里木的茫茫沙漠选择了100个点埋下试片，一年后取样分析。根据计算结果得出新疆2万 km^2 范围土壤腐蚀性的综合评价，并在天山南麓沙漠区发现了最强的土壤腐蚀区。这种土壤评价的方法后来在大港油田、大庆油田推广，并取得较好的成效，为多年土壤腐蚀试验网站的数据利用提供了途径。后来翁永基成为了中国石油大学的知名教授，博士生导师。

七、出版第一本著作

1988年6月，74岁的梁翕章退休。退休后，他专心翻译管道建设方面的资料和著作并尝试写作，以总结数十年参加管道建设的经验。他常说："我现在的任务不是搞高精尖，而是要在那些普遍的、大量的、影响管道发展水平的问题上下工夫，留给后人一些知识财富和经验教训。"他的著作有针对性、启发性和指导性，受到石油管道工程技术人员的欢迎。

中华人民共和国建立以后，梁翕章先后参加了我国主要油气管道和储油库的设计和建设工作，他在拼命工作的同时，看到了我们与国外技术水平的差距，也看到了国内有关管道和油库技术资料特别是中文资料的奇缺。他想：自己在国外专门学习过油气储运工程，又有几十年的实践经验，填补这个技术资料的空白是自己义不容辞的责任，也是我国管道事业发展的需要。早在20世纪50年代，他就针对当时管道建设的需要撰写了《论石油储运技术》，并且翻译了《石油储运手册》，成为当时石油技术人员学习的主要教材和工具书。进入20世纪80年代，年逾花甲的梁翕章在繁忙的业务工作和社会工作之余，又开始撰写、编辑和翻译有关管道建设方面的学术论文和著作。这时，新疆原油产量逐年增加，是就地消化后将成品油输送出疆还是直接把原油送出疆，在这个问题上存在着争议。梁翕章就翻译了大量的文献资料，编写了《美国休斯敦地区石油工业与管道建设》一文，详细阐述了美国油品输送的理念，经济性和可行性。为新疆原油的外运做了一些铺垫，为石油工业部领导的决策提供了参考。

1982年梁翕章负责主编了《中国大百科全书·交通卷》的"管道运输部分"，

1996 年他又主编了《英汉石油大辞典·油气储运》分册，进一步普及了管道建设方面的知识。

1980 年他从李天相那里得到了一本美国出版的原版书《到瓦尔迪兹 800 里》，这本书是由美国的一名记者写成，他跟踪了阿拉斯加原油管道从设想到建成的全过程，详尽地介绍了这条管道在建设中所遇到的种种问题和困难，以及是如何解决的，还介绍了管道建成后的运行和管理情况。在当时这是非常宝贵的，是我们了解国外现代管道运输技术的重要资料。这本书 200 多页，梁翕章看了之后非常兴奋，认为它虽然是一部纪实文学类的作品，但是反映的事情却是我们以前并不了解的，如冻土层的性质、热管技术的应用、环境保护的理念、征地补偿机制、某项技术的试验规范等。这条管道建设初期脱离实际的设计，违背管道建设规律所走的弯路对我们很有启发。因此他非常希望翻译出来，使更多的人了解这条管道，学习必要的理念，这将对我国管道建设大有裨益。但因当时还在岗位上工作，所以只能利用业余时间进行翻译，又因抽不出更多的时间编写整理，翻译之后未能出版。

1988 年梁翕章退休后，开始编写《世界著名管道工程》一书，而《到瓦尔迪兹 800 里》一书翻译的内容经过改编后作为本书的第一章写入其中。《世界著名管道工程》一书介绍了美国和苏联的大型和特大型输油输气管道，并重点介绍了阿拉斯加原油管道工程，全书 69 万字，147 幅插图，1994 年出版，当时他已经 80 岁，这是在整理归纳了 300 余万字的基础上写成的，由于当时没有计算机，其中的插图和文字都是一笔一笔写出来画出来的。2002 年他又增加了一些内容后出版了修订版，当时已经 88 岁。

为了推进我国成品油管道运输技术的发展，1996 年他开始研究世界成品油管道运输技术发展史，开始撰写《国外成品油管道运行与管理》，后因身体原因有所耽搁，但他仍旧克服困难，全力以赴，在这段时间学会了计算机的使用和汉语拼音输入，大大加快了写作的速度，终于在 2008 年（94 岁）截稿，于 2010 年 12 月由石油工业出版社出版。1999 年，在石油管道建设战线上呕心沥血、辛勤工作 60 多年，已经 85 岁高龄的梁翕章还为石油干部管理学院编写了《管道工程管理》英文教材，并亲自为基层石油管道技术人员讲课。他在讲课当中始终贯穿着对石油管道事业的热爱之情和对年轻石油科技人员的殷切期望，希望他们着眼于国家的发展和富强，坚持理论联系实际，努力把我国的石油管道技术水平提到一个新的高度。

梁翕章还是第三至第六届全国政协委员，1985 年加入中国共产党。他先后担任过石油学会第一届储运委员会副主任、第二届腐蚀与防护委员会主任、中国交通运输协会常务理事，1986 年担任国务院技术经济中心交通运输“发展我国成品油管道”课题组副组长，组织编制完成了《全国成品油管道规划》。

八、梁翕章主要论著

梁翕章. 1952. 论石油储运技术. 内部资料.

梁翕章. 1956. 石油储运手册. 北京. 石油工业出版社.

梁翕章. 1993. 中国大百科全书. 交通运输卷·管道运输. 北京：大百科全书出版社.

梁翕章. 1994. 世界著名管道工程. 北京：石油工业出版社.

梁翕章. 1996. 英汉石油大辞典·油气储运分册. 北京：石油工业出版社.

梁翕章. 2010. 国外成品油管道运行与管理. 北京：石油工业出版社.

主要参考文献

梁翕章. 1994，2002. 世界著名管道工程. 北京：石油工业出版社.

翁永基. 2008. 往事杂记. 北京：大众文艺出版社.

撰写者

梁术华（1950～），中石油大港石化公司质检计量部工程师，梁翕章之子。

张 英

张英（1914～1997），祖籍湖北蒲圻，生于北京。石油储运及输油管道专家，是中国油气集输技术的创始人和长距离油气输送管道工程的开拓者之一。毕业于辅仁大学物理系，后赴美国密执安大学攻读获硕士学位，1940 年毕业回国。1952 年参与筹建了北京石油学院。1975 年 5 月调入燃料化工部管道局。1980 年任石油规划设计总院副总工程师。1983 年 4 月，参与组建中国海洋石油工程设计公司。1958 年，参与了中国第一条长距离输油管（新疆克拉玛依至独山子）的现场设计和建设工作，全面修改和补充完善了当时由苏联专家指导设计的原油输油管线，为国家节约了大量的工程投资，且大大提高了管道输油能力。60 年代初，为解决大庆油田在低温条件复杂而困难的油气集输问题，创造性地利用水套加热炉即单管密闭热水伴随油气集输工艺流程，该流程在石油行业广泛推广使用后，解决了原油在低温状态下因高含蜡而凝固等技术难题，取得了重大的经济效益，并于 1964 年获国家科委创造发明一等奖。编著的《油气集输讲义》《输油管的建设与经营》等教科书，是中国石油储运专业及输油管道专业领域内的基本教材。

一、求学之路

1914 年，北京红锣厂胡同里，住着时任北洋政府国务院秘书长张国淦的全家。7 月 30 日，张英（原名张传瑛）出生。张国淦有着极为鲜明的爱国倾向，在当时南北各方军阀混战的腥风血雨里，他积极主张各方和解。在国势颓败的环境下，张国淦很希望自己的儿子长大后成为一名外交官，以个人的努力，为国争光。张英就是在父亲这样的思想指导下，从幼年起，便开始了求学的历程。然而，动荡的社会环境，使他的学习生活颠沛动荡。从小学到中学，在七八年的时间里，他随着搬来搬去的家，转了七八个学校。在军阀混战的枪炮声中，饱尝了颠沛惊悸之苦。

1931 年，张英跳级考上了抚顺大学矿冶系，后又转入土木系。正当他无限憧憬未来的时候，日本侵略军在沈阳发动了九一八事变。学校停课了，张英不得不从大连辗转到天津，准备到北洋大学借读。谁知刚联系好，学校便被战火烧毁了。没办法，家里只好找人求助，让他到北平大学工学院借读。也就是在此期间，张英的爱国思想日渐成熟。立下了“读书救国，驱除外侮”的远大志向。他曾和同学们一道罢课，要求国民政府举旗抗日，还和当局军警进行过面对面的斗争。残酷的现实使他认识到“国之不强，科技不兴”乃外侮不绝之根本。由此造就了他“刻苦学习，为国为民不惜区区一身”的可贵性格。

1932年，张英考入辅仁大学物理系，从此，在系统的刻苦学习中，步入了科学的殿堂。

1935年12月9日，由北平学生发起的“一二·九”抗日救亡运动得到全国人民的热烈响应。张英和同学们一起，冲破阻碍，走上街头，游行示威，查禁日货，表现了极大的爱国热情。在抗日的声浪中，张英仍坚持学习，准备将来走科学救国的道路。次年6月，张英通过多项试验，写出了毕业论文《超声波在不同介质中的速度》获得了老师和同学们的一致好评。

1936年9月，张英进入美国密执安大学攻读航空工程专业，4年后获硕士学位。为了实现科学救国的愿望，张英谢绝了友人的挽留，抱着发展中国航空工业的理想，回到了祖国。然而，等待他的却是残酷的战争和贫弱的国情，根本没有机会从事航空方面的工作，他只好去了江西的一个修车厂。

1941年，为了支持中国政府抗战，英国军方帮助中国从印度经缅甸向国内修了一条野战输油管线，张英当时是工矿调整处派驻印度的工作人员，也参与采购石油输运器材。在此期间，他利用业余时间，将早先学到的航空工程技术知识与石油工程技术知识迅速对接，找到了两者的相通点与不同点，研究了大量的技术文献，基本了解了中国石油工业的状况。这为他在以后参与编著《中国石油概况》一书，并成为原油集输和油气管线建设学科的创始人之一，开通了道路。

1946年6月1日，中国石油有限公司成立，这是抗战胜利后中国办的第一个全国性石油工业企业。张英由原工矿调整处副处长推荐，于1946年8月任中国石油有限公司青岛营业所经理，从此开始了他毕生从事的石油事业。

二、主要研究领域和学术成就

1. 填补了我国石油输油管道设计及油气集输的理论空白

1952年，张英作为主要负责人之一，参与筹建了北京石油学院。当时张英执教石油工程专业，一缺实验设备，二缺信息资料，困难是巨大的。张英自愿挑起重担，白手起家，先后为学院创办和逐步完善了油田建设系、储运教研室和机械教研室，

并分别担任主任职务，成为当时这些学科教学的带头人。他参照当时苏联油气集输专业的相关资料，经常和我国的石油储运工程的主要开拓者翁心源等专家学者在一起，探讨油气集输领域里的具体问题。结合中国石油工业发展的实际，将在国外学到的理论知识用于教学实践中。1957 年，在他领导的教研室和学生们的共同努力下，编写出《输油管的设计与管理》上下两册教科书，为这一学科在专业教学理论体系上开了先河。

1960 年以后，张英带领石油储运专业的大部分学生，奋战在大庆石油会战工地上，以实践为课堂，指导学生用专业理论提高生产效率，再以生产实践来丰富专业理论，为大庆石油会战解决了工程专业上的众多难题，并最终以教研室的名义，编写出《石油集输》讲义。这是中国第一部系统地阐述石油集输理论的专业学术著作，书中的相关技术内容当时便被应用于生产实际，一些技术规范至今仍为我国石油天然气行业标准所采用。

从 20 世纪 50 年代初到 1976 年，张英一直在北京石油学院储运专业执教，其间共培养出本科生 500 余名，研究生 10 名。这些学生毕业后多数已成为我国石油行业工程技术方面的专家、骨干或项目负责人。

张英在教学过程中，十分注重将学术理论用于生产实践。他多次带领学生参加大庆、胜利、四川、河南油田的大会战，把在实际工作中获得的经验及要解决的问题，充实到教材中去，然后作为课题，再将研究成果用于生产实际中。

输油管道是储运专业中最主要的课程，然而，在 20 世纪 50 年代中期，中国尚无此种长距离管线。张英在授课中不搞纯理论式的纸上谈兵，而是带着学生走出课堂，到自来水厂去现场授课，讲清自来水管与输油管的相同和不同之处，让学生在实际对比中，理解理论的落脚点。

1957 年，石油工业部决定修建我国第一条长距离输油管线（新疆克拉玛依至独山子），张英日夜盼望的机会终于来了。他带着储运系的学生，于 1958 年 4 月作为毕业实习，参加了“克独”管线建设。

“克独”管线是在苏联专家指导下设计施工的，主长 147km，张英到达现场时，工程已开工，管线已焊接了约 10km。他看了施工图和设计书，觉得问题不少。于是，张英领着施工技术员及顾迪成等学生，沿着管线施工标桩，在戈壁滩上顶风冒雨走了三天，发现了原设计中存在的技术问题，即：设计要求两泵站之间的管线要保持一致的水平坡度。这在凸凹不平的地段上，有的地方要深挖五六米，而有的地方又要露出地面或垫起来。在已焊接完成的管线上就碰到过上述情况。施工的同志对深挖也有意见，如挖宽了管线下沟有困难，挖窄了，在沟底工作时会面临沟壁坍塌而被埋的危险。张英向领导解释，说明管线埋在地下一定深度是为了保护管线，对于加热管线还起保温作用，世界上所有油气管除非有特殊原因，都是随地形起伏等深度铺设的，压力管线没有保持坡度一致的必要，建议以后管沟一律挖深 2m，不但省工省时，而且能用挖沟机机械化施工作业。他的建议最终被采纳。设计中存在的另一个问题是设备材料能力大，而实际生产功率小。管材选用直径 159mm×7mm 无缝管，工作压力在 100kg/cm^2 以上。油泵用缸套改装过的 V83 泥浆泵，柴油机是 VD-250 型。如此大的联合工作能力，大大超过了设计规定的 40kg/cm^2 的压力和年输油 40 万 t 所需要的能力。更不合理的是设计了四个泵站，最后一个泵站只发挥 20kg/cm^2 的压力。张英经过计算，认为可去掉一个泵站，把工作压力提高到 60kg/cm^2，年输油量可达 60 万 t。当然，这样就要对原设计做比较大的改动。

新疆石油管理局的领导同意了张英修改管线设计的建议。很快，他和学生严大凡及新疆设计院的李开文三人组成修改组，对设计进行全面研究，又委托油田再次测试原油黏度，核算各种数据，重新确定泵站段址，做出了减少一个泵站、增加输油量 50%的工艺设计。

在指导施工中，他具体解决了两大技术问题，一是创立了我国油田管道建设焊接质量检查制度，在当时条件不允许的情况下，实行有损探伤，对不合格的管口，坚决割掉重焊。二是保证了“克独”管线的防腐质量，对沥青玛蹄脂等防腐材料的配方比例进行多次调试熬制，以提高附着强度和防腐性能。在反复实验的基础上，对防腐层的厚度和黏结力进行了定量指标测定，并得出了正确结论。后来运行情况证明，“克独”输油管的防腐质量经受住了时间的考验。而这条管线在原有设计的基础上，经过张英主持的两次大的修改后，年输油能力提高了两倍，且至今仍在运行中。

2. 创造性地开拓了我国高含蜡、高凝固点原油过冬保温集输工艺流程

1960～1962 年，张英参加了大庆石油会战，并担任了前线指挥部攻关大队队长。同去的有北京石油学院任瑛及储运系的翁维珑等大部分学生，张英是带着原油降凝的科研课题来到会战工地的。当时，高黏度、高凝固、高含蜡的大庆原油，正面临着在冬天寒冷条件下，能否通过管线正常集输的问题。按资料记载，只要土壤的传热系数不超 3 就可以集输。为获得这一数据，张英按管线实际形状，模拟设计建起了一段周长为 40m 的土堤。他每天和学生们一起，观察测量大堤的土壤温度，得出土壤的传热系数为 2 点多。同时，对 233 口油井的原油温度进行测试，取得了 8 万多个数据。经过数据整理及得出的结论，使领导采取了保障生产的正确决策。为保证大庆原油在冬季正常生产，张英提供了可信的科学依据和技术支持。

取得上述数据成果后，张英带领攻关大队转而研究井口保温和原油结蜡两道难关，力图从根本上解决原油在集输过程中遇到的温度问题。

当时，苏联油田保持和提升原油温度的办法是，将热水管和原油管并列铺在一起，用毛毡紧紧地裹起来，靠热水管的热传导来控制油管里的原油温度。然而，这种方法需要大量的钢材。当时我国正处于困难时期，钢材缺乏，油田只好想另外的办法。

开始时，工人们曾用毛毡蘸上原油，包扎井口、管线，然后用明火点燃毛毡。这种原始的保温方法，潜藏着巨大的安全隐患。为解决这一问题，大庆油田搞了几十套方案，进行多方实验。1960 年 8 月，攻关大队对其中的 7 种方案进行了检查、鉴定，认为中区 3 排 3 井采用的封闭火墙加热风吹的采油树保温装置和围墙烟道式分离器保温装置效果较好，初步选定了“井场三把火”的原油加热保温方案。此方案通过实施后，安全隐患仍存在，因为这三个火源（井口房要保温、原油出来后要加温、值班房要取暖），近的离井口只有二三米，太不安全了。1960 年 10 月 12 日，井口发生了火灾。石油工业部要张英要想办法将三把火灭掉两把，只留一把，并且搬到距井口 20m 以外，而且当时井场上的回压已经达到了一个大气压，太高了。张英从调查研究入手，想先查明井场回压大的原因，以便从根本上解决问题。他和学生们一起动手，选择了三四十个地方，把管子锯开，结果发现了两种情况：一是管线中结蜡严重，有的地方只剩下一个小孔；二是加热炉结焦严重。张英用这些锯下来的样管办了一个展览，请大家想办法，提方案。怎样才能避免结蜡、结焦，完成在井场 20m 以外，只留一把火的任务。

同去的任瑛提出了一个将原油的直接加热改为间接加热，在井口安装水套加热炉的基本设想。就是把水烧到 2～3 个大气压，大约 110℃，油加热到 50～60℃，可以把炉子搬到 20m 以外。张英肯定了任瑛的设想，并帮助他完善了原始图纸，在两个星期内主持制造出第一台实验用的小型水套加热炉。炉子被安装到采油指挥部对面的井上，张英和任瑛天天去观察检验炉子的实验情况。为使加热炉达到设计指标和在整个油田推广使用，他们两人倾注了全部心血。1961 年 7 月，任瑛不得不回北京石油学院执教，张英继续留在工地实验。

水套加热炉的工作原理是，在一个大水罐里装满水，中间盘几道油管，利用油井生产中伴生的天然气作燃料，火炉烧热了罐里的水，进而利用水套中的热水作为井口保温和管线加热的热源。即热水加热了油，水管和油管并在一起，利用水加热后密度差的变化，使热水自动循环到井口上，水冷却后再循环到水罐中。由此反复加热循环，就像暖气一样，达到提高油温的目的。这样，原有的原油加热炉，值班房里的两把火就可以被暖气替代了。三把火变成了只有水套加热炉里的一把火。这既提高了井口安全系数，又节省了大量能源，降低了原油成本。

在张英、任瑛的不懈努力下，经过反复实验和多次修改，水套加热炉技术终于获得成功，张英和大庆石油设计院的宁玉川等设计了全套的施工技术图纸，在大庆、胜利、新疆等油田，推广使用了约1万套水套加热炉。这套技术的发明，解决了高含蜡原油的加热输送问题，在当时国际石油行业处于领先地位。他比采用苏联的“巴洛宁流程”节省钢材33%，节约投资12.5%。1964年这项技术荣获国家科委创造发明一等奖。1965年，水套加热炉技术被命名为“水套式加热炉油气混输密闭流程”，并获得了国家发明证书。张英因此被推选为第四届全国政协委员，以后一直连任到第七届。

1962年，张英指导翁维珑、李才等研究生，对大庆油田的高含蜡高凝固点的原油进行了具有开拓性的流变学研究。将温度在原油结蜡过程中的作用及其规律，作为研究的重点，揭示出大庆原油在管线中石蜡沉积的内因与外因，对由油温、流速、天然气、油流黏度、管材、润湿性等因素给石蜡沉积造成的影响进行了阐述。利用测定得出的大量数据纠正了人们普遍认为的温度越低，原油在管线中结蜡越严重的片面认识。并建议在水利条件允许的情况下，原油可实行低温输送。

经过长达三年的连续实验，张英对大庆原油在管道中结蜡的内在规律及其防治措施有了较为正确的认识。结论为：油温是影响原油相态变化的主要条件。按油流温度可分为三个石蜡沉积区。油温高于45℃（壁温为37℃）为结蜡缓增区；油温30～45℃（壁温为25～37℃）为结蜡高峰区；油温低于30℃（壁温约为25℃）为结蜡递降区。油温与壁温之差是影响结蜡的主要因素，随着油温与壁温之差增加，结蜡增加；当壁温高于油温时，管线便很少结蜡。张英提出：由于结蜡不可避免，必须研究有效的清蜡方法，可采取热油冲洗等措施，并研究机械刮管器的使用问题。

这些观点，均具有开拓性意义，并为后来油田普遍采用保温管线，提供了科学依据。

1964年，张英参加了胜利油田大会战，并在那里建了一个大型油气混输实验站。在实验站里工作的，全是北京石油学院的在校生。担任总负责人的张英，指导学生们做了与生产实际紧密相连的具有开拓性的热油管道埋地温度场实验、原油结蜡实验、清管器设计实验等，取得了大量的具有实践意义的科学数据。

1965年，张英被会战指挥部指派为副指挥，主持了东营至辛店长83km，直径426mm×7mm输油管道的方案设计与施工。管线建成后至今运行状况良好，是我国目前使用年限较长的输油管之一。

另外，在建管同时，张英和技术人员一起研制成功了我国第一个刮管器（俗称油老鼠）。

三、结 语

张英运用自己的学识和人格的力量，为中国培养了一大批石油行业的栋梁之材，他的做人标准与生命追求，可称为人生楷模。

1. 认真负责的工作态度

还是在大庆石油会战期间，一个连通生产管线和试验装置的阀门杆断了。试验用油过不来，按正规办法修阀门，就要把生产停下来。为了不让原油因实验而减产，张英和一名学生顶着寒风冒着喷油抢修，浑身上下，全被原油浇透，却硬是把阀门换好了。

1966年，张英参加四川石油会战，在铺设一条管线时，他不顾山高路远，带人去勘察线路。车子驶到一个斜坡，同行的人都说管线可以从这里通过，张英却让停车。他爬上坡顶去察看地形，认为这一带有滑坡迹象。找到当地人调查，果然证实了张英的推测，于是线路方位被修改到别处，从而使管线避免了日后可能发生的翻移事故。张英一丝不苟的工作态度，保持了一生。

2. 视事业为生命的高尚品质

张英患有胃溃疡，人很瘦，胃疼时，他总是吃几片药顶一下继续工作。1962年在大庆，他在身体较差的情况下，坚持整理完了水套加热炉的全部技术资料。1968年，他被诬陷关进秦城监狱。在异常痛苦的狱中，他怕自己的专业知识荒废掉，便凭记忆一遍又一遍地在脑子里温习自己早年在美国学习过的功课。

1974年后，为了弥补被耽误的时间，他甚至连平反结论还没有拿到，就很快投入到川汉输油管线的设计工作中。

1977年，张英参加河南油田会战，被会战指挥部任命为技术总负责人，对输送凝固点45℃的魏岗原油到荆门230km的管线，从工艺设计到投产运转，都做了重要的指导并参与具体施工，使管线一次投产成功。

1980年，张英任石油规划设计总院副总工程师，对推动和协助濮阳油田实施原油不加热集输工艺，做出了重要贡献。

他始终不离开石油会战前沿。62岁时，还带领同事勘察川汉输气管线，从鄂西的秦甸子到清沟跋山涉水走了30多千米。70岁高龄时，张英还乘船到海上石油平台处理技术问题。

1982年担任中国海洋石油总公司的高级顾问后，在组建海洋石油工程设计公司、吸引及吸收国际上先进的海洋工程技术和推动中国海洋工程技术的发展中做出了突出贡献。

3. 严于律己，乐于助人的可贵精神

张英始终牢记父亲的家传庭训："做一个正直的人。"他一生不谋私利，对自己对家人严格要求。大儿子考上了石油学院机械系，他担心父子同在一个系不方便，硬是让大儿子改学别的专业。

张英对别人总是满腔热情，培养帮助学生成才，帮助企业攻克技术难关，帮助同事探求治学之道。去世后，他留下遗嘱，将全部器官无偿捐给医学事业，将骨灰撒入大海。

四、张英主要论著

张英. 1964. 进一步完善油气集输工艺. 石油地质勘探和开发技术座谈会报告集（采油工艺和油、气储运部分）.

翁维珑，李才，张英. 1964. 大庆原油在管线中的石蜡沉积. 石油地质勘探和开发技术座谈会报告集（采油工艺和油、气储运部分）.

杨基广，张英. 1964. 大庆原油的某些油变性质. 北京石油学院科研论文集，(5).

任瑛，张英. 1964. 水套加热炉井坝场加热保温装置. 内部资料.

史宝群，张英. 1966. 胜利油田原油油变性质的初步测定研究. 北京石油学院科研论文集，(5).

主要参考文献

翁维珑，李才，张英. 1964. 大庆原油在管路中的石蜡沉积. 石油地质勘探和开发技术座谈会报告集（采油工艺和油、气储运部分）

余秋里. 1996. 余秋里回忆录. 北京：中国人民解放军出版社.

当代中国石油工业编委会. 2008. 当代中国石油工业. 北京：当代中国出版社.

撰写者

王铁（1955～），中国海洋石油总公司原写作项目组副组长，现任中华国学院院长，张英的学生、同事。

张嘉佐（1944～），中国海洋石油总公司天然气化工部副经理，中国海洋石油化学有限公司总经济师，张英的儿子。

汪寅人

汪寅人（1914～1995），浙江杭州人。煤化学、煤化工和能源专家。中国煤化学的奠基人，煤炭加工利用和煤化工技术研究的先驱者。1936 年毕业于复旦大学化学工程系，20 世纪30～40 年代在开滦煤矿负责煤质检测工作。1947 年考入英国伦敦大学理工学院化学工程系，1949 年毕业，获博士学位。归国后先后担任开滦化工研究所副所长，筹建了中国第一个煤化学研究所，培养了一批煤化学和煤化工科技人才，迅速开展了煤炭合理利用的研究，填补了中国在该领域的研究空白。他突破了完全依靠苏联技术的模式，领导制定出紧密结合中国煤炭资源特点的“中国煤炭分类方案”，该项成果获能源部科技进步一等奖。1955 年参加国家科委组织的编制 1956～1967 年科学技术发展远景规划纲要工作，任可燃矿物综合利用专业组副组长，提出了中国各大经济区的煤炭资源合理利用的具体规划。20 世纪 60 年代，为解决中国石油资源短缺，积极组织煤的热解、煤的液化和高硫煤脱硫研究，开创了煤炭利用的新领域。80 年代还与美、德、苏、英、日等发达国家专家组织了 6 次煤炭转化和煤炭加工利用新技术的研讨会，及时了解了当代世界煤炭利用的新技术，为中国煤炭化工利用和煤化学研究赶上国际先进水平做出重大贡献。

一、成长历程

汪寅人，字盈程，浙江杭州人，1914 年 9 月 29 日生于上海一个普通职员家庭。汪寅人自幼即立志靠自己努力奋斗，掌握科学技术，为将来能立足社会打下坚实的基础。1932 年他进入上海复旦大学化学工程系学习，1936 年毕业，获工学学士学位，1937 年又获法国巴黎大学化学工程师证书。大学毕业后，先在上海私立晓明女子中学部任理化教师，后于 1936 年考入英国人主办的开滦煤矿，在唐山矿任化验室主任，1938 年升任总化验室主任，负责开滦煤矿各生产矿井的煤质及化验工作，直到 1947 年。1945～1946 年还兼任唐山交通大学化学系教授。经过十年努力，汪寅人通过中学和大学的教学工作，在化学理论上打下了牢固基础，在煤矿的实际工作中又积累了丰富的生产实践和管理工作经验，为他今后从事科技工作并取得一定成绩创造了较好的条件。在开滦煤矿工作期间，他目睹帝国主义为了获取高额利润疯狂掠夺中国丰富的煤炭资源，大量优质炼焦煤被英国人运往国外当做一般燃料使用，对中国煤炭资源造成严重浪费和破坏。在他为设计林西洗煤厂而进行的开平煤田各矿的筛分浮沉试验中，认识到帝国主义对中国人在技术上严密封锁，从而激发了汪寅人努力学习、钻研技术的决心。进而感到如果不进一步深造，就难以实现自立自强和争取在技术上有更大发展的愿望，遂于1947年考进英国伦敦大学理工学院化学工程系进修。为了获得开滦煤矿在经济上的支持，汪寅人带着研究开平煤田各矿的煤质情况的条件赴英学习。1949年汪寅人从英国伦敦大学研究生院毕业，获博士学位，在新中国即将诞生之时，排除各种干扰回到祖国。

十几年的艰辛生活，使汪寅人对当时的社会有了一定的认识和体会，同时又受到左派学生和一些进步书籍的影响，进一步认识到当时社会的不合理现象和国民党反动统治的腐败，对国民党领导中国失去信心，并逐步认识到只有广大人民团结起来，推翻国民党反动统治，中国才有希望。在英国他参加了中国留英同学会，接触到的进步青年较多，又看到更多的进步书刊，对共产党开始有了初步了解，认识到共产党代表新生的革命力量，将来一定能领导中国人民推翻国民党反动统治，从而对革命、对社会主义产生了信心。因此，于1949年完成学业后，就毫不犹豫地选择回国工作。在开国大典上，听到毛泽东主席的讲话让他对新中国的前途充满信心，决心贡献自己的一切力量为祖国服务，为人民服务。新中国成立初，汪寅人去东北考察燃料化学工业，在考察中，汪寅人看到不少厂矿蓬勃的发展，对祖国的工业恢复和建设更有信心。他曾以极其兴奋的心情写信给在英国的同学，要他们赶快回国参加祖国的建设事业。

1952年汪寅人去江西参加土地改革，这一年国家从英国人手中接管了开滦煤矿，让他进一步认清了帝国主义掠夺中国煤炭资源的真面目，爱国主义思想和主人翁思想得到加强。此时汪寅人又被任命为开滦化工研究所代理所长，并于1952年和1953年先后办了两期煤矿化验培训班，从各大矿务局及大专毕业生中招收了两批技术骨干参加培训。教学中他采取以实际操作为主，结合理论辅导，严格要求，为我国煤炭工业培养了一批素质较高的煤质和煤炭化验专业人员，这些人以后皆成为各大矿务局煤质、化验和选煤的技术骨干，对促进煤炭工业的健康发展起到了重要作用。以后汪寅人又参加了国家科委组织的1956～1967年科学技术发展远景规划纲要的编制工作，并任可燃矿物综合利用专业组副组长。通过编制国家科学规划，他深刻体会到唯有共产党才能领导中国实现科学技术现代化，只有在共产党的领导下，知识分子和科技人员才能充分发挥其能力来为社会主义建设服务。在此期间汪寅人还亲自领导、组织和参加了一些重要的调研和科学试验工作，并取得较好成绩。1956年前后，曾三次向党组织提出申请加入中国共产党的要求，直到1985年，汪寅人在古稀之年终于如愿光荣地加入中国共产党。

改革开放以后，汪寅人数次随同我国政府考察团、学术代表团到美和欧洲各国参观访问，并从1982年起，与美国煤气研究院合作，他任中方主席，连续组织了6次煤气化工新技术国际研讨会，对我国煤化工新技术的发展和开展国际煤炭利用技术合作起了较好作用。

汪寅人热爱祖国，自尊自强，生活简朴，克己奉公，对工作认真负责，一丝不苟。他对发展中国煤化工事业兢兢业业，奋斗终生，为中国培养了几代煤化工科技人才，为我国煤化学和煤化工科技跻身于世界先进水平做出了重大贡献。

汪寅人还是第三届全国人大代表，第五、第六届全国政协委员，第一、第二届中国煤炭学会常务理事兼煤化学专业委员会主任委员，第一、第二届中国煤化工学会常务理事，第三届荣誉理事，第一届中国环境科学学会常务理事，北京能源学会理事长，北京市人民政府专业顾问、燃气组长，上海华东化工学院煤化工教授和太原工业大学煤化学教授等。

二、主要学术成就和贡献

1. 筹建中国第一个煤化学研究所，努力培养人才，是中国煤化学的奠基人和煤化工技术研究的先驱者

中国是世界上煤炭资源十分丰富的国家之一，煤炭在中国能源结构中一直占主要地位。煤的性质十分复杂，用途非常广泛，而各地区煤的资源分布又很不均衡，但当时人们对煤的成分和品种的多样性，煤的不同用途和各种用煤设备必须使用具有一定特性的煤才能充分发挥较高的利用效率，缺乏应有认识。如炼铁使用的焦炭必须使用炼焦煤；制造燃气要使用不具黏结性的煤；用于生产液体燃料的煤要求具有较高转化率；而生产各种专门产品如褐煤蜡、半导体原料锗和活性炭等的原料煤又都有其特定的性质等。在新中国成立初期，人们除知道煤是工业和民用燃料外，对其他方面知者甚少，以致造成大量煤炭资源使用不合理，不能物尽其用。为了解决中国煤的合理利用问题，20世纪50年代初，汪寅人被任命为开滦煤矿总管理处化工研究所所长和燃料工业部唐山煤炭研究所副所长，着手筹建中国第一个煤化学研究所，并担任所长。在当时我国煤化学研究领域尚处于空白的情况下，他认识到，只靠他个人的力量是很不够的，还必须有一批人才。经他精心策划，从培训技术人

员入手，先后举办了两期煤质和化验技术培训班，抽调了当时一些大的矿务局和大专毕业的专业技术骨干进行培训工作。汪寅人亲自组织，讲授煤的基本知识和煤质化验技术，到1956年即已建成煤质、分析、焦化和气化4个研究室，科技人员近100人，奠定了中国研究煤炭性质和加工利用的基础。

汪寅人一贯重视人才培养，他要求新参加工作的大专毕业生，首先要通过一个月的培训学习，才能正式参加实习工作，在培训中，汪寅人亲自讲课，治学严谨，一丝不苟，要求青年要以虚心求教，细心钻研和耐心思考的态度对待学习，另外还根据专业需要派部分青年到中国科学院或高等院校进修与煤化学和煤化工相关的专业。在年轻人参加具体科研工作中，汪寅人采用放手使用与严格要求相结合的方法，力主学啥干啥，保证学以致用，以求通过科研工作，迅速掌握有关煤化学知识。他还鼓励年轻人大胆著书立说，以对科学和对生产负责的态度多写文章，有的人写成文章请他审查，他会细心地对文章中的论点和用词、用句甚至标点符号都反复推敲，提出意见，进行修改。自1963年起，汪寅人开始亲自培养煤化学专业研究生，此后他还兼任上海华东化工学院（现为华东理工大学）能源化工系煤化工教授及山西太原工业大学煤化学教授，定期赴校授课。他为煤化学研究所设立硕士、博士点做了大量工作。几十年来，他为煤化学培养了大批专业人才，他们现在都已成为我国煤化工和煤质管理方面的技术专家和领导。

汪寅人从筹建中国第一个煤化学研究所开始，一直任中国从事煤化学研究的主要研究机构——煤炭科学研究总院北京煤化学研究所所长至1983年。直至1988年，他仍任研究所顾问，兼任北京市人民政府专业顾问，燃气组组长，并发表学术论文。他是中国煤化学和煤化工研究的奠基人。

2. 研究制订中国煤分类方案，为合理利用中国煤炭资源奠定基础

鉴于煤的成分、性质差异很大，要使中国丰富的煤炭资源得到合理的利用，必须有一个适合中国煤炭资源特点、具有中国特色的中国煤分类方案，一个科学的合理的煤炭分类方法对正确评价国家煤炭资源的合理开发利用和国民经济的发展有密切的关系，特别是对中国这样一个煤炭资源丰富，在国家的能源结构中又以煤为主的国家意义尤为重要。各种工业必须使用性质符合特定要求的煤炭品种，如炼铁所用的焦炭必须使用不同性质的炼焦用煤，在开始大力发展钢铁工业时，能否保证煤炭供应是当时国家十分关心的问题。如何选用煤炭资源和中国所产的煤炭能否适应冶金炼铁的要求，成为经济建设中的大问题。当时国家是依据苏联的模式进行建设，在选择炼焦用煤上只能依靠苏联的技术，按照苏联一些主要矿区的煤炭分类方法制

订了中国东北区和华北区两个煤炭分类方案。但采用后感到两个分类方案有许多差异，不能作为供全国统一使用的中国煤炭分类方案，即同一品种的炼焦用煤在中国东北区和华北区可能划分为两类煤，造成中国冶金炼焦工业使用时无所适从。为了解决这问题，汪寅人向国家科学技术委员会提出必须制订一个全国统一的中国煤炭分类方案。从1954年开始，汪寅人通过收集国外各主要产煤和以煤为主要能源的国家的资料，着手编译出版《国际烟煤分类》一书。通过仔细的研究对比，选定煤炭分类指标，统一煤炭性质试验方法，采集大量煤样进行试验室和半工业性炼焦试验，在取得大量科学试验的数据和对数据进行科学的统计分析基础上，与冶金部门的科研设计单位和中国科学院紧密合作，终于1956年底提出了“中国煤（以炼焦煤为主）分类方案”，同年，经国务院批准实施。至此中国有了统一的中国煤炭分类方案，此方案自20世纪50年代到80年代中期一直使用，30年来对合理开发和利用中国炼焦煤资源，保证钢铁工业生产起了重要作用，是我国能源合理开发和利用领域一项重要的基础工作。但该分类方案的研究、制订和实施，还未摆脱苏联煤炭分类的影响。为了进一步使中国的煤炭分类与国际接轨和更好地与中国的实际相结合，20世纪70年代中期，在汪寅人的领导和组织下，从1974年开始又开展了“中国煤炭分类”国家标准的制订工作。经过10年从煤的成因、煤岩学、煤在加工利用中表现的不同特性以及国际上煤分类的成果等方面进行了深入的研究分析后，在全国各主要煤田采集了数千个煤样，进行化学、物理和热加工性质的试验，取得了数万个科学数据，再经过数理统计，回归分析，找出各种测试数据的最佳分割线，于1986年制订出国家标准《中国煤分类》（GB/T5751），由国家技术监督局向全国发布。新的国家标准《中国煤分类》将所有煤炭分为褐煤、烟煤和无烟煤三大类，又将褐煤分为2小类、烟煤分为12小类，无烟煤为3小类，各类煤中同一类煤性质大体相似，而不同类煤性质又有显著差异，用途也各不相同，使所有的煤都包括在国家标准《中国煤分类》中，各类煤的区分更加科学合理，适合中国煤炭资源特点，分类方法与国际上通用的方法比较接近，分类选取的技术指标简单易行，准确可靠，试验煤样用量少，测试仪器简单，易于掌握，推广以后对中国煤炭资源的合理开发和利用具有重大意义，每年为煤炭行业增加经济效益约2亿元，1990年被评为国家技术监督局科学技术进步一等奖。

3. 建立中国煤炭资源数据库，结合中国煤炭利用实际情况提出各地区煤炭资源合理利用有效途径

我国虽是一个煤炭资源丰富的国家，但各地煤炭资源在地区分布上很不均衡。

煤炭基地大都集中在西部和北部，而工业发达地区又多分布在东南沿海缺煤地区，以致造成大量煤炭的“北煤南运”局面。为减少北煤南运的压力，充分利用当地的煤炭资源，就必须将各地区的地方煤炭资源和质量搞清。从1955年开始，在汪寅人领导下，花了两年时间，在进行大量资源调查、采样试验和统计分析工作的基础上，编写了《中国煤质资料汇编》，以后又先后修改了两次，基本摸清了我国煤炭资源、煤质特点及变化规律，之后又开展了全国六大行政区煤炭资源的合理利用途径的调研工作，将各地区的煤炭资源特点与各省区的工业布局和发展规划结合起来，提出了各大行政区和省区的煤炭资源合理利用的调研报告，对各地区考虑本区工农业经济发展提供了重要的基础资料，受到各地区领导的重视。

随着科学技术和经济的发展，20世纪50年代编写的《中国煤质资料汇编》已远不能满足需要，一是信息量较少，二是煤质资料要经常更新，三是查询不便。为了解决这些问题，到80年代，在计算机已成功地在各行业广泛使用的情况下，汪寅人积极支持北京煤化学研究所提出的建立“中国煤种资源数据库”的项目，对全国煤质资料实行动态管理，扩大信息量，使领导部门和生产企业能方便地使用到最新和全面的煤质资料。由于汪寅人的悉心指导和大力支持，这项工作开展迅速，在较短时间内建成了“中国煤种资源数据库”。在通过国家验收时，有关方面对该项目给予较高评价，认为这是中国除人口和农业以外的最大数据库，此库建立之后已为国家领导部门及时提出最新最全煤炭信息，也为现场提供了大量煤质资料。由于该数据库贮存的中国各煤矿各煤种的数据5年即要复审更新一次，因而成为全国煤质资源资料中心，此项工作在国际上也位居前列。

在建立了系统科学的中国煤种资源数据库的基础上，汪寅人又进一步根据大量的科学数据提出绘制中国各煤田的煤质变化规律的煤质地质预测图，以指导中国煤田地质勘探和合理开发利用（此项工作后因“文化大革命”而未完成）。

20世纪50年代中期，汪寅人针对我国大部分地区缺乏优质的炼焦用煤而影响钢铁工业的发展的问题，根据中国炼焦用煤中高挥发分气煤较多而煤质又较好的特点，及时与国内冶金、钢铁、煤炭等行业和中国科学院的科研、设计部门开展了以气煤为主的炼焦配煤研究和试验，提出多种炼焦新工艺，如捣固炼焦、预热煤炼焦和从煤中提出黏结物质如沥青等再制成型块配入黏结性较差的炼焦用煤中，提高炼焦配煤的黏结性而改善冶金焦炭质量，从而扩大了炼焦用煤资源，满足钢铁工业对优质焦炭的需要，又能增加炼焦化学产品的产量。当时他一方面着重提出法国煤炭研究中心对洛林地区高挥发分（38%～42%）煤的炼焦新技术——卡林炼焦法，另外还亲赴云南、广西和新疆等缺乏优质炼焦煤而又有丰富的褐煤和弱黏结性烟煤的省（区）进行现场调查研究，并取得了较好的成果。60年代初，汪寅人亲自去云南考察当地煤炭资源和利用情况时，发现一些地区煤炭利用极不合理的现象，如他了解到，云南澜沧地区有一个炼铅的冶炼厂，炼铅需用一定质量的焦炭为燃料，年用焦炭数千吨，而该厂所属的勐滨褐煤矿所产的褐煤又不能直接用来炼铅。该厂因地处滇西南边陲地区，自50年代建厂以来，其炼铅用焦一直由千余公里外的昆明钢铁公司和一平浪焦化厂用汽车运来，每吨焦炭在当时的运费即高达200余元，从而加大了炼铅成本。汪寅人通过调查后即向云南省有关单位进行汇报，并建议可采取两段炼焦技术，即先将当地廉价的勐滨褐煤进行低温干馏，将所得煤焦油作为黏结剂，与干馏后的半焦混合加压成型后再炭化，即可得到有一定强度的焦炭，可用于炼铅生产，此建议迅速得到云南省科委和有关部门的重视和支持，于1965年下达以北京煤化学研究所为主，组织云南澜沧冶炼厂和鞍山焦化耐火材料研究院进行勐滨褐煤炼焦的科研任务。北京煤化学研究所去云南开展试验研究，于1965年底提出了“勐滨褐煤内热式低温干馏试验报告”及“焦球入鼓风炉试验的技术小结”。1966年开始进行7000吨型焦球/a的中间试验设计工作。此项研究最终成果，每吨型焦成本仅168元，低于从外地运来焦炭的运费，效益十分可观。此项目后因“文化大革命”暂停，到1977年又重新进行生产试验，其规模为1000吨型焦球/a，生产的型焦进行工业性炼铅试验都取得成功；1980年通过云南省科委和冶金厅的技术鉴定。

汪寅人经过对全国煤炭资源进行深入调研和整理后，对全国各主要煤田的煤质和煤的利用情况十分清楚，在20世纪80年代中期，参加以华罗庚为首组织的安徽两淮煤田的合理开发利用的调研工作中，发现在中国炼焦用煤资源中，优质主焦煤相对较少的情况下，淮北矿区所产的优质主焦煤在华东地区更具有重要地位。但1979年淮北矿区生产的焦煤入洗率很低，只占其产量的30%左右，其余未入洗的焦煤都作为一般动力燃料使用，十分可惜。于是提出建议，淮北矿区应积极新建和扩建主焦煤洗煤厂，把淮北矿区主焦煤尽量入洗，生产符合炼铁要求的焦炭，以满足华东地区对日益增长的主焦煤的需要。此建议得到调查组的高度重视，并列为两淮煤合理利用的重要内容。

20世纪60年代中期，世界各国大力发展电子工业，中国对此项工作也十分重视，但我国在发展电子工业中受到制造半导体原料——锗的制约。汪寅人从国外资料中了解到有的国家从不同煤种的煤层中生产锗，煤层含锗量在10～100μg/g。而我国通过对煤中锗资源的调查，也发现一些含锗量达50μg/g以上的煤层。北京煤化学研究所也就承担了从煤及烟道灰中提取锗的研究任务，在取得实验室成功的基础上，在山东枣庄八一煤矿建厂生产，该项工作当时受到煤炭工业部的嘉奖。汪寅人对于煤中无机矿物的利用及煤中伴生元素的资源和利用也比较重视，因“文化大革命”，使该项工作未能很好开展，但也为以后我国从煤中提取钒、高岭土、铝矾土等无机矿物质创造了条件。

4. 敢于创新、勇于实践开创中国煤转化技术研究新局面

20世纪60年代，在我国石油、天然气发现较少，而煤炭资源比较丰富的情况下，汪寅人看到石油化工与煤化工各有特色，作为燃料和原料各有千秋。从可燃矿物的资源和分布分析，工业发达国家，在大力开发及利用油、气资源的同时，都在积极发展煤转化技术及煤化工综合利用的研究；以求达到物尽其用，提高国家能源以及各种化学原料的利用程度，为国民经济的迅速发展准备更充分的物质基础。汪寅人提出煤化工研究开发的重点为煤的液化和气化，将固体燃料转变为气态和液态燃料。

20世纪60年代中期，汪寅人从研究煤的热熔法制造无灰焦和生产炼焦配煤黏结剂开始，进行了煤的液化研究，这在当时是一项具有开创性的研究项目，汪寅人以敢于创新的精神，承担了该项任务。煤的液化即以煤为基础，从煤中生产的溶剂以溶解煤和萃取煤中的有机化合物，经过滤将固液分离，将萃取物加氢，提高油品质量，使固体的煤变成液体的溶剂精炼煤（SRC），汪寅人将石油加工采用的氢—油法用于加工煤而成为氢—煤法，这是一种新发展的煤液化方法；此法是将煤和油的混合物与氢气在催化剂的作用下，在有一定压力的反应器中进行反应，生成合成原油，经过试验室的高压釜试验，取得初步成功后，于80年代初期积极开展国际合作，进行小规模试验。1982年从日本引进0.1t/d评价中国煤液化性能的小试装置；从美国引进对液化油进行二次加氢的1kg/h油的提质加工装置；1985年从德国引进处理能力为0.12t/d煤的连续煤液化的试验装置；1983年又建立0.5～3.5L的高压釜试验装置，全面开展煤变油的液化试验，对中国40多个适合煤液化的煤种进行液化性能试验，最后选出山东兖州、甘肃天祝等矿区的15个烟煤，具有良好的液化性能，试验中得到的产油率都超过50%。另外我国的褐煤及新开发的神东煤田的煤也有较好的液化性能。以上工作为我国开展煤液化技术奠定了良好的基础。在我国已开始试生产的年产100万t神华煤炼油示范厂的神华煤直接液化工艺就是在此基础上建立的。汪寅人对我国煤液化事业的发展做出了开创性贡献。

煤的气化技术也是汪寅人自20世纪50年代以来一直重视的合理利用煤炭资源、改善环境状况的重点科研项目。北京煤化学研究所建所伊始，汪寅人就在煤炭气化基础理论和工程开发两方面做了大量工作，对移动床气化、流化床气化、气流床气

化、熔渣气化及加压气化等工艺进行了深入探索，以实验室试验到建立中试装置，进行了系列研究，80 年代，北京煤化学研究所建成了 ϕ650mm 的移动床固体排渣的加压气化装置，对依兰、沈北、黄县、蔚县等矿区的煤种进行试验，其中依兰煤和窑街煤的试验结果分别用于哈尔滨和兰州煤气厂进行可行性研究和建厂设计；还与美国合作，建成了 ϕ100mm 的移动床、流化床的加压气化试验装置，为我国 40 多个不同类别的煤种进行常压和加压试验研究，并将试验结果建立了相应的煤炭气化特性数据库。在煤炭气化的推广应用中，汪寅人非常关心在煤矿区和中小城市开展煤气化工作。在他倡议下，成功开发了工艺设备较简单的适用于煤矿区和中小城市使用的 ϕ1.6m 的水煤气两段炉，先后在内蒙古、山西、山东、安徽等地建成 8 个煤矿区和中小城市的煤气站。该项工作获得了煤炭工业部科技进步奖。在煤炭气化的研发中，汪寅人对世界先进的煤气化技术发展十分重视，从 1982 年起，在汪寅人倡导下，与美国煤气研究院（GRI）合作（汪寅人任中方主席），在中国北京、上海、苏州、杭州和太原等城市，先后组织了六次由美、英、德、荷兰、奥地利、苏联及日本等国煤炭气化专家参加的煤炭气化新技术研讨会，及时交流了国际间煤炭气化和煤转化、煤炭加工利用新技术及煤炭利用与环境保护等新成果和新动向，对推动我国煤化工和煤气化技术的发展，培养提高我国煤化工和煤气化专业人员的技术水平都起到了较好的作用。

汪寅人在重视研究煤的合理利用中，特别对如何利用低质煤、煤泥、煤矸石和高硫煤等劣质燃料十分关注。从 20 世纪 60 年代开始，他就倡导在煤炭行业中开展研究，1969 年协助北京矿务局建成第一台燃用劣质无烟煤和煤矸石的 2t/h 的工业沸腾炉和能用于发电的 6t/h 沸腾炉，1974 年又与清华大学合作，研制成功 4t/h 的双室沸腾炉，并在燃化部锅炉房建成 20t/h 的双室沸腾炉；建成上述设备的重点是用来研究劣质煤、煤矸石和煤泥的流化床燃烧的基本理论和应用技术，其研究方向是煤的洁净燃烧技术。80 年代以来，北京煤化学研究所承担国家“六五”、“七五”科技攻关任务，“劣质燃料流化床燃烧”中的一系列专题研究，如新型 130t/h 发电流化床锅炉的研制、35t/h 流化床锅炉的完善研究、6t/h 洗煤泥的流化床燃烧、10t/h 高硫煤流化床燃烧脱硫的研究等均通过国家和部级鉴定，在生产中发挥了作用，并取得明显的经济效益；其中每台 130t/h 的新型流化床锅炉每年即创造经济效益 4 万元。汪寅人在推动以上科研攻关任务中均发挥了重要作用。

三、汪寅人主要论著

汪寅人. 1956. 中国煤分类研究初步报告. 北京矿业学院学术报告论文集.

汪寅人．1958．国际烟煤分类．北京：煤炭工业出版社．

汪寅人．1981．中国煤气化研究概况及八十年代展望．国际煤气化会议论文集．

汪寅人．1981．现代煤炭化学工艺学．北京：煤炭工业出版社．

汪寅人．1985．煤化学研究概况及展望．中国煤炭学会学术报告．

汪寅人．1986．中国褐煤、烟煤、无烟煤的技术分类．国际能源学报．

汪寅人．1988．关于煤分子结构特征的研究——一种新的热熔溶解方法．煤的研究方法与利用学术讨论会论文集．

主要参考文献

杨金和．2005．汪寅人//中国科学技术协会．中国科学技术专家传略·工程技术编·能源卷1．北京：中国科学技术出版社：188-198．

煤炭科学研究总院编纂委员会．2007．煤炭科学研究总院40年．

撰写者

杨金和（1930～），煤炭科学研究总院，教授，曾和汪寅人一起工作。

沈季良

沈季良（1915～2004），江苏吴县（现苏州市）人。煤矿建设专家。1935年毕业于焦作工学院。曾任煤炭工业部技术委员会副主任，煤炭工业部基建局副总工程师，煤炭科学研究总院建井研究所所长。兼任中国煤炭学会副会长、顾问、矿井建设专业委员会主任，煤炭教育顾问总团副主任，中国矿业学院兼职教授，焦作矿业学院名誉教授。他长期负责华东、西北地区的煤矿建设的技术工作，具有丰富的矿井建设实践经验。20世纪50年代初，为加快矿井建设，组织井巷、土建、设备安装平行交叉作业，在两年内建成大型立井投产，使建设工期缩短1/3多。提出并试验成功直板桩法和震动沉井法过流沙层，建成了世界上第一个用震动沉井法施工的立井井筒。组织推广国外先进的立井短段掘砌法、井内吊挂法施工和井巷支护锚喷技术。组织并参加煤炭工业部、冶金工业部、机械工业部三部立井综合机械化作业会战，推进了立井开凿技术进步。推进了钻井法、冻结法和注浆技术攻关，为特殊凿井技术发展做出了贡献。组织编写《矿山井巷工程施工及验收规范》和《建井工程手册》等，规范了煤矿建设工程。被波兰克塔维兹煤矿授予“荣誉矿工”称号。

一、成长经历

沈季良1915年4月6日出生，1931年毕业于上海民立中学，1935年7月由焦作工学院土木系毕业。

焦作工学院当时有土木、矿冶两个工程系，沈季良是第一届土木工程系毕业生，但也选学了矿冶系的矿山测量、矿井开采、矿山建筑等课程。他父母早故，家境贫困，读书勤奋。焦作工学院每学期只有3名学生的“奖学金”，他连得了7个学期奖学金，并由学校介绍，有时去帮地方煤矿做些测量、绘图和设计工作。1934年暑假，他去绥远（现内蒙古）参加修建民生渠的测量工作，得些报酬，支持他完成了大学学业。

沈季良以全班学习成绩第一名毕业后，为照顾同学就业，到非他不要的道清铁路局当实习生，放弃了去黄河水利委员会当助理工程师的待遇较高的工作。在道清铁路局做完道口至大明新铁路线的测量工作后，老师介绍他到江西省政府秘书处技术室当技佐，并兼任江西工业专科学校教师。1937年初，他又回焦作工学院任土木系讲师。七七事变后，学校要迁徙，老师们自谋职业。他被聘到江西省锡矿采炼厂任副工程师，在大庾设厂，在洪山寨开矿，并自办土法炼锡厂，销售锡锭。经营3年，盈利创汇，备受上级表扬。1940年，国家资源委员会接管江西省锡矿采炼厂时，江西省政府坚决要他们继续为江西省效劳，他只能随老厂长利用当地生产的薄荷和蓖麻，筹建香油精炼厂和蓖麻纤维厂，生产薄荷脑和蓖麻纤维。但不久，由于战事紧迫，工厂被迫关闭。

1942年4月，沈季良到黔桂铁路局广西宜山任铁路局助理工程师，主要是修建了金城江大桥和铺设了南丹到独山段的轨道。独山通车不久，日军侵入黔境，他又失去工作，之后到西安，进入老同学开办的祥泰营造厂工作，修建飞机场。

1945年8月，日本投降，陇海铁路局奉令复路，沈季良到铁路局任副工程师，先参加了阌底镇到陕州的复路和铺轨工作，后又组队勘测了一条陕西麟游煤矿专用线，接着就在华阴工务段和西安工务段任副段长。1946年初起，他在西北工学院兼任副教授。1947年夏，他去杭州任营造厂经理兼主任技师。起初承建浙赣铁路工程，后又承建房屋。开始经营良好，后因物价猛涨和“金圆券风潮”，干得很吃力，周围的朋友劝他去台湾，但他选择留在杭州。

1949年5月杭州解放，老同学柴化周任山东煤矿管理局局长兼淮南矿务局局长，邀他去淮南矿务局工作。9月起，他在淮南矿务局任正工程师兼土木处处长，之后又改任修建处处长，负责全局的土建和机电安装工作，开始组织建设总医院、疗养院、煤机厂、料石厂和砖瓦厂等。不久又改任基本建设处副处长，负责全局九龙岗、大通、蔡家岗和新庄子四个矿的全部基建工作（包括矿建、铁路、公路、输电、给水、机电安装、土木建筑全部工程）。从1949年9月～1953年12月，江、浙特别是上海电厂缺煤，情况严重，为加紧生产煤炭，他和全局职工一起，克服困难，千方百计地完成了煤炭生产任务。

1954年，淮南成立建井公司，沈季良任副经理。1955年，建井公司改为淮南煤矿基建局，他任总工程师，并快速建成了谢家集二矿和三矿，成了当时快速建井的典范。

淮南煤矿基建局于1956年10月扩建为徐州煤矿基建局，主管安徽、江苏、山东三个省的煤矿基建。他任徐州煤矿基建局总工程师。同年，他加入了中国共产党。

1958年底，煤炭工业部撤销徐州煤矿基建局，把施工力量支援各省、自治区的煤矿基建工作。当时包兰铁路即将通车，但机车用煤尚未解决。宁夏有丰富煤炭资源，但仅石嘴山一号斜井简易投产，解决不了包兰铁路用煤问题。周恩来总理嘱煤炭工业部派施工队伍去宁夏加快开发煤炭资源，任命沈季良为宁夏回族自治区煤炭管理局任工程师。根据当地资料，他对石嘴山、汝箕沟、石炭井、灵武等矿区进行了调查，提出了“建设小露天，开发石嘴山报废小煤窑的煤炭，快速解决包兰铁路用煤的方案”，得到批准后，仅用半年多时间，就大量出煤，解决了应急问题。1962年8月，沈季良调任西北煤炭管理局副总工程师，主管西北五省的煤矿建设，解决了一些施工设计和技术问题。

1963年8月，煤炭工业部基建司借调沈季良到北京主持编制国家标准《矿山井巷工程施工及验收规范》。1964年1月，他被调往煤炭工业部任基建司任副总工程师（当时总工程师缺职），负责基本建设司的全部技术工作。这期间，他主要做加快建井速度的技术和组织工作，并具体帮助解决一些施工技术问题（如处理兴隆庄立井井筒施工事故，避免长期停工等问题），还组织推广了井内吊挂、锚喷支护等先进技术。

1970年1月，沈季良到煤炭工业部的江西分宜干校学习劳动。1971年6月～1972年1月，又被调至萍乡市的一个小煤窑工作，在此期间他把萍乡青山煤矿的一个报废的高瓦斯风井，改建成生产小窑，安全出煤，大量盈利，从而被评为萍乡市先进工作者。1972年2月，他被调往萍乡矿务局革命委员会任生产组副组长。

1972年8月，沈季良被调回北京燃料化学工业部任煤炭开发组工程师。在任期间，解决贵州老屋基矿矿井广场大滑坡问题。

1974年起，沈季良作为组织者之一，参加机械、冶金、煤炭三部会战，主攻大型成套凿井设备的研制，取得了很好成果。

1976年1月，他任煤炭工业部技术委员会委员。1978年7月又任煤炭科学研究总院建井研究所所长，还兼任了半年两淮煤矿建设总指挥部总工程师，参加和组织了钻井法凿井、冻结法凿井、注浆打干井等方面的科研和实际工作，为丰富和发展特殊凿井技术做出了贡献。

1979年9月，他被国家科学技术委员会聘为矿业学科副组长，参加组织和讨论编制了科研发展规划。

1981年10月，沈季良任煤炭工业部技术委员会副主任，主要组织并参加了加快发展煤炭工业的工作。技术委员会提出了“关于加快发展煤炭工业的若干建议”。

1985年5月他获煤炭工业部的技术进步荣誉奖。

1980～1985年，他帮助建井研究所培养了两名硕士研究生。

1986年4月，他改任技术咨询委员会委员。

1988年3月，沈季良退休，中国统配煤矿总公司（原煤炭工业部）聘他为中国煤炭工业技术经济咨询中心高级专家。

1993～1996年，沈季良任中国老科技工作者协会煤炭工业分会理事长。

二、主要专业领域和技术成就

沈季良学的是土木工程，兼学矿冶专业。20世纪三四十年代，他先后在铁路、矿山、房建和教育等部门做多种技术和教学工作。新中国成立后，他长期在矿区负责矿井建设的技术工作。他勇于实践，敢于创新。50年代初，在急需煤炭的华东地区组织实施立井建设交叉作业，将淮南谢家集两个大型矿井建设周期缩短1/3多。他深入现场，解决建井施工中的技术难题，开创性地用木板桩法和震动沉井法过流沙层开凿立井，后者为世界首创。60年代起，他主要负责地区和全国煤矿建设的技术管理工作，组织和参加编制矿井建设的规范和施工手册等，同时推广国内外先进建井技术。晚年仍进行建井科学研究和技术咨询工作。他从事煤炭建设技术工作数十年，无论是现场施工、技术管理和科研领导，都取得了卓越成就，为煤矿建设的科技发展做出了重要贡献。

1. 开拓建井快速施工技术，缩短矿井建设周期

1954年，沈季良任淮南煤矿基建局总工程师，负责谢家集二矿和三矿两个年产能力都是90万t大型矿井建设的技术工作。这是解决上海、江苏、浙江等地燃料紧缺的重点建设工程。当时施工设备简陋，建井材料缺乏，建设资金紧张，但仍要力争提前投产。他组织将工程设计与施工交错配合进行，实行井巷、土建、安装工程立体交叉平行作业。在施工组织方面，采取了一系列措施：如表土层掘进时一次竖立大型木制凿井井架；主副井到底后立即进行短路贯通，交替装备井筒；提前开拓两翼采区斜井，使之与井底车场掘进工作面对头开凿大巷，以缩短建井工期；地面生产系统的建筑工程实行多头作业等。同时，加强建井工程的规范与施工准备，经常进行工程平衡排队，及时发现与解决施工中的关键问题，大大加快了建井速度。谢家集二矿和三矿先后于1954年3月和7月开工，分别以28个月和24个月建成投产，比设计规定的38个月和37个月的建设期分别提前10个月和13个月移交生产，得到了煤炭工业部基建总局的表扬与奖励。

2. 勇于实践，解决各种建井施工中的技术难题

建井施工遇到复杂的地质变化，如技术、装备上难以解决，就不得不停工，有

时还会发生事故。沈季良作为技术负责人，多次亲临施工现场，解决各种施工中的技术难题。1955年，淮南九龙岗煤矿九号井打到510m深时，发生猛烈跨帮，万分危急。他连夜赶到工地，与于公纯、顾景岐两位工程师不顾生命危险，下井指挥抢救，终于保住了井筒，受到领导表扬。

1964年8月，他在煤炭工业部基建司负责技术工作时，多次到现场处理技术难题，如山东兴隆庄立井井筒施工事故，避免长期停工等。最突出的是带病（肝炎）去贵州老屋基矿解决矿井广场大滑坡问题。他提出了防止继续滑坡、处理广场的破坏、抢修折断的井筒、修复塌移的铁路等一系列措施，经指挥部同意，组织抢修施工，使停工了几年的在建矿井5个月后就顺利投产。

宁夏汝箕沟矿区产高级无烟煤，国际有名。铁道部第三设计院决定，由包兰铁路平罗车站接轨修通矿区专用线（西安煤矿设计院只管矿区工业广场的铁路设计）。但由于汝箕沟海拔太高，勘测了几年，未得结果。当时在宁夏工作的沈季良受命进行勘测选线。他借用军用地图分析研究，带队伍翻山越岭艰苦努力半年，终于勘测出了由平罗车站接轨，经由大灯沟、呼鲁斯太至汝箕沟矿区的铁路线（关键是通过宁夏、内蒙古的分水岭时，打一条两公里多长的隧道）。解决了矿区煤炭由铁路外运的问题。

3. 勇于创新，用木板桩法和震动沉井法通过立井流沙层，为世界建井史首创

1956年，沈季良任徐州煤矿基建局总工程师时，第一个要建的是徐州大黄山一号井。大黄山区水文地质条件复杂，表土层为第四纪冲积层，其中的粉沙层和黄土层含水饱和时，形成流动性沙土，容易造成井壁坍塌事故。苏联专家曾亲临现场考察，嘱挖小探井，摸清水文地质情况，再定井筒施工方法。后在一号井井筒上游二十多米处开一小探井，证明地下1.5～6.0m处土质松散流动，用普通支架法打井无法通过。因当时材料供应困难，沈秀良经仔细研究决定用薄木板钉成木板桩来打井，并组织编制了施工设计方案，报请煤炭工业部基建总局审批。总局不同意，并指示用冻结法施工，但由于当时没有冻结设备，工程无法开工。后经徐州煤矿基建局领导决定，先试验用木板桩法施工。经过努力，终于通过了大黄山一矿主副井井筒流沙层，完成了任务。以后大黄山二矿、湖里矿、权台矿等矿的井筒都用全段木板桩（最长的8m）法施工，快速通过流沙层，节约了大量建井费用，并且缩短了工期。

1958年，开发淮北闸河煤田，该区表土层和流沙层厚40～80m，在当时没有冻结设备的情况下，没有办法打井。沈季良听说武汉长江大桥用震动下沉管柱法修筑

桥墩基础，于是考虑试用震动沉井法开凿淮北烈山风井。他们先去武汉长江大桥参观考察，接着编制烈山风井施工设计方案，向煤炭工业部苏联专家组汇报，未得同意。在没有冻结设备的条件下，领导最终还是决定试验用震动沉井法施工。经过半年的设备制造，实施安排和职工培训，1958年8月13日，在烈山二矿风井开始试验震动沉井，9月16日成功地将五节共45m长的预制井筒下沉到基岩，打下了世界上第一个用震动沉井法施工的立井井筒。以后，在淮北矿区用这种方法又建了几个矿的井筒。

4. 组织和参加立井施工机械化配套攻关；推广先进技术，大幅度提高机械化作业水平和凿井速度

20世纪50～70年代初，我国矿山立井开凿逐步由手工作业过渡到半机械化作业。1974年，煤炭工业部、冶金工业部、机械工业部组织立井机械化配套攻关。沈季良是组织者之一，并参加了攻关。攻关采用堵、截、排综合治水方案，以注浆堵水为主，使井筒容水量小于$10m^3/h$；研制成伞形钻架，安装多台重型风动凿岩机，钻眼深度由1～1.5m提高到2.5～4m；抓岩机能力由$0.11m^3$扩大到$0.4m^3$、$0.6m^3$、$1m^3$。逐步研制成凿井专用大能力提升机、扬程750m的吊泵和高威力水胶炸药及高精度毫秒电雷管等。取消了井圈、背板临时支架，改用金属网喷射混凝土支护。他还组织研制并推广使用了激光指向仪。这些都提高了立井开凿的机械化作业水平和凿井速度。

5. 主持和参加编制和编写多种国家标准、施工手册、工程图册等，提高建井技术和工程质量

1963年8月，煤炭工业部基建司借调在西北煤矿管理局工作的沈季良到北京，主持编制国家标准《矿山井巷工程施工及验收规范》。1980年煤炭工业部组织编写《井巷工程施工手册》，共20篇，454万字，他进行了总审校。1985年，他负责主编了《建井工程手册》，该书总共21篇，500万字，获第四届全国科技图书二等奖。同年，他还参加了《凿井工程图册》的方案会审及审图工作。这些规范、手册等，对提高建井技术和工程质量发挥了重要作用。

6. 参与国际合作和学术交流，致力于我国煤炭工业水平和国际影响的提高

沈季良曾出访苏联、波兰、瑞典、英国、加拿大、日本、朝鲜等国，致力于国

内和国际间的合作和学术交流。

1958年秋，沈季良去波兰参加第一届国际采矿学术会议，会后参观波兰煤矿，发现立井短段掘砌技术有推广价值。回国后大力宣传推广，现在已发展成为掘砌混合作业法，效果良好。

1965年，他率组去瑞典考察，历时一个半月，参观了不少矿井、隧道、水电站的施工地点和机械厂。对方友好接待，学到了不少井巷施工新技术：如简易吊挂凿井设备的井筒施工、大断面隧道的快速开凿、水电站大机房的支护、光爆锚喷新技术等，弄清了凿岩机部件加工技术，解决了凿岩机制造问题，受到了国家科委的表扬。他对能用于矿井建设的先进技术，例如井内吊挂凿井设备，光爆锚喷支护技术等组织了推广。

1980年9月，沈季良参加在中国召开的“第一届国际矿山规划和开发技术讨论会”。他第一个在会上宣读了“含水地层的凿井工程”，还发表了“中国煤矿立井开凿技术”，得到各国代表的好评。

中苏合作时，苏联专家曾这样感叹：你们有这么好的专家还要我们做什么呢？

在出访波兰期间，他被波兰克塔维兹煤矿授予“荣誉矿工”称号。

7. 老骥伏枥，离而不休，为煤炭事业的发展默默耕耘

沈季良1988年退休（1992年改为离休），但他仍离退而不休，继续在煤炭科学研究总院建井所、焦作工学院、煤炭工业部教育顾问总团、煤炭工业出版社、中国煤炭学会和中国老科技工作者协会煤炭工业分会等单位工作，并获得煤炭工业部教育顾问总团、中国统配煤矿总公司老干部局等单位的表彰。

鉴于沈季良为煤炭事业的发展做出的贡献，1991年国务院授予其政府特殊津贴；1992年经中国煤炭学会推荐，入选《中国名人大辞典当代人物卷》。

沈季良为人质朴，作风踏实，勇于实践，善于学习和运用新技术，敢于创新，为煤矿建设工程技术的发展做出了卓越贡献。2004年5月24日，沈季良于北京逝世。

三、沈季良主要论著

沈季良. 1957. 料石砌碹. 北京：煤炭工业出版社.

沈季良，杨英振译. 1958. 苏联矿井建设科学研究论文选. 北京：煤炭工业出版社.

沈季良，陈俊芳. 1981. 矿井英语注释读物——井巷工程. 北京：煤炭工业出版社.

沈季良，等. 1984. 中国大百科全书·矿业卷. 北京：中国大百科全书出版社.

沈季良. 1985. 建井工程手册. 北京：煤炭工业出版社.

撰写者

芮素生（1933～），江苏宜兴人，高级工程师，教授。长期从事煤炭科学研究工作，曾任煤炭科技情报研究所所长兼煤炭工业出版社社长，中国煤炭报社社长，煤科总院院长兼煤炭工业部科技局局长等职；现任中国老科学技术工作者协会煤炭工业分会理事长、中国矿业大学客座教授等。

周世尧

周世尧（1915～1968），湖北省黄陂县人。石油钻井学家，中国石油钻井事业的先驱之一，中国石油教育事业的奠基人之一，中国石油钻井专业史上第一位教授。九三学社成员。1941年毕业于重庆大学机电工程系。1945年留学美国，在图兰大学专攻钻井和采油，1948年回国。曾任北京石油学院开发系主任，东北石油学院开发系主任，国家科学技术委员会石油地质组组员等职。他为中国石油钻井事业解决了许多技术难题。在玉门工作期间曾带领青草湾钻井队在戈壁滩上克服重重困难，首创全国冬季钻井成功记录。他先后参加北京石油学院和东北石油学院的创建工作。编写了《油井工程》《钻井工程》等教材以及《英汉油矿辞典》，为石油钻井、石油勘探提供了宝贵的资料。他还组织创办了《石油勘探开发》《石油钻井》等杂志，是石油钻井杂志的首批创办人之一。他力求以现场第一手资料和国外新技术充实教材内容，提高教学质量，他所培养的许多本科生、研究生现已成为石油战线的骨干，为石油教育事业发展做出很大贡献。

一、成长经历

1915年11月13日，周世尧出生在湖北黄陂县水砦村，周家曾是大户人家，周世尧从小随家族子弟一起在大伯父开的私塾学堂读书。

周世尧小时眉清目秀，聪颖活泼，全家人都很喜爱他，并对他寄予厚望。1937年，周世尧高中毕业，欲投身空军，虽被录取，因母亲反对，未能成行。当时，国内各大学招生已近尾声，只有重庆大学正在招生。周世尧报名参加应试被录取。由于他忠厚、正直，热心公众事业，入大学不久，就被推选为“挽胡拒曹”大会的代表，挽留欲辞职的校长胡庶华、拒绝新派校长曹四勿，向国民党教育部请愿。1939年1月又被选为“重庆大学国立促进会”的首选代表，负责开展改国立的活动。八年抗战期间，周世尧在大学中负责湖北黄陂同乡会的工作，曾邀请董必武去重庆大学做报告。

1941年周世尧从机电工程系毕业后，到四川石油勘探处工作，开始了他石油钻井工作生涯。

1945年，周世尧留学美国，在图兰大学学习钻井和采油。他工作和学习之余，想方设法为中国的石油工业引进先进的技术和设备，以加快石油的开采速度。经多方奔波，终于为国家购进了一台深井钻机，1948年初，周世尧谢绝高薪和优越的生活条件，带着这台深井钻机和所学的知识回国。这是中国石油钻井史上引进的第一台深井钻机，为中国的石油钻采事业立下了赫赫战功。

回国后，周世尧放弃了重庆大学教授之职，继续留在四川油矿工作。在隆昌城郊的徐家桥工地，亲历亲为，与民工一起挑石头、抬木头、修公路，盖简易办公房间。凭着扎实的学识、踏实的工作作风，与全体职工同心协力，取得了开钻的成功。

1949年11月，隆昌一带国民党政府逃亡，解放军未到之前，国民党的残余势力大搞破坏矿区反动活动。为保护国家财产不受损失，周世尧冒着生命危险与敌匪展开斗争，一方面组织全队昼夜护矿，另一方面进城与新政府联系，请求接管井队，尽显爱国者本色。

1949年底，周世尧愉快地接受调遣，带着一支20多人的钻井队伍告别了已初见成效的隆昌钻井现场，离开天府之国，奔赴气候条件恶劣，交通不便，条件艰苦的西部戈壁滩，开发玉门油田。

1950年7月，周世尧一行经过长途跋涉，来到酒泉，与玉门矿务局的老同志和新分配的大学生组成钻井大队。这支队伍可谓藏龙卧虎，后来闻名全国的“五面红旗”中的王进喜、马德仁、薛国邦就在这个队里。周世尧被任命为玉门矿务局钻井大队副队长兼任青草湾钻井中队长，负责青草湾的钻井工作。1951年11月，玉门矿务局调整组织机构，周世尧调到西安西北石油管理局矿物处工作。1953年初负责西北石油管理局的年度生产、基础工程、器材、财务等项计划的编制工作。计划编制工作完成不久，周世尧被调到北京参加筹建北京石油学院，就这样，他由井场走上了讲坛，开始了为石油工业培养专门人才的教学工作。

办院初期，经验匮乏，人员少，任务重。周世尧身兼数职，不计报酬，兢兢业业。为了把现场的经验更翔实地写成教材，他还经常跑现场，每天工作到深夜。1956年，周世尧晋升为正教授（国家三级），成为中国石油钻井专业的第一位教授，受到了毛泽东主席、周恩来总理的亲切接见。

周世尧除了本身的教学工作之外，还经常担当翻译接待外宾，带领外宾专家参观学院各部门的建设情况，并向外宾介绍学院的教学和科研情况。

为了引进国外先进技术，周世尧在百忙中挤时间做一些书面翻译工作。这些译著有的公开发表，有的被编入教材。在北京石油学院工作期间，周世尧先后编写了

《油井工程》《钻井工程》等教材，以及《英汉油矿辞典》，为石油钻井、石油勘探提供了宝贵的资料。同时，他还组织创办了《石油勘探开发》《石油钻井》及其他一些石油钻井专业方面的杂志，是石油钻井杂志的首批创办人之一。

1961年，周世尧辞别了高龄老母亲、体弱多病的妻子、幼小天真的子女，奔赴茫茫北国荒原，筹建东北石油学院。

到大庆后，周世尧任东北石油学院开发系主任、教授、院职工代表大会副主席。由于他是“九三”学社的成员，还承担了大庆地区“九三”学社的召集人的工作。虽然工作地点变了，可他那种兢兢业业的工作作风没有变，依然像创建北京石油学院一样，在这片未曾开垦的土地上，开始了构筑东北石油学院的艰苦工作。

周世尧从事教育工作以来，十几年如一日，每天晚上他都给自己安排大量的任务：写讲义或翻译文章，直到凌晨才能休息，久而久之，夜间工作已成了他的生活习惯。

1968年8月13日，周世尧蒙冤辞世。

二、主要研究领域和学术成就

1. 中国最早的钻井学科带头人

20世纪40年代，中国的石油工业刚刚起步，国内的钻井设备和专业技术比较落后。周世尧抱着学习国外先进经验，摆脱国内钻井设备和技术落后局面的信念，出国留学。在学习和工作之余，他想方设法利用国外的先进钻井技术解决国内一线钻井现场出现的问题。

周世尧在美国期间，虽然每天任务很繁重，但仍常写信与勘探队队长王显文交流学习工作情况。王显文也常将当时开采中的江1井的情况函告。周世尧总结了美国问世不久的虹吸测斜仪的使用情况后，建议王显文仿制一套。此仪器对以后了解钻柱偏磨处理键槽卡钻起到了一定的作用。周世尧还经常寄回美国的石油技术信息，对国内的钻井工作大有裨益。江1井曾发生了一次异乎寻常的卡钻，翻遍了国内的资料，都没有关于这种卡钻的叙述，正好周世尧寄来一本美国德州大学西南石油短期教材，根据书中介绍的一种卡钻——键槽卡钻的形成和原因，大家才判断出此次卡钻属于键槽卡钻。经队上研究决定，套下53/4in（1in＝2.54cm，下同），顺利解除了被卡的31/2in×43/4in×47/8in的钻柱。问题很快得到了解决，工程如期进行。

为了引进先进的技术设备，加快石油的开发速度。周世尧在美国经多方奔走，终于购买到一台深井钻机。1948年初，周世尧带着这台75型深井钻机回到中国。

1949年底周世尧和这台钻井机受命开赴西北戈壁滩，开发玉门油田。当时正值冬季，在此之前还没有冬季打井成功的历史。为了抢时间，了解井场情况，及时地处理一些技术问题，周世尧和工人们同吃同住同劳动，顶风雪，战严寒，克服重重困难，终于首创了玉门油田冬季打井成功，受到了北京石油总局的通报表扬，写下了中国石油钻井史上光辉一页。

周世尧一直不断探索、学习，把世界上最先进的钻井理论和技术，应用到实践中，成为中国最早钻井学科带头人，推动了石油钻井业的发展。

2. 创建了钻井学科和钻采工程学科，坚持理论联系实际的教学方法

1958年周世尧参与了北京石油学院的筹建和创建。50年代初，中国石油工业非常年轻，石油工业高等教育刚刚起步，钻井学科应该怎么建设，可以说是一片茫然。当时国际钻井界普遍存在一个观点“drilling is a art not a technology”意思是“钻井只是一门技艺而不能称作是一门技术”。国内也有相当一部分人认为：钻井简单，没有什么高深技术，也没有什么理论，更不是一门科学。周世尧不这样认为，他在主持领导系和教研室工作时，经常强调钻井工程不是没有理论而是缺乏理论认识和理论指导。他谈及钻井生产上，从正常的PNO到井下的漏崩塌卡，有许许多多的复杂的实际问题暂时还得不到理论解释。周世尧的指导思想就是钻井学科必须理论联系实际。他早年留学美国，不仅继承了中国传统的注重理论知识的教学方法更吸取了西方注重实践动手能力的成功经验，因此始终坚持走教学与实践相结合的道路。

他强调要重视前人已经找出的一些规律，已提炼的一些理论，但不应受它的束缚，要重视实践。实践是第一性的，学生通过现场实践才能进一步理解课堂上学到的基础理论知识。同时，学生通过学习，发现问题，从而可以在专业课的学习中有重点，有的放矢地学习，这样才能把专业课学活学透学深。

在实际的授课中，周世尧有时把课堂设在井场，一个螺母、一根钻杆地详细介绍给学生。有时把“钻井”搬到“课堂”。为了配合“钻井工程”的教学，他千方百计从玉门矿务局调来一套有几百吨重的钻机，安装在学院西南角钻采楼附近的现场，设计了一个正规的井场，可以进行实际操作。同时从玉门借调来一位司钻师傅和一位安装工，还有一个精干的班组，配合教学进行直观实际操作辅导。周世尧定期进行直观教学，亲自操作。他的这种理论联系实际的教学风格加深了学生们的感观认识，不仅使学生们获得了专业理论知识，同时也学会了实际操作，而且他们后来走上工作岗位后，能很快熟悉和适应现场工作。

“钻井工程”是钻井专业最主要的专业课。当时钻井55级是第一次开这门课的

班级，三个学期200多个课时。周世尧在编写教材时，翻阅大量外文资料，他发现苏联在钻井生产上理论性较强，英、美的技术性较强。于是他吸收苏联、美国等国家的先进钻井理论和技术所长，结合四川、玉门等地区钻井一线工作中的经验，建立了一套既符合中国国情又博众家之长的教学内容与体系。

后来在东北石油学院筹建、教学、科研工作时，周世尧把这一方法发扬光大。他与苏联专家共同建立的“周氏——欧位定位”是“油井工程”课中重要的理论之一，也成了许多石油学院毕业生毕业论文防斜课题的主要论据。

3. 培养大批石油工业技术人才，是中国石油教育事业的奠基人之一

周世尧非常有教学天赋，善于针对不同受教对象施以不同的教导方式。早在1942～1943年，他曾受聘于上海迁川的立达中学，任高二年级的物理老师。有一次期中考试的物理试题，30多人的高二年级，他竟给每人各一套试题，使教师和学生们叹服不止。1952年在西北石油管理局工作时期，当时局里要求管理干部熟悉生产过程，掌握生产技术知识，故定期进行业务学习，邀请周世尧讲解钻井技术常识。周世尧的课深入浅出、条理清晰，把理论内容与现场实践经验衔接得恰到好处，受到听课各级干部的好评。后在广大干部的强烈要求下，又增加了一堂课。

1953年筹建创建北京石油学院初期，周世尧走上讲坛，承担起为新中国培养第一批石油工业专业技术骨干的重任。50年代初的新中国百废待兴，急需大批具有爱国情操又有艰苦奋斗精神的专业技术人才。所以周世尧编写教材时，不仅注重专业技术知识的编写，还把爱国主义教育引进了教学中。《人民日报》记者曾采访过他，并在《人民日报》头版刊登过周世尧的工作照片和介绍他工作业绩的专题报道。《成长中的北京石油学院》一书中对周世尧有这样一段介绍：“钻采系主任周世尧同志过去是钻井工程师，为了对同学进行爱国主义教育，曾几次到北京图书馆收集各种中国古代两千年前祖先在钻井方面的成就，仔细描下各种图形编写在教材中……”

周世尧凭着他渊博的学识、坚持实践、勇于探索的求学精神，严谨的治学态度，受到了青年教师和学生们的普遍好评。他不仅在石油院校赢得了赞誉，而且在石油第一线的现场，甚至在整个石油系统都有一定威望，被称为“钻井王”。在北京石油学院工作期间，他曾兼任过现场工程师，到钻井井场解决一些生产技术问题；曾先后到过云南、贵州、四川等石油现场工作，讲解钻井技术常识。1958年他带领北京石油学院的学生参加了四川南充石油会战。

1961年，随着大庆油田的发现，伴随而建的另一所石油高等学府——东北石油学院也在积极的筹建中，周世尧又一次服从组织安排，参与创建东北石油学院，由

于他工作积极努力，曾被评为大庆会战红旗手。

在东北石油学院工作时期，周世尧更是言传身教，把大庆精神带进课堂。一次，钻井60级学生到大庆管子站实习，学院没有汽车送学生到管子站，全体师生只能坐火车到萨尔图（现大庆），然后再步行到管子站。周世尧亲自带头徒步走到管子站。在管子站实习期间，周世尧不仅请现场技术干部讲课，而且他亲自讲解各种接头的区别标志、各种打捞工具的结构和功用、管子的修复和焊接等知识。通过管子站的实习，钻井60级全体学生反映："这次实习，我们不仅学到了许多专业知识，而且从周世尧教授的实际行动中，我们还学到了艰苦奋斗，没有条件创造条件也要上的大庆精神。"这一堂生动的实践课，既教育了学生，也赢得了学生们对周世尧的尊重。

周世尧注重因材施教，针对学生的不同特点，拟定不同的毕业设计题目，使学生们能发挥所长，以达到人尽其才的效果。学生的生产实习、毕业设计他都亲自安排。他的这一教学方法，东北石油学院（1975年7月，东北石油学院更名为大庆石油学院，2010年4月更名为东北石油大学）一直沿用到现在。

在筹建两院工作期间，周世尧抽空不仅要收集现场第一手资料，而且还要学习国外的先进经验。他翻译了大量的国外技术文献。他说："科学技术在日新月异地发展。我的责任是要为现场输送合格人才，不能满足现状，要不断充实新的教学内容。"因此，他刻苦钻研新技术，在自己的笔记本上分门别类记录着各种资料，有的是翻译的国外新技术文稿，有的是他从现场收集的第一手材料，经过整理后，把这些资料上升到理论，然后充实到教学内容中去，形成讲义。他翻译的英文资料几大本，经常借给青年教师和学生阅读。学生们都愿意上他的课，大家都一致公认：周教授的课听起来内容丰富，资料翔实，收获大。

20世纪五六十年代以后，各大油田钻井界的技术骨干很多都是他的学生。有的后来成长为工程师、高级工程师、教授；更有一批人走上了油田的重要行政领导和技术岗位。可谓桃李满天下。周世尧当之无愧地成为中国石油教育事业的奠基人之一。

4. 创办石油钻井专业杂志，是中国石油钻井专业杂志的奠基人

不管平日里工作多忙，周世尧都要挤出一定时间，收集浏览国外关于石油工业方面的书刊资料。他认为这是了解新技术的最好途径，是同行间交流学习的渠道。随着国内石油工业的不断发展，创办石油钻井专业杂志，为国内外同行搭建一个沟通"平台"，为了让后人看到先人在中国石油钻井业一路走过来的足迹，周世尧组织

创办了《石油勘探开发》《石油钻井》及其他一些石油钻井专业方面的杂志。把他在钻井一线的亲身实践和创建两院的经验累积写成文字发表在杂志上，也把在百忙中翻译的一些外国技术资料，发表在杂志上，成为中国石油钻井杂志的首批创办人。

井场前的周世尧坚毅勇敢、不屈不挠，讲坛上的周世尧认真严谨、为人师表，生活中的周世尧友爱慈祥、良师益友。学院里的一些青年教师结婚时都愿请他主婚，他幽默风趣、妙语连珠，很快就能将婚礼引向高潮。

虽然在“文化大革命”中遭到迫害，使他过早离世，但是他对中国石油工业做出的贡献永垂不朽。

主要参考文献

《岁月流金》编委会编. 1998. 岁月流金：记石油科技专家. 北京：石油工业出版社.

严世才. 1999. 教学育人 桃李芬芳：纪念周世尧教授诞辰八十五周年. 北京：石油工业出版社.

撰写者

李永瑞（1980～），东北石油大学石油工程学院办公室主任、助理研究员。

汤德全

汤德全（1915～2006），浙江镇海人。矿山机电专家，矿山机电学科奠基人之一。1995年当选为中国工程院院士。1941年毕业于瑞士苏黎世联邦工业大学。曾任瑞士卜郎勃机电厂设计研究工程师，上海同济大学电机系教授，卜郎勃机电厂香港分公司工程师，北京矿业学院矿山机电系主任，煤炭科学研究院总院副院长。曾兼任北京市机电工业局副局长，煤炭工业部技术委员会委员，中国煤炭学会常务理事等职。他主持创建了中国高校第一个矿山机电专业，为培养矿山机电人才奠定了基础；负责创建了北京市第一个液压件车间和粉末冶金研究所，促进了北京市机电工业技术水平的提高；把机电一体化、智能化等技术引用到煤炭工业；为煤炭科学技术建立先进的试验检测装置做出了贡献。1965年主持完成平顶山四矿“一条龙生产系统自动化样板矿”，起到了示范作用。1966年负责完成中国第一台“矿井井下机车运输信号、集中、闭塞系统”的研究设计，组装和运行，提高了运输效率和安全度。1965年主持国家科委重点攻关项目“矿井新型多绳提升及其电力驱动系统的研究设计”，在技术上创建了新方案。1978年主持指导“矿井千伏级井下供电设备和系统”攻关项目，获1989年国家科技进步奖一等奖。1990年首批被评为有突出贡献专家。

一、成长经历

汤德全，原籍浙江镇海，1915年12月14日出生于上海。父辈均为商人，文化程度不高，决心要培养子女成为读书人。他的学生时代，是在日本侵略者不断扩大侵略中国中度过的，目睹国家和民族受人欺凌侮辱。1932年在上海澄衷初中毕业后，抱着强烈的科学救国思想，考入德国人主办的同济大学附属高中，想当一名有用的动力机械工程师。1936年在同济高中毕业后，家中考虑国内战事混乱，倾家中积蓄，送他去德国留学，以便学习先进的科学技术，立身社会、科学救国。

1936年他进入德国达姆斯德工业大学机械系预科学习。第二次世界大战开始后，德国在法西斯统治下，排外严重，中国人更受歧视。1939年的一天，他的一位挪威同学来到他的住所，含泪告诉他，他的祖国挪威被德国法西斯占领了。汤德全不由想起日本侵略者铁蹄下苦难的祖国，在极其悲愤的情绪下，把从画展上买来的一张拿破仑画像，狠狠地钉盖在墙上的希特勒照片上，这一下闯了大祸。因为房东是纳粹分子，他被以侮辱元首罪告发到党卫军处。接着就遭到搜查、拘留和审讯。在等候最后处理的时候，在中国驻德使馆和德国老师的帮助下，由德国逃离到瑞士，并转学到瑞士苏黎世联邦工业大学。师从热电工程学专家艾希伯格博士，攻读动力机械专业。1941 年他从在该校毕业，1942 年获得瑞士联邦动力机械专业学位工程师称号。1942 年在瑞士卜郎勃机电厂（原 BBC 公司，现 ABB 公司）任设计研究工程师，在动力机械和电力设备方面，进行了不少研究工作和技术改进。1945 年第二次世界大战结束，作为国外学子，他欢欣鼓舞，更希望能早日回到祖国。1946 年，他和一批留欧同学一起回到阔别十载的上海，被聘任为上海同济大学电机系教授。当时教师待遇低，为了维持生计，他还兼任上海交通大学教授和新通公司电厂设计工程师。由于国民党政府的腐败，通货膨胀日益严重，他虽身兼三职，还难以维持家庭生活。1947 年他只好又去香港，到瑞士卜郎勃机电厂香港分公司任工程师。

中华人民共和国成立后，汤德全于 1950 年辞去香港的工作，抱着赤子之心回到北京。他原想到清华大学任教，正好得知煤炭工业部要在北京创建矿业学院，急需高级专家，特别是机电专家，于是他就参加了北京矿业学院的创建工作，并担任了教授、矿山机电系主任。1950～1976 年他一直在该院任职。在此期间，他自 1958 年起还兼任北京市机电工业局技术副局长，直到 1966 年。在 8 年的时间里，他在学校工作的同时，还奔波于北京各机电厂，为发展北京市的机电工业做了大量开创性工作。

1959 年，他被聘兼任人民大会堂建设指挥部副总指挥，负责完成了机电、照明、通讯、供暖等技术工程设备的设计、安装和运行工作，受到好评。

“文化大革命”期间，北京矿业学院迁到四川华蓥山区。1977 年，已 62 岁的汤德全调任煤炭科学研究总院副院长，协助院长领导科研业务工作，并主管学术和人才培养工作。在此期间，他为研发采煤和掘进综合机械化（以下简称综采）设备，解决电气方面的关键技术做出了贡献。他还担任了煤炭工业部技术委员会、国家能源顾问委员会、中国科协和国家学位委员会的工作。

1995 年，80 岁的汤德全被选为中国工程院院士。他仍十分关心国家的科技发展，为煤炭科技发展建言献策。2002 年，他已年近 90 岁，还指导中国老科技工作者协会煤炭分会的调研工作，针对煤炭的高效清洁利用，提出发展超临界发电机组先进技术等建议，得到中国科协的重视，被编入向中央报送的《科技工作者建议》2003 年第 2 期。他于 2005 年被中国老科技工作者协会评为“科技耆英”。

二、主要专业领域和技术成就

1. 创建我国高校矿山机电专业，发展煤炭教育事业

汤德全不计个人得失，参加以前从未涉足的煤炭教育事业，在吴子牧院长领导下，协助创建我国新型矿业学院，并主持建立了我国高等学校的第一个矿山机电专业。

他作为机电工程专家、教授和矿山机电系主任，对新创建的专业边学边教，亲自动手，设计专业建设方案，编写教学大纲和专业教材。为了建设新专业，建立了电机，电子，矿山运输提升，矿井通风、排水、压气和水采机械设备等五大专业实验室，为我国培养矿山机电人才奠定了基础。

在教育改革中，他非常重视教学与生产劳动相结合的方针。在建院初期的几年里，他几乎走遍了我国东北的各大煤矿，了解厂矿生产的实际情况和需要，充实教学内容，同时帮助厂矿解决技术问题。在教育计划中，规定学生每年必须进行下矿实习，而且他亲自带学生去厂矿实习，和学生同吃同住同劳动。他结合我国发展水力采煤的需要，研究两相流理论、模化相似理论、高压水射流理论等，开展煤水磨损、煤水泵合理设计参数、水力管道输送、水射流破碎煤岩等试验。指导培养了一批研究生，写出了一批高水平的论文。

1994年在他担任中国矿业大学“211工程”预审副组长时，对学校“211工程”的重点学科、基础设施、公共服务体系建设等项目的立项论证，提出不少有益的重要意见和建议，为学校的发展做出了贡献。

2. 组织发展机电新技术产品，促进北京市工业发展

1958～1966年，他兼任北京市机电工业局技术副局长，主管新产品、新技术开发和产品质量等方面的工作。北京市原有机电工业基础薄弱，不少新技术产品是缺门。他在繁忙的学校工作同时，奔波于北京市各机电厂，先后组织领导了新型电机、单晶提炼、超声波清洗、激光钻孔、液压元部件等新技术和新产品的研究开发工作。创建了北京市第一个液压件车间和粉末冶金研究所。为发展机电新技术产品奠定了一定的基础，促进了北京市机电工业技术水平的提高，使工业产值和产品档次提高到一个新台阶。

3. 负责完成人民大会堂机电等设施的工程设计和安装

1959年，为了庆祝新中国成立十周年，北京市开始了闻名世界的十大建筑建设。汤德全被聘为人民大会堂建设指挥部副总指挥，负责完成机电、照明、通信和供暖等工程设备的设计、安装和运行工作。由于整个工程任务重，时间紧，当年2月动工，9月24日就要检查验收。他以高度负责的精神，从4月份开始，基本吃住在现场，和广大建设者一起，日夜奋战在建设工地上。周恩来总理常常听取工程进度的汇报，激发了大家的高度负责的精神、干劲和智慧，解决了一个个技术和安全难题，保证了整个工程按期投入使用。

4. 中国机械化、电气化、自动智能化采煤的开拓者

汤德全早在20世纪50年代，我国煤炭开采主要还是手工劳动时，就已把机电一体化、智能化等现代技术，引用到煤炭工业领域。他结合教学实践，组织机电产品的研发生产，在生产建设现场进行机电一体化、生产系统自动化研究。他先后主持完成了以下工程项目：①河南平顶山矿务局四矿“一条龙生产系统自动化样板矿”，减少人员，提高生产安全性，取得良好生产效果和经济效益。②我国第一台“矿井井下机车运输信号闭塞系统”的研究、设计、组装和运行，提高了运输效率和安全度。③建立北京矿业学院机电厂，研究、设计和制造了新型矿用煤电钻，提高了生产效率，为矿用煤电钻的革新改型做出贡献。该厂生产的煤电钻受到煤矿欢迎，使用量大、应用面广。④“矿井新型多绳提升机及其电力驱动系统的研究设计”，为矿井提升机改型革新，在技术上创建了新方案。

5. 促进综采设备的引进、研发和实验室建设

煤炭是我国主要能源，长期占我国一次能源生产和消耗的70%以上。我国煤炭总产量很大，但长期依靠手工和半机械化开采，采煤工作面和矿井单产低，增产能力受限制，20世纪90年代以前，全国煤炭每年都是供不应求，“缺煤”成为许多地区制约经济发展的瓶颈。1972年，燃料化学工业部决定以采掘综合机械化为煤炭科学技术主攻方向，组织攻关，周恩来总理批准并引进西欧先进的综采设备。汤德全积极参加设备的引进、使用和消化、改进。首批引进的滚筒式和钻削式采煤机和液压支架在平顶山矿使用时，他亲自下矿井进行测试，取得各项参数。1975年，国家决定再进口100套综采设备，并且自制500套。为此，国家经贸委拨专款850万美元，引进新建的采掘装备测试系统实验室的关键装备。他不辞辛劳，以年迈之躯，

领导对总体方案的论证和审查，并到引进国家进行考察和选型。到 1990 年，陆续建立了人造煤壁采煤机整机试验、快速加载液压支架试验、掘进机切削整机试验等十个水平较高的测试系统和 29 个实验室，其中有的成为我国首批国家检测中心，为我国自行研制先进采、掘、运、支和井下通讯综采设备，提供了坚实的技术基础。目前，我国研制的综采设备已位列世界先进行列，并出口，获得国外好评。

6. 为解决采煤机电机和井下供电等关键技术做出贡献

发展综采，大幅度提高采煤机电机的单机容量。由于工作条件极为复杂，1973 年，我国新研制的全套综采设备在阳泉煤矿做工业试验时，采煤机电机经常启动不了，遇到硬煤或夹石滚筒卡在煤层中，水冷电机经常漏水等，造成采煤机电机频繁烧毁。经分析主要是电机性能、质量和 660V 的供电电压达不到要求。为此，他率领煤科总院上海分院的电机组同志，深入煤矿井下对采煤机电机工况进行调研，掌握了采煤机电机过载和频繁启动的工作特征，制订了电机攻关目标，使用寿命要达到一年以上。还研究了考核方法，要通过启动 5 万次测试。他又亲自带领攻关组和制造厂的技术骨干到德国西门子、AEG 等公司考察，他利用自己语言优势，深入研究采煤机电机启动力矩与启动电流的合理参数，深入了解原材料及其进厂检验、各道工序的工艺和质量的检验等关键问题。设计时合理选择了 H 级线材和绝缘漆、改进了真空浸漆工艺等，使第一台攻关电机就达到了原订目标，在井下使用寿命超过一年。此外，还制定了采煤机电机的特性和工艺标准，以及合理的工作制度。该“矿用防爆采煤机电机攻关”项目获得 1987 年煤炭工业部科技进步二等奖。

井下供电电压 660V 是阻碍国产综采设备向大功率、高可靠性发展的主要问题之一。当时从国外进口的综采设备的供电电压都是千伏级，因此，井下供电电压必须升级。为此他主持的国家项目“矿井千伏级井下供电设备和系统研究”，组织了 7 个研究所和近 20 个工厂参加。论证、制订电压标准，把我国井下防爆电器电压标准从 500V 提高到 1200V，开发和研制了七大类几十种有关器件、电器、开关装置、变压器、电机和电缆的新产品。经过几年的努力，消化了从德、英等国引进的千伏级电气设备，研究了井下千伏级供电系统和供电安全系统，制订了各类各系列新产品的技术条件及考核方法和标准。有关专业研究所全面改造了相应试验室以适应千伏级新产品的考核和出厂检验。千伏级全套新产品出厂后在地面组成系统做了测试，再在大同煤矿和开滦煤矿综采工作面做工业性试运行，发现问题及时修改，继续试用，最后每个系列新产品均通过技术鉴定。庞大艰巨的供电升压项目，终于较好地完成，解决了大功率高产综采工作面的供电问题，同时全面提高了井下供电的安全性和设备的可靠性，在井下消灭了油浸开关和变压器，开发了高低压双屏蔽电缆和相关漏电保护等。1982 年以后，综采配套的千伏级电气设备不用再进口。1989 年，该项目获得国家科技进步一等奖。

7. 培养人才，促进学术交流，提高煤炭科学技术水平

从新中国成立初在北京矿业学院主持创建我国高校第一个矿山机电专业开始，汤德全长期从事教育工作，后又转到科研工作，主管科研和人才培养工作，致力于为矿山科技领域出成果、出人才。可以说，他为培养新中国第一代矿山机电人才做出了巨大贡献，许多矿业部门的科技教育和生产建设单位的专业骨干，都是他的学生，可谓桃李满天下。他治学严谨，身教言教，深得学生爱戴。

在主管煤炭科学研究总院的科研工作期间，他非常重视学术报告会和专题讲座，提倡科技创新和科研成果转化，为提高学术水平和出成果、出人才、创效益服务。

多年来，他多次去国外考察和访问，并参加国际会议十余次，促进煤炭科学研究总院与西欧的英、德、法、比等国的煤炭研究院建立科技合作协议，与东欧波兰、俄罗斯加强技术合作。推动了国际科技合作和学术交流，为发展我国能源和煤炭工业的科技进步起到促进作用。

在他兼任国务院学位委员会评议组成员期间，为建立煤炭系统博士、硕士学位授权点竭尽全力。煤炭系统已有博士学位授权点 12 个，硕士学位授权点 31 个。

2006 年 8 月 19 日，汤德全因病医治无效，在北京逝世，享年 91 岁。

三、汤德全主要论著

汤德全. 1961. 水力采煤机械设备. 北京：煤炭工业出版社.

汤德全. 1965. 煤矿机械化手册. 北京：煤炭工业出版社.

汤德全. 1976. MBJ-1 型刨煤机组的最有利运行参数和可达日产量. 煤炭科学技术，(2)：91-95.

汤德全. 1963. 高产工作面通风问题. 奥地利第 3 届国际煤矿安全会议报告.

汤德全. 1984. 中国大百科全书·矿冶卷·矿山电气工程. 北京：中国大百科全书出版社.

汤德全. 1985. 中国煤炭工业的发展和现状. 中德学术交流会主题报告.

汤德全. 1986. 中国矿井井下供电和电气设备. 美国西弗吉尼亚大学第 6 届国际采矿机电会议报告.

汤德全. 1989. 中国煤炭工业发展中的三大问题. 加拿大第 14 届世界能源大会报告.

主要参考文献

周公韬. 2005. 汤德全//中国科学技术专家传略·工程技术篇·能源卷 1. 北京：北京科学技术出版社：199-200.

撰写者

芮素生（1933～），江苏宜兴人，高级工程师，教授。长期从事煤炭科学研究工作，曾任煤炭科技情报研究所所长兼煤炭工业出版社社长，中国煤炭报社社长，煤科总院院长兼煤炭工业部科技局局长等职。现任中国老科学技术工作者协会煤炭工业分会理事长、中国矿大客座教授等。

盛德国（1933～），出生于上海，教授级高级工程师。长期在煤科总院和煤炭工业部从事科研和技术管理工作，曾任煤炭工业部计算中心副主任。

白家祉

白家祉（1917～），河北易县人。石油工程力学专家，教育专家。1939 年毕业于清华大学机械系。1946 年获美国麻省理工学院应用力学硕士学位。1949 年获美国哈佛大学科学博士学位，同年回国。历任清华大学教授、机械系副主任，北京石油学院副教务长，西安石油学院教授，石油工业部石油勘探开发研究院高级工程师。他论证了链条传动存在“临界转速”，并研究改进了石油钻机链条传动设计与制造精度；对柴油机的振动理论有较深研究，解决了油田钻井技术广泛应用的大马力柴油机曲轴断裂问题；在定向钻井工艺中提出了“纵横弯曲法”来求解钻具组合的受力与变形，称为“白家祉方法”，并于 1986 年被美国石油工程师学会列入教科书中；发明的“圆筒型方位控制器”在油田应用，获国家发明专利；主持完成的“定向井、丛式钻井技术研究”成果于 1991 年获国家科学技术进步奖一等奖，被评为国家“七五”攻关先进个人。撰有“应用纵横弯曲连续梁理论求解钻具组合的受力与变形”“带屈伏值的假塑性流体的双曲模式方程与压降计算式”等论文。

一、成长经历

白家祉，1917 年 6 月 11 日生于河北省易县梁各庄。父亲白广善，曾任军医，于 1931 年病逝。因家庭兄弟姐妹众多，境遇甚为困苦。

1935 年，18 岁的白家祉考取清华大学公费生。1937 年，“卢沟桥事变”后他随学校南迁至昆明西南联大，后应征入伍，随部队转战长沙、桂林、柳州，1938 年底搭乘运输卡车辗转回到昆明西南联大复学，于 1939 年在昆明西南联大获学士学位。

毕业后，白家祉留校任机械系助教，一直到 1945 年 8 月中旬再没有离开过昆明。1943 年开始，他给大班讲课，开静动力学、材料力学、机构学三门课程。

当时昆明的条件十分艰难。生活在“饭甑凝尘腹半虚”、“既典征裘又典书”困境中的教师，仍然守护教育者的尊严，一身正气，诲人不倦。

“回忆当年往事，好像忘掉了那些苦日子，而涌上心头的却多是各种甜蜜的往事。”白家祉在 2006 年刊发的《我在西南联大》一文中写道，“当年我们这些助教们不是必上班的，教学工作除需要与受课同学在课堂上见面外，一切备课、批改作业、准备考题等都可在房里进行，其实完成这些工作所需的时间并不太多，多的却是可以随自己兴趣爱好，可自由支配的时光。我真的在这些年内培养出不少的个人爱好，使我终生享受不尽。”

1945年，白家祉考取清华第六届留美公费生，入美国麻省理工学院学习，获取硕士学位后转入美国哈佛大学师从H. M Westergarrd研究结构动力学。白家祉又用了三年多一点的时间取得哈佛大学固体力学博士学位。

在美国求学期间，白家祉关心国内形势发展。1948年间，他与侯祥麟共同筹建中国科协波士顿分会，动员留美同学学成后早日回国，为祖国建设服务。1949年7月，白家祉获取博士学位后带头启程经过香港于8月底回到北京。

作为新中国第一批由美国归来的专家，白家祉等受到钱俊瑞、周扬等部门领导的欢迎。回到清华园后，被化工系主任曹本熹聘任为化工系教授，主讲力学和化工机械设备等基础课程，同时带高年级学生实习。

当年一起留学的同学回国人数过半。之后美国当局秘密下令：在美国学习理、工、医三科的中国留学生，学成后禁止他们回国，并且想尽办法留住这批人才。回国后，白家祉多次写信给美国的中国同学宣传党的政策。不久，吴仲华、李敏华、黄茂光、张建候、洪朝生等也相继回国。

1952年，清华大学化工系的石油专业分离出来，成立石油系。白家祉随后参加了北京石油学院的筹建工作。1953年，北京石油学院由清华园迁往学院路新校址后，他担任教研室主任，并写成详细讲稿进行教学。1956年任副教务长，并招收副博士研究生。

“反右”运动和“文化大革命”期间，白家祉受到不公正待遇，被下放劳动至1976年，于1980年平反，耽误了20多年的光阴。

期间，1962年白家祉被调往西安石油学院任教研室主任，讲授多门基础课程，并为培养青年教师开设了高等力学、工程数学等进修课程。

1980年，白家祉由西安调到石油工业部石油勘探开发科学研究院钻井工程研究所任教授级高级工程师，并担任定向钻井课题组组长，完成了国家“七五”期间的重大科技攻关项目，在“定向井轨道控制技术”及“套筒型变向器”两个专题的研究中，取得了丰硕成果。

从那时到70岁退休，白家祉度过了短暂而又充实的7年，专心搞科研和带研究生。1987年退休后，他仍然关心石油钻井事业的发展，继续做一些科技咨询工作。

二、学术成就

白家祉把1978年视为生命中的重大转折，几次用“非常美好”来形容那个时期。他说，“那时全国上下都在实实在在做事情。”70年代末至80年代，白家祉取得了多项学术成果。重要的学术贡献有四方面：论证链条传动存在“临界转速”；解决了大马力柴油机曲轴断裂问题；对“纵横弯曲法”的新建树；发明了“圆筒型方位控制器”。

1. 论证链条传动存在“临界转速”

1953年，白家祉在北京石油学院讲授机械零件课程，结合教学内容开展科学研究工作。当时所采用的苏联教材对链条传动的计算方法属经验设计，所以不够完善，且影响到国产链条的质量。他认为影响链条的因素很多，仅各取一个安全系数，然后相乘作为总的安全系数的这种做法太不准确，应从力学角度深入进行理论分析，便首先对“回转不均匀性”进行了研究。经过数理分析，他认为实际情况是存在着一种“临界转速”，当转速超过这个临界值时，回转就会变为均匀。

1957年，他将研究结果写成论文“套筒滚子链条回转不均匀性的计算”，在《机械学报》上发表，引起了科技界同行的高度重视。中国科学院长春机械研究所负责人登门拜访他，并专门成立实验室进行科学验证。

此外，白家祉对齿轮传动的计算方法也进行了研究，论证了套筒滚子链条所受到的撞击载荷与套筒链板之间紧配合的关系以及与润滑方法之间的关系等。这些研究成果对改善链条传动设计，提高制造的精确度起到重要作用。

2. 解决了大马力柴油机曲轴断裂问题

1976～1977年，白家祉到济南柴油机厂搞科技攻关。济南柴油机厂的V12-190机组已成批生产并大量在国内各大油田使用。厂方为扩大此型机组的系列产品，研制8缸机组，在试运转中出现曲轴断裂的严重问题。若按简单的强度计算，8缸机马力较小，曲轴较短，其尺寸及材料则与12缸所用的完全相同，曲轴承载能力理应有所加强，但结果却产生了断裂，让人十分不解。

白家祉通过研究和精确的曲轴扭转振动计算后，查明原12缸型的飞轮采用了柔性结构使其有效惯性矩较小，因而可避免造成曲轴断裂的六阶共振；而8缸型采用相同的飞轮结构，则刚好造成使此机曲轴断裂的四阶共振。白家祉经过进一步研究找到了解决的好办法，把曲轴改成刚性结构并适当增加其重量，即可完全避免四阶共振，保证曲轴安全。

白家祉对此型系列大马力柴油机还进行了多方面的科学研究，认为柴油机采用的一种硅油减振器，其缺点是重量大、成本高。他设计了一种层板式弹簧减振器，其优点是重量轻，成本低，耐用、可靠，并且具有很强的阻尼减振效果。此外，白家祉还对减小整机振幅，降低噪声，改善燃烧室等方面进行了有效的研究。

3. 对井斜控制中“纵横弯曲法”的新建树

石油钻井施工中的防斜打直问题一直是困扰钻井施工的难题之一。除了井斜超标引起的一般危害之外，在丛式钻井中，如果井斜控制不当，容易造成相邻两口井相碰，导致重大井下事故。

在钻井行业的发展过程中，有关井斜的问题最早是由 F. G. D. Muller 在 1924 年提出的，虽然意识到井斜的存在，但却没有找到解决问题的方法。1950 年，美国鲁宾斯基首先提出了钻柱模型，导出了相应的数学方程式，但只是对简单的钻具组合进行一维分析。因为计算模型与实际情况不符，1954 年他重新进行了修正。

20 世纪 70 年代，定向井、水平井的发展，提出了对弯曲井眼内扶正器（稳定器）组合钻具求解的要求。国外对这样复杂的问题曾提出了一些求解方法，多用数值方法求解。

在国内，井眼轨迹控制理论和技术的研究起步较晚。理论研究工作是从唐俊才等人修改“霍奇公式”开始的，接着便是以白家祉为代表的一批专家和学者，在 20 世纪 80 年代取得了重要的研究成果，为井眼轨迹控制理论和技术的发展做出了巨大贡献。

白家祉于 20 世纪 70 年代后期开始研究这一课题，提出了“纵横弯曲法”的精确解法，经油田现场试验，证实了求解方法的正确性。“纵横弯曲法”是对井下钻具组合的一种分析方法。它主要研究组合钻具的受力与变形，以控制钻头钻进方向。

1982 年，白家祉的“应用纵横弯曲梁理论求解钻具组合的受力与变形”论文，在国际石油工程会议上发表，使大家耳目一新。

“纵横弯曲法”经过不断完善，现在已经成为用于钻井工程的代表方法之一。它不仅使计算更为精确而且大大减少了计算工作量，在大型计算机上几分钟才能得出的计算结果，简化到在 PC 微型机上几秒钟即可完成。这种新方法具有模型合理、物理意义清晰、解法简洁及计算精确等特点。

美国鲁宾斯基通过验证说：“纵横弯曲法”的符合程度很好。美国 JPT 杂志评价“计算简便，可以在便携式计算机上运算，便于现场应用。”世界著名钻井工程专家米尔海姆在赠言中写道：“白先生，您在中国的技术成就是举世闻名的。感谢您对钻井工程做出的贡献”。米尔海姆还把“纵横弯曲法”收入石油工程学会编辑的《实用钻井工程》教科书中，称之为“白家祉方法”。在国内，用这种方法编制的微机软件，已在全国各油田推广应用。

4. 发明了“圆筒型方位控制器”

“七五”攻关中，白家祉主持的另一项研究是“圆筒型方位控制器”。滑动叶板变向器（rebel tool）是一种控制井眼方位的井下工具，是定向井轨道控制的重要工具。20 世纪 60 年代美国开始生产这种工具，由于结构上存在一些严重缺陷，因而在现场应用中往往得不到预想的结果。

白家祉在研究定向井轨道控制的同时，着手研制套筒变向器。白家祉带领他的学生对变向器进行理论分析的同时，在辽河、大庆、胜利等油田开展现场试验。三种规格的变向器试验了 50 井次，对变向器的结构进行了三次较大的改进，使之成为一种实用的定向井专用工具。

据统计，辽河油田使用套筒变向器与使用井下动力钻具加弯接头相比，节省了扭方位时间，避免了使用昂贵的井下动力钻具，平均每口井可节省费用 1 万元左右，在大庆油田每口井可节省费用 2 万元左右，其他油田的统计均在 1 万～2 万元。

目前套筒变向器已成为定向井钻进的有效工具，其性能已超过国外同类产品，这项技术已获得了国家发明专利。

此外，白家祉在钻井力学领域中，还从事了地层造斜力的定量分析，利用地层自然造斜力设计丛式钻井网络以及适用于破碎坚硬地层的自激振动型的钻头等项目探索的研究。

1990 年“七五”国家科技攻关项目“定向井、丛式钻井技术研究”获得中国石油天然气总公司科学技术特等奖，其中就包含白家祉的“井身下部钻具组合的受力分析研究”（即“纵横弯曲法”）和“圆筒型方位控制器”两项成果。他被评为国家“七五”科技攻关先进个人，出席了国家计委、国家科委、财政部联合召开的国家“七五”科技攻关总结表彰大会。党和国家领导人江泽民、李鹏出席了会议，并亲自为他们颁奖。

三、做人与育人

学术成果的背后是精神，这种精神被诠释为执著和责任。

回想半个世纪前，正当白家祉准备在事业上大展宏图，用自己的知识和智慧报效国家的时候，“反右”和“文革”一系列运动猛烈地冲击了猝不及防的他。

提及那段不堪回首的岁月，白家祉言语中充满报国无门的苦闷：“开始我想不开，我是好人，回国来就是想为国家做事，怎么就被当成坏分子了呢?!”有两个信念支持着他度过困境，一是要让时间和历史证明自己没有错，二是自己学的本事不能白学，要“为人民办好事”。即使在“文化大革命”时期，白家祉对油田钻井技术理论的思考也从未停止过。

当年，“纵横弯曲法”的研究工作就是在华北油田的板房招待所中进行的。20多人挤在一个房间内。千百次繁琐的数值计算，一个个精确的数据，全靠他手拉计算尺完成的。一位当年和白家祉一起工作的同志说：“那里的条件太艰苦了，白家祉经常耳堵棉团，以排除各种干扰坚持工作。”

1977年我国恢复高考，白家祉的孩子要考大学，老伴几次托人带话，让他回来给孩子辅导一下功课。那时，白家祉正在华北现场搞实验，由于经费缺乏，实验遇到了许多困难，白家祉不能回来，也不肯回来。

为了搞研究，他曾坐着卡车去华北；为了搞研究，他春节没过完就去渤海；为了搞研究，他迎着风雪上辽河；为了搞研究，他顶着酷暑下江汉油田。

他的一位博士研究生说：“白老师从来不愿意麻烦人。其实他的学生哪个油田都有，现在都是头头脑脑的，如果去打个招呼，肯定照顾得很周到。可他去油田就直奔现场。他不图享受，可那时也是快70岁的人了。”

白家祉的学识魅力和人格魅力，在几十年的教学生涯中为学生树立了“学为人师、行为世范”的榜样。

1953年，我国第一所石油高校——北京石油学院建立。白家祉调入该院，先后担任教研室主任、系副主任、副教务长等职务，从事教学和管理工作。他先后担任理论力学、材料力学、机械原理、机械零件、工程数学、弹性力学、流体力学等学科的教学任务。有的学科没有现成的教材，他就自己编讲义。特别是在力学56师资班中，他还承担了弹性力学、板壳理论、机械振动理论等高等力学的授课任务，为石油院校培养师资做出了贡献。1962年2月他被调往西安石油学院任教研室主任，讲授多门基础课程，并为培养青年教师开设了高等力学、工程数学等进修课程。1984年他被国务院学位委员会批准为博士生导师，是石油工业部的首批博士生导师。

白家祉先后培养了10名研究生，其中包括现在的中国石油钻井工程研究院院长孙宁、中国工程院院士苏义脑等。提起弟子，白家祉喜形于色，“他们现在都做得非常出色，那都是他们自己努力的结果，与我没有什么关系，但我为他们成功感到光荣。”

苏义脑，是我国自己培养的钻井领域第一位博士后。他讲述了与白家祉合作写书的经历。1988年初，苏义脑的博士论文完成后不久，收到出版社约稿的信件。约他写专著《井斜控制理论与实践》一书，正好与他的论文内容相联系。他找白老师商量两人合写。白家祉却鼓励他独立完成。在苏义脑的请求下，白家祉同意写绪论的第一节和其中的一章（全书共十章）。出书时白家祉坚持不署自己的名字或署在第二位，那是苏义脑硬把他的名字署在第一位的。事情过后，苏义脑从出版社了解到，出版计划早在1983年就商定了，出版社和白家祉订了合同，双方约定在定向井技术取得一定成果时出版。面对这双方的合同和白家祉写给出版社推荐自己的信，苏义脑久久不能平静。从中他看到了导师的良苦用心。《井斜控制理论与实践》是中外第一部大篇幅系统论述定向井控制理论的专著，出版后产生很大的影响。1991年，白家祉在推荐苏义脑晋升教授级高级工程师而给院里的一份材料中这样写道：“他与我共著《井斜控制理论与实践》一书之中约有十分之九的内容是由他执笔写成的。此书内容多属创新见解，在国际出版物中是仅有的。”如今，苏义脑已经当选中国工程院院士。白家祉热心扶植后来者，推举人才，甘当人梯，实在是难能可贵。

白家祉的育人风格沿承西南联大民主的学风。“老师从不强迫学生学什么”。与此同时，白家祉主张“通才教育”，认为打好“博”的基础才易于求专求精。课时安排上，让学生有充分自学的时间，去独立思考，自觉钻研，鼓励学生勤学勤思，不读死书，不死读书。

同时，他在指导研究生或青年人时，注重科学研究方法。在选择科研课题时，他说，为人和做学问都一样，不应有任何投机取巧，要讲求一个“诚”字。白家祉说到做到，率先垂范，因此，学生们十分敬重他。

白家祉指导的一位硕士研究生说：“白教授治学严谨，理论基础深厚，他对我们的要求十分严格。他指导的选题都直接与油田生产实际相结合。在做硕士论文期间，他每周都指导我们一次，了解研究进程。要求我们需要推导的数据，他自己也推导一遍。如果我们推导出了差错，他就帮我们找出原因，及时纠正。这样也培养了我们治学严谨的良好习惯。”

四、孟子三乐

一个伟大的灵魂，会强化思想和生命。朴素的衣着，朴素的言语，朴素的思想却掩不住灵魂的光芒。在这个倔强老头的眼神里闪烁着淡定与豁达。

白家祉退休之后曾返聘了几年，此后便脱离了专业。后来，人们经常看到白家祉骑着自行车出入，去得最多的地方是书店。他虽然不是学文学的、也不是学评论的，但却以自己执著的精神花十年之功，2005年，完成了《我看儒林外史》这本文学评论专著，其中充满真知灼见和独特思想，为《儒林外史》的研究提供了一种独特的思路。

白家祉在网上开通博客，一篇篇博文蕴含了对祖国前途与命运的思考，寄托着他沉甸甸的爱国之情。

在长达3小时的采访中，白家祉始终精神矍铄，以霍金式的思考回答我们提出的每一个问题，在与他的谈话中，我们能感受到科学研究的精神魅力，感悟到思想力量的无尽焕发。当请教到健康长寿的秘诀时，他总结出两套“白式健身法”。一是每天早晨睡醒后不急于起床，从头到脚按摩揉搓身体40分钟；二是每天睡觉之前用热水泡脚，同时依次揉搓小腿、大腿和肩膀40分钟。30多年如一日的坚持，或许也是他健康长寿的原因之一。

白家祉每天早上起床自己做早餐，烤面包片或烤馒头片，再喝点玉米棒面粥加头一天煮好的红枣。白夫人笑着补充：“他生活很有规律，从不吃零食。自己的事情自己做，衣服脏了自己洗。”

白家祉乐观，豁达大度，总是能为别人着想，只要是别人找他，他都热情帮助。同时他也经常教育子女如何去做一个对社会有用的人，子女们都很敬佩自己的父亲。

总结自己的一生，白家祉“感慨万分，也感到骄傲，因为我们都曾享受过孟子‘三乐’的滋味。”《孟子·尽心上》曰：“父母俱在，兄弟无故，一乐也；仰不愧于天，俯不怍于人，二乐也；得天下英才教育之，三乐也。”

五、白家祉主要论著

白家祉. 1957. 套筒滚子链条回转不均匀性的计算. 机械工程学报，7.

白家祉. 1980. 带屈伏值的假塑性流体的双曲模式方程与压降计算式. 石油学报，1(2)：57-63.

白家祉. 1980. 带屈伏值的假塑性流体的双曲模式方程与压降计算式实验验证. 石油学报，7(3)：51-59.

白家祉. 1982. 国际石油工程会议论文集. 应用纵横弯曲连续梁理论求解钻具组合的受力与变形. 北京：石油工业出版社，3.

白家祉. 1985. 关于防斜钻具的选择. 石油钻采工艺，(1)：1-8.

Bai J Z. 1987. A new design of azimuth controller for rotary drilling. 38届加拿大国际石油会议，6.

白家祉，等. 1989. 纵横弯曲法对钻具结合的三维分析. 石油学报，(2)：60-66.

白家祉，苏义脑. 1990. 井斜控制理论与实践. 北京：石油工业出版社.

苏义脑，白家祉．1991．用纵横弯曲法对弯接头——井下动力钻具结合的三维分析．石油学报，(3)：110-120.
Bai J Z，Su Y N. 1991. Deviation Control in Directional Drilling. Beijing：China Petroleum Industry Press.

主要参考文献

吕刚．2005．白家祉//中国科学技术协会．中国科学技术专家传略·工程技术编·能源卷 2．北京：中国科学技术出版社：147-155.
白家祉．2008．我在西南联大工学院．清华人，24 (1).

撰写者

徐晓英，中国石油集团钻井工程技术研究院党群工作处副处长。
孔迪，中国汽车工业国际合作总公司新闻中心副主任。

史久光

史久光（1917～2011），浙江鄞县人。石油钻井专家，中国石油钻井工程的开创者之一。1941年毕业于西北工学院矿冶系。曾任玉门油矿工程师。1946～1948年在美国加利福尼亚标准、壳牌等石油公司进修。新中国成立后，历任新疆石油局、大庆油田总工程师，中国海洋石油总公司顾问、高级工程师。曾组建中国早期的钻井工程，并负责钻井工艺和钻井设备的技术工作。在极端困难的条件下，研制出多项钻井设备、器具，多次自行设计钻井事故处理工具。首创用原油替代柴油、天然气作燃料，解决了大庆石油会战初期的用电及用水等难题，是大庆会战著名的八大专家之一。获国务院颁发的技术上有突出贡献的证书和津贴。另外在技术引进方面，深入调查研究，除引进了先进的技术装备外，还给国家节省了大量宝贵的外汇。由于引进大功率高泵压的泥浆泵和喷射式牙轮钻头，实现了高压喷射钻井，大大提高了钻井速度，缩短了钻井完井周期，降低了钻井成本，提前了油井投产时间，增加了产油量。同时还培养了一批技术骨干，对我国石油钻井和钻采技术装备的制造起到了强有力的推进作用。撰有“论复杂钻井事故的处理”、“钻井装备功率配备的探讨”等论文。

一、传　　略

史久光，祖籍浙江省鄞县，1917年6月生于北京一个职员家庭。幼时由母亲启蒙并教算术和英语。1928年初在北京育英小学插班五年级学习。1936年高中毕业于北京育英中学（期间曾因病休学一年）。随即考入焦作工学院矿冶系。1937年日本入侵中国，国民党军队节节败退，学校被迫迁到西安，由于一时既无教室和校舍，又因大部分教授未能到校，无法正常上课。一日巧遇中学同学刘锡才赴兰州西北公路局电讯股工作，他想现在书也念不成，若能为国家做些有益的事岂不更好。他与刘锡才同是无线电爱好者，遂向刘锡才提出，请他考虑有无可能也去西北公路局。不久刘锡才来电报叫他立即到兰州西北公路局电讯股报到。于是1938年3月初他奉命带着5台发报机和收报机以及报务人员分赴兰（州）新（疆）公路沿线的永登、武威、张掖、酒泉和安西站架设无线电台，解决苏联援助我国抗日运送军火卡车的联络问题。这时西北的气候仍天寒地冻，道路条件极坏，根本没有路面。他们日夜兼程赶路并徒步涉过没膝深的冰河，6 天完成了相距 900km 的 5 台收发报机的安装并顺利通报。不久他又被调去西北公路局汉中办事处，并架设 75W 收发报机。

1938 年末，焦作工学院、北洋工学院、北平大学工学院和东北大学工学院合并，在汉中东南一个小镇古路坝，成立西北工学院（后与华东航空学院、中国人民解放军军事工程学院合并为西北工业大学）。他在无线电台的工作中虽未遇任何困难，但深感自己“不学无术，何以报国”，遂决定复学继续攻读矿冶工程，在校学习成绩优异获奖学金，1941 年毕业获工学士学位。是时国民党军仍然溃败，沿海全被日军封锁。当时汽油全凭进口，“一滴汽油一滴血”的口号已深入人心，于是他决定去甘肃玉门的甘肃油矿局工作，从实习员到副工程师。在校虽读矿冶系，但所学教科书中仅有一页涉及石油，且 1/4 为照片。初到甘肃油矿局，实际对石油什么都不懂，先来的人员也仅靠矿场严爽矿长从美国带回的《石油勘探和生产》《实用石油钻井手册》《油田设备及服务综合目录》以及《石油设备目录》上的书本知识，一切从摸索实践开始。1941 年 10 月，8 号井发生强烈井喷，油气柱高达 30 余米，因缺乏应对高压油气层的知识和经验，又没有相应的防喷设备，大家束手无策。喷油量极大，生产套管既未下到应有深度，又未恰当固井。该井前后喷油约 9 个月，后因井下地层坍塌而停喷。于 1942 年 7 月开始起出被严重喷蚀的钻杆和套管，为了防止出现事故，工程师就派史久光和靳叔彦，登上全是原油的井架进行观察，以防同时起出的钻杆和套管（二者已被油砂在环隙内卡死）顶撞天车（井架顶部滑轮），在起的过程随时遇卡，并不断出现向上跳动现象，而且管子不断摩擦生热，使原油局部蒸发而冒烟，若一旦产生火花，后果不堪设想。他们在井架上坚持了好几个小时，直到起完。所幸未发生意外，他们早已浑身是油，除眼睛和牙齿之外，全是黑的，这种精神同样体现在每个在场的工作人员的身上。

1945 年史久光考上经济部公费派赴美国实习，两年期间除到壳牌、联合、加州标准等石油公司实习之外，还到国民供应公司等大石油设备制造公司和数十家石油工具制造及服务公司，如哈里伯顿、BJ、休斯、贝克等公司实习，他不但通过实习掌握设备和工具的性能、用途和使用方法，也同时关心石油钻井工人和现场工作人员的人身安全。由于心中始终怀着设备国产化的信念，因此更注意钻采设备和工具的加工生产工艺，凡有机会实际操作的他都亲自实践，如刮刀钻头的焊接修复、岩心和原油（包括天然气）的分析、化验、高压物性试验，设备和工具的拆装和维修等，更注意金属材料的选用和热处理工艺。有许多资料无法从技术或管理人员那里获得，他就在现场从老工人那里找答案。在回国之前，他自购了全套美国石油学会

(API) 的标准、规范、公报和推荐操作法（以下简称“API 标准”)。这是我国的第一套，以后在国内影印分发给有关人员参阅。史久光在美实习期间曾搜集到大量石油设备、工具、零配件使用的金属材料的牌号、热处理工艺，以及部分机械加工工艺。他回国后全部转给负责制造的人员作参考。对国内自制石油设备、工具起了重要作用。如在国内第一次制造的钻岩石用的牙轮钻头在性能、耐用程度等多项指标均超过当时苏联和罗马尼亚的钻头，受到广大钻井工人和技术人员的欢迎。史久光还把自购的铝合金安全帽、工作服和手套带回来，并在上海参改设计了国产铝质安全帽，发给有关人员使用，开创了石油钻井工人及有关人员戴用铝安全帽的先河。他还制订了我国石油工业的第一本《钻井守则》。

1948 年春，从国外回到上海中国石油公司，当时领导叫他选择在上海、台湾或玉门工作，他不假思索地答复说“去玉门”。回玉门中国石油公司甘青分公司（即原甘肃油矿局）后，任钻井部主管工程师，全面负责钻井工作。

1949 年 9 月 25 日解放军进驻油矿，由于矿上职工护矿得力，国民党反动派未能达到破坏的目的。油矿各部门始终未曾停工停产，一切秩序井然，人心安定。原钻井部改为玉门油矿钻探大队，史久光任大队长。

1951 年 11 月史久光调任西安西北石油管理局矿务处钻井主任工程师。1953 年夏西北石油管理局撤销成立（石油）钻探局，史久光任钻井室主任，综管全国石油系统的钻探工作。1955 年新疆中苏合营的中苏石油股份公司移交中方接管，撤销钻探局，成立新疆石油管理局，史久光任总工程师。中苏石油股份公司自 1950 年成立，经常完不成年度钻井、采油和炼油计划。在 1955 年由新疆石油管理局接收约半年后，在党的领导和全局职工努力下，当年即全面完成任务，以后年年如此。在苏联技术人员尚未全部撤走期间，史久光提出简化独山子矿务局高压地层的中深井（约 1800m）的套管程序，这是他根据多年钻井经验和独山子地层情况慎重考虑后提出的。那是从 1950 年 9 月开始中苏合营期间苏方技术人员制订和使用多年的套管程序。苏方技术负责人当即质问原因，经史久光说明依据及理由后，苏方再无意见。自 1955 年提出后即予沿用。每口井节约 219mm 套管 1200m，每米重 42kg，每口井节约 50t，每吨约 700 美元（当时价格)，仅套管一项可省 3.5 万美元，当时约合 29 万元人民币。此外，每口井尚可节约油井水泥 40t，并节省约 3 个工作日，成本降低，完井时间缩短，经济效益明显。

1956 年发现新疆克拉玛依油田，组织上即将独山子矿务局有关人员和设备陆续调到克拉玛依，此时油田地面建设任务艰巨，主要为集油管线、选油站、克（拉玛依）—独（山子）输油管道，小（自用油）炼油厂，发电、供水以及宿舍等均亟待建设。史久光把工作重点转到油田建设上，期间虽曾将一台贝乌（6y-40）钻机的柴油机改用电动机，减少了钻井停工时间，效率提高。但不久因电力供应紧张，未再继续使用。

1959年9月，在黑龙江的松基3井发现了良好产油层，同时该地区地质条件非常优越。不久石油工业部召开全国石油电话会议，并在会上宣布各油田有关人员必须以最快方式到哈尔滨报到。大庆的大会战很快展开，并且指定了8个总工程师，分别负责各路。史久光也为其中之一并兼（供）水、机（修）和（供）电的副指挥。当时在群众中流行着一句话：工作不分工种、不论职务高低、不计报酬多少，一切为了找到大油田。人人干劲冲天，不久组织上就给每人发了《矛盾论》和《实践论》，让大家认真学习并联系实际。这就是“两论”的来源。

用水在萨尔图（大庆的原名）是非常困难的，那是一片沼泽地，水泡子（小湖泊）很多，含碱含盐量很高，不适合生活和工业用水，这不仅关系到人的生活和工业用水，更是牵连着油田注水开发，是关系到油田采收率高低的重大问题。而且油层注水的水质要求很高，含铁和机械杂质分别不能超过0.5mg/L和2.0mg/L，因此采取了以锰砂和机械过滤来保证水质。注水量常达产油量的2～3倍，甚至更高。因此钻了一大批水井，建了几个地下水水源，解决了大庆初期工业和生活用水问题。

电更是工业所不能缺少的。大庆油田建设初期电源极度紧张，1962年电力工业部支援两台瑞士产6200kW的燃气轮机列车电站。要求使用的燃料为轻柴油或天然气，油田所用柴油全靠国内炼油厂供应，该机耗油量大，用轻柴油已是不可能的事。至于天然气，当时大庆虽已有相当数量油井，但井距较大且极为分散，尚无集气系统，所以天然气来源也难以解决。虽有个别情况曾短期试用原油，但因燃气轮机内结焦，必须改烧一段时间的天然气，以解决结焦和发电机组的出力问题。史久光查阅国外资料经过慎重分析后，建议全部长期使用过滤原油，经领导批准后，由清华大学的专家们进行研究并调整燃烧系统，经几次改进终于成功，可以连续使用过滤原油燃料。一年后进行解体大检查，证实虽有微量结焦但未明显影响出力可以继续使用过滤原油，从而解决了大庆油田当时的燃眉之急。这在国内是首创，当时在世界上也未见到有长期使用原油作燃气轮机燃料发电的报道。截至1964年史久光被借调石油工业部时，这两台机组未发现异常情况。此时又建成从富拉尔基供电的110kV输变电系统，初步解决了大庆早期的电源问题。

机修也是油田勘探、开发和生产不可或缺的部门，机修厂保障了整个大庆除车辆外的设备维修和部分零备件的加工。

不久他又改兼任矿场机械研究所所长，以后又改兼大庆石油勘探开发研究院副院长。

1964年石油工业部借调史久光到北京做技术引进工作。中华人民共和国成立后，石油系统当时从未向西方国家采购过类似设备，也不掌握这方面的价格行情。但史久光仍想方设法地搜集到大量类似设备比价的依据，为国家节约了大量的外汇。

“文化大革命”期间史久光返回大庆，于1972年被安排在大庆勘探开发研究院的一个小机械厂钳工班接受再教育。因为他会干一些钳工活，和工人的关系很好。期间有人造了一台碎草机，开动后震动剧烈，地脚螺丝都震断了，叫史久光去解决，经试运转后发现该机未进行平衡。随即经过改造，作静平衡后运转正常。不久又调他到大庆石油勘探开发研究院图书情报室作英译中的校对。

1978年史久光调任石油工业部外事局顾问，与国外石油公司谈判合作事宜。1982年中国海洋石油总公司成立，他任公司顾问。参与和多个大的石油公司谈判合作。也是第一个与美国阿科（ARCO）石油公司谈判达成协议的主谈人之一（前后多个主谈人），该合同是第一个获得发现并投入开发和生产的南海莺歌海崖13-1大气田。

1988年退休后，史久光被中国石油天然气总公司咨询中心聘为特邀专家。

史久光曾撰写“当今钻机性能的比较”“论复杂钻井事故的处理”“油田矿场如何节约钢材”“钻井装备功率配备的探讨”等论文。也翻译了一些书和API标准等，主要有《油田实用金属材料》（[美] 亚当斯 N. J.）和《钻井工程——一整套油井设计方法》（[美] 克雷格 B. D.）中的第1～6章及第19章。尚有其他译文数十篇，主要刊于国内出版的《国外钻井技术》。此外译有第八届世界石油大会的部分论文，还有翻译的API和SPE论文若干，共约100万字。此外还主审了API标准中译本24种，共约90万字。

二、主要工作及贡献

1. 甘肃油矿局矿场钻井部新中国成立前夕护矿简况

1949年9月10日孙馨霈（史久光妻子的同事）到史久光家。谈起解放军快要解放玉门油田时说：“炼厂已开始做护矿的准备工作，你身为钻井部负责人是不是也可以做些工作?”史久光当即答应。于次日他就驾驶着吉普车到矿场去干油泉的路上，往南的山沟里去找合适的隐蔽处所，既要不易被人发现，又要在不修路的条件下大卡车可以开进去。发现有两处较为适合。次日找矿场工程室主管工程师童宪章商量，在其同意后，又去找运输部负责人李誉柱，商妥借用一辆当时最大的卡车，为避耳目史久光自己驾驶。又找到6个老工人，有郑云兴、张永吉等，和他们说明情况，次日由童宪章用吉普车拉上老工人，史久光驾驶大卡车，在四天内把两台钻机的主要部件，包括2台钻机绞车和6台柴油机藏到山沟里，不了解内情的人是不易发现的。当时玉门有3台现代化钻机，因一台已搬到非常隐蔽的井位，不需再搬动。直至玉门油矿解放后，把所藏设备全部复位，完好无损。

藏完钻机主要部件之后，史久光征得采油部主管工程师吴士璧同意，把井口装置最矮的两口油井“埋起来，”所谓“埋起来”并不是真埋，而是可以随时关井和开井，并不影响生产。仍由史久光带领原来的6位老工人在两天之内完成。及至玉门油矿解放，那两口油井从未停产，也未发生任何意外。

2. 修旧利废和研制处理井下非一般事故的工具

玉门油矿较快地开发是在1943年，矿场所用钻井器材来源极为困难，主要通过滇缅公路，国内运输靠卡车。1942年从美国订购的10台钻机，实际到玉门的只有3台完整的，其他器材损失也极严重，所以钻井器材一直很稀缺。从1948年上半年，史久光重返玉门到1951年11月调到西北石油管理局期间，进行了备件和器材的修旧利废，如旧刮刀钻头利用特殊的硬质合金块和炭化钨管子焊条加大钻头直径和长度，恢复了全新的功能。旧牙轮钻头在牙爪与牙轮之间的旷动间隙加衬垫，使之又能重新使用。吊钳牙、钻具卡瓦和打捞筒内打捞卡瓦的修复是用磨床将牙重新加工使其恢复锐利。泥浆泵缸套的内径磨损后，将它们车磨改为较大的内径，也把大直径缸套的内径加衬改为小缸套。泥浆泵活塞则由大逐级改小。泥浆泵拉杆也是把大泵上的改在小泵上使用。由于玉门当时无热处理条件，修复备件的使用寿命较短，但仍然克服了器材紧缺的困难。此后，修旧利废成了石油工业的优良传统。

有一口井因把卡钻杆的一片卡瓦（老式六片互不相连的卡瓦中的一片）落入井下约50m处，并卡在套管和钻杆之间，导致钻杆无法上下活动和转动，史久光深入了解后，设计了一个活门式的叉形打捞工具，用小钻杆接上前述打捞工具，能从套管和钻杆的环隙下进入井内，将卡瓦顺利捞出，使该井能继续钻进而未报废。

另一口井在表层套管固井时，套管折断（系国外从井内起出的旧套管），史久光便研制了一种井下套管连接工具，使用效果良好，连接牢固，在固井后试压合格，避免了该井的报废。

在又一口井因卡钻而把未卡部分钻具取出，井下卡死部分注水泥封死后，由史久光参考了国外见到的实物研制了侧钻工具，这在玉门是第一次使用造斜器侧钻成功，使该井免于报废。

为了解除一口井的卡钻，只知道国外有用爆炸法的，但无人见过实物，也未看到过图纸或照片。史久光悉心研究后，用薄铁皮做成圆筒形外壳，内装黄色炸药并注满机油，设法平衡下井后爆炸筒内外承受的几十个大气压力的压差，从钻杆内下至预先测定的卡钻深度，通电引爆成功，解除了卡钻事故。

史久光在玉门首次使用了地层测试器，当一口探边井钻过预计产层后，下入该测试器，求得产出全部为纯地层盐水，证明该井位已超出油层边界，所以未下生产（或称油）层套管，节约大量无缝钢管和固井水泥，并测得该层的压力。

3. 尊重科学实事求是

1958年新疆克拉玛依矿务局的形势和全国一样，在轰轰烈烈地进行“大跃进”，广大职工生产情绪高涨，钻井速度大幅度提高，完井数量也大量增加，原油产量增长也快，形势喜人。当时有人提出在高压地区钻井不下表层套管，既可以节约套管和水泥，还可以省去两三天下套管固井和候凝的时间。史久光召集了矿务局及下属钻井处的总工程师三个人一起认真研究讨论，在克拉玛依的高压地区钻井，可否把表层套管节约不下。与会者分析了当地的实际情况，很快取得了完全一致的意见，就是应坚持下表层套管，但会后几分钟却有人态度突然就转了180度，这在史久光看来是违反了科学技术的客观法则，不是从实际出发，更不是实事求是。这种侥幸的思想是不负责任的。他虽然进行了力争，但在当时的情况下无力制止。当天会后约两小时就发生了井喷，造成了资源和经济上的巨大损失。这次事故使人们更清楚地认识到，违反客观法则是要失败的，主观意志改变不了客观法则，只有老老实实地尊重科学才是正确的道路。

随着钻井速度的提高，出现了油层套管供不应求的情况，有人提出以管壁厚度比正常使用无缝钢管的壁厚薄约1/3的向内折边对焊的有缝钢管代替，在征求史久光的意见时又产生了分歧，他坚持若使用不合格的钢管，会严重降低油井寿命，损失石油资源，造成经济上的浪费，但仍抵制不住，最终还是使用了内折边薄壁对焊管。实践证明使用不合格的有缝管导致相当大数量的油井早期报废，资源和经济损失严重。

4. 引进先进设备中的价格斗争

1964年史久光接到石油工业部要通过法国引进具有先进技术的石油矿场设备和工具的任务，立即搜集国外有关先进设备和工具的性能和品种，并选择适合国内石油业使用的设备和器材，料单经几度修改定稿后，并详尽地作了类同设备的比价，以及削价的资料。成套设备进口公司邀请法商并将询价单交给法方。这笔生意总金额为800万美元。及至谈判开始，我方先由石油工业部地质勘探司赵声振作技术主谈人，具体料单由史久光予以说明，不久赵声振另有任务交史久光接谈。主要拟购设备和专用工具中，以钻井设备为主。技术谈判告一段落，报价也已齐全。商务谈判由设备进口公司负全责，石油方面参加一人旁听。经过一个星期的艰苦谈判法商仅让价3%，同时进口公司的项目主谈人，对石油方面提交的削价材料认为无力而退还，并表示不满。我方感到进口公司该项目商务主谈人对石油专业不够了解，也未吃透削价材料，从而谈判乏力。我方要求由史久光（但翻译必须在场）用英语直接谈判。得到进口公司同意后，史久光按原交进口公司的削价材料向法方说明理由和依据。未等全部说完，时间仅用了20分钟，法商立刻提出请不要再讲下去了，并马上表示再降价3%，合计6%。就这样又谈了两天，已降价8%。那天正是星期六下午（当时只休星期日一天），法方严肃地提出，这是最后的界限，如果你方同意就可签字如果不能接受，这时脸色一变从口袋中拿出护照和机票往谈判桌上重重地一摔，对进口公司的主谈人说，请立即代办机票确认和离境签证（当时就是这种习惯做法），穿上衣服就离开了谈判间。这时气氛立刻紧张了。进口公司的主谈人马上对史久光说，我看可以签字了，充其量也不过再降1%，绝不可能超过10%，这是一碗清水看到底的事。你们也知道上级指示精神，如果你们再不同意而导致谈判破裂，一切责任由石油工业部负责。史久光当时却不同意这种看法，认为是法商要的“边缘政策”，对我们进行要挟，我们认为法商看出我们料单中，绝大部分是须法方转手的美国设备（法国除一项有在其境内制造美国钻机的特许证外，它本身能制造的石油器材很少），美国对我国是采取敌对的封锁政策。法商很想在这笔生意中大大捞一把。可是我们也看透法商这一点，深感这里削价余地还很大，所以未表示同意签字。第二天（星期天）下午我方接到进口公司通知，法商另一中间商出面协调，承认法商昨日态度不好，希望继续谈判。这时石油工业部方面更明确了法商的“边缘政策”已经失败，显然有进一步削价的较大余地。几经谈判最终以削价18%达成协议。比进口公司的估计大有进展，即折扣率又提高10%，也即进一步再降价80万美元。

法商签约回国开始执行合同初期，又节外生枝，来电称合同中的一项为12套独立柴油机-泥浆泵组（下称独立机泵组），泵的功率为800hp（1hp＝0.746kW），所要求的泥浆泵液力端是锻钢的，制造上有困难，如果坚持要锻钢的，每台须加价1.5万美元，否则按原合同价以铸钢件交货。史久光即从大庆返回北京。领导认为如谈不下来可让步接受一半（即6台）为铸钢的，另一半仍要锻钢的。史久光对合同进一步研究后，提出不同意加价，理由为：第一，原合同询价及报价均已明确为锻钢液力端，合同中也明文规定为锻钢件。其次，该合同另一项为一整套深井钻机，并配备有1000hp的锻钢液力端泥浆泵2台。此次法商仅提出12套独立机泵组中锻钢液力端加价，而与钻机配套的两台更大功率的锻钢液力端泥浆泵却未要求加价。800hp泥浆泵加价后与1000hp的价格几乎相等，这是明显不合理的。第三，在双方审定合同稿（当时用铅字排版印刷）时，法商已流露出本项可能有困难。史久光在意识到这一趋向后，立即在该合同项下明文注明“买方坚持要求获得锻钢液力端泥浆泵，如卖方不能满足时，买方保留有权取消本项的一部分或全部，甚至取消整个合同”。根据以上三条理由向法商回电，拒绝加价的要求。法商在理屈辞穷的情况下，答应按原合同执行。从而避免加价损失达18万美元。就这两项共节约98万美元。当时35美元换一盎司黄金。现在约为900美元换一盎司黄金，换言之，美元已贬值至当时的3.9%。当时的98万美元相当于现在的2520万美元，约合人民币1.7237亿元。

再者，我方要求买设备和工具时，同时购买两年的消耗备件，以免吃亏。而法商未能（很可能是有意识的）及时提出报价，而进口公司项目主谈人也坚持可以先谈主机，备件随后另谈。我方在不得已的情况下，只好同意。结果不出所料，备件价格奇高，虽再三压价，困难重重。法方还借口这是转口的价格，确实很高。史久光认为不可能那样高，要求法方提出原厂的报价，而给法商一定合理的利润。法商见我方态度强硬，同意将原厂报价拿来，但做了手脚，用涂改液将原厂报的价格涂掉，再用打字机重新打上提高后的价格，再复印后送给我方。经史久光严格认真细致审查和研究，发现项目名称的字体与报价的字体不一致，明显是篡改过的。向法商当面指出后，法方不得不承认错误，从而进一步让价。

史久光之所以能据理力争，主要是高度的负责精神，另外他精通设备、工具制造及技术性能，一丝不苟地翻阅了大量资料，反复对比，综合分析，心中有数，说话有根据，使法商无理以对，只好削价，为国家节省大笔资金。

史久光，获国务院颁发的技术上有突出贡献的证书和津贴，高级工程师，石油钻井专家，为人耿直坦诚，严格认真，刻苦钻研，知识面广，对石油机械颇有造诣，能言传身教，熟谙英语，能熟练操作钻井设备，善与工人交流沟通。曾在史久光领导下工作的李敬（原石油工业部副部长）和张鸿飞及同事邓礼让等人，在数十年的相处中，深为史久光对工作认真负责，科学求实，直言不讳，刚正不阿，不顾个人得失的简朴作风和优良品德所感染。

撰写者

史久光（1917～2011），中国海洋石油总公司，高级工程师。

童宪章

童宪章（1918～1996），江苏扬州人。石油工程学家，中国石油开发工程技术的奠基者。1991年当选为中国科学院院士。1941年毕业于中央大学物理系，即参加玉门油田初创工作。新中国成立以后，先后任西北石油管理局采油工程师，石油工业部主任工程师、总工程师，中国石油天然气总公司勘探开发研究院总工程师。在玉门油田参加并主持中国第一批石油井的测井、钻井及开采工作；主持中国第一个油田开发方案并使注水开发首次获得成功。是大庆、胜利、克拉玛依、河南等中国主要油田开发工程的组织者；是中国油田储量计算、开发工程的开创者，国内外知名的油井试井专家。作为“大庆油田长期高产稳产注水开发技术”的主要研究与实施者之一，于1985年获国家科技进步特等奖。深入研究天然水驱及人工注水油藏内在规律，创立独具特色的水驱油田动态分析理论与方法（被称为“童氏水驱曲线法”亦称“童氏定理”），广泛应用于国内各油田并推广到国外石油界。代表性著作有《压力恢复曲线在油气田开发中的应用》《油井产状和油藏动态分析》（1982年获全国优秀科技图书一等奖）。

一、青年时代立志，投身祖国石油初创事业

童宪章，祖籍江苏扬州，1918年1月10日生于北京。

童宪章的父亲童翼，曾与李济深同窗且交谊深厚。童翼早年参加蔡锷发起的护国讨袁运动，是一位军事理论学者和教育家，时任国防部均衡司司长。作为父亲童翼家教甚严，在家书中以“处世须达观，读书求实用”来勉励自己的子女。父亲的这一手书墨迹，是童宪章最宝贵的珍藏。

童宪章在江苏省扬州中学度过他的中学时代；这所名校渊源悠远，培育了万千桃李可谓群星熠熠。从中学时起，“救国必须读书，科学才能救国”的思想渐渐在他脑海中扎根。

1936年童宪章于扬州中学毕业，当年即考入南京中央大学物理系。身为名门之后的童宪章并没有去享受父亲的庇荫；在校期间他以自己的勤奋和自立，被推举为

中央大学学生自治会主席。抗日战争开始后，由于战火蔓延，中央大学一度迁往山城重庆。当时的学生生活条件很差，他呼吁校方改善学生伙食与住宿条件，受到同学们拥戴。

1941年正是中国人民抗日战争艰苦卓绝的年代。那一年刚从中央大学物理系毕业的童宪章，追随他的老师翁文波，毅然决然地放弃了重庆较优裕的条件，奔赴祖国大西北开发玉门油田。童宪章和几位立志要“科学救国，工业救国”的大学生，搭乘卡车经过四川内江、成都、广元，进入陕西后辗转去往玉门油矿。车过甘肃天水、武威时遭逢日寇飞机狂轰滥炸，奔波两个月之久才到达玉门。童宪章常说玉门油矿是自己的第二故乡；在这里他默默地立下为中国石油工业献身的志向。

玉门油矿创业初期各方面条件都很艰苦，但是年轻的开拓者们毫不畏惧。

参加玉门油田早期开发时，童宪章自制电测仪器进行了我国第一次井下测井作业，继而完成玉门油田第一批中深自喷井的井下电测工作。他主持研制出不同密度泥浆系列，解决了钻井泥浆漏失的难题；研制成功进口部件与国产部件混装的取芯工具，提高了岩芯收获率。

1942～1943年，为抗日战争需要亦为学习国外先进技术，当时玉门油矿聘来几位美国技师。童宪章和其他几位年轻人，经过刻苦学习在较短时间内掌握了先进的钻井技术，钻凿完成了中国第一批高产自喷油井。在抗日战争艰苦的相持阶段，一队队卡车载着“中国油”运往祖国的西北、西南。

1945年，他使用压力计、温度计、钻井测斜仪和组装的地层测试器等设备，开始了地下资料的录取及储层、流体物性的分析工作，并取得了第一批数据。此前的玉门油矿，由于油井自投产以来一直自喷，所以生产管理的范围仅限于地面；采取上述数据之后，着眼点由地面扩大到地下，且地上也开始测量并记录产出液的油气比、采油指数。他与美国技师合作，引进当时美国先进的钻井、采油工艺，完成了我国第一批自喷油井，致力解决抗战时期大后方的石油供应问题，并打下中国石油工程的初步基础。在玉门他还开办钻采工程训练班，训练了一批现场技术人员。

1945～1946年，童宪章赴美国进修石油工程。其时正是日本无条件投降前夕。一支中国石油工程技术人员组成的“小分队”（童宪章亦在其中），以同盟国“石油后勤供应部队”的名义，飞越喜马拉雅山天险（当时称为“驼峰”），经印度搭乘美军运输舰前往美国东海岸，赴美进修石油工程。

在美国学习石油工程专业将近两年时间。童宪章十分珍视得来不易的学习机会，他进入英荷壳牌公司、美孚石油公司，查阅大量的技术文件且不放过每一次实验室、工厂的实习操作，结识当时国际石油界的著名人物并深为受益。当年美国西得克萨斯正在钻凿一口深井，为掌握其特殊的钻井、试油工艺，他在井场值班室住了半个月之久，终于在一天夜里观察到“中途测试”的全过程。这是当时美国亦很少应用的新工艺。

归国后他在玉门油田负责引进全套钻井装备，完成了石油钻井机型的转换，使当时的石油钻采工艺有了很大提高。

玉门油田的初创时期，虽然自然与物质条件都很艰苦，但青年技术人员们“工业救国”的热情高涨。他们有自己的合唱团和团歌，那歌词即是童宪章所作：“天涯萍水喜相逢，大漠风云涌。高山流水曲同工，阳春白雪融。正好有驼铃唱晚，雁阵掠长空。”

新中国成立前夕，童宪章义无反顾地站在护矿斗争的行列中，为使玉门油矿续写建设中国石油工业的崭新篇章贡献力量。

新中国成立后，石油工业进入了大发展时期。1953 年玉门油田的生产面临新的目标和要求。童宪章参与编制玉门油田生产总体规划（包括储量计算，采油，地面的油、气、水、电、路、讯等工程设计），为玉门油田生产发展规划了未来和方向。他主持编制的“玉门油田储量估算和油田开发方案”，是我国第一个制式化的油田开发方案。

1955 年为解决玉门油田“边缘注水”所产生的问题，他提出“层内注水”方案并取得成功。

玉门油田是童宪章实践现代试井技术的“练兵场”：他成为我国油田试井技术的领军人，并取得卓越成就，正是在这里打下坚实基础。

石油试井是通过改变油、气、水井的工作制度，同时进行产量、压力、温度等参数的测试，进而分析油气层的特性，研究油气藏发展变化规律的一种方法。它是掌握油、气藏动态的重要手段，是制订合理的开采制度和开发方案的重要依据。20 世纪 50 年代国外石油试井技术取得突破性进展：石油井从关井到井底压力趋于稳定的过程可记录“压力恢复曲线”，通过测量、计算可从曲线形态变化获得诸多信息。受国外技术发展的启发，童宪章敏锐地感觉到这一方法应为我国油田所用，因此从 50 年代初他即在玉门油田推广应用这种方法。

二、走遍祖国大油田，为石油开发建立功勋

油田开发工程萌芽于 18 世纪 50 年代，但直至 19 世纪 20 年代仍处于盲目开采阶段。早期的采油工程技术人员，从钻成的石油井采出原油、天然气，却对油、气

与水在大面积油藏中如何运动知之甚少；仅靠少量岩石样品做分析，尚不能全面解释地层内部油、气的存留状况，更不能说明油、气在地下的运动状态、压力变化。因此，正确估算石油天然气储量，制订合理的开发方案，预测生产动态在当时均属难题。20世纪20年代以后，国外应用新型深井压力计测量石油井下的压力变化，开始推知储层内的能量消耗状态。

童宪章倡导引进国外先进石油工程技术，尤为注重国外油田试井解释先进技术，以期推动我国石油开发技术的进步。依据产出油、气量多少及相对压力变化以推测油藏特征并控制生产，是20世纪50年代以来国外石油开发技术发展的新动向。童宪章在玉门油田应用这种新技术，其后又在克拉玛依油田、大庆油田相继推广。应用新技术的测压解释结果有力地证明：许多重要的产油区都是由不同压力系统的若干断块构成的。据此可以明显地划出各断块的边界，作为制订开发方案与布置石油井网的重要依据。

童宪章曾用这种“压力分区法”检查老油田的测压资料，证明玉门油田也存在不同原始压力分区的状况，澄清了石油开发工程以往难于解释的问题。

20世纪50年代中期，我国相继于青海冷湖、新疆克拉玛依发现了有开采价值的油田。中共中央国务院决定设立石油工业部，以适应全国范围内石油勘探开发的需要。这个时期，童宪章曾任西北石油管理局（当时隶属于燃料工业部）主任工程师；石油工业部成立后在勘探司、地质司担任采油主任工程师。

1957～1959年，他频繁地前往新疆克拉玛依、独山子油田，调查分析油田生产动态。在组建PVT试验室和测压取资料的同时，不断完善油田的开发设计。他还陪同石油工业部领导先后来到四川川中油田、青海冷湖油田，在压裂试验之后进行油田评价和开发规划设计。

在新疆克拉玛依、青海冷湖油田的开发过程中，他都是油田开发方案的主要编制者。1958年以后他在克拉玛依油田连续测算压力恢复曲线，结合井下油、气取样做综合分析，获得较全面的油藏、地层流体特征的可靠信息，作为制定开发方案的原始资料。这一重要研究成果是克拉玛依油田早期注水开发方案的基础。

20世纪60年代初，使中国人民吐气扬眉的“大庆石油会战”，是中国石油工业发展史上的里程碑。

童宪章前往大庆油田始于1959年；那时大庆石油会战即将揭开序幕。

1959年底，童宪章和各部门专家一道，参加了石油工业部余秋里部长主持的技术座谈会。

1960年春，石油部工业连续8天召开党组扩大会议。童宪章所在的“石油部赴松辽专家工作组”成员也列席了会议。如何搞好开发这样一个世界级大油田的宏观决策？如何才能使大庆油田保持长期稳产高产？这是会议过程中持续讨论的重大议题。

专家工作组汇报了大庆长垣的勘探开发形势以及开辟生产试验区方案的意见。石油会战领导听取了童宪章等专家的建议，首先将萨尔图油田中部 32km^2 作为油田开发第一个生产试验区；童宪章是这个试验区的主要组织者之一。实践证明，通过开辟试验区以取得油田开发经验的战略，避免了在大规模开发中走弯路，为进一步制订大庆油田开发方案发挥了重要作用。

大庆会战期间，童宪章先后主持大庆油田葡萄花、太平屯、萨尔图等油区第一口井的试油工作，取得了开发初期的各项资料；接着又主持了大庆油田开发方案的编制工作。

1960 年 4 月，经童宪章等技术专家的归纳，总结出每打完一口井，必须取全取准“20 项资料和 72 项数据”，并要求在测井记录中做到“四全四准”。其后很长的油田开发历程中，这 20 项资料和 72 项数据成为大庆勘探开发的基本要求，也成为整个石油部门长时期勘探开发的基础技术法则。

1961 年，石油工业部党组决定，童宪章与其他三位专家共同负责，编制萨尔图油田 146km^2 面积开发方案。来自全国多所大学及研究所的 85 位相关专家，一道参加了这次壮观的科研大协作。方案组根据油藏构造形态和储层分布特征，采用“横切割分区开发”和“早期线状注水”方法保持油藏压力；在储层参数、展布面积、构造形态几个方面做到逐层落实；评估并计算出开发区的地质储量和可采储量。在此过程中，逐一对油田地质特征、流体物性、油层分布规律、油水压力系统进行分析和评价，提出了开发层系的划分和井网安排原则。同时，根据玉门注水开发方案的经验，结合大庆油田开发区的具体特点，制定了开发区的内部切割注水方案，即“注水井位于油田内部，与油井交错排列，构成各种均匀形状的规范化网格”，把油区“切割”开，网格间形成有规律的油水井对应关系。这个具有重要意义的开发方案，开创了我国油田内部注水的先例。大庆油田开发的这一经典设计方法，成为教案编入了石油院校相关教材。

1962 年 5 月，上述方案在大庆油田开发技术座谈会上讨论通过，并很快得到石油工业部党组的审批。石油工业部主要领导高度评价说：这个开发方案与一整套开发方针、技术政策，在没有外国人参加的情况下依靠自己力量制订出来，在实施后获得了成功，并达到当时的世界先进水平，走出了中国自己的工业化道路。

在大庆油田应用且趋向成熟的测压解释方法，能够较快地测定出油田的原始地层压力系统；同时试井解释结果说明，油层的渗透率、流体特征自南而北存在着显著的差异。在这一认识的基础上编制早期注水的油田开发方案，对油田长期保持稳产高产具有重要意义。

1960年3月11日，大庆萨尔图油田“萨66号井”产出原油，说明地下数千米处是一个“高产油区”；这个高产油井的试采方案是由童宪章主持完成的。

1964年，作为石油工业部大庆工作组的成员，童宪章出席了总结石油会战技术经验的大庆技术座谈会。

大庆油田开发工作倾注了童宪章多年的心血。从大庆会战伊始直至1965年，他都是大庆油田注水开发方案的主要编制者。

1965年夏天，那场绵延十年的“文化大革命”已是蓄势待发。在这风雨欲来的时节，童宪章身负石油工业部领导的重托，按照自己的工作时间表，数次奔赴山东东营，投入到胜利油田前期开发的紧张工作之中。

三、探索不息，创立独特的油田动态分析学说

从玉门到克拉玛依，从青海到大庆，多年来童宪章潜心于水驱油田开发生产规律与特征的研究。

1995年，在自己的一篇文稿中，他将我国陆上石油开发、生产的基本特点凝练地概括为：全国原油生产集中于为数不多的大型油田，如大庆、胜利两大油田的产量之和超过全国产量总和的半数；我国主要的大型油田基本是多层系、具有一定不均质程度的砂岩油田；在开发方式上，上述油田多数采用早期保持压力的注水开采方法，保持较长时间的高产与稳产。

他的研究工作从各主要油田基本特点出发，对油井生产状况进行数理统计，以阐明各类水驱油田开发的一般规律与特征；从地下石油、水的动态分析入手，对动用储量与油藏潜力做出判断以预测生产趋势。此项历经多年卓有成果的研究大体分为三个阶段。

第一阶段（1966年以前）：童宪章根据多年来石油试井实践经验，分析大量的现场实例（特别是大庆油田），在其专著《压力恢复曲线在油、气田开发中的应用》中，提出一些有首创性的经验方法。以往达成共识的经验认为，每一口油井的日产量，基本上应符合一个理论的油藏水动力学公式（达西径向流公式），而实际情况常与理想公式的计算结果有差异，还需用更为复杂的公式、更多的参数算出“完善程度”以利区分。童宪章在专著中提出了大为简化的计算法则，他命名为“7的法

则”。这个法则只需要确定两个参数：一口井关井前的生产压差，以及压力恢复曲线之近似直线段的斜率。这两个参数的比值就称为“完善系数”。根据大量实践资料和理论推导，当完善系数等于7时，则井底是为完善的，说明井底产层未受污染；若大于7，则井底为不完善，说明井底有污染或射孔不完全；若小于7，则井底为超完善，说明井底有裂缝或有其他特殊情况。建立这样的“完善系数”概念，便可顺利地算出完善程度，这即是“童氏经验公式”（后发展为“童氏水驱曲线法”，国外称之为“童氏定理”）。

第二阶段（1973～1978）：在上述“压力恢复曲线理论”基础上，进一步形成“油井产状分析和油藏动态分析理论”。数十年间全世界油田开发的总趋势，是充分利用水驱动力采出油藏内部的石油。中国90％以上的原油产量，均利用天然或人工水驱方法采出。童宪章收集国内外数百个水驱产油单元（包括单井、井组、油藏、油田、油区）的统计资料，通过长期深入的分析研究，总结出一套简明的水驱油田动态分析方法（童氏水驱曲线法），推导出有关油藏工程计算公式及系列化样板曲线，揭示了某些有代表性的油藏工程内在规律。

第三阶段（1978～1995）：在计算机技术飞速发展的条件下，应用于油藏动态分析的“童氏定理”，进一步走向计算机软件化——形成系列计算机软件，以油田完整的开采历史为基础，将生产数据输入统一的计算程序，由计算机自动拟合水驱样板曲线，进而计算出各油田的动态地质储量、可采储量和预期的最终采收率，然后将计算结果与资料中所列的相应数值进行对比评估。统计结果表明，应用动态法及相关软件估算储量和采收率有着高度符合性，估算不同油田的储量和采收率具有可比性。这已先后为国内外众多油田大量的开发实践证实。

为石油科学技术发展奋斗的数十年中，童宪章指导培养了一批又一批工程技术骨干；他通过著书立说和言传身教，促进科研成果应用于油田开发并进一步转化为生产力。

在克拉玛依与大庆石油会战时期，在主持某一油区的开发方案和试采方案时，童宪章身边总是围聚着求知若渴的年青技术人员。由于不同的注水方式与数量对采出速度及采收率的各种关联影响，确立方案的每一步都有浩繁的计算工作量；他指导青年技术人员，在当年只有计算尺、手摇计算机的条件下绘图、编制方案。求教于童宪章并深受其益的许多技术人员，都曾为他的“神机妙算”所倾倒：这睿智的脑海集纳了浩繁的油田开发数据，跳动着规律化的对数方程，迭印着油井生产状态的条条曲线……往往使人惊叹不已。可有谁知道，即使是“文化大革命”期间“监督劳动”中，他也没有停止积累有关技术资料和制作资料卡片。他掌握某些国内外著名油田的数据资料，往往长达20年至30年（如苏联的罗马什金油田，我国的大庆、胜利油田）！

老在须眉壮在心。1994年晚秋时节，已是76岁高龄的童宪章应邀前往胜利油田推广油藏动态分析技术。为使这次讲学更紧密地结合油田实际，他在采油队化验室详细了解油井取样及样品含水分析情况，对年轻的技术人员们说“只有把生产油井含水测量资料取全取准了，科研工作才有可靠的基础”。

依据油井生产状况进行油藏动态分析的“童氏定理”，经过理论—实践的循环往复，已在各油田推广，变为油田开发工作者们的锐利武器。科学研究必须紧密联系生产实际并使之尽快地转化为生产力。数十年来，童宪章恪守这一正确论断并身体力行付诸实践。

四、尽心竭力，为中国石油工业献身

回望世纪风云，为了中国石油工业的创业与崛起，童宪章整整奋斗了55个春秋。

1941年9月，玉门油田8号井钻到“L”层顶部时，由于油层压力高大量原油势不可当地喷出井口（事后估计该井日产近千吨)。井喷时童宪章正在8号井用自制的测井仪器进行电测工作，强大的油气流把井内带有电极板的仪器冲出井外，测井工作被迫中断。他和大家一道投入保护油井的应急作业，尽管满身满脸尽是黑色原油但却毫不退缩。

玉门油矿初创时期，特别是油井生产出现危急情况时，童宪章总是身先士卒，勇于承担责任，沉着冷静地和技术人员工人们一起排除险情。

1943年秋，有一天他在19号井值班，油井出现了井喷迹象，他立即指挥“调整泥浆”同时下钻杆接“回压凡尔”。在紧张的操作中，司钻动作失误使滑车猛地撞到转盘上，钢丝绳立时乱成一团，童宪章被卡在钻杆立柱与钢丝绳之间；尽管状况十分危险，他仍然有条不紊地指挥大家按照预案应对突发事件。

20世纪60年代初由于奔忙于大庆会战前线，在北京的家对童宪章来说几成匆匆一过的客栈了：即使春节他也顾不上回北京与家人团聚。长期在油田井场上奔波查看，加之刺肌透骨的风寒，童宪章双腿都患有严重的脉管炎：从办公楼到家不过一公里远的距离，好几回他都因为腿痛不得不在路边暂坐片刻。

正是在艰苦卓绝的石油会战前线，童宪章多年来心血结晶的油田开发技术焕发出熠熠光彩。作为“大庆油田长期高产稳产的注水开发技术”的主要研究者、实施者之一，1985 年，他荣获了国家科学技术进步特等奖。

若要觅英雄，先到艰难处。20 世纪 70 年代末，当时全国原油生产出现了较严峻的局面：在制订几个主要油田年度生产计划时发现，应用传统方法计算储量并采用“油田产量递减曲线法”导出结果，说明这几个油田均已进入开采后期，剩余可采储量已很少了。一时间“不能保持稳产，递减将不可避免”成了必须面对的尖锐问题；而且个别油田确已出现了产量显著递减的现象。在这种形势下童宪章却坚定地做出另一种判断——因为应用“童氏定理”得出的结果不是“递减”，其典型曲线算出的储量比传统方法高得多；对曲线群进行拟合的结果说明，某些主要油田开发刚刚进入中期，保持稳产应该没有太大的困难。经中国石油领导部门慎重研究、评估之后，几个主力油田都采取了稳妥而有效的增产措施，只半年左右的时间即扭转了被动局面。在其后的十几年间，这些油田并未出现原油产量明显递减现象。

即使身处逆境，童宪章也没有动摇过为石油科技发展献身的志向。无论在“五七”干校还是下放油田基层单位，他从未停止过积累有关的技术资料。“文化大革命”后期，胜利采油厂地质所一间简陋的平房，曾经是童宪章的办公室。在六年的寒暑里，他为地质所同事们以及慕名而来的采油队技术人员，耐心讲解“油井动态分析”主要理论及其典型方法，并带领他们到现场去做测算和验证。那本荣获全国优秀图书奖的著作《油井产状及油藏动态分析》，就是他在人生路上最为长久的逆境中，独坐斗室一页页地写成初稿的。

1978 年以来，他先后任石油工业部外事局顾问，石油勘探开发研究院总工程师。在丰富的理论与实践基础上，他总结出更有利于科研、生产一线人员掌握的水驱油田动态分析方法即“童氏定理”，并研制出相关的计算机软件系列，使之在国内外油田得到推广和应用。

1995 年晚秋，童宪童身染沉疴卧病不起。在与病魔搏斗日见消瘦的那段时间，他仍然牵挂着石油战线传来的每一个讯息，嘱托前往探视的资深专家们关注石油教育培养跨世纪科技人才。

1996 年 1 月 31 日，一颗为石油科学技术事业追求、奉献的赤子之心停止了跳动。

五、赞誉来自海外，为祖国增光彩

20 世纪 80 年代初期，一封寄自大洋洲的信，传达了澳大利亚邦德石油公司总工程师对一位中国同行（即童宪章）的敬意：“我以非常惊喜、满意的心情，见到您的著作《油井产状和油藏动态分析》。对您写出此书的坚韧精神致以祝贺。您的著作在‘简单经验性递减曲线方法’和‘油藏模拟方法’之间，起了填补空白的作用。过去我曾应用您的分析方法并得到教益。相信在读过这本书后会有更大信心去应用这一方法。我将尽力向澳大利亚的石油工程师们传布这个好讯息。”

再追溯至1979年，当时美国斯坦福大学教授、国际知名的石油试井专家李梅以他敏锐的眼光注意到一部中文石油专著，尤其对该书中关于“7的法则”用于油井分析产生浓厚兴趣，特别嘱托来华进行学术交流的同事“一定要找到《压力恢复曲线在油气田开发中的应用》的作者，与之探讨这一方法的理论依据”。

还是1979年，澳大利亚安波尔石油公司的专家们提出：本国的一个大油田——巴罗岛油田，存在油藏动态预测数据与实际不符的现象。当时童宪章正在出访大洋洲，他向澳大利亚石油界介绍了油井动态分析方法。澳方顺理成章地提出，请这位中国学者帮助解决巴罗岛油田储量评价及生产预测问题，该石油公司愿提供所需要的各项生产数据。童宪章应用“童氏水驱曲线法”进行计算、分析之后，在送达该公司的评估报告中告知澳方：该油田应用“水驱曲线法”算出的可采储量，比原用“容积法”算出的结果至少增加25%。评估报告指出“该油田可以改变目前的递减趋势而保持稳产，建议按照新推导出的生产曲线不断提高排液量”。安波尔公司因这份报告的推断而信心陡长，决定依据这位中国访问学者的计算结果，加密油田井网提高采油速度以达到稳产目的。

进入20世纪80年代以后，随着中国改革开放事业的发展，应委内瑞拉等石油出产国的要求，我国石油专家进行有关油田开发咨询工作时，亦经常应用童宪章的水驱油田样板曲线方法及计算公式。上述油藏动态分析方法在核实水驱油田储量和采收率时，常取得令外方满意的效果。

童宪章创立的油藏动态分析学说，不仅为中国各主要油田预测产量和潜力，同时在国外石油界产生影响为祖国增添光彩。

六、童宪章主要论著

库里叶夫. 1956. 海底采油. 童宪章译. 北京：中华全国科学技术普及协会.

Craft B C，Howjins M E. 1963. 油气田开发与开采的研究方法. 童宪章，张朝琛译. 北京：中国工业出版社.

童宪章. 1977. 压力恢复曲线在油气田开发中的应用. 北京：石油化学工业出版社.

童宪章. 1978. 天然水驱和人工注水油藏的统计规律探讨. 石油勘探与开发，(6)：38-67.

童宪章. 1979. 海上油气田的开发与开采. 北京：石油工业出版社.

童宪章. 1981. 油井产状和油藏动态分析. 北京：石油工业出版社.

童宪章. 1988. Analyses of oil well Production Performance and Reservoir Behavior. 北京：科技文献出版社.

加拿大国家能源保护委员会. 1988. 气井试井理论与实践. 童宪章译. 北京：石油工业出版社.

主要参考文献

申力生. 1984. 中国石油工业发展史. 北京：石油工业出版社.

余秋里. 1996. 余秋里回忆录. 北京：解放军出版社.

宋连生. 2005. 工业学大庆始末. 武汉：湖北人民出版社.

撰写者

童华新（1948～），童宪章长子，中国石油勘探开发研究院职工培训室主任。

张富民

张富民（1918～），辽宁海城人。金属矿采矿专家。中国金属矿山工程设计的主要奠基人之一。1942年毕业于长春工业大学机械学科。曾任中国金属学会理事，采矿学术委员会主任委员，中国有色金属学会常务理事并兼任采矿学术委员会主任委员等职务。1982～1987年被聘任为国家科委技术评定委员会地矿专业评审组副组长。新中国成立初期先后主持了东北地区华铜铜矿等十余座矿山的恢复和建设，为当时国家的工业复苏和快速建设发挥了重要作用；开创了砂锡矿山采用水采水运工艺的新途径，工艺利用地形自流输送砂浆、尾矿，实现了节能、低生产成本和高收益，解决了当地水电供应不足的难题；主持制定了适合国情的金堆城钼矿经济可行的建设新方案；通过凤凰山铜矿等工程，促进了矿山新工艺、新设备的引进和发展；介绍和引入了无底柱分段崩落法，由大庙铁矿试验推广到梅山铁矿，提高了地下矿山的生产能力，降低了生产成本，至今已在地下铁矿山普遍应用并得以改进提升；推动了岩石力学、浆体输送、地质系统工程的研究和应用，为中国矿山的科技进步做出了重要贡献。

一、九十年的历程

1. 幼年和学生时代

张富民，1918年2月3日出生于辽宁省海城县一个官商家庭。辽代称为临溟的海城，唐太宗东征之地，越古城北门里，古迹、老户……儿时故乡的印象他至今依旧清晰。他从小便接受严谨的家教，母亲在他3岁时就教他“描红”、诵诗读经。幼时全家随父几度辗转，张富民在海城、沈阳、兴城、长春读完了小学。虽经多次迁徙，但他不仅功课优秀，而且兴趣广泛，对音乐和绘画很有天赋，他能玩小提琴、钢琴、打击乐，民族管乐器的箫和笛子等中西乐器。现在，他还珍藏着一把年龄比自己还大的德国造提琴，岁末年初也愿意给晚辈们作些字画。他受外祖父的影响，喜爱中医和历史。青少年时代培养的情趣为他日后事业上广阔的视野打下了坚实的基础。他在海城同泽中学上初一时，九一八事变发生，东北沦陷，耳闻劳工遭受虐待甚至被屠杀的惨状，他深感国家沦亡所蒙受的屈辱，因而激发他立志要“科学救国”。1942年他从长春工业大学机械学科毕业，在他受聘东北矿山公司长春机械厂、长春矿山研究所任技术员期间，受到中共长春地下党的影响，投入东北工人联盟组织的工人运动，担任《团结报》编辑并参加护厂、自救等革命活动。他坚信“满洲国”不会长久，想着为东北光复做些力所能及的准备。他利用工作上的便利，全力收集和保护了大量日伪时期的地质矿产资源资料，到东北解放后全部移交给人民政府。这些宝贵资料，对后来东北地区矿山的恢复和建设发挥了相当重要的作用。

2. 矿业生涯——专修机械，却和矿业结下不解之缘

1948～1952年，张富民先后担任东北有色金属管理局设计科科长、设计处副处长，承担起了东北地区有色金属工业恢复生产和基本建设工程设计的重任。那时东北地区的有色金属矿山种类数量多、规模大小不一，加上战争的创伤，大部分企业停产，满目疮痍。为了让矿井尽快运转起来，他不辞辛劳，积极工作，先后完成了十余座矿山和冶炼厂、加工厂、机械厂的恢复和建设工作，使这些千疮百孔的老企业重获新生，为建设东北有色金属基地做出了重要贡献。他深知工程设计是搞好矿山建设的基础，在恢复生产的过程中，他有意识地开展了我国金属矿山工程设计的奠基工作，创立并着力培育了一支矿山工程设计队伍。

在第一、第二两个五年计划期间，张富民在北京有色冶金设计院先后担任矿山处处长、设计办公室主任等职务，并先后兼任沈阳冶炼厂、寿王坟铜矿、云南锡业公司、金堆城钼矿、金川镍矿、凤凰山铜矿等工程项目初期建设的设计总负责人，同时还负责德兴铜矿、铜陵有色金属公司各矿山、大冶有色金属公司各矿山、东川矿务局各矿山、会泽铅锌矿、锡矿山锑矿等工程项目的规划和设计的组织领导工作。在此期间有大批苏联专家直接指导设计院的工作，他们对我们设计程序和制度的建立，对传播苏联的先进经验发挥了重要作用，但在技术方案的制订上有时会脱离中国实际。张富民面对技术地位强势的苏联专家，向来以实事求是的科学精神认真分析他们方案的利弊，从不盲从。当时苏联硬岩露天矿山设计盛行全境界开采和铁路运输工艺技术，在金堆城钼矿大型矿山的设计方案中，张富民坚持选用更适合中国国情和矿山实际的汽车运输、分期开采工艺；在云南锡业公司坚持创立水采水运的新工艺。这些都有力地促进了国家急需金属的资源开发。他注重调查研究，不论矿山地处偏远还是地势险恶，都要亲自踏勘；他强调建设效益，不论项目大小，都指导设计人员进行多方案的比选优化。他以踏实的工作作风、求实的设计思想和卓有成效的设计组织才能赢得了新老同行们的敬佩和尊重。

张富民坚信科技进步将是中国矿业由弱变强的捷径，他把推荐介绍世界矿业先进技术作为己任，并时刻为之努力。早在1964年，他就开始积极策划并组织引进国外先进技术，首先为凤凰山铜矿的设计建设引进了尾砂充填采矿法和选矿自动化设施。1965年，他调入冶金工业部科技司后，又为我国的铁矿山介绍引进了无底柱分段崩落采矿法，后来发展成为我国地下铁矿的主导采矿法。同时他对我国冶金设计、科研单位、几十个矿山企业和矿山机械厂进行了全面调查研究，着手组织了我国矿山基础科学研究和新工艺、新设备的开发工作，为我国金属矿山的科技进步做出了贡献。

1979年，我国进入改革开放的新时期，张富民被调回北京有色冶金设计研究总院任第一副院长兼总工程师和院技术委员会主任。除了主持审定重大工程设计方案外，还积极推动设计与科研相结合，力促恢复已中断多年的科研工作。他抓住对外交流与合作的良好环境，促成了“中国有色金属矿业试验中心”和“中加地质系统工程公司”的组建。同时，他积极支持建立“深圳设计分部”以及改建深圳华城商业中心；推动开展北京音乐厅、汕头大学等民用建筑设计业务；促进开拓我国游艺机事业并建立“中国游艺机公司”，使北京有色冶金设计研究总院由单一的专业性设计机构逐步演变为多学科领域的综合设计、科研单位。

张富民离休之后，仍钟情于一生为之奋斗的采矿事业，他还担任了《采矿设计手册》编委会总编，前后历时六年，完成了这部对我国采矿学术界和科技界影响深远的千万字大型工具书。

3. 多彩人生——发挥爱好中医特长，为他人解除病痛

张富民受家庭的熏陶喜爱中医，业余自学且很有造诣，并把这种专长无私地奉献给那些需要帮助的人。张富民的外祖父是中医，家中有不少中医古书。张富民小时候体弱，右腹上积块是从医的舅舅给治愈的。耳濡目染加上亲身受益使他对中医有特殊的好感，他鼓励妹妹学医从医，自己也成了中医传承人。

20世纪60年代，是张富民展现他中医特长的鼎盛时期。随着大批知识分子走“五七”道路的洪流，张富民被下放到云南蒙自一个彝族山村，他感到自己工程技术生涯也许就此结束了，去完成幼时向往，钻研中医可能还不算奢望。在山村每天高强度的耕作之余，他重温医书，学以致用。渐渐地，能看病的“张大爹”远近闻名，老乡们有个头痛脑热都找上门来，张富民也热心相助，到后来村里干脆安排他到卫生所工作，并兼作汉语教员，从此他不再起早贪黑下田劳作了。当时正值周恩来总理提倡“西医学中医，中西医合用治疗疑难杂症”。学中医的热潮把张富民推上了云

南军区的讲堂，讲自己用中医为民服务的体会，博得全场好评。

张富民总结自己的人生道路时说，我的一生很复杂，遇到很多困难，有愧疚，也没有大的收益和成就，但我感到幸福。乐观，保持童心童趣是他长寿的秘诀。他说，愉快的心态，感受助人的乐趣，是我始终不渝的追求。博爱、宽容，化解烦恼让我的免疫系统保持之好连医生都感到惊奇。就在我们采访张富民的过程中，不时地被隔壁装修的打钻声打断，张富民却风趣地笑道：这比起我们井下打眼放炮差远了！

他追求原生和本色，并自嘲为“保守”。他的屋内一切如初，和30年前比略显陈旧，这也记录了事业和生活的沧桑。我们祝愿他的生活像他心爱的巴西木一样，年年开花，生命之树常青。

二、对中国矿业发展的贡献

（一）矿山工程设计中的创新

1. 提出我国砂锡矿山建设新方案

云南锡业公司（简称云锡公司）所在的云南省个旧市是中国乃至世界锡的主要产地，素有“世界锡都”之称。中华人民共和国成立后，“锡都”的生产建设得到了恢复和发展，1953年生产纯锡达10 128t，其中自产6192t，收购3936t。1954年正逢国家建设急需各种金属，要求“一五”期间云锡公司增加自产纯锡3800t/a的生产能力。任务艰巨，北京有色冶金设计院任命张富民为云锡工程第一任设计总负责人，承担了云锡公司改扩建设计的重任。

当时，云锡公司的多数矿山生产能力很低，机械化水平不高，砂锡露天矿还是人工开采。老厂、松树脚、马拉格等六个采选厂正在生产，牛屎坡砂矿床正在进行勘探，大家把增产希望寄托在老厂矿。张富民率领设计人员认真调查了这些矿山的资源、装备、基础设施和运输等状况，深入分析了现有矿山和牛屎坡砂矿床的资源特点，并进行了现场踏勘。他认为新增纯锡3800t生产能力可以分成现有老厂矿山挖潜1300t，以及开发牛屎坡新建新冠采选厂两部分。如果在现有老厂矿山改扩建，矿点分散、投资大、建设条件差、周期长，不利于经济、快速投产。而开发牛屎坡砂矿床，新建新冠采选厂，虽原矿品位较低，但规模大，建设条件好，易于开采，可集中建设，投资较少，不但能达到2500t还有扩大规模的潜力。于是他果断地提出新建牛屎坡砂矿和新冠选厂的方案，得到了重工业部的采纳。1957年，新冠采选工程顺利建成投产，实现了第一个五年计划锡产量的目标。

传统的砂矿开采多采用机采机运或机采水运方法。张富民在主持这项我国最大的砂锡矿工程设计时，为了进一步提高企业的经济效益，认真搜集研究国内外资料和实例，酝酿创立适合云锡公司砂锡矿建设的新方案。

他根据新冠砂锡矿矿床的赋存状况和地形条件，参考国外开采砂矿的经验，面对当时云锡地区水电供给紧张的局面，提出采用水枪开采及冲矿沟长距离（全长2110m）自流输送的水采水运新型工艺方案。他深知要实现这个新工艺，必须依靠严格的科学方法和严密的生产管理，便首先组织了水枪水压、冲采耗水量、水枪冲采能力、冲矿沟临界坡度以及冲采运输中产生泥团的处理等现场工业试验，获得了设计所需的可靠数据。接着他又主持水枪的设计和研制，获得成功。这项新工艺的劳动生产率比云锡公司原有砂锡矿传统工艺提高了9倍，水采日耗水量减少了50%左右，矿山的生产成本大大降低，当开采后期新冠采场采矿品位降低到0.03%时，企业还可继续运营。

为了解决当地供电不足的矛盾，他提出合理利用矿区地形，实现砂矿和尾矿自流输送的方针。为使采场内任何点的砂矿都可自流水运到选矿厂，他认真研究矿区的工程地质资料，并请教有关专家，选择一个山坡避开断层布置了选矿厂的厂房，这样连尾矿也可经8.4km的溜槽从选矿厂自流到尾矿库。实践证明，这是一个上乘的节能方案。

他主持选矿工艺设计时，支持设计人员首次采用脱泥分极、阶段磨矿、次精矿集中复洗、溢流单独处理的一套重选流程。首创了其中的多层自动溜槽——细泥摇床——旋流器组成的泥矿重选工艺。他亲自主持研制直径12mm水力分离机、直径125mm水力旋流器、多层自动溜槽等新设备，保证了新工艺顺利运行。

1957年，新冠采选厂一期日产3000t工程投产，1959年二期工程投产，达到年产纯锡5260t，产量为当时云锡公司的45%，投资较传统的机采机运少40%，设备重量少90%，选矿砂锡回收率比云锡公司其他各矿山提高20%。由于该项设计工艺流程合理、技术先进、建设期短、经济效益显著，1977年获冶金工业部科技成果奖。

新冠采选厂新工艺的实践，首开我国砂锡开采水采水运的先河。后来老厂砂锡矿、黄茅山砂锡矿的改建、新建工程，在张富民指导下，也采用了水力开采技术，均取得了明显的经济效益。1958年，我国在援建越南古定铬矿的改扩建设计中推广应用了新冠水采水运新工艺，从而改变了该矿生产长期被动、效益不高的落后状况。张富民为开创我国砂锡矿开采新工艺做出了重要贡献。

2. 力主极复杂条件下金堆城钼矿经济可行的建设方案

陕西省金堆城钼矿的地质资源相当丰富，已探明的矿石储量近 10 亿 t，含钼金属量约 100 万 t，享有世界特大型钼矿之一的美誉。1958 年金堆城钼矿刚刚勘探完毕，就被国家列入重点工程建设项目。设计院委派张富民为设计总负责人，全面负责这个地理条件非常恶劣、建设条件异常艰难的大型矿山开发规划和初步设计工作。

地处秦岭腹地的金堆城钼矿同大多数矿产资源地一样，偏远而原始，交通问题首先就成为矿区建设的“拦路虎”。受命当年，张富民就带领几名技术人员，伴随陪同的民兵，冒着深山老林残匪骚扰的危险，在秦岭的深邃山谷之中辗转往返进行现场踏勘。他们徒步百余公里，选择矿区通往陇海铁路的最佳通路。在铁路或公路运输方案的比选中，他经过详细测算，断定在一段时期内不具备兴建铁路的条件，因而果断地决策选用公路运输方案。这条跨越秦岭山脉直通桃下车站的最佳线路的建议，为以后金堆城钼矿得以加速开发和顺利生产创造了良好条件。

金堆城厂址的选择更为艰难，厂区占地方圆数百公顷，周围却几乎找不到一小块平地。在高山峡谷中布置工业场地，摆设选厂厂房、矿堆、浓缩池、机修厂、营地等困难比比皆是。更不用说矿山建设常规的供水、供电、废石堆存、尾矿排放、内外部运输等一系列问题。张富民为选择最合理的建厂方案，跑遍了矿区附近的山岳沟壑，深入探讨各种可能的矿区总体布置。集中建厂是不太可能了，他提出了由近到远、分散建设的设计原则，将小选矿厂先建在矿区一侧的寺坪地区，先投产，而将后期准备建设的大选厂安排在山谷中部和南部的山坡地带。这样，既较好地解决了建厂用地的困难，又恰当地解决了大、小厂之间的相互联系。金堆城钼矿投产 20 多年来的实践证明，当年确定的在深山峡谷中山坡建厂的方案，布局合理、生产方便、效益甚佳，为我国特大型矿山项目的建设，提供了一个在极不利地形条件下建厂的成功经验。

当时，苏联专家指导金堆城钼矿的开采设计，按常规的全面揭露矿体、一次达到生产能力的原则制定了初始的开采方案。根据国家对钼金属需求紧迫的态势，主管部门也把大规模开发金堆城钼矿列入发展规划之中。然而矿区东部的高山覆盖层厚达 400m，照此方案露天开采的基建剥离量将高达 7000 多万立方米，不仅初期投资大、基建时间长，而且经济效益也差，同时当年还难以想象采用现今的大型采剥设备，这一方案实际上是无法实施的。张富民希望找出另一条既符合国情，又能尽早开发矿山的新途径。为此，他深入研究了国外特大型露天矿开发的成功经验，并结合金堆城矿床的赋存条件，组织设计人员开展了多种规模、多种开采方法的方案比选，并与苏联专家组进行了反复的切磋探讨，最终提出了“由小到大、分期建设”的矿山开采方案，在国内率先提出推迟剥离洪峰期、分期开采的理念，从而使矿山基建剥离量降低到原方案的几十分之一，使金堆城钼矿在短时间内首先完成小型采选厂的设计和建设，早日投产获益，为以后二次扩建并最终形成大规模的采选联合企业奠定了基础。

20世纪90年代初，金堆城钼矿已发展成为我国最大的钼生产基地，年产钼精矿11200t，硫精矿32万t。实践证明，张富民担任第一任设计总负责人期间所确定的各项工程建设方案，是符合国情、切合实际的。金堆城钼矿的建矿之路，是一条大型企业在复杂地形条件下多快好省建设投产的捷径。

（二）创立专业设计队伍，推动矿山设计理论和技术创新

1. 组建我国有色金属工业工程设计队伍

1948年，东北解放区工业建设恢复刚刚开始。张富民受命负责组织清源金铜矿恢复生产和建设。建设首先需要设计人员，他带领几名从社会上招聘的设计新手，在现场边学边干。他拿出自己保存的日文设计手册和技术资料供大家使用，带领大家一起找矿、选点，进行采选设计，亲自指导施工和试运转。经过9个月的日夜奋战，使这座年产4万t矿石的老矿山在东北解放区第一个恢复了生产。

1949年，张富民担负了东北解放区有色金属工业的工程设计组织领导工作。当时，我国既没有有色金属工业工程设计的专门机构，也没有这方面的专业技术人员，更不熟悉工程设计的程序和方法。他不畏艰难，全力打开组建工作局面。他首先建立了一支二十余人的工程设计队伍。队伍成员几乎都是初出茅庐的年轻技术人员。为了使他们尽快进入“角色”，掌握设计要领，他加紧翻译出日文的《采矿学》和《选矿学》作为教材，供大家学习。针对恢复生产和工程设计的迫切需要，他主张学以致用，组织现场设计。他不顾病痛的折磨，带领年轻的技术人员背着行装，从一个山沟跑到另一个山沟，风餐露宿在各个矿山。他主持确定建设方案，参与工程设计，同时还以扎实的理论基础和丰富的生产实践经验，指导修复了一些矿山的架空索道、空压机、球磨机等关键设备。经过4年的艰苦磨炼和实践，这支设计队伍发展到200多人。他们依靠自己的力量完成了矿山恢复建设的工程设计任务，使倍遭破坏的老牛沟、夹皮沟、天宝山、石嘴子、清源、桓仁、青城子、岫岩、华铜、芙蓉、杨家杖子等有色金属矿山获得了新生。1952年，东北地区铜、铅锌精矿产量按含金属量计算，已达到1.1万t，为发展东北有色金属工业奠定了坚实的基础。我国有色金属工业第一代工程设计人员也随之成长，设计队伍也已略见雏形。

1953 年是我国第一个五年计划开局之年，全国进入大规模的社会主义建设时期，有色金属工业作为基础工业需要加速发展。然而，当时的工程设计工作还很难适应这一形势的要求。张富民借苏联专家来华工作之机，潜心研究了苏联设计院的组织机构和设计方法，结合我国的实际情况，草拟了有色金属工业专业设计院机构设置的方案；同时，就设计程序、设计阶段、资料周转、文件编制、总设计师工作条例等提出了具体实施意见。这些，都获得主管部门认可及实施，从而为设计工作走向正规化、规范化奠定了良好的基础。1954 年这支设计队伍奉命转移到北京，并继续扩招，组建了北京有色冶金设计研究总院的前身有色金属设计公司。

2. 推动我国金属矿山新工艺和新设备的发展

20 世纪 60 年代初，我国金属矿山地下开采工艺还很落后，机械化水平都不高，主要采用留矿法，约占半壁天下，其次是分层崩落法、全面法、分段空场法和房柱法；露天开采工艺和装备也都是传统技术。矿山作为冶金工业的基础，已与国民经济发展不相适应。

1964 年，冶金工业部为改变冶金矿山面貌，组织了一个有张富民参加的三人专家考察组赴瑞典考察。张富民详细对比了苏联、民主德国和瑞典的矿山技术，认为瑞典的先进矿山技术适用于中国矿山，他建议选择一个合适的矿山，全套引进瑞典技术和装备，并加以消化，以提高我国矿山机械设备更新发展的起点。冶金工业部采纳了这个建议，决定引进日产 2000t 规模的全套采选设备建设凤凰山铜矿，由张富民担任工程设计总负责人。他从十余年矿山建设工作的实践中认识到，地下采矿工艺的改革和矿山机械化是相辅相成的。在他的全力推动下，引进了瑞典的尾砂分层充填和点柱分层充填新工艺及全套采选设备。1970 年，凤凰山铜矿建成投产，三年后即收回全部投资。该矿的机械化和选矿厂自动化水平成为当时我国有色金属矿山的典范。从此，尾砂充填采矿法在我国有色金属矿山开始兴起和发展，我国金属矿山采选技术和设备更新，生产规模的扩大开始出现转折性的变化。

1965 年，张富民调到冶金工业部后，先后任设计司有色处和科技办矿山处处长。他以一丝不苟的工作态度和不断进取的创新精神，致力于新技术的开发和引进工作。他又考察了日本、美国、法国等国的先进采矿工艺，结合我国金属矿山的实际条件，把阶段崩落法、胶结充填采矿法和无底柱分段崩落法等生产效率高、作业成本低、工艺技术先进的技术先后引入国内，为促进我国金属矿山采矿工艺和设备的发展做出了重要贡献。

他首先在河北大庙铁矿组织了无底柱分段崩落法试验，获得成功后又组织在我国铁矿山推广。1973年，他亲自与科研人员一起长期在梅山铁矿进行试验。在他的主持和指导下，将每个采矿环节的试验结果归纳总结，写出了各个环节的操作规程，做了扎实的技术基础工作。至20世纪90年代初，无底柱分段崩落法已在我国铁矿山普遍推广，改变了地下矿山生产能力低下的面貌。

为了解决鞍山、冀东等矿区的赤铁矿选矿问题，张富民率团去法国、德国考察。他发现德国在选弱磁性赤铁矿时用强磁选的效果比浮选好，感到这一经验对攻克我国赤铁矿选矿技术难点很有启发。他随即将所有关于强磁选的问题整理出来，运用自己机械技术专长，和翻译一起详细了解强磁选设备中各种构件如磁头等的形状和结构特点，并手描部件草图一一请德国专家确认，这样一点一点地吃透了设备构造，回国后请长沙矿冶研究院进行研制。在很短的时间内鞍钢、酒钢等企业就用上了这种强磁选设备（随着处理资源的种类变化和难度增大，目前赤铁矿处理技术又有新的进展）。

张富民深知采矿新工艺的实现和采矿新装备的诞生是相得益彰的。20世纪70年代期间，他不辞辛苦，奔波于金属矿山和矿山机械制造厂之间，大力组织新装备的试制和推广。他向冶金工业部、第一机械工业部的领导提出露天采矿装备的攻关规划，并获得批准实施。在此期间，一批新的矿山机械（如底卸式矿车、自动化水平较高的多绳提升设备、大型牙轮钻机、大型电铲、液压圆锥破碎机、无级调速液压联轴器和大型棒磨、砾磨等新设备）在金属矿山得到应用，从而推动了我国露天、地下矿山机械化水平的提高。

3. 促进采矿基础理论的研究与应用

在长期组织领导设计和科研工作、审定各类矿山建设方案的过程中，张富民发现一些工程设计领域，往往由于缺乏科学理论的指导而导致设计和生产的盲目性，阻碍了采矿技术水平的提高。因此，他在冶金部和设计院从事科技组织管理工作的十余年间，特别强调设计同科研工作的结合，积极支持和引导采矿基础理论研究和应用的开拓性工作。

20世纪60年代末，金川龙首矿在建设和生产中遇到的严重地压问题，后来金川露天矿和德兴铜矿还出现了边坡稳定性等问题，张富民意识到这不仅是涉及开采经验还需要有坚实的力学理论基础支持。此后，他就十分注意搜集和研究国外的有关资料和经验，推动岩石力学研究工作的发展。他把在法国巴黎矿业大学考察时得到的一套岩石力学讲义交给东北工学院作为开设岩石力学课程的教材，并设法帮助该院派学生去法国巴黎大学进修。之后，他又积极支持和扶助冶金系统设计、科研单位建立了岩石力学试验室，改变了冶金设计部门没有采矿岩石力学专门研究机构的状况。经他不懈的努力，又争取到日本政府援助建立了“中国有色金属矿业试验中心”，为岩石力学研究、充填试验、选矿试验提供了必要的先进装备。在他的支持下，北京有色冶金设计研究总院先后开展了金川二矿区“采富保贫”大面积下向充填法开采区域稳定性研究，红透山铜矿深部开采能否利用原有上盘竖井的地下工程稳定性评价，栖霞山铅锌银矿“三下”开采充填体作用机理分析，德兴铜矿北山露天采场及大山村选矿厂边坡稳定性研究，铜绿山铜矿为保护古矿遗址进行的露天陡边坡开采及加固的研究，三山岛金矿采用新采矿方法确定采矿参数的研究等，都为设计提供了科学依据，选择出最佳设计方案，推动了采矿技术的提高，并且正逐步地把采矿设计多年使用的以“经验类比法”为主的设计方法，推进到一个以科学数据为基础的设计新阶段。

张富民还力促改变过去采矿设计只能依据地质部门提供的资料和数据，再用手工去归纳、求积仪计算储量的传统方法。1979 年，他重返设计研究总院工作后，汇集了技术力量积极支持开拓地质系统工程的研究工作。为了尽快提高这支新生队伍的技术水平，他积极联络，于 1985 年与加拿大合作建立了中加地质系统工程公司，并出任董事长，参与经营决策。公司遂引进了四套先进的地质软件包及装备。在此基础上进一步开发，在国内率先形成了矿床模型建立、储量计算，优化决策的地质系统，在团结沟金矿、招远金矿、德兴铜矿、金川二矿区、大厂矿务局、安庆铜矿等工程设计中，用来建立矿床模型，圈定露天矿合理境界，编制露天矿开采进度计划等。与此同时，该公司又为中外合资企业安太堡煤矿编制了年度计划及长期规划，得到好评，而且世界银行以此作为对该矿贷款的依据。

浆体输送技术给采矿工艺技术的创新带来巨大的推动力。早在 20 世纪 70 年代，张富民就注意到德国、法国、日本的长距离浆体管道输送、原矿水力提升及输送技术，预见到该技术将对矿业技术变革产生的重要影响。他利用考察机会带回有关资料，亲自主持并参与翻译《浆体输送技术手册》，供科技人员使用。他在《有色矿山》期刊上发表了“浅谈地下采矿的重液管道输送技术”一文，在北京金属学会的学术会议上介绍长距离浆体管道输送的设计方法及计算理论，并积极主张安庆铜矿采用管道输送精矿的方案。在他的倡议和支持下，从 20 世纪 70 年代末到 80 年代初，先后在鞍山矿山设计研究院和北京有色冶金设计研究总院建立了管道输送试验室。他回到北京有色冶金设计研究总院工作后，一直关注浆体输送试验工作，并亲自指导、审定试验课题，先后完成了 40 余项关于精矿、尾矿、电厂灰渣、水泥厂石灰石料浆和化工光卤石等浆体输送试验项目，均在设计中得到应用，有的已投入生产运行。他积极组织与日本、美国有关团体建立合作关系，交流浆体输送技术。1990年在他的主持下在国内召开了第一次中日两国的浆体输送技术交流会。

进入20世纪80年代以后，他以敏锐的战略眼光关注到海洋矿产资源开发的发展趋势，他积极策划，亲自审定海底矿石提升、集矿的科研大纲，并得到了海洋、地矿部门认可，使北京有色冶金设计研究总院获得了参加大洋采矿科研队伍的机会，推动了浆体输送新技术的发展。

三、张富民主要论著

Zhang F M. 1980. Brief introduction of metal mines in the People's Republic of China Fourth joint meeting MMIJ-AIME . session A and B 119-127.

张富民，熊国华. 1984. 采矿//中国大百科全书·矿冶卷. 北京、上海：中国大百科全书出版社：37-39.

张富民. 1984. 浅谈地下采矿的重液管道输送技术. 有色矿山，(9)：4-7.

张富民. 1985. 赴美国、巴西有色金属管道输送技术考察总结. 浆体管道输送国外考察资料汇编. 兰州：甘肃冶金出版社，1-3.

张富民. 1985. 浆体流动状态、速度变化和临界速度，压力损失，长距离浆体管道输送的规划简要内容. 浆体管道输送国外考察资料汇编，兰州：甘肃冶金出版社，387-395.

张富民. 1987. 新中国有色金属采矿工业. 北京：中国社会科学出版社.

张富民. 1987. 采矿设计手册. 北京：中国建筑工业出版社.

张富民. 1987. 海洋采矿//采矿设计手册矿床开采卷. 北京：中国建筑工业出版社：661-672.

主要参考文献

吴鼎扬，文睿，郑锡恩. 1995. 张富民//中国科学技术协会. 中国科学技术专家传略·工程技术编·冶金卷1. 北京：中国科学技术出版社：512-527.

撰写者

唐建（1953～），中国恩菲工程技术有限公司（原北京有色冶金设计研究总院）采矿教授级高级工程师。

于润沧（1930～），中国恩菲工程技术有限公司采矿教授级高级工程师，中国工程院院士，曾在张富民主持的矿山工程中担任设计研究工作。

黄兰谷

黄兰谷（1919～1998），湖南长沙人。建筑材料专家。中国混凝土外加剂研究、硅酸盐材料研究的开拓者之一。1950年开展水泥质量检验方法和标准研究，制定了中国水泥检验标准和检验方法。1953～1954年利用粉煤灰和石油沥青研制屋面防水材料的防水盾。1954年研制泡沫剂并用于生产泡沫混凝土，为东北地区工业和民用建筑提供了一种新型的保温材料。1955～1961年用石灰和含硅材料研制各种硅酸盐材料，开创了中国硅酸盐材料领域的科研工作，奠定了中国硅酸盐材料建筑制品的工业基础，并培养了一批从事硅酸盐材料研究的专业人才。1962～1964年为适应核工业发展需要，开展了铁矿石的松装容重和松装矿石的导热系数以及混凝土质量超声波检测的研究。1966年开始进行混凝土外加剂研究，为中国混凝土外加剂领域的科学研究开了先河。1976年调入石油工业部，指导了水下不分散混凝土、固井水泥外加剂、海上钻井平台水下接桩材料、沙漠公路筑路材料、石油管道防腐材料、保温材料等一系列新材料、新技术研究课题的开展。科研成果在石油、交通、港口、国防、城建等工程建设中广泛应用。曾任中国石油工程技术研究院副总工程师兼工程材料研究室主任。中国石油学会天津分会常务理事，中国土木工程学会混凝土与钢筋混凝土学会理事。

一、成长历程

黄兰谷1919年7月13日出生在湖南省长沙县东乡李家塅板仓黄家大屋。祖父早年过世，父亲黄葵舫过继给老祖父，老祖父曾在四川为官，告老返乡时置了些产业。父亲是前清的秀才，在海南岛某县做过典史。推翻清朝后，1926年9月赴北京谋生，找了一个公务员的职位。黄兰谷随父到北京，就读于北京市市立第二十四小学。小学毕业后，进入师大附中读初中，一年后因父亲失去工作，于1932年举家回到湖南长沙。半年之后，父亲找到了工作，家庭经济情况有所改善，黄兰谷才能继续入中学，就读于长沙私立广益中学。1935年毕业后，考虑到家中经济状况，没有考普通高中，而就读于职业学校——楚怡高级工业学校土木科，为了毕业后能找个工作。1938年毕业后，当时家中并不靠他挣钱生活，所以决心继续升学。为了筹集读大学的费用，相继在贵阳中国运输公司、滇缅公路局等单位做了一年临时工作。1940年8月在昆明参加大学统一招考被录取，分配到云南大学土木系，第二年转学到西南联大土木系。联大读书的三年是黄兰谷一生中生活最艰辛的三年，当时家乡已经沦陷，不可能按时得到家里经济接济，于是向教育部申请大学生贷金却只批准半贷，每月只有法币8元，而学生伙食费每月需要10元，其他费用更无着落。只能依靠寒暑假干临时工增加收入。例如承揽野外测量任务，虽然比较辛苦，但完成一项任务，可以解决一个学期的费用。1944年2月还差半年毕业的时候，学校根据政府要求，将1944年级学生派往远征军担任美军翻译，承认为1944年7月毕业。在应征的同时，军事委员会工程处在四川彭山修筑飞机场，故向学校征调10名应届毕业生前往服役，任务是负责飞机场施工任务。黄兰谷是10名应征入伍的同学之一。在彭山完成任务后，同年10月又随工程处调回昆明，其后又在云南保山修了一个飞机场，最后仍调回昆明，在市郊巫家坝扩建飞机场，1945年夏天，巫家坝飞机场竣工。

1945年9月，抗日战争胜利，工程处人员在昆明待命。1946年2月，黄兰谷与郑荃祯在昆明结婚。4月到上海，正值工程处人员遣散，黄兰谷决定回长沙，于1946年6月由上海返回长沙，到湖南善后救济总署工业室当技士。后又调到衡阳的衡常公路工程处，负责工程概算、预算和桥涵设计。1946年10月，这条公路停建，又回到救济署工业室，承担技术行政工作。1947年11月调到了湖南省公路局，任刘醴攸工程处二分段工程师兼分段长，1949年4月工程竣工。从1944年2月～1949年8月他辗转于各工程建设单位，从事施工现场技术服务工作，得到了实际工作的锻炼，积累不少工作经验。

1949年10月新中国成立，国家百废待兴，东北工业部根据东北地区恢复工业生产需要，去云南招聘各行各业的建设人才，黄兰谷应聘携眷随团到达沈阳，分配到中国科学院长春综合研究所，任助理研究员，开始了为之奋斗一生的科研工作。

1950年五一节，黄兰谷到达长春后即负责科研课题，后来同时指导几个课题的研究，到1988年退休。一开始他并不知道应该怎样开展科研工作，也无人指导。1950～1952年的科研工作可以称之为学院式的科研，认为只要写出论文或研究报告就算达到目的。1953～1955年，他逐步认识到实用科学必须结合实际。从1956年进行硅酸盐研究开始，才真正走上科研道路，体会到选题、查文献、定技术指标、制订计划、安排试验、数据分析、论证、推广应用、直到应用效果回访一整套科研程序的重要性。其间有机会在北京向苏联科学院院士、硅酸盐专家布德尼可夫当面请教，确立了硅酸盐水热合成观点。1956～1961年，黄兰谷开展了十几项硅酸盐研究课题，先后以论文集形式出版，同时在国内专业期刊上发表了论文十余篇。这些研究工作取得的成果奠定了中国硅酸盐建筑制品工业的基础，并为中国培训了一批专业人才。1962 年以后，由于研究所接受第二工业机械部的委托，研究室的专业方向转向了核辐射屏蔽的研究，不得不中断硅酸盐专业的研究工作。

1956 年黄兰谷在刘恢先的带领下，在北京参加中国十二年科学发展远景规划的制定工作，并在吴中伟的指导下，和其他专家一起编写了水泥混凝土专题的发展规划。其间收集了不少科技资料，了解了水泥混凝土发展的国际动态，为以后开展混凝土外加剂的研究打下了基础。

1963～1964 年，开展了铁矿石的松装容重和松装矿石的导热系数测定研究，为工程建设单位提供数据。开展了混凝土质量超声检测的研究，寻找声波速度与混凝土密实度、强度的关系，混凝土配筋对声波速度影响规律性，为工程质量检测提供一种新的手段。这两项研究工作在国内属开创性的工作。

1966 年黄兰谷与室内专家，共同开始研究混凝土外加剂。那时国内还很少有人知道混凝土外加剂的特殊功效。研究工作刚起步，“文化大革命”开始，他们克服“文化大革命”的影响，相继完成了混凝土速凝剂、早强剂、减水剂的研究，为这一领域的科学研究开了先河。研制成功的红星一型速凝剂、复合早强剂和 NNO 减水剂（与中国交通部航务局研究单位协作项目）在全国建厂生产、推广应用，并获得了全国科技大会的奖励。

1976 年黄兰谷所在的研究室由中国科学院整建制调入石油工业部。科研方向由为全国服务转向为石油工业服务。因此，必须补充石油专业的基础知识，了解油田的需要和动态。经过十年的努力，黄兰谷由石油战线的新兵成为精通石油工业知识的科技人员，成为石油工程材料专家，实现了科研历程中又一个跨越。

在石油战线黄兰谷从 1976 年至 1988 年退休，参与或指导完成了石油工程急需的高质量海洋平台混凝土、浸渍混凝土、水下接桩材料、SCT 减水剂、低比重固井水泥、有机无机复合保温材料、水下不分散混凝土、砂土固结材料、污水管粉末涂料、G 级固井水泥等 10 余项课题研究，多项研究成果获得部级科技进步二等奖。

为了开展科研工作需要，黄兰谷在土木建筑专业知识的基础上，不断补充了化学、结晶学、矿物学、胶凝物质工艺学、断裂力学、固井水泥及固井工艺等领域的基础知识。他认为科研道路就是一个不断学习，不断提高，不断创新的过程。他认识到应用科学的宗旨在于将科研成果迅速变为生产力。他认为科研人员不能满足于只有一技之长，而必须涉猎边缘学科，才能融会贯通见到功效。这就是黄兰谷走过的 40 年的科研历程。

二、主要研究领域和学术成就

1. 开展硅酸盐材料研究，奠定了中国硅酸盐建筑制品工业的基础

20世纪50年代，经济建设飞跃发展。随着基本建设任务的迅速增加，要求有更多的新型而有效的建筑材料满足建筑工程的需要，硅酸盐建筑材料就是其中的一种。

硅酸盐材料是由石灰和含硅材料混合磨细，加水搅拌，采用浇制、压制和振实三种不同成型方法成型，经蒸压或蒸汽养护处理而成的一种人造石料。利用石灰和含硅材料（砂、页岩、粉煤灰、炉渣、矿渣、硅藻土、黏土……）制作硅酸盐建筑制品，虽然早在19世纪末叶已经开始有人从事研究，但是硅酸盐建筑制品还是在20世纪50年代才获得比较广泛的应用，这是因为硅酸盐的水热合成理论，建筑性质和生产设备以及工艺流程的研究也是在20世纪50年代有了较快发展的缘故。当时苏联对硅酸盐制品的研究具有领先水平。黄兰谷受苏联科学院院士、硅酸盐专家布德尼可夫指导启发，1955年首先在中国系统地开展这一领域的科学研究。

适逢此时，中国科学院根据国家建设需要，在黑龙江省哈尔滨市筹建了中国科学院哈尔滨土木建筑研究所，1954年4月，黄兰谷随中国科学院长春综合研究所相关专业科技人员来到哈尔滨，并在研究所组建硅酸盐研究小组，任组长，不久扩建为材料研究室，为开展硅酸盐材料研究创造了条件。

硅酸盐材料研究，首先在1954年从泡沫硅酸盐制品研究开始。经过三年的研究，研制开发了松香皂泡沫剂，掌握了泡沫硅酸盐制作过程的规律和生产工艺，并与建筑工业部东北第三工程公司合作试制2m×0.5m×0.15m与6m×1.5m×0.1m蒸压钢筋泡沫硅酸盐屋面板获得成功。同时非蒸压泡沫硅酸盐试制成功。在此基础上，1956年黄兰谷领导科研课题组，开展振实蒸压硅酸盐的研究。因为砂子是最易取得的含硅材料，所以振实蒸压硅酸盐研究以石灰-砂材料为主，也进行以页岩灰、粉煤灰和黏土为含硅材料的硅酸盐研究。研究工作涉及原材料取样分析；试验设备设计加工，包括搅拌用的轮碾机，振实用的振动台，湿热处理用的蒸压釜；试验方法的确定；选择适宜的配合比和缓凝剂品种及掺量；制定蒸压规程以及硅酸盐材料各项性能的研究。所以这项研究工作不仅取得了丰硕的研究成果，而且给国内其他科研院所开展这一领域的研究，提供了可供借鉴的试验设备、试验方法、研究规律等十分可贵的信息和经验。

1957～1958年，在哈尔滨市政府和中国科学院支持下，在哈尔滨市和北京市，

分别建成以硅酸盐建筑制品代替水泥混凝土为主体的“四不用”新技术住宅楼和礼堂。“四不用”指不用水泥、木材、钢材、砖瓦等传统建筑材料。1958 年 10 月末，国家建委、国家科委、中国科学院及黑龙江省政府，在哈尔滨市联合召开了“建筑新技术、新材料现场会议”，在全国建筑工程建设中大力推广使用以“四不用”为代表的新技术和新材料，以达到扩大建筑材料品种，实现就地取材，降低建筑造价的目的。

1958 年第四季度，在哈尔滨新技术新材料会议推动下，黄兰谷带领科研小组，排除了自己被错划“右派分子”的干扰，为扩大硅酸盐原材料种类，积极开展石灰-矿渣硅酸盐研制。高炉炼铁的矿渣中含有较多的二氧化硅和三氧化铝，符合硅酸盐的原料要求。由于出炉后冷却工艺的不同分水淬矿渣和自冷矿渣两种，前者是指矿渣出炉后直接倒入水池中急速冷却形成有水硬性的矿渣，在自然条件下，可与氢氧化钙发生反应，生成含水硅酸钙而硬化；后者是指矿渣出炉后堆放在室外自然缓慢冷却结晶成水硬性很小的矿物，必须在蒸汽养护下有可能与氢氧化钙发生反应，生成含水硅酸钙而硬化。利用矿渣制造建筑材料，外国早有先例，如苏联和德国用来制造矿渣水泥。1958 年中国建筑材料工业部水泥研究院和浙江大学也分别研究石膏矿渣水泥和石灰矿渣水泥，不过这些都是限于水淬矿渣，至于自冷矿渣的应用，则尚未见到系统性的研究资料。石灰-矿渣硅酸盐研究包括材料种类和性质的研究，材料的细度和碾磨方法研究，材料配合比、水灰比、外加剂，蒸汽养护制度诸多因素对硅酸盐材料性能影响的研究。同时考虑到设计单位常因缺少硅酸盐的物理-力学性能数据而感到设计工作无所依据，开展了石灰-矿渣硅酸盐的物理-力学性能的试验研究，其包括立方体强度、棱柱体强度、抗拉、抗弯及与钢筋的结合强度、弹性模量、波桑比及弯曲时的抗压强度，温度膨胀系统、抗冻性和耐水性，以及吸水率和含水量。这是在国内首次给出了这种材料系统性能数据。研究报告中不仅总结出试验结果，而且论述这些性能测试方法，这无疑对相关研究单位的工作者有指导意义。

由于在“四不用”新技术、新材料研究中做出了突出成绩，由黄兰谷指导的青年科研小组，相继被哈尔滨市，黑龙江省和共青团中央评为第二次青年社会主义建设先进集体，其代表被评为第二次青年社会主义建筑积极分子。1958 年 12 月中旬，在北京应邀出席全国第二次青年建设社会主义积极分子大会，受到国家的表彰。

黄兰谷是中国硅酸盐建筑材料研究、中国硅酸盐建筑制品工业、中国硅酸盐材料研究专业人才培训的奠基人之一。

2. 开展核辐射屏蔽材料研究，开创了核辐射屏蔽材料研究新领域

1962 年，中国科学院哈尔滨土木建筑研究所，根据国家核工业发展需要，接受

第二机械工业部的委托，开展核辐射屏蔽材料研究。首先建设核辐射屏蔽材料检测实验室，屏蔽材料研究实验室。然后，一方面承担国内屏蔽材料性能检测和检验任务，另一方面积极开展钡水泥、重混凝土、铁矿石的松装容重和松装矿石的导热系数测定等屏蔽材料研究，开展混凝土质量超声检测等新技术研究。

1962～1963年，黄兰谷首先承担铁矿石松装容重和松装矿石的导热系数测定研究。研究工作包括模拟工程应用的实际情况，设计建造模型，经过大量的试验研究确定适宜的测试方法，根据设计要求进行系统的不同参数下的各项数据测试，获得的数据提供工程设计使用。这是一项针对性很强，过去无人做过的工作，研究成果也不能发表，但是，这项工作对工程建设的设计而言，测得的数据非常重要。黄兰谷积极认真地圆满地完成了任务。

1964年，黄兰谷又开展混凝土质量超声检测技术的研究。评价混凝土质量的主要指标是抗压强度，检查混凝土强度传统的方法是随混凝土工程浇注时，同时制作15cm×15cm×15cm的混凝土试件，在规定的养护时间（28天）内，将试件在压力机上进行破坏试验，测得其抗压强度，如200号混凝土其抗压强度为200kg/cm^2（1kg/cm^2=9.80665×10^{4}Pa，下同）。由于施工条件和施工质量的影响，试件的强度与实际工程中混凝土质量往往有差异。一些特殊工程对混凝土质量要求很高，特别希望能真实了解在建工程的混凝土质量的好坏，因为它对工程能否投入正常使用十分重要。二机部提出了研究一种对实际工程中混凝土既不能破坏，又能了解其质量的检测方法，黄兰谷受命开展这一研究。超声波在介质中的传播速度与介质的密度有关，超声波在传播过程中遇到不同介质时，声波从界面反射回来，这些特性提供了超声波检测混凝土质量的可能性，例如混凝土强度、厚度以及混凝土内部的缺陷等。利用超声波检测混凝土质量的技术在英国、波兰等国家已有定型的测试仪器——超声波混凝土探测仪和成熟的测试技术。我们的研究工作还得从头开始，包括仪器的研制。另外，超声波在混凝土中传播速度受配制混凝土的材料、配合比、成型工艺，是否配置钢筋等诸多因素影响，所以必须通过大量的试验，积累成千上万的数据，寻找声波速度与混凝土密度、强度等规律性的关系，提出相关的计算公式，提供在实际工程中应用时对照参考。该研究成果开创了混凝土质量无破损检测技术研究的先例，对这一技术在国内发展起到推动作用。

3. 开展混凝土外加剂研究，填补国内空白，为中国混凝土外加剂领域的科学研究开了先河

混凝土是由水泥、砂石集料和水经配料、搅拌、浇注、养护和硬化而成的建筑材

料，称之为人造石材，是现代工程建设必不可少的建筑材料，自从130多年前混凝土开始应用以来，随着工程建设的日益发展，人们根据工程需要，对混凝土性能提出越来越多的要求，要求混凝土具有强度高，凝结硬化快，防水抗渗，抗化学介质侵蚀等性能，要求混凝土能在严寒、高温和水下不同环境下施工等。为了满足这些要求，人们曾从不同途径想了很多方法，而且很有成效。例如采用各种具有特殊性能的水泥赋予混凝土不同的性能；用防护涂层解决腐蚀问题；用工艺方法提高混凝土强度。然而，采用化学外加剂是改变混凝土性能最方便、最有成效的方法。

混凝土中使用外加剂的历史悠久，19世纪末叶人们就发现氯化钙能促进混凝土早期强度快速发展，而只有在20世纪60年代减水剂的出现，使混凝土外加剂的研究、生产和应用得到了迅速发展。而在中国，直到1965年才在这方面开始比较系统的研究工作。

20世纪60年代中期，中国大规模进行“三线”建设，许多工程进山入洞，建隧道，修地下厂房和仓库。混凝土工程遇到了困难。传统的浇注混凝土施工方法成本高、速度慢、施工危险，传统的混凝土早期强度低，影响工程建设速度等，这些都可以应用各种性能的外加剂来解决。但当时在国内关于混凝土外加剂几乎是空白。为此，国家科委把研制混凝土外加剂的任务，交给了黄兰谷所在的中国科学院哈尔滨工程力学研究所（前身是土木建筑研究所）。

1965年根据国家科委要求，黄兰谷与研究所内龚家森、黄其兴、吴忠孚等专家一起，首先开展混凝土速凝剂研究。随后又在1966年增设了混凝土早强剂的研究专题。经过数百次的反复试验，探索了百余种有机和无机的化学试剂，终于用较短的时间，研制成115C速凝剂和复合早强剂。外加剂在实验室研究突破后，先后在黑龙江省鸡西市、哈尔滨市，山西省阳泉市，山东省张店等地组织生产。带着生产的外加剂又先后在铁道部成昆铁路线、交通部广州港口码头和北京市地铁等工程中进行应用试验。1966年12月，国家科委在哈尔滨召开速凝剂科研成果鉴定会，确定“115C”速凝剂为定型生产的速凝剂，命名为红星一型速凝剂，从而迅速在国内外得到广泛应用。红星一型速凝剂能使所喷混凝土在2～10min内凝结，使喷混凝土抗压强度1h达6.4kg/cm^2，8h达44kg/cm^2。掺复合早强剂的混凝土两天抗压强度比不掺者提高60%左右，达到拆模或起吊强度的养护时间比不掺者缩短50%，28天强度比不掺者提高10%左右。这两种外加剂由于性能优良，容易组织生产，质量稳定，应用方便，已在全国数以百计的工程中应用，取得很好的经济和社会效益。

1974～1975年，黄兰谷与科研小组一起又开展减水剂研究，研制成NNO减水剂，是国内第一次研制成功的高效减水剂，它的研究成功又一次推动了中国混凝土外加剂研究的发展。

提到黄兰谷对中国混凝土外加剂研究所做贡献时，不得不要介绍他主编的两部著作。一是，1973年编写出版的《混凝土速凝剂及早强剂》，全面地总结了速凝剂和早强剂的研究成果，颇受欢迎，供不应求，于1978年经补充内容后，发行了“增订版”。二是，应中国建筑工业出版社邀请，由黄兰谷、黄其兴和吴忠孚等历时两年，编写出版了《混凝土外加剂浅说》。该书由浅至深论述了混凝土外加剂研究、应用的发展历史。分章节讲述混凝土外加剂原材料特性，应用较广的七大类外加剂系列产品所采用的原材料、产品的性能以及适宜应用范围等资料，并对其他15种外加剂也做了简要的介绍。一书在手，就能对混凝土外加剂有全面的认识。该书的出版，无疑有益于促进中国混凝土外加剂的发展。

在这里不能不提到，黄兰谷在主编《混凝土外加剂浅说》一书的过程中，想到利用这次机会培训科研人才，他组织发动研究院内过去或现在从事混凝土外加剂研究的中层技术人员，划分章节，大家动手，编写初稿，然后由他总其大成，增删修改，最后定稿出版。这样做无疑比自己编写更费时间，多花精力。因为既要立论正确，又要尊重初稿撰写的思路，既要删去水分，又要增补遗漏，所以这本书虽只有14万字，但最后定稿竟花了两年时间。黄兰谷认为是值得的，因为通过这项工作提高了科技人员的专业水平。

4. 开展石油工程新材料研究，为提升油田开发建设的技术水平做出贡献

1966年3月8日，河北省邢台发生强烈地震，建筑物受到极大破坏，中国科学院工程力学研究所的科研重点逐渐转向地震工程研究，1975年辽宁省海城又发生强烈地震，地震威胁在中国的增长，使研究所的研究工作进一步集中到地震工程上，材料研究室的研究方向与研究所的方向不一致，研究工作的发展受到限制。材料研究室是新中国成立最早，研究力量最强，专家比较集中，实验条件和基础相对好的科研单位。因此，国家科委和中国科学院对材料研究室进行调整时坚持三条原则：方向不变、人员不散、整建制调动。20世纪70年代是中国石油工业高速发展时期，急需各路专业人才参加石油会战。当时任国务院副总理兼石油工业部部长康世恩，得知中国科学院有一个从事材料研究的研究室调出，立即指示有关部门欢迎这支队伍到石油系统来，并表示完全执行国家科委的指示，一个不少地整建制接受，并以这个研究室为基础，成立石油工业部直属的石油工程技术研究所。就这样，1976年6月经国家科委和黑龙江省政府同意，中国科学院工程力学研究所材料研究室调入

石油工业部，并于1978年8月成立石油工业部施工技术研究所，1994年更名为中国石油天然气总公司工程技术研究院。

黄兰谷离开了他工作20多年的中国科学院，从黑龙江省哈尔滨市随材料研究室调到石油工业部，来到了天津市，年近花甲之年的他，怀着为石油工业发展多做贡献的心情，老当益壮，奋发学习，不断补充石油专业的基础知识，深入大港、胜利、华北等油田，调查油田开发建设中亟待解决的研究课题，查阅国内外资料了解国际上油田开发建设的前沿技术，为研究院制定专业方向出谋划策，为开设新的研究课题进行指导。

从1976年至1988年这十余年，他在石油工业部工程技术研究院工作期间，可以说这是他科研历程中充分发挥才干的十年，是对中国科学事业发展做出较大贡献的十年。1976～1977年完成了高质量海洋平台混凝土研究，提出高密度、高强度、抗海水腐蚀、抗海浪冲刷、抗冰冻破坏的“两高三抗”混凝土概念，为研究海上混凝土钻采平台指出了研究方向。同时指导完成了浸渍混凝土研究，用浸渍方法提高盐碱地带油田建设中混凝土质量，降低该地区混凝土构筑物腐蚀破坏程度，延长构筑物使用寿命，该项成果获得国家科学技术进步三等奖。1977～1978年，他参加海上钢平台水下接桩材料的研究，已年近60岁，仍亲自带领年轻人，上海上平台进行现场施工，受到石油工人的赞扬。该技术是利用水泥浆作为灌浆材料应用于水下接桩工程。1978～1979年，指导课题组完成了SCT混凝土减水剂研究，利用石油裂解轻焦油研制SCT减水剂，该项目进行了中试，通过了鉴定。

黄兰谷到石油系统后，除直接参与领导或指导完成上述多项研究课题外，本着研究院服务油田开发建设的宗旨，还将更多的精力用在指导研究室开拓新的研究领域。他担任研究院副总工程师兼研究室主任，更深感责任重大。在他的领导下，材料研究室相继成立了与油田开发建设密切相关的工程材料、固井水泥及外加剂、防腐技术和保温技术四个课题研究组。1979年根据南疆石油开发建设需要开展了南疆石膏实验房的研究。并于当年10月，在南疆泽普石油基地，利用南疆丰富的石膏资源，建成石膏实验房，并通过部级鉴定。1979～1980年完成了TYZ低比重固井水泥的研究。1981～1983年完成API G级 H级油井水泥研究。1981～1983年完成了污水管道环氧粉末防腐材料研究。1982～1984年，研制成有机—无机复合保温材料。1982～1984年完成钻杆内涂层涂料研究。上述污水管道环氧粉末防腐材料、有机—无机复合保温材料、钻杆内涂层涂料等研究成果均获得部级科技进步二等奖。1984年应胜利油田开发浅海石油需要开展水下不分散混凝土、固结泥砂、海水拌和混凝土、海堤袋装结构等课题的研究，其中水下不分散混凝土获部级科技进步二等奖。固结泥砂的研究成果，后来在新疆塔里木石油开发的沙漠公路建设中推广应用。“塔里木沙漠公路工程技术研究”荣获1995年国家十大科技成就奖，1996年国家科技进步一等奖。固结土壤技术在“西气东输”管道护坡工程中应用。由于四个专业小组都紧紧围绕油田开发建设急需的研究课题开展研究工作，研究成果可直接解决油田开发生产中急需的技术关键，因此深受欢迎。课题组研究方向和研究水平，很快得到石油系统领导和生产部门的认可，四个专题组得到迅速发展，在石油部相关司局的支持下，材料研究室除保留工程材料专业外，分别于1982年成立了固井水泥及外加剂研究室，1986年成立了防腐技术研究室，1990年成立了保温技术研究室，成为研究院四个支柱研究室。四个研究室到2003年的不完全统计，共完成国家级和部级科技攻关项目205项，荣获国家级及部级科技进步奖38项。以四个专业研究室为核心的工程技术研究院，已发展成集科研、生产、工程建设、技术服务为一体的科研经济实体。取得的成绩中有黄兰谷付出的努力，也实现了他要为石油工业发展多做贡献的愿望。

在辛勤工作，不断开创新的科研领域，不断取得科研成果的同时，黄兰谷始终没有忽视对青年人的培养。培养的对象不局限于一起工作的年轻人，还为国内其他科研院所培养了一批技术骨干。培养的方法多种多样，如上面提到利用编写专著是一种方法，但主要是在科研试验中帮助和提高他们。从科研课题的选题、资料收集、试验条件的建设、试验计划的安排、试验过程中的观察（常提醒年轻人不能忽视试验中出现的异常变化）、直至试验数据分析、结论的论证、报告的编写，无不一一指导。黄兰谷非常重视外语学习，他常说：“外语是科研人员的眼睛，是做好科研的必要手段，不懂外语就不能收集国外资料，不了解国际上前沿科学发展水平，自己的研究水平起点低。”为此，他多次组织举办外语学习班，包括俄语、日语和英语。自己当英语老师，亲自讲课。

黄兰谷像浩大科谷的一支兰花默默地散发着馨香，以他近半个世纪在科学园地辛勤耕耘，不畏艰难，不怕挫折，为中国的科学事业奉献一生。

三、黄兰谷主要论著

黄兰谷．1954．防水屑．北京：科学出版社．

黄兰谷．1956．绝热用泡沫混凝土．北京：科学出版社．

黄兰谷．1959．硅酸盐建筑材料论文集．北京：科学出版社．

黄兰谷．1960．水热硅酸盐研究．北京：科学出版社．

中国科学院工程力学研究所材料研究室．1973．混凝土速凝剂及早强剂．北京：中国建筑工业出版社．

海洋石油勘探指挥部海洋及油气田工程技术研究所. 1978. 混凝土速凝剂及早强剂（增订版）. 北京：中国建筑工业出版社.

黄兰谷. 1979. 从海洋构筑物的需要看混凝土材料的发展. 石油施工技术，(3).

黄兰谷. 1979. 海上钢平台水下接桩材料的研究. 石油施工技术，(6).

黄兰谷，黄其兴，吴忠孚，等. 1984. 混凝土外加剂浅说. 北京：中国建筑工业出版社.

主要参考文献

黄兰谷. 1959. 硅酸盐建筑材料论文集. 北京：科学出版社.

黄兰谷，黄其兴，吴忠孚，等. 1984. 混凝土外加剂浅说. 北京：中国建筑工业出版社.

施永乐. 1998. 黄兰谷//岁月流金编委会. 岁月流金（一）. 北京：石油工业出版社：284-290.

撰写者

施永乐（1935～），上海市崇明人，高级工程师。在黄兰谷指导下，从事硅酸盐材料、混凝土速凝剂、砂土固结材料等研究。

陆泉林（1936～），江苏省常州人，高级工程师。在黄兰谷指导下，从事硅酸盐材料，混凝土早强剂、水下不分散混凝土等研究。

童光煦

童光煦（1919～2000），湖北蕲春人。采矿专家和教育家。1943年毕业于南非联邦威塔瓦特斯兰德大学采矿系，1946年毕业于美国科罗拉多矿业学院，获采矿工程师学位，1947年毕业于美国科罗拉多大学地质学科，获硕士学位。曾任国务院学位委员会第一、二届学科评论组成员，荷兰英文杂志 *Mining Science and Technology* 编委，《中国矿业》杂志副主任编委。曾任中国金属学会第三、四届常务理事和荣誉会员，中国煤炭学会第一、二届常务理事，中国劳动保护科学技术委员会第一、二届常务理事，中国有色金属学会第一届理事，中国黄金学会第一届名誉理事等。他专长于硬岩地下矿床开采工程、工艺和理论的研究，对高效率、大产量和技术密集的崩落采矿法尤有造诣。特别是在篦子沟铜矿有底柱分段崩落法和武钢程潮铁矿的无底柱分段崩落法技术攻关成果得到全面的推广和应用。在崩落法理论上，证明矿体在低围压下受拉破坏，可以促进自然崩落；按照应力波动规律，可以指导底部结构维护；根据流动规律，可以确定放矿制度，以减少矿石的损失与贫化。对于进一步完善崩落法的结构和工艺参数，做出重要的贡献。他培养了大批采矿、地质、矿山机械专业人才。1978年获全国科学大会奖。

一、成长经历

童光煦，曾用名童鹏，1919年4月4日出生于湖北省蕲春县。其四伯父童德乾一直在驻外使馆工作，提倡实业救国，且乐于资助晚辈上学，鼓励献身科学技术事业，对童光煦的成长影响很大。

童光煦自幼勤奋好学，1937年考入湖北省立武昌高级中学学习。抗日战争爆发后，他转赴四川，就读于战区教师四川服务团附设中学，于1939年夏提前一年以优异的成绩高中毕业，考入四川乐山国立武汉大学矿冶系。两年后，转学到南非联邦约翰内斯堡的威塔瓦特斯兰德大学（University of the Witwatersrand）采矿系。大学毕业后，他到 Crown Mines 和 Robinson Deep 矿工作，亲身感受当时开采深度达3000多米的威塔瓦特斯兰德金矿区的世界一流采矿技术装备和技术难题，开阔了眼界，拓宽了思路，同时也目睹了南非种族歧视和殖民压迫的现实。他也为自己祖国的贫弱而忧心，决心继续深造，以图增强报效祖国的能力。

1945年初，童光煦转赴美国，在著名的矿业类大学——科罗拉多矿业学院（Colorado School of Mines）攻读研究生，1946年夏获采矿工程师学位。他在矿山调查研究和实习中，认识到地质科学对采矿工作的重要性。为了扩充自己的地质领域知识，他争取到在科罗拉多大学地质学科继续深造的机会，并于1947年夏获得该校的矿山地质学科硕士学位。毕业后他先后到克莱马克斯钼矿公司（Climax Molybdenum Company）工程师室工作和北达科他州地质所（North Dakota Geological Survey）任地质工程师，从而使他兼备了地质学科和采矿学科的知识和能力，视野更加宽广，为日后发展奠定了坚实的基础。

为投身祖国的矿业开发事业，童光煦放弃了美国较为优越的工作和生活条件，谢绝北达科他州地质所劳尔（Laird）的挽留，于1948年7月回到阔别近十年的祖国，任南京国民党政府资源委员会金属矿业管理处副工程师，但是他认为中国矿业要发展，人才培养更为重要，于是他放弃了政府部门的职位，先后在武汉大学、北京工业学院（现北京理工大学）、北京钢铁学院（现北京科技大学）工作，先后兼任北洋大学采矿系、北京大学地质系和清华大学采煤系教师，1951年7月在武汉大学提升为教授。

20世纪50年代，他响应中共中央“向苏联学习”的号召，积极推行教育教学改革，开设新课程，加强实践性教学环节，亲自上新课、指导学生课程设计和毕业设计，为培养国家急需的矿业人才做出贡献。

正值新中国发展初期，国家调集了大批专家制订1956～1967年科学技术发展远景规划纲要，童光煦以矿业组副组长的身份，主持和参与了撰写矿业科研规划。

童光煦一直以饱满的热情，充沛的精力，忘我的精神，全身心地奋战在教学科研第一线，直至生命的最后时刻还牵挂着学生培养。1984年他在全国率先创建北京钢铁学院矿业研究所，探索高水平科研对高层次人才培养的途径。使学校的人才培养和科学研究都取得显著的成效，在全国同类高校中产生广泛的影响。

童光煦曾任北京钢铁学院的采矿系主任、矿业研究所所长、采矿工程全国第一批博士生导师、国务院学位委员会第一、二届学科评论组成员，国家黄金管理局高级技术顾问，荷兰英文杂志 *Mining Science and Technology* 编委，《国外金属矿山》杂志顾问，《中国矿业》杂志副主任编委。他是中国金属学会第三、四届常务理事和荣誉会员，中国煤炭学会第一、二、三届常务理事，中国劳动保护科学技术委员会第一、二届常务理事，中国有色金属学会第一届理事，中国黄金学会第一届名誉理事，中国矿业协会第一届顾问。

二、主要研究领域和学术成就

1. 为祖国强盛，育专业人才

1948 年，中国的采矿工业还处于非常落后的水平，专业人才奇缺，祖国兴旺，人才为先。为适应中南地区矿业发展的需要，他欣然接受中南工业部的邀请，筹办采矿专修科，为中南地区培养出新中国首批矿业技术人才。1951 年秋，他在北京工学院主持采矿系工作，并讲授金属采矿方法课程。同时还在清华大学讲授矿井提升，在北洋大学讲授井巷掘进。1952 年他被抽调参加北京钢铁学院的筹建工作以来，为采矿工程教育领域辛勤耕耘近半个世纪。他以身作则，言传身教，教书育人，与时俱进，不断更新教材内容，改进教学方法，丰富教学内容，理论联系实际。他创造性地开展教学工作，先后为地质、采矿和矿山机械等专业大学生、研究生开设主讲了二十多门课程，其中很多课程在我国高校都是首次开设的。

他还不断吸收科研与生产实践的成果，融基础理论与科学研究于一体，出版《金属矿床开采》《有底部结构强制崩落采矿方法》等教材和专著。20 世纪 80 年代在全国高校率先开设了高等采矿学课程；1995 年结合自己多年的科研实践经验，站在采矿学科的前沿，他为采矿工程研究生教学编写出版了《高等硬岩采矿学》教材，这是一门扩展和加深采矿专业知识面及理论深度的课程，它涉及地下和露天开采的新技术、新工艺、新方法以及溶浸采矿、海洋采矿、核爆破和月球开采等领域，以及计算机和岩石力学在采矿中的应用；该课内容新颖，理论联系实际，深受师生好评。

童光煦一贯重视理论联系实际，注重实践教学，着力培养学生解决实际问题的能力，他不仅严格要求学生，自己更是言传身教，身体力行。他带领学生到国内许多矿山进行现场教学和科学研究工作，培养了学生的实践创新能力。当时矿山食宿条件简陋，但他总是与学生们同吃同住，用自己的实际行动教育和感染学生。他关心学生的全面成长，培养学生对采矿事业的热爱，做到既教书又育人，深受学生爱戴和厂矿工作人员的赞扬。

童光煦对研究生培养要求十分严格，除了注重理论联系实际外，更强调对研究生创新能力的培养。他指导的研究生论文全部与工程实际密切结合，通过结合科研课题真刀真枪地开展实际难题的攻关，通过参与重大科研课题的实施，不仅提高了研究生的学位论文水平，还有效地锻炼了学生解决实际问题的能力。童光煦培养副博士、硕士生 20 名、博士生 20 名。

2. 几十年如一日，潜心探索崩落采矿法理论

自1957年以来，童光煦在科研为生产服务方针的指引下，结合我国生产建设的研究任务，通过产学研合作、承担国家科研项目等多层次研究，深入矿山生产第一线，长期致力于崩落采矿法技术理论的研究和应用攻关。

当时崩落采矿法被引进中国不久，且每座矿山都有独特性，探寻科学合理的采矿工艺理论为矿山生产提供技术支撑显得非常重要。他积极投身崩落采矿法的研究，自20世纪50年代以来先后负责完成“河北省庞家堡铁矿杆柱长壁法研究”、“山西中条山有色金属公司篦子沟铜矿有底柱崩落法研究”、“武钢程潮铁矿无底柱分段崩落法研究”、“崩落采矿法中放矿贫化、损失预测的电算模拟研究”、“铜矿峪5号矿体矿块崩落法底部结构应力分析及稳定性研究”、“铜矿峪5号矿体矿块崩落法放矿控制技术研究”、“武钢程潮铁矿崩落法放矿控制技术研究”7项有关崩落采矿法方面的课题。特别是山西中条山有色金属公司的篦子沟铜矿在已开采4个中段，而采矿方法还不能确定的前提下，经与矿山技术人员共同研究探索试验有底柱分段崩落法，采用小补偿空间和侧向挤压爆破新技术，并以快采快出为手段，经过3年现场攻关研究与试验，终于使篦子沟矿找到了成功的采矿方法，1965年经冶金工业部鉴定，在全国其他同类矿山推广应用。

武钢公司程潮铁矿始建时，采用无底柱分段崩落采矿法，但投产后一直不能正常生产，为此他参与由冶金工业部组织的矿山、公司、大学、设计院和研究院联合攻关，通过地压测试、放矿研究、测震观察、预装药试验等手段，采用微差爆破、喷锚支护等技术措施，以增强回采进路的稳定性。经过3年多的研究和现场实践，使无底柱崩落法在松软破碎矿体中成功地推广应用，乃至今天，无底柱分段崩落法仍然是我国地下高效安全的采矿方法。该成果获得1978年全国科学大会奖和冶金工业部科技大会奖。

20世纪80年代初，计算机应用在中国初露端倪，他在全国同类高校率先开展崩落法放矿贫化损失电算模拟研究，研究成果为崩落放矿的最佳方案找到了快捷、低成本、有效的研究手段。以铜矿峪铜矿多年的系列研究为基础，对大产量、高效率的矿块崩落法进行了较全面的技术理论探索，形成了中国“矿块崩落法技术理论”，不仅较好地解决崩落法中某些工程、工艺和技术问题，在我国首先探索出挤压爆破的破碎机理，掌握放矿漏斗上部散体矿岩压力的转移规律和崩落法地表岩层的移动规律，还对崩落法的设计和生产管理，提供了许多有益的理论依据。

同时他还率领其研究团队，综合运用近代数学、力学和计算模拟技术等，对崩落

采矿法中三大关键技术难题——矿体崩落、矿石放出和底部结构维护，从理论上探索出以下创新性成果：第一，提出大半球赤平投影新方法，研究矿体可崩性，成为地质构造分析的新方法，得到国际上的承认；运用结论产状统计分析，计算块体粒径与块体组成级别，可预测自然崩落块度，对确定矿体的可崩性，提供了理论数据；采用主开发的三维有限元程序，对矿体自然崩落机理，进行系统的研究分析，特别是对坚硬裂隙矿体崩落规律理论的研究，提出了根据地应力方向，调整削弱工程布置，可以改变矿体内的应力状态，在低围压下形成拉应力破坏，可促使矿石自然崩落。该理论新颖，受到国内外同行的赞同。第二，在矿石放出理论研究中，运用电算随机模拟技术，探索矿岩流动规律，优选和建立放矿制度，确定放矿管理软件包，减少矿床开采中的损失与贫化，可用于生产；还探索运用数学、力学方法建立矿岩流动的动力学方程，在国内外均属新的尝试。第三，在底部结构维护研究中，提出三层复合材料应力分析的边界元素法及其计算程序，得到国际上的承认；对拉底、崩落和放矿过程中底部结构内部的动态应力分布规律，进行了研究分析，找到应力的波动规律，可以指导底部结构的维护和加固；在底部结构稳定性分析的模糊综合评价方法上，也有所创新。

这些研究成果，对推动崩落采矿法的发展，完善崩落法理论，促进崩落采矿法的科学决策，具有重要意义。此外，他预见在21世纪，人类因自身生存对环境要求日益严格，充填采矿法是具竞争力的采矿方法，因此，20世纪80年代以来他还积极探索充填法的应用研究，完成了国家自然科学基金项目“复杂形态矿体模型及地下采矿方法的研究”、高等学校博士学科点专项科研基金项目“脉状矿床形态及其采矿方法的电算模拟研究”和国家黄金局课题“山东新城金矿采矿方法优化的研究”等，取得了明显的成果。认为采场体积闭合率作为稳定性的评价方法、矿床实体矿化模型的构造方法和三维采矿工程基本部件拼凑采矿方法实体图形的组合方法等，都有创新意义，具有实用价值。

3. 充分发挥学术带头作用，积极搭建我国采矿学术交流平台

为了扩大学术交流，为矿业界的同仁创建沟通交流的舞台，童光煦成为我国采矿界学术活动的积极组织者和参与者。1961年他主持北京金属学会的采矿专业组工作，时值三年自然灾害末期，虽然困难重重，他仍坚持开展学术活动，并且十分活跃。当时学术活动形式多样，内容较多，如四川石棉矿的采矿方法研讨，北京平谷金矿技术改造等，对矿山设备引进、技术管理、生产正规化等方面起了一定的推动作用；1962年组织召开了我国首次“采矿学术报告会”，京内外采矿技术人员云集一堂，交流经验，受到与会者好评。随后，他又将活动范围推广到其他业务部门，

如1983年组织苏州高岭土矿采矿技术论证会，1985年组织河北矾山磷矿采矿方案研讨会等，对矿山生产和设计提出了很多有益的建议，深受有关单位的欢迎。

1963年，他被推选为中国金属学会第二届理事，并任采矿专业组首任组长。在他的倡导和组织下，于1963年和1964年分别召开了全国冶金矿山地下采矿学术会议和全国冶金矿山露天开采学术会议。这些会议系统地总结了我国生产和科研中的经验，为进一步发展我国的金属采矿科学技术，明确前进方向，起到了促进作用。1976年，他被选为中国金属学会采矿学术委员会副主任，1985年以来担任中国金属学会采矿学会第一、二届理事长。在他的积极倡导、组织下，我国的金属采矿学术活动，进入到有组织的和连续性的专题研讨，如崩落法、充填法、空场法、岩石力学、露天开采、矿山系统工程、矿山测量、矿山运输等会议，对各个领域的教学、科研、设计和生产人员的相互交流、密切配合、共同提高，起了推动作用。在国际活动中，他在1980年参加主办第一届国际矿山设计和开发研讨会并担任执行主席；还参加了1979年巴基斯坦的国际矿物开发技术讨论会，1981年美国的国际崩落采矿法和空场法会议和1983年瑞典的充填采矿法的国际会议，提交了学术论文，作了报告，受到同行重视，得到好评。

他是全国采矿学术会议的倡议人和第一届采矿学术会议的组织者。根据我国管理体制特点，采矿专业人员分散在煤炭、冶金、有色金属、化工、建材、核能、轻工和地质8个部门。将各行业的采矿科技人员组织起来，进行定期横向交流，沟通信息，共同提高采矿科技水平，是采矿同行们多年的心愿，童光煦利用当时主持北京金属学会采矿专业组工作的有利条件，组织上述8个部门在京采矿科技人员，共同商定和发起，由中国金属学会负责于1983年10月在安徽马鞍山组织召开了第一届全国采矿学术会议，会议提出一份题为“第一届全国采矿学术会议关于加强发展采矿工业的建议”的文件，建议加强资源勘探工作，加速矿山建设，采取大、中、小并举，合理利用资源，合理调整矿产品价格，加强智力开发，实行科学管理和改善矿山职工待遇等8条。文件还提出在适当时期召开一次全国采矿工作会议，讨论发展采矿工业的有关政策，落实技术进步的措施，以促进矿业振兴，为四化建设做出贡献。这次会议，沟通了各个有关采矿部门间的关系，相互交流，共同协作，促进了我国采矿科技事业的发展。到2010年，全国采矿学术会议已经成功举办十届，他为我国的采矿学术及技术交流创建的机制仍将发挥重要的作用。

50多年来，童光煦在采矿方面的教学、科研和学术活动中，生命不息，战斗不止，教书育人、科学研究、服务矿山几乎成为他生命的全部，为中国采矿事业的发展做出了重要贡献。

三、童光煦主要论著

童光煦．1956．高生产率采矿方法的研究．科学通报，1（8）：43-46.

童光煦．1958．1961修订．金属矿床开采．北京：冶金工业出版社.

童光煦．1973．有底部结构强制崩落采矿方法．北京：冶金工业出版社.

Tong G X. 1981. The Control of Ore-draw from Caving Stope. Design and Operation of Caving and Sublevel Stoping Mines，AIME，New York：745-754.

童光煦，霍祖照，熊国华．1982．电算模拟放矿．北京钢铁学院科学研究论文选集——庆祝建校三十周年（采矿系）：30-37.

童光煦．1984．金属采矿技术的成就与发展．北京：科学技术文献出版社：1-12.

童光煦．1984．我国有色金属矿山地下开采方法评述．有色金属——创刊三十五周年文集：53-57.

童光煦．1987．论当代采矿工业的科学技术水平．金属矿山，（1）：10-16.

Zhang S X，Tong G X. 1988. Computerized pole concentration graphs using the wolff stereographic projection. International Journal of Rock Mechanics and Mining Science & Geomechanics Abstracts，25（1）：45-51.

Dai C，Tong G X. 1988. Boundary element method for bonded trilayer planes and its application，Mining Science and Technology，（7）：295-303.

赖森华，童光煦．1989．放矿动力学方程初探．北京科技大学学报，（2）：99-105.

童光煦．1990．论当前硬地下开采方法的变革．金属矿山，（1）：12-35.

张世雄，童光煦．1991．铜矿峪矿原岩应力测量．化工矿山技术，（2）：45-48.

Zhang S X，Tong G X. 1991. Influence of block boundary weakening of the caving process. Mining Science and Technology，（13）：157-166.

童光煦，侯运炳．1993．地下矿实体化模型的研究．金属矿山，（2）：14-18.

杨晓雷，童光煦．1993．斜块、任意块模型的克里格法估值研究．有色矿山，（4）：57-59.

Cai S J，Tong G X. 1993. Grey system theory applied to rock mechanics. International Rock Mechanics and Mining Science，8.

童光煦．1995．如何决定矿床最低开采品位．地质知识，（12）：15-17.

童光煦．1995．高等硬岩采矿学．北京：冶金工业出版社.

主要参考文献

韦冠俊．1995．童光煦//中国科学技术协会．中国科学技术专家传略·工程技术篇·冶金卷1．北京：中国科学技术出版社：540-553.

撰写者

杨鹏（1965～），四川大英人，现为北京科技大学博士生导师，北京联合大学教授、校长助理兼教务处处长。1990～1994年师从童光煦攻读博士学位，1994年3月留校担任教师兼做童光煦的学术秘书，从事硬岩矿床的采矿工艺、采矿理论与计算机仿真研究。

于学馥

于学馥（1919～2010），山东龙口市人。岩石力学与采矿工程专家，是中国工程岩石力学领域的创始人和奠基人之一，也是这一领域最早的教育家。1944 年毕业于西北工学院采矿系。20 世纪 50 年代末期，他在中国三峡水电工程大型地下空间设计中创造性地提出了“轴变论”，用以说明地下空间典型的宏观破坏过程及其动态稳定平衡过程。20 世纪 80 年代初期，建立了一套基于非均质、非连续介质理论，以现代数学、力学和计算机数值模拟分析为主的地下围岩稳定分析理论。随后，在大范围多学科交叉认识的基础上，在金川资源综合利用的项目上集数十年工程试验与实践的经验，提炼升华了全新的地下空间开挖理论，就是以岩石记忆、系统动态性，非确定性，稳定性自组织为关键的岩石记忆与开挖理论。这些思想理论对国内外学术界有着重要影响，对现代岩石力学的发展起到促进作用。曾任清华大学副教授，北京钢铁学院（现北京科技大学）副教授、教授、副系主任、代系主任，国际岩石力学学会成员；中国岩石力学与工程学会常务理事、教育工作委员会主任委员；中国煤炭学会岩石力学专业委员会副主任委员等。1989 年获得国家科学技术进步特等奖。

一、简 要 生 平

于学馥，1919 年 8 月生于山东龙口，1934～1937 年就读于北京市一中（高中）。七七事变后，大批爱国师生泣别乡里，云集西安，于学馥也到西安，随后跟随查良钊辗转来到天水，就读于 1938 年 5 月由查良钊创办的陇南天水国立第五中学，学校教师殚精竭虑，授学生以做人之本，治学之术，报国之志，倡导科学与进步于课堂之中。秉承着五中的“奋发报国”思想，1939 年于学馥高中毕业后考入西北工学院采矿系。1944 年毕业后任四川东林、湖南湘江、湖南中湘、辽宁阜新等煤矿助理工程师、厂主任等职；1948 年后任西北工学院讲师，期间曾参加中国人民解放军第一野战军，参加了解放西安和咸阳的战斗。新中国成立后，历任山东大学、北洋大学（现天津大学）、北京工业学院（现北京理工大学）、清华大学讲师，清华大学副教授，北京钢铁学院副教授、教授、教研室主任、副系主任、代系主任等职。北京市第一、二、三届人大代表，北京市政协第六、七届委员会委员；民盟中央科技委员会副主任委员，民盟北京市委常委、科技委员会主任委员。曾任国际岩石力学学会成员、国际岩石力学学会中国小组成员、中国岩石力学与工程学会常务理事、教育工作委员会主任委员、《岩石力学与工程学报》主编；中国核学会铀矿冶学会理事；中国煤炭学会岩石力学专业委员会副主任委员；中国科学院工程地质开放实验室学术委员会委员；中国科学院武汉岩土力学研究所开放实验室学术委员会委员；中国岩土工程研究中心学术委员会顾问委员；中国地质灾害研究会地质灾害与防治学报编辑委员会委员；中国金属学会首届名誉理事；北京市地下铁道公司顾问；焦作矿业学院、包头钢铁学院名誉教授等。

于学馥是中国工程岩石力学的创始人、奠基人之一，是北京钢铁学院矿业工程学科主要创建人之一，也是中国这一领域最早的教育家。

在教学方面，20 世纪 50 年代于学馥在国内高校创建并发展了岩石力学专业，开出了岩石力学新课程。他采用由静力学结构分析向动力学结构分析发展的新理论，对巷道地压规律进行研究，提出了轴变论理论，并运用于教学中。他为学生开设过：采矿原理、金属矿床开采、矿山测量、采煤学、物理探矿、支护工程、矿山安全、凿岩爆破、岩石力学井巷掘进与支护、探矿工程、岩石力学、地下工程围岩稳定分析、采矿过程力学分析与计算、软岩层工程稳定分析、有限元在采矿中的应用等 20 余门的课程。他的著书《地下工程围岩稳定分析》《岩石记忆与开挖理论》《岩石力学新概念与开挖结构优化设计》《现代工程岩石力学基础》，至今仍然是我国高等学校采矿工程和岩土力学专业研究生必修课程和博士研究生的重要参考书。他为我国采矿、岩石工程培养输送了大批高级科学技术人才，培养博士、硕士研究生 50 多名。他本人也获得国家教育部颁发的“全国优秀教师”的奖励。

在科学研究方面，于学馥注意不断地变革，其主要表现为：科学思维方法的变革、认识与思维方法过程的转变、以科学方法为基础，重视技术方法的研究、重视微观研究与宏观研究相结合、重视结构方法研究与功能方法研究相结合，即以系统思维、反馈思维、不确定思维、全方位思维为基本思维，以交叉科学、横向和纵向综合科学与软件科学相结合的发展为理论，把自然当作为一个时、空、能、质的统一体进行研究。运用“轴变论”推动了采矿和地下工程技术原理向动态研究转变的第一步。此后，在 20 世纪 80 年代初期，形成了一套建立在非均质、非连续介质理论之上，以现代数学、力学和计算机数值模拟分析为主的地下围岩稳定分析理论。同时，又在国际上首先提出了岩石记忆的新概念和岩石记忆与开挖新理论，为解决工程施工因素计算分析奠定了理论基础；相继与系统论、控制论、突变论、模糊理论等新学科交叉，形成开挖系统控制理论体系与研究方法，使工程从静态确定性方法研究向动态非确定性研究发展。先后写出专著 8 部，在国内外发表论文及研究报告 40 余篇。几十年中，他先后采用轴变论参与解决了三峡地下工程设计问题；运用岩石力学和轴变论制止了苏联专家在七道沟设计中的失误，避免了一场严重的采场地压事故；处理了中条山胡家峪铜矿、弓长岭铁矿、杨家杖子钼矿地压事故问题；处理了云南易门铜矿大滑坡与滚石和东川落雪竖井破坏问题；处理了江西大吉山、盘古山、铁山垄等钨矿大面积岩层移动和冒落问题；解决华铜铜矿海滨采矿和大孤山露天矿生产问题。20 世纪 80 年代后他以“轴变论”为基础，运用地下工程围岩稳定分析、不确定性科学决策方法、岩石记忆等理论先后参加了国家“六五”和“七五”的攻关项目解决了 14 年未能解决的“金川资源综合利用”中的采矿问题和云南锡矿山采空区处理的问题。同时还参加了由国务院组织的湖北铜绿山古矿井遗址保护地下开采采矿方法研究的课题，解决了在地下矿石必须开采的条件下，保护古矿井遗址完整无损的特殊开挖的重大疑难问题。此外，于学馥带领全国有关岩石力学专家（特别是得到了海军专家们的积极配合）在国内率先提出了在北京市地铁修建复兴门至西单段的西单地铁站采用“浅埋暗挖法”的方案，在国内没有前人经验的情况下，他以自己的“黑箱—灰箱—白箱”的不确定性科学分析理论方法写出了详细的技术可行性的报告，并向北京市政府做出了相应的技术可靠性保证，立了“军令状”，从而迅速促成了北京市政府做出了在该段地铁施工和西单地铁站的施工中采用“浅埋暗挖法”方法进行施工的决策。于学馥参与了该工程的全部决策、试验及施工技术方案的制定，招标、投标、定标直至建成验收和投入使用的全过程，并对 15 种不同结构施工方案做出了具有科学依据的定量比较，从中选出由铁道部第 16 工程局设计的方案，并由该局施工完成。为今后八通线的开通和天安门、东单地铁站的建设打下了基础。减少了由于原定采用的“大揭盖露天开挖”的方案所带来的经济损失。为在北京市和全国地铁建设中全面推广暗挖法奠定了坚实的基础。

曾获得国务院及各部委授予的教育事业和科技攻关突出贡献奖 6 项；国家级、部级科学技术进步奖 12 项；1992 年被英国剑桥国际名人研究中心选为国际名人；1989 年在金川资源综合利用科技攻关中获得国家科技进步特等奖；获全国五一劳动奖章等。

二、在岩石力学与工程领域中取得的成就

于学馥进行科学研究，提出的科学理论与那些具有传承性理论研究的科学工作

者不同，他认为现在已进入科学方法统一的时代，依据爱因斯坦学说，哲学“可以被认为是全部科学研究之母”。为此，他以丰富的生产实践经验为基础，在科学研究中不断地将生产实践中的认识与科学技术理论和哲学思想紧密结合，提出了许多国内外及其前人所没有涉及的新领域、新观点。他提出的理论可以指导许多行业的工程建设、灾害的预防、资源的开发等。同时，他也将自己所提出的理论用于解决生产实践中的问题，并接受实践检验，推动新的科学思想和理论不断发展。

1. 专于工程岩石力学，一直从事采矿工艺的科研工作

早在20世纪50年代末期，于学馥就提出了“轴变论”的理论，早于国外18年。他运用这一理论，在地下空间塌落后改变高/宽轴比关系的动态岩石力学研究方法解决了很多地下工程结构设计问题和矿山大型地压灾害事故。1958年，在长江三峡地下工程有关地下空间断面结构设计研究中（主要有大型地下导水洞，有高、宽轴比为60m比39m的大断面结构），在国外专家指导下设计为矩形，并与地应力的关系模糊，于学馥从1959～1962年，参加了该项研究工作。他同北京钢铁学院数学、力学教师及科研人员共同研究，根据“轴变论”，提出了“关于确定三峡地下大断面巷道断面形状尺寸的理论及方法的商榷”等三份研究报告，指出当岩体由于发生变形破坏而塌落时其最终的稳定形状为椭圆形，可用围岩稳定轴比规律来确定稳定的围岩轴比，纠正了国外专家的不合理的结构设计。1962年，在时任国家科技委副主任张劲夫的主持下，修改了由国外专家主持制定的原方案。

此外，于学馥还基于他提出的“轴变论”的基本要点，说明地下空间的宏观破坏过程及其动态稳定平衡过程，并运用于解决实际问题，收到了显著效果。

他提出的基本要点是：①从“动态”的观点来认识巷道地压规律，特别是矿石采出后的“采空区”常会经过一个垮落过程而长期稳定；②不是所有的巷道都出现像太沙基和普罗托吉雅可诺夫理论所说的垮落拱。调整围岩应力分布状态可以使本来会破坏的巷道不被破坏；③巷道垮落后的稳定轴比（高、宽之比）是有规律的，它取决于地层原始应力（地应力）的分布状态。

1959年，于学馥带学生到七道沟矿实习，发现该矿在上部有大型采空区的条件下，下部采用了上向打炮眼的留矿法，也是苏联专家设计。因此，矿山不敢停产和改变方案，于学馥立即亲自到该矿上级鞍山公司汇报，说明技术改进方案和理由，得到公司的理解和支持，顺利地解决了这一问题，避免了事故的发生。1962年，于学馥去云南易门铜矿解决高山区滚石问题。到后发现不仅仅是滚石问题，而且是由于采矿引起岩层移动形成的大滑坡体。滑坡体已明显形成了“椅子圈”形状，开裂

落差最大已达2m，说明滑坡体正处于运动状态，还会继续下滑，直到全部落下。这也是苏联专家设计的项目，由于山高陡峭，无人上去，设计忽视了这一重大问题，在山下设计了工业场地，生活区，情况紧急，于学馥建议立即采取各种安全措施并开始搬迁工作，5年后滑坡体滑落，人员设备撤离及时，无人身伤亡。同年，于学馥到山西中条山胡家峪矿，处理了采矿大爆破部分炮孔拒爆引起的采场地压事故。事故是由采用11段微差雷管拒爆引起的。工人不能进土采场工作。于学馥采用在地压活动停止后，用大爆破法处理了这一问题。1973年，辽宁弓长岭铁矿发生大面积岩层移动的地压灾害，已停产两周，影响到鞍山高炉生产。于学馥到鞍山后，经过研究发现该地压活动已处入衰减期，但有零星采空区仍在活动，于学馥采用胶结充填方案，顺利地解决了矿山的复工问题。

1981年，云锡松树脚矿采空区已发展到地表、生活和工业场地，于学馥研究处理这一问题，认为该山体陡立，地形复杂，表面上工业区与采矿无关，实际是采矿崩落带已进入工业场地和生活区，必须采取紧急措施，监视底层活动状态和改变地下采矿措施，用新的滑坡研究手段，勘察山坡岩层结构弱面情况、追索有利于山体滑移的构造、建立经纬仪观测线、用较高的精度观测井口一侧的水平移动量，预报山体滑移的可能性，根据安全规程采取有效措施，防止滚石伤害，观察坑内覆岩冒落状况，封闭一些工程，从而取代用打孔探测采空区的方法，监测山体滑移。

2. 将“科学统一”的研究方法，应用于地下工程技术中

科学统一是指哲学、人文、自然科学三大系统与自然、社会、经济、文化、思维等科学统一于一体的科学方法，这种科学方法能够超越1＋1＝2的确定性科学方法，进入1＋1≠2的不确定性科学方法领域，这种不确定性科学方法的共同特点，是把时间、空间、物质、能量与信息统一于一体进行研究。于学馥将这种不确定性研究应用于地下工程技术中，特别是西单地铁车站施工方案决策研究和文物保护项目湖北铜绿山古矿井遗址保护研究的决策以及金川镍矿采矿工艺方案决策中。

(1) 北京地铁西单车站属于国际上少有的跨度为21.9m，高为13.6m的超大型地下空间结构。地下管线密布，埋在长安街两侧和道路中心部位，有雨水、污水、上下水、通信、电力、热力、煤气等管线埋在路北面，最大管沟长2.1m，宽1.5m，深5.5m；路南面埋有4条管线，最大管沟长1.4m，宽0.6m，深3m；道路中轴线，埋有直径1640mm的雨水管一条，深4m。地面又是市中心商业和交通繁华地区，因此在设计中困难较多，既要确保结构本身的安全可靠，又要考虑到施工方便，还要确保地下管线正常安全使用。在科学意义上，属于非线性干扰与被干扰复杂大系统，

1+1≠2的不确定性科学决策方法。

方案的选择是根据西单地区的实际情况和该地区的特点，以及国内外的施工先例，提出了四种备选方案为：中隔壁法、单眼镜法、双眼镜法、双立柱法。四种方法都是以管棚导管注浆或化学加固等辅助施工措施为前提。经评价“双眼镜法”为主方案；“单眼镜法”为备用方案。采用“双眼镜法”的主要原因是，①该方案施工过程容易控制，由下而上施工，稳妥、安全可靠。②地面沉降量为17mm，不超过30mm的规定（这一规定，是于学馥参考复兴门折返线工程沉降量12.9～39.5mm，在西单以西民族文化宫西侧做暗挖模拟开挖实验会议上提出的）。③国内已有成熟的技术（例如达到80年代国际同等技术水平的大秦铁路的西坪隧道，建成浅埋、大跨的松散土质隧道）和与西单地质条件相似的工程实例予以参照，再加上采用管棚注浆加固地层的措施（比大秦铁路的西坪隧道更加牢固的方法）。④国外有与之相似的地铁车站施工方案可以参照，如德国法兰克福的跨度为26.5m，高度为9m，最小覆盖厚度为5m的地铁车站，按照先建成一侧硐室，再建成另一侧硐室，最后修建中间硐室的程序施工，这样就可以达到标书的要求。

此外，辅助施工方法，选用了“以管棚为主配合超前小导管注浆加固底层”的方法。采用单层管棚设计，管棚埋深6m、宽26m，用直径30mm的钢管作材料，采用土星-880型液压钻机钻孔，将钢管置于地层内，然后用1∶1的水泥砂浆灌满管子而成。同时，中标单位铁道部十六工程局又有熟练的技术。1988年12月13日，由北京地铁建设指挥部做出“地铁西单车站东移，采用暗挖施工”的决定。地铁西单车站成功的采用潜埋暗挖法修建成功，虽然地下管线密布，地上建筑林立、交通繁忙，但一切照常运行，并为北京市节省了1/10的当年的财政收入。于学馥也成为中国地铁建设暗挖法的发起人、推动者、创建者、采用“暗挖”法实施建设中国地铁的奠基人之一。实现了他在人大会上提出的议案，20世纪60年代中期北京兴建全国第一条地下铁道时，采用“浅埋暗挖法”的夙愿。

（2）湖北大冶铜绿山古矿遗址保护是属于多学科复杂大系统的不确定性科学决策，他是由国务院领导，国家文物局、中国有色金属工业总公司和湖北省政府共同参与的国家文物保护项目。于学馥根据上述国家部门的要求，参与了该文物保护项目的研究保护工作。

铜绿山古矿井已有三千多年的历史，出土文物有人面纹铜方鼎、编钟、青铜像尊；也有春秋时代采矿竖井，汉代矿井发掘现场，汉代采矿平巷、汉代井下盲斜井。保护价值很高。它是在露天采矿生产中发掘出来的。发掘出来的矿井设施及巷道支护、排水、通风、运输、提升系统完整，支护用的木材完好无损。同时，在遗址保护中，还涉及“原地”保护，还是“搬迁”的问题。为此，保护的问题涉及人文、地理、自然环境、考古、文物保护、矿山生产等。

于学馥对铜绿山古矿遗址进行了保护性的研究，发现二三千年前的古文物得以保存到今天的古环境已经失去。此外，现实的问题是，古矿井遗址正处于铜绿山矿体群中的重要部位，矿山生产必须进行，从而也就失去了它原地保存的根本条件，于是就提出了古矿井“搬迁”的保护性意见。

（3）1985年在国内外还没有进行过有关充填不接顶现象对采场稳定性影响方面研究的情况下，在金川龙首矿不接顶充填采矿决策中采用了非确定性决策方法，对下向六角形进路胶结充填不接顶现象对采场稳定性影响进行了理论研究、论证和实施。实践证明，六角形采矿、空心砖式充填和充填不接顶的采矿生产问题，在1460中段对3/4和7/8充填的生产试验获得了成功，并正式投产。为此，研究方法是可行的，采矿方法是成功的，其成果是更大程度发挥了充填体的作用，节约了充填材料，保证了安全，也指出了应用条件和应用范围，出现了充填作用新概念，补充了安全规程的不足。

3. 将岩石力学新概念与开挖结构理论在金川镍矿予以运用

镍为战略物资，金川镍矿是世界第三大镍矿，该镍矿中包括锇、钯、钌、铂等稀有金属，但该矿自1965年开始开采，长达14年主要矿体未能投产，主要原因有两点：一是金川地处高地应力地区，地层破碎，基建巷道前挖，后修，每月进度仅为7m；二是金川采矿方案战略决策存在问题，国外有15家公司前来包工，提出多种方案，争论了多年，议而未决。在这一背景下，金川资源综合利用在1978年的全国科学大会上被列为全国三大资源综合利用基地之一，在方毅副总理兼国家科委主任的亲自组织指导下，国家组织了攻关研究。于学馥参加了金川资源综合利用科技攻关项目，历经15年（1978～1993年）取得了大量科技成果，有力地促进了金川的资源综合利用、科技进步和生产持续稳定的发展，并荣获1987年中国有色金属工业总公司授予的科技进步特等奖，1989年国家科技进步特等奖。

在金川的资源综合利用的科学决策研究中，于学馥运用岩石力学新概念与开挖结构理论体系的新思维（为系统、反馈、非确定性、全方位思维），创造性地提出了采矿记忆过程决策技术，该决策技术的技术路线与研究方法的特点，是运用“动态过程科学为主题的研究方法”，解决“采矿过程中的时间与空间的变化”问题；提出采矿开挖中岩石记忆问题，突破了采矿工艺过程的研究难题。岩石记忆是指应力与时间的记忆，在采矿中同时有空间变化问题。决策不能忽视应力记忆历史问题，即现实的应力状态，不仅取决于当前的应力状态，还取决于全部过去的应力历史状态。这个记忆是一种自组织现象；把采矿工艺过程和开挖应力空间路径记忆过程统一起来研究。岩石记忆有不同的记忆方式，一种是最终的变形状态，不仅取决于最后的应力状态，并和达到最终状态在应力空间中所经历的路径有关，另一种是与加载卸载过程经历的时间和速率有特定的依赖关系；决策技术的主要工作方式——运用计算机进行计算试验，计算试验引用数学实验科学的研究方法。金川有色金属公司评价为："本项目以'采矿过程研究'为主题，用于解决科学化采矿技术方案决策问题，经国家最高级专家鉴定'达到了国际领先水平'。在采矿过程决策技术中，属国际首创地位。"这种考虑时间、空间效应的决策新技术是创举性决策技术。

首先，在金川龙首矿不接顶充填采矿决策中不仅采用了非确定性决策方法，更重要的是还把"采矿记忆过程决策技术"运用在了该矿对下向六角形进路胶结充填不接顶现象对采场稳定性影响进行理论研究、论证和实施。

在金川龙首矿生产中的应用属于特殊的采矿问题，难度很大，根据动态过程决策技术的论证，提出了"不满充填"（即充填不接顶采矿）采矿问题，始终贯彻的一个主要指导原则，是不刻意寻求力学模型和本构关系上的精密，而是致力于实际工程问题的解决。原因是，采矿是个复杂的力学过程，其中包含若干不确定因素及其相互关联的影响。另外，大系统的不相容原理也表明，系统越大，系统处理时要求的精确度越高，则所得到的结果的模糊程度也越高，因此强求本构关系的精确度是无意义的。所以，努力使研究结果紧密结合实际生产应用，所得结论力求明确、清晰、提出新的岩体稳定性判断准则，实现由一般数值计算结果的定性参考作用向定量指导作用的转化，提高计算的可预测程度。其做法为，在确定工程地质概况的前提下，对金川龙首矿矿区的原岩地应力场分布做研究，找出原岩地应力场基本规律，作为有限元计算的依据，确定采矿方法及采场技术尺寸，选取矿岩和充填体的力学参数，选择弹塑性软（硬）化模型作为有限元模拟计算所依据的力学理论模型，同时采用"无拉力"分析的方法来处理岩石和混凝土材料的拉伸破坏，进行模拟计算。根据塑性岩石力学理论和现有的室内三轴岩石压缩试验结果，给出一个达到残余破坏强度时永久性塑性体积应变（ε_v^p）f值与各种应力状态下塑性体积应变ε_v^p值之比，得到一个标志着岩石破坏程度的量岩石稳定性系数S。然后，对下向六角形进路胶结充填不接顶浅部和深部采场稳定性方案进行决策。根据金川龙首矿提供的"应用实施报告"表明，决策结果为：①应力集中系数由正方形的6.8降到六角形的3.4，从而安全可靠性提高3.4倍。②提出了进路周边切应力状态与内角分配关系，应力集中系数不得大于2的原则，根据这一原则，在下向六角形进路中，采用机械化回采充填采矿法获得成功。③在距地表 240m 以上范围内的采场可实施 3/4 的“空心砖式”充填采场稳定可靠，之下宜采用 7/8 或完全充填。使金川龙首矿在国内首先实现了采场标准化和安全生产标准化，在中国采用充填采矿法新开矿山具有特殊指导作用。其次，直接参与了金川镍矿二矿区各项影响生产问题的研究决策，这主要有：二矿区主要基建巷道变形破坏严重，长期不能投产决策问题；二矿区开采方案决策中，通过计算试验作出最优决策方案问题；上向胶结充填法瑞典方案采矿过程中的生产决策问题；下向高进路胶结充填法采矿过程中的生产决策问题；VCR 法采矿可行性决策问题；大孔落矿空场嗣后一次胶结充填可行性决策；二矿区大面积开采留与不留矿柱的决策问题；喷锚支护在金川不良岩层中的应用决策问题；电子计算机在金川地压控制决策中的应用。

于学馥在金川镍矿二矿区取得了众多的生产决策研究成果，仅以 VCR 法采矿可行性决策问题，喷锚支护在金川不良岩层中的应用决策问题为例，说明其取得的科研成果的重要意义和技术水平。

运用“采矿记忆过程决策技术”对金川二矿区采用 VCR 法采矿可行性决策的研究、论证。VCR 法是 1973 年加拿大国际镍公司应用利文斯顿的爆破漏斗理论的新采矿方法，1975 年试验成功，1976 年公之于世。这种方法从采场上部洞室凿 ϕ165mm 左右的深度一般不超过 60～70m（最大达 90m）的炮孔。分段自下而上崩矿。该方法多用于稳固矿岩和松散体矿岩的采矿。根据有关专家分析，到 20 世纪末在采矿中国际上采用 VCR 法采矿将占地下采矿的 30％～40％。

由于金川二矿区的特殊的地质条件，属不稳固矿岩，岩层属流变体，因此贸然采用 VCR 法必然会出现重大问题，所以对它进行可能性研究和论证，即建立力学参数计算模型、计算分析开挖的力学效应、进行复杂的回采过程的稳定性分析、充填体中开采过程的稳定性分析。通过分析，认为金川采矿方法选择的基本原则是不能破坏整体矿体的完整，并采用充填法采矿，如果破坏这个原则，金川采矿就要进入到崩落系统，从而破坏国家“采富保贫”的政策，将会出现大量丢矿和不保稳定安全的生产局面。研究认为，金川采用 VCR 法，必须对采场围岩加以必要的加固结构和防护措施，以及熟练的施工技术，嗣后一次性充填的工艺，才可使用 VCR 法的采矿技术。否则，在金川使用 VCR 法，围岩是不稳定的，会要出现垮落问题造成严重后果。

喷锚支护在金川不良岩层中的应用决策。金川二矿区岩层属流变体，先期曾采用过喷锚支护，但遭到了失败，其原因是把流变体地压问题简单地视为传统松散体支护问题，应用以支撑为目的的支护原理来看待喷与锚的作用，忽视了地压活动规律。金川不良岩层的主要特点是：岩块单轴抗压强度一般为20～60MPa，节理发育、离层地应力大，其水平应力为30～50MPa，随着深度的增加，其增长率为4.5MPa/100m，侧压系数为1.5～2，围岩具有明显的时间效应，因此它属流变体。解决金川支护问题，必须注意解决以下问题：必须摆脱传统支护原理和方法的约束，认清新奥法之不足；建立地应力是金川巷道变形破坏的根本作用力的基本概念，研究围岩应力、抑制围岩变形、改善岩体力学性质、减少物理—化学效应，是解决金川不良岩层巷道支护稳定的基本方法；确定岩体介质力学性质，采用开挖后立即支护，以保持岩体的完整性，应用围岩-支护共同作用原理，使二者有限度地协调变形，可以阻止松动地压的出现；金川不良岩层巷道，具有松动地压（采用松散介质理论处理）、流变地压（是应力与时间两个因素同时起作用，既要考虑减速流变又要考虑加速流变特点）、膨胀地压（消除或减少其力学与物理-化学效应）三种不同的地压来源，对于不同种地压采用不同的处理方法。为此，根据金川应力位移和塑性区特点，采用喷锚支护的要求是：立即支护，变松动地压为形变地压是金川的根本途径；在围岩形变过程中支护刚度必须适应围岩变形活动状态，以随同围岩同步变形而不失稳；注重两帮支护，控制顶底板塑性区发展，以使应力和位移向比较均匀的方向发展；加强软岩部位支护，促使喷层应力均匀分布；分次支护可减小喷层应力，以达到减小其弯矩和内应力的目的。从有限元分析来看喷锚支护有效地限制了围岩变形，减小了围岩的塑性区，可以避免引起岩石内摩擦角和黏结力下降，发生剪切破坏和围岩失稳。

金川“采矿记忆过程决策技术”，有效地应用于金川数十年，并已在三山岛、招远、新城、铜绿山、栖霞山等矿山决策和设计中应用。

三、强烈的社会责任感

于学馥积极关注和参与首都的科技、经济发展与建设。他曾多次为北京地铁的建设向北京市政府建言，并积极参与其中。他还积极参与了首都发展战略研究，参与了全国政协经济建设组对“首钢生产规模扩大，影响首都城市建设和环境治理”为题进行的调查。调查显示，首钢厂区南、西和北三个方面被高山包围，东面为八宝山低山包围，而且又处于北京市区的上风流和上水源，首钢每年在燃烧过程中（以1984年的数值为例），排放废气为150万～200万m^3；排出SO_2为9000～10000t；烟尘2600t；工业粉尘产生量约为35万t；工业废渣量约为150万t；工业废渣占地面积为约50800m^3。用1985年的数字与1984年的环境指标相比较其增长百分比，废气排放总量增长为103.5%；炼钢炼铁废气排放量增长为104.6%；SO_2排放量增长为101%；工业粉尘排放量增长为124.8%。遂即在北京市政协六届四次会议上以“对首钢发展规划的意见”为题发言，道出了民声，对首钢的发展提出了搬迁、限产的整改意见。

四、主要科学著述和成就

（1）“轴变论”——首次在国际上提出了以“动态”为核心的地下结构稳定系统的研究方法，推动了采矿和地下工程技术原理由静态向动态研究的第一步。

“轴变论”是20世纪50年代，于学馥在地下巷道“地压显现”实际观察的基础上，根据已有弹性力学及岩石力学的成就，结合偏光试验提出的一个有关“地压问题”的理论，它是用数学分析的方法，找出了巷道围岩应力分布的规律，并对一些“地压现象”作了理论性的解释。同时，在没有一个围岩应力计算公式的情况下，对圆形及椭圆形巷道，探索性地提出了计算公式，根据它可以求出围岩应力的性与量。由于巷道围岩应力的性量变化在很大的程度上取决于椭圆轴比与应力分布，所以控制巷道两轴之比，便可以控制巷道的稳定性（使不稳定的巷道成为稳定的巷道）。该理论在采场使用时也是正确的，而且具有重要的工程意义。为此，该理论在国际国内得到了公认，并应用在地下工程之中。

（2）地下工程围岩稳定分析——一套建立在非均质、非连续介质理论之上，以现代数学、力学和计算机数值模拟分析为主的围岩稳定性分析理论。

地下工程围岩稳定分析是20世纪80年代初期，于学馥以地应力为前提，根据围岩的弹性、塑性、黏性和存在弱面的特点，分别论述了围岩的应力、变形和破坏机理、稳定性验算和围岩压力计算及支护原理，形成了一个围岩稳定和围岩压力理论分析新体系。在一定程度上，指导了近十数年中国地下工程围岩稳定分析的工程实践。

（3）岩石记忆与开挖理论——20世纪90年代初期，于学馥在日本召开的岩石力学年会上，提出工程岩石力学的新概念、新理论。立即在国际上得到了强烈的反响和高度重视。岩石记忆与开挖理论，它是由岩石材料记忆理论和开挖过程稳态平衡机理及开挖系统控制理论简易分析方法三部分组成的统一的理论体系。岩石材料具有记忆，是从热力学理论入手，结合试验，证实由于岩石材料在工程过程中既有能量储存，也有能量耗散问题，这就产生了随时间而发展的应变。应变与应力会有不同步的现象，所以岩石材料滞弹现象的产生是应力感生系统内部结构或状态变化的结果，即岩石材料在工程和采矿过程中，对过去所有应力状态都具有记忆性，或者说，现实的应力状态取决于变形的整个以往历史或路径。从岩石记忆方式来看，记忆有两种方式：一种是最终的变形状态不仅取决于最后的应力状态，还和到达最后状态在应力空间所经历的路径有关，但与加载卸载过程中所经历的时间长短无关；另一种记忆方式则与时间和变形速率有特定的依赖关系。

岩石记忆开挖理论则是研究开挖过程稳态平衡机理，是建立在岩石具有记忆的前提条件下的，开挖属事物科学概念内涵不确定的系统问题，是建立在非平衡热力学自组织理论基础上的理论，引用了非平衡热力学中一些基本概念，如开放系统、系统与环境、平衡态与非平衡态等，并引用了近代科学系统论、控制论、信息论、功能论、智能论、突变论、优化论、对应论、离散论和模糊论等方法学的理论，融合发展起来的理论。

岩石记忆开挖系统控制理论分析方法，是对开挖系统动态控制进行计算必须能够反映出应力空间变化和时间效应。它是采用开挖系统理论结合岩石记忆智能计算方法计算所得到。岩石记忆智能计算方法，即为运用岩石记忆智能与计算机的信息储存、记忆、思维与运用智能相结合，通过开挖系统功能的计算，寻求更合理的系统结构，对技术方案做出优化选择和更为合理的决策。

为此，岩石记忆与开挖理论突出了以下的思维模式：开挖系统是一个控制系统；开挖系统是由分层次的有序的协同系统构成；开挖系统是一个动态系统，系统规律具有不确定性；开挖系统的控制途径是反馈思维；开挖系统中具体问题的解决依赖于全方位思维。在整个学术思想体系中，“动态”是核心，系统思维、不确定思维、反馈思维和全方位思维的“大思维观”是方法论。该理论对我国的工程实践具有重要的指导意义。

(4)“岩石力学新概念与开挖结构工程技术方案优化设计”的理论研究，是国家自然科学基金资助项目，是高等学校博士学科点专项科研基金资助项目。它是在岩石记忆与开挖理论在国际、国内提出5年后经过不断的再深化认识，从非线性大系统运动稳定规律研究入手，考虑从静态、线性研究跨入到考虑物质、能量变化动态的宏观大系统非线性过程研究领域，把热力学引入到传统岩石力学理论中，并通过计算机计算技术使之与现代科学的信息、系统、控制、智能、突变、模糊、耗散结构、协同等方法论相结合，形成新的理论体系。

该理论体系具体论述了岩石力学新概念提出的理论依据，即岩石具有记忆性，开挖结构具有自组织机能，是非平衡热力学不可逆过程，简单材料力学与热力学理论的区别，运动稳定的规律等。

该理论体系的开挖工程技术方案优化设计，则是开挖结构工程问题，它使工程从静态确定性方法研究向动态非确定性方法研究发展。这主要包括科学方法与技术方法的不同应用，强调技术方法的研究对象是特定的人化自然，必须更多地考虑时空关系和各种环境因素（包括自然和人文社会环境）的影响，工程设计是技术研究中的重要课题，一个成功的工程设计过程本质上是一个人类创造力的物化过程，从研究目标来看，科学方法是用以发现事物性质，属分析性的，而技术设计方法是用以发明事物，是属于创造性的。地球与地层具有自组织机能，地球自身是自组织结构体，地层具有自我调节和自组织性能，地球的旋转运动及运动速度的变化，都会引起地层地应力的变化，因为它直接会引起开挖系统的稳定问题，地应力是一个具有相对稳定的非稳定应力场，应力在空间和时间上是非均匀应力场。同时，根据矿山生产情况调查，结合板块大地构造理论，地球旋转理论分析，提出了中国采矿及地下工程有关联的构造应力场范围，以行政区划分，大致可以把我国分为三类地区：①强构造应力区；②中等构造应力区；③较弱构造应力区。此外，开挖结构自组织，开挖系统结构与功能，非确定稳定计算，开挖控制的两种研究方法，结构优化设计，非优控制，开挖工程方案优化研究实例等均为该理论的重要组成部分。

（5）不确定性科学决策方法与科学研究新体系，是于学馥前后经过了 40 余年的科学研究，在他的带领和指导下共有 60 多名教师、研究生、实验员以承前启后的工作方式在生产实践中总结发展起来的。依据他的认识，现在的科学方法是科学统一的研究方法，科学统一是指哲学、人文、自然科学三大系统与自然、社会、经济、文化、思维等科学统一于一体的科学方法。因此，不确定性科学决策方法是把时间、空间、物质、能量与信息统一于一体进行研究，从自然界是个运动过程来认识客观世界，从自然现象在实践过程中经历的变迁和历史行程中留下的动态特征及其周围事物之间的联系中来预测系统未来行为，预报其状态的发展。它是由三大不确定性科学决策方法体系组成，即不确定性科学决策的哲学方法、不确定性科学决策的数学方法、不确定性科学决策的力学方法及智能计算。

于学馥将不确定性科学决策方法与科学研究新体系引入工程岩石力学体系，形成系统具有自组织机能和自我调整的非稳定平衡运动过程，是时间-空间-物质-能量-信息 5 种参数统一于一体的决策计算方法。

五、于学馥主要论著

于学馥．1960．轴变论．北京：冶金工业出版社．

于学馥，乔端．1981．轴变论和围岩稳定轴比三规律．有色金属，（3）：8-15．

于学馥. 1982. 轴变论与围岩变形破坏的基本规律. 铀矿冶，(1)：8-17.

于学馥，郑颖人，刘怀恒，等. 1983. 地下工程围岩稳定分析. 北京：煤炭工业出版社.

Yu X F. 1985. The philosophy and measures of maintaining stability of underground opening in poor rock formations in Jinchuan mine district. Xuzhou，China，International Symposium on Mining Technology and Science (cd6-1-5)：18-20.

于学馥. 1986. 喷锚支护在金川不良岩层中的应用. 铀矿冶，(3)：7-13.

于学馥. 1991. 信息时代岩土力学与采矿计算初步. 北京：科学出版社：277.

于学馥，张玉卓，葛树高. 1992. 采矿岩石力学新论. 北京：知识出版社：146.

于学馥，于加，徐骏. 1993. 岩石记忆与开挖理论. 北京：冶金工业出版社：161.

于学馥. 1994. 重新认识岩石力学与工程的方法论问题. 岩石力学与工程学报，19 (13)：279-282.

Yu X F，Yu J，Xu J. 1994. New concepts in rock mechanics. Internation Symposium on New Development of Rock Mechanics & Engineering：29-35.

Yu X F，Yu J，Xu J. 1995. Rock memory and excavation. 8th Internation Congress on Rock Mechanics：693-695.

于学馥. 1995. 现代工程岩土力学基础. 北京：科学出版社.

于学馥，于加，徐骏. 1995. 岩石力学新概念与开挖结构优化设计. 北京：科学出版社.

于学馥，于加，徐骏. 1996. 岩石记忆与采矿/岩石力学新概念. 国家自然科学基金资助项目优秀成果编（二）. 北京：科学出版社.

于学馥. 1997. 岩石力学的数学描述与计算试验技术. 岩石力学与工程学报，(16)：93-96.

于学馥. 1997. 论岩石力学并复“浅谈岩石力学与断裂力学”一文. 岩石力学与工程学报，(5)：498-501.

于学馥. 2000. 非确定性科学决策方法. 北京：科学出版社.

于学馥，宋存义. 2003. 不确定性科学决策方法. 北京：冶金工业出版社.

主要参考文献

于学馥，于加，徐骏. 1993. 岩石记忆与开挖理论. 北京：冶金工业出版社.

黄润秋. 1995. 岩石力学新概念与开挖结构优化设计——序. 北京：科学出版社.

于学馥，于加，徐骏. 1995. 岩石力学新概念与开挖结构优化设计. 北京：科学出版社.

于学馥，宋存义. 2003. 不确定性科学决策方法. 北京：冶金工业出版社.

撰写者

于山大（1950～），北京石油学院附中教师，于学馥之子。

于靖萱（1980～），对外经济贸易大学国际商学院研究生，于学馥之孙女。

朱兆明

朱兆明（1920～），山西太原人。石油天然气开采专家，中国石油增产技术的学科带头人。1946年毕业于西北工学院（现西北工业大学）矿冶工程系采矿专业。新中国成立初期，在玉门油田进行了油田注水、注气、水力压裂等油气田开采技术先导性实验，并将实验获得的成果推广到石油工业生产实践中，为中国石油天然气长期稳产、高产做出了杰出贡献。曾任玉门油矿采油厂厂长，石油工业部玉门设计院院长，石油工业部地质勘探司油田处处长、总工程师，大庆会战时任采油指挥部副指挥，大港油田总工程师，石油勘探开发科学研究院总工程师；曾兼任联合国援助“完善压裂酸化服务中心”项目主任，石油工业部压裂酸化技术协调组长，石油工业部科技委成员兼采油工艺组长，国家科技委石油组成员。1985年“大庆油田长期高产稳产、注水开发”成果获国家科学技术进步特等奖；1991年“大港油田深井压裂技术”成果获部科学技术进步二等奖；1992年“压裂改造低渗透油田提高生产能力”成果获国家科学技术进步二等奖。

一、早年的艰辛

1920年正月初五，山西太原的朱家院里诞生了一名男婴，这就是朱兆明。院子的主人朱廷英是朱兆明的父亲，他是当地小有名气的教书先生。按当地习俗，节日里添了一个男孩，应是双喜临门，但朱廷英生了三个孩子都是男孩，本希望添个女孩，却又生了个男孩，因此他的出生并未给父亲带来更多的喜悦。而朱兆明出生三天母亲就去世了，于是朱兆明就被父亲寄养在邻村一个穷苦人家。善良的奶妈像对待自己的亲生儿子一样把他抚养到9岁。从奶妈身上，朱兆明获得了母爱，学会了吃苦耐劳，善待他人。9岁那年春天，朱兆明被父亲接回家上学。初中毕业后他只身来到北京，参加全国统招的高级中学考试，被北京河北高中录取。发榜那天恰逢七七事变，北京城里炮声隆隆，人心惶惶。北京河北高中的老师抚着他的肩膀说：“孩子，要打仗了，书是念不成了，留下通信地址，快回家吧。”他回到太原不久，日本人打到太原，朱兆明跟随大哥工作的兵工厂撤离到陕西汉中。失学后的一年多，他积极参加抗日宣传。1939年春，为躲避战乱迁校到汉中的北京师大附中招生，朱兆明顺利地通过了考试，进入附中的高中学习。三年的高中生活十分清苦，却为他打下坚实的文化基础，高中毕业，怀着实业救国的理想，考入西北工学院。1946年，朱兆明毕业于西北工学院矿冶工程系采矿专业，他满怀“科学救国”的热情，与同窗多年的妻子杨端容一同西出嘉峪关，行程一个月，到了地处戈壁荒滩的玉门油田，投身石油工业。当时玉门油田是我国第一个工业化的油田，虽然自然条件十分艰苦，但油田生产设施已具备现代化石油生产的初步模式。西行的路是那么漫长，整整走了30天。离玉门越近，西来的风越猛越凉，站在嘉峪关口的朱兆明，穿着妻子亲手缝制的大衣，还是冻得说不出话来。但塞外的寒风驱赶不走他内心的热情：玉门有油矿，我要到这里来！

二、主要业绩与学术成就

1. 采油工程技术的探索者

1949年中国历史发生了天翻地覆的巨变，以毛泽东为代表的中国共产党人揭开了中国历史新的一页，新中国诞生了。为迎接解放军进驻玉门油田，朱兆明积极参加了石油工人自发组织的护矿运动，并于1950年初作为油矿职工代表第一批光荣地加入了中国共产党。这更加激发了他“投身石油，报效祖国”的热情。1951年玉门油田成立了第一个采油厂，1952年朱兆明作为一名技术干部被任命为采油厂厂长。

随着石油开采过程中地层能量下降，玉门油田原有的油井自喷能力逐渐减弱，要想保持石油产量，就必须展开技术攻坚。有一位苏联顾问针对玉门油田的情况说：“油田开发不能等待上帝的恩赐，要向自然索取。”这句话给了这位年轻的厂长很大的启发：采油技术必须以提高和保持油井产能为重要任务，关键在于人为采取措施保持、提高地层能量。

1951～1957年，朱兆明领导开展了一系列中国采油技术先导性攻坚试验。他亲自设计和实施了中国油田第一口注水井的试注，探索了此项注水工艺对油田稳产的可行性，取得了注水工艺、水质监测、注水站建设与运行等一系列初始经验，掀开了中国油田保持压力开采的序幕。这一工作对中国采油工程技术的发展有着深远的影响。随后，他组织实施了玉门老君庙油田主力产层顶部注气工程，以达到保持油层压力、改善开发效果的目的。工程的实施在注气厂建设、天然气处理、注气区生产监控等方面取得了初步经验，这也是中国油田注气开采的第一次先导试验。同在这一期间，我国油田主要的压裂增产技术也开始在玉门油田进行了实践。在没有技术资料与设备的情况下，1955 年 6 月他在玉门石油管理局焦力人副局长的支持下，克服了重重困难，成功地进行了中国石油工业史上的第一次中深油井水力压裂，取得了明显的增产效果，为水力压裂技术在我国油田开发应用揭开了序幕。水力压裂技术在我国油田的出现与西方、苏联等石油大国几乎同时，朱兆明在任玉门采油厂厂长期间对采油技术开拓性的探索，对我国采油工程技术发展有着深远的影响。

上述试验使我国采油工艺技术显著地提高，从那时起，采油工作已不再仅限于地面的日常管理，而是需要针对油田地质条件，进行油田生产的动态分析，人为采取改造性措施，提高地层产油能力。鉴于现代采油工艺技术发展的需要，朱兆明在玉门采油厂内部建立了“井下作业”机构，它不仅进行日常油井维修工作，而且担负低产油层的处理措施，以提高油井产能。现在我国石油天然气开采工程中，“井下作业”已成为一个不可缺少的重要环节，这都源于玉门采油厂最初的“井下作业”。

1955 年，朱兆明调往玉门设计院工作。根据部领导的指示，在苏联专家的指导下，由他主持完成了玉门油田建设总体设计，黄剑谦、陆天安、杨端容、谭文彬等分别负责有关设施的设计。总体设计包括油田开发方案、油田工程建设、辅助生产设施、生活区工程等，进行总体规划设计，是我国第一部完整的油田建设总体设计，对以后陆续发现的几十个大小新油田的建设起到重要的指导作用。这项工作培养了新中国自己的油田设计人才，为油田建设奠定了基础。

1957 年 8 月，朱兆明奉命调往北京，担任石油工业部地质勘探司油田处处长、采油总工程师。

2. 大庆高产稳产注水开发的领头人

1960 年，由于石油短缺以及受到来自外部的严重威胁，我国国民经济发展处于困境。石油不仅关系到国民经济的发展而且还关系到国家安全。也就是在 1959 年，在我国东北找到了大庆油田，专家们的分析研究证明这是一个在世界范围数得上的大型油田，好油田，这真是国家的大喜事。几万名石油工人，怀着为祖国分忧，为民族争气的爱国精神，云集大庆，开始了一场大规模的石油会战。

怎样才能科学地开发大庆油田是摆在全体大庆会战人员面前的一道难题。大庆油田的特点是：地层压力与饱和压力接近，产层油气比也比较低、原油黏度较高，这些都是油田合理开发的难点。如开采方法不当，会严重影响油田的采油速度和采收率。为了确定最佳开发方案，会战指挥部组织技术座谈会，广泛征求意见。朱兆明等在编制大庆早期开发方案时提出：建立开发实验区、早期注水、分层开采。

为了科学地开发这个大油田，会战指挥部决定首先在大庆中区开辟开发实验区，探索科学开发大庆油田的经验以保证高速度高水平地开发好大庆油田。实验区原油开采半年后，开采油层的压力明显下降，这将导致油井产量下降，储层原油的物理状态改变，进一步将导致地下原油脱气，影响实验区的最终采收率。如何解决这个难题成了能否开发好大庆油田的关键，对开采油层的早期注水成了油田开发的紧急任务。大庆会战指挥部领导做出了重要决定：由朱兆明负责工程技术，成立注水前线小组，立即展开早期注水方案的实施。大庆原油的黏度高，对注水或驱油都是不利因素，早期注水压力高，在高寒地区早期注水能否获得成功是大庆会战能否获得胜利的关键问题。

注水的第一步是试注。经过油井生产动态分析，泵注水马力、热交换等周密计算，朱兆明调集了水泥车、活动锅炉、储液大罐几十台套设备连接成临时试注系统，这是一个极其庞大的机械设备群。在初试受挫后，朱兆明深感责任重大，为确保试注试验的成功，他参照玉门经验提出保证水质、充分洗井、稳定运行的工艺要求。一天深夜，会战指挥部领导康世恩来到这灯火通明，几十部泵车轰鸣的试注井场，看到上百人连夜奋战，不畏严寒，不顾疲劳，他称赞说："你们这里是萨尔图（当年大庆会战开发实验区）最伟大的场面。"试注获得了成功，为确保早期注水迈出了艰难而关键的一步，为此，试注小组获得了大庆会战"一级红旗"的奖励。时值寒冬季节，松辽平原的严寒刺骨，气温达到－40℃。供暖锅炉烧到了最高压力极限，但注水泵房里的温度却仍在零摄氏度以下，四壁和房顶挂满冰凌。大功率柴油机都被冻坏了。朱兆明等小组负责人住进了泵房，他们脚蹬毡靴，身穿皮袄，头戴皮帽，夜以继日地苦干。经过半个月的苦战，注水站终于在北国的严冬里顺利投产。随着清澈的水流注入地层，原油产量得到了稳定的支持，早期注水在高寒的大庆取得了成功。随后，朱兆明、翟光明和万吉业等提出大庆油田实验区的开发草案，根据大庆油田的特点，采用早期内部切割注水，对北一区设计三套井网，开发区块留有后备调整余地的方案。继试注试验、注水站建设之后，朱兆明又进一步完成了改热注（水温70～90℃）为常温注水（大气温度），大大简化了注水工艺，节约了能源，加快了工程进度，从而奠定中国石油工业早期注水工艺技术的基础。以后又进行了大功率注水泵的改型等项技术完善改造，保证了平稳注水，减少了维修，大大提高了注水时效。1985年国家科委授予朱兆明等"大庆油田长期高产稳产注水开发技术"科技进步特等奖。

20世纪70年代中期，朱兆明针对部分地处边远分散的断块油田稳产需要（此类油田单井注水量低而注水压力偏高，不利于离心泵工作），提出试用高压小排量的柱塞泵注水的建议，在部领导的支持下，与董恩环、马梦祥等进行调研，组织试制，经过大港、胜利、华北等油田的试运行，成功地补充完善了油田注水泵的种类。

3. 中国压裂酸化工艺技术的学科带头人

经过多年的现场实践和广泛的调查研究，20 世纪 70 年代朱兆明曾明确指出："压裂技术进入石油工业已有二十多年的历史，目前发展成为油气勘探开采中提高油气井产能，提高油气采收率的一项重要技术。展望未来（至少到 20 世纪末）压裂工艺技术面对新发现和投产油气田的深度在增加，一定比重的储量品位有所下降，以及老油田产能的下降，这些复杂课题促使压裂技术将会有所发展。"而且"压裂技术应用范围随着世界能源的发展，也将向石油工业以外延伸，如近期的核废料处理，较长远的地热开采应用，未来可能涉及的深部薄煤层开采等"。形势的发展正如朱兆明所预见。

水力压裂在石油开采中是一项最为复杂、难度最大的技术，被称为"硬骨头"。1976 年，朱兆明受时任石油工业部部长康世恩之命"专搞"压裂酸化技术。从此，他把全部精力都倾注在我国石油压裂酸化技术的实验研究上。同年 12 月他率领技术考察团访问美国，这是粉碎"四人帮"以后石油工业部派往美国的第一个考察团。当时中美还没有建立外交关系。技术考察使他开拓了眼界，发现经过"文化大革命"，我国与西方国家在压裂酸化技术方面已经存在了明显的技术差距。他向部领导建议：我国低渗油气田开发，以及老油田稳产都离不开压裂酸化增产工艺技术，因此，应当引进成套大型压裂车组、建立全国性压裂酸化技术研究单位、学习国外先进技术、迅速消除或缩小我国与西方国家在这一领域技术差距，以适应我国石油天然气工业发展的需要。根据石油工业部领导的指示，朱兆明担负了大型压裂车组的引进工作（选型谈判，设备发运检验，组织试运行和投产），并于 1991 年主持了大港油田百口井压裂会战。千型压裂车组的正常运行本身就是一套极为复杂的技术。压裂车的轰鸣打破了渤海湾的寂静，数千方压裂液和成千吨支撑剂被千型压裂车组缓缓注入地层，形成高导流通道—原油生产的"高速公路"，大大提高了油井的生产能力。完成了：百天压裂百口井，日产增加千吨的会战任务，使引进的新技术当年度转化为生产力。至此，中国压裂施工的深度和规模都有了历史性突破，油井压裂深度由 2500m 突破到 5000m 以下，为进一步挖掘中国石油工业的生产潜力做好了准备。"大港油田深井压裂技术"成果获部级科技进步二等奖。

随后，朱兆明与王鸿勋又来到长庆油田对延长统油层（被称为"磨刀石"油层）做了压裂增产措施试验。试验结果表明，延长统油层不是铁板一块，有的井区通过压裂可以得到工业产能。他提出的增加支撑缝长、控制裂缝高度以求改善压裂效果的指导思想，成为长庆油田延长统压裂工作的基本原则。改变了当时通用的“一井多层，一层多缝”的压裂原则，把压裂处理范围由近井地区延伸至中远范围。长庆人就是在一块被外国专家视为没有开采价值的油田上，应用压裂技术使油田得以成功地开发，并发展成为年产2000万t的大油田。这次试验不仅提高了国内压裂工艺水平，还培养锻炼了一批压裂技术人才。他领导了胜利油田和华北油田5000m超深井压裂作业，开创了我国油田碳酸盐岩地层应用水力压裂增产的新纪录。

整个20世纪80年代是中国压裂技术腾飞的年代。朱兆明作为石油工业部压裂技术协调组组长，组织参加了四届全国压裂工作会议，为推动压裂工艺技术在全国油田的发展做了有益的工作。1987年，石油工业部全国压裂会议在中原油田召开。此时，几乎所有的油田都装备了引进的千型车组，都有一支完整的压裂施工队伍，有一套适合本油田的压裂工艺技术。压裂已经成为油田稳产增产的重要技术。

朱兆明领导了联合国援助的“完善压裂酸化服务中心”的项目，组织技术队伍、建立专业实验室、开展专业性的应用机理及技术研究。将有关技术推广到全国各油田，使我国油气井的压裂深度和规模有了历史性突破。建立压裂酸化技术服务研究中心，其中包括大型压裂车组的引进、设计软件的引进及推广，配套技术攻关等。他领导了这一领域“七五”、“八五”科技规划内容的研究工作，迅速缩小了我国压裂酸化技术与西方国家的差距。作为联合国援华项目主任，完成了“完善压裂酸化技术服务中心”项目，使我国压裂酸化工艺技术达到或接近国际先进水平。

1983年朱兆明开始筹划组建“压裂酸化技术服务中心”。他认为“压裂酸化工艺技术的发展与数学、物理学、岩石力学、流变学、油田化学、矿物学等学科密切相关”。因此，除老一辈石油研究人员之外大多数研究人员来自西北大学、天津大学等。朱兆明坚持把提高自身研究能力放在“中心”组建工作的第一位。

改革后的石油天然气总公司对“中心”的建设给予了高度的重视和巨额的投入，并争取到联合国对“中心”的建设的援助。在“压裂酸化技术服务中心”组建过程中，数百万美元的大型设备引进；朱兆明亲临指导安装验收，严格要求、一丝不苟；15位美国专家学者来华讲学。在长达三年的时间里，他亲自选定专题，现场主持，审核小结；两部专业书籍（40万字）的翻译，他身体力行，重要章节亲自翻译，并校对全文；科研课题的研究与指导，他确定主题，制定攻关目标，审定最终报告。他明确指出：“成功的现场压裂作业一定程度上取决于可靠的实验室工作的支持，只有把‘中心’建设好，才能从根本上解决我国压裂酸化工艺技术存在的技术问题。”如果把“中心”比作一块压裂酸化研究的园地，朱兆明就是这块园地里最勤劳的园丁。

在他的指引下，“压裂酸化技术服务研究中心”建成了材料评估、岩石力学、液体流变学、酸岩反应及酸液流变学等世界一流水平的实验室。实验室的建立，填补了我国的空白，并被审定为国家级实验室。并以这些实验室为基础对全国各油田进行了大量的技术服务，在吐哈油田、胜利桩西油田、二连阿尔郜油田等获得了令人鼓舞的成功。为全国 16 个油田进行了技术服务，提高了压裂酸化增产效果，年增产原油由 340 万 t 到 950 万 t，年压裂作业量由 11300 次减到 8700 次。

1993 年 3 月，联合国专家对“压裂酸化技术服务研究中心”进行联合国开发计划署（CPR/87/015/A/01/01）援助项目终审。在朱兆明的领导下，“压裂酸化技术服务研究中心”的主要成果归纳为四个方面：第一，实验室基本建设达到世界一流水平；第二，具备了现代二维、拟三维、全三维整体压裂优化设计能力；第三，部分压裂酸化化学添加剂达到或接近世界先进水平；第四，为油田技术服务创造 3 亿元人民币以上的直接经济效益。

专家们对“中心”的成就予以高度赞扬，他们说：中国的确和其他第三世界国家不一样，联合国的援助不仅没有被滥用，石油天然气总公司的投入也远远高于联合国。负责监督执行该项目的联合国官员李少义感慨地说：“压裂酸化技术服务研究中心能有今天，联合国项目能够圆满地完成，项目主任朱老总功不可没。”

进入 20 世纪 90 年代，我国新投入开发的低渗油田大量增加，如没有先进水平的压裂酸化工艺技术，中国石油工业的处境将会变得更加艰难。朱兆明作为压裂酸化技术的学科带头人，“七五”、“八五”期间领导了这一领域科学研究并发挥了关键的作用。他提出的压裂总体优化设计指导原则、优质材料体系、先进的实验室技术、压裂开发技术、水力裂缝方位对开发效果的影响等重要观点，对我国油田开采工作至今仍起着非常重要的指导作用。

三、正直的为人与实事求是的科学态度

50 个春秋转瞬而逝，朱兆明在自己的工作岗位上取得了显著成就，享有很高的声望，这不仅仅因为他的资历和贡献，凡是与他接触过的人都更加看重他的为人。

不论政治风云如何变化，坚持科学态度是他的一贯做法。1959 年“反右倾”运动中，他反对“放大油嘴”、“放卫星”的做法。批判他的大字报铺天盖地，朱兆明却以详细完整的技术资料回答对他的批判。在“文化大革命”中他从“牛棚”中解放，到大港油田任总工程师，张文彬副部长问他：“搞了几次会战，产量日上万吨为什么总上不去?”他一针见血地回答：“造反派借大批判压生产，这是主要原因。”在以阶级斗争为纲的年代里，他却鲜明地提出“油田生产以注水为纲”。改革开放以后，有人

讲中国采油工艺技术不及格，他却实事求是的指出我国采油工艺技术已达到世界先进技术水平。不为一切因素所动摇，坚持实事求是的科学态度使他赢得了人们的尊敬。

“文化大革命”期间，朱兆明夫妇一同被送往江汉“五七”干校，白天冒着酷暑忙碌在千亩大田和建筑工地里；晚上一家四口挤在一间十二平方米的小屋里，经受着江汉平原夏季的闷热和冬季的阴冷与潮湿；有时还要接受专案组有辱人格的政治审查。三年里朱兆明经受了精神上和肉体上的严酷磨难，严酷的磨难没使他的心态扭曲，反而使他变得更加成熟和坚定。在那个年代里，许多政治上幼稚的青年技术干部误入歧途与他反目，朱兆明却能泰然置之，“文化大革命”后对他们不计前嫌，倍加爱护和帮助。每当回忆起那段非常时期朱兆明总是这样说：“人无完人，孰能无过？社会大环境是那样，青年人言行过激是难免的。真正的共产党人都会把个人恩怨抛在一边，而决不会因此埋没了别人的才华。”他坦荡的襟怀和宽厚的为人感动和教育了这些青年人，他们当中涌现出一批科技专家和劳动模范。

改革开放以来，我国石油工业进一步扩大了涉外技术引进、合作及交流。在大量的外事活动中，朱兆明多次出访美国、加拿大、法国，多次主持国外技术专家来华讲座，多次与国外专家一同到油田生产一线进行技术服务与咨询，他惊人的理解力与记忆力、文雅的言谈与举止、学者的渊博与风度令外国专家赞叹不已。美国SPE专栏作家R. W. Veatch尊称他“是一位伟大的学者，一个了不起的人，是一位值得尊敬的石油科技学者，值得每一位石油工作者敬仰”。朱兆明以他高尚的为人和坦荡的胸怀为石油，为国家，也为自己赢得了国际友人的尊敬。

朱兆明常说：“一个人的力量是十分有限的，现代科技工作大都要靠集体的力量才能进行并完成。”在他看来，领导的爱护和支持，周围同事的勤奋和努力，普通工作人员的关心和理解都是他事业获得成功的保证。他正是把自己视为石油工业的沧海一粟，才能把自己的事业与石油工业紧紧连在一起；他摆正了自己与集体的位置，才能对个人的名利不屑一顾。在朱兆明的书房里挂着一幅紫砂陶匾，上面写着：“人到无求品自高。”他这样解释：“无求”指的是不求个人私欲。这正是一个为中国石油事业奋斗了50年的老科技工作者的自律之言，也是他崇高品质的写照。

为了中国石油工业的振兴，朱兆明奋斗了50年，开拓了50年，奉献了50年。如今，他仍然健康、硬朗，仍然关心着石油工业发生的大事小事，过着平静的退休生活。

四、朱兆明主要论著

朱兆明. 1978. 关于压裂酸化技术的考察报告. 石油工业部全国压裂会议论文集. 北京：石油工业出版社.

朱兆明．1980．关于继续进行延长统油层评价研究．石油工业部全国压裂会议论文集．北京：石油工业出版社．

朱兆明．1980．关于大港油田深井压裂工艺问题的讨论．石油工业部全国压裂会议论文集．北京：石油工业出版社．

朱兆明．1981．油层水力压裂可以延长油田稳产期，提高最终采收．中国石油学会年会论文集．北京：石油工业出版社．

朱兆明．1982．七十年代末，八十年代初国外压裂酸化技术的发展．石油工业部全国压裂会议论文集．北京：石油工业出版社．

李国才，朱兆明，杨洪志，等．1982．采用大型压裂工艺控制井喷技术．石油钻采工艺，(5)：33-42．

朱兆明．1984．压裂酸化工艺在我国油气田开发中的发展及应用．石油钻采工艺，(5)：33-43．

朱兆明．1985．发展压裂酸化化学剂，为石油工业和国民经济的同步发展作贡献．全国油田化学会议．

朱兆明．1987．再论低渗透油田提高压裂效果问题．全国压裂会议．

朱兆明．1987．冀中第三系油层压裂增产问题．全国压裂会议．

朱兆明．1989．关于安塞油田开采技术问题．西安安塞油田开采技术研讨会．

朱兆明．1994．关于塔里木超深井开采有关问题．塔里木专题咨询会．

主要参考文献

朱文．1998．朱兆明//岁月流金编委会．岁月流金—记石油科技专家（一）．北京：石油工业出版社：303-310．

撰写者

朱元（1947～），山西太原人，高级政工师，原中国石油天然气集团公司政治思想工作部（企业文化部），中国石油股份公司企业文化部副总经理，朱兆明的儿子。

秦同洛

秦同洛（1924～2000），江苏无锡人。石油开发工程专家、教育家。1944年毕业于西南交通大学采矿冶金系，开创了中国油藏动态研究，并取得突出研究成果。新中国成立后，他担任了第一任采油厂（玉门）厂长。1954年初，北京石油学院刚成立，到北京石油学院钻采系采油教研室担任主任、油田开发系主任，是中国石油开发教育的创建人之一。1960年参加大庆石油会战，兼任大庆石油会战地质指挥所副指挥、采油指挥部总工程师，负责制定大庆等油田注水开发方案和大庆油田第一个大型实验区开发方案，作为主要完成者的科研成果“大庆油田长期高产稳产的注水开发技术”获国家科技进步特等奖。还参加了华北、胜利等油田的开发技术决策。1972年担任石油工业部石油勘探开发规划院（现中国石油勘探开发研究院）副院长分管科研和培训，还兼任中国石油学会副理事长、国际石油工程师学会（SPE）学术委员会主席，组织和主持多次重大国际石油学术交流活动；长期担任《石油学报》《石油勘探开发》杂志的主编。

一、成长的足迹

秦同洛是我国石油开发专家和石油教育家。他给人最深刻的印象是：学识渊博、记忆力惊人、乐观豁达、谦虚温良、平易近人、诲人不倦。他常年光着头，冬天很少穿棉衣，脚上习惯穿着布鞋，手里经常摇着一把大蒲扇。他那粗壮的身材，颇似弥勒般笑口常开的慈善面孔，走起路来，闲庭信步从容不迫，功底深厚的书法，妙语连珠似的有问必答和流畅的英语，处处使人感到大学者聪颖智慧的翩翩气度，令人望而可亲，见而难忘。

1. 立志采矿救国、玉门油矿才子

秦同洛，1924年出生在风景秀美的江苏无锡市，一个书香门第之家，自幼受到严格教育。1940年仅16岁的秦同洛以优异成绩考入上海交通大学化学系。当时正值日本帝国主义侵略中国，中华民族处在水深火热之中。“珍珠港事件”之后，学校

校舍被日本侵略军强行霸占，他和同学辗转千里，历时两个多月，穿过日军封锁线。一路上，目睹了日本侵华，国民党腐败，造成可爱的中华满目疮痍、贫穷落后、惨不忍睹的情景，极大地激发了秦同洛的爱国热情，心中铸就了“工业救国”的志向。秦同洛确立了“我要采矿”的目标，经过多方周折奔赴西南交通大学分校（贵阳）采矿冶金系上学。

大学期间，目睹汽车靠木炭、酒精作燃料，“一去二三里，抛锚四五回，下车六七次，八九十人推”石油奇缺的景象。秦同洛 1944 年毕业后，毅然决然报名到我国第一个石油矿区——荒远的玉门油田工作，从贵阳出发，冒着日本侵略军的炮火硝烟，首先赶往当时玉门油矿的总部重庆市。再搭乘一辆从重庆给油田运货的卡车，坐在车厢的货物上，路上日本的飞机狂轰滥炸，再加上车况路况都很差，卡车经常坏，走走停停，一路北上，越走越冷，带的衣服全都套在身上，仍冻得浑身发抖，经过了 48 天的颠簸，在一个大雪纷飞的日子里，终于到达了日夜盼望的玉门油矿。他穿上了老羊皮袄、毡筒，从此，成为石油人，开始了半个多世纪的石油生涯。玉门油矿 1938 年勘探，1939 年老君庙油田获工业油流。1944 年正是创业的艰难时期，玉门油矿大学生不多，年方二十、长得很胖的秦同洛以广博的知识，能背诵《三国演义》等著作名篇和诗词及超群的记忆力和对石油知识具有独到见解很快就引起人们的关注。他被派到矿场实习，以饭量大闻名，很快得到了“胖才子”的美称，成为矿上受欢迎的年轻人。

秦同洛在矿上做过钻井、采油工作。后来，矿上设立一个工程室担负矿上的工程研究工作，全室有 20 多人，童宪章是负责人。工程室下设一个实验组，由秦同洛负责。实验组从美国进口了一批井底压力计、温度计、钻井测斜仪等，凡是井下测试和岩心分析的仪器设备都在这个实验组。秦同洛带领技术人员测试了大量参数并进行油田开采动态分析，这是我国油藏动态研究的开始，并取得突出研究成果。

2. 大庆油田会战、开发科技高参

早在 1959 年，石油工业部曾派秦同洛去松辽石油勘探局勘探前线考察，帮助解决一些技术难题。1960 年大庆油田会战刚开始，石油工业部从北京石油学院抽调一些骨干参加大庆石油会战，有几个人还带职会战，秦同洛是其中之一。他兼任大庆石油会战地质指挥所（大庆石油勘探开发研究院的前身）的副指挥和党委委员。另外，还兼任了采油指挥部总工程师，当时宋振明（后任石油工业部部长）是采油指挥部的指挥。秦同洛曾主管测压工作，“在秦同洛领导下，很快把队伍集中起来迅速开展了测压工作。那时工作条件十分艰苦，经常是冒雨扛着压力计，背着钢丝绳，

一步一滑走20多里，往井里下压力计时，每个人被喷得满脸是油。晚间没有地方睡觉，就几个人挤在一起，在不遮风、不挡雨的破牛棚里，坐一夜。随着生产井的增加，每月都组织一次测压会战，提供一张油层压力图。”（《余秋里回忆录》）大庆油田饱和压力等一些重要参数是由他确定的。在此基础上，搞油层对比。“李德生、秦同洛和其他技术干部组织研究队伍，白天上井指导工作，晚上整理资料对油层进行逐井分小层的对比、分析、研究。没办公桌，在铺板上工作。没电灯，就点蜡烛干。一天要对比300多层，计算3万多次，全靠算盘和拉计算尺。油层对比研究，一共搞了235万次对比，31万次化验分析，为合理划分开发层系，布置井网，分层注水采油提供了地质依据。”（《余秋里回忆录》）

余秋里、康世恩等领导经常找秦同洛讨论各种技术问题，并让他参加有关油田勘探开发重大决策的会议。大庆会战正赶上我国三年自然灾害的困难时期，吃饭是个大问题。“秦同洛教授是战区有名的八大专家之一。他学问大，肚子也大，饭量是别人的一至二倍。康世恩作了一个特殊决定，在大会上宣布：秦教授走到哪，你们都要让他吃饱饭。秦教授吃饭不定量成为人们津津乐道的事。”（《康世恩传》）成为大庆会战领导关心知识分子的佳话而广为流传。以后秦同洛还参加了华北、胜利等油田的建设，为油田研究院的建设和开发方案的制订发挥了重要作用。

3. 开拓石油教育、桃李遍布油田

1954年初，石油工业人才的摇篮——北京石油学院刚成立，秦同洛奉命到北京石油学院钻采系采油教研室担任主任。当时采油教研室专业课主要有采油工程、油田开发两门主课。秦同洛编写了讲义，讲授油田开发课。他在教学中一贯重视培养学生理论联系实际，提高解决生产问题的能力。如1958年，由秦同洛带领学生参加四川油田会战。他组织学生建立了一个研究站，两个修井队，与油田技术干部和工人一道投入采油科研和生产。王德明（后任中国科学院院士、大庆油田总工程师）等一大批学生在会战中受到了多方面锻炼，增强了解决油田实际问题的能力。

1961年，秦同洛担任了油田开发系主任。在这期间，他运用多年积累的生产经验并与同事们合作撰写了我国第一本油田开发方面的教材，为以后的油田开发工艺教学打下了良好的基础。培养了上千名的石油开发人才奔赴各油田，成为油田开发方面的技术骨干。

4. 组建石油规划院、研究院

1972年5月20日，在北京石油学院院址上（北京石油学院在“文化大革命”

中迁到胜利油田）建立燃料化工部石油勘探开发规划研究院（简称规划院），副部长焦力人兼任院长，秦同洛担任副院长兼总工程师，负责科研、培训工作。院下设勘探、开发、工艺等方面机构。主要工作是组织石油部召开的各类专业会议、调研、检查及编制各油田、石油管理局、石油会战指挥部的中长期规划，并负责对油田建设、基建计划、勘探、试采工程设计、中长期发展规划等项目进行审查。还负责整个石油工业的科研计划、资金、科研器材的管理等项工作。秦同洛参加石油工业部油田开发的生产例会，根据油田生产需要及时组织规划、科研工作。

1978年，石油工业部提出“科技兴油，人才兴业”的战略决策，为了加强全国石油地质勘探开发和钻井采油工艺技术及装备的研究，批准在规划院的基础上建立石油工业部石油勘探开发科学研究院（现中国石油勘探开发研究院）。秦同洛任副院长负责科研、科技情报和培训工作。他配合院长抓了几件很有成效的事：一是建立完整的石油勘探开发科研体系，先后组建了石油地质、地球物理、遥感地质、石油开发、采油工程、采收率、钻井、机械、计算中心、实验中心等研究所，全面开展研究工作，又在廊坊、杭州、兰州等地先后建立了四个分院。到90年代，中国石油勘探开发研究院已经发展成为我国石油工业最高研究机构和智力中心。在国家科委公布的调查报告里，在全国4781个科研院所里，该院的科技实力排列在第三位。二是负责重大科研项目和指导华北、胜利、江汉等油田开发方案的制订工作，他负责的“大庆油田长期高产稳产的注水开发技术”科研项目于1985年获国家科技进步特等奖。石油勘探开发科学研究院建院初期，从各油田调来一批骨干，为了实现生产型人才向科研型人才的转变，院党委采纳了秦同洛的建议，对全院近千名科研人员分批进行外语和计算机培训。秦同洛组织培训处用了5年时间培训，使能自行阅读和运用国外文献的科技人员由25％上升到95％，科技人员普遍能够运用计算机开展研究工作，大大提高了科技人员的素质和能力。在此基础上，还负责开展了对全国各油田科技队伍知识更新的长期培养教育工作。经过发展，中国石油勘探开发研究院的科研综合实力在全国名列前茅。

二、主要生产、教育、科研成就

1. 我国从事试井、井下测试、岩心分析工作第一人

玉门工程室是我国开创石油勘探开发科技研究工作的源头。秦同洛在玉门工程室带领技术人员进行了大量油田测试的探索和开创性工作。油田开发设计离不开孔隙度、渗透率、饱和度等数据。每次测试他们都反复验算，数据力求真实可靠。他

们测试了大量参数并进行油田开采动态分析，这是我国油藏动态研究的开始。秦同洛对大量的数据进行研究，取得了两项非常突出的成果。

一是在20世纪40年代中期，玉门油田开采出现了气顶。当时，油田对是否一开始就存在气顶，以及气顶对石油开采有什么影响等问题的认识，一直困惑着矿上的技术人员。秦同洛经过研究，于1948年10月写出“老君庙油田动态之初步研究”成果报告，明确提出：老君庙油田气顶不是原始气顶，是由于过量开采石油而产生的气顶，是次生性质的，在开采中应该加以控制的结论。文中对以后开采提出三点措施：“①油气比较高诸井在可能范围内应暂关闭；②目前采油诸井，其日产量严加限制，毋要因此过高而再造成局部低压区，致减低最后收回量；③在新井钻凿过程中每穿透一砂层应即进行地层测试。如所穿过诸层压力悬殊，则压力较低者应将套管隔离之，以减低油气之地下损失。”后来实践证明这些结论是正确的。这篇珍贵的论文现存在玉门档案馆。二是当时怕出水，采油井都集中在油田顶部，对油田边缘不清楚，秦同洛通过第一口打边井的油气水分析，初步确定了油田的边缘。这两项成果对制订油田开发方案具有重要指导作用。玉门油矿截止到1949年共生产原油52万t，占全国同期总产量的95%，是规模最大、工艺技术领先的石油矿，为抗日战场提供了动力，这里包涵了童宪章、秦同洛等石油科技奠基人和油矿职工的智慧和心血。

2. 新中国的第一个采油厂厂长

秦同洛在中国的历史转折关头，在极其艰难困苦的条件下，扎根于油矿广大工人和技术人员的沃土之中。在中国共产党的地下组织和进步思想影响下，他的世界观发生了很大变化。新中国成立前夕，他积极参加了护矿工作，玉门油田完整地回到人民的怀抱。1950年，他光荣地加入了中国共产党，并担任了新中国第一个采油厂厂长。当年，玉门采油厂有400多名职工，承担全油田的原油生产任务。秦同洛组织大家恢复生产，建立新的管理制度和生产秩序，身先士卒，带领全矿技术人员与职工修井清蜡，改进工艺技术，千方百计增加产量，当年就生产了9万多吨原油，有力地支援了新中国的经济建设。时任玉门矿务局局长杨拯民在《人民日报》发表的“玉门油矿的新面貌”一文中指出：“解放后，玉门油矿日新月异地改变着面貌，取得了前所未有的巨大成就。……在采油工作方面取得了显著的成绩，建立了整套的油田、油井管理制度，科学地控制了油井出油时的油气比例。这样就彻底解除了解放前那种‘靠天吃饭’，盲目开采的混乱现象。另外，还进行了复活废井和普遍修井、清蜡的工作。所有这些努力，使得原油产量大大提高。”记录了秦同洛厂长及职工的成绩。

为了提高人员的素质，秦同洛亲自编写了讲义培训技术人员，传授采油工艺技术。在这期间，北京的大学毕业生来玉门实习，秦同洛用英语给学生讲授“油藏驱动类型”。他说：“对大学毕业生，应当这样要求。”可见秦同洛当时虽然在生产管理岗位，却对教学工作从严要求，表现出他一贯治学严谨的精神。

在组织安排下，秦同洛曾到延长油矿做了重要的研究工作，当时延长油矿对油藏的性质模糊不清，制约着油田开发方案的确定。有个工程师叫黄先驯首先提出了延长油矿是裂缝性油藏的论点，但证据不足，大家不认同。秦同洛通过测试了大量参数并进行油田开采动态分析研究证明了黄先驯的提法是对的，延长油矿属裂缝出油。经过比较曲折的认识过程，这个符合实际的结论终于得到了各界广泛承认，从而使延长油田的勘探开发工作从必然王国向自由王国跨越了一大步。

3. 负责我国第一个注水开发方案

1953 年，针对玉门油田由于经过多年开采，油层压力下降，原油产量不断下降的严峻局面，以燃料工业部副部长李人俊为团长、石油管理总局副局长刘放为秘书的科学技术代表团，去罗马尼亚考察并签订科技合作协议。石油总局派秦同洛等三名专家参加了这个代表团。在将近两个月的时间里，详细考察了罗马尼亚油田注水开采工艺技术，使秦同洛受益匪浅。回国后，石油总局邀请了苏联高级石油专家特拉菲姆克带一个专家小组访华。经过考察，特拉菲姆克根据杜马斯油田开采的经验和中方专家的研究提出了玉门油田注水开发的意见。石油总局做出决定，制订玉门油田注水开发方案，由秦同洛负责工程部分，陈赍负责地质部分。在秦同洛带领下，韩大匡等参加了工程部分的工作。从 1953 年 11 月开始这项工作，到 1954 年 3 月终于完成了我国第一个注水开发方案。这个方案实施后，地层压力逐渐恢复，采收率得到提高。这是我国首次将注水工艺引入油田开发并获得了成功，为以后大庆等油田的开采，积累了宝贵经验。

4. 国家十二年科技发展规划制定者中最年轻的成员

1956 年，国家调集了一大批专家，由陈毅领导，张劲夫具体负责，开展了制定国家十二年科技发展规划的工作。石油工业的科技规划由翁文波、侯祥麟两位负责，秦同洛协助。秦同洛时年 32 岁，是制定规划的专家中最年轻的一个，分担了钻井、采油、油气集输等部分规划的起草工作。石油工业规划及整个规划经陈毅、聂荣臻审查后，报国务院讨论通过。这个规划实事求是，规划目标全部得到实现。同时按照这个规划中关于为了加强石油科技，成立石油科学专门研究单位的内容，经国务院批准，于 1958 年正式成立了石油工业部石油科学研究院，从而极大地推动了石油科技工作的发展。

5. 负责大庆油田生产实验区和第一个开发方案制订

大庆石油大会战初期，面对大庆油田这样世界级油田的大场面，如何搞好油田开发的宏观决策是一个重大课题。秦同洛等专家建议开辟生产实验区，开展一系列实验，积累经验后，再扩展开发领域。石油工业部党组确定建立第一个 32km^2 的生产实验区，秦同洛是试验区方案的主要负责人之一。在开展各项试验取得成功的基础上，1961 年 4 月石油工业部决策将萨尔图油田 146km^2 面积作为大庆第一个开发区，由秦同洛、童宪章、李德生、谭文彬负责制订开发方案，这是事关大庆全局的大事。秦同洛、童宪章等组织大批科技人员进行了 160 万次地层对比，绘制了 45 个油层小层平面图，借鉴玉门油田注水的经验，结合大庆地质特点，经过一年多夜以继日地工作，创造性地运用内部切割注水的工艺技术，即注水井位于油田内部，与油井交错排列，构成各种规范化网格，把油区“切割”开，网格间形成有规律的油水关系，开创了国内面积注水的先河。于 1962 年 5 月完成开发方案设计，经石油部党组批准正式实施。方案坚持长期高产稳产；留“大仓库”、“小仓库”；开发层系划分和井网布置科学三原则。年产原油能力定为 500 万 t，年采油速度 3%左右等指标。随着对油藏特性认识的不断深入，秦同洛凭着多年来从事油藏资料录取、动态分析、生产管理的丰富经验，针对大庆油田地层压力系数不高、气油比不高的特点，还提出了“大井距、小油嘴、早注水”的指导性油田开发原则的建议，得到了余秋里、康世恩等领导的批准。石油工业部部长余秋里在评价这个方案时指出：“大庆油田第一个开发方案和一套开发方针、技术政策，是在没有外国人参加的情况下，依靠自己的力量制订出来的。在大庆油田的开发中，实施这套方案和方针政策，取得了很大的成功，创造了当时世界上的先进水平”，“走出了中国自己的路子”，“大长了中国石油工作者的志气，增强了搞好石油工业的信心”（《余秋里回忆录》）。这个方案的技术原则成为指导我国开发大油田的总方针，为大庆油田长期高产稳产打下了坚实的基础，留下了发展潜力。油田截至 1963 年创造利润 10.6 亿元。这个开发方案创造巨大经济效益，获得了国家科技进步特等奖。这两个方案是我国石油开发史上具有里程碑意义的范例，指导了之后大油田的开发方案制定，并写入大学教材。

6. 创建研究生部，培养高级人才

党的十一届三中全会迎来了科学的春天，秦同洛期盼石油工业再创辉煌，适时向院党委提出建立研究生部，为石油工业培养高级人才的建议和方案。院党委同意

并得到了石油工业部、教育部的批准，建立了研究生部。他分管培训工作还亲自当导师，带了许多研究生。研究生部后经国务院学位委员会批准，建博士生授权专业点3个，硕士生授权专业点4个，还建立了博士后流动站。截止到2000年已经培养硕士研究生430人，博士生55人。毕业生有的已经成为专家、院士、教授，有的成为石油工业各级领导。同时，他还抓了职工的继续教育工作。

7. 国际国内学术交流的使者

长期以来，秦同洛担任过中国石油学会副秘书长、石油工程委员会主任，为推动国内外石油科技学术交流，促进我国石油科技发展，进行了不懈的努力，做了大量卓有成效的工作。

秦同洛自1976年开始，创办了《石油勘探与开发》杂志，并一直担任主编。该杂志向国内外宣传介绍石油勘探开发研究院及石油战线勘探开发的最新理论和科技成果，被国家评为一类杂志。原石油工业部部长王涛在该杂志创刊20周年时题词："传勘探开发信息，集科研生产精粹"，给予了高度评价。这个杂志还加入了美国工程信息公司的信息网络，成为一条与国外石油科技界交流的重要途径。秦同洛还担任了中国石油学会主办的《石油学报》杂志编委会主任，常年肩负这些杂志的主编工作。

秦同洛经常抽出时间到各油田调查研究，为油田发展提出指导性意见。他还担任了石油大学、大庆石油学院、西安石油学院、西南石油学院、江汉石油学院等多所大学的客座教授，去各大学讲课。凡是向他请教，请他翻译校对稿件、审阅研究生论文等，他都热情接待，尽量满足对方要求。所以，他的书桌上常年积卷如山，虽然高龄，仍每天挑灯夜战，孜孜不倦地忘我工作。

秦同洛全身心地投入到改革开放的大潮中。自1980年起他多次出国考察，出席了世界石油大会、世界能源大会等许多大型会议，参加各种学术交流活动，在国际石油科技论坛上发表论文。他以中国石油专家广博的学识、出色的英语、独特的风采和魅力，赢得了各国石油学者的高度评价和广泛赞誉。他多次担任中国石油学会与SPE联合组织的科技报告会的中方学术主席、负责论文的英文把关和会议的组织领导工作。

秦同洛与法国国家石油研究院密切联系，促成了石油勘探开发科学研究院与法国研究院的长期合作。在侯祥麟主持下，他亲手与法国石油研究院签署了第一个合作协议。他约请了晏德福等一批又一批有影响的国外专家来我国讲学，推荐了大批研究人员到国外讲学、深造，推动了国际石油科技的广泛交流与合作。现在石油勘探开发科学研究院已经与30多个世界主要产油国的科研院所建立了联系，正朝着让世界了解研究院，让研究院走向世界，建设世界一流水平的研究院，攀登世界石油科技高峰的目标前进。

“岁老根弥壮，阳骄叶更阴”。秦同洛退休以后仍然在石油勘探开发研究院专家室工作，兼任中国石油天然气总公司咨询中心特邀专家等多种职务。他向总公司领导提出了“加强建立天然气工业”等许多关系石油工业发展全局的建议。院长经常听取他的学术和科研工作意见。他还不停地编写着一些关系到前沿技术的论著，为石油工业再创辉煌继续做出新的贡献。他把鲁迅先生“横眉冷对千夫指，俯首甘为孺子牛”的名言作为自己的座右铭，从不计较个人的名利得失，为发展石油工业而鞠躬尽瘁，奋斗终生。

三、秦同洛主要论著

秦同洛. 1984. 关于提高原油采收率问题及对玉门油田开采的意见. 玉门石油科技动态，(2)：141-149.

秦同洛，陈元千. 1986. 实用油藏工程方法. 北京：石油工业出版社.

陈立滇，秦同洛. 1986. 磁性处理阻垢抑蜡—值得重视的技术. 油田化学，(3)：191-196.

秦同洛. 1988. 关于划分储层有效厚度的意见. 石油勘探与开发，15 (2)：38-40.

李克文，秦同洛. 1989. 测定油水相对渗透率曲线的稳态法. 石油勘探与开发，16 (4)：41-46.

李克文，秦同洛. 1989. 根据空隙的概率分布计算油气水三相相对渗透曲线的方法研究，石油学报，(4)：68-76.

秦同洛. 1989. 对克拉玛依油田开发的几点意见. 新疆石油地质，(3)：44-50.

李克文，秦同洛. 1990. 分维几何在石油工业中的应用. 石油勘探与开发，(5)：113-118.

秦同洛. 1991. 寻找大气田更快更好地开发四川天然气. 天然气工业，11 (4)：47-51.

秦同洛. 1992. 三次采油概述. 国外油田工程，(1)：5-12.

秦同洛. 1992. 关于油井产量计量的意见. 石油工业技术监督，(2).

秦同洛. 1995. 建立我国天然气工业中注意的几个问题. 西安石油学院学报，10 (3)：9-13.

秦同洛. 1998. 对拓宽油气资源领域的一店意见. 石油勘探与开发，4 (3)：17-18.

主要参考文献

刘兴汉，张仲宏. 2005. 秦同洛//中国科学技术协会. 中国科学技术专家传略·工程技术编·能源卷 (2). 北京：中国科学技术出版社：240-251.

余秋里 . 1996. 余秋里回忆录 . 北京：解放军出版社 .

《康世恩传》编委会 . 1998. 康世恩传 . 北京：当代中国出版社 .

撰写者

于凤云（1964～），中国石油勘探开发研究院办公室副主任，曾担任《中国科技专家传略》能源卷的特约编审。

刘晓虎（1973～），中国石油勘探开发研究院工程师。

刘希圣

刘希圣（1926～），河北保定人。教授，博士生导师，中国石油钻井学科创始人之一。1951年毕业于北洋大学采矿系。1952年在清华大学石油系任教，1953年后在北京石油学院石油钻采系任教，曾任钻井教研室主任、钻井力学及工程研究室主任、中国石油工程委员会委员、石油天然气总公司科技委员会委员、全国钻井高级评审组副组长、《石油大学学报》编委会主任等职。长期从事环空水力学、涡轮钻井、定向钻井等方面的教学与科研工作。在国内首次开展了钻头喷嘴合理结构的实验研究，获得了合理结构的优化设计成果。20世纪70年代，建立了中国第一台全尺寸环空模拟实验架及多功能环空模拟实验架，开展了环空水力学及携岩理论研究。20世纪80年代，先后承担了“七五”、“八五”国家重点项目“定向井及丛式井钻井技术”及“石油水平井成套技术”的研究，该两项成果分别于1991年和1997年获国家科技进步一等奖。代表性著作有：《油井工程》《钻井工艺原理》《钻井环空水力学及携岩理论基础》《井眼轨道控制理论》和《油气钻井工程力学进展》。先后获“石油大学劳动模范”、“石油工业有突出贡献专家”等荣誉称号，1996年获首届铁人科技成就银奖。

一、学术生涯

1951年的金秋，25岁的刘希圣从北洋大学（现天津大学）采矿系毕业，留校任教，踌躇满志地走向了工作岗位。一年以后，随着全国院校的调整，他来到清华大学石油系，翌年，成立了北京石油学院，他作为教师参与创建了我国的石油钻井学科。

在北洋大学采矿系学习时，对于石油，他只是学习了有限的一部分知识，而现在他编写关于石油钻井方面教材，这几乎是从零点起步。一没有教材，二没有培养方案，就在一切似乎无从下手时，他和同事们想到了莫斯科石油学院，为了学习苏联的先进科学技术，他们要攻下的第一个堡垒就是俄文。那时正是盛夏季节，暑热难当，他把自己几乎“软禁”在宿舍里，长达一两个月之久，闭门谢客、夜以继日、一心猛攻俄文，就这样重新学习、重新摸索，以一种“咬定青山不放松”的精神，既攻下了俄文，又啃下了欧美科技资料，并结合我国石油工业的现状和在玉门等油田收集了大量现场资料，终于，我国石油钻井学科的第一部教材《油井工程》于1961 年诞生。该书既符合中国石油工业的实际情况，又将苏联、英国、美国的学科精华兼收并蓄，扎实的理论功底与丰富的现场经验，使得他所编写的教科书不仅具有科学性，而且浅显易懂，便于学生学习掌握和指导工作实际。

在石油钻井工程中，钻头喷嘴是一个关键部件。为了寻求一种最高效的钻头喷嘴，他在 1961～1964 年，指导学生开展了高效钻头喷嘴及合理安装位置的研究。不知经过多少次艰苦的试验筛选，最终研制出“流线型喷嘴”。这种喷嘴的突出特点是流量系数大、等速核长、射流密集性高，用于实际效果显著。20 世纪 70 年代末期，当美国学者开始研制流线型高效喷嘴钻头的时候，刘希圣在这方面的研究成果，早已推广到国内各油田现场。

从 1956 年起，他担任钻井教研室主任一职，在这事无巨细的岗位上兢兢业业，一干就是 30 年，直到 1986 年成为博士生导师才辞去这一职务。

1969 年，北京石油学院迁校到山东东营，并改名为华东石油学院。刘希圣带领着广大教师艰苦创业。70 年代初，刘希圣为了将前阶段研究的喷射钻井理论成果推广到现场，以当年全国知名的“钢铁钻井队”胜利油田 3252 钻井队为基地，面向各个钻井队，以讲授喷射钻井为主，给学生、技术人员及现场工人上课，与石油工人同吃、同住、同劳动。他身背小黑板，步行到井队，露天开课堂。井队间距较远时，需步行两个小时，每到一队，他顾不上休息，就在井队的空场地，支上随身携带的小黑板，挂上他自制的教具，面对着一双双求知若渴的眼睛，开始传道授业。老师讲的是那样的认真，学生听的是那样的专心。阳光下，同样是晒得古铜色的一张张脸，一身身朴素的工装，早已区分不清谁是教授，谁是学员。消息不胫而走，传到《大众日报》社记者那里，来访记者根据刘希圣的事迹发表了长篇通讯，一时传为佳话。

刘希圣一心想尽自己最大努力，在基层钻井队中最大限度地开展工作，以更快的速度将喷射钻井技术在油田推广。石油工业部钻井司的领导以及胜利油田的领导对此事给予了高度的重视和支持。石油工业部聘请他首次在胜利油田开展和推广喷射钻井的现场试验，并在该油田举办全国各油田领导及工程师培训班，由他系统讲解喷射钻井的基础理论，并编写了有关教材和手册。

20 世纪 70 年代后期，环空水力学已在国际上悄然兴起，而我国当时在这方面的研究还是一片空白。经过慎重考虑，他大胆地提出了建设环空水力实验室的设想。当时有人提醒他：“环空水力学实验要求有先进的测试方法与之配套，可我们并不具备测试条件。”这一点，刘希圣心里何曾不知，测试方法问题将是建设环空实验架必然遇到的难题，但是刘希圣决心已定，他认为：石油工业要发展，钻井方面科研大有文章可做。国外已经开始了环空水力学的研究，我们不干就更落后了！

建设环空实验架，仅是120mm和75mm的等边角钢，就需要150m长，另外还需不锈钢管、有机玻璃等多种原材料。当时华东石油学院办学条件还较差，学校正处在艰难的第二次创业之际，为了节省资金、节省时间，他四处求援。胜利油田钻井服务公司一听说实验架急需不锈钢管，在自己短缺的情况下，硬是挤出了一部分钢管供给实验架建设急用。为了确保工程质量，他对每一个建设环节都进行了严格把关，尤其是在施工进入关键阶段的时候，他一直盯在现场。那个高高矗立的环空实验架不知带给他多少不眠之夜，牺牲了他多少休息时间。

科研征程上的跋涉是艰辛的。为了找到与环空水力学实验相配套的先进测试方法，他做了许多尝试，几经失败，仍不气馁。

1980年，他派助手到南京大学去取经后，又到南京水力学研究所了解同位素测试信息，最后，在郑州的黄河水利委员会了解到他们用同位素示踪测速方法，研究黄河沙运移规律。这恰恰与环空水力学实验中岩屑运移规律的测量相似，助手急忙报告获得的这一重大发现。从此，南来北往的火车上，留下了他和实验室的同事们频繁的身影。经过十多次往返郑州，终于从黄河水利委员会那里学到了同位素示踪测试方法，研究进度从此“一日千里”。

1987年，华东石油学院接待的第一个国外进修生，就是苏联莫斯科石油学院的马尔科夫。他专程前来师从于刘希圣，为了学习同位素示踪技术。在这之前，刘希圣恐怕从未想过，自己有一天会成为“苏联老大哥”的师傅。

随着科研工作的逐步深入，刘希圣及其实验室的同事们干劲十足，越战越勇，不久又掌握了用激光测速方法测量流体速度的分布，并于1988年自行研制出用超声波测水平井中岩屑床厚度的技术，这项技术于1990年获得国家实用新型专利。

今天进入中国石油大学东营校区钻井实验馆，迎面便是环空实验室。威风凛凛的环空实验架矗立中央，那个全尺寸垂直井环空实验架共有4层楼高，6个台阶迂回盘旋，把4个操作平台连接在一起。规模如此宏大的实验设备即便在世界上，也是不多见的。苏联石油工业部科技局局长率考察团参观实验架时，惊问中国石油大学是否在搞岩屑运移的研究。考察团感叹这项工作了不起。世界银行考察小组和英国浅海钻井专家及一大批外国客人也曾慕名专程前来参观。

1988年，华东石油学院改名为石油大学（华东），刘希圣厚积薄发，在即将退休之际，向科学的高峰发起了冲锋。

有了环空实验架作为坚实的实验基础，他在“七五”期间，顺利拿下了国家重点攻关项目“定向井、丛式井钻井技术”。当时，刘希圣作为四大攻关集团中大港油田集团的总技术负责人之一，与其他负责人一道，带领着整个攻关集团，协同作战，全面研究了定向井、丛式井中的重大理论和技术问题，取得了多项重大科研成果。该项目中的子课题“定向井环空力学及携岩机理的研究”，是在定向井环空实验基础上进行研究的，该项目的研究成果被国内外同行公认为“具有独到见解”。

在“八五”国家重点攻关项目中的“水平井环空水力学理论及应用技术研究”方面，刘希圣利用流体力学、固液两相流理论，首次进行了非牛顿流体在水平井偏心环空螺旋流流场的理论研究，并应用有限差分法对这一复杂问题进行了深入分析，建立了有关偏心环空螺旋流层流流场有关的数学模式，首次发现并研究了螺旋流中存在的二次流动。

在多功能环空实验架上，他进行了 9 种钻井液、多种参数、对携岩效率影响等系统的研究，取得了重要的规律和结论，所建立的水平井岩屑床厚度及环空固液两相流的环空压降的经验模式，亦得到了现场实验的验证。这些成果，对进一步深入研究水平井环空携岩机理具有重要的指导意义，并填补了环空水力学领域中的空白。

1995 年，在第五届国际石油工程会议上，该研究成果得到了与会的国内外同行专家的高度重视，刘希圣被特邀出访美国托尔萨大学讲学。

建立了水平井钻井液携岩理论，应用固液两相流理论，首次研究了定向井、水平井偏心环空内岩屑运移机理、颗粒运动形式、典型流型，建立了岩屑床厚度模式及环空压降理论模式，这一成果为提高环空携岩效率奠定了理论基础。国外石油工程专家认为，刘希圣研究所形成的一套较为完善的水平井环空水力学携岩理论及应用技术，对丰富环空固液两相流理论做出了创造性的贡献，研究成果在国外同类研究中亦处于领先地位，达到 20 世纪 90 年代国际先进水平。

1986 年 8 月，他被国家学位委员会批准成为中国石油钻井学科第一位博士生导师。

“春蚕到死丝方尽，蜡炬成灰泪始干。”从 1951 年北洋大学毕业至今。刘希圣呕心沥血、兢兢业业，教育和感召着他的一批又一批学生们。聆听过他讲课的本科生，据统计，仅是石油大学本校钻井专业的学生，就有 1320 人，那些非钻井专业、非石油大学的学生及历年来全国各大油田培训的学员以及出国讲学时的学生，更是不计其数。

刘希圣不仅“教书”，而且“育人”。他以身示教，率先垂范。在科学研究上，他要求有理有据、科学严谨；为人处世上，他要求坦荡磊落、精诚团结。1996 年，年近七旬的刘希圣带着石油大学钻井学科一班人，到辽河油田去谈关于“小井眼”的科研课题。1 月的辽河油田，严冬腊月，滴水成冰。七旬老者亲自出马，为了节省课题经费，他带头住简陋的招待所，吃最便宜的快餐。回想当年在“春风不度”的玉门油田参加鸦儿峡构造会战，在－20℃的条件下值夜班，就着咸菜吃玉米面饼的情景，如今的一碗热面条，就足以让这位钻井专家心满意足了。他的做法令辽河油田的领导及随行同事们深深感动。

刘希圣长期以来，一直是这样，对自己节省俭朴，对事业孜孜以求，而对待人才，他则倍加爱护。1992 年他指导的一位博士生，求学期间，由于家庭经济困难，导致心理负担很重，几近辍学。刘希圣体察弟子于细微之处，积极帮他出主意，想办法，解决困难，亲自帮他联系勤工助学工作，以增加他的经济收入。刘希圣不仅在生活上对他关照，而且在课题经费上，对他给予“政策倾斜”，热情及时地帮助他解除后顾之忧，使得他最终得以圆满地毕业，走上工作岗位。

为了培养人才，刘希圣甘为人梯，不遗余力地扶植年轻一代，以他的声望为年轻人开路，使他们尽快脱颖而出。可以说弟子们的每一点进步，都与他所做的铺垫休戚相关。他利用每个有利时机让年轻的人才抛头露面，让他们登台亮相，为年轻人日后能顺利地与油田合作创造条件。在承接大的科研课题时，他退至二线，出谋划策，将年轻人推向前去，让他们独当一面，充分为他们提供施展才能的机会，肯定和支持年轻人选定的研究方向。

就在荣誉和掌声向他走来的时候，却传来了妻子被诊断为肺癌的消息。当时，正值国家“八五”科研攻关项目“水平井钻井技术”紧锣密鼓进行的时候，既要承担国家赋予的使命，又要承担家庭的责任，他一人双肩挑起了这副重担。妻子住院手术时，他无微不至，日夜守候在病榻前，出院后，他又每天做三餐饭、熬中药，细心照料病人……就在照料妻子的这五年时间当中，刘希圣作为石油大学钻井学科带头人带领大家拿下了“八五”国家攻关项目。1995 年，他们又争取到了“九五”国家攻关项目。

作为石油大学钻井学科的带头人，刘希圣在考虑钻井学科项目时，站得高，看得远。在学科建设上，他心里装的是全盘棋，一切从大局出发，一切从整个学科建设出发。对于石油大学从国外回来的科技人员，他在经费上、课题立项上积极支持，帮助他们站稳脚跟；对于有流动倾向的科技人员，他积极从物质、精神两个方面给予支持和关怀，最终为学科建设留下了人才；在实验室建设上，他站在全局的角度，权衡利弊，不去计较个人得失；在队伍建设上，他支持其他老教授，培养年轻的骨干教师。

在 1994 年全国石油高校 20 余个学科的考核评审中，石油大学的油气钻井学科名列榜首，取得了总分第一的好成绩。

由刘希圣担任主要技术负责的“七五”国家重点攻关项目“定向井、丛式井钻井技术”1990 年获得中国石油天然气总公司科技进步特等奖，1991 年获得国家科技进步一等奖。他所承担的“八五”国家重点攻关项目“水平井钻井配套技术”，1995 年荣获中国石油天然气总公司科技进步特等奖，于 1996 年被授予首届铁人科技成就奖银奖，并于 1997 年荣获国家科技进步一等奖。

正像学生在他 70 岁生日和执教 45 年时送给他的诗中所说的那样：

辛勤耕耘四十年
桃李芬芳香满园
刘公业绩实堪美
钻井名家盖世传

二、科技成就

1. 为我国石油钻井高等教育事业的创建和发展做出了重要贡献

20 世纪 50 年代初，刘希圣参与创建了我国第一个石油钻井学科，并建立了专业实验室，长期担任教研室主任工作，为制订专业教育、教师培养计划、编写专业教材及培养年青教师，做出了大量的卓有成效的工作，成为我国钻井学科的第一代学科带头人。主编了《油井工程》《钻井工艺原理》等具有较高学术水平和实用价值的专业教材。这些教材被指定为全国石油院校钻井专业的统一教材，同时又被全国地矿系统指定为重要的学习参考书，为培养大批钻井人才做出了突出贡献，为我国石油钻井工程奠定了坚实的理论基础。

2. 对提高我国喷射钻井技术水平做出了历史性的贡献

20 世纪 60 年代初期，刘希圣在我国首次开展了喷射钻井理论和实验研究，首次进行喷射钻头喷嘴合理结构及安装位置的系统研究，所研制的流线型高效喷嘴，比美国现行喷嘴早十余年，所提出的喷嘴合理高度的成果，在当时推广到全国各油田，取得了良好的经济效益。1976 年利用已取得的科研成果，首次在胜利油田开展了喷射钻井现场试验，编写了有关教材和手册，并为全国各油田钻井总工程师和地矿部技术人员举办了喷射钻井理论培训班五期计千余人，为我国普遍开展和推广喷射钻井技术，奠定了雄厚的物质与技术基础，为加快石油勘探速度，提高石油产量，做出了历史性贡献。

3. 在定向井、水平井钻井技术研究中，取得了重要成果和巨大的经济效益

自20世纪80年代初期，刘希圣先后参加了“七五”、“八五”国家重点攻关项目“定向井及丛式井钻井技术”及“石油水平井成套技术”的研究，是二级课题总负责人之一，并具体承担了三级课题“定向井环空水力学及携岩机理的研究”、“水平井钻井液完井液的研究”、“水平井携岩机理及流变参数研究”及“水平井井眼轨迹控制技术”的任务，并任课题负责人，取得了重大科研成果及巨大的经济效益，为提高我国的钻井技术水平，丰富本学科领域的理论内容做出了重大贡献。在所负责的大港油田范围内，1986～1989年共完成定向井丛式井413口，节约建设投资6791.7万元。累计产油68万余吨。1990年通过国家鉴定，达到了20世纪80年代国际水平。

“水平井井眼轨迹控制技术”研究，深入地研究了井眼轨迹控制理论，在我国首次研究了钻头与地层相互作用理论及实验分析，划分了典型地层各向异性，建立了三维钻速UPC模型和多功能危机程序（MPDDP），在大港油田进行验证，能较准确地控制井眼轨迹，为顺利地打成高难度的丛式井做出了贡献，获得了重大的经济效益，该项目经国家鉴定认为达到国际20世纪80年代水平。该项目技术已推广到中原、江汉、新疆等油田，为提高我国定向井钻井理论技术水平做出了重要贡献。结合该项目研究在国内外杂志和会议上发表了近十篇学术论文。

“PDC切屑破岩机理及PDC钻头设计理论”研究，该课题属于“七五”国家重点攻关项目“定向井、丛式井钻井技术”中“定向井金刚石钻头研制”课题的一部分，同时也是博士基金项目。针对国内外PDC钻头设计急需解决的问题，研究了PDC钻头运动学，切屑齿破岩机理及规律，布齿理论和布齿方法等。这些研究成果填补了我国在这一领域的空白，对PDC钻头设计有直接指导作用，具有重大的理论和实用价值，90年代通过了国家鉴定，达到了国内先进水平，有些内容和国外同步。

在“石油水平井成套技术”项目中，所研究成果成功地应用到大港油田长、中、短半径三种水平井，解决了钻井过程中与钻井液有关的技术难题，保护了油气层，提高了产能，单口水平井日产原油量为邻近直井的2.8～5倍，年增收7380万元，该项目成果已经推广到大港、胜利和冀东等油田。

在该项研究中，完成了一项实用新型专利“一种环空管内流体固相浓度测量装

置”。经专家评审，研究成果不仅具有广泛的实用价值，而且在理论和学术方面，在国外同类研究中，亦处于领先地位，达到20世纪90年代国际先进水平。

4. 形成并发展了我国定向井、水平井环空水力学理论及应用技术

利用流体力学、固液两相流理论，首次进行了非牛顿流体在定向井、水平井偏心环空螺旋流流场的理论研究，建立了有关偏心环空螺旋流层流流场有关的数学模式，并首次发现螺旋流中存在的二次流动，进一步研究了其流动规律。这一成果填补了环空水力学领域中的空白，对进一步深入研究定向井、水平井环空携岩机理具有重要的指导意义。首次研究并建立了辨别非牛顿流体在偏心环空稳定性参数 H 的理论模式，通过实验验证了其正确性。1995年在第5届国际石油工程会议上，博得了国内外同行专家的重视和高度评价。

建立了水平井钻井液携岩理论。应用固液两相流理论，首次研究了定向井、水平井偏心环空内岩屑运移机理、颗粒的运动形式、典型流型，建立了岩屑床厚度模式及环空压降理论模式，这一成果为提高环空携岩效率奠定了理论基础。

研究并提出了定向井、水平井钻井液携岩的规律。创建了我国第一台大型多功能定向井环空实验架，进行了九种钻井液（包括清水、幂律流体、宾汉流体和加重泥浆）、多种参数（不同返速、钻杆旋转速度、偏心度、钻井液密度、岩屑尺寸、钻进速度等）影响携岩效果的全面系统的实验研究，取得了重要的规律和结论。这些成果已通过现场试验验证，并成功地指导现场实践。基于以上成果，已形成了一套较完整的定向井、水平井环空水力学携岩理论和应用技术，对丰富环空固液两相流理论做出了创造性的贡献。

首次建立了水平井水力参数及流变参数的设计方法。利用我国“八五”水平井实钻资料，分析绘制并确定了现用的水包油聚合物泥浆体系的流变模式，确定了水平井不同洗井区钻井液流变参数的合理范围，根据以上理论研究成果，首次研制了水平井水力参数设计方法和计算机软件，绘制了水平井合理环空返速的图版，并成功地应用到水平井实践中。

三、刘希圣主要论著

Г. С. 巴尔沙伊，等. 1958. 快速涡轮钻井技术. 刘希圣，等译. 北京：石油工业出版社.

刘希圣. 1961. 油井工程. 北京：中国工业出版社.

刘希圣. 1971. 钻井工艺概论. 东营：华东石油学院出版社.

刘希圣. 1978. 钻井方法与工艺过程. 北京：石油工业出版社.

P. L. 穆尔，等. 1978. 钻井工艺技术. 刘希圣译. 北京：石油工业出版社.

刘希圣. 1983. 钻井环空水力学及携岩理论基础. 东营：华东石油学院出版社.

Liu X S. 1986. An analysis of properties of laminar flow field of power-law fluid in annular space. 国际石油工程会议论文集.

刘希圣. 1988. 钻井工艺原理. 北京：石油工业出版社.

刘希圣. 1990. 正交各向异性底层对井斜的影响. 石油学报，11（2）：102-109.

刘希圣. 1991. 大斜度井中岩屑床厚度模式的研究. 石油大学学报，15（2）：28-34.

刘希圣. 1992. 幂律流体在倾斜旋转内管的偏心环空中层流流动近似解. 石油大学学报，16（6）：29-35.

Liu X S. 1993. The helical flow of the herschel-buckley fluid in an annulus space. 2nd International Conference on Nonlinear Mechanics ：348-352.

刘希圣. 1995. 水平井段钻井液携带岩屑的实验研究. 石油大学学报，16（4）：125-132.

刘希圣. 1995. 井眼轨迹控制理论. 东营：石油大学出版社.

刘希圣. 1995. 直井洗井分析模型的建立. 石油大学学报，19（6）：37-41.

Liu X S. 1995. An analysis of properties of laminar flow field of power-law. Fluid In Annular Space，SPE 14870.

刘希圣，黄醒汉，王治同，等. 1996. 石油技术辞典. 北京：石油工业出版社.

刘希圣. 1998. 幂律流体在定向井偏心环空内流动规律的研究. 石油大学学报，（4 ）：1-12.

主要参考文献

姚彤. 1998. 刘希圣//岁月流金编委会. 岁月流金（二）. 北京：石油工业出版社：142-150.

撰写者

张卫东（1968～），山东平阴人，博士，副教授，硕士生导师，从事油气井工程的教学科研工作。

张克勤

张克勤（1927～），河北定州人。石油钻井液专家，新中国第一位钻井液工程师，中国石油钻井液技术奠基人之一，中国阳离子聚合物钻井液的开拓者之一，教授级高级工程师。1949年毕业于西北大学化学系。1950年在玉门油矿开始从事石油钻井液工作，曾任玉门油田钻井技术研究室主任，中国石油勘探开发科学研究院泥浆工艺室主任，中国石油学会钻井液标准化分委会主任等。曾参加、制订、实施了多项有关钻井液方面的设计、科研、工程、标准化等工作，其中大多数项目是国内首创，具有开创性和先导性。1951年解决了水泥浆污染钻井液后的性能恢复问题；1953年研制成功了钙基钻井液。特别是在1978年改革开放以后，承担了"七五"国家重点科研课题"定向井、丛式井钻井液技术研究"，带领泥浆工艺室全体研制成功了：水基阳离子聚合物钻井液、低毒油基钻井液、阳离子水包油钻井液、排除泥浆中混入沥青干扰的荧光分辨技术4项具有开创性的成果。其中"阳离子聚合物水基钻井液"的研制成功，不仅在理论上有所突破，而且使中国的石油钻井液技术水平跨入了国际先进行列。1991年"定向井、丛式井钻井技术研究"获得国家科技进步特等奖，其中"定向井、丛式井钻井液技术研究"获得专利1项。另外，获部级二等奖5项，三等奖1项等。

一、成长经历

1927年，张克勤出生于河北省定州市的一个知识分子家庭。在他读小学时，七七事变爆发，他跟随父母亲开始了逃难的流亡生活，最后落脚在父母任教的四川阆中国立第四中学。他也在该校读至高中毕业。1949年，张克勤毕业于西北大学化学系。当时，时局动荡，很难找到工作，他不得已回到四川家中。不久，他凭借篮球打得好，在一所私立中学谋得了个体育教员的职务。1950年初，在号召支援边疆建设的鼓舞下，他毅然报名去开发大西北，直奔中国当时唯一的石油城——甘肃玉门。交通不便，他跋涉月余才到达了这座塞外石油城。

玉门以它独有的西北风情迎接了张克勤这位热血青年，他忘不了刚去报到时军代表范元绶笑容可掬、亲切热情的接待；也忘不了地质师司徒愈旺带领他们去甘油泉看已干涸了几千年的原油；更忘不了史久光大队长在西山坡指挥水泥车进行固井作业时的紧张场面。他怀着新兵拿起武器初上战场的惴惴不安心情，融入了发展祖国石油工业的鏖战，深深爱上了玉门油矿，爱上了泥浆（又称钻井液）这个专业。实习刚满3个月，组织上即派他到当时重点勘探的青草湾一号探井去单独值班。这是他第一次独立从事生产管理。这口井由于多次遭遇高压盐水层，不得不多次进行注水泥作业。钻井液性能变化很快，由于受到水泥污染和石膏污染，钻井液有时会稠得流不动，有时由于水层喷出来把钻井液稀释得像清水一样。在当时钻井液处理剂品种单一的条件下，如何解决水泥污染的钻井液是一个大难题。年轻的张克勤遇到了他投身石油事业以来的第一道难关。石油工人投向他的目光让他感受到了深切的期待，他知道这种期待无法回避，只能知难而进。查资料，做试验，几经反复，他终于成功地用当地产的土碱攻克了这一难关。被水泥污染的钻井液，处理后可以重复使用，再不像过去那样放到山沟里去了，张克勤首次解决了水泥污染钻井液的技术难题。

在此基础上，张克勤试验成功了“钙处理钻井液”体系，结束了中国当时处于“细分散钻井液”体系的历史，开创了我国使用“粗分散钻井液”体系的新局面。直到20世纪70年代都是这一体系仍然是我国使用的主要钻井液类型之一。接着为了克服玉门地层中含有大量芒硝（硫酸钠）而污染钻井液的问题，张克勤又在大红圈地区试验成功了“高pH值淀粉钻井液”。在当时学习苏联先进经验的号召下，他亲自到煤矿取样化验，摸配方，盯现场，试验成功了用褐煤处理钻井液的技术和工艺，丰富了中国处理剂的品种，使钻井液处理剂的成本大大降低。直至现在褐煤仍然是钻井液处理剂的主要原材料之一。针对当时清水钻井的缺点，他又研制成功了“清水煤碱液”，是我国最早的“无固相体系”。1963年配合地质上取岩芯的要求，研制成功了“原油基泥浆”，由于时间紧张，他用玉门炼油厂的氧化石蜡作乳化剂解决了当时的急需。1964年又研制成功了“柴油乳化泥浆”，这一水包油体系既解决了当时要求使用的泥浆密度小于$1g/cm^3$的问题，也是中国最早现场试验成功的“水包油体系”，受到了石油工业部的嘉奖。

1978年，张克勤由长庆调至北京石油勘探开发科学研究院工作。1980年，他被任命为钻井液工艺研究室主任，开始绘制我国钻井液技术发展蓝图。在北京石油勘探开发科学研究院近20年的工作中，他带领室内所有同志共同努力，试验成功了一项项新技术、新产品，钻凿成功了一口口难以制伏的油井。据初步统计，在这20多年中他完成的课题有30多项，承担并完成了与陆上和海上油田签订的横向课题十几项，其中特别是参加了国家“七五”重点课题“定向井、丛式井钻井液技术研究”攻关项目。不仅按计划完成了预定的任务和指标，而且还超额完成了7项新型处理剂。经评审团验收获得“优质”成果的好评。评价的具体内容是：具有“国际80年代先进成果2项，国际80年代水平成果9项，国内先进水平2项”。其中特别是“阳离子聚合物水基钻井液”的研制成功，不仅在理论上有重大突破，而且实践获得成功，更可喜的是使中国的钻井液技术跻身于国际先进行列。

鉴于他为中国石油钻井液技术的发展及使中国钻井液水平跻身世界先进行列做出的卓越贡献，国务院授予他突出贡献科技专家并享受政府特殊津贴。

二、主要研究领域和学术成就

（一）制订了钻井液处理剂三年发展规划

改革开放初期，我们对国外的钻井液技术水平不甚了解，张克勤做的第一件事就是弄清楚当时世界上钻井液处理剂的现状。他下工夫收集、整理、研究了大量国内外有关资料，几乎放弃了所有的节假日。白天事务性工作多，就利用晚上的时间。为了集中精力，他干脆住进了办公室。他把国外《世界石油》杂志上刊登的全世界2700多种钻井液处理剂的资料，按钻井液处理剂功能的分类方法，合并同类项，进行综合分析，又详细查阅分析了这些产品的基本原料成分。最后他得出结论：“国外有2700多种处理剂是一种假象，实际上只有120种左右，而常用的只有20多种。”他还不放心，又将各国的知名泥浆公司所出售的产品进行了横向对比，结果，钻井液处理剂的总数也只有140多种，与他的上述分析基本上是吻合的。

通过对这100多种钻井液处理剂原材料进行分析，他又找出了钻井液处理剂中原料的主要成分是：人工聚合物类、纤维素类、木质素类、沥青类和淀粉类等几大类，这样我们对国外钻井液处理剂的状况就有了一个真实的概括性的了解，弄清楚了我国和国外在钻井液处理剂方面的差距，为我国研制处理剂指出了明确的方向。

1983年，在石油工业部科技司召开的全国性钻井液处理剂三年发展规划会议上，张克勤作了专题发言，指出：①国外泥浆处理剂的商品名称，虽然有一二千种之多，但加以剖析后，实际上只有100～150种，常用的只有20～30种；②从处理剂的功能上来看，发展的主要方向是“降滤失剂、增黏剂、乳化剂、页岩抑制剂”（指明了国际发展处理剂的动态）；③从上述4种处理剂的原料来看是：聚合物类、褐煤类、纤维素类、木质素类等（指明了研制处理剂的原材料）；④国外泥浆处理剂表现为品种多、质量好、多体系、成龙配套，对克服深井高温已有了较系统的研究及多组分的复合处理剂（指明了国外泥浆技术的现状）；⑤国外产品虽有一些特殊材料，但成本观念很强，所有原料仍以天然、大宗为主，如木素、褐煤，然后加以改性。特别是堵漏材料，更是以废料为主加工制成。同时他结合中国实际情况提出了发展处理剂的7条意见：①使4种泥浆原材料（膨润土类、加重剂类、堵漏材料类、无机处理剂类）从品种及质量上接近或赶上国际水平；②把4种主要泥浆处理剂（页岩稳定剂、降滤失剂、降黏剂、乳化剂）作为主攻对象，增加品种，填平补齐，在质量普遍提高的基础上，力争达到国际水平；③低固相聚合物泥浆的处理剂基本形成系列，可使聚合物泥浆具有抗盐、抗污染能力，井深可钻达5000m；④在深井泥浆处理剂方面，在原有“三磺”处理剂的基础上，将研制出木质素、褐煤、树脂、高聚物类复配的，具有更好抗温、抗污染能力的深井泥浆处理剂；⑤继续研制油包水体系，使处理剂的抗温能力达到200 ℃以上。可适用较复杂的盐膏地层，井深可达7000m；⑥研究出几种较好的完井液及工艺；⑦应填平补齐目前缺口处理剂，如润滑剂、腐蚀抑制剂、渗透剂等，使之基本满足需要。

他的这7条意见，符合三年发展规划时期的实际情况，经过十几年的实践证明仍是完全正确的。可以说在当时改革开放初期，对国外发展情况知之甚少的情况下，只有预先对材料进行深入的研究和具有深厚的总结能力，才能提出这样具体措施。

（二）在公海海面首次用中国技术钻成功了“东海一号井”

20世纪80年代初期，中国的海上钻井作业全是承包给国外钻井公司，钻井液的服务技术也是承包给国外公司。1981年中国海洋石油总公司准备在东海地区的公海海面上，钻一口由中国自己设计施工的深探井，钻井液工作由北京石油勘探开发研究院负责，这一工作由当时钻井液室主任张克勤负责，组成了“东海一井”泥浆攻关小组，他们在充分调研的基础上，经过大量的室内实验，确定了配方并针对该井地质情况和可能出现的技术问题，采取以下工艺措施：①用在海水中加入烧碱的办法，除去海水中镁离子，保存钙离子以增加钻井液的抑制能力，配制出了符合要求的钻井液体系，解决了用海水配浆难的问题（因离陆地很远，采用淡水配浆困难极大）；②通过加入润滑剂Speeder-p和Astex及强化井壁的钾盐处理剂，解决了泥页岩井段的坍塌和卡钻问题；③在进入深井段（3453m）后，受高温（约150℃）的影响，黏度、滤失量不易控制，加入抗高温处理剂SMP、SMC，用来稳定滤失量，改善了流动性，解决了深井段的高温问题。

通过上述方法，经过4个月的现场实践，东海一井顺利完井，安全地钻达4500m。表现在这口井在起下钻、下套管、电测、地质测试均一次成功，特别是在下9套管前和完井电测作业历时5～6天，钻井液性能一直正常。在地层测试取样过程中，仪器靠井壁静止10～20分钟不阻不卡，在井深2252m钻井过程中曾断钻铤36.46m，落鱼在井下停留30小时后顺利捞出。同时这口井钻井70％都是使用的中国产品；成本较用国外承包井的钻井液成本节约了近50％。

海上作业相比陆上作业，施工面小，管线、泵都在宿舍顶上，整天响彻不停，年过半百的张克勤连续40天在现场（一般海上20天倒班一次），和小伙子们一起干，成功开创了中国海上钻井液技术的先例。这口井的顺利完成受到了石油工业部的嘉奖，同时也为今后中国海上油田的开发奠定了基础。

（三）参加国家重点攻关课题“定向井、丛式井钻井技术”研究

“定向井、丛式井”技术是国外20世纪80年代发展起来的一项新钻井技术，为了赶上国外此项新技术，提高我国的钻井技术水平和采油技术水平，国家在“七五”攻关科研规划中拟定了“定向井、丛式井钻井技术研究”课题。此项技术是从打直井变成了打斜井，不仅对钻井技术要求高，对钻井液的技术要求更高。因为它是保障定向井、丛式井钻井技术能否顺利完成的基础技术之一。张克勤带领全室泥浆技术人员投入这项工作之中，通过了解国外有关资料，结合中国实际，他们准备了4套钻井液体系来保证完成此项工作（这四项体系是：①阳离子聚合物水基钻井液；②低毒油包水钻井液；③阳离子水包油钻井液；④钾石灰钻井液），并签订了合同，“七五”期间要达到以下四项目标：①由于使用新型钻井液技术，使平均机械钻速提高15％；②使钻井成本下降10％；③使卡钻事故减少50％～60％；④改善井壁不稳定及坍塌问题。大家通过4年的辛勤努力，不仅全面完成了合同中的指标要求，还超额完成了7种新型处理剂。其突出成果，有以下几方面：

1. 研制成功了“阳离子聚合物水基钻井液”，使中国钻井液技术跻身于世界先进水平，是中国钻井液技术发展中的一个里程碑

研制阳离子聚合物水基钻井液是一个有很大风险的项目。因为自有旋转钻井方法以来，所用的钻井液一直是阴离子型的，这是由于膨润土在水溶液中呈现负电荷，所以钻井液添加剂必然也是阴离子性质的。这一体系已应用了近百年，并已形成了一套成熟的维护方法和一批定型的阴离子型的处理剂。但这一体系的最大缺点是当钻探过程中遇到地层中含有石膏、盐岩层时，钻井液性能就会因石膏、盐岩中的钙、镁、钠等阳离子的侵入而迅速变坏，直接影响钻井效果，甚至会造成卡钻，而阳离子钻井液能够有效地解决这一问题。张克勤总结了“水基钻井液”的发展历史，从

理论上阐述了钻井液技术的发展方向就是“阳离子体系”。因此大胆地提出在“定向井、丛式井钻井液技术研究”的课题中第一项要研究的课题就是“阳离子聚合物水基钻井液”体系。这在当时看来，是一个破天荒的举措，果然，张克勤的开题报告引起了很大反响，有人摇头说：“没听说过，什么是阳离子体系”；有人讽刺说：“异想天开，标新立异”；有人担心说：“恐怕搞不成吧?”而张克勤却坚信这种体系是能够搞成的。

要形成这一种新的阳离子聚合物水基钻井液，他们制订了以下几条规划：①筛选或研制成1～2种高效阳离子聚沉剂，测定其物化性能；②寻求至少一种降滤失剂，一种悬浮剂，以及其他辅助材料，研究他们相互之间的配伍问题；③评价这种阳离子型泥浆体系的抑制能力及防塌效果；④研究这种泥浆性能对地层岩性、温度、盐、钙等因素的变化，提出维护措施。

通过紧张的实验工作，他们终于筛选出了两种高分子量的阳离子聚合物处理剂，又研制出了两种低分子量的阳离子聚合物，并形成了配方及维护方法。

1986年12月，北国千里冰封，我国第一座大型定向井、丛式井“10号平台”在辽河油田开钻，按设计要在这一个平台上钻15口井。年届花甲的张克勤带着他的新型阳离子聚合物钻井液也进驻井上，进行现场实验，他同工人一样穿着满是油污的棉工服一起干活。

张克勤要用阳离子钻井液打井啦!

消息不胫而走，许多人围着钻机要看个究竟，但是任何一项新生事物都不是一帆风顺的，除了这一事物本身在发展过程中要不断改进修正外，在外界也会有各种看法。当头两口井用“阳离子聚合物水基钻井液”打完后，由于诸多原因，并没有充分显示出新型阳离子聚合物钻井液的优越性。此时，有一些同志失望地说：“阳离子聚合物钻井液就不要搞了，还是继续用‘钙处理钻井液’来打吧。”

张克勤当时承受的各方面压力和困难是可想而知的，但他始终没有动摇继续实验“阳离子钻井液体系”的决心。他带领攻关小组，边试验，边实践，夜以继日地蹲在钻井液槽子旁边进行观察测量，用当时仅有的一些阳离子型处理剂进行调整处理。后来的十几口井越打越好，越打越顺，这个平台的15口井很顺利地打完了，而且出油效果比同类用阴离子体系打的井要高，人们在总结我国第一口定向井、丛式井“10号平台井”的各项技术的时候，交口称赞新型“阳离子聚合物水基钻井液”出了大力，立了大功，现场试验取得了完全的成功。

随后这种“阳离子水基钻井液”技术被中国石油天然气总公司列为重点推广项目之一，全国也掀起了研制阳离子聚合物处理剂的高潮，有一些技术人员把阴离子聚合物处理剂改造成带有阳离子官能团的聚合物，并形成了相应的配方，同时不仅在钻井液，也在完井液、注水液等方面都有新的发展和提高。20世纪90年代北京石油勘探研究院钻井所又研制成功了4种新型阳离子聚合物处理剂，即SP-Ⅱ阳离子聚合物黏土包被絮凝剂、GN-1阳离子聚合物降黏剂、WFT-666阳离子聚合物低荧光防塌剂、CHSP-1抗盐抗高温阳离子聚合物降滤失剂，组成了新型阳离子聚合物水基钻井液。这一新的体系应用于二连、南海西部、渤海、百色、冀东、塔里木等油田的几百口井中的试验和推广中，均取得了可喜的成果。例如：在南海西部北部湾地区的流二段地层，在钻进过程中易造成井下复杂情况，使用“阳离子聚合物水基钻井液体系”后，钻了三口直井，一口40°的定向井，均顺利完成。南海公司的结论是：“从所钻这四口井的实际效果看，井眼稳定，井径规则，起下钻通畅无阻，可以在北部湾地区推广使用”。特别是在塔里木地区，由于该地区井较深，大多数都在5000m以上，地层复杂，易坍塌、碎裂，还伴随有盐层、盐膏层、高压盐水层等，给钻井工程造成很大困难。在该地区使用“阳离子聚合物水基钻井液”体系后，以上问题逐步得到解决。例如：1990年在塔里木地区用“阳离子聚合物水基钻井液”成功地钻了一口井深6401m的深井，1996年用“高密度阳离子聚合物水基钻井液”在英吉沙构造钻了一口钻井液密度高达2.48 g/cm^3 的英科1井等。通过几百口井的使用，使该地区钻井周期平均缩短了36.5天，机械钻速平均提高了5.18%，目前，这一体系已成为中国主要用来克服钻复杂井、超深井的主要体系之一。

2. 首次探索“低毒油基钻井液体系”，完成了中国测定生物毒性的操作程序

为了满足环保的要求，低毒油基泥浆的研制十分必要，要求不仅要将原来以“柴油”为基的连续相换成以“矿物油”为基的连续相，而且还必须有低毒的处理剂。张克勤发现添加剂毒性的国际标准是用糠虾作为受试生物的，而中国没有糠虾这个物种。为了解决受试生物的物种问题，他同青岛海洋研究所的技术人员亲自到浙江海边养殖场进行实验，最后选定了用中国的对虾幼仔做受试生物，通过对比，中国对虾幼仔可以代替糠虾作为受试生物。这一原则定下来以后就比较容易地做出了20多种水基钻井液添加剂和7种油基钻井液添加剂的毒性数据，同时还拟定出中国第一个钻井液毒性鉴定程序，并测定了中国泥浆处理剂的生物毒性数据，为中国泥浆材料的出口提供了符合国际要求的数据。

3. 研制成功了石油“SY-1型石油荧光分析仪”，首次解决了在钻井液中混入沥青、油类等物质与地下原油的分辨问题

在研制水包油钻井液过程中遇到的一个难题是解决当“水包油泥浆”中混入柴油、沥青、原油时，能在钻井现场进行分辨的问题。虽然钻井和泥浆技术人员都知道在水基钻井液中加入油类物质，对钻井速度和井下安全的好处，但是地质学家是不允许在井中加入油类物质的，特别是在探井中更是明令禁止。现在课题的内容不仅是要加入碳氢化合物（即油类）形成水包油体系，而且还要用方法分析出是地层的原油还是泥浆中人为加入的油类。很多人认为这是不可能的，但张克勤和他的研究生们与中国科学院沈阳生态研究所合作，硬是把这一难题解决了。他们首先从理论上和方法上进行研究，找出了柴油、原油和沥青的荧光特征峰不同的分布规律，这种规律可以利用仪器放大、扫描。利用这一规律，他们与天津仪器厂合作，研制成功了可用于现场的简便荧光分析仪（SY-1型）。这台仪器的设计是利用了柴油、原油、沥青这三种物质其“荧光特征峰”的不同，设计了三个档次，很巧妙地解决了3种油类混在一起的干扰问题、分辨问题。这台仪器通过中国科学院林业土壤研究所、大庆石油管理局地质勘探公司、大庆市环境检测站、胜利油田钻井地质公司、华北石油地质局等单位的现场应用并做出了评议和鉴定。如：胜利油田钻井地质公司的评语是：“SY-1型石油荧光分析仪是一台设计合理、操作简便的仪器，排除了磺化沥青等含荧光物质的泥浆处理剂对岩屑录井的干扰，相对紫外灯目测荧光仪是一次质的飞跃”；大庆市环境检测站的评语是：“该仪器通过对大庆油田地面水中油的测定，灵敏度比目前国内通常使用的荧光仪高250倍”；大庆石油管理局地质勘探公司的评语是：“含油级别分析精确度准确、不用暗室、不用肉眼直接观察、自动显示级别、仪器体积小、操作方便”等。领导当即决定试制了20台，提供给各油田使用。

1998年9月经过改进后的仪器（优选了溶剂的品种，增加了计算机系统等），再次通过了中国石油天然气集团公司组织的专家鉴定，并给予了高度评价。从此，这一项具有开创性又结合实际的科研成果，终于定型生产并广泛应用，并逐步见到了经济效益。

（四）从无到有，建立了中国钻井液标准化体系

随着我国钻井液技术和处理剂技术的迅速发展，钻井液及其处理剂的标准化成为了一个重要的工作，石油工业部及时地开展了此项工作，成立了钻井液标准化分

委员会，分委员会主任由张克勤担任。从 1983 年起连任 3 届，10 年中他领导钻井液界的一些老同志、技术人员，白手起家，组织制定了多项各类钻井液产品标准，他们根据中国 1983 年制定的中国钻井液处理剂三年发展规划的内容，结合处理剂的发展进度，首先制定了泥浆原材料中的重晶石和膨润土的标准：在聚合物类中制定了聚丙烯酸钙和聚丙烯酸钠的标准，在降粘剂类中制定了铁铬木质素的标准：在页岩抑制剂中制定了磺化沥青的标准等。通过十几年的努力，共计制定了行业标准 28 种、方法标准 20 项。据统计已超过了“API13 类标准”的数量。特别是对“评价标准”的制定，颇具有中国特色。例如：中国与 API 降粘剂评价方法对比，API RP 13I（1990 年）中只有淡水基浆的内容。而中国的评价标准中的基浆分别配制成淡水基浆、4%盐水基浆、饱和盐水基浆、淡水加重基浆、4%盐水加重基浆、饱和盐水加重基浆，共 6 种基浆。比 API 131 的评价标准要细致严格。同样降滤失剂的评价标准也存在同样情况。1992 年他代表中国标准化委员会在伦敦参加 API 下属“泥浆标准化分委会”的会议时，介绍了中国制定的“水基钻井液降黏剂评价程序”和“水基钻井液降滤失剂评价程序”，与会者对中国专家如此完善的工作大为惊讶。主持会议的官员当即表态，在他们制定此类标准时要参照中国标准中的有关程序。

1994 年在“全国标准化协会论文”大会上，张克勤执笔编写的“在科研领域中的标准化工作”一文被评为二等奖。他还编写了《钻井液及处理剂材料手册》，在手册中不仅收集了中国的所有行业标准和评价方法，还汇集了国外一些泥浆公司的评价方法和标准，本手册已由石油工业出版社出版。

1998 年他又参加了“钻井液质量监督检测站”的筹建工作，并担任该质检站的技术负责人，这在当时是中国唯一通过国家计量认证的钻井液技术监督检测机构，现承担着中石油油田化学产品的质量认证工作。

（五）努力学习辩证法并运用于实际工作中

辩证法是关于事物矛盾的运动、发展和变化的一般规律的科学。张克勤在他数十年的科研工作中，总是时时注意学习辩证法，正确分析问题；处处注意运用辩证法，认真解决问题。他的论点或者结论有时与他人的大相径庭，甚至完全相反，而这往往是正确运用辩证法去分析处理得出来的，既精辟又实用，为钻井液同行们所津津乐道，心服口服。

例如他在《优质轻泥浆》一书中对泥浆的发展，有如下的论述：泥浆技术的发展也就是对泥浆中黏土（包括钻屑）处理技术的发展，而其发展的核心是如何保持井壁的稳定，也就是利用泥浆这一循环流体的“性能稳定”为手段来达到“保持井壁稳定”的目的。他又进一步阐明这种相互关系说：泥浆的技术进步总是围绕着既要地层“井壁稳定”，又要泥浆“性能稳定”这一对矛盾进行着。这一对矛盾，是对立统一的。而所谓泥浆技术不外是如何运用辩证的思维方法来“发现矛盾，利用矛盾，转化矛盾，达到为我所用”。利用物理和化学的手段，使泥浆“性能稳定”与“地层井壁稳定”达到相对的统一。张克勤的这些论点相当精辟，高屋建瓴，深邃而又通俗，使大家获益匪浅。

又如在“定向井、丛式井泥浆技术”的开题报告中对泥浆处理剂的发展是这样描述的：一般来说，我们是用水基泥浆来表征泥浆的发展过程的，这就是“清水→浑水→细分散泥浆→粗分散泥浆→不分散泥浆，并预测将向无固相泥浆发展。这一发展的核心就是泥浆中的黏土的发展和变化”，在实践过程中，由于认识到了浑水比清水更有利于携带钻屑，清洗井底，因而发展了“细分散泥浆”体系。从对黏土处理的机理来说是“分散黏土”，也就是说加入化学处理剂的目的是为了使黏土的颗粒变小、变细以达到胶体颗粒的程度，而使泥浆性能稳定。但在钻井工艺进一步发展，井越钻越深的情况下，又发现这种颗粒分散的很细的泥浆不耐石膏、盐类等地层的污染。不仅破坏了泥浆性能，而且使地层开始坍塌不稳定，如能保持黏土颗粒在“适度絮凝”状态，则比“细分散”体系有更高的抑制能力。也就是说单纯保持“泥浆性能稳定”是不够的，还必须保持“井壁稳定”。这时，对黏土的处理从“分散”转向“絮凝”。向其反面转化了。而形成了“粗分散泥浆”体系，进一步可以看出，这种可以抑制黏土的技术、方法越来越进步，加入的抑制剂从无机化合物到有机化合物，从小相对分子质量到大相对分子质量，即从 $NaOH$、Na_2CO_3 到 $CaCl_2$、从 $Ca(OH)_2$ 到 PAM 再到 $ZrOCl_2[Al(OH)_2]_n$，而这些“抑制剂”就是发展初期中的“污染物”，是破坏泥浆性能的，但却有利于井壁的稳定。进而更能看出，其起作用的离子就是阳离子，比如 Na^+、K^+、Ca^{2+}、Fe^{2+}、Al^{3+} 等。这种辩证的关系可以帮助我们预测泥浆将来的发展方向，我们甚至可以这样认为：整个泥浆技术的发展就是向阳离子泥浆体系发展的过程。这些精辟的分析、论点，不仅国内其他人没有，在国外的文献中更是查不到的。

他的这些观点不仅见于他的论述或著作中，更主要的是用在实践中。

例一：20 世纪 70 年代在长庆油田，当时张克勤在长庆油田被隔离审查，不准回家，不准工作。一次，红井子地区的一口 3000m 的井打完后已经电测了半个月而没有成功。井队队长朱仁厚找到当时的革命领导小组说：“能不能叫张克勤来现场解决一下。交代问题归交代问题，工作还是要人家干嘛。”最后达成了协议，他把张克勤悄悄地拉到了现场。张克勤在现场转了一圈，心里有数了。他在征得井队长的同意后，连夜向井中加入了新配好的煤碱液 10m^3，井中的钻井液黏度一下子从 100 多秒降到了 20 几秒，各项性能指标迅速好转。等电测车来到井上电测时，非常顺利地把电缆下到了井底，测井顺利完成了。当他的徒弟张进文问他是怎么回事时，他悄悄地说了一句：“这是反其道而行之”。日后张克勤被解除管制，张进文再次向他讨教时，张克勤说：“当时我到井上一看，你们那泥浆已经稠得流不动了，砂子、钻屑都沉不下来。”张进文不解地插话说：“电测前把泥浆黏度搞高一点，这不是讲课时你教给我们的吗？”张克勤笑着说：“具体问题具体分析。你们把泥浆黏度搞成那么高，净化设备又不好，砂子、钻屑跟着泥浆跑，沉淀不下来，井眼不干净，当然电缆就下不去了，把黏度搞低，让砂子沉淀下来，电测不就通了吗？”张进文恍然大悟，忙说：“原来如此。”

例二：1986 年 8 月，张克勤正在张家口参加泥浆产品鉴定会。突然接到院里钻井所所长刘富学打来的一个电话，要他会后不要回北京了，直接到华北油田的二连“哈 26 井”去，解决紧急的泥浆问题。二连地区当时正处在勘探开发初期，该地区的井壁垮塌问题被认为是世界性的难题，钻井所已经派出 3 名同志驻在“哈 26 井”上进行工作，仍然不能有效地解决难题。张克勤到井上后，经过仔细地观察和分析，果断地下达了一系列作业指令，他向泥浆中所加的处理剂全是当时教科书上明令“禁加”的。几十双眼睛紧张地盯着井下的每一刻的细微变化，到第 3 天，井下转危为安，可以正常打钻了。结果这口井打得出乎意料的顺利，电测、下套管、固井都是一次成功。有了这口井的示范，该地区的钻井速度成倍地加快，所谓“世界性的坍塌难题”，“国内三大泥浆重点灾区”的说法，就再也没人提了。回到北京大家问张克勤到底是个什么问题时，他又笑着说：“反其道而行之。”

原来，20 世纪 80 年代初期，我国引入了国外 60 年代在提高钻井速度上，效果很显著的“不分散泥浆体系”。这种体系在执行过程中硬性规定了不准在泥浆中加入任何“分散剂”。结果由于加入的聚合物单一，又太多，使泥浆的泥饼很厚，流动性不好，起下钻遇阻，坍塌掉块，测井成功率低，井壁很不稳定。张克勤去了以后，并没有局限于教条的死规定，从井下的具体情况出发，改善了泥饼质量，改善了流动性，原来认为很难解决的问题很容易就解决了。

早在 1982 年，当“不分散泥浆体系”刚引入我国时，张克勤参加石油部组织的“钻井翻番检查团”到各油田进行巡回检查并讲课时，就提出了这一体系的缺点和解决问题的原则。他当场就编了几句顺口溜来阐述他的观点：“过去泥浆要分散，现在要搞不分散，分散还是不分散，辩证观点来分辨，分散之中有絮凝，絮凝之中有分散。”只是他的这些话在当时没有引起大家的重视，结果反而走了弯路。

（六）古稀之年，期盼祖国石油工业的新腾飞

1993 年张克勤在 66 岁时正式从中国石油勘探开发研究院退休后，又立即被中国海洋石油总公司南海西部公司聘为甲方高级顾问。涠 21-13 井，井深 4600m，泥浆密度 2.35kg/m³，井底温度 204℃，这一难度很大的井已由美国的 Mil-Park 泥浆公司承包其泥浆工程。而此前在这一地区打的前两口井都报废了。张克勤接手这项工作，既要对这口井的泥浆负责，又要协调好与国外泥浆公司的关系。当时井下泥浆黏度很高，起下钻具井场遇阻。经过协调后，张克勤建议加入改善泥浆泥饼的处理剂，外国公司接受此意见后，井下情况得到好转。后来，当该井完钻后，在配置完井液时，张克勤又用石灰当处理剂解决了黏度过高的问题。经过双方的共同努力，非常成功地打好了这口井。

1996 年 1 月，位于塔克拉玛干大沙漠西南边缘的英科一井突然卡钻了，钻井液性能严重恶化，情况非常危急。年届古稀的张克勤接到电话，二话不说立即赶往现场，整整两周，他始终盯在井场上，和同志们一起讨论情况，研究方案，调整配方，直到井上钻井液性能完全正常，顺利解卡。

70 岁后张克勤又积极参加扶贫工作，他亲自来到河北省怀安县膨润土矿山现场勘查土质情况，筹建化验室，给农工上技术课，与国外联系客户等，通过两年多的努力，这个贫困县开发成功一个年产 2000t 的膨润土矿，使其不仅满足了国内的需求，而且出口到中东等国家。

“历尽坎坷终不悔，锋凌瘦骨拓荒牛。”这是 1983 年张克勤在北京石油勘探开发科学研究院作典型事迹报告时，一位领导同志送给他的两句话，这正是张克勤为石油钻井液工程科研事业不懈追求与奋斗的真实写照。

三、张克勤主要论著

张克勤．1964．玉门地区泥浆工作经验．石油工业部地质勘探会议．

张克勤．1965．柴油乳化泥浆的研制与应用．石油工业部地质勘探会议．

张克勤．1978．优质轻泥浆，北京：石油工业出版社．

张克勤．陈乐亮．1985．钻井液手册．北京：石油工业出版社．

张克勤．1990．苏联钻井液技术概况．钻井液与完井液，7（6）：1-7．

张克勤．杨文清等．1993．我国钻井液标准化工作回顾．钻井液与完井液，10（6）：1-6．

张克勤．张孝远．1995．API 13A 钻井液材料规范与中国标准化工作．钻井液与完井液，12（5）：60-66．

张克勤．王慧珍．1996．合成基钻井液综述．钻采工艺，9（6）：1-5．

张克勤．1997．科研工作中中国钻井液标准化工作研究．北京：国家标准化会议，15（1）：20-23．

张克勤．王欣，等．2001．国内外钻井液标准化工作综述．石油钻探技术，29（3，4，5）：4-8，4-9.

张克勤．蔡万伟，等．2003．络合醇钻井完井液体系的室内研究．石油钻探技术，31（1）：26-27.

张克勤．方慧．2003．国外水基钻井液半透膜的研究概述．钻井液与完井液，20（6）：1-5.

张克勤，等．2005．国外钻井液处理剂20年发展分析．钻井液与完井液，22（S1）：1-4.

张克勤，等．2005．有机硅抗高温钻井液体系的室内研究．钻井液与完井液，22（S1）：5-7.

张克勤．2005．防卡润滑剂OCL-RQ的室内性能评价．钻井液与完井液，22（S1）：1-5，32-33.

张克勤，等．2006．无侵害钻井液技术研究现状及展望．石油钻探技术，34（1）：1-5.

张克勤．2006．国外钻井液体系和处理剂分类．钻井液与完井液，24（S0）：45-51.

张克勤．2007．国外高性能水基钻井液介绍．钻井液与完井液，24（3）：68-71.

张克勤．2007．我国钻井液标准化工作回顾与意见．钻井液与完井液，24（S0）：1-3.

主要参考文献

石油勘探开发研究院．1990．科技兴油再创辉煌．内部资料.

潘晓．1998．张克勤//岁月流金编委会．岁月流金（二）．北京：石油工业出版社：151-159.

撰写者

刘雨晴（1942～），甘肃临夏人，教授级高级工程师，1965～1993年一直在张克勤指导下工作。

潘小镛（1943～），江苏无锡人，高级工程师，1978～1993年一直在张克勤指导下工作。

陈至达

陈至达（1927～1998），福建漳州人。力学专家，建立了以有限变形应变与转动的直和分解定理为核心的非线性几何场论和有限变形力学新理论，是现代力学的重要进展。突破了传统非线性几何场论的框架，证明了唯一性的应变与转动直和分解定理的存在，导出空间点集变换的应变与转动的准确计算公式，在文献中称为Stokes-Chen S-R分解定理。在力学概念、数学方法和工程应用各个方面都取得了开拓性的成果，大大拓展了经典小变形理论框架，使得解决一些自然科学中的历史难题成为可能。在大变形非线性效应、接触力学的奇异性问题、材料断裂破坏与分形现象、裂纹尖端微转动效应、大变形细观力学等研究工作中都取得了开创性成果。发表论文100多篇，专著4部。曾获江苏省优秀教育工作者，江苏省普通高校优秀学科带头人，煤炭工业部机关及在京直属单位先进工作者，国务院优秀知识分子，全国优秀归侨、侨眷知识分子，全国优秀科技工作者称号等称号。1991年获国家教委科技进步一等奖；1995年获国家自然科学三等奖和国家教委科技进步二等奖等。

一、生平概要

陈至达，1927年9月12日生于福建漳州市。其父是家乡有名的教育家，母亲是漳州师范学校的校长。陈至达1岁时母亲就去世了，他由外祖母和几个舅舅抚养长大。陈至达的外祖父是新加坡饮食集团公司之杨协成有限公司的创始人，1900年，带领五个儿子在福建漳州创办了以“灯塔”为商标的“杨协成酱园”。1935年陈至达的大舅前往新加坡定居，开设杨协成酱园。不久，太平洋战争爆发，1941年1月2日遭日本飞机轰炸，酱店被夷为平地，一家人的辛苦毁于一旦。但这并没有摧毁全家人的志气，大家齐心协力又从头开始。他们在街头设摊、挨家推销，终于在1947年又在新加坡重建起酱油厂。1950年，二舅和五舅学成后也回到新加坡襄助。在大家的努力下，现如今，“杨协成”已经成为一个在东南亚久负盛名、具有百年历史的品牌。陈至达的父亲后来也移居新加坡，并任杨协成食品公司马来西亚分公司经理。陈至达虽然家境富裕，但从小就受到了严格的教育。在中学的时候，他就喜欢航空，在当时的通俗科学刊物《大众航空》杂志上发表了五六篇小文章。

陈至达，1948年8月毕业于厦门大学机械系。1948年10月～1949年10月在上海工业试验所工作，任助理工程师。1949年开始在清华大学机械系力学研究所攻读硕士学位，师从钱伟长、张维进行力学方面的研究。1952年研究生毕业后分配到北京矿业学院（现为中国矿业大学）任教，之后一直在中国矿业大学从事教学和科研工作。历任中国矿业大学北京研究生部讲师、教授、矿山工程力学研究室主任，1987年被聘为国家教委科学技术委员会委员，国务院学位委员会第二届学科评议组成员，人事部博士后管委会专家组成员。曾任第六、第七届全国人大代表。1985年开始任《应用数学和力学》杂志编辑委员会常务编委，副主编；1994年任力学学会理事。著有《有理力学》《杆、板、壳大变形理论》等著作。培养了谢和平院士等40多位博士、硕士生。1989年被评为“全国优秀归侨、侨眷知识分子”。1998年10月31日因病于北京逝世，享年72岁。

二、学术生涯

1949年，随着解放战争的节节胜利，上海局势紧张动荡，陈至达失去了在上海工业试验组的工作。在没有工作的这段时间里，他通过自学，学会了装配收音机。1949年5月，上海解放，陈至达的工作得以恢复。随后他报考了研究生，被清华大学机械系力学研究所录取。

20世纪50年代，他在研究冶金轧机围盘线材的塑性变形问题时就以独特的见解在力学界初露头角。1951年，陈至达为了完成塑性力学的研究课题，以指导老师的身份与高年级本科生一起到鞍钢实习。在实习中，他看到轧钢条的手工操作落后，工人也很辛苦。他决心对之进行改造。他从一位留聘的日本工程师的德文手册中查知德国有一种自动换道装置，但不知它的构造如何。于是他应用塑性变形原理独立地设计了一种反围盘装置。不久这项成果经鞍山钢铁公司的工程师和工人实验成功，使钢产量猛增了三四倍，成为全国重点技术革新项目，同时在全国掀起了技术革新高潮，社会影响很大。不久，这项革新还进入了纪念邮票的画面。此后，陈至达又设计了立式围盘，也获成功，在欧洲也得到采用。

钢材的压延从力学理论说是塑性力学的大变形问题。虽然陈至达在导师钱伟长的指导下完成了“压延理论”的研究工作，但从力学观点上说，这仅是压延时压力分布的计算，并未涉及大变形运动过程。就当时的力学水平，还没有一位数学力学家能对大变形几何学做出正确的描述。从研究生时代开始，陈至达就敏锐地看到解决这个问题对整个力学学科发展具有的根本性重要意义。

历史上有许多例子说明，一个新理论的诞生，往往从一个自然界的表面现象开始而逐步深化，才成为具有普遍原理的自然科学和基础理论。陈至达所建立的非线性几何场论也具有这个特点，其间经历了近30年的漫长努力和探索。

在工程中，有许多大变形的现象存在，除了钢锭压延成钢轨的大变形外，如采空区的岩层沉陷和地表大位移都是采矿工程重大变形经常见到的例子。在此之前，还没有一个合适的理论来描述这类大变形。陈至达突破了经典力学的数学方法，建立了非线性几何场论，从而完善了近代连续体力学理论体系。在1988年出版的《有理力学》一书中，总结了他在1987年以前的主要研究成果。新的非线性几何场论使经典力学（弹性、塑性、流体）和经典电磁场论取得了统一基础。这是在科学理论中的一个重要进展。爱因斯坦在生前曾经希望构成一个场论能将经典电磁场论和经典力学的基础统一起来，但未获成功。他建立的广义相对论虽也是非线性几何场论，但与之相比较，陈至达创立的新的非线性几何场论，将空间应变与转动准确地用数学公式表示出来，这在空间几何学上也是一个重要进展，它使得统一场论有了新的基础。

1952年，陈至达研究生毕业后，到北京矿业学院任教，首先担任了煤矿系统第一个干部专修班的力学教师。亲自为学生编写讲义、习题和辅导材料。受到了干部学员的嘉许。不久，他受命负责筹建学校的材料力学实验室。从实验室的总体设计、电路施工、订购仪器、安装和调试，甚至搬运机器，他都亲自动手。他和其他三位同事，夜以继日，不辞劳苦，终于在两年内，建成了全国一流的材料力学实验室。首次全国材料力学实验交流会即在这个实验室举行。为此他受到当时吴子牧院长的高度赞扬，并给他以连续晋升二级工资的奖励。

1958年，正当他风华正茂之时，被错划为“右派”，他忍辱负重，埋头苦干，刻苦钻研。1962年在《力学学报》上发表了“根据应力光图直接解答弹性力学平面问题的方法”论文。“文化大革命”中，他身心受到了更大的摧残，仍在艰苦的条件下坚持学习。正是凭着这种不屈不挠、顽强拼搏的精神和长期的研究积累，使他在“文化大革命”结束后不久，就建立了非线性有限变形力学新理论。

自1951年以来，陈至达已发表论文、报告100多篇，涉及力学、应用力学、应用数学、物理及科学哲学等领域。他建立的非线性几何场论以及有限变形力学理论已经在学术领域居于主导地位，应用领域不断扩大。

1979年陈至达晋升为教授，任中国矿业大学北京研究生部矿山工程力学研究室主任，之后被批准为国家首批博士生导师。“文化大革命”结束后，他在海外的亲友都劝他去国外工作，可他认为国家百废待兴，更需要留下来工作。为把“文化大革命”耽误的时间夺回来，把祖国的科学和教育事业搞上去，他更加倍努力地探索和钻研，并多次应邀到英国、美国、新加坡等地讲学。

1993年，陈至达任理性力学和力学中数学方法专业委员会主任委员，主办了钱伟长为顾问的第五届现代数学和力学会议。在会议前期和开会期间，他付出了大量的精力和体力，使大会获得了圆满成功。会议结束不久，他在杭州参加另一个力学会议时因病住院，此后身体每况愈下。

尽管身体不好，陈至达依然坚持亲自为研究生开设有限变形力学理论课程，使选修该门课程的力学及工程学科专业的学生受益匪浅。他常跟学生说的两句话是：一，研究生选题决定一生的研究方向，选一个能够开创新的研究领域和方向的题目，这很重要。二，钱啊，就像包袱，你存得越多，包袱就越重。

他的博士生多次获得德国洪堡基金、霍英东青年教师基金，还有的获中国青年科学家奖，在学术界具有较高的知名度。他的学生中有十几位已成了博士生导师，其中有工程院院士。为将非线性几何场论的理论应用到工程实践中去，他和他的学生合作开发了许多新课题，如非线性大变形力学计算方法、大变形非线性效应、非局部力学理论、断裂力学、生物力学、损伤与分形几何学、测定大变形大转动的激光技术、煤层大变形分析等。

开拓科学的新领域，往往具有风险性，也常常有种种的习惯阻力，只有不畏艰难困苦，奋勇攀登的人，才有希望达到最终目的。陈至达在一篇文章中曾经引用爱迪生的一段话：“我的人生哲学就是工作。我要揭示大自然的奥秘，并以此为人类服务。我们在世短暂的一生中，我不知还有什么比这种服务更好了。”陈至达说，这也是他工作的信念和座右铭。

陈至达花费几年心血撰写《理性力学》，书稿刚刚完成，便溘然长逝。钱伟长在为该书作的序中说：“本书以拖带坐标系理论为出发点，以有限变形应变与转动的直和分解定理这一创造性的理论为核心，建立了全新的有限变形几何学的理论。”

三、科学成就及贡献

陈至达几十年如一日，勤奋工作，不断探索，在人才培养、科学研究方面做出了重大贡献。他建立了非线性有限变形力学理论的新体系，并在工程应用中取得了显著成果。他提出的以直和分解定理为核心的非线性有限变形新理论，是对现代力学的重要发展，在力学概念、数学方法和应用研究各个方面都取得了开拓性成果，突破了经典小变形理论的框架，使得解决自然科学中的某些疑难问题成为可能。他在接触力学的奇异性问题、更新拖带坐标法、裂纹尖端微转动效应、有限变形力学的基本方程、大变形细观力学等研究中都取得了创造性成果，其学术意义得到了国内外学术界的高度评价。他的代表性专著《有理力学》与《杆、板、壳大变形理论》在国内外学术界产生了重要影响。他也获得了多项国家和省部级科技奖励。1991 年获国家教委科技进步奖一等奖；1995 年获国家自然科学奖三等奖，国家教委科技进步奖二等奖。

1. 建立了非线性几何场论

虽然有理力学的体系有不同的设想、数学结构，但最根本要解决的是能体现物质空间一般运动与变形的准确数学理论。经过多年潜心研究，陈至达撰写了《理性力学》一书，该书以非线性几何场论为中心，建立了新的非线性连续体力学体系。将 Euler 的动坐标法推广至变形体成为合理的自然坐标法（或称嵌含拖带坐标法）。这种描述变形体运动的坐标法，在板壳大变形内禀理论中最早由 Synge-钱伟长采用。

2. 建立了杆、板、壳大变形理论

应用新的非线性几何场论和非线性连续体力学方法建立了杆、板、壳大变形理论。该理论对于杆、板、壳的形变和转动程度，可以从小到大描述整个运动过程，这个优点是经典理论所无法比拟的。该理论的主要内容曾在钱伟长主持的“应用数学和力学”讲座中使用过。

3. 建立了非线性有限变形新理论

在自然现象中，从物理中的可变形基本粒子到地球表面的巨大造山运动，都属于大变形运动。甚至一张薄纸在空中随风飘扬，要描述其运动就要用到大变形大转动的可变形体运动学。陈至达经过十多年非线性几何场论的研究，确定了变形体一般空间运动时，在变形体中每一点的应变与局部转动，以准确的数学公式表示，建立了以直和分解定理为核心的非线性有限变形新理论，在文献中称为 Stokes-Chen S-R 分解定理。该理论为开拓在工程和物理中的应用，奠定了稳固的数学力学理论基础。

四、陈至达主要论著

钱伟长，陈至达. 1953. 压延理论. 物理学报，(2)：3-38.

陈至达. 1979. 连续介质有限变形力学几何场论. 力学学报. 2：107-117.

陈至达. 1979. 连续介质有限变形力学几何场论（弹性有限变形能量原理）. 清华大学学报. 4：44-57.

陈至达. 1981. 平面有限变形和转动的Moiré几何学. 应用数学和力学. 2（6）：651-657.

陈至达. 1981. 钱氏定理在有限变形极矩弹性力学广义变分原理的应用. 应用数学和力学，2（2）：191-196.

陈至达. 1983. 可变形体的有限转动参数和回转磁效应. 应用数学和力学. 4（2）：151-157.

陈至达. 1983. 论连续体有限变形的位移协调条件. 应用数学和力学. 4（6）：757-760.

陈至达. 1983. 板、壳有限变形分析. 力学进展. 13（2）：119-124.

陈至达. 1984. 三维J积分的能量原理. 应用数学和力学. 5（5）：613-617.

陈至达. 1985. 连续体力学中有限变形与转动的计算增量法. 应用数学和力学. 6（9）：769-774.

陈至达. 1986. 论连续体力学非线性场论中有限转动的表现. 应用数学和力学. 7（11）：959-968.

陈至达. 1988. 有理力学. 徐州：中国矿业大学出版社.

陈至达. 1991. 活体大变形的能量原理. 应用数学和力学，12（3）：229-235.

陈至达. 1993. 非线性连续体力学理论与应用的新进展. 第五届全国现代数学和力学会议论文集，徐州，1-8.

陈至达. 1993. 固体动力学和变形体力学的统一理论. 固体力学及其工程应用（张维教授八十寿辰纪念文集）. 北京：清华大学出版社，34-43.

陈至达. 1993. 非线性连续力学在中国的进展. 应用数学和力学. 钱伟长八十诞辰祝寿文集. 北京：科学出版社，161-165.

陈至达. 1994. 杆、板、壳大变形理论. 北京：科学出版社.

陈至达 1997. 弹塑性有限变形力学的反逆渐进解法. 应用数学和力学，18（11）：959-966.

陈至达. 2000. 理性力学. 重庆：重庆出版社.

陈至达. 2001. 有限变形力学基础. 徐州：中国矿业大学出版社.

主要参考文献

戴日新. 1989. 八十八年的创业——记新加坡杨协成有限公司. 今日中国（中文版）. 6：20

谢和平. 1997. 非线性力学理论与实践论文集. 徐州：中国矿业大学出版社.

撰写者

宋彦琦（1969～），中国矿业大学（北京）教授，博士生导师，理学院副院长。在陈至达指导下研究有限变形力学理论及工程应用，1999年获博士学位。

刘天泉

刘天泉（1927～2000），江西萍乡人。采矿学家，中国特殊采煤技术的开拓者之一，水体下采煤技术的创始人之一。1994年当选中国工程院院士。1958年于波兰克拉科夫矿冶学院采矿系研究生毕业。曾任煤炭科学研究总院总工程师。他长期致力于开采沉陷理论与特殊采煤工程技术的研究，创立了全新的地下工程破坏性影响理论和特殊采煤工艺技术；他依据大量的工程实际观测提出的煤矿上覆岩层破坏“三带”理论及覆岩破坏“两带”高度与煤层开采厚度有关等理论，是煤矿开采破坏的经典描述，是指导采煤覆岩破坏的理论研究的基础。依据大量的观测资料与工程实践，他率先提出的“两带”高度在分层开采时非线性增加理论，为水体下采煤技术的研究，解决水体下采煤，解放大量呆滞煤量，延长矿井服务年限做出了巨大贡献。他作为组织者和主要完成者编制完成的《建筑物、水体、铁路及主要井巷煤柱留设与压煤开采规程》（1987年，2000年）是中国“三下”采煤技术的规范。他的研究成果与学术思想对中国开采沉陷学的研究和特殊采煤技术的发展具有重要的指导意义。

一、成长经历

刘天泉，曾用名天然，1927年10月10日（农历）生于江西省萍乡县（现萍乡市）青山村，2000年3月28日于北京逝世，享年72岁。

刘天泉出生在一个贫苦的农民家庭，父亲只有小学二三年级的文化程度，母亲是文盲。由于家境困难，他读完小学四年级后无法继续读书，时值老秀才刘聘吾等倡导成立了“教子会”，资助家境贫苦、学习成绩优秀者上学，他才有机会到本县唯一的县立小学读书直到毕业。之后虽然“教子会”在助学金之外又设立奖学金，但仍不足交纳上中学的学费，他又面临失学，正好此时县里成立了免学费的简易师范学校，才有机会继续读书。1944年6月24日日本侵略军进入青山村，大肆搜捕抓人，刘天泉被抓去当了劳工，20天后借患痢疾之机逃走，不幸又被抓回，并用刺刀对他进行乱刺后，把他推到河里，幸运的是他带伤在河滩度过了五天五夜后竟没死，靠乞讨回了家。他在家休养一个月后又去继续学习，直到1945年从简易师范学校毕业。患难给他留下了深刻的印象，永远激发着他的强烈爱国、强国之心。

师范学校毕业后半年他终于又转入江西省立宜春中学，直到1949年高中毕业。适逢中华人民共和国成立，他在本村做了一年小学教师后考入了湖南大学矿冶系，并于1952年加入了中国共产党。两年后被选拔到留苏预备班学习俄文。出国时因专业需要改去波兰留学，在波兰克拉科夫矿冶学院采矿系本科二年级插班学习，后进入硕士班读研究生。

1958年毕业回国后刘天泉被分配到煤炭科学研究院北京开采研究所从事科研工作。他深知，科研的关键是创新，创新的基础首先是热爱本职工作再加上勤奋和正确的科学方法。他所热爱的开采沉陷（或“三下”采煤）研究方向，当时在中国还属空白。为此，他选定了国内外尚未研究的开采急倾斜煤层作为试验研究目标，开始了他“求特—抓点—广纳—升华”的科研人生。

1959～1965年，刘天泉主要以我国的重点采煤地区淮南和淮北矿区为科研基地，抓住当时我国煤炭工业急待解决的重大难题——流沙层下及淮河下采煤技术，进行了深入研究，在国内外首次发现并总结出了急倾斜煤层采动响应的基本规律，为淮河下采煤提供了可靠的理论及实践依据，从而使在淮河下采煤由以往的不可能变成现实。

1963年，刘天泉赴波兰考察城市下采煤技术，编写出中国第一本介绍波兰城市下采煤理论与经验的专业书《保安煤柱开采理论与技术》，从而为建筑物下采煤提供了理论和实践上的指导。

1965～1968年，刘天泉主持煤炭工业部微山湖湖滨的柴里煤矿流沙层下采煤试验矿井的科研工作，开始对缓倾斜煤层采动响应规律进行系统的理论研究和大规模现场试验，取得了大量缓倾斜煤层采动响应的实测资料。在柴里试验矿井研究获得成功的基础上，首次突破了传统的顶板拱形冒落理论的束缚，提出了马鞍形导水裂缝带形态与覆岩破坏规律的新理论，使微山湖下数十亿吨原来无法开采的煤炭资源得以开采利用。

1968～1975年，刘天泉在渤海海滨的龙口及淮南、淮北等矿区开展了水体下采煤研究，从理论和实践上进一步完善了他提出的“三带”覆岩破坏规律的理论，提出了地层结构分析方法、岩性分类、缩小防水煤柱的新理论和方法，为龙口矿区在渤海下采煤奠定了基础。

1975～1982年，他深入东北、华北、西北及西南等地区的矿区从事采动响应理论研究及特殊开采技术实践，开创性地将现代力学理念和方法引入采矿科学及特采技术领域，提出了采动响应的新概念和理论，创立了上行开采、全柱开采、条带开采、近松散层开采技术等特殊开采技术体系。

1982～1984年，他承担了“两淮新区缩小防水煤柱”研究等国家“六五”重点攻关课题，主持召开了全国第二次“三下”采煤学术讨论会，主持编写了《建筑物、水体、铁路及主要井巷煤柱留设及压煤开采规程》，1982年他被煤炭工业部授予“全国煤炭工业劳动模范”的称号，1983年他被煤炭工业部第一个授予“优秀科技干部”称号。

1984～1989年，刘天泉继续在全国矿区开展地表岩层移动规律的研究工作，创立了以“上三带”、“下三带”、“侧三带”为主要内容的“三维空间采动响应”新理论体系。他多次在全国举办学习班，由于他在采动响应理论和特采技术研究中取得的显著成果及其在煤炭生产中获得的巨大经济效益，再次被煤炭工业部授予“全国煤炭工业劳动模范”称号。

1990～1994年，他负责研究渤海海域下煤层的勘探及开发开采设计，这是中国第一个海下采煤矿井设计。承担了国家计委、国务院生产办、经贸办委托的重大项目——“抚顺西露天边坡及石油一厂地面变形综合治理总体设计”，保证了抚顺石油一厂及抚顺西露天矿这两个大企业的安全、正常生产。1994年刘天泉当选中国工程院首届院士。

1995～1999年，刘天泉致力于特殊采煤技术的推广与提高，使学科领域和方向不断拓展和创新。他创立了煤矿开采损害技术鉴定委员会，开展了煤矿开采损害的技术鉴定工作，并在患病期间主持完成了对《建筑物、水体、铁路及主要井巷煤柱留设及压煤开采规程》的修订工作。

在刘天泉的研究生涯中，建立了中国煤炭系统第一个特殊开采技术研究室及煤炭科学研究总院第一个采矿工程博士学位授权点，培养了一批人才。他出版专著6部，译著2部，发表论文60余篇，编写研究报告、技术咨询报告100余篇。其研究成果“淮南孔寄矿含水沙尘下正常地质条件下开采急倾斜煤层试验”获1974年煤炭工业部特等奖；“水体下采煤技术”获1978年全国科学大会奖；“邢台煤矿缩小巨厚冲积层防水煤柱试验”获1979年国家科技进步二等奖；“系列露头煤柱设计方法及配套技术”获1996年国家科学技术进步三等奖；另外还有多项研究成果获省部级奖；专著《煤矿地表移动与覆岩破坏规律及其应用》获1983年国家优秀图书奖。1998年他还获得了何梁何利基金科学与技术进步奖。

刘天泉曾任中国第六届全国人大代表，第八届全国政协委员；北京市人民政府采矿工业顾问团第一到第六届顾问；中国国务院学位评定委员会第二、第三届工学学科评议组成员；中国煤炭学会理事；中国岩石力学与工程学会常务理事；中国煤炭学会煤矿开采损害技术鉴定委员会主任；焦作矿院、四川建材学院、北方交通大学、湘潭矿业学院、阜新矿业学院的名誉教授和兼职教授。

二、主要研究领域和学术成就

在中国开采沉陷学和特殊采煤技术的发展历程中，刘天泉按照学科自身的特点和规律，强调科学技术必须与工程实践相结合的理念，并身体力行，不断开拓和指导了特殊采煤技术的许多研究工作，并强调研究成果的实际应用，提供学科间的交叉、渗透，积极引入新思想、新技术和新方法，是特殊开采技术领域的学科开拓者。他提出的“三带”理论等为我国开采沉陷学学科的发展和特殊采煤技术的进步，做出了重大贡献。

（一）主要科学研究成就

1. 创立了完整的矿山采动响应理论体系

矿山采动响应理论体系主要由采动岩体空间分带论、采动地表平面分带论、采动地层结构论及采动地层质量评价论四部分组成，形成了一套完整的认识、预测和防治矿山采动岩体和地表变形与破坏的理论体系。

采动岩体分带论的实质是：划分了开采矿层上覆岩体中的“上三带”，下伏岩体中的“下三带”及采空区周围采矿层本身的“侧三带”。从三维空间角度全面阐明了矿山大面积采动岩体的变形规律、机理及分布形态，导出了缓斜、倾斜及急倾斜矿层条件下采动岩体变形的系列计算公式。该理论中的“三带”分布形态及系列计算公式属国内外首创，是对煤矿采煤覆岩破坏的经典描述，为特殊采煤技术及资源开发利用提供了理论依据。

采动地表平面分带论的实质是：运用等效转换原理将采动岩体“上三带”中冒落带的空间转换成变形计算空间，首次建立了地表变形的统一数学模型，并导出了系列计算公式，成功地解决了国内外对急倾斜煤层、有地质构造的煤层及露天矿边坡附近的地表变形等长期以来不能计算的问题。

采动地层结构论的实质是：对地层的地质、岩性、层次、水文地质及力学等结构进行了科学分类，并解释了它们各自与采动响应机理的内在联系，解决了在各种复杂地质采矿因素条件下岩体和地表的变形预计问题，使之由过去的一般定性解释上升为定量化计算。

采动地质质量评价论的实质是：在研究采动岩体原生及残余物理力学性能及水

体性能的基础上，制定了衡量采动岩体的抗采动变形能力、隔水性、含水性及再生隔水性和含水性的一系列指标和准则，有效地解决了采矿工程的安全性和可靠性评价问题。

2. 开创了完整的矿山采动响应控制理论体系

矿山采动控制理论体系是在采动响应理论体系的基础上形成的，其实质是针对不同的采矿地质条件和保护对象，提出了采动响应控制的七大类型，即控制下沉、变形、水平位移、垂直变形、顶板破坏高度、底板破坏深度和集中压力强度，深入地研究了这七种类型的控制原理和特点，制定了与之相适应的矿山开采时空顺序和工艺方法，从而为矿山安全生产、防止采动岩体破坏、保护地下岩体工程稳定、保护地面建筑和环境安全提供了切实可行的途径，使矿山特殊条件下各类开采问题的设计实现了科学化和经济化。该理论体系已在我国抚顺、淮南、峰峰等矿区的城镇和农村建筑物下、河流下、湖泊下、水库下、铁路公路下、隧道桥梁下及矿山井巷、地下岩土工程、地面建筑工程和农田土地保护等方面得到广泛应用，取得了巨大的社会和经济效益。

3. 创新了一整套矿山特殊开采技术体系

以采动响应理论体系和采动响应控制理论体系为指导，他提出了减少开采沉降和覆岩破坏高度的综合措施，成功地发展了全柱式、条带式、协调式、充填式、分层（分段）间歇式、长走向小阶段、限厚、上行及不超限开采等10种特殊开采技术与工艺，而且将过去以单一技术与工艺措施为主，改变为两种或两种以上复合技术与工艺措施，增加了减沉，降低覆岩破坏高度的效果，构成了矿山特殊开采技术体系，满足了各种复杂采矿地质条件和不同保护对象的需要。使以往不能开采的矿产资源得到合理的、安全的开采与利用。运用上述体系，我国首次在淮河下、微山湖下、巨厚流沙层下、城市和村庄下采煤及立井煤柱开采都取得了圆满成功。在此基础上发展成的建筑物下、水体下、铁路下及承压含水层上的“三下一上”采煤技术，成为我国煤炭工业安全生产及提高生产能力的一大支柱。

4. 创立了开采损害技术鉴定工作

地下工程破坏性影响造成的损害，在矿区通称开采损害，研究、掌握地下工程破坏性影响的规律，不仅可为矿山生产建设服务，而且可在与此有关的工程中应用，矿山开采后会造成地面塌陷，大量房屋建筑、土地、农田、林果遭到破坏，刘天泉提出了塌陷地造地还田、造地建房的思路，提出了塌陷区建筑地基评价方法以及矿区地质防治应采用地下工程破坏性影响理论的观点，并进行了大量试验。

煤矿开采造成的开采损害经常引起业主之间、工农之间的纠纷，过去多采用行政手段和经验方法处理。在市场经济日益发展的情况下，于1992年成立了中国煤炭学会煤矿开采损害技术鉴定委员会，刘天泉担任主任委员，开展开采损害技术鉴定工作，为开采损害纠纷的法律处理提供了技术依据。开采损害委员会成立以来，每年接受处理案件几十件，申请单位有省、市、县、区、乡各级地方法院和人民政府。这一工作的开展不仅为地方处理纠纷提供了依据，也为法院的公正判决提供了保障，同时把一大批从事“三下”采煤的老、中、青专家团结在一起，发挥他们的作用，开拓了特殊开采技术的研究领域。

（二）学术思想及其影响

1.“三下”采煤技术的奠基人之一

地下工程破坏性影响在中华人民共和国成立初期是一门尚没有人专门研究的学科，对其在工程安全及环境保护方面的影响也缺乏认识。虽然在这之前矿山工程的破坏性影响事故时有发生，但并未引起人们的注意，直至20世纪50年代后期，中国才开始这项研究。

许多建设工程都涉及地下工程，例如矿山巷道、隧道、峒室、边坡及城市地下工程等，而某些工程本身就是地下工程，例如矿山采场、地下铁道及地下管路等。地下工程有浅埋、深埋和小断面、大面积之分；有支护工程和无支护工程之分；其所在地有岩石、土体和硬、软、碎、散及富水等不同岩石、土体之分。随着地下工程类型的不同，地下工程会对其周围岩体产生不同的影响，例如冒顶、抽冒、切冒、裂缝、塌陷、滑坡、崩塌等，一般称其为破坏性影响；弹塑性变形、弯曲、均匀沉降等，则称其为非破坏性影响。减少这些影响对工程及环境造成的后果，需要不同的控制方法。

刘天泉对大面积采煤（矿）在周围岩土体中发生的变形与位移进行了长期深入的研究。他认为：长壁采煤工作面，当采深小、岩性软时，一个长壁采煤工作面推进几十米后，采动影响就可达到地表；而在采深大、岩性硬时，一个长壁工作面要推进较大长度或采完一个以上的工作面才会影响到地表。正常地质及开采条件下，大面积回采工作面在周围地层中产生的采动影响，可概括地用受影响地层中的上部“顶上带”、下部“下三带”及周边“侧三带”构成的“三带”模型描述，而在地表产生的采动影响，则用“地表下沉盆地”模型描述。在特殊地质及开采条件下还可能产生有别于“三带”型的抽冒型和切冒型破坏性影响，它们是最剧烈的采动影响显现形式。

上述理论已广泛应用于“三下”采煤技术，推动了我国特殊采煤技术的进步。

2. 推动中国水体下采煤技术的带头人

刘天泉毕生从事水体下采煤技术的研究、试验、设计与施工，他和研究组及现场工程技术人员一起先后探索研究了国内外尚无先例的淮南矿区李咀孜煤矿及孔集煤矿在淮河下的开采技术难题；开展了淮北新矿区烈山煤矿及张庄煤矿等的松散强含水层下缩小防水煤柱的试验；承担了枣庄矿区柴里煤矿松散层下露头区开采厚煤层的试验及“两带”破坏特征、分布形态及高度计算的观测测试；为了缩小防水煤柱、加快新井达产，在邢台煤矿开展了巨厚松散含水层下开采厚煤层的试验研究。通过上述试验研究，深入掌握了水体下采煤及采动影响规律，使水体下采煤技术达到较高水平，研究成果在煤矿和部分非煤矿山推广应用。

他系统地将“三带”论作为水体下采煤设计的基本原则，改变了过去国内外长期采用的“采深采高比法”、“经验数值法”、“隔水层厚度法”、“极限变形值法”及“新老地层厚度比例法”等方法。提出了以地层结构分析法为手段的水体下采煤时含水层、隔水层评价及防水煤岩柱结构评价的定量—半定量分析方法，使许多复杂的水体压煤问题变得简单化。他结合中国为国外设计的一个大型煤矿水体下安全开采可行性研究，在松散含水层与煤系基岩含水层在局部有水力联系的情况下，提出了确定松散含水层为留设防水煤柱的防范含水层、煤系基岩含水层为预疏措施不留防水煤柱的防范含水层的方法，具有重要应用价值。

3. 中国建筑物下现代采煤技术的先行者之一

建筑物下压煤是我国存在的量大面广的问题之一，特别是村庄下压煤问题。但在新中国成立后很长一段时期，这方面的技术尚处于空白，是矿区工农业生产建设上一个亟待解决的重要问题。刘天泉 1954 年在波兰重点学习了处于国际先进水平的波兰城镇建筑物下现代采煤技术。回国后他编写了波兰城镇下采煤的科学技术资料，并先后 4 次去波兰考察，同时也多次组织波兰专家来中国进行技术交流和咨询，把这方面的先进技术在中国做了全面推广，并在抚顺、阜新、本溪、济宁等煤矿城市开展了重点试验研究。1963 年，煤炭工业部成立了我国第一个城市下采煤实验组——抚顺城市采煤试验组，刘天泉任副组长，组织相关的科研单位、高校等科技人员进行试验研究，有力推动了波兰先进经验在中国的推广和应用。

三、刘天泉主要论著

刘天泉，周家俊．1966．保安煤柱的开采与地面建筑物的加固．北京：中国工业出版社．

刘天泉，等．1981．煤矿地表移动与覆岩破坏规律及其应用．北京：煤炭工业出版社．

刘天泉．1981．大面积采动引起的采动影响及其时空分布规律．矿山测量，(1)：70-77.

刘天泉．1981．用垮落法上行开采的可能性．煤炭学报，(1)：18-28.

Boreek M，Chudek M．1983．矿山岩体力学．刘天泉，于振海译．北京：煤炭工业出版社．

刘天泉．1986．论厚松散层下近松散层安全开采的几个问题．煤炭科学技术，(2)：14-17.

刘天泉，等．1987，2000，2008．建筑物、水体、铁路及主要井巷煤柱留设与压煤开采规程．北京：煤炭工业出版社．

刘天泉．1989．采场内的遗留煤柱对地表沉陷的影响．世界煤炭技术，(12)：28-31.

张金才，刘天泉．1990．论煤层底板中的裂隙带最大深度及分布特征．煤炭学报，(2)：46-55.

刘天泉．1997．百名院士科技系列报告集（中）//矿山采煤沉陷与环境保护．北京：新华出版社．

刘天泉．1998．露头煤柱优化设计理论与技术．北京：煤炭工业出版社．

刘天泉，范维唐．1998．采用综合减沉是实施矿区可持续发展战略的重要举措．煤炭企业管理，(8，9)：11-12，12-13.

主要参考文献

刘天泉．1993．中国工程院院士申报材料．

邢福康，李凤鸣．2005．刘天泉//中国科学技术协会．中国科学技术专家传略·工程技术编·能源卷 1．北京：中国科学技术出版社：243-254.

撰写者

张华兴（1962～），浙江嵊州人，研究员。长期从事开采沉陷理论与控制技术的研究，现任煤炭科学研究总院北京开采设计研究分院特殊采煤所所长，中国煤炭学会煤矿开采损害技术鉴定委员会副主任委员兼秘书长。

沈忠厚

沈忠厚（1928～），四川大竹人。油气井工程技术专家、水射流专家、教育家，中国油气井工程学科的奠基人之一。1951年毕业于重庆大学矿冶系。2001年当选为中国工程院院士，是中国石油大学石油工程油气钻井学科的第一位院士。主要从事油气井钻井工程理论与技术和水射流理论与技术等研究工作，并取得了丰硕的研究成果，先后主持并完成了第一代加长喷嘴钻头、第二代自振空化射流钻头、第三代水力脉冲空化射流钻头的研究与研发工作；在国内外首次建立了钻井工程中以井底岩石面获最大水功率为目标函数的水力设计新方法和新理论；与课题组有关同志一道在国内外首创自振空化旋转射流处理油水井近井地层及解堵新技术等。目前主要从事超临界CO_2钻完井相关理论及技术研究工作，并取得了一定的研究成果。这些新技术新工艺的应用，在石油生产过程中都取得了巨大的经济效益，为中国石油行业做出了巨大贡献。先后获国家科技进步二等奖2次，国家发明三等奖1次，省部级科技进步一等奖4次及二等奖多次。在中外刊物发表论文110余篇，获中外专利16项，出版英文专著1部，中文专著2部，并获“全国能源工业特等劳模”、“石油工业有突出贡献专家”、“山东省专业技术拔尖人才”和“山东省高校优秀共产党员”等荣誉称号。

一

1928年2月13日，四川省大竹县一个偏远的寨子里，一个小小的生命跃动了。“忠厚”这个名字，恰如其分地安于这个幼小生命的头上。沈忠厚的博士生王瑞和说：“沈教授，就如同他的名字一样，忠忠厚厚，真正是名如其人!”

就在沈忠厚1岁多的时候，父亲不幸去世了。家道由此慢慢中落。为了生活，沈忠厚的母亲只好把田地租出去，靠很少一点租子维持生计。

6岁的时候，沈忠厚步入小学课堂。他聪明、伶俐，很是赢得老师和同学的喜欢，并一路考到大竹县城的高中。一个巨大的难题也摆在沈忠厚母亲面前：儿子考上高中，做母亲的自然是满心欢喜，但上高中，就意味着要花更多的钱，这一下可怎么办？母亲思忖了半天，咬了咬牙：为儿子，什么都可以舍得。没有钱，可以一个子儿一个子儿去挣，一个子儿一个子儿去抠。

沈忠厚说："作为一个人，还是要有真本事才行，对于我们山里伢子来说，只有好好念书，才能真正走出大山。"

母亲那时很为儿子的大志所感动，说：一个好男儿，就该好好念书，闯出一番天地；当母亲的，就是再苦再累也值，就是天天挖野菜当饭吃也值。近60年之后，沈忠厚在回忆起这段往事时，不禁感慨心生，深深感谢生他养他育他诲他的母亲："没有母亲支持，今天我或许就是一个看着日头干活的山里老汉。"

1947年8月，沈忠厚在全族人殷切的目光中南下重庆，准备高考。他权衡再三，选择报考很难考的重庆大学。果然他脱颖而出，考上了重庆大学矿冶系。一个来自山里的伢子，终于成为重庆大学的学生，并以出类拔萃的成绩毕业留校。

二

沈忠厚毕业的那年是1951年。一个经历过旧中国的知识分子，对于这种天翻地覆的变化，感受是极为深刻的。

正是怀着对中国共产党的满腔热血，沈忠厚走上了教学岗位。当时重庆大学已开设了石油专业，沈忠厚被安排从事石油钻井的教学工作。听过沈忠厚讲课的人，都有一个共同的体会：沈忠厚讲课特别注意深入浅出，一个很抽象、很深奥的原理，经他一过滤，就变得很形象、很浅显，仿佛一切就在你面前，举手可触。他的学生杨永印说，沈教授不仅传授知识，更重视能力的培养，使我们不仅获得知识，更获得一种科研能力。

可谁能知道，为了能让每一个学生水到渠成地接受那点点滴滴的知识，了解前沿学科瞬息间的动态，沈忠厚付出了多大的努力！

沈忠厚说：课堂就是战场。上战场前必须做好充分的准备，不管这门课讲了多少遍，每一次讲课前都必须重新备课，并及时补充最新的国内外信息。他反复强调，作为一名教师，发一分光，必须要有十分热。沈忠厚主张，青年教师要多到现场去，要让自己的知识转化为生产力。一有机会，他就督促他的博士生和博士后到现场去，了解现场，熟悉现场，把握现场。杨永印还特别提起了1997年8月在辽河油田进行我国第一口超短半径径向水平井的现场试验，在那三天三夜顶台风、冒暴雨的奋战中，沈忠厚把生死置之度外，不把试验做成功誓不罢休。这种精神，这种境界，又岂能是课堂所能学到的？有了这种最深切的现场感受，你才会真正在理论知识和现场之间找到一个最优化的切入点。当时已是快70岁的沈忠厚，每年还把四分之一的时间泡在现场，把知识与现场沟通起来。

正是有赖于深厚的理论根基，准确把握前沿信息的脉搏，又有丰富的现场经验和来自第一线的各种资料，沈忠厚的教学成果才卓然不凡——从教50多年来，他除指导青年教师、主讲各种主干课程外，他还先后为本科生编写出版了4部教材和参考书。20世纪80年代后，沈忠厚又在石油钻井领域先后培养了数十名硕士生、博士生和博士后，在中国石油大学（华东）和中国石油大学（北京）两地亲手建立了两个设备先进、水平较高的高压水射流实验室。

三

20世纪60年代，美国已开始了喷射钻井的研究，并在此基础之上研制出喷嘴钻头，但并没有得到大力推广，因为由喷射所带来的许多悬而未决的难题，始终困扰着这些洋专家、洋教授。

一个重要的难题就是对射流的大小无法很好地控制，从而直接影响到对射流在井底破岩（破碎岩石）的控制，这是因为他们在从事喷射钻井的研究中，没有从根本上解决淹没非自由射流的衰减规律，更无法定量地解决射流在井底的衰减规律。

这是在理论上悬而未决的难题。

从实际而言，美国专家无法很好地解决喷嘴的寿命一般只有20～30小时的问题，这是导致喷嘴钻头不能推广的重要客观原因。如何增加喷嘴的寿命，美国专家也是束手无策。

其时沈忠厚对喷射钻井，对水射流技术，对喷嘴钻头还感到相当陌生。20世纪70年代末期，一个偶然的机会，沈忠厚听到同行说起国外有人用水（即水射流）来切割金属板，裁剪布匹，切口整齐划一，几乎没有生毛刺。沈忠厚的心弦动了……

沈忠厚想，如果把水射流应用于钻井（即喷射钻井），加快破岩速度，提高井底工作效率，不正是一个行之有效的提高钻速的方法吗？

那时，我国对喷射钻井的研究几乎是一个空白。于是，带着一连串对喷射钻井的疑问，1981年3月，他漂洋过海，来到美国西南路易斯安那大学专门学习研究。

沈忠厚同样被困扰美国同行的喷射钻井难题困惑着：不了解衰减规律，不能进行定量计算，又怎能最大限度地提高射流在井底的工作效率呢？

一天，美国喷射钻井的奠基人之一，著名的喷射钻井专家戈恩斯在休斯敦作喷射钻井技术讲座。讲座结束后，沈忠厚满怀希望地走到戈恩斯面前，向他请教那苦缠于心的难题。已是70高龄的美国专家愕然地望着这位来自东方的学者，无可奈何地摊了摊手，又耸了耸肩膀："沈教授，您要是把这个谜底揭开，你便是……"戈恩斯不失时机地竖起大拇指。

沈忠厚非常有礼貌地表示感谢，但涌动的心里，暗暗说着："您等着吧。"

谈起这段经历，沈忠厚颇有感慨地说："倘若我们能突破常规的研究方法，搞出个成果来，国外不是要反过来向我们学习吗？我们要有这个勇气。"

沈忠厚自美国返回后，即勇闯"禁区"，投入该课题紧张而有序的研究中。实验室里、计算机旁、钻井现场，处处可见他的身影。饿了，干脆就啃馒头，泡包方便面；渴了，喝口凉水。他的肺本来就不好，老伴实在看不过去，说："你这把老骨头，不要命了呀！"他乐呵呵笑了，"这把老骨头再不干点革命，不就废了吗？"一句话噎得老伴徒唤奈何。于是，电影远离了他，电视远离了他，节假日更是远离了他。睁眼闭眼，面前便是"射流"、"井底"、"功率"……

沈忠厚的学生说：为了这个课题，沈教授一本书一本书地看，一本书一本书地啃，一个实验一个实验地对照，一条曲线一条曲线地描画，做完试验，又一趟一趟地跑胜利、跑中原，一个现场一个现场地对照，不达目的誓不罢休。

终于，1986 年 3 月，他的论文"淹没非自由射流压力衰减规律的研究和井底水力参数计算"，在第二届国际石油工程会议上宣读。那浑厚有力的声音，使与会者惊奇地意识到，中国在喷射钻井方面已巍然地站到他们的前面去了。因为，一个来自东方的学者，终于从理论上真正解决了困扰美国学者十几年的难题。沈忠厚以其丰富的例证，以其缜密论证，定量地解决了淹没非自由射流压力衰减规律的课题，从而为有效地提高射流在井底的工作效率提供了理论上的保证。

这时候，他首先想到的就是给戈恩斯写了一封信。他永远忘不了那位幽默、开朗的老头儿。戈恩斯很快回信了，对他的成功表示最热烈的祝贺，认为他已当之无愧地站到了喷射钻井的最前列。SPE（美国石油工程师协会）更是极力推崇这一理论成果，由沈忠厚再次修订后，将它发表于美国石油钻井方面最权威的杂志《SPE钻井工程》。

1989 年 3 月，该课题又顺利地通过中国石油天然气总公司部级鉴定，鉴定书上写着："理论研究成果解决了钻井工程中优选水力参数长期未解决的一个重要理论问题，丰富了淹没非自由射流理论，成果水平在国内领先，达到国际先进水平。"

理论的难题解决了，接下来便是考虑这样一个问题：既然摸清了淹没非自由射流的压力衰减规律，那么，怎样利用这个规律，使射流在井底的工作效率得到迅速提高呢？他决定设计一种钻头家族从未出现过的新型钻头——加长喷嘴牙轮钻头（即石大第一代钻头）。

与此同时必须研究的另一个问题是：怎样才能延长喷嘴的寿命？因为如前所言国外同行研究设计出来的喷嘴，其寿命仅是20～30小时，其结果是只能频频换喷嘴，从而使钻井速度大打折扣。沈忠厚和课题组的同事们齐心协力，昼夜攻关，终于解决了这一难题，使喷嘴的寿命稳定维持在80～90小时，最高可达150小时。

于是，根据此理论成果设计的新型钻头——加长喷嘴牙轮钻头，便以独特的情态，来到世间，加入庞大的钻头家族行列中。虽说它面世很晚，但在相同的条件下，与普通钻头相比，井底水功率提高30%～40%，井底压力提高1倍，井底压力梯度提高1.5倍以上。

根据在全国13个油田使用，返回的400多只钻头资料统计表明，平均机械钻速提高30%，平均单只钻头进尺提高40%。在全国13个油田推广使用的3300只加长喷嘴钻头，获直接经济效益1.7亿元。

该成果相继获得了国家科技进步二等奖，省部级科技进步一等奖，并获两项国家专利和一项美国专利，还获得国家发明奖，这是中国石油大学建校以来极少数有资格申报国家发明奖的成果之一。沈忠厚也因此先后被评为“能源部特等劳动模范”、“石油工业有突出贡献专家”……美国、英国权威机构的名人辞典上，也赫然收入了“沈忠厚”的条目……

四

沈忠厚在研究加长喷嘴钻头时，又另辟蹊径，于1982年，开始研究自振空化射流钻头，并在理论和实践上都取得了重大突破。

在喷射钻井中，人们习惯于采用的往往是连续射流（普通射流）。连续射流的最大特点是其速度的恒定性，相对而言比较好进行人为控制，但对岩石进行强烈的冲击时，岩石的裂纹产生较少，进而影响了破岩的程度和速度。

那么，有没有一种全新的射流，能够最大限度地扩张裂纹，迅速提高破岩效果呢？

沈忠厚开始研究起一种全新形式的射流——脉冲射流（非间断射流，亦称振荡射流）。

沈忠厚首先想到人们避之不及的空化现象——所谓空化，就是物质在从液相转化为气相的过程中，必然会产生大量的气泡（亦称空泡），而当气压达到一定压力时，气泡就会自动发生爆炸，产生破坏性极强的冲击力。因此，为了设备和人员的安全，各行各业都不得不采取各种有效的措施，全力防止空化现象的产生。

然而，事物的发展又是对立统一的，在一定条件下有害的东西，在另一种条件下就是有利的。问题的首要关键就是寻找到这种转化因素，从有利与有害之间，找到最好的切入点。

当时，对自振空化射流的研究，国内几乎是一片空白；在国外，也尚处于实验室研究阶段。

沈忠厚又一次闯“禁区”，要在一片空白地带“安营扎寨”，踏出一个从未有过的世界。

他认为，如果能利用空化产生的极强的冲击力（其冲击力为一般喷嘴冲击力8～124倍）破碎岩石，破岩效果一定会大大提高。

他又想到了水声学。倘能利用水声学原理，通过声谐共振将连续射流改变为间断射流，并令其在此过程中产生空化现象，不就可以大大提高破岩速度吗？

他又一次沉迷于计算机房，沉迷于实验室，沉迷于现场，沉迷于各种可以寻找到的书籍资料……

对自激振动空化射流的研究，沈忠厚经过几年攻关，终于在理论上获得了重大的突破，首先是首次从理论上建立了两种谐振腔的基本关系和结构的数学模型，其次是系统地揭示了自振空化射流动力学规律，从而为调制自振空化射流奠定了理论基础。

据此，沈忠厚写出了论文“新型射流理论及其在钻井中的应用前景”，该文于1991年在阿根廷召开的“The 13th World Petroleum Congress, Buenos Aires, Argentina”国际会议上发表。沈忠厚再一次受到与会者的注目，要知道，能够在这个世界上最高级别的学术会上发表论文委实是不容易的，当时我国选送的论文中，仅有两篇入选，沈忠厚就拥有其中的一篇。

但他显然不会因此而满足，他一再强调，仅有空头的理论是远远不行的，打下理论根基的目的，就是使之有效地应用于实际，转化为生产力。于是，在此理论基础上，他经过苦心孤诣的研究，在无数次失败的试验之后，终于研制成功了自振空化射流钻头（中国石油大学第二代钻头），并成功地在多个油田推广。

据现场反馈的信息表明，该钻头与普通牙轮钻头相比，在相同的条件下，破岩效果为连续射流的3～4倍，平均机械钻速提高30%～35%，这无疑又为钻井速度的提高提供了一条新途径。据调查了解，仅在胜利油田推广使用的250只自振空化射流钻头，即为国家节约了资金625万元，由此，该项目于1993年获得了山东省科技进步二等奖。

需要提及的是，对自振空化射流的研究，沈忠厚不仅把它有效地应用于石油钻井工业，而且把它有效地应用于采油近井地带解堵，同样获得了显著的经济效益。1995年在辽河油田锦州采油厂试验油井23口，见效井达21口，并且当年即增产原油8892t，创经济效益410.5万元。1996年2月与胜利油田胜利采油厂合作用于注水井解堵，至当年7月，在实验的20口井中，即有18口见效，累积增加注水量达13.6万m^3，平均单井日增注118m^3。

沈忠厚说："其实自振空化射流不仅可用于石油钻井和采油工业，而且可用于采煤、巷道掘进，隧道工程及清洗工业。"

五

再接再厉。

1984年——

当沈忠厚沉迷于研究加长喷嘴钻头、自振空化射流钻头的时候，仿佛有一股内冲力似的，他的目光又对准了联合破岩钻头（中国石油大学第三代钻头）。

要提高钻井速度，其最主要的机理就在于寻找破岩时主裂纹的发展方向，以便于射流能及时而又准确无误地射进主裂纹中，以迅速延伸和扩张主裂纹，从而使岩石迅速破岩。

机理似乎并不算复杂，复杂的是寻找主裂纹的发展方向。由于地层的不同、岩石各自的差异，裂纹的形态也是千奇百怪。同时，钻头在向岩石钻进的过程中，岩石受的不是单向应力，而是钻头的压入应力和旋转应力的双向应力，这就更让人难以把握主裂纹的发展规律了。

沈忠厚没有忙于立即研制联合破岩钻头。他先从断裂力学的角度入手，用近四年的时间，终于摸清裂纹的形成规律和主裂纹发展方向，用断裂力学理论建立了主裂纹发展方向的理论模型，并建立了机械及水力联合破岩钻头的设计理论。这在石油钻井工业的发展史上，从某种意义而言，完全是一座不可估量的里程碑，它标志着钻井工业进入了一个崭新的境界。

系统理论模型的建立，为研制联合破岩钻头提供了厚实的根基。历尽几年研究，联合破岩钻头终于问世，并立即在南阳、华北、胜利油田试用。据现场反馈的信息表明，联合破岩钻头与同类型单纯机械破岩钻头相比，其破岩效果提高了3～4倍，平均机械钻速提高33%～38%，即使与破岩效果较好的同类型中长喷嘴或斜喷嘴钻头相比，其平均机械速度也提高25%～27%。在成果鉴定会上，该钻头获得了权威专家们的一致好评，认为该成果有创造性，达到国际先进水平。1997年，该成果获得中国石油天然气总公司部级科技进步二等奖。

笔者问："自80年以来，您这三代钻头几乎是同时研究，您不担心顾此失彼吗?"沈忠厚泰然地说："搞科研，一个项目往往要搞十年乃至几十年，倘十年磨一剑，虽然保险，但很难有大的突破，而同时搞几个相互关联的项目，一可以节约研究时间，二可以发现相互间的缺陷，及时取长补短，加速问题的解决。当然，耗费的精力、体力要多一点。"

难道真的就是多一点吗？十年磨一剑与十年磨三剑之间，难道真的就是多一点所能说明的吗？这袒露着的，不正是一个老知识分子、老共产党员忘我奉献的崇高境界吗!

六

1989年，石油工业在飞速发展，但在发展的过程中，一个严峻的问题又不能不引起人们的普遍担忧：效率太低了！当时我国油田的采收率普遍在30%左右，大量的原油只好沉睡地下。由于原油采不上来，我国已因此关停了1万多口井。

如果能有一种办法，能有效地提高采收率，哪怕仅仅是提高5%，其直接经济效益就是一个天文数字。怎样提高原油采收率，已是摆在石油人面前一个迫在眉睫的问题。

有人建议通过往井内注进高分子添加剂来提高采收率，但成本太高，对资源又有巨大的损害，得不偿失。

沈忠厚站出来了。

他要接过这个棘手的难题，并申请立项研究。他认为，研究科学就需要有冒险精神，甚至献身精神。沈忠厚又进入一个陌生的领域，开始一项崭新课题的研究。

在研究过程中，沈忠厚发现，传统的采油方法，由于井眼少，与油层接触的面积小，这是造成采收率低的根本原因。要根本提高采收率，必须打超短半径径向水平井，使其水平延伸部分呈放射状态，分别往各个可能存在原油的部位延伸，以保证以最充足的井眼接触最大的油层。

然而超短半径径向水平井是世界高难度的水平井，至沈忠厚攻克该难题前，国际上仅有美国打出过。

沈忠厚没有因此止步不前。经过几年的潜心研究，终于迎来了1997年8月20日的现场试验。几年的研究，等的、盼的就是这一天，所谓养兵千日，用兵一时，实不为过。他和课题组的同志们又是激动，又是不安，因为能不能按设计要求打出有推广价值的径向水平井，就全看这个现场试验了。

为了确保这一重要科研攻关项目的成功，辽河油田的有关领导和沈忠厚率领的课题组专门组成了科研攻关保证体系，对每一道工序、每一个施工阶段技术方案进行全面的管理监控，特别是在该井进入选斜段和水平段的关键施工中，更是从设计到井眼轨迹进行精确控制，从各种不同钻具组合的选斜能力到各种仪器的施工性能，他和课题组的同志们均进行了认真科学的论证和优选，以最大限度地保证我国第一口超短半径径向水平井的成功。

就在大家正在奋战的时候，台风突然铺天盖地袭来，倾盆大雨瓢泼而下，几乎是面对面就看不见人，听不见说话。刚刚还是干硬的土地，立时积满了水，寸步难行；台风之大，暴雨之大，令每一个亲临现场的人都会今生难忘。

但一旦开钻打井，就是天塌下来也不能停止，否则几年的辛苦将要毁于一旦。

69 岁的沈忠厚迎着台风，冒着暴雨奋战在现场。

饿极了，沈忠厚满是油污的手到水沟里洗洗，端起饭就吃。

困极了，沈忠厚就到低矮而漏雨的板房内打个盹，又精神抖擞出现在大家的面前，令课题组和油田的同志深深感动，亲切地称之为“拼命三郎”。

沈忠厚的学生王瑞和、杨永印更是三天三夜不合眼，点滴不漏地守在现场，仿佛那台风、那暴雨就与己无关似的。

终于，经过整整三天三夜的奋战，1997 年 8 月 22 日 12 时 10 分，我国第一口在井深 1013.2m 处的超短半径径向水平井成功打出了。

沈忠厚灿烂地笑了。这口死井终于重获新生，滚滚的原油终于又被采出来，虽然产量不是很多，但它毕竟为提高我国原油采收率提供了一个良好的样板。

七

对水射流的研究，国内并不首先是从沈忠厚开始的，但把水射流应用于石油工业，并取得令人瞩目的成绩，却是从沈忠厚开始的。

有人说，沈忠厚开始了一个石油钻井的新时代。

这并非言过其实，从加长喷嘴钻头——自振空化射流钻头——水力及机械联合破岩钻头的研制成功及其在生产实际中所取得的惊人效益，不能不说是一个极有说服力的证明。

何以如此？沈忠厚的研究究竟有什么奥秘，有什么与众不同呢？

在那间朴素而整洁的书房里，沈忠厚淡淡地说：“我采用的是‘笨人理论’。”

沈忠厚说："我立项研究的时候，并不急于追求经济效益，搞短平快，希望什么东西都要立竿见影。我是先打下扎实的理论根基，从理论上把问题搞清楚，在这个基础上再把理论与实践相结合，找到二者的结合点。"

不管与国际、国内相比，沈忠厚对水射流的研究都算是比较晚的，但为什么能在短短十年之内，取得如此瞩目的成果，这与他的"笨人理论"恐怕是密不可分的。

这里有一个项目在进入现场之前的整个研究流程表，透过这个流程表你或许会对这个"笨人理论"有更进一步的理解。

①对课题进行理论研究，建立相应的理论模型；②根据理论模型进行单元试验；③研制出模拟样机；④进行模型样机台架试验；⑤研制出真实样机；⑥进行真实样机台架试验；⑦放大试验（依据真实样机，研制出可在野外作业的全尺寸地面样机）；⑧在野外进行全尺寸地面联机试验；⑨进行真实的井下试验（现场试验）。

流程表或许是枯燥的，但它却明晰地显示出沈忠厚搞科研的思路和运作轨迹，它再一次向我们昭示，厚实的理论根基和大量的模拟实验，是保证现场试验成功乃至大面积推广的重要前提。

沈忠厚的"笨人理论"，从表面而言，把大量时间利用在理论研究方面确实是太浪费了，实际上这个"笨人理论"由于使沈忠厚少走弯路，避免重复别人的错误，反而赢得了更宝贵的时间，所谓"磨刀不误砍柴工"，二者其实是异曲同工的。

除了"笨人理论"，沈忠厚特别推崇新思想、新思维。沈忠厚有句名言，跟在别人屁股后面走，永远当不了老大，最多只能当老二。他的研究，是在很高的起点上进行的，他最不愿意重复别人已经走过的路。无论是加长喷嘴钻头也好，自振空化射流也好，抑或水力及机械联合破岩钻头也好，都是首次从沈忠厚的手中走向世界的。

走笔至此，我们便终于明白：为什么沈忠厚能给世界一个惊奇？其实并没有什么秘密可言，它实在是以严谨的理论为后盾和以创新的思维为基础的。

这就是实实在在的奥秘。

这就是实实在在的科研思想。

1998年，在沈忠厚70寿辰的时候，中国石油大学的老校长杨光华欣然为沈忠厚题词祝贺："水击石穿寻地火，披肝沥胆为人民。"这是老校长对沈忠厚的褒誉，更是沈忠厚科研工作的写照。

八

沈忠厚是一个好人。

凡与沈忠厚接触过的人，几乎都会由衷地这样说。

沈忠厚是一个模范的共产党员。

凡与沈忠厚接触过的人，同样也会由衷地这样说。

学生李根生记得，他的妻子在济南工作，夫妻两地分居，李根生不得不把大量的时间用于两地奔波，工作大受影响不说，李根生本来就虚弱的身体变得更加虚弱。沈忠厚看在眼里，急在心上，硬是跑前跑后，把李根生的妻子从济南调到中国石油大学，为李根生解决了后顾之忧。

李根生记得，当他还在单身公寓的时候，年迈的母亲从遥远的安徽来看望他。有一次，李根生母亲的手不慎摔伤了，沈忠厚知道后，一次次从百忙中来到那间窄小的小屋看望，向这位老母亲嘘寒问暖，感动得这位老母亲不知该说什么才好。一位面朝黄土背朝天的老母亲，却让一位赫赫有名的老教授记着，挂着，惦着，能不令她感动吗?

李根生的身体比较虚弱，沈忠厚说，身体是革命的本钱，一次次督促他到医院检查，叮嘱着一定别忘了吃药，并悄悄给李根生少安排工作……

沈忠厚虽然深孚众望，名闻遐迩，但他绝没有名教授的架子，他的平易近人是出了名的。他的同事也好，弟子也好，认识他的人也好，不认识他的人也好，只要见了面，面对的就是一位忠厚、慈祥的长者，他会和你侃侃而谈，他会和你朗声大笑，你完全忘记了他是一位名教授，倒仿佛你们之间像朋友一般。沈忠厚的学生朱益在他身边读硕士的时候，有事没事都愿意和沈忠厚聊一聊，把自己的心里话向沈忠厚掏一掏。朱益的朋友都羡慕他有一个好导师，朱益也感到很自豪。

沈忠厚对别人是这样平易近人，并时时刻刻关心着他们，但对自己，正如对科学一般，是十分严格的。

1987 年上半年，沈忠厚到四川开会，顺路到大竹，整个沈家上上下下都高兴极了，给沈忠厚张罗这、张罗那，非要让沈忠厚住下不可。沈忠厚却太忙了，他前后待了不到一小时，连饭也不吃一口，就不得不依依不舍地离开家乡，离开亲人。

需要提及的是，由于地处山区，交通闭塞，信息不灵，沈忠厚的故乡那时依然很落后，老百姓的生活十分困难。临行前，沈忠厚的亲人希望他能帮助解决一点水泥，因为那间老屋，破得实在不能再破了。沈忠厚的眼眶一下湿了，在场的川东钻井公司领导主动提出帮助沈教授的亲人修补一下房子，沈忠厚强忍着眼泪，坚决不同意，他对亲人深深地说一句：“还是靠自己想办法解决吧，开发家乡的山山水水，总会可以致富的。”

说完，沈忠厚实在不忍回头，匆匆就离开了故乡。

1997年2月底，应日本东北大学的邀请，沈忠厚作为访问学者抵日本与该校合作研究水射流课题，当时，沈忠厚为了争分夺秒搞课题，工作几乎是疲于奔命，早上匆匆起来煮一碗面条，又匆匆填到肚里，把剩下的带到办公室，中午热一热就是一顿午饭了，回国后，老伴夸他："老沈到日本这几个月，别的看不出有什么长进，不过煮面条的水平可是大大提高了。"

沈忠厚就是在这种自强不息的精神支持下，孜孜不倦地进行着科学研究，在水射流研究方面取得了丰硕成果，并在国际上产生了重大影响。曾有多次机会留在国外工作，并许以高额的薪水和各种其他丰厚的待遇，沈忠厚一次又一次婉言相谢，因为他深知：他是一个共产党员，他的根在中国。

九

采访沈忠厚时，正巧他老伴也在家。他老伴在一旁忙乎着，拾掇这个拾掇那个，把个简陋的家打理得朴素而干净。但一旁的我明显感到，师母的腰却很难挺直，忍不住问："师母的腰——"

沈忠厚的眼睛显得有点湿润："要说我这几十年有什么成绩的话，一点也离不开老伴，老伴是我最大的支持。说实话，工作太忙了，家里的事我一点也帮不上忙，一切全是老伴操办。老伴就是因为太劳累了，得了腰椎间盘突出，还有骨质增生。我曾带着老伴到淄博一家腰椎专科医院看大夫，大夫吃惊极了，责怪我们这么重的病，怎么早不来看呢？我看了几十年的病，还没有看见过这么严重的腰椎间盘突出。"沈忠厚几乎要说不下去了，哽塞着，"这病拖了快二十年了。要说这辈子欠什么，就是感觉欠老伴太多太多……"

沈忠厚的思绪显然投向了那些难忘的岁月——

孩子小的时候，沈忠厚夫妇的工作，都十分忙，又是在那非常年代，有苦也说不出，两个孩子只好交由一位大妈给带大，以至两个小孩见到大妈比见到爸爸还要亲。

两个孩子先后上学、毕业、分配工作。按说，这个阶段，是小孩人生中最关键、也是最需要父爱的时候；可这个阶段，也是沈忠厚教学科研工作最忙的时候，他几乎一点也帮不上忙。

要说欠孩子的，沈忠厚认为真是太多太多。

两个孩子十分理解自己的父亲。父亲心中装的是国家、大家。为了国家、大家，就必然要牺牲很多很多。在孩子的心目中，父亲虽然活得很平凡，却很有意义，他

们为有这样的父亲自豪。

沈忠厚深深感谢孩子的这份理解。他需要理解，理解才会产生动力，有动力才能全心全意扑在工作上。

沈忠厚何尝不希望自己的晚年这样丰富多彩，可大量的科研工作，更需要他去拓展，更需要他去深入。

他离不开科研。

他离不开石油工业。

他离不开现场一双双希望的眼睛。

他需要冲刺。

他需要搏击。

他需要再度亮起生命的亮光。

2008年，在沈忠厚80寿辰之际，沈忠厚的学生们给老师送上这样的贺词："忠天义地风风雨雨成就伟业，厚德载物兢兢业业培育英才。"这是学生们对自己的导师最崇高的敬意，更是对他一生最真实而美丽的总结。

岁月匆匆，天催人老，但沈忠厚的信念不老，那种只知奉献、不思索取的孺子牛式的精神境界，依然那么闪亮地辉映着这位老者，如故乡大竹般的悠远，如滚滚黄河般的浑厚，如无边渤海般的深邃……

从沈忠厚的家走出来的时候，天已黑了下来，我的心却亮着……

十、沈忠厚主要论著

沈忠厚. 1988. 油井设计基础与计算. 北京：石油工业出版社.

Shen Z H. 1988. A study on the pressure attenuation of submerged non-free jet and method of calculation for bottom hole hydraulic parameters, SPE Drilling Engineering.

沈忠厚，王汝元. 等. 1990. 具有共振腔的喷嘴紊流射流特性研究. 石油大学学报，14(6)：9-12.

Shen Z H. 1991. Present Trends and Future Prospects: Applications of water jet technology in petroleum engineering and other industrial fields in China, The 7th Annual Meeting of Water Jet Technology Society of Japan, 大会特别讲演.

沈忠厚，李根生，等. 1991. 牙轮钻头自激振荡脉冲喷嘴的实验研究，石油大学学报，15(3)：36-43.

Shen Z H. 1991. New jet theory and prospects of application in petroleum engineering, The 13th World Petroleum Congress, Buenos Aires, Argentina.

沈忠厚，王开龙，等. 1995. 前混合式磨料射流清洗油管涂料的实验研究. 中国安全科学学报，5(5)：88-92.

Shen Z H. et al. 1995. A Study on Rock Breaking Water Jets and Cutters, 4th pacific Rim Int. Conference on Water Jet Technology, Japan.

沈忠厚，汪志明，等. 1996. 固液两相射流清洗油管涂料的实验研究. 石油大学学报（自然科学版），20（5）：30-34.

沈忠厚. 1997. Water Jet Technology in Petroleum Engineering. 东营：中国石油大学出版社.

沈忠厚. 1998. 水射流理论与技术. 东营：中国石油大学出版社.

沈忠厚，彭烨. 2006. 双级 PDC 钻头井底应力场分析. 中国石油大学学报（自然科学版），30（1）：62-67.

沈忠厚. 2005. 现代钻井发展趋势. 石油勘探与开发，32（1）：89-91.

李根生，沈忠厚. 2008. 自振空化射流理论与应用. 东营：中国石油大学出版社.

沈忠厚，黄洪春，等. 2009. 世界钻井技术新进展及发展趋势分析. 中国石油大学学报（自然科学版），33（4）:64-70.

沈忠厚，王海柱，李根生. 2010. 声速流对钻头温度和压力的影. 中国石油大学学报，自然科学版，34（4）：67-69.

沈忠厚，王海柱，李根生. 2010. 超临界 CO_2 连续油管钻井可行性分析. 石油勘探与开发，37（6）：743-747.

沈忠厚，王海柱，李根生. 2011. 超临界 CO_2 水平井段携岩能力数值模拟. 石油勘探与开发，38（2）：233-236.

主要参考文献

于萌萌. 2005-9-13. 引领创新步伐　献身石油事业——访石油钻井和水射流技术专家、中国工程院院士沈忠厚. 科技日报.

张艳雪. 2007. 千锤百炼刃不卷　水打顽石花飞溅——访石油钻井和水射流技术专家、中国工程院院士沈忠厚. 油气纵横：18-25.

孙丽敏，赵子文. 2007. 科学高峰摘硕果　高山仰止众人敬——记中国工程院院士沈忠厚院士. 石大研究生：18-20.

撰写者

蒙坚（1963～），中国石油大学（华东）人文社会科学学院，硕士生导师，资深策划人，沈忠厚的学生。

王海柱（1981～），中国石油大学（北京）石油天然气工程学院，博士后，沈忠厚的研究生、秘书。

鲜学福

鲜学福（1929～），四川阆中人。矿山安全专家。1999年当选中国工程院院士。1956年毕业于北京矿业学院研究生班，1964年在苏联莫斯科矿业学院获技术科学副博士学位。早期从事采矿工程和水力采煤技术研究。20世纪60年代中期开始从事矿山安全与环境保护方面的科研工作，70年代初把研究的重点定位在煤层瓦斯理论与应用研究上，是中国煤层瓦斯基础及其应用研究的开拓者。他把突出煤结构和瓦斯与煤相互作用的研究提高到分子水平，提出了用煤的微晶参数来表示煤化度，建立了碳含量在84%～91%煤化阶段煤大分子形成堆垛似球状易流结构模型，发现了突出区煤微孔表面形态具有两个分维数的特征，用量子化学从头计算法和现场低温红外光谱试验证实了在非极端压力条件下煤与甲烷的吸附属物理吸附；开拓了地球物理场中煤层瓦斯富集与运移的研究，提出两种不同条件地球物理场中原始瓦斯压力的解析算法，提出了用间接法计算地球物理场中煤层甲烷含量的方法，提出了地球物理场中煤层瓦斯运移的控制方程；建立煤矿井工开采煤与瓦斯突出潜在危险区预测的力学方法，提出了一种利用凯塞尔效应测地应力的方法，建立了含瓦斯煤岩断裂破坏的判据以及用稳定性系数来划分突出潜在危险区的方法；提出了巷道掘进发生煤与瓦斯突出的机理及其在工程上的应用方法，建立了预测石门揭煤突出源形成的数值模拟方法，以及预测煤与瓦斯突出最小临界瓦斯压力的解析算法。

一、求学之路

鲜学福1929年1月21日出生在四川阆中县一个经营干货和锅碗商店的小商人家庭，是家中的长子。其祖父是经商从甘肃省白龙江迁移到阆中定居的，他很小时祖父就已去世，店铺由父亲经营。父亲为光耀门第，希望孩子多读一些书学而得福，因而将他取名学福。他6岁半进私塾，因不适应私塾中的背、读、写特别是鞭打的教学方式，加之新学兴起，半年后就进入县城的铁塔寺小学读新学。小学毕业后先在私立皋扬（飏）中学读了半年初中，因学校的条件差，又转到抗战时期在阆中为流亡学生开办的国立第四中学读完初中。他初中毕业已是1945年了，正值抗战胜利，他父亲本着自己的理念和在重庆工作的舅舅的鼓动下决定把他送到战时的陪都重庆读高中。1946年春他被舅舅安排进了重庆的私立蜀都中学。后来他才知道，这所学校是周恩来总理指示重庆地下党开办的一所培养革命青年的学校。当时，学校教员中大多都是中共地下党员，在他们的影响下除了学习高中的课程外，他开始阅读一些进步的地下刊物，接受进步思想，耳濡目染，逐渐地了解了共产党的主张，并且和一些进步学生一起参加了反饥饿反内战的学生运动。此时的他虽然已经开始了人生观的转变，但也仅是一个有热血的青年而已。

1948年他高中毕业后，还是秉承父亲志向选择了读大学这条途径，经过努力总算在1949年考入了四川省立教育学院数学系，入学才几个月，他就和同学们一起兴高采烈地迎接了新中国的成立，同时憧憬着未来。1950年北方一些高校开始来重庆招生，考虑到国家即将从战争状态转入建设需要大批工程技术人才，他决心放弃自小就喜爱的数学改学工科，于是又重新报考了大学，幸运的是同时被重庆大学矿冶系和在天津成立的中国矿业学院录取，因为当时很向往北京，所以最后选择了去离北京较近的天津。天津的中国矿业学院是以迁到苏州去的老焦作工学院为基础合并了北洋大学、清华大学和唐山交通大学采矿类学科开办的一所专门培养煤炭工业科技人才的学院。可能是因为时间紧迫和这方面人才紧缺的原因来不及建校，入学的学生就被安排在泰来饭店住宿，在开滦大楼上课，同时学生还享受了供给制的待遇，这就为学生的学习创造了十分优越的条件。新中国成立之初，为了向苏联专家学习，各学校都抽调一些学生学习俄语，因为他一贯的政治表现还不错也被安排进了课外俄语学习班。进入专业学习后，他开始听苏联专家讲授采煤学的课程，对什么是采煤技术有了一些了解。至今他还记得，第一次到河南焦作煤矿去参观实习，当看到井下都是人工采煤，设备十分简陋，心里产生的失望。后来他又去辽宁阜新煤矿参观，特别是在黑龙江鸡西煤矿的生产实习，跟着工人师傅学习采煤机的实际操作，才慢慢地改变了对煤矿的认识，对学采矿这门学科增强了信心。因为国家对人才的需要那时的大学生3年就毕业了，1953年中国矿业学院毕业的学生中，大多去了矿山，鲜学福和一小部分学生被留下来进入了研究生班继续学习。这时中国矿业学院已在北京海淀区建立了新校区，并改名为北京矿业学院。1953年秋起，鲜学福开始在北京跟苏联专家洛莫夫学习。实践是学习最好的课堂，从1953年秋至1956年3月近3年的时间里，大约有10个月的时间他都在河北井陉煤矿做毕业论文实习。可以说，从这时起，他才开始进入了科学研究的门槛。他的论文专题部分“倾斜分层下行落顶采煤方法之分析”，以现在的眼光来看，还不能说有多高的学术水平，但他的毕业论文包括了一个矿井的方案设计的全部内容再加专题的研究，这使他受到了科学研究的良好训练，为他以后的学术生涯奠定了一定的基础。

1956年研究生班毕业后，鲜学福的本意是去矿山直接参加煤矿生产建设，但最后还是服从国家分配到了重庆大学采矿系。一到重庆大学，他就参加1956届毕业生的毕业设计指导工作，同年秋开始讲授采煤方法课程，第一次走上了大学讲台，正式成为了一名人民教师。工作约两年，国家开始选拔赴苏留学生，为了培养更高层次人才，鲜学福又被重庆大学推荐参加了在四川大学举行的赴苏出国留学考试，并被录取，随后在北京外国语学院留苏预备部培训俄语半年，后因没联系到合适的苏联导师，又回到重庆大学工作一年，直到1960年才成行，去莫斯科矿业学院师从鲁诺克学习水力采煤技术，经过3年零7个月的刻苦努力，于1964年5月完成学业，获得技术科学的副博士学位。

二、学术生涯与成就

他的求学之路一直在警示他，“学海无涯，人生苦短，珍惜时光，多干实事，回报祖国”，才是人生意义之所在。鲜学福从苏联回国后的1964～1966年，被安排在重庆大学采矿系负责科研工作。这时，国内虽然在1958年“大跃进”掀起的水力采煤热潮已因其固有的缺陷而降温，导致的水力矿井已所剩无几造成了他所学无用武之地，但是煤矿安全生产却变得越来越突出，特别是煤与瓦斯突出和瓦斯爆炸已成为安全生产的拦路虎。当时，他除组织原有的老师继续在南桐矿务局直属一井参加近距离煤层开采抽放瓦斯之外，还带领了一批1966届毕业的大学生参加了北京煤炭科学研究院组织的重庆中梁山煤矿急倾斜近距离煤层开采防治煤层自燃发火和治理瓦斯灾害的科技攻关。从此他的学术生涯开始了又一次的转向。可是，好景不长，“文化大革命”开始使他刚转向的科研工作又中断了，直至1971年后，国内的政治形势有了一些变化，才重新开始做这方面的研究工作，并把目标锁定在煤与瓦斯突出灾害的防治上。根据资料记载和不完全的统计，从1834年在法国鲁阿雷煤田依阿克矿发生第一次煤与瓦斯突出以来，在至今的170多年中世界上有包括中国在内的20多个国家发生了4万次左右的突出，最大的两次分别为1969年发生在苏联顿巴斯加加林矿的突出，突出煤量14 000t，瓦斯量25万m^3和1975年发生在中国重庆天府三汇一矿的突出，突出煤岩量12 780t，瓦斯量140万m^3，使矿井遭受了极大的破坏。长期以来，虽然世界各国不少科学家开展了对这一科学问题的研究，特别是俄罗斯和中国，在突出的防治方面已经取得了一定成绩，但煤与瓦斯突出仍时有发生，由此可见，从科学上解决这一问题还有相当的难度。1978年中共中央召开了全国科学大会，郭沫若发表了“科学的春天”的文章，使全国的科技工作者备受鼓舞，从此鲜学福全身心地投入到已中断多年的煤与瓦斯突出防治研究中，开始了他学术生涯的黄金时期。煤与瓦斯突出，在他看来，实际上是一种矿山工程地质灾害，它的防治包括要阐明突出发生的机理，找到其预测预报方法，开发出其监测手段和制定出与其对应的防治措施，其中最核心的问题是机理与预测，难点也在这里。这一核心问题不仅涉及地质与工程科学，还涉及与它们相关的物理、化学、力学和数学等学科。多年来，他和他的学生结合矿井的实际，从煤的大分子和孔隙结构、瓦斯（主要为甲烷）与煤的相互作用、含瓦斯煤岩变形特性，瓦斯在非均匀不连续煤岩介质体中的运移和富集以及井工开采导致的地球物理场变化等多方面，开展了突出机理与预测的研究，其学术成就主要表现在：

1. 把突出煤结构和瓦斯（甲烷）与煤相互作用的研究提高到了分子水平

提出了用煤的微晶结构参数来表示煤化度。实验研究表明，随着煤化度的加深，煤的微晶参数表现出阶段性的变化，并与成煤过程的各阶段相对应，而煤微晶参数的变化必然导致煤的许多物理、力学、化学性质的改变，因此煤化度对于煤的研究有重要的意义。当造煤植物在成煤过程进入煤化阶段后，煤微晶的层间距 d_{002} 已小于 0.3800nm，它介于纤维素层间距 0.3975nm 与石墨层间距 0.3354nm 之间。于是仿照石墨化度的概念提出了用微晶参数来描述煤化过程的煤化度，它实质上代表了煤中含有层间距为 0.3354nm 的缩合芳环层的百分数。煤化度与芳香度有些相似，但芳香度强调的是对脂肪碳与芳香碳原子比例的描述，而煤化度则是对脂肪层与芳香层堆积的结构描述。当用 X 射线衍射测定煤微晶 d_{002} 时，相当经过了一个平均化处理，所以煤化度已是描述整个试验煤样的参数，而非只包含煤中的大分子部分。显然，石墨的煤化度为 100%。实验资料分析表明，若以造煤植物组分的煤化度零，并由碳含量最小的纤维素（44.9%）和最大的树脂（83.6%）作两条直线，它们所围成的区间应是不同造煤组分形成煤的煤化度范围。实测数据基本上都落在上述范围。这说明，由于造煤组分的不同，所形成的煤的结构特征是不同的，但煤化度与碳含量的关系是随 C%的增加煤化度也增加并向 100%（石墨）变化。

建立了碳含量在 84%～91%煤化阶段煤大分子形成的堆垛易流动似球状的结构模型。阿尔切莫夫曾提出在碳含量为 84%～95.5%的煤会形成似球状易流动的结构，这种结构是倾向于突出的。鲜学福和他的学生根据煤的 X 射线低角衍射实验发现，在含碳 84%的镜煤显示出了 2nm 衍射带，在含碳 89%最为显著，当含碳量大于91%时，2nm带又逐步弥散起来，甚至消失。这说明，低变质程度煤中，芳香层绝大多数以单一层出现，它们彼此间相互交联形成三维空间结构；对于高变质程度煤，芳香层直径增大，芳香层的堆砌高度已发展到很大，这就破坏了2nm结构的统计优势。所以，只有在中等变质程度的煤中，才显示出2nm结构的统计优势。实验中未发现间距大于2nm的衍射带。从已有高角X射线散射研究的资料知道，含碳89%左右的镜煤，芳香层的平均直径为0.75nm，芳香层间距为0.35nm左右，芳香层平均堆砌高度的统计优势为两层左右，这就是说，芳香层组高度的统计优势为0.7nm左右，近似于芳香层的平均直径。于是，他们就此建立了一个产生2nm衍射带的易流动似球状结构单元模型，这个结构单元的直径为2nm，其核由芳香层平行堆砌而成，密度较高，核的直径为0.8nm左右，核外由与核交联的单一芳香层和非晶质组成，密度较低。

实验发现了突出区煤微孔表面形态有两个分形维数。用CT扫描技术研究了煤的孔隙结构并得到了试样煤中孔裂隙的几何形态和数量分布的定量结果，他们利用分形理论，除得到了煤微孔表面的分形维数外，还利用文献资料得出了中国28种不同变质煤的分形维数，并且发现了煤与瓦斯突出区的煤存在两个分形维数 D_2 和 D_3（压汞法），煤样的 D_2 随碳原子百分数 X_C 和压汞法得到的孔隙率 ϕ_{Hg} 的增大而增大，而 D_3 和 ΔD（即 D_2-D_3）均随着 X_C 和 ϕ_{Hg} 的增大呈下降趋势。同时还得到中孔容（孔容为1000～30nm）和分形维数 D_2 越大，分形维数 D_3 或 ΔD 越小，煤的突出危险性越大的规律。

得出非极端条件下煤与甲烷的相互作用力为范德华力。在更深层次上来认识甲烷分子与煤表面分子的相互作用还存在有一些争议：多数学者认为它们之间的作用力为范德华力，但也有少数学者，如爱丁格尔、陶尼克等提出，它们之间可能存在化学键，一般是亚稳态的，化学键只存在于大的压力条件。为释疑，鲜学福和他的学生展开了这方面的研究。要从分子水平上研究甲烷在煤中的吸附（解吸）过程，必须掌握煤表面与甲烷分子相互作用势的大小、分布以及吸附态的特征和实验测定。尽管经验性的势函数法可以从理论上计算分子间的相互作用势。但量子化学方法尤其是从头计算法更为严格，也无需引入经验参数，所以采用了这一方法对甲烷在煤表面上的吸附进行了理论计算，同时对模型的选择和自由基的影响也开展研究；虽然可用于分子同固体表面相互作用研究的实验技术很多，但对甲烷与煤吸附体系都使用不上，考虑到采用同位素取代（氘代氢）后可克服煤中C—H键的影响，就尝试了用现场低温红外光谱对甲烷在煤中吸附进行了实验测定。根据他们用量子化学从头计算和现场低温红外光谱实验对煤表面与甲烷相互作用的研究得出：甲烷与煤表面的相互作用是各向异性的，当甲烷在煤核表面呈正三角锥重叠式吸附时能量最低，相互作用势最大。吸附态 Morse 参数为 Re＝0.335nm，De＝2.65kJ/mol，β＝$20nm^{-1}$，属于范德华作用力，吸附过程为物理吸附。吸附中的旋转势垒为1.34kJ/mol。吸附态的振动光谱跃迁基频为 $53cm^{-1}$。并且，由于甲烷饱和的成键结构而表现出的极大化学惰性，煤中自由基在常温下也难以对甲烷产生化学吸附，在－100～30℃温区的现场红外光谱实验也未观察到甲烷形成的化学吸附，对重氢甲烷（CD_4）和一氧化碳亦是如此。

2. 开拓了地球物理场中煤层瓦斯富集与运移研究

地球物理场变化的一般规律是：随地壳中岩层埋深的增加，地应力增大，且埋深与地应力间存在梯度关系；地温的探测是，在恒温带以下随岩层埋深的增加，地温与岩层埋深之间也有不变的梯度关系；在地球中还具有不变和可变的大地电磁场，且具有区域性，而地电场则包括了大地电场、自然电场和极化电场，在矿山开采中还包括了工业游散电场，如果把大地电场以外的其他地电场统称局部地电场，根据资料，局部地电场和大地电场产生的地电流有时可达几百微安的值，而且地电流的值是随采矿工程深度的增加而成倍增加的。有关地应力场、地温场和地电场，也就是这里所说的地球物理场，对包含在煤层中的甲烷气体的富集、运移究竟有何作用，见之报道的甚少，能定量表达它们共同作用的研究则更少，为此他们开展了煤层中甲烷富集与运移有关的地球物理场中煤层原始瓦斯压力变化规律，以及地球物理场中煤对甲烷吸附和煤层中甲烷的渗流规律的研究。

提出了两种不同条件的煤层原始瓦斯压力解析计算方法。煤层中的原始瓦斯压力对研究其中甲烷的吸附、运移以及开采时的涌出计算都是必不可少的。煤层中原始瓦斯压力随埋深的变化，不仅有地应力场的影响，也有地温场的影响，因地电场不直接做体积功，解析算法可以不予以考虑。在研究中，分为两种不同情况：一是在煤层开采前，且地表没有煤层的露头或者与之相联系的出口，在这种情况下没有瓦斯的流动，即只传热不传质；另一种情况是地表有煤层的露头或者与之相联系的出口，特别是在生产矿井的条件下巷道已开挖，下水平煤层的瓦斯向上部运移时，除有传热也有传质。鲜学福和他的学生曾根据弹塑性力学、热力学、有效应力和地应力与地温梯度概念，以及变温变应力场无限源一维渗流力学理论导出了只传热不传质和既传热又传质条件下的煤层原始瓦斯压力的解析计算方法，并得到了实测资料的验证。

提出了用间接法计算地球物理场中煤层甲烷含量的方法。已知，煤层中甲烷的富集程度是以其中甲烷的含量来评价的，煤层的甲烷含量由吸收、吸附和游离量三个部分组成，他们根据前人的研究提出，在现有的一般抽采技术条件下吸收甲烷是抽采不出来的，也就是煤层中的甲烷含量可以只考虑吸附和游离两个部分，并以Langmuir方程来计算吸附量和以P、V、T关系式来计算游离量。他们的实验研究发现，Langmuir方程中的饱和吸附常数a当煤质一定时基本不随温度变化，b常数随温度的升高而线性地减小；实验同时还发现，在静电场条件下煤对甲烷的吸附等温方程仍可用Langmuir方程来描述，不过当温度一定时，这时Langmuir方程中的b常数是要随静电场强度增加而加大的，但其饱和吸附常数a也基本不随静电场强度而变化。因而得出：在地球物理场中，煤层瓦斯压力取决于地应力和温度的作用，吸附常数b则取决于温度和静电场强度，而饱和吸附常数a则只取决于煤质，并由此导出了地球物理场中Langmuir形式的煤层甲烷的吸附量计算式。煤层中的游离瓦斯可以简单地理解为它就是易移动的甲烷，常处在较大的孔裂隙中，其密度可用P、V、T关系式来计算，单位体积煤中的游离甲烷量应是甲烷密度和煤孔隙度的乘积。已知，煤物质在地电场的作用下将产生电极化势ε，它等于甲烷的诱导偶极矩与电极化的内电场强度的乘积，这个电极化势是不能做体积功的，所以像煤这种可变形的孔隙介质其变形只是应力和温度的函数，因为煤的骨架在应力和温度改变后，与煤微元体中孔裂隙体积变形量相比较小，所以可以忽略不计。据此，他们导出了煤在地球物理场中煤孔隙度与应力和温度的关系式，从而得出了煤层中游离甲烷量的计算式。进一步，他们根据获得的吸附量和游离量计算式得出了用间接法来预测地球物理场中煤层甲烷含量的方法。

提出了研究地球物理场中煤层瓦斯运移的控制方程。在煤矿开采时，由于地球物理场的变化，将使已经达到平衡态的瓦斯再次发生迁移，已有的研究表明：用符合达西规律的层流模型来研究煤层中的瓦斯的运移是可行的。鲜学福和他的学生，以此模型为基础，进行了变应力场、变温场和外加静电场的煤层瓦斯渗流实验，首先研究了煤阶一定时，煤中甲烷气渗透系数随应力和温度改变的变化规律，然后在实验中观测了在一定温度和应力条件下于甲烷气流动方向加一静电场时甲烷气的体积流量的变化。他们发现：对不同煤阶的煤都存在，有外电场作用时甲烷气体积流量与无外电场作用时甲烷气体积流量的比值与外电势呈线性关系的变化，从而建立了在地应力、地温和地电场条件下的达西方程，并发现了有外加电势时煤的渗透系数与无外加电势时煤的渗透系数之比值随电势或电场强度的变化和煤阶有关，总的趋势是煤阶越高其导电性越好，甲烷气在煤中流动时的电动效应越好。除此而外，他们还以所建立的地球物理场中煤对甲烷的吸附方程和渗流方程导出了煤层瓦斯运移的控制方程。

3. 建立了煤矿井工开采煤与瓦斯突出潜在危险区预测的力学方法

煤矿生产的实践表明，煤与瓦斯突出具有区域性和成带性，而发生煤与瓦斯突出的区域多数就位于一个矿井的地质构造变动带。为什么呢？他们从力学的观点探究其原因后提出，这种现象的发生，可能是与地质构造带煤岩层的几何形态发生了变化，同时也与地质构造带中煤岩体的物理力学性质也发生了相应的变化有关。根据地壳运动的理论，一个地区现代的地质构造是在多期地壳运动力的作用下形成的，如果现在要定量地来追究这一过程，因未知因素太多，不仅难度大，也无必要。根据他们的观点，只要在矿井建设前和生产期间能取得较为详细的地质资料，按力学的要求进行了地应力的测试和有针对性地开展了煤岩物理力学性质的研究，就可以用力学的数值方法来进行矿井煤与瓦斯突出潜在危险区的预测。这一研究中，他们解决了与之有关的三个科学问题，这就是：

提出了一种利用凯塞尔效应测地应力的方法。地应力测试的方法很多，有物理的、力学的，有的测试一个点的地应力工程量就很大，所以见之报道的成果并不多。为此，鲜学福和他的学生开展了凯塞尔效应测地应力的研究。他们提出的方法是利用不同钻探深度的定向岩芯制作三维空间中不同方向的岩石试件在实验室进行加载变形的凯塞尔效应试验，再根据试验结果构建一个应力椭球方程，并利用椭球三个轴的大小和方位来确定岩芯所在深度一点三个主应力的大小和方向。此外，为对比还在同一点利用包心孔体应力计的测试方法测试了地应力，经过对比，两种方法测试的三个主应力大小和方向的差值多在10%以内，只有个别稍大一些，这就表明了这种方法的可行性。虽然这种方法在实验室试验的工作量也不少，但是较之空心包体应力计测试的工作量还是小了很多。

用实验方法证明了复合岩石和充瓦斯煤的应力应变规律与单一岩石和煤具有一致性。煤系地层虽然其中沉积岩的种类不多，但其厚薄不均，力学性质也不相同，要进行这种地质体的地应力场的数值分析，特别是对一个矿井地质体的地应力场的数值分析，往往都要进行岩层的复合（即叠加），对于含瓦斯的煤层则可理解为是气固耦合的岩层，为了进行地应力场的数值分析，掌握它们的应力应变规律是十分重要的。为此，鲜学福和他的学生有针对性地开展了实验研究，得到的结果是：由煤层和其顶底板岩石组成的复合岩石试件，其单轴的压缩变形与单一煤岩试件的压缩变形的发展阶段十分相似；在峰值应力前的同一应力水平时，单一煤试件的轴向和横向变形均最大，其次是复合煤岩试件，以后依次是较硬的底板和顶板岩石试件；

其初始弹性模量则是煤试件的最低，复合煤岩试件次之，底板岩石试件稍高，顶板岩石试件最大；其峰值应力则是复合煤岩试件高于煤试件的，但又低于底板和顶板岩石试件的。其实，在一般三轴加压时，其变形也与之类似。对于充瓦斯煤试件利用的是轴向应力与横向应力差值与轴向应变来建立应力与变形关系的，当横向应力不变时得到的关系是，随着充入煤体的气体压力增大，差应力与轴向应变之间的关系规律是一致的，不同的只是随着充入气的压力增大，充气煤的弹模及其强度降低了，而充气煤的泊松比则增高了。实验还发现充入气体的种类对煤的变形也有一定影响。总结起来，以上的实验研究说明了两个问题：一是复合煤岩与充瓦斯煤的应力应变关系与单一煤岩的应力应变关系存在量上的差异，二是它们之间的应变规律是一致的，这两点恰好为数值计算充瓦斯复合煤岩本构方程的选择提供了依据。

建立了充瓦斯煤岩断裂破坏的准则，并提出了用稳定性系数来划分突出潜在危险区的方法。鲜学福和他的学生在德鲁克-布拉格强度准则的基础上，根据充瓦斯成型煤、天然煤及复合煤岩试件三轴应力状态下不同加卸载途径的试验结果，在考虑到静水压力条件下对煤岩屈服强度的影响，又考虑到采矿工程巷道至少存在一个临空面而引起产生拉应力的情况下，建立了一组以第一应力张量不变量 I_1 与主应力偏量第二不变量 $J_2^{\frac{1}{2}}$ 形成的强度准则 F_2 加上一个考虑静水压力条件影响的半球壳面强度准则 F_3 和考虑临空面产生的拉应力强度准则 F_1 来判断充瓦斯煤岩在不同情况下的断裂破坏。并且，还在此组强度准则的基础上提出了稳定性系数的概念并以它们来划分煤与瓦斯突出的潜在危险区。已知，煤岩实际也是一种结构材料，从煤岩试件的应力应变曲线也可以看出，只有应变值才能唯一的确定出材料的变形程度并判断出材料的破坏，据此，他们又在应力强度准则的基础上建立了应变强度准则和相应的划分煤岩体中突出潜在危险区的稳定系数表达式。

他们 20 世纪 90 年代初提出的这种煤矿井工开采预测煤与瓦斯突出潜在危险区的方法曾在重庆南桐的鱼田堡煤矿、砚石台煤矿、水江煤矿，四川芙蓉的巡场煤矿、绿水洞煤矿和河南平顶山的八矿使用过，证明了发生突出的区域与预测的一致性很好。

4. 提出了巷道掘进煤与瓦斯突出发生机理，开展了其工程应用的研究

提出了巷道掘进煤与瓦斯突出机理。突出不仅发生在巷道的掘进中，也发生在采煤的工作面，其发生机理至今还没有一个统一的认识，不过综合作用说还是占了上风。鲜学福和他的学生对此也已研究多年，他们在总结国内外许多突出实例后提出：除区域地质和局部地质因素外，控制煤与瓦斯突出形成和发生的还有采矿工程

进行时的扰动因素；突出后在巷道周边观测到的近似梨形或者舌形的孔洞就是发生煤与瓦斯突出的突出源，这种孔洞是在巷道掘进过程中不断的工程扰动下形成的；他们的数值模拟、模型试验、煤岩蠕变断裂试验表明，由巷道地应力场重新分布圈出的这个裂隙丛生的破坏区还会在施工时产生的交变应力作用下，使材料从块裂相变为碎裂相，瓦斯也不断由吸着相变为游离相，且一旦当瓦斯压缩储能和破坏了的材料的变形储能大于克服做阻力功能量时，就会把突出源中的煤粒和瓦斯一起抛出，形成煤与瓦斯突出；如果孔周围煤岩的弹性变形已完全消耗在碎裂煤体上且这时的煤破坏很严重，则会形成煤与瓦斯地喷出，这往往发生在矿井的地质构造区，特别是局部地质构造还会影响突出孔洞的形态，这已为许多突出实例所证实；虽然发动煤与瓦斯突出的主要能量来自于瓦斯膨胀能和煤岩变形弹性势能，但重力势能也起到一定的作用，当突出孔口在孔洞的下方时重力势能有推动突出发生的作用，当突出孔口在突出孔洞的上方时则有阻碍突出发生的作用；从突出实例观测到，放炮诱导的突出总是滞后爆破几分钟，这可以用爆炸应力波中的冲击波和压缩应力波传播时间效应来解释；对突出孔洞的现场观测和由突出模型试验得出，通过突出孔洞周围煤岩蠕变变形的自修复，可使突出后的孔洞形态保持稳定。

巷道突出机理的工程应用研究。突出矿井石门揭煤发生的煤与瓦斯突出事故多，强度大，对其防突的研究具有重要的指导作用，所以鲜学福和他的学生以它为工程对象开展巷道突出机理的工程应用研究。首先，他们选择一条与石门揭煤突出实例地质条件十分一致的石门掘进来研究揭开煤层过程中煤层突出源的形成，选择与石门工作面距离待揭煤层5种不同距离用数值计算方法来模拟巷道周围及其前方煤岩体中裂隙增生、演化和汇聚。得到的结果是，距离待揭煤层越近煤岩体中产生的裂隙越多越大，至煤层零距离时煤层中裂隙已经连成一体，形成了一个有边界的煤与瓦斯的潜在突出源，与实例相对比它们在煤层中的倾斜长度和形态几乎相同。数值模拟还发现：在石门掘进工作面距离待揭煤层大于1m时的岩壁上也产生一个与待揭煤层相联系的增生了裂隙的塑性变形区，在石门掘进工作面距离待揭煤层3m时煤层中的裂隙已经丛生。据此，他们提出：如果利用抽采瓦斯来进行石门揭煤防突，其抽采瓦斯钻机位置的设置应不小于3m，这样的距离既可保证抽采瓦斯的安全，又可实现瓦斯的高效抽采。同时，他们还提出，用自激振荡脉冲高压水射流钻机来实现石门揭煤的钻孔和抽煤层中的瓦斯是最经济和高效的抽采方法。根据所述突出发生的机理已知，突出的发生不仅仅取决于煤层中突出源的存在，还取决于突出源中瓦斯压缩储能和破坏了的材料的变形储能是否能克服做阻力功的能量，只有前者大于后者，且还有剩余能量时，才能发生煤与瓦斯突出，他们据此，建立了一个震动爆破诱导煤与瓦斯突出的功能平衡方程，提出爆破发生瞬间产生的爆炸应力波不仅可使突出源中煤粒再次破坏、产生塑性变形和质点发生振动，还能使突出源中瓦斯压力增大，超过突出源中原有的瓦斯孔隙压力。虽然爆炸瞬间即消失，但增高的煤层瓦斯压力要恢复到原有的孔隙压力，则根据爆炸应力波的特性还有一个与时间相关联的膨胀过程，因为爆炸产生的热效应也随爆炸在极短时间内消失了，于是他们根据实验室中煤粒中压缩瓦斯做膨胀功的实验提出，煤粒中压缩瓦斯的膨胀可近似为等温膨胀，而且当在所建立的功能平衡方程中，考虑了突出源中煤粒重力势能做正或者反功后，并以瓦斯膨胀能和重力势能相加减与由强度准则的第三式 F_3 求得的剪切应力建立的剪力功平衡就可建立起突出源中增大的瓦斯压力与原有孔隙压力的关系式，从而由这个关系式求得孔隙中的瓦斯压力，这个瓦斯压力，就其物理意义来说，就是突出的临界瓦斯压力。除此而外，他们还以此式为基础，引入土力学中的液化概念，建立了求煤与瓦斯喷出时瓦斯临界压力的公式，并以发生煤与瓦斯喷出的煤层属▽类型破坏，其坚固性系数应小于 0.1，若选取其值为 0.08，则按坚固性系数与材料单轴抗压强度的关系式求得的煤与瓦斯喷出的临界瓦斯压力值，就非常接近煤矿防突细则中规定的 0.74MPa 的最小临界瓦斯压力值。这一研究不仅说明了为什么突出的发生总是滞后于爆破，而且还给出了检测抽采瓦斯防突的安全指标。根据所述的突出机理，煤岩的蠕变失稳不仅可用于解释突出孔洞的自修复，也可用来研究煤与瓦斯的延期突出。鲜学福和他的学生曾根据五元黏弹塑模型导出了在平面应力和平面应变条件下预测岩土类材料蠕变失稳时间的公式，并将其用于三峡库区滑坡的研究上，获得成功，此后，他们提出了用煤岩蠕变失稳的数值方法来解决煤与瓦斯延期突出时间预测问题。

鲜学福从苏联留学回国后不久，就把科学研究从采矿工程和水力采煤技术转到矿山安全工程与环境保护。20 世纪 70 年代初他把研究的重点定位在煤瓦斯（气）理论与应用研究上至今已 40 多年。他和各届研究生在这一领域的研究曾获国家科技进步三等奖 2 项分别排名第一、第二，获国家科技进步二等奖 1 项排名第三，获省部级科技进步一等奖 3 项，2 项排名第一，1 项排名第三，获省部级科技进步（含自然科学奖）二等奖 4 项，均排名第一。并且，还为该研究领域培养了博士 28 人，他们正在各自的科研、教学和工程技术岗位上发挥着领军或骨干的作用。

三、鲜学福主要论著

鲜学福，刘汉贵．1978．煤岩强度和岩体稳定性．重庆大学学报，(1)：128-135.

鲜学福，余楚新．1983．工程岩石力学中模拟试验的相似问题．重庆大学学报，(3)：40-46.

鲜学福，谭学术. 1985. 吸水后复合层状弹性岩体的膨胀效应. 重庆大学学报，(2)：1-10.

鲜学福，谭学术. 1989. 层状岩体破坏机理. 重庆：重庆大学出版社.

张代钧，鲜学福. 1989. 红外光谱法研究煤大分子结构. 光谱学与光谱分析，9 (3)：17-19.

张代钧，鲜学福. 1990，用X射线研究煤中大分子的结构. 高等学校化学学报，11 (8)：912-914.

张代钧，鲜学福. 1991. 煤微组分结构的X-射线实验研究. 分析测试学报，10 (3)：32-35.

张代钧，鲜学福. 1991. 煤微观结构与瓦斯突出关系的初步研究. 西安矿业学院学报，(4)：41-45.

张代钧，鲜学福. 1992. 煤大分子堆垛结构的研究. 重庆大学学报，15 (3)：56-61.

许江，鲜学福. 1993. 含瓦斯煤的力学特性的实验分析. 重庆大学学报，16 (5)：41-47.

鲜学福，许江，李贺. 1993. 层状复合煤岩力学特性的实验研究. 矿山岩体工程地质力学研究. 北京：中国科学技术出版社，6：201-206.

杜云贵，鲜学福. 1996. 等煤的结构模型及其电极化特征的研究. 重庆大学学报（自然科学版），19 (1)：59-63.

徐龙君，张代钧，鲜学福. 1996. 煤微孔表面的分形维数及其变化规律的研究. 燃料化学学报，24 (1)：81-86.

Xu L J，Zhang D J，Xian X F. 1997. Fractal dimensions of coals and cokes. Journal of Colloid and Interface Science，190 (2)：357-359.

Wang H T，Xian X F，Yin G Z. 2000. A new method of determining geostresses by the acoustic emission kaiser effect. International Journal of Rock Mechanics and Mining Sciences，37 (3)：543-547.

鲜学福，许江，王宏图. 2001. 煤与瓦斯突出潜在危险区（带）预测. 中国工程科学，3 (2)：39-46.

鲜学福，李晓红，姜德义，等. 2005. 瓦斯煤裸露面蠕变失稳的时间预测. 岩土力学，26 (6)：841-844.

鲜学福，辜敏. 2006. 有关间接法预测煤层气含量的讨论. 中国工程科学，8 (8)：15-22.

鲜学福，辜敏，杜云贵. 2007. 变形场煤化度和外加电场对甲烷在煤层中渗流的影响. 西安石油大学学报，22 (2)：89-91.

鲜学福，辜敏，李晓红，等. 2009. 煤与瓦斯突出的激发和发生条件. 岩土力学，30 (3)：577-581.

主要参考文献

王长富，徐家强. 2005-7-4. 中国工程院院士中国煤层瓦斯基础研究开拓者——鲜学福，香港文汇报，A27.

撰写者

辜敏（1969～），四川乐山人，教授，从事煤层气分离的变压吸附材料、电化学和非线性光学材料研究。

姜永东（1977～），贵州遵义人，副教授，从事采矿工程、岩土力学、煤层气的开采理论与应用研究。

周军平（1982～），湖南邵阳人，博士，从事煤层气、页岩气的开采理论与应用研究。

戚颖敏

戚颖敏（1929～1999），山东省威海市人。煤矿安全技术专家，中国矿井防灭火技术的奠基人之一，中国矿井通风与防灭火学科的带头人。1995 年当选中国工程院院士。1959 年于波兰克拉科夫矿业学院毕业获硕士学位，1960 年到煤炭科学研究总院抚顺分院（现煤炭科学研究总院沈阳研究院）工作，历任通风所所长、院总工程师，兼任中国煤炭工业劳动保护科学技术学会常务理事及矿井火灾防治专业委员会和矿井降温专业委员会主任委员。首次将风与火两个既矛盾而又可统一的理论客体辩证地引入煤矿安全科研与技术领域，成功地开创和发展了均压通风防灭火技术；首次提出风网解算技术，并创立了火风压的概念；首次将煤吸附流态氧技术引入煤自然发火基础参数的研究，开拓了科研新领域，为矿井自然发火预测技术奠定了理论基础，并开发了新指标和适用仪器仪表。主持参加完成 30 多项科研项目，其中："均压通风防灭火技术"于 1985 年获国家科技进步二等奖；"煤吸附流态氧的燃烧特性及在矿井火灾预测中的应用"于 1995 年获国家科技进步三等奖；撰写出版了《矿井火灾灾变通风理论及其应用》等 6 部技术专著，发表论文 30 余篇；多次参加《煤矿安全规程》《规范》《标准》《煤炭百科全书》等矿井防灭火部分的编写和制修订。

一、成长经历

1929 年 11 月 4 日戚颖敏（原名戚务贵）出生于山东省威海市一个普通职员家庭，他的童年、少年是在日本侵略者统治的黑暗日子里度过的。他经历了半殖民地、半封建的旧社会，目睹了外来侵略者对中国人民的凌辱和压迫，由此产生了强烈的爱国热情和对侵略者的仇恨心理，渐渐地懂得了只有通过民族解放、赶跑外来侵略者、知识救国才能富国强民，民族才能兴旺。

戚颖敏 1936 年入威海清泉小学读书，1943 年进入威海育华中学，1947 年入青岛高级工业职业学校，1949 年考入青岛礼贤中学。当时他经常与同学们讨论时事、关心政治，立志"科学救国"。他不但刻苦读书、成绩优秀，而且思想积极要求进步，于 1950 年光荣地加入了中国新民主主义青年团。1953 年，他被派往波兰，入波兰克拉科夫矿业学院深造，1959年毕业取得硕士学位。1956年在波兰加入了中国共产党。

1960年，戚颖敏学成回国，为祖国建设服务是他坚定不移的信念。他满怀一腔热血，携带大量研究资料来到了煤炭科学研究总院抚顺分院，以旺盛的工作热情、崭新的工作姿态投入煤炭科学研究的事业中。在40余年的科学研究工作中，他历任技术员、工程师、高级工程师、教授级高级工程师和研究室主任、研究所所长、院高级顾问、院总工程师。1995年当选为中国工程院院士。

他从1977年开始担任研究室主任，1985年任研究所所长，一直都战斗在科学研究的第一线，从事课题研究工作。就是在1995年被提拔为院总工程师和高级顾问以后，还亲自指导课题的研究工作。他始终坚持走科学研究与现场实际相结合的道路；无论是在基层搞具体的课题研究，还是在走上领导岗位之后，始终坚持“现场第一，实践第一”的原则。毕生都是在现场进行实地考察、方案设计、工艺实验和技术服务中度过的。他的足迹几乎踏遍了国内所有省份的煤矿。正因如此，获得了“煤炭部劳动模范”光荣称号；使他在本行业通风防灭火研究领域成为一名优秀的、有突出贡献的、国内外知名的学者和专家。他亲自参加和组织科研项目达30多项，主持制定部级规范标准4项，先后发表重要学术论文30余篇，40余万字，其中在国际会议上发表学术论文5篇；出版编著、主编、译著6部，100余万字。培养硕士、博士研究生7名。先后担任中国煤炭学会理事，中国煤炭工业劳动保护科学技术学会常务理事，火灾防治专业委员会主任委员，矿井降温专业委员会主任委员。

1999年9月28日，戚颖敏在山东枣庄柴里煤矿出席并主持“柴里煤矿防灭火技术与制氮系统”等项目的鉴定会上，因糖尿病合并心脏病突发，经抢救无效，不幸以身殉职。

二、主要研究领域和学术成就

（一）研究成功两项防灭火新技术

1. 炉烟灭火

“炉烟灭火”是戚颖敏回国后从事的第一个科研项目，也是他在科研领域崭露头角的开始。炉烟灭火就是将煤燃烧后产生的以N_2和CO_2为主要成分的烟气注入井下已经着火的区域，利用烟气的惰性达到抑制火区燃烧的目的。由于这是一项灭火方法的新尝试，为了摸清火区情况，确切掌握第一手资料，他深入井下，置危险于不顾，到达火区实地测定有关数据，有时甚至几个整天待在井下，进行火区气体变化的系统测定，并绘制它的走势点线图。同时，根据渗流理论关于微孔物质渗漏气体量是其两侧气体压力差函数的原理，将火区视为一个封闭空间，注烟是向封闭空间注入气体，从理论上推导出注烟后火区气体压力变化相应的表达式。然后，将科学研究中观察到的结果进行理论归纳、加工，推导出相应数理表达式。制定了一份切实可行的实施方案。继而他和工人们一道搬砖和泥、垒墙砌灶，开始了炉烟灭火的具体操作，经过两三个月的试验观察，终于使火区内的氧气浓度和温度降了下来，达到了预期目标。由于这种方法简便易行，容易推广，所以为当时解决安全生产和火区隐患起到了重要作用。

2. 均压防灭火技术

1983年，大同矿区几个煤矿同时发生井下火情，不仅面临减产300万t的困境，而且因井下多处涌出有毒气体、一氧化碳和地下水，严重地影响生产和威胁着矿工生命安全。为此，煤炭工业部曾组织国内专家“会诊”，但因火区情况极其复杂，没有形成满意的解决方案。上级领导决定邀请波兰专家来中国，共同研究治理火灾的办法，戚颖敏出任中方技术组组长，由他全面负责技术工作和合作中的具体事宜，他认为这是国家对他的信任和肯定，同时这项课题的研究在他的脑海中曾多次构想过，如今往日的构想即将付诸实施，他的心情十分激动。井下自燃问题，除因有遗煤外，还因为源源不断地向其供氧，才能形成火灾。均压防灭火技术是一项根据空气由高压区向低压区流动的原理，通过在高低压两区之间采取均压的通道，使两区之间的压力平衡，空气不再流动，由此减少向采空区遗煤的供氧量，从而达到防灭火的目的。但由于井下巷道通风网络复杂，井下巷道之间以及与地面之间漏风点多，如何控制火区周边巷道中空气压力便成为均压通风防灭火技术的关键。为此他与同事们经过几百个日日夜夜的艰苦奋战，井上井下反复地查漏风、搞测量、翻资料、绘图，没日没夜、废寝忘食地工作，即使生病了也从未耽误现场调查测试工作，从而保证了均压通风防灭火技术合理、有效实施，达到了预期目的，获得了满意的效果，取得了较好的经济效益和社会效益。

大同煤峪口矿首次成功地应用均压通风防灭火技术治理了矿井存在多年的大面积火灾。使面积为60万m^2的火区熄灭，在火区下安全成功地采出了煤炭40多万吨，解放了被火区封闭呆滞煤量150多万吨。至今该矿已安全生产近20年。这项技术为成千上万矿工的生命安全提供了技术保障。由于该项目具有普遍性和广泛的代表性，因此，均压防灭火技术很快在我国逐渐推广应用。现在，已被视为规范化的煤矿防灭火首选技术。该项成果于1985年获国家科技进步二等奖、煤炭工业部科技进步一等奖。

（二）勇闯难关，降服“火焰山”

在我国大西北的宁夏、甘肃、新疆有许多煤田露头煤常年自燃。据记载，有的煤田自南宋岳飞大战金兵时，大火即在燃烧，形成了人不可近的“火焰山”。大火吞噬着数以亿吨的煤炭资源，也给当地人民的生命财产安全带来极大的威胁。身为中国煤炭工业劳动保护科学技术学会火灾防治、矿井降温专业委员会主任委员的戚颖敏，深感责任重大。几十年来，他多次亲临大西北火场考察，与当地有关部门共商灭火大计和治理。

1972年，他主持了西北宁夏汝箕沟矿区煤田露头火的研究，并为此付出了极大的心血和精力。多年来，人们把宁夏汝箕沟矿区的露头火比做《西游记》中的“火焰山”。远远望去，一条条宽窄不一的火区裂隙，宛如千百条火龙，口吐火焰，伴着风的呼叫，肆虐无忌，让人望而生畏。在远处就隐约感到的高温扑面而至，让人不能近前。由于长年地表与隐蔽的深层交织燃烧，地面随时有坍塌的危险。带着刺激性气味的青烟，在矿区上空四处弥漫，严重污染了大气环境。就是这样一片火海，千百年来不知吞噬了多少生灵和消耗掉多少宝贵的煤炭资源，戚颖敏和他的同事们决定要用科学技术锁住这条火龙，治理技术上的“老大难”问题。为了摸清火区的基本状况，他和他的同事们怀着“不入虎穴，焉得虎子”的大无畏精神，排除重重险阻，战胜一个个困难，几乎踏遍了所有火区，针对火区的不同特点，进行详细系统的考察。经过半年多的时间，历尽了艰辛和困苦，制定了一份翔实的地域考察资料和综合治理方案。经过现场实施，多年被视为“老大难”的问题有了突破性进展并取得了阶段性成果。此项科研成果每年可为国家减少煤炭损失近百万吨，创造了巨大的经济效益，而且保护了环境，取得了很好的社会效益。

1989年10月，戚颖敏赴新疆指导灭火。此时，他已年逾花甲，又患有糖尿病，完全可以在乌鲁木齐市听汇报，遥控指挥。可他偏偏驱车在戈壁滩颠簸了几百公里来到北塔山灭火指挥部。西北的天气温差大，夜间摄氏零下十几度，白天高达20～30℃。就是在这样恶劣的气候条件下，戚颖敏深入火区连续工作了12天，提出了炉烟灭火、爆破灭火和水源灭火的综合治理方案。之后戚颖敏又驱车赶赴大黄山火区。大黄山是座煤山，整个山都被熊熊大火包围着，在这里考察十分危险，不小心就会陷进裂隙，被大火吞噬。戚颖敏明知山有虎，偏向虎山行，在获取第一手材料后，他会同灭火指挥部科技人员拿出了切实可行的灭火方案。一年后，北塔山大火被熄灭；几年后，大黄山的大火也被降服。

（三）相濡以沫，共攀高峰

常年在外奔波和劳累，戚颖敏的糖尿病逐渐加重。1990年秋，他因突发心脏病住进了医院。为了把有限的精力投入到更尖端的课题研究，也为了让年轻人脱颖而出，他辞去了通风所所长的职务，所长和课题组组长职务均由他的学生来担任。卸了任的戚颖敏并没有轻松，相反，他又以惊人的毅力向着新的科技高峰攀登。

“煤吸附流态氧特性”的研究，是一项创新，是他翻阅几十种文献资料，冒着可能失败的风险，经过数不清的日日夜夜的辛勤钻研的构思，出于对煤自燃研究的需要而提出的。该项研究与苏联几乎同时起步，开拓了煤自燃发火基础参数研究的新领域。过去人们认为井下一旦有了一氧化碳，便是着火的预兆。但对区分煤氧化着火的三个阶段的灵敏指标是前人所没有提供和涉猎的。

这一次攻克难题，戚颖敏是同与自己相伴几十年的妻子、同行钱国胤研究员的首次合作，并有他的学生罗海珠参与。经院领导的大力支持，他们申请国家自然科学基金会项目，且得到资助。但道路并非平坦。戚颖敏夜以继日地伏案编写课题计划，研究技术方案。夫妻俩不停地战斗在实验室内，守在色谱仪旁，细心观察煤样，寻求其未知数。这项研究，历经十几个春夏秋冬，考察了上千个煤样，近万次的实验取得了有效数据，获得了成功，终于得以问世，并被纳入《煤矿安全规程》中。据统计，仅抚顺、徐州、兖州等矿务局（公司）应用此项科研成果，就取得安全采煤近3000万t的可观效果。为此，“煤吸附流态氧的燃烧特性及在矿井火灾预测中的应用”荣获国家科技进步三等奖、煤炭工业部科技进步一等奖。

在40年的科研工作中，戚颖敏为我国的煤炭科技事业做出了突出贡献：他亲自主持和参与完成科研项目30余项；主持参与制定部级规范、标准4部；出版煤矿安全专业科技著作6部，100余万字；发表学术论文30余篇，40余万字，其中在国际会议发表5篇。他完成的科研项目多次获煤炭工业部、能源部和国家科技进步奖以及国家技术开发优秀成果奖。

戚颖敏用他刻苦钻研、孜孜以求的献身精神，书写了我国煤矿通风与防灭火学科方面的光辉历史，成为我国矿井防灭火技术的奠基人之一，这一突出贡献的主要标志是：将风与火两个既矛盾而又统一的客体辩证地引入矿井防灭火领域，从而发展了均压通风防灭火技术。1995年5月，戚颖敏凭借自己在煤矿通风安全科研方面的卓越成就，当选为中国工程院院士。

三、对待科学，要做到精益求精

成为院士之后，除日常工作外，他把大部分心血和精力都倾注在培养煤炭科研事业的接班人上。戚颖敏性格内向，对工作严肃认真，年轻的同志都有点怕他。他对青年人撰写的报告、论文有一个苛刻的要求，即手写稿不得有一个错别字。

他说，这表示你对科学的态度，搞科研就是要精益求精。青年人的手稿常被他改得面目大变。熟悉他的青年人也知道，戚颖敏平易近人，乐于助人。哪个青年有了困难，他千方百计给予资助。他的一个学生因公出在外，家里急需一笔购房款，得知此情，他立即拿出自己的钱垫上，使这个学生如愿购到了新房。

罗海珠是戚颖敏的得意门生之一，也是新一代煤炭科研工作中的佼佼者。谈起导师的培养，罗海珠动情地说："导师对科学的严谨态度以及精益求精的精神对我影响最大。"我感触最深的一次，就是同他一起搞攻关课题，我负责搞煤样测试。当时，做煤样非常辛苦，一天只能做一个。当我做完了 8 个煤种 120 个煤样，把数据整理好交给他时，他却严肃地对我说："对待科学这个态度不行，要做到精而又精"。在导师的指导下，我们对全国 35 个矿务局 405 个煤样进行了 11 种项目的实验研究基础上，认为煤炭自然发火的标志气体因煤种不同而有差异，一氧化碳并不是唯一的和最灵敏的指标，不同煤种各种气体产物具有不同表征煤自燃进程的灵敏度，此研究结论对于各个煤矿寻求适合本矿煤层自然发火特性的预测预报标志气体与量化指标具有极为现实而又重要的指导意义。为使这项科学技术研究成果得到更好的应用，必须有相应配套的硬件装备，为此，"八五"期间研制成功了具有国际先进水平的 GC-85 型矿井火灾多参数色谱监测系统，其应用可有效地监测矿井火灾隐患的分布和发展情况，为矿井防灭火技术人员制定防灭火技术措施提供可靠的依据。这项成果获了奖，仅抚顺老虎台矿采用这个成果启封火区，就获经济效益 110 多万元。

戚颖敏敢于让青年人挑大梁。在"八五"期间，"典型易燃煤层最短自然发火期预测"课题是基础性的研究，世界性的难题。开始的时候，戚颖敏是第一负责人，罗海珠是第二负责人。可是当做完预测方案之后，他却把罗海珠推上了第一负责人的位置。当时，罗海珠对能不能完成好这么难的课题心里没底。可戚颖敏却说："小罗，你就大胆地干吧。"罗海珠看着导师充满信任的目光，觉得有了主心骨。搞测试时遇到了选点的难题，导师亲自联系，跑煤矿，最后选定了 3 个比较理想的测试点。试验中有了差错，导师及时给予指导。如今罗海珠已成为矿井防灭火专业学术带头人，入选为"国家百千万工程"的专业技术人才。

1998 年，戚颖敏被任命为煤科总院抚顺分院的总工程师、高级顾问。戚颖敏成了抚顺分院新一届领导班子的智囊，为分院的发展方向出谋划策，绘制宏伟蓝图。同时，他继续在科研领域里向新的高峰攀登。“矿井通风活网络风流幂指数熵函变势压场理论及应用”、“均压防灭火调压手段特性数理描述与设计应用”两个课题是他给自己添加的重担，且争取到了国家自然科学基金项目。

戚颖敏一生克勤克俭，花公家的钱更是精打细算。外出工作，能坐公共汽车他绝不坐小车。身为院士从不搞特殊化。院里规定，年龄大的同志出差可以带个年轻的同志，可他考虑近几年院里资金紧张，常常是只身行动。考虑他的工作特殊性和身体情况，院里为其配了秘书和保健医生，可他却从没有“麻烦”人家一次。他曾对院领导表示，把自己从事自然科学项目研究节余的 20 余万元钱，作为院优秀论文奖的“院士基金”，以奖励后人呵护学术，推动煤炭科技进步和发展。

戚颖敏痴迷于煤炭科研事业，眷恋这个艰苦的事业。20 世纪 90 年代中期，中国科技大学、首都经济贸易大学先后以丰厚的待遇聘请他去工作，都被他婉言谢绝。他说：“在煤炭科研这个领域里，我还有好多事没有做完，我哪也不去，就在煤炭科学研究总院抚顺分院干”。

年届 70 岁的戚颖敏心里时时刻刻装着煤矿工人的安全。1999 年初，他参与了煤科总院组织的“院士行”活动，不远千里，到山东、广东等省，走访许多矿务局，深入实际进行调查研究。同年 5 月，他与其他 9 名院士及国务院参事、安全专家结合调研结果联名向国家有关部门提出《关于建立煤矿安全监察机构暨下属开放实验室的建议》，这一建议已引起国家有关部门的高度重视并予以采纳。

戚颖敏向科学高峰攀登的脚步一刻也没有停息。就在他去世的前两天，还在审改《矿井火灾早期预报监视系统》的最后一稿。这是科技部自然科学基金的重大攻关项目。戚颖敏拿着手稿严肃地对课题组的学生秦华礼和杨宏民说：“这个项目较大，基础工作必须做好……”。然而，学生们万万没有想到，他们可敬可爱的导师却走得那样匆忙，一去不回……

四、戚颖敏主要论著

戚颖敏，王铁心，张立志. 1965. 炉烟灭火的研究. 煤炭学报，2（2）：13-21.

戚颖敏. 1974. 使用下行风降低采场气温. 煤矿安全，（2）：50-55.

戚颖敏. 1974. 煤的自燃性与热性能之间关系的初步探讨. 煤矿安全，（6）：53-57.

戚颖敏. 1976. 风压调节技术在矿井消防火中的应用. 煤矿安全，（1，2，3，5，6）.

戚颖敏. 1976. 矿井灾变通风理论基础与应用. 煤矿安全，（1，2，3，4）.

戚颖敏．1978．矿井火灾灾变通风理论及其应用．北京：煤炭工业出版社．

戚颖敏．1981．综合机械化采煤工作面沼气涌出的数学模型及调风问题．煤炭学报，1．

戚颖敏，彭本信．1981．利用工业废渣作为阻化剂防止煤炭自燃发火的研究（波兰文）．波兰：第十九届国际采矿安全研究所会议论文集，10．

戚颖敏．1986．扑灭大面积火区与火区下安全回采的通风方法．煤矿安全，（1）：2-10．

戚颖敏．1986．煤矿安全规程执行教材．矿井防火与灭火．太原：山西科学技术出版社．

戚颖敏．1987．火灾防治．煤炭科学技术，（4）：118-120．

戚颖敏．1987．我国煤炭自燃倾向性鉴定新方法探讨．煤炭科学研究总院论文集，5．

戚颖敏．1989．惰性气体发生装置在中国矿山救护中的应用（波兰文）．波兰：第一届波兰国际矿山救护学术会议论文集，9．

戚颖敏．1992．煤矿安全手册·矿井防灭火．北京：煤炭工业出版社．

戚颖敏，钱国胤，罗海珠．1993．煤吸附流态氧的燃烧特性及其在矿井火灾预测中的应用．煤矿安全，（9、10）．

戚颖敏．1995．扑灭大面积火区与火区下安全回采的通风方法（英文）．澳大利亚：第二十一届国际采矿安全研究所会议论文集，10．

主要参考文献

戚颖敏．1998．中国工程院院自述．上海：上海教育出版社．

戚颖敏．2003．院士思维．合肥：安徽教育出版社．

撰写者

煤炭科学研究总院沈阳研究院

于润沧

于润沧（1930～），山西浑源人。矿山工程设计专家。1999年当选为中国工程院院士。1949年入哈尔滨工业大学学习，1952年院系调整至东北工学院（现东北大学），1954年毕业于该校采矿系。现任中国恩菲工程技术有限公司（原北京有色冶金设计研究总院）专家委员会副主任委员，北京科技大学兼职教授，博士生导师，中国矿业联合会理事，中国有色金属学会资深常务理事；曾任世界采矿大会国际组委会委员。他长期从事矿山工程咨询、设计和科研工作，先后参与、指导设计科研项目60多项，和团队成员一起，坚持针对项目特点实现技术创新，开创了多项国内第一：首次在国内采用杆柱房柱采矿法；为复杂难采的矿床设计了国内外尚无先例的大面积机械化下向胶结充填采矿法，与国外同步试验成功并用于生产的高浓度胶结充填技术；在进路式采矿中率先采用了双机液压凿岩台车和$6m^3$铲运机等大型无轨设备；倡导并参与在国内第一次应用自然崩落采矿法；指导了国内第一座无废开采矿山的设计和国内第一座有色矿山深井开采的设计；在国内首先试验成功并在生产中采用了膏体充填技术。依靠这些技术创新，建成了几座具有示范性的现代化矿山。先后获国家科技进步特等奖1项、一等奖1项、二等奖3项，国家最佳工程设计特等奖1项。

一、成长经历

1. 在战乱中度过了童年

1930年，于润沧出生在河北省张家口市（当时的察哈尔省省会）。他的祖籍是北岳恒山脚下的山西省浑源县，著名的悬空寺就坐落在那里。1930年正是蒋（介石）、阎（锡山）、冯（玉祥）军阀混战的年代，他父亲是阎锡山部队的军官。此次战争结束后，他们举家迁往太原。

在他五六岁的时候，全家兄妹五个都染上了猩红热，囿于当时的医疗条件，他的三个妹妹不幸相继病逝。在他幼小的心灵里刻下了至今难以忘怀的深刻印象：躺在妈妈的怀抱里听着院子里钉棺材的声音，这对一个病中的孩童来说太残酷了。

1937年九十月间，侵华日军攻进山西，他父亲时为旅长，正在前线参加平型关和忻口战役，他三舅只得带着他们全家背井离乡，踏上逃难的旅程。先是乘火车南下至风陵渡，然后乘小船渡过黄河，抵达潼关。一路上逃难的人很多，行进速度缓慢。途中听到他父亲在忻口战役负伤的传闻，家人心急如焚却又无能为力，只得忍受着焦虑和不安继续南下。行至武汉稍事停留，便又乘船到达长沙，居住在湘江边。本想在这里暂住一时，谁知不久长沙便遭日寇第一次轰炸，警报解除后满街狼藉，惨不忍睹。看来这里也不是久留之地，于是他们全家又沿湘江、洞庭湖、长江从水路向重庆进发，几经周折，总算到了重庆，住在一个叫凤凰台的地方。在这里他目睹了从前线撤下来的伤兵和运回的尸体，这是他第一次见到尸体，当天晚上连饭都吃不下。

1938年春天，他们家又搬到重庆附近的璧山县。在那里定居下来后，他开始进入城中镇中心小学读书。他在小学学习成绩很优秀，每次发榜都在班上排名第一，有一次考了个第三，回家就痛哭一场。老师也很器重他，但同学中有一种“排外思想”，叫他“下江人”。由于惦记在战场上的父亲，家里总有一种凝重的气氛。这种环境加上战乱带给他心灵的创伤，养成了他内向的性格。

1942年，由于经济拮据，于润沧全家只好又辗转返回山西。经成都后翻越剑阁——李白曾称之为“蜀道难，难于上青天”的地段，跨过八百里秦川，又穿越黄河壶口的铁索桥，最后到达山西隰县。1941年进山中学在隰县复校（该校创办于1922年，因日军入侵停办），他即入该校学习，那六年的中学生活是他难以忘怀的，对其一生产生了重大的影响。

2. 难忘的“热血沃土”

进山中学复校后实行公费，使许多家境贫寒的孩子可以入学。它虽然是阎锡山官办的学校，但时任校务主任、后来升任校长的赵宗复是中国共产党地下党员，抗日战争前夕毕业于燕京大学，他是中国共产党情报战线上的杰出战士，特别是在解放战争时期，难能可贵地在教育战线上开拓耕耘出一片培育进步青年的园地，甚至影响了不少阎锡山手下高干的子女都直接或间接地参与解放军情报组织的活动，有些师生甚至为太原的解放献出了年轻的生命。从赵宗复亲手编写的校歌“进山青年进行曲”中也不难看出当时校内的氛围。“我们是青年猛士！我们是青年猛士！敢看惨淡的人生，敢见淋漓的鲜血。嘿！敢说，敢笑，敢怒，敢叫，敢打，敢骂！对内团结驯如羊，对外抗战猛如虎，我们誓不做俘虏，大敌当前不低头。让暴风雨来得更厉害些，那钢铁的声音为青年进步响彻宇宙。多高的山，多远的路，有腿有脚就能走！耻不若人的志气，要把世界进步精神一齐来吸收。”

于润沧是以小学四年级的水平进入初中的，开始学习时相当困难，特别是数学，第一次考试得了20分，第二次40分，第三次期终考试才及格，得了60多分。后来虽然排在好学生的行列中，但他认为数学智商的开发还是受到很大影响。

战时山沟里的生活是艰苦的。大家在学校里过着军事化的集体生活。上课没有课桌，每人一个小板凳，再把一块小木板放在膝盖上作为课桌，用以书写课堂笔记。到了晚上，五六个人呈放射形地趴在宿舍的炕上，围着一盏小油灯上自习。有一段时间，吃的是长了虫子的小米，同学们只能把碗中的米饭用开水一冲一搅，使虫子漂到上面，用筷子扒拉掉再吃。另有一段时间是吃谷面（带壳的小米磨的面）窝窝，缺油少菜，导致不少同学严重便秘。当时生活条件虽然很差，但大家学习都非常努力。赵宗复校长很重视教学质量，他通过各种关系招来一批一流的老师（新中国成立后他们很多都担任了大学教授），他们都是燕京大学、北京师范大学等名校的高材生，他又从抗敌话剧宣传二队聘请了几位地下共产党员担任语文和音乐老师，他还亲自编选语文教材，组织图书馆内进步书刊的汇集。赵宗复校长有意识地利用艰苦的生活，磨炼同学们的意志，组织学生自己种菜，为了接触和了解农民，秋天还组织学生去帮助农民收割庄稼。他在亲自编选的语文课中特地选了孟子的“天将降大任于斯人也，必先苦其心志，劳其筋骨，饿其体肤，空乏其身，行拂乱其所为，所以动心忍性，增益其所不能”（《孟子·告子下》），以古喻今，启迪同学们自觉地锤炼自己，成为对人民有用的人才。于润沧在此以优良的成绩读完了初中。

抗日战争胜利后，进山中学迁回太原，于润沧也开始了他的高中学习。同学们对抗战胜利的欣喜，很快被蒋介石发动的内战冲散。学校要由公费改为自费，使家境贫寒的同学面临失学的威胁。1946年初，先后两批共十多名同学投奔解放区，这在校园内外引起了极大的反响。此时在赵宗复校长的引导下，校内进步社团如雨后春笋般蓬勃发展，并且越来越具有明确的政治斗争倾向。1947年底，由于出现了许多事件，阎锡山决定将赵宗复调离进山。同学们闻讯极为震惊和愤怒，共产党地下党员为其安排了“洪炉烈火欢送会”，用激越的歌声、悲愤的长诗朗诵，倾诉了对校长的惜别，吼出了对反动统治的愤慨，促进了全校师生更广泛的团结。1948年春，阎锡山把进山作为重点之一，开展了以清查共产党员和进步人士为目的的“三自传训”运动。中共地下党员沉着应对，派人打入其领导小组，以轰轰烈烈的假斗争来保护地下党员和进步人士，使得他们未遭受任何损失。

于润沧正是在这样的环境里通过阅读进步书刊，追随中共地下党创办“海啸社”，参加轰轰烈烈的学生运动，初步接受了革命洗礼，逐渐成为太行军区太原情报站（909）的外围成员，担任了1946～1947届进山中学学生会副主席。

中学阶段是一个人思想成熟、定型，树立人生观、价值观的重要时期。他在进山中学学到的做人道理，以及为太原解放献出年轻生命的进山师生们的牺牲精神，始终伴随和激励着他走过坎坷、欢乐的人生路程。

1948年高中毕业后，于润沧来到当时的北平，准备考大学，但未能如愿。新中国成立前夕他父亲任第二战区第十八集团军副总司令兼驻山西大同指挥官。北平解放后，他受组织派遣，去山西大同劝说父亲放下武器。1949年5月1日，大同效仿北平方式和平解放。

在进山时，他读了很多苏联的文学作品，一直憧憬学习俄语。在一次读书会上，山西大学的李余振为他们介绍苏俄文学，其间用俄文朗诵了高尔基的《海燕》，给他留下了极深刻的印象，这竟成为他1949年报考用俄语教学的哈尔滨工业大学的重要缘由之一。

3. 献身矿产资源开发事业

进山中学铸就了于润沧怎样做人，怎样为人民事业兢兢业业、创造性工作的思想基础，而大学决定了他为祖国采矿事业献身的人生道路。

1949年9月18日，跟18年前日本发动九一八事变的日期相同，他作为哈尔滨工业大学（简称哈工大）从北平招收的新生中的一员，抵达哈尔滨，成为新中国成立后的第一代大学生。应当说这是一个很有纪念意义的日子。

进入哈工大后，他们第一个月参加建校劳动，接受国际主义教育，然后开始为期一年的预科俄语学习，当时哈工大本科采用以俄语为主的双语教学。预科学习包括两部分内容：学习俄语和用俄语复习高中数理化的基本要点。俄语采用“直接教学法”，教俄语的老师不会讲中文，她伸出一只手：“э т о р у к а（这是手)”，同学们跟着高声朗读“э т о р у к а”，就这样他们开始了俄语学习。

一年的预科学习很快结束了，但掌握的俄语词汇远不足以应付本科的学习，所以本科学习任务紧张、繁重，每天要记忆成百的俄语单词。进入本科学习后于润沧开始被分配在土木系，但他觉得国家开始搞经济建设，首先必须开发自然资源，我国矿产资源丰富，正是青年人施展才华的地方。于是他找到高铁校长，提出希望转到采矿系，这也是顺应当时国家的号召，高校长满足了他的要求。这是他在人生道路上的一次重要抉择。当时的工科大学，培养目标是工程师，比较重视理论与实践的结合，到现场实习是教学中非常重要的内容。例如，李永治老师带领他们参观了鞍钢和本钢属下的所有铁矿山、抚顺矿务局所有的煤矿和大石桥菱镁矿，使他们不仅了解矿山的生产过程，而且也熟悉了矿工的生活，此外还让他们参观了日军侵华时留下的“万人坑”，这对他们也是一次很深刻的教育。更难得的是当时正好有一位地质学家到了矿山，李老师特意邀请他给学生们介绍了我国的矿产资源概况，使他们受到极大的鼓舞。对于润沧来讲，这次实习使他对自己选择的人生道路有了真实的感性认识。

1952 年国家进行大学的院系调整，哈工大的采矿系并入东北工学院（现东北大学），虽然当时仍有苏联专家，但学校取消了双语教学。受当时国家形势“一边倒”的影响，采矿系的专业课学习也是“一边倒”：教材主要来自苏联。他在东北工学院也有两次重要的实习，一次是生产实习，他们组被分在南芬铁矿当工人，承担一个巷道工作面的掘进，三班倒，有一名工人师傅作指导，进行凿岩、爆破、推车出渣等作业；一次是毕业设计实习，他和另外两名同学被分配在华铜铜矿考察矿山的全面工作，他的专题部分是矿井通风，毕业设计由苏联专家指导。当时大学教育的目标是希望学生毕业后能很快独立进行工作。应当说这一点是做到了，但那时大学里缺少科研，缺少创新思维的教育和实践。

1954 年于润沧大学毕业，时值国家开始实施发展国民经济的第一个五年计划，同学们热情高涨，纷纷在毕业分配表上填写了“到最艰苦的地方去，到祖国最需要的地方去”。他们系大多数同学被分配到刚刚组建的两个工业设计部门。他被分配到当时的中央有色局设计公司，单位的名称经多次演变，从事业型的名称“北京有色冶金设计研究总院”改革成为现在的企业型名称“中国恩菲工程技术有限公司”，而他在这里一待就是半个多世纪。

二、对有色金属矿业科技发展的贡献

于润沧参加工作后的半个多世纪里，经历了十种常用有色金属矿产量从 1954 年的 7.53 万 t 到 2010 年的 3092.6 万 t 的突飞猛进的发展；经历了有色金属采矿生产从耙子簸箕到筹划实施远程遥控和自动化采矿的巨大变革；经历了从苏联专家指导设计、建设到走出国门参加国际竞标的历史性转变。他参与、指导共完成矿山工程设计和科研项目 60 多项，同团队其他成员一起，坚持集成创新，引进、消化、吸收、再创新，解决了许多工程设计中的复杂技术难题，开创了多项全国第一。

20 世纪 50 年代，他和顾成林一起参加了国内第一次水枪冲采及水力输送砂锡矿的工业试验，为新设计的云南锡业公司新冠采选厂提供设计依据，这是他参加工作后接受的第二项任务。他们和现场人员经过多次反复试验，获得了大量水力冲采和输送的关键数据，然后回院向苏联专家汇报。由于他们获取的数据远低于苏联专家的经验数据，于是专家大发雷霆："谁让你们进行试验的?!"按照当时的规矩，他们是不能同苏联专家进行辩论的，但心里并不服气。最终设计只能是按苏联专家的意见做，可是后来新冠采选厂生产的实践证明，耗水量接近他们的实测数据。这算是初生牛犊经受的第一次考验。

完成上述试验的第二年，于润沧参与了新中国成立后第一个有色金属露天矿白银厂铜矿的设计，该项目是苏联援建的156个项目之一。该矿设计在国内首次成功地应用大爆破方法进行剥离，使用炸药1.5万多吨，爆破岩石量900多万立方米，曾一度引起国外的震惊。白银露天矿的技术和装备在当时来说达到了国际水平。

20世纪60年代初，他在我国第一次采用杆柱房柱采矿法的工业试验中担任试验组副组长。锡矿山是我国的锑都，工业生产有着悠久的历史，产品在国际上享有盛誉。该矿的矿石坚硬稳固，但顶板岩石为页岩，稳固性差。采用房柱法开采，为了保证生产的安全，长期留有1m厚的护顶矿柱，品位很高，损失了大量宝贵资源。冶金部召开专家论证会，采纳了于润沧所在的设计院提出的用金属杆柱取代护顶矿柱的建议，随即开展了试验。在试验过程中，一名优秀的工人不幸因事故牺牲，试验最终获得成功，使综合矿石损失率从28%降低到16%。该项目后来获全国科学大会奖，但它是以一位优秀的工人师傅、一名共产党员的牺牲为代价的。

改革开放不断转变着人们的观念，也带来了新的机遇。于润沧有幸因为项目设计多次获得出国考察的机会，1979年底到1980年初赴加拿大考察了多个采用充填法的矿山，赴美国考察了其主要的采用自然崩落法的矿山，历时60多天；1985年下半年，又考察了瑞典、芬兰的一些技术先进矿山和矿山设备制造厂；1990年又在世界最大的地下矿山——智利的El Teniente铜矿深入考察了40多天。智利作为一个发展中国家，其矿山的先进技术和管理已达到相当高的水平，当时井下已有几十台计算机与总部直接联网；1996～2002年他在担任世界采矿大会国际组委会委员期间，每年都有机会参观一个国家的矿山，另外还有一些随项目到澳大利亚、南非等国的参观考察。这些活动不仅丰富、更新了他的技术知识，更有益的是开拓思路，彻底更新着设计决策的理念，使他逐渐熟悉了应用先进技术去解决技术难题，而且思维方式没有随着年龄的增长而老化，仍能在重点工程设计中针对项目的特点提出创新的设想。

1973～1987年他和刘大荣一起担任着金川镍矿二矿区开发项目的采矿工程负责人。当时该矿区面临两大难题：第一，在难以从国外进口但国内急需镍的情况下，开采条件相近，我国矿山生产能力却比发达国家低1/3～1/2，这是从设计到装备水平到生产管理及工人素质的综合差距；第二，二矿区矿床赋存条件是贫矿在上，富矿在下，矿床埋藏深，矿岩松软破碎，地压大，巷道掘进和采矿方法选择都十分困难。解决这些技术难题不仅对金川建设而且对加速我国有色矿业发展都具有重要意义。

围绕采用崩落法按传统技术政策自上而下开采，还是采用胶结充填法优先开采下部富矿保护上部贫矿；采用竖井开拓还是采用斜井开拓；采用上盘采准系统还是采用下盘采准系统等重大技术问题，金川公司王文海经理组织召开了多次全国性的大型技术研讨会和辩论会，确定了用胶结充填技术开采的技术路线。在方毅副总理确定金川作为三大资源综合利用基地后，全国多家科研设计单位在此开展了大量的科技攻关项目，取得了丰硕的成果，大大促进了金川的建设。1985 年又采用中瑞（典）联合设计的方案解决了二矿区扩大生产规模提高劳动生产率的技术难题。于润沧所在的设计院作为中方设计单位，通过前述考察瑞典和芬兰的重点矿山，确定引进八项先进技术，使金川二矿区的生产能力从原设计的 5500t/d 提高到 8000t/d，基本消除了生产规模方面同国外的差距，也满足了国家对镍的急需，劳动生产率可达到 10t/工班的国际水平。但在水平面积达 10 万 m^2 的矿体中全面采用机械化下向进路式充填采矿法（可能产生区域稳定性和“采富保贫”的矛盾），并且在 5m 宽、4m 高的进路中采用全液压双机凿岩台车和 $6m^3$ 铲运机这样的大型设备，世界上还没有先例，这是一项重要的在引进、消化、吸收基础上再创新的新技术。有了这些先进技术作为基础，金川的发展如日中天，仅就二矿区的矿石产量而言，原来很少有人相信能够达到 8000t/d，现在实际上已经突破了 1 万 t/d，为金川创造了巨大的经济效益。金川二矿区的设计获得过多项国家级的奖励，包括：国家科学技术进步特等奖、国家科学技术进步一等奖、国家最佳工程设计特等奖。

胶结充填技术是金川矿山生产的关键，于润沧参与金川工程后，便同试验人员一起开始做室内充填环管试验，重点是测定金川戈壁棒磨砂掺和水泥制成的胶结料浆，在不同配比、不同浓度条件下的流体力学参数，为设计和生产提供依据。在一次浓度较高的试验即将结束时，突遇停电，大家都非常担心管路会被堵塞。过了十多分钟恢复供电后，他们试着开泵，惊奇地发现输送仍可正常进行，并未像国外资料上讲的那样“迅即堵塞”，这使他们对胶结料浆的浓度特性有了新的认识。从 1975 年开始，他们又专门开展了高浓度料浆的研究，提出了“临界流态浓度”的概念，它标志着料浆特性随浓度的变化由量变到质变的转折。高浓度料浆基本不离析，可在低流速下正常输送，甚至在不超过水泥凝结时间的前提下在管路中静止停留较长时间都不会沉淀堵管，具有似 Bingham 体的流变特性。高浓度胶结充填技术研发成功，对提高充填质量，顺利实现“采富保贫”创造了极有利的条件，从此在国内率先应用高浓度充填技术进行生产。这项研究成果获得了国家科学技术进步二等奖。经查阅资料得知，国外也是从20世纪70年代中后期才开始注意到料浆浓度对充填的重要意义，并逐渐实施高浓度充填技术路线的。20世纪90年代中期，他们又试验成功全尾砂膏体充填技术，用于金川镍矿和铜绿山铜矿生产，并确定其为Hershel-Bulkley流变模型。这不仅使胶结充填技术上升到第三代水平，而且为无废开采创造了有利条件。

在20世纪80年代中期的中条山铜矿峪工程设计中，于润沧根据国内外考察崩落法矿山的对比，力主将原来的有底柱分段崩落法改为自然崩落法，以使这个年亏损800万～1000万元的矿山得以扭亏为盈。自然崩落法国外称矿块崩落法，是可与露天开采媲美的成本最低的地下矿采矿方法。它虽已有百多年的历史，但用于像铜矿峪矿这样的硬岩矿山，还是20世纪60年代以后的技术成就。当时许多基本参数的确定仍然依靠经验类比法，所以成功应用此种方法的捷径是从美国引进技术。国家有关方面对此都取得了共识，引进项目也获得批准。于润沧更进一步提出引进要与科研攻关相结合，提出用科学的方法取代经验类比法的建议，这一点也获得领导认同，随即中南矿冶学院（现中南大学）、北京有色冶金设计研究总院、长沙矿山研究院、北京矿冶研究院承担研究任务，他担任顾问专家组组长。经过近三年的努力，试验达到了预期的要求，每年的矿石产量突破400万t。铜矿峪矿成为我国第一个成功应用自然崩落法的矿山，也是当时我国有色金属行业最大的地下矿山，精矿成本比有色铜企业平均成本低20%以上。待二期工程完工后，年产矿石量将达到600万t。通过在铜矿峪矿的试验，自然崩落法开始在中国生根，预计将来会对我国大型低品位金属矿床开采发挥积极的作用。

于润沧指导设计了国内第一座无废开采矿山——南京栖霞铅锌银矿。南京栖霞铅锌银矿坐落在栖霞山风景区，要做到既采矿又不破坏风景区，是一个技术难题。并不是任何一座矿山都能够实现无废开采，但通过分析栖霞的矿岩条件、可能应用的采矿方法、废料产出数量以及其资源化的可能性，于润沧认为有可能不建尾矿库，不设废石场。在大量查阅“三下开采”经验资料的基础上，他于1983～1985年组织完成了充填试验和岩石力学试验，设计选用了分级尾砂充填采矿法，细粒级尾砂可进入硫精矿成为合格产品出售，废石不出坑，亦作为充填料充填到采空区，生产正常进行。进入21世纪以后，长沙矿山研究院等单位又在提高选矿回收率和实现全尾矿充填方面做了改进，使这项技术更趋于完善。

于润沧指导我国有色矿山第一个生产规模为1万t/d的大型深井开采设计。安徽冬瓜山铜矿属于缓倾斜盲矿体，埋藏深度1000m左右，存在着地热、岩爆倾向、深井排水、充填料浆难以满管输送、基建工程量大等一系列复杂技术问题，但设计首先遇到的问题是矿床勘探程度不能满足设计要求。若等待从地表打钻进行补充勘探，不但要投入大量额外的资金，而且建设进度必然拖延。经反复研究，决定采用总体规划、探建结合的办法。先掘进一条辅助竖井，尽量利用将来的生产巷道进行探矿，辅助井可作为高地热矿山的专用管缆井，同时增加基建时期废石提升出口，加快建设进度。这种做法自然会带来一定的风险，但只要认真研究已有的地质资料，做好灵活可变的总体规划，便能将风险降到最低限度。实践证明这也许是深井矿山开发的最佳选择。对于这样一个“新品种”设计，把引进先进技术（如预测岩爆保证安全生产的微震监测系统）、开展科研同建设和生产结合起来，尽可能提前建设一两个采场，作为科研同生产结合的试验采场，争取在基建期出矿，既能探索规律，积累经验，培养锻炼队伍，又能改善企业的经济效益。虽然这种做法有悖于传统的技术政策，但是经过实践验证的最佳方案。

深井开采矿山建设周期一般很长，具体到冬瓜山，由于有了探建结合的总体规划，为进一步加快建设进度，使基建期能有足够的掘进废石提升通道，在厂址、生产规模尚未最终确定的条件下，于润沧周密研究了各种可变因素以及适应的可能性，决定提前掘进主井，这对设计来讲意味着承担更大的风险。他们充分陈述理由，报请有关领导部门，经同意后便开始了施工。现在冬瓜山已经建成投产并达到了设计生产规模。

以上这些具有较大风险但又不违背科学的经历丰富了他的深井矿山建设经验。

向年轻的设计人员传授现代设计理念。从计划经济向社会主义市场经济转轨之后，许多传统的设计决策理论、方法影响设计水平、设计质量的提高。于润沧总结出现代设计理念的基本内容：以企业竞争力为核心的市场分析；以企业经济效益为核心的生产规模和技术装备水平的确定；以资源-经济-环境相协调为前提的方案优化和选择；针对项目特点的技术创新、集成创新和建设模式选择。同时在指导设计的过程中，结合工程实际，向年轻的设计人员具体传授这些理念，期望他们青出于蓝更胜于蓝。

1999年于润沧当选中国工程院院士后，于2003年参与了两项向国务院汇报的咨询研究：“中国可持续发展矿产资源战略研究”和“培育大型矿业集团，实施全球矿产资源战略”，共历时两年多。他与同行专家一起深入分析了我国有色矿产资源的矿藏、对有色矿产资源需求的趋势、矿业企业竞争力的现状、国外大型跨国公司成长和并购的案例，梳理我国由矿业大国成为矿业强国并使矿业得以可持续发展的基本理念，提出了制定和实施互利双赢的全球矿产资源战略；加强矿业企业整合重组，力争在短时期内大力发展几家具有较强国际竞争力的大型矿业集团；制定一套支持企业“走出去”的政策，把一部分外汇储备转换为资源储备；尽可能采用参股包销产品的模式，弥补我们目前具有国际视野、善于国际经营的人才不足的缺陷；积极建立紧缺矿产资源保障体系，加强资源保护和综合利用，加强再生金属行业的发展，按低限消费水平进行宏观调控等战略建议。其中有些已得到有关方面的共识并付诸实施。

于润沧认为由矿业大国发展为矿业强国，依靠的是先进的技术、精良的装备、科学的管理和有效的成本控制，我国大大小小的矿山数量庞大，不可能千篇一律，原则上可分为三种类型：①大中型骨干矿山，应当在以高新技术特别是信息化改造传统产业上有重大突破。主要表现在扩大生产规模，消除相似开采条件下我国矿山生产能力比发达国家低1/3～1/2的综合差距；依靠高度机械化、自动化、信息化提高劳动生产率，特别是井下工人的劳动生产率，使之接近国际先进水平；克服无效和错位管理，实现科学管理，进一步降低开采成本，提高企业安全水平和经济效益。②对服务年限较长的一般矿山，逐步扩大无轨和液压设备的应用范围，我国的设备制造厂家要努力生产出具有国际竞争力的名牌产品；推广高效率采矿方法和先进的工艺技术，降低成本，以达到国际较好水平为目标推动科技进步。与下游企业实行联合、合并，提高竞争力。对于资源危机型矿山，按照优惠政策吸引资金，加强周边及深部勘探，争取延长矿山寿命。③大量的小型矿山在相当长的时期内仍不可避免地要肩负劳动就业和扶持贫困地区脱贫致富的重任，有一些零星小矿床也只能由小矿山来开采，对这些矿山科技进步应以安全生产、提高资源回采率为主要目标。同时鼓励走股份制联合办矿的道路，以利于发挥科技对生产的推动作用。对破坏大矿床的乱采滥挖行径则必须坚决制止。

于润沧现已近耄耋之年，仍以加速我国有色金属矿业发展尽绵薄之力为己任，他的目标是推动建立远程遥控和自动化采矿示范工程、通过设计促进构建生态矿业工程，希望能以此为他这位“布衣院士”的专业活动画上句号。

三、于润沧主要论著

童光煦，于润沧，王恭敏，等. 1974. 有底部结构强制崩落采矿法. 北京：冶金工业出版社.

于润沧. 1984. 料浆浓度对细砂胶结充填的影响. 有色金属，(2)：6-11.

于润沧. 1996. 用新技术开拓改善矿山经济效益之路. 矿业研究与开发，16（增刊）：162-164.

于润沧. 1998. 硬岩地下开采发展特点及前景展望. 有色金属采矿，(1)：1-7.

于润沧．1998．我国铜工业的潜在危机和发展战略建议．世界有色金属，（2）：13-17．

于润沧．2001．采矿业发展知识经济的思考．中国工程科学，（1）40-43．

于润沧．2002．论当前金属资源开发的科学技术前沿．中国工程科学，（9）：8-11．

于润沧．2003．矿山设计与企业经济效益．有色矿山，（1）：1-3．

于润沧，唐建．2003．从日本的铜工业崛起看其发展之路．铜业工程，（1）：6-8．

于润沧．2004．胶结充填工艺的核心问题．应武钢矿山公司邀请的专题报告．

于润沧，唐建．2005．略论我国有色金属矿山科技发展战略．中国工程科学，（10）：1-4．

于润沧．2006．关于数字化矿山．在中国冶金矿山产业高峰论坛上的专题报告．

于润沧．2007．放眼世界，看我国的有色金属工业．云南红河州及中国工程院院士红河论坛报告．

于润沧，唐建，刘育明．2008．构建生态矿业工程．中国矿业，（增刊）：1-3．

于润沧．2009．采矿工程师手册．北京：冶金工业出版社．

撰写者

唐建（1953～），中国恩菲工程技术有限公司，教授级高级工程师。

洪伯潜

洪伯潜（1931～），福建厦门人。矿井建设特殊凿井工程专家。中国煤矿深大井筒钻井法凿井技术开拓者之一。1997年当选中国工程院院士。1956年毕业于浙江大学土木系。煤炭科学研究总院副总工程师，中国煤炭学会常务理事。长期深入科研生产一线，具体负责完成的国家“六五”、“七五”科技攻关项目，首开中国大型深井钻井法凿井工程（钻井直径9m、深508m）成功之先河，综合技术达到国际先进水平，1987年获国家科技进步一等奖。2002年他作为国家“十五”科技攻关项目“龙固主井近600m钻井法凿井技术研究与应用”技术负责人，主持可行性论证和主要参数确定，亲自负责关键技术——井壁结构形式及设计方法研究，承担结构设计等。该项目的完成解决了山东巨野煤田探明20余年来一直未能开发的技术难题，获2006年国家科技进步二等奖。在几次科技攻关中，他在矿井工程中开创引入约束混凝土结构基本原理，研发出新型复合井壁支护技术；根据压杆稳定原理，探索揭示了钻井法施工中井壁悬浮下沉安装过程轴向失稳问题和控制技术；研究出复杂受力条件下井壁应变计算方法，为防止特殊地层深井井筒局部破坏提供了可靠结构保证。

一、从建筑师之梦到献身煤矿建设

1931年12月30日洪伯潜出生在东海之滨人称“海上花园”的小岛——鼓浪屿，到过这小岛的人无不为它的美而赞叹，它就像镶嵌在浩瀚大海上的一颗翡翠，岛上四季郁郁葱葱，不仅群芳争艳的亚热带林木花草举目可见，更有那伸展着挂满根须的枝干、身姿雄伟地傲立于岩边石壁的古榕树；海天雄风、惊涛拍岸，数百年来历代文人墨客在日光岩壁上留下的真迹沉淀出小岛深厚的文化底蕴。举世闻名把荷兰人逐出台湾的明朝勇将郑成功练兵的水操台屹立于日光岩之巅。这里离洪伯潜家只几分钟路程。少年时期的他就从父辈和学校老师那里听闻过明代英雄抗夷的传奇事迹，国家和民族的意识在他心中开始萌芽。在鼓浪屿，沿着崎岖蜿蜒的山路、坡地街巷以及海滩附近山冈，多处可见不同历史时期、风格迥异的各式建筑，生活在鼓浪屿的他，深爱着祖国这美丽而历史积淀厚重的小岛，对于那些各具异国格调的建筑，却常使他浮想联翩，在内心激起爱和恨的交织。建筑的美是设计者与施工者智慧的结晶，建筑是无声的诗歌与乐章，也是人类文明进步的标志，基于这一点，他爱它；但新中国成立前小岛上的许多特色建筑却又是外国侵略者蚕食中国的标志，列强侵占祖国领土，称其为“万国租界”，因而愤恨之情油然而生。那时，他想总有一天鼓浪屿会真正成为中国人民自己的“海上花园”，人们会在岛上建造更美的建筑，他决心努力学习，成为一名土木建筑工程师。

1952年洪伯潜考入厦门大学土木系，一年后全国性院系调整，厦门大学土木系调入浙江大学，他从东海之滨来到了人称“天堂”的名城杭州，攻读他所热爱的工业与民用建筑专业。1956年他被评为三好优等生，那一年他被发展成为学校为数不多的学生党员。50年代中期的中国，正掀起第一个五年计划建设高潮，百业待兴，各行各业都需要大批建设人才，毕业分配志愿书上他填上了“服从组织分配，到祖国需要的地方”，就这样，他被分配到了煤炭科学研究院。人生是丰富多彩的，但也往往是富有戏剧性的，他没有想到，会从建筑设计之梦开始，而以煤矿建井之实步入人生征程。

在那个年代，煤矿建设是一个技术面貌相当落后的行业，作为一个非矿业院校毕业的学生，要在这一领域为之奋斗终生，自己所学专长能否很好地发挥，他也曾有过思想斗争。在到煤炭科学研究院报到时，单位还刚处于筹备阶段，报到后没过几天，就让这批刚出校门的青年学生到全国各矿区去实习，以增长对煤矿生产建设的实践知识。他被分配到黑龙江双鸭山矿区，从南方到北京秋装刚穿了几天，一到东北就不得不穿上了棉装，十月的天气就飘起了雪花，他和三班倒的工人们一起住在室内只有板条钉的两个大长条集体通铺的宿舍，没有桌椅、晚上灯光昏暗。从“天堂”杭州的大学学府到北国边陲矿区双鸭山，不仅地理环境、生活条件有天壤之别，而且所见所闻让他初步认识了煤矿，体察了他将为之奋斗一生的领域是个不折不扣的艰苦行当。他也曾为工作之余没有地方看书和因住通铺身上沾了虱子而烦恼过，但凭着要为祖国建设贡献力量的满腔热忱，以及每当想起旧中国老一辈知识分子那种在恶劣的社会与政治环境中挣扎，而仍然“风雨如晦、鸡鸣不已”的高尚情操，想起矿工们的艰辛，他就很快振奋起来勇往直前，为煤矿建设而奋斗的路就这样开始了。

二、脚踏实地的奋斗者

知识的源泉从根本上说是人类的生产实践，“实践出真知”早已被事实所证明，对于这一点，洪伯潜非常清楚，他深深地意识到一个从事工程科学技术工作的人必须不断地求知于实践，尤其对于他来说，要从一个矿井建设技术的门外汉逐渐地进入角色，进而成为熟练的矿井建设技术的驾驭者，将是一个十分艰苦的过程，必须全身心地投入，因而他对于每一项需要他完成的科研任务，都全力以赴地投入，视之为增长才干的机会，且十分珍惜每一次科研实践。他个性直爽朴实、勤奋敬业，不善言辞，不事张扬；他心里想着的就是千方百计地把组织交给他的任务完成好，不辜负国家对他的培养。他常说咱们新中国最早培养出的一批大学生能够赶上第一个五年计划建设的高潮是非常幸运的，在新中国成立初期科研基础的薄弱，人才与设备的匮乏，技术政策的不明朗，但我们可以脚踏实地一步一个脚印去摸索。新中国成立前老一代的知识分子，他们怀着科学救国的豪情壮志远涉重洋去求知，往往历尽坎坷与磨难而报国无门，他们仍然矢志不渝，不屈不挠，直到新中国成立后，他们的聪明才智才得以施展，他们顽强拼搏的精神一直深深铭刻在洪伯潜的心中，成为他脚踏实地克服困难的动力。

我国第一个五年计划期间，钢材非常紧缺，为解决矿井建设中的钢材节约技术途径，1957 年 5 月，他从双鸭山实习工地被提前抽调回京，赴徐州参加煤炭工业部预应力混凝土结构新技术推广学习班，在这一新技术的学习中，他在矿井建设老专家沈季良的领导下，虚心向老一辈专家学习，不放过每一次实践机会，悉心钻研，并利用学校所学的相关知识，与大家共同切磋，得到老一辈专家的充分肯定。而后责成他负责有关预应力混凝土结构的课题研究，他立即争分夺秒投入工作，和课题组的同志一起从搜集资料、配套试验设备、做相关试验、研究必要参数，进行设计与试制，仅用了一年多时间，就于 1958 年研究成功我国第一座煤矿竖井悬臂式预应力钢筋混凝土井架，在河南省鹤壁市鹿楼矿（原矿名）投入使用，取得了良好效果。1964 年又研究成功并投入实际应用的 32m 高预应力钢筋混凝土井架，科研成果填补了当时国内矿山预应力混凝土特种结构的空白，并为矿井建设工程节约钢材开辟了新途径。为了适应当时煤炭资源开发的需要，他受命到海拔 4300m 的青藏高原，负责“高寒地区开矿可行性”课题的研究，但他大部分时间是从事煤矿竖井钻井法凿井技术的研究。煤矿竖井，无论是早期原始的人工开挖，还是技术逐渐进步后的机械化掘砌，都离不开凿井工人下井在地层中窄小的空间操作这一过程，其劳动之艰辛是不言而喻的，尤其在表土不稳定的含水地层更是如此。而钻井法凿井正是被广大煤矿建井工人颂之为“千年铁树开了花，打井不用下井挖”的先进特殊施工方法。钻井法应用于煤矿大直径井筒施工，是多种技术工艺综合的大型工程，不仅机械化程度很高，而且全部工序（其他施工方法的地层固结处理、挖掘、矸石提升和井筒支护等大量工作需在井下操作）都在地面操作，工人无需下井，大大改善了劳动条件，且无职业病危害，尤其适合于流沙层等不稳定含水地层的井筒开凿。

为开发我国东部地区深厚表土不稳定含水地层的煤田，以适应当时国家经济建设的需要，“六五”期间国家下达了“深井（500～600m）钻井法凿井技术的研究”科技攻关任务，洪伯潜受命为该攻关项目负责人，组织了有关钻井工艺、专用设备、破岩刀具、钻井参数自动控制和监测、化学泥浆、超声波测井仪、井壁结构及壁后充填等方面12个子项目多专业的攻关，并亲自负责或参加钻井工艺、专用钻机、井壁结构和壁后充填等项目的研究工作。这一时期，他是国产煤矿大型井筒两种类型专用钻机（最大直径9m）研究设计的主持者或主要完成者；参加了潘三西风井（深508m）等8个井筒的钻井方案制定和施工；提出了深井井壁的基本设计理论和方法，承担和审查了包括谢桥西风井、龙口梁家风井等疑难井壁在内的11个钻井井壁设计；他负责并亲自参与完成了“钻井壁后充填机械化”的研究。攻关项目“深井钻井法凿井技术的研究”的完成，使钻井法成为我国首先通过440m深表土不稳定含水地层、独具优势的大直径井筒特殊施工方法，全部设备国产化，最大钻井直径9.3m，成井直径7.0m，最大成井深度508m，综合技术达到国际先进水平。该项目获得国家“六五”重点科技攻关项目奖、1987年国家科技进步一等奖。他获国家“六五”科技攻关先进个人奖。

为了探索开发新型井壁结构，20世纪80年代初他负责并带领课题组研究设计了我国第一套井壁结构试验装置，并在应用中不断地更新换代，成为当时国内性能最齐全的井壁结构试验装置。该装置包括试验台座、液压加载及控制系统、数据采集及处理系统。可进行井壁或其他筒形结构的试验，通过电动系统转换，选择径向荷载为均匀或不均匀，加载时由计算机操控监视，长时间载荷波动小于2%，各组油缸实际出力同步误差小于±5%，并随时记录各级加载的实际值。该套装置为完成“六五”、“七五”国家攻关项目中新型井壁结构的研究，起了关键作用，并获得1991年能源部科技进步二等奖。1989年，洪伯潜还以他积累的结构试验经验和深厚的技术功底，为德国戴尔曼-哈尼尔（Deilmann-Haniel）凿井公司设计了新型冻结法井壁结构试验的技术方案，并由他主持在该试验装置上进行试验，提交了高水平的试验报告，解决了德国急需解决的技术问题，使我国的建井技术走向世界，扩大了国际影响。并为煤炭科学研究总院建井研究所创收了第一笔外汇试验费。

为将煤矿建井的钻井技术拓展至其他工程领域，1993年他在充分调查研究与分析的基础上，果断地和有关同志一起，将钻井技术应用于水下大型桥基工程，主持或参加了三个不同型号用于桥基等大型工程钻机（直径3m）的研究设计工作，参与珠海横琴大桥和上虞人民路大桥主桥墩水下直径 3m 群桩钻孔施工技术方案的制定、设计和实施，取得了良好的效果。在他的科研生涯中从不计较工作性质的难易，工作内容的孰轻孰重和工作环境与条件的艰苦程度，他只认定"国家建设的需要、单位工作任务的需要就是他的工作岗位"；他对所接受的任务一视同仁，全力以赴；他说他也时刻记着他那一辈子勤奋为华侨企业工作的高级职员父亲对他的身教和言传："业精于勤"、"天道酬勤"。他正是这样身体力行的。

三、知难而上，老骥伏枥

随着 21 世纪的到来，科学技术突飞猛进，人们对保证生产建设的可持续发展，维护良好生态环境的要求已提上了重要议事日程，对能源的需求与消费方式也发生巨大的变化。但可再生的洁净能源在技术上、经济上还不可能在短期内达到大量推广应用，在中国受资源条件和生产结构等因素的影响，一次性能源消费构成中煤炭约占 2/3，据预计，到 2050 年方可能降到 50%，即中国以煤为主的一次性能源生产和消费格局，在相当长一段时间内不会有太大改变。随着老矿生产资源的不断枯竭，21 世纪煤矿新井建设任务仍然十分艰巨。井巷工程是煤矿建设期间影响全局的工程主体，而井筒又是矿井建设的咽喉工程，井筒支护结构设计及配套工艺的合理与可靠，是保证井筒功能有效发挥的重要环节，因而井壁的受力分析和设计理论的探讨必须高度重视，尤其是在通过表土不稳定含水地层特殊凿井的深大井筒，由于巷道掘进或煤层开采后，表土层中水大量泄入井下，导致地层大面积沉降，土层以竖向附加力的形式作用于井壁，沿井筒深度结构受力更加复杂，必须结合具体情况做深入细致的分析，容不得有丝毫闪失，否则将造成塌井等事故，后果不堪设想。

煤炭工业不断发展的同时，建井规模不断扩大，埋藏浅、易开采的煤炭资源日趋锐减，中国新建井筒的平均深度已从"一五"期间的 187.5m 增至"八五"期间的 500m 左右，"十五"期间正在开发建设的山东巨野煤田，主采煤层大部分埋藏在 800m 左右，井筒深度均近 600m 或更深。华东、华北等地区的煤田上部大部分覆盖有数十米到数百米以上的第四系不稳定含水冲积层，下部则多为裂隙发育、水量丰富的含水岩层，对这类不稳定含水地层，井筒施工必须采用特殊凿井方法。钻井法凿井具有机械化程度高、施工操作安全、技术上把握性大、井壁质量好、成本低等优点，因而是深大井筒建设的安全可靠方法。"十五"期间，国家下达了"龙固主井（双井筒）近 600m 钻井法凿井技术研究与应用"课题，对已探明二十余年而迟迟未开发的巨野煤田，进行了开发技术研究，巨野煤田已探明地质储量为 48.69 亿 t 以上，煤质优良，为低灰、低磷、特低硫、中高发热量的优质煤，且煤类齐全，具有很高的开发价值，可采区煤层平均厚度 7.16m，适宜于建设大型矿井。该煤田上部覆盖着平均厚度为 620m 的特厚冲积层，因而带来一系列前所未有的技术难题，建井难度倍增。首先开发的龙固矿设计能力为年产 600 万 t 煤炭的大型矿井，地处巨野煤田的中部，主 1、主 2 井和中央风井采用了钻井法凿井。双主井钻井直径 8.7m，钻井深度 582.75m，穿过富含水、砂的表土不稳定地层厚度达 546.48m，是当时用特殊凿井施工最深、穿过表土不稳定地层最厚的井筒。在这样复杂条件下给施工带来的困难是前所未有的，尤其是井筒支护这一钻井法施工成功的重要环节，由于受力复杂和悬浮下沉安装井壁工艺的制约，井壁结构选择和厚度控制的难度尤为突出，这一环节甚至关系到钻井法凿井实施的可能性。因而研究探索一种既能抵御常规地压力和竖向附加力共同作用，又能满足现场施工悬浮下沉安装条件的高强、高效井壁结构就成为当务之急。此外，调整与维护好施工过程井筒中循环的泥浆性能，将是安全钻进、维护已钻成井筒、保证地面预制的百余节大型钢筋混凝土复合井壁顺利悬浮下沉到底的重要条件。面对这无例可循的超级难题，洪伯潜虽已年逾70，但他老骥伏枥，在这关键时刻欣然受邀，知难而上。他在经过分析论证后，以充足的论据，扎实的功底，征服异议，他的见解获得了各方面的认可。他承担了井壁形式研究与设计计算，井壁节间注浆与悬浮下沉工艺等方面的科研攻关。井壁结构设计和计算，这艰巨的任务必须殚精竭虑，不能有丝毫的疏忽，自 2002 年 6 月起，历经 18 个月，他伏案于桌前，在电脑上推理运算，缜密构思着井壁在复杂受力状态下的合理形式和计算方法，在这段时间，他常夜不成寐，多次午夜起身捕捉脑海闪过的思维灵感，并立即记录在案。高度的责任心驱使古稀之年的他仍然奋力拼搏，他总结多年在科技攻关项目中积累的井壁设计经验，潜心研究当前工程中井壁结构的特点，形成了完整的设计思路和可靠合理的计算方法，精心完成了龙固 3 个井筒的井壁设计和计算，并与济南煤矿设计研究院精诚合作，完成了 3 个井筒的设计图纸。一份份严格推敲的计算书，一张张严谨绘制的图纸，凝聚着他 500 多个日日夜夜的思虑、心血和他与设计院等协作伙伴的团结奋战精神，记载着他们共同勇攀中国煤矿钻井法技术世界高峰的历程。2003 年初在中国大地一场罕见的呼吸道传染病“非典”突然袭来，一时人心惶惶，学校停课，北京大街上人迹稀少，许多公众场所一片沉寂，不少企事业单位也不能正常开展生产活动，洪伯潜并没有因此停下工作步伐和放慢工作节奏，他深知时间对工程是多么紧迫，设计工作进度决不能拖延，他与设计院的同志通过网络坚持工作，设计计算及图纸审查等都在网络中来回传递进行，保证了图纸及时提交施工单位。2004 年 4 月，当 121 节，外径 7.4m、重2.2万多吨，相当于200层楼高的井壁开始悬浮下沉安装时，面对这前所未有的宏大工程，30多天里，洪伯潜一直坚守在施工现场，仔细考虑各个施工环节的具体技术关键及可能会遇到的问题，他亲自制定了施工技术程序及每个步骤的细节，与施工单位通力合作，亲自布置贯彻，检查每道工序，严把每个环节，并及时组织会议研究解决偶发问题。他深知应用钻井法施工582.75m深度的大直径井筒，在如此复杂的地质条件下的难度有多大，一旦某个环节出现差错，将会前功尽弃，酿成重大事故。为此，思想上压力很大，他常常从工地回来后，还通宵达旦在宿舍里用笔记本电脑根据工程进展的实际情况反复验算核对数据。一起在现场的建井研究所领导和其他同志见他常熬夜，怕他身体会支持不住，便劝他注意劳逸结合，但工作压力使他没法领大伙儿的情，所领导理解他的那种“固执”，只好将他手中的笔记本电脑收起来，洪伯潜满脸倦容地说：“所长呀！你能理解我心理上承受多大的压力吗？如果龙固工程出事故，第一个坐牢的将是我呀！一旦造成无法挽回的局面，国家损失就大了……”这确实是他肺腑之言。这段时间安眠药就成为他的必备“伙伴”。

2004年4月28日晚8时许，在山东巨野煤田龙固矿，璀璨的烟花欢快、激越地升腾，映彻浩瀚的夜空，震耳欲聋的爆竹声传遍四方，此时时刻，龙固钻井工地沸腾了，龙固矿1号主井井壁顺利下沉到底了！这标志着我国的钻井法凿井技术达到了世界领先水平！洪伯潜和共同参与该工程的领导和同志们百感交集，心潮澎湃，喜悦的泪水润湿了眼眶，此时，他又一次体会了这经历了艰辛而获得的成功，所享受到的欢乐是最令人难忘的，也是最珍贵的。他们与协作单位历经两年的技术攻关，面对严峻的技术挑战，终以顽强的意志、科学的思维、辛勤的努力与高度的责任心迎来了钻井法凿井的最大深度井筒的建成。大直径深井钻井法研究一直是洪伯潜的追求，也是他的最爱，他的梦！龙固1号主井深582.75m，经成井测量井筒偏斜仅134mm，偏斜率为0.23‰。三个月后2号主井相继竣工，2005年6月龙固风井又顺利建成，该攻关项目获2006年国家科技进步二等奖。矿井投入生产后，技术经济效益显著。

在几次科技攻关项目中，他首次引入约束混凝土结构基本原理，研发并拥有自主知识产权的单内钢板-钢筋混凝土复合井壁井筒支护技术，并成功应用于工程实践；他根据压杆稳定原理，探索并首先揭示钻井法施工中井壁悬浮下沉安装过程整体轴向失稳的问题，创立了采用“力矩平衡法”控制第一段合理充填高度和配重水添加量计算公式。在“十五”攻关项目中，他另辟蹊径将竖向附加力作为荷载，探讨出增加复杂受力条件下井壁的应变计算方法，为防止特殊地层中深井井筒局部破坏提供了可靠的结构保证。

科学攀登的历程，不仅需要扎实的理论基础，对于工程科学技术尤其需要不断积累丰富的实践经验，要有知难而进的求实态度。洪伯潜就是这样面对工程技术中遇到的各种挑战的。2007 年 4 月国投新集能源股份有限公司板集矿的三个井筒施工中井壁下沉环节出现急待解决的技术问题。板集矿主、副、风三个井筒深度均超过龙固主井，其中主井设计净直径 6.2m，穿过表土不稳定含水地层 584.1m，悬浮下沉井壁长度（深度）656.2m；副井井筒设计净直径 7.3m，穿过表土不稳定含水地层 580.93m，悬浮下沉井壁长度（深度）633.2m；风井井筒设计净直径 6.5m，穿过表土不稳定含水地层 583.8m，悬浮下沉井壁长度（深度）653.6m。2004 年 10 月三个井筒陆续开工，2007 年 5 月底风井钻进首先到底，鉴于深度之大，各井筒悬浮下沉安装井壁过程中，会不会发生结构竖向失稳，成为施工中的关键，也是众所关心的问题。原工程主要咨询单位，经过大量的资料分析，并开展了钻井井壁为变断面，且材料、强度、刚度等都不同条件下，在泥浆中悬浮下沉安装，结构整体竖向稳定性的研究，对板集主、副、风井和已建成的山东龙固主井四个井筒进行对比验算，得出如下结论为：板集副井和龙固主井井壁悬浮下沉时的临界深度大于实际深度，井壁不会失稳，而板集主井和风井不能满足要求，井壁会失稳，因此建议："主井、风井，采用大钩悬吊辅以改变井口约束条件（变上端铰接为固支约束）进行壁后充填；或在距井口一定位置上施加横向约束，以提高井壁筒的竖向稳定性，使其处于竖向稳定状态。"如按这些追加措施进行，前者已被已有工程实践证明过是不安全的，后者不仅使施工复杂化，也难于实施，而且又会使钻井法原有的优势大大减弱。新集集团深感问题的严重性，多次召开包括部分结构专家在内的有关人员会议，研究探讨了板集各井，特别是主井井壁在泥浆中悬浮下沉安装会否失稳，以及各种增加井壁竖向刚度的措施，如在井壁中部加固定支点的方法等，但仍然是"举棋难定"。2007 年 4 月底集团领导诚邀洪伯潜协助解决燃眉之急——板集井壁悬浮下沉施工过程稳定问题。由于板集的三个钻井法施工井筒是某大学负责咨询研究，洪伯潜所在单位煤炭科学研究总院建井分院（原建井研究所）并未参与，但考虑到如按上述原咨询单位的分析与建议，不但施工复杂化会带来对工期及成本等的影响，而且施工可行性及效果也难以肯定，这将会给钻井法凿井技术向深井的发展构成许多障碍，削弱了钻井法的优势。基于这些，洪伯潜毅然承担了这个任务。5 月 9 日洪伯潜作为建井分院的代表立即赴现场了解情况，根据他在龙固三个井筒和郓城风井钻井法凿井实施中开展的"钻井法凿井深井变断面井壁悬浮下沉安装，结构竖向稳定性研究"的成果，应用"力矩平衡法"控制泥浆中井壁悬浮下沉过程结构轴向稳定的基本原理，结合板集三个井筒井壁的基本参数，经过详细计算分析后认为，原咨询单位等提出的钻井法凿井施工中悬浮下沉井壁结构稳定性的研究——关于钻井井壁“满水”、“不满水”屈曲原理，曲线方程等，作为理论探讨、研究还是有益的，但鉴于工程实际问题比较复杂，这种分析，由于涉及某些系数的设定，如井壁材料的设定等，很难确切得出完全符合工程实践的结果。而深入研究可行的实用方法，指导施工，实现全过程安全控制，防止井壁轴向失稳，具有更重要的现实意义。他经过对板集主、副、风三个井筒井壁的具体研究，得出结论：①钻井法凿井悬浮下沉安装井壁，在目前的深度和结构条件下（包括板集三个井筒），悬浮下沉过程，严格按规程操作，井壁不会发生竖向结构失稳。②但如果施工中处理的不当，产生荷载传递不均匀或出现塑性铰，就可能发生井壁结构竖向失稳，产生横向弯曲，影响井筒的正常使用，甚至损坏。③根据目前的技术水平，板集三个井筒钻井法凿井悬浮下沉安装井壁，轴向结构稳定完全可以采用“力矩平衡法”和通过合理的施工工艺加以控制，保证工程施工安全。2007 年 5 月底他完成了“板集风井井壁竖向稳定性分析及关键技术措施”研究，并向国投新集能源股份有限公司、原咨询研究、设计和施工单位进行了技术交底。9 月 27 日他又对悬浮下沉井壁的板集主井进行技术交底并到现场了解井壁悬浮下沉情况。在国投新集能源股份有限公司和有关施工单位等的通力合作下 2007 年 8 月、10 月、11 月板集风井、主井先后在井壁悬浮下沉安装过程，根据力矩平衡法的求解，严格控制配重水的添加量，认真按施工设计要求保证节间施工质量，确保了井壁竖向刚度和自重的均匀传递，未发生失稳，顺利地完成了井壁的悬浮下沉安装，成井偏斜率，风井 0.171‰、主井 0.177‰、副井 0.310‰，满足并大大优于新修订的《钻井井筒永久支护通用技术条件》中规定的“主、副井偏斜率不应大于 0.4‰，无特殊要求的风井偏斜率不应大于 0.8‰”的要求。在洪伯潜看来，能够为中国煤矿建设事业不断贡献自己的才智与力量，就是他最大的愿望，也是他精神慰藉的源泉。在从事钻井法凿井工程实践人们的努力下，至今我国已用钻井法钻凿建成投产了 80 多个井筒，累计深度超过 20km。其中约 600m 深的井筒 4 个，这一先进的施工技术，正在我国煤矿建设中发挥着巨大作用。

四、探索人生坐标，永恒的得失、苦乐辩证

每一个步入社会的人，都会面临着方方面面的挑战，怎样对待生活、对待工作，以及由此而衍生的一切，是每个人必须用行动来回答的问题。文学巨匠罗曼·罗兰曾贴切地形容“生活是一阕交响乐，生活的每一时刻，都是几重唱的结合”。洪伯潜

也与所有的同辈人一样深切体会了百味人生。根据工作需要和组织的安排，他从事过建筑与工程结构试验及设计研究，也承担过机械设计研究，更把大部分的精力投入于矿井建设特殊凿井方法的研究，从年轻时起就经常出差，足迹遍及中国的大部分矿区，直到现在已是80岁的他，仍然积极关心着他所热爱的事业，指导培养博士研究生，总结技术经验，做相关的工作。一些同志常常会问起他有关身心健康的情况，他说这主要是得益于他年轻时起就一直重视身体的锻炼，他会不无自豪地说"我年轻时还是省足球代表队队员呢！所以有一点老本。"是的，20世纪50年代他在大学阶段曾先后代表福建省和浙江省参加过两次全国足球比赛。他现在还能经常坚持适合于老年人的体育锻炼（如健步走、做操等），保持良好的生活习惯。

参加工作50多年来，他所希望的也是自己去身体力行的："只要还能工作，什么时候都应该服从工作需要，干什么工作都应全力以赴，"他觉得这也是国家对一个人民培养的科技干部的基本要求，尤其是对于一个共产党员更应如此。他努力去实践着。为了工作，他的大孩子出生时，他正出差在山西大同试验工地，只能委托邻居女同事届时帮忙送产妇去医院；第二个孩子出生时他也在出差，又让孩子降生在南方外婆家。20世纪60年代中期，他受命去青海高原地区搞课题，在海拔4000多米经受了低气压高原反应，耳朵听力也受到较严重影响，不顾及去治疗，致使耳聋一直伴随着他。1976年7月底的唐山大地震，也波及了北京，一家四口梦中惊醒后摸黑正欲往楼下撤，突然桌上的暖水瓶被震倒，瓶中开水倾泻而出，正浇到了经过桌边的大孩子大腿上，严重烫伤，顷刻间腿部表皮烫卷而起，孩子陷入痛苦的呻吟中，天刚亮立即带孩子去医院就诊，由于正值炎热季节，烫伤面迅即开始发炎，医嘱还需多次去医院换药处理，孩子已无法行走，在余震不断的情况下，开始了难熬的日子；而当天下午，洪伯潜接到建井支部通知，抽调他和另一同志一小时后立即奔赴唐山灾区救灾，他没有犹豫，"小我"服从"大我"，按时出发，一个月后完成了任务回京，艰苦的救灾工作让他的心灵得到了升华。80年代末期，因工作急需，他为单位新建办公楼的土建设计图纸长时间加班伏案工作，导致胃出血在医院住了一个多月，虽然身体受了些影响，但他仍为能完成任务而宽慰。

20世纪六七十年代，正当他年轻力壮，是努力工作施展才能的大好时机，但是家庭、孩子又都是必须面对的现实问题。由于工作需要，洪伯潜夫妇二人每年均需长期出差在外，两个孩子从小就全托在幼儿园或别人家里，到了学龄期，从小学一年级开始，孩子就成了名副其实独立自主的挂钥匙小孩，没有大人照顾的两个孩子，一天三顿都在食堂吃饭，早上闹钟钟响而起，放学回家后也是自己安排，日而复日，两个大人每3个月左右回京一次，大约停留两周，工作之余，洗洗整整，检查一下孩子的作业本，给她们准备好换季的衣服，买足食堂饭票，又出发去现场工作了。有时，当他们回京时看到孩子的外衣扣子全都掉光了，只别了几个别针，看到她们穿的白衬衣已成了灰色，不禁心头阵阵苦涩；一次当他们又要出差时，读小学三年级的大孩子呜咽着哭了，问为什么？答曰：你们走了写批判稿没人教我（时值文革，小学生也常要以批判稿代作文），小的孩子（读一年级）也说，你们走了，我想你们时也常哭来着。但工作就是命令，容不得犹豫，对孩子一番安慰劝说后，又赶赴火车站出差了，当火车车轮滚滚而去时，惆怅之情油然而生。一次正当他们夫妇二人都出差在淮北现场时，突接单位电报："小孩病，速归"，（70年代初施工现场尚不通长途电话）他们忧心如焚，只得让当妈妈的日夜兼程赶回京，他留在工地继续工作。原来是8岁的小女儿得了急性黄疸肝炎，当她妈妈赶到时，好心的同事已带她去看了急诊，面黄瘦弱的孩子已卧于病床……凡此种种，作为家长，也自责过，慈爱之心，人皆有之，但作为一个科技人员，完成组织交给的工作任务，这是大前提。由他所负责的几个国家重点课题攻关任务，都是在不断战胜自我的情况下与课题组同志们共同努力与互相鼓励下完成的，没有苦，焉得甘，没有奋斗，何谈成功。所幸，两个孩子还算经得起考验，自我管理，自我奋斗，大学毕业后，先后去了美国步入他们各自的人生征程了。

岁月匆匆，他在矿井建设科研战线50多年来，主持并具体参加完成了钻井法凿井等国家及省、部级课题30余项，11次获国家及省、部级科技进步奖，其中国家科技进步一等奖1项，二等奖2项，部级科技进步特等奖2项，并评为国家"六五"科技攻关先进个人，1986年评为国家有突出贡献中青年专家。至今中国的大直径井筒深井钻井法凿井技术，这种"打井不用把井下"的机械化程度很高的特殊施工方法，经过了所有从事该项研究的同志及协作单位的共同努力，综合技术目前已达到了国际领先水平。这一切既鼓舞了他，也让他懂得了：酸甜苦辣的生活和工作实践，是每个人理解生活的起点，也是每个人汲取改造主观世界和客观世界的力量源泉。他不无感慨地说："抚今追昔，几十年的风雨，几十年在现场的磨炼，不断地努力学习，不断地求知于实践、求师于他人，使我从一个浙江大学土木系毕业的矿业门外汉，锻炼成为一个能适应矿建、土建、机械跨专业工作需要的煤矿工程建设者与科技探索者，也应当感谢教育培养我的各级领导与前辈，以及共同奋战的同志们；百味人生，启示于我的是：得寓于失、乐寓于苦，这永恒的辩证，人生之坐标由此可及。"

五、洪伯潜主要论著

洪伯潜 . 1987. 钻井井壁设计与三向应力的应用. 煤炭科学研究院论文集. 北京：煤炭工业出版社：76-80.

Hong B Q，Liu R H. 1989. Experiment study and application of composite shaft lining of inner steel and reinforced concrete. Proceedings of International Conference of Shaft Engineering. Harrogate，England.

Hong B Q，Liu R H，et al. 1990. The application of high-strength concrete to coal mine drilling engineering. Proceedings of Third International Colloquium on Concrete in Developing Countries. Beijing，China. 484-489.

洪伯潜. 1992. 钻井井壁局部破坏原因的结构分析. 煤炭科学技术，2：38-41.

洪伯潜，李维远. 1997. 钻井法凿井技术在我国的发展与应用. 矿井建设 40 周年论文集. 北京：煤炭工业出版社：3-5.

洪伯潜. 1997. 深井钻井法凿井及其支护技术的现状与发展. 煤炭学报（增刊），22：152-158.

洪伯潜. 1997. 大直径煤矿井筒钻井法凿井. 中国科学技术前沿. 上海：上海教育出版社：417-447.

洪伯潜，陈湘生. 1998. 地下工程特殊施工技术. 中国工程院能源与矿业学部报告汇编：21-35.

洪伯潜. 2000. 约束混凝土在井筒支护中的应用. 煤炭学报，2：150-154.

洪伯潜. 2000. 特殊凿井技术在我国的发展与应用. 中国煤炭，4：5-8.

洪伯潜，成福康. 2001. 21 世纪钻井法施工新技术. 21 世纪中国煤炭工业学术研讨会论文集. 北京：煤炭工业出版社：41-44.

洪伯潜. 2002. 巨野煤田开发条件及井筒施工的关键技术. 中国煤炭，4：5-7.

刘日辉，洪伯潜. 2002. 单层内钢板-钢筋混凝土复合井壁的变形与强度. 煤炭学报，增刊：175-176.

洪伯潜. 2003. 不断发展的钻井法凿井技术. 煤炭学报，(增刊)：40-43.

洪伯潜. 臧桂茂，等. 2004. 龙固矿近 600m 深钻井井壁设计与安装. 中国煤炭，6：9-11.

洪伯潜. 2005. 深井钻井法凿井在巨野煤田的应用. 矿井建设现代技术理论与实践. 北京：煤炭工业出版社：291-295.

牛学超，洪伯潜，杨仁树. 2005. 固井前充满配重水钻井井筒在泥浆中竖向稳定性的理论研究. 煤炭学报，4：463-466.

洪伯潜. 2006. 我国深井快速建井综合技术. 第六届全国煤炭工业科学技术大会文集. 北京：煤炭工业出版社：207-210.

洪伯潜. 2007. 煤矿井筒钻井法凿井技术综述，现代煤炭科学技术理论与实践. 北京：煤炭工业出版社：23-25.

洪伯潜. 2008. 再论钻井井壁在泥浆中的轴向稳定. 煤炭学报，33（2）：121-125.

主要参考文献

洪伯潜. 1998. 中国工程院院士自述. 上海：上海教育出版社：472-473.

岳燕京. 2005. 创大直径深井钻井世界纪录. 当代矿工，178（7）：1.

撰写者

屠丽南（1935～），煤炭科学研究总院教授级高级工程师，洪伯潜浙江大学同班同学、同事、妻子。

韩大匡

韩大匡（1932～），生于上海，原籍浙江杭州。油气田开发专家，中国油藏数值模拟技术和提高采收率技术的开拓人之一。2001年当选中国工程院院士。1952年毕业于清华大学采矿系。先后在清华大学和北京石油学院任教近20年，参与组建了中国第一个油田开发系，主编并出版了中国第一部《采油工程》教材；1972年调入中国石油勘探开发规划院任总工程师、副院长等职。20世纪60年代初，开始了聚合物驱三次采油的实验研究并在克拉玛依油田进行了现场实验；1987～1991年组织了82个油田三次采油潜力分析评价，为聚合物驱油等化学驱新技术成为中国提高采收率的主导技术奠定了基础。20世纪60年代初期开展了油水两相渗流问题的计算方法研究；“七五”期间主持了国家重点科技攻关项目“油藏数值模拟技术”，与合作者共同研制了中国自主产权的软件46项，为中国油藏数值模拟技术的发展奠定了基础；撰写的《油藏数值模拟基础》被石油院校选作研究生教材；系统地总结了大庆、胜利、玉门等油田的开发经验，提炼其规律，优化其对策，加以概括、提高，1999年完成了专著《多层砂岩油藏开发模式》。进入新世纪以来，多次进行了油气田开发的发展战略研究，并进一步提出了高含水老油田进行“二次开发”以进一步提高注水油田采收率的理念、对策和技术路线。这些都对老油田增加可采储量、延长稳产期具有重要的指导意义。

一、成长经历

1932年，韩大匡出生于上海，当时正是日本帝国主义侵占东北后的第二个年头，他们以染满血腥的枪杆和大炮步步进逼，妄图侵吞全中国。国民党政府实行步步后退的不抵抗政策，激起民愤，毋忘国耻、奋发图强已成为当时人们的共同呼声。

韩大匡的父亲是中华书局的一名古代文学编辑，也是一名传统的爱国知识分子。韩大匡，这个名字寄托了他父亲诸多的期待：从字形看，“匡”大体是“国”字去掉了右边（也就是东边）的一竖，象征着他出生前一年正值东北沦丧，隐含着毋忘国耻的意思；从含义看，希望他以后能够“匡”扶社稷，对国家和社会能有所贡献。

1941年太平洋战争爆发，日本入侵上海租界，童年时代的韩大匡亲眼目睹了日本兵在街头耀武扬威，欺压中国老百姓的情景。中华书局作为敌产被日方没收，父亲失业，一家七口顿时陷入了经济困境。童年韩大匡的心灵，埋下了发奋图强、报效祖国的种子。于是他刻苦学习，每年去参加《申报》或《新闻报》等社会组织对“清寒学生”的助学金考试。天资加汗水帮助韩大匡每每取得不错的考试成绩，所以他每年都获得资助，终得以继续上学。除了学业优异，他还常常自学和超前学习，小学还没有毕业就自学了中学的代数，初中就自学高中的大代数，高中期间就自学了大学的微积分、物理等，除此之外，他广泛涉猎中外文学名著和各种小说。

这不仅仅是源于韩大匡在清寒处境中的进取心，更是因为他学习本领报效祖国的拳拳爱国心。正是在这样内忧外患的情形之下，爱祖国、爱家园、爱知识的韩大匡日益养成了很强的自学能力，无止境追求知识的态度对他将来的人生产生了深远的影响。

1945 年日本投降，人心大快，但是不久，国民党政府的腐败和无能，引起了广大人民群众的强烈不满。在这种情况下，韩大匡心里滋长了对国家前途的失望，由此也感到个人前途渺茫。在此期间，韩大匡参加了学校里一个地下党领导的进步学生组织——“力行社”，阅读进步书刊，举办尊师助学的义卖活动，但不久该组织就被反动校方取缔。在这些进步书籍里，给韩大匡留下极深印象的是斯诺的《西行漫记》，他从书上看到了共产党为国家和民族的前途不惜牺牲自己、艰苦奋斗的生动事迹，和国民党官僚的腐败无能形成了鲜明的对照。从这里，他似乎看到前面有了“曙光”，感到国家有了希望。

1949 年 5 月上海解放，韩大匡亲眼看到了解放军队伍纪律严明，共产党的干部清正廉洁，他一扫过去国民党统治时期那种压抑，甚至近乎绝望的心情，重新看到了国家的希望。他欢欣鼓舞，下定决心要把自己的青春献给祖国的建设事业。

新中国成立初期，百业待举，能源成为国家经济发展的关键。1949 年，国家成立了燃料工业部，同时，燃料工业部与清华大学等名校联合办学，开始招收新中国第一代采矿专业人才。同年年底，韩大匡以优异的成绩考上了他心仪已久的清华大学，进入采矿系学习。对于在清华大学几年的读书生涯，韩大匡是难以忘怀的。首先是在学业上得到名师传授，打下了扎实的基础；其次是掌握了较好的学习方法，强化了自学能力，使得他在以后的工作中善于博采众长，融会贯通，可以说终生受益匪浅。

在清华大学这座大熔炉里，他逐步确立了自己的人生观，并于 1951 年底，在系里第一个被吸收为共产党员。20 世纪 50 年代初的中国石油工业一穷二白，全国连勘探、开发和炼制的技术人员加到一起只有区区几十个人。当时的石油产量只有微不足道的12万t，其中天然油只有7万t。为了更快地发展石油工业，燃料工业部很快成立了石油管理总局。1951年夏，应石油管理总局的要求，清华大学采矿系成立了石油专业。石油是国民经济的命脉，这拨动了韩大匡心底的那根弦，在国家最需要的时候，他选择了石油专业，选择了他将为之奋斗一生的事业。这条路一走就是半个多世纪，50多年以后，韩大匡感慨地说："在实践中，我对这个专业从无知到有所认识，再到产生浓厚的感情，愿意终生为之奋斗，至死不悔，每当看着一个个新的油气田的投产、开发，滚滚的油气流向祖国四面八方，心中常常充满着激动和欢欣，也算是先'结婚'，后'恋爱'吧!"

1952年秋，全国高校进行了院系调整，清华大学成立了石油工程系。同年，提前毕业的韩大匡留校担任石油工程系的助教。翌年9月，根据全国院系调整的安排，石油系脱离清华大学在北京西北郊成立了中国第一所石油高校——北京石油学院。韩大匡也随着来到了北京石油学院，开始了中国第一个高校油田开发系的筹建工作，在这里，他一干就差不多20年。

韩大匡历来重视油气田开发理论知识和油气田生产现场实践的密切结合。参加工作以后，他常常"千里走单骑"，只身一人深入油田生产现场调研，积极推动高校科研工作走向油田生产，解决实际问题。

1953年底到1956年，韩大匡给到北京石油学院为老师和研究生教学的苏联专家吉玛都金诺夫当课堂翻译，他每次上课之前都要将苏联专家的手稿译成中文讲义，并如饥似渴的向苏联专家讨教专业知识，俄语水平和专业能力都得到了长足的进步。多年以后，他回忆起这段历史，幽默地说："我从中占了很大的'便宜'，为了让学校的老师和研究生们明白苏联专家的观点，我必须先于他人搞明白，才能做出准确的翻译，所以是'近水楼台先得月'啊。"此外，他还常常有机会跟随苏联专家去油田考察，他细心地揣摩专家的分析方法和处理方法，工作日志上密密麻麻的记满了他的观察和心得。跟随专家从课堂到现场，是筑牢理论和实践两大基石的好机会，韩大匡没有错失这个"筑基"的良机。

那几年的"翻译生涯"离不开韩大匡的刻苦自学。他在中学时期学的是英文。在给苏联专家当翻译之前，他只学习了5个多月的俄文，就开始了真刀真枪的口译、笔译，正是"赶鸭子上架"。善于自学的韩大匡开始争分夺秒学习俄文，一方面实际操练，一方面加强自学，双管齐下，最终圆满完成翻译任务。这种宝贵的自学能力从小伴随他，直到他在当选院士之后仍坚持学习，孜孜不倦，追求新知。

由于俄文较好、专业扎实，20世纪50年代初期，韩大匡参加了玉门老君庙油田的注水开发设计工作，负责注水开发方案的渗流力学计算工作。这项注水设计工作由苏联专家特拉菲姆克院士提出倡议，西马可夫指导，借鉴了苏联杜马兹油田的开发模式，采用边外注水方式。这是中国第一次尝试注水开发技术，揭开了中国注水技术开发油田的序幕，为以后的注水开发油田技术的普遍运用，并且成为中国油田的主体开发技术提供了宝贵的经验。韩大匡参与了这个第一次，再一次感受到理论须揉进实践的必要性和实践待理论提升的重要性。

20世纪50年代中期，国内的油气田勘探开发水平相对落后。为了在中国建立自己的科研机构，加快科技发展，石油工业部决定派遣科技考察团赴苏考察，韩大匡有幸随团前往，考察了在苏联油气田开发方面居于最高学术地位的全苏采油研究院。在那里，他遍访了该院所有的实验室，把允许接触的数据、资料、报告摸了个遍，整整调研了3个月；在那里，他接触到了世界上先进的油气田开发科技，了解了进行科学研究的方法，他的专业能力得到了深化。

20世纪50年代中后期，是石油工业频频会战的时期，作为北京石油学院的教师，韩大匡参加了川中石油会战和大庆石油会战。两度离开大学校园，投入油田建设，这两段经历充实了韩大匡治学人生的起步阶段。从宁静的校园来到沸腾的工地，在这里，他亲身体验了石油工业艰苦奋斗的光荣传统以及生产实践和科学技术紧密结合的重要性。韩大匡进入油田的课堂，收获了很多书本以外的知识。

1958年，在四川中部发现了新的油田，石油工业部决定在川中组织大规模的会战。石油学院领导委派韩大匡带领部分师生组织文昌寨钻井区队，以勤工俭学的方式参加会战。这个区队下辖两个井队，师生和职工共有二百多人，但是除了少数现场调来的老工人以外，师生们都缺少实际生产的经验。韩大匡任区队总支书记，是区队的总负责人。对于当时只有二十五六岁的韩大匡来说，要领导好这支队伍，完成生产任务，确实是一场严峻的考验。

那个年代是物资匮乏的年代，也是追求教育和生产相结合的理想主义的革命年代。这支师生钻井队怀着满腔的壮志来到川中以后，才发现事实远远没有他们想象的那么简单。条件艰苦自不待说，就连开进井场的公路都没有，师生们从修公路开始，到平整井场、安装钻机，最后钻进作业，一切都要自己动手，从头做起。在这个过程中，他们遇到了未曾料想的困难。当时全国处于“大跃进”时代，物资奇缺，要材料没材料，要工具缺工具，甚至连一把扳手都难以买到。而且，这支钻井队伍只有几个老石油工人师傅，其他二百多人都是石油学院的师生，在这里，学生成了修路工、搬运工、钻工、柴油机司机甚至副司钻，历经了与课堂教育完全不一样的锤炼，最终这批学生都成长为一批既有理论知识又有实践经验的人才，毕业后进入油田特别受到欢迎。韩大匡带领着他们，风里来雨里去，真刀真枪地干起了实际生产。那时候碰到的麻烦接连不断，为了工作他常常带着区队的干部们开夜车，每天睡眠只有四五小时，日常生活的全部就是生产和建设。一方面要动脑筋解决从未遇见过的困难，一方面要凝聚队伍向心力，提高队伍战斗力。最终韩大匡带领这支队伍圆满完成了任务，他本人也在磨炼中成长。

1960年，大庆会战开始，韩大匡还未洗去川中石油会战的风尘，又马不停蹄转战松辽平原，全身心地投入到大庆油田的创业中。在大庆，韩大匡除了在开发室负责渗流力学的计算以外，还担任了油井分析队队长，负责生产试验区的油井动态分析工作，工作十分繁重。那时候，他经常跑井场搜集各种数据，回来绘制等压图、进行地下油水渗流的动态分析，为了适时进行注水开发，他还准确地预测了必须进行注水的时机，为实施注水方案，补充油藏能量提供了依据。

20世纪60年代的大庆会战，生活条件十分艰苦。那时候参加会战的同志下井场常常住在干打垒里。在七八月的一天，正值松辽盆地的多雨季节，劳累了一天的韩大匡拖着疲乏的身躯，回到干打垒里沉沉睡去。第二天早上阳光刺痛眼帘的时候，韩大匡睁眼一看，他发现自己的床边上堆满了坍塌下来的泥土。原来东北雨季雨量很大，有些干打垒建得并不牢固，土墙被雨水渗透后容易倒塌，幸亏当时韩大匡的床板离土墙有一定的距离，否则整个人都会“活埋”到土里去了。

“君子食无求饱，居无求安，……就有道而正焉。”这是那个特殊的时代、那一批伟大的建设者的写照，韩大匡和他的同事们不求索取，热情高涨，白天在井场里搞建设，晚上在木板房和干打垒里搞研究，披星戴月，胼手胝足，一颗心都献给了这片黑土地。

在大庆会战过程中，他付出了极大的精力。参加会战的几个年头里，他几乎没有在午夜两点前睡过觉，长期下来，积劳成疾，他慢慢觉得身体吃不消了。在大庆，他得了一种怪病，常常高烧39℃以上，甚至达到40℃，每次都要发病一周左右，几乎每月发作，每次发病是白天连着黑夜的高烧，毫不留情的折磨病人，韩大匡越来越消瘦，越来越憔悴了。后来，医生为此病起名为“周期热”，这种病从此缠绕他近十年。

二、主要研究领域和学术成就

20世纪60年代初，韩大匡在参加大庆会战时期，就深感生产中有很多问题需要通过科学研究来解决。回校以后，他就在油田开发系筹建了油田开发研究室，抽调一些骨干教师来共同开展研究工作，其中有一些是生产急需解决的课题，也有一些是带有前瞻性的创新研究。这是石油高校在油田开发方面的第一个专门从事科研的组织机构，在当时油田开发界颇有影响。

“文化大革命”以后，1978 年，神州大地迎来了科学技术的春天，石油工业部石油勘探开发规划研究院改名为中国石油勘探开发科学研究院。韩大匡担任副院长兼油气田开发所所长，主管油气田开发方面的研究工作，主要研究方向包括全国油气田开发战略性综合研究、提高采收率以及油藏数值模拟等。

原油深埋在地下深处复杂多变的岩石里，看不见，摸不着。在油田开发的过程中，油、气、水多相流体在肉眼难以分辨的岩石微细孔隙里渗流着。怎样才能把石油从宏观到微观都极为复杂的非均质系统里开发出来？这就需要人们通晓油藏工程的理论基础，能够从战略上把握和预见油田开发全过程中所发生的种种变化，做出优化的决策，使油田的开发获得最好的经济效益和最高的原油采收率。与此同时，还需要掌握油、气、水多相流体在油层岩石内的渗流规律，掌握油、气、水流体和岩石这种多孔介质之间种种复杂的物理化学变化规律。依靠前者可以进行各种条件下的渗流力学运算和数值计算；而依靠后者则可用以研究各种提高原油采收率的新技术和新方法。

韩大匡终其一生，都在这些领域里孜孜不倦地求索着，做出了创造性的贡献。

1. 尊重事实求索科学解决之道，提高原油采收率

原油采收率是表征原油资源利用程度的一个重要指标，它的含义是通过一定的工艺技术从原始的原油地质储量中所能采出原油总量的百分率。现在中国开发油田的主体技术是注水开发，所能达到的采收率全国总平均也就只有三分之一左右，也就是说约三分之二的原油将被遗留在地下采不出来。按目前中国已动用的原油地质储量结算，采收率每提高一个百分点，约可多采出 2 亿多吨原油，相当于多找到了约 10 亿吨原始地质储量。因此，如何不断提高采收率是一个具有重大战略意义的课题。而三次采油技术就是一种重要的提高采收率方法。

早在 20 世纪 60 年代初期，韩大匡带领北京石油学院开发研究室工作人员就开始了三次采油技术的实验研究，可谓是中国三次采油提高采收率技术的开拓者之一。他们从油藏内水驱油的原理出发，认为水驱油采收率较低的主要原因之一在于用低黏度的水去驱替黏度较高的原油，水流必然会先发生突破而向前窜流，从而降低了水驱的效果。由此，他们提出了“稠化水驱提高石油采收率”的理念，并且进行了大量实验研究。结果表明，用天然或者人工的高分子聚合物稠化的水溶液溶入水中，将水稠化提高其黏度以后再注入油藏，是一种有效提高采收率的

方法。

为了研制增稠剂，韩大匡和同事们走遍了北京、上海的化工、纺织市场和企业，踏破铁鞋找了几十种材料，经室内筛选实验，最后认为聚丙烯酰胺是一种增黏性能好、能够有效提高原油采收率的化学剂。根据这个实验结果，他们和新疆克拉玛依油田合作进行了现场试验，获得了肯定的提高采收率效果。但是其后，这项研究工作由于“文化大革命”而一度中断。

进入20世纪80年代，韩大匡继续积极倡导聚合物和其他化学驱油方法的研究工作。他作为“七五”国家重点科技攻关项目“三次采油技术”领导小组组长，在大庆、大港等油田进行聚合物驱先导性现场实验，取得了良好效果，为聚合物驱的进一步应用和推广打下了基础。但是，在80年代中后期，关于是否继续使用化学驱方法来提高原油采收率的问题，曾经在国内引起了一场争论。有人认为西方发达国家由于经济因素都已放弃了化学驱这种提高采收率方法的研究，而另找别的方法，我们还需不需要继续搞下去？对此，韩大匡认真分析了中国油田的地质条件和提高采收率所用物料供应的可能性，认为三次采油虽然有多种方法可供选择，但一个国家选用哪一种技术路线，必须从自己的国情出发，不能照搬照套别国的做法。他提出中国的陆相储层非均质比较严重，原油黏度又相对较高，大庆等油田油层温度和地层水矿化度都较低，这些因素都有利于进行聚合物驱等化学驱技术，因此化学驱最适于在中国应用，有着广阔的前景。由此，他坚决主张我国应坚定不移地走自己的路，使化学驱终于发展成为具有中国特色的提高采收率技术。

1987～1991年，为了根据中国国情全面规划三次采油技术的发展战略，韩大匡和他的同事们负责完成了“中国注水开发油田提高原油采收率潜力评价及发展战略研究”，用计算机对全国十三个主要油区82个油田184个代表性区块进行潜力分析计算，覆盖的总储量达73.4亿t，约占当时全国注水油田储量的84.4%，具有广泛的代表性。研究报告中所提出的实施三次采油技术的原则、方法、步骤和规划，为中国石油天然气总公司所采纳，逐步付诸实施。在东部高含水油田如大庆、胜利等进行聚合物驱工业化推广，并在大庆油田建立了当时世界上最大规模的年产5万t聚丙烯酰胺工厂，以满足聚合物驱物料供应的需要。大庆油田聚合物驱油现场试验结果表明，聚合物驱可提高采收率10%～12%，这个研究项目获得了中国石油天然气总公司科技进步一等奖。

2. 敏锐的预见性和丰富的创新力，推广油藏数值模拟研究和应用

从20世纪60年代始，韩大匡就敏感地觉察到油藏数值模拟技术具有非常好的

发展远景。当时计算机技术还处于发展的初期，计算速度非常低，当然还没有可能用来解决油田复杂的实际问题。但是，韩大匡看到了传统的数学解析法在实际应用中有根本上的局限性，这是由于实际油藏常常带有严重的非均质性，是实际计算中所不可忽略的因素。用解析法求解的前提之一就是要把复杂的油藏简化成均质油藏，这样就完全失去了在计算中考虑油藏非均质性的可能性；反过来，用计算机进行网格剖分走数值求解的路，就恰恰有可能解决非均质性的渗流问题。当时他就意识到，随着计算机技术的发展，它必将带来非常好的应用前景。所以韩大匡他们与中国科学院计算技术研究所合作开展了用计算机求解油水两相渗流的研究工作，可以说是为中国利用计算机技术来研究油藏渗流问题开了一个头。他还指导了一名研究生从事这方面的研究工作，这一成果获得了计算数学专家冯康的好评。

到 20 世纪 80 年代，韩大匡协助当时石油工业部主管油气田开发的闵豫副部长，在全国学术会议上提出油气田开发工程 6 大学科和 10 项主要工程技术的发展规划，其中一个重要的学科就是渗流力学。经部领导研究决定，他担任了石油工业部渗流力学协调组长。利用这个机会，他一直大力倡导油藏数值模拟研究和应用工作。

此后，韩大匡与他人合作的科研成果“非均质亲油砂岩油层内油水运动规律的数值模拟研究”获得石油工业部一等奖。“七五”期间他还主持了国家重点科技攻关项目“油藏数值模拟技术”，集中了全国各有关油田、高校和科研院所的力量，分工协作，研制了符合中国油藏特点的多功能模型等 46 个模型和专用模块，形成了适用于砂岩、碳酸盐岩等四种主要油气藏的配套软件，这些软件总体上达到了当时的国际水平。该项目获得 1992 年国家科技进步二等奖及 1991 年中国石油天然气总公司科技进步一等奖。

近年来，为了准确地量化油藏中的剩余油分布，对数值模拟技术在网格数量、计算速度、网格技术、历史拟合等方面都提出了更高的要求，需要发展很多新的技术和方法。韩大匡创造性地提出了油藏“精细数值模拟”的概念和实现它的系列新方法。他指导他的研究团队进行了大量的研究工作，包括综合运用数据挖掘等新方法，有效地实现了分层历史拟合，并且发展了粗细网格相结合的多尺度网络技术、窗口计算技术以及前缘动态追踪技术等，推动了数值模拟技术的发展。

同时，鉴于中国的数值模拟技术软件和国外先进软件还存在着较大差距，他正指导着中国新一代数值模拟软件的研制，以便使中国的数值模拟技术实现跨越式发展。他还根据生产的需要，指导有关缝洞型碳酸盐岩油藏数值模拟软件的研究。这种软件牵涉油水两相流体在洞穴空间中流动的流体力学数学方程的建立和求解，这个问题的求解国外还没有先例，他们正在进行开创性的研究。

3. 在不断实践积累的基础上，坚持不懈地执著研究，提出油藏工程综合研究新理念

油藏工程是研究和解决油田开发问题的综合性工程学科。要搞好油藏工程的综合研究，既需要有全局观念，善于发现油田开发生产中当前所存在的以及将来可能发生的种种矛盾，还需要熟悉解决这些矛盾的先进、适用技术。

韩大匡从20世纪50年代参加玉门油田注水方案设计开始，60年代参加大庆会战，负责油井分析和动态分析工作；70年代他既经常长期深入油田实践，又负责或参与编制全国油气田开发长远发展规划和年度配产方案，制定有关技术政策和规程，指导和审查各油田的开发方案和调整方案；80年代多次组织全国性学术会议，提出或参与学科发展和科技攻关规划和制定等，积累多方面的经验。他对全国各主要油气田开发的情况都很熟悉，为进行既富有预见和创新又切合实际的战略研究打下了基础。

韩大匡在这方面比较突出的工作就是关于高含水油田开发后期的战略研究。这项研究工作前后坚持了10余年，经历了发现问题、分析矛盾、提出对策和逐步优化完善的过程，克服了重重困难，已形成了系统的老油田开发新理念、对策和新技术系列。

早在20世纪80年代后期，韩大匡就开始研究不同含水阶段油藏内油水分布、特别是剩余油分布格局的变化及其对油田开发的影响。他对大量的油田开发实践资料做了理论上的概括，提出“不同含水阶段，油藏内存在着不同的剩余油分布格局，应该采取不同的开发对策和技术路线”，并且具体提出：当含水60%左右时，油田开发进入高含水初期，油藏内低渗透层还存在着大片连续的剩余油；而当含水超过80%，油田进入高含水后期以后，油藏内剩余油分布发生了重大变化，转变为“整体上剩余油已经高度分散，仅在局部还存在相对富集部位”的格局等重要认识。

根据这些新的认识，他预见到“六五”以来老油田单纯以细分开发层系和加密井为主要内容的综合调整阶段将在“七五”末基本结束，老油田将进入深度开发的新阶段。他对新阶段的目标、任务、特点等做了比较细致的阐述，指出在这个新阶段里，首要的任务是进一步提高采收率，为此需要认真研究各油藏内剩余油的具体分布形态，针对剩余油富集区进行综合治理；并且还提出了各种提高采收率的配套技术措施。这些观点和具体对策分别在全国油气田开发会议（1987年、1990年及1994年）的主题技术报告、专著《多层砂岩油藏开发模式》以及论文《深度开发高含水油田提高采收率问题的探讨》等中做了系统的论述，对当时老油田增加可采储

量，延长稳定期起了重要的指导作用。

进入21世纪以后，各主力老油田含水又进一步增加到90%左右，陆续进入特高含水阶段。老油田开发形势面临更为严峻的挑战，产量普遍发生递减。过去已掌握的技术措施已不适应油田开发新形势的要求，亟待提出新的有效对策。2001年韩大匡当选院士后，他选择了当时油田开发界最感困扰、难以下手的进一步提高水驱采收率问题作为自己的主要研究方向。经过七八年的研究，他比较系统、全面地提出了对高含水老油田进行“二次开发”、以较大幅度提高水驱采收率的开发理念、对策和技术路线。主要包括“在分散中找富集、结合井网系统的重组、对剩余油富集区和分散区分别治理”的开发理念，“不均匀高效调整井和均匀井网重组结合、井网重组和可动凝胶深部调驱相结合、水平井和直井相结合”的“三结合”对策，以及采取深化油藏描述，量化剩余油分布的新技术来重新建立对地下油藏的认识体系、寻找富集区的技术路线，为此还积极倡导地震技术在开发中的应用；同时还研制了耐高温和高盐、适应性非常广泛的新型预交联微凝胶型的可动凝胶系列产品，正在多个油田进行现场试验，已初见成效；并逐步培养了一支从事此项工作的科研团队。这些都积极推进了“二次开发”工程的发展，为高含水老油田进一步提高采收率做出了新的贡献。

4. 解油田生产实践之急，发明油井玻璃清蜡新工艺

中国陆相油田的原油大多数为石蜡基原油，含蜡量普遍很高，在油井生产过程中，井内油管的结蜡十分严重。在大庆会战的日子里，韩大匡亲眼目睹了油井结蜡带来的困扰：既严重影响油井的产量，又给工人增加了十分繁重的体力劳动。原来的解决办法是用刮蜡器刮蜡，用钢丝绳把刮蜡器下到井内，然后采油工人用力往上绞起，刮蜡片才能把油管内壁凝结的石蜡刮下来。由于管内结蜡往往多而稠，结蜡深度还很大，刮蜡片每下一次只能清理部分井段，每清理一口井费时费力。特别是大庆地处北疆，冬天特别寒冷，为了不影响生产，清蜡作业常常持续到深夜，工人们出的汗很快就会冻结成冰，十分艰苦。

韩大匡想找到一种更有效的方法来替代刮蜡片，开始他和同事们想利用添加表面活性剂改变蜡晶的方法来减轻结蜡，但他们实验了多种表面活性剂，经过多次失败，总结，再失败，再总结……逐步明白了一个道理，就是油管上结蜡的主要原因是油管金属表面是亲油的，原油中的石蜡结晶很容易附着在油管表面，结成蜡块，堵塞油管，影响生产。由此他们想到能不能在改变油管内壁的表面性质上做文章，也就是把管壁由亲油性改变为亲水性，这样就可以使石蜡结晶少黏附甚至不黏附在

油管壁上而随原油流出井外。根据这个思路，他们又进行了各种实验，最后发现玻璃是一种比较理想的亲水物质，在采油钢管内壁镀上一层玻璃可以有效防止结蜡。为了解决把玻璃烧结在油管内壁上的工艺技术问题，他们找了很多工厂，最终在东北四平找到了一家玻璃厂，通过联合攻关，终于研制出了第一根内衬玻璃的防蜡专用油管，然后在大庆油田进行现场试验，取得了成功。这项工艺即“油井玻璃清蜡新工艺”，后来被陆续推广到其他油田应用，促进了生产发展，深受油田的同志欢迎。1978年，这项工艺被授予全国科学大会奖，韩大匡名列榜首。

韩大匡在油气田开发的岗位上，已经历了近60个春秋。至今虽年已八旬，但仍时刻关怀着我国石油工业的大局，并孜孜不倦地通过自己的探索和创新来为它的进一步发展做出贡献。

三、韩大匡主要论著

韩大匡，周春虎. 1962. 采油工程. 北京：中国工业出版社.

韩大匡，杨承志. 1965. 稠化水提高原油采收率. 北京石油学院学报，(1).

韩大匡，桓冠仁，谢兴礼，等. 1980. 非均质亲油砂岩油层层内油水运动规律的数值模拟研究. 石油学报，1 (3)：35-50.

Han D K, Yang C Z, et al. 1989. The feasibility study for EOR by surfactant flooding in the oil reservoir with high clay content. Proceedings of 5th European Symposium on IOR, Budapest.

韩大匡，陈钦雷，闫存章. 1993. 油藏数值模拟基础. 北京：石油工业出版社.

韩大匡. 1995. 深度开发高含水油田提高采收率问题的探讨. 石油勘探与开发，22 (5).

韩大匡，贾文瑞. 1995. 中国油气田开发特征与技术发展. 断块油气田，3 (3).

Han D K. 1998. The achievements and challenges of EOR technology for onshore oil fields in China. Proceeding of 15th World Petroleum Congress, England: John Wiley & Sons.

Han D K, et al. 1999. Recent development of enhanced oil recovery in China. Journal of Petroleum Science and Engineering. 22：181-188.

韩大匡，万仁溥. 1999. 多层砂岩油藏开发模式. 北京：石油工业出版社.

Han D K, Han D L, et al. 1987. A more flexible approach of dynamic local grid refinement for reservoir modeling. SPE 16014. Proceedings of Ninth SPF Symposiumon Reservoir Simulation：243-252.

韩大匡. 2007. 准确预测剩余油相对富集区提高油田注水采收率研究. 石油勘探与开发，28 (2)：77-82.

撰写者

韩大匡

李芬（1979～），政工师，中国石油勘探开发研究院党委宣传部，韩大匡的同事。

刘宝琛

刘宝琛（1932～），辽宁开原人。岩土工程专家，中国随机介质理论奠基人及其应用的开拓者。1994年当选为波兰科学院外籍院士，1997年当选为中国工程院院士。1962年初以优秀成绩在科拉克夫矿冶大学取得技术科学博士学位。历任长沙矿冶研究院研究室主任、副院长，中南大学、东北大学、中国矿业大学教授，中国岩石力学与工程学会副理事长等。现任中南大学教授、博士生导师，中南大学铁道科学研究院院长。长期从事采矿工程及岩土工程研究，致力于岩石流变学及岩石力学实验研究，于1978年在国内首次获得岩石应力-应变全图，提出了裂隙岩石通用力学模型；形成了独树一帜的开采影响下地表移动及变形计算方法并开发了系列计算机软件。发展创建时空统一随机介质理论，将其应用于建筑物下、河下及铁路下开采地表保护工程，打破了苏联专家规定的太子河保安煤柱禁区，采出煤上百万吨。又应用于铁矿、金矿及磷矿，从“三下”采出大量矿石，解决了北京地铁建设预疏水地表沉降预计问题，获巨大经济效益。获国家科技进步三等奖1项，省部级科技进步奖多项。2000年被评为“全国先进工作者”。

大多数人认为，建筑物下、河流下及矿区铁路下的矿产不能开采。中国工程院院士、中南大学教授、博士生导师刘宝琛创建的随机介质理论，改变了人类对这一问题的看法，实现了矿产开采理论和实践的重大突破。

一、求学刻苦　终成学术名家

刘宝琛，1932年7月20日出生在一个满族的镶黄旗家庭，辽宁省开原县人。祖父是一位小有名气的私塾先生，父亲是大学教授，母亲是中学教师。从小受的是一套从“学而优则仕”到“科学报国”的家庭教育。

1950年，刘宝琛参加了中国人民解放军，在东北军区二局从事无线电工作。1952年秋，刘宝琛考入了东北工学院采矿工程专业。而后以四年全5分的优异成绩毕业，并于1956年加入了中国共产党。毕业后被分配到中国科学院长沙矿冶研究所

（现长沙矿冶研究院）工作。1957年，被中国科学院选派去波兰科学院岩石力学研究所作博士研究生，师从波兰沙乌斯托维奇院士及李特维尼申院士。在两位导师的具体指导下，刘宝琛研究矿山岩层地表移动理论，不久，便撰写了论文“弹性基础梁分析”，提出了自己的独特见解，得到了沙乌斯托维奇的赏识。当时开采煤层影响地表移动是世界采煤国家共同关心的问题。1954年，李特维尼申引入随机介质概念来研究地表移动的规律，但李特维尼申的研究主要是解决一些纯理论性问题，没有用于大规模的生产实际。刘宝琛把这一技术难题作为自己研究的重点。

为了攻克这一难点，留学波兰期间，刘宝琛跑遍了波兰南部的20多个矿山，收集了大量的资料和数据。1961年底，他用英文写成的两篇论文：“随机介质理论在开采倾斜煤层地表移动中的应用”和“地表移动的时间规律”，先后在波兰科学院院报发表，以其独有的见地引起很大反响。1962年初以优秀成绩作为第一个中国博士在科拉克夫矿冶大学通过答辩，取得技术科学博士学位，为此当时中国驻波兰大使馆举行了宴会以示祝贺，几家波兰的报纸报道了此事。

1962年2月，刘宝琛怀着报效祖国的满腔热情回到了长沙矿冶研究所，历任长沙矿冶研究院助工、研究室主任、工程师、副院长、教授级高级工程师、博士生导师，还兼任湖南省科协副主席，中南大学、东北大学、中国矿业大学教授，中国岩石力学与工程学会副理事长。

1963年开始，刘宝琛研究岩石流变学，进行了岩石单轴压缩、三点弯曲及单向拉伸蠕变实验。在大量实验基础上，与廖国华共同提出一种新的岩石流变模型。应用该理论研究了支护与井巷围岩相互作用原理，为喷射混凝土支护的作用及合理支护时间的确定提供了依据。

1965年，刘宝琛、廖国华合著的《煤矿地表移动的基本规律》是中国人写的第一部有关矿山地表移动方面的专著，揭示了煤矿地表移动的基本规律。该书用概率论的观点和方法来研究矿山岩层移动的规律，被称为“概率积分法”。用此方法来研究岩层移动的参数和解决地表移动的实际问题，显得尤其方便与有效。由此，随机介质理论取代了我国一直采用的苏联人的方法，在全国各煤矿得到广泛应用。

自1965年以来，刘宝琛发展和完善了随机介质理论及其在采矿和岩土工程中的应用，解决了开采水平或倾斜矿床时岩层及地表移动与变形计算的二维及三维问题。在国内大部分煤矿及小部分金属矿已经广泛应用，为解决地表工业民用建筑物群、铁道及河流下的安全开采，以及采空区地表合理利用等问题发挥了重要作用。20世纪70年代以来随机介质理论已形成一个很有影响的学派，目前，该理论在国内已广泛应用，并为美国和澳大利亚所承认和应用。1980年以来，刘宝琛开发PC级计算机应用的研究工作，所开发的三维有限元程序，可以考虑非均质、不连续面、非线性弹塑性，以及应变软化及应变硬化等。该程序已在西藏罗布莎铬矿（1986）、大厂长坡锡矿（“六五”攻关）、南芬铁矿排土场稳定（“七五”攻关）及仓上金矿等项目中成功应用。近年来他又把随机质理论应用于隧道工程及地铁工程。2002 年出版专著《城市隧道施工引起的地表移动及变形》，2004 年出版专著《随机介质理论在矿业中的应用》，对随机介质理论进行了系统的总结。

刘宝琛先后赴德国、瑞士、加拿大和美国等 14 个国家参观访问、考察、讲学及学术交流活动。他独立或与他人合作撰写论文 200 多篇，其中国外发表 30 余篇，把研究成果推向世界，得到国外同行的公认，为祖国争得了荣誉！

二、我国随机介质理论的奠基人及应用的开拓者

随机介质理论，首先提出的是刘宝琛的副导师波兰科学院副院长李特维尼申。他把矿山岩土当成一种随机介质来研究采矿时对地表移动影响的基本规律。就是说，李特维尼申所提出的随机介质理论是研究地表在采矿时或采矿后会如何发生移动（包括下陷、坍塌等）的状况、程度的规律。刘宝琛发现这个理论存在一些问题，一个是它只考虑了岩土固有属性，没有考虑由于时间和空间上的变化而产生的多变性；另一个是它没有解决生产实践中的应用问题。于是，他开始从力学角度研究岩层地表移动理论。通过对波兰几十个矿山的实地考察和对大量数据资料进行计算分析，他认为地表岩土不仅仅是弹性体，其力学效应也不只是瞬间实现，而是有一个时间过程。因此，他提出的时空统一随机介质理论与方法就把这种流变因素考虑进去。

1962 年长沙矿冶研究所成立了“308”科研组，后组成矿山压力研究室，由刘宝琛任负责人，重点研究“三下”（建筑物下、河流下及矿区铁路下）采煤技术。埋藏于地下的煤层被开采出来以后，采空区上的覆盖岩层与地表会发生移动，并进而影响到地面的建筑物和自然物。保护煤矿上部的建筑物和自然物，传统的方法是留设大块的保安煤柱，但这种方法会造成地下资源的大量积压浪费。如果搬迁全部的建筑物，又得消耗巨大的费用。刘宝琛发展的随机介质理论和方法就可以巧妙地解决这个矛盾。他综合考察了本溪、抚顺、焦作、平顶山及枣庄等大型煤矿，承担了“本溪矿务局在工业、民用建筑群和太子河下开采研究”、“抚顺石油一厂保安煤柱开采”及“本溪水泥厂在采煤地表建设大型架空索道”等重大的科研项目，开始了我国 20 世纪 60 年代大规模“三下”开采的先河。“本溪矿务局在工业、民用建筑群和太子河下开采研究”是第一个试验性项目。这两处煤矿都是苏联专家设计的，按照

惯例，建筑物下、河流下及矿区铁路下的煤层是不准开采的。可本溪矿务局的建筑物下还有大量的煤层等待开采。刘宝琛带领科研人员来到这里，运用随机介质理论，经过周密的勘测、计算，提出了预计开采的方法。按照这个方法，本溪矿务局采屯煤矿采取协调开采、采后充填采空区等措施，在工业及民用建筑群下先后采煤 6 层，开采出煤炭近 1000 万 t，除了少部分建筑物采取加固措施外，绝大部分建筑物并没有加固，都完好无损，节省搬迁费上亿元。实践证明刘宝琛的随机介质理论和方法是正确的，采取的加固措施是可靠的，它突破了苏联专家设计中的开采禁区。这项科研课题 1977 年获冶金工业部科学大会奖，1978 年湖南省科学大会奖。

太子河是流经本溪市的一条大河，宽 100 多米，流量也大，河床下 300 多米的地层中有 4 层优质煤。刘宝琛对太子河的地层进行了全面分析，发现地层中有不透水的黏土层，厚达 2 米多，足以防止河水向下漏。于是，提出了分层开采、建筑防水闸门的开采方案。矿区按照刘宝琛的方案开采，挖出了 100 多万吨优质煤，没有发生矿井漏水现象。

“本溪水泥厂在采煤区地表建设大型架空索道”项目，开创了国内外先例，达到国际领先水平。在这个项目中，刘宝琛等运用采煤地表开裂发展动态分析及山体稳定性判别的系统工程方法，对索道区地表移动与破坏规律做出了可靠的结论。在地表每米拉伸变形高达 22mm 的情况下，建筑了大型架空索道，突破了国际上一般认为地表每米拉伸变形在 9mm 以上不能用于建筑的禁区。这项研究成果创经济效益 5000 多万元，获辽宁省科技进步一等奖。

矿区铁路下的开采成功，进一步证明了刘宝琛发展的随机介质理论和方法的科学性。从本溪市到田师傅煤矿的矿区铁路支线，地下的煤过去一直不敢采。按照刘宝琛的方法开采后，铁路路基并没有受到破坏。

20 世纪 80 年代，刘宝琛把随机介质理论和方法，应用于除煤矿以外的其他矿山的“三下”开采，发展到了一个崭新的阶段。他进一步发展和完善了三维随机介质理论系统的预计与反分析方法，使其理论可以应用于复杂的开采条件与复杂的反分析问题中。其应用范围从采煤发展到采矿；从采矿发展到开采石油和天然气；从地下开采发展到露天开采；从矿山应用发展到地铁建筑。同时，开发了一系列计算机化的预计及反分析软件，现场工程师们可以用来解决实际技术问题。刘宝琛的这些理论和方法，已经被公认为目前较完善、高精度的预计地表移动的好方法。他和同事们承担了“连云港新浦磷矿海泥流砂层下开采”、“江西省上珠岭铁矿地表移动的研究”、“湘西金矿冶炼厂保安矿柱开采”、“山东仓上金矿选矿厂稳定分析”，以及“山东望儿山金矿地表建筑保护”等全国各地的一些科研项目，为企业从“三下”开采出大量的有用矿产。

刘宝琛的理论和方法，用来解决地铁建筑的有关技术问题，也取得了显著的效果。北京地铁王府井至东单段的建设，原设计中没有考虑地层下降，施工单位看了设计方案，担心抽出地下水后可能引起地层下降。但下降多少，会不会影响施工他们没有把握。刘宝琛应邀带领博士研究生阳军生三次到现场，收集北京地下水和地层资料，进行预计。指出抽出地下水后，地层可能下降 4cm，可以施工。这个预计方案经过中国科学院院士孙均和中国工程院院士刘天泉等审查通过。1997 年，该工程顺利竣工，验证了刘宝琛的预计方案的正确性。

理论的发展无止境，理论的应用更无止境。20 世纪 90 年代以来，刘宝琛把他的随机介质理论和方法发展应用于岩土工程，如边坡工程、地铁工程和深基坑工程等，取得了显著的效果。

刘宝琛发展的随机介质理论与方法，概念明确，计算精确，措施可靠，很快在全国各大煤矿的“三下”开采推广应用，回采了原来大量划为永久损失的国家资源。刘宝琛继承他的副导师李特维尼申的随机介质基本思想，通过深入研究，结合中国的矿山实践，不断发展和完善，创建了中国的随机介质理论和方法。

三、“吃苦耐劳是科技工作者的基本素质”

1950 年刘宝琛参加了中国人民解放军，军营中艰苦、严格、紧张的生活对他的一生有着深远的影响。他后来的坚毅乐观、吃苦耐劳、动作迅速、办事守时都是那两年多军旅生活锤炼的结果。50 多年来，刘宝琛在科学探索的道路上奋勇攀登，时刻把吃苦耐劳作为一个科技工作者基本的素质。

1952 年，刘宝琛考入东北工学院（现东北大学），他选择了一般青年不太喜欢的采矿工程专业。当时，有人把从事采矿工作的人称为“煤黑子”。而刘宝琛却认为，只要能为祖国做贡献，自己心甘情愿当“煤黑子”。就这样，他与采矿工程结下了不解之缘。

刘宝琛在国外学成回国后，坚持一边工作，一边写书。大量的国内外资料要分析、整理，大量的数学公式要一道道推导演算验证，大量的图表要一笔笔绘制。1964 年开始，刘宝琛与学友廖国华合著《煤矿地表移动的基本规律》一书。他们夜以继日地工作，节假日也不休息。“文化大革命”期间，为了此书及以后的几篇论文，刘宝琛遭到长期批判。重点是他的名利思想，尽管书稿费 1700 元早已上交了。当时，他被封为“修正主义带头羊”。下放劳动，挖防空洞，烧锅炉……什么体力活都干。直到军宣队进院才于1970年9月被“解放”。虽然受到了不公正的对待，但为了把研究成果及时公布于众，他在下放知青点当带队队长期间完成的第二部书《矿山岩体力学概论》也于1982年出版。他的一位老同学说：“为了一本书你挨批几年，真是死不改悔，还要写。”但对他来讲，科学研究事业高于一切。

刘宝琛是一位研究理论的科学家，又是一位联系实际的实干家。40多年来，他忘我工作，无私奉献，每年下矿山时间长达七八个月。他常年在外无暇顾及家庭，但这一切得到了他夫人崔志连的支持与理解。他常说，如果能获得一枚军功章的话，那么分给他妻子一半是不算多的。他经常头戴安全帽，身穿工作服，与矿工吃住在简陋的工棚或土房窑洞。他的足迹遍布从黑龙江到海南岛的各主要煤矿和金属矿。在甘肃省的厂坝铅锌矿考察时，早上带一壶凉开水，几个馒头，一干就是一整天。“三下”考察，滑坡处理，深基坑作业，有时危险性大，他首先考虑的是他人的安全，人民的安全。湖南省邵东县因乱采石膏矿，弄得县城摇摇欲坠，不少建筑物随时都有沉陷的危险。一所小学突然塌陷四五米，连屋顶都看不见了。幸好师生及时撤离，才未造成人员伤亡。为了防止城区地层沉陷，1997年，年逾花甲的刘宝琛手持木杖，脚穿长筒雨靴，下到废矿井考察开采情况及岩层结构。废矿井内氧气不足，呼吸困难，脚下淤泥深近一尺，人在上面行走，步履维艰。考察一个矿井要一个多小时，连续考察完第二个矿井时，他已脸色发青，嘴唇发紫，精疲力竭。刘宝琛先后考察了十几个废矿井，制定了用煤矸石等胶结充填防止采空区地层沉陷的措施。湖南省人民政府拨了500万元专款用来落实这项工程。

刘宝琛自1999年调入中南大学土木建筑学院，为学院的发展尽心尽力，呕心沥血。2002年5月，已近70高龄的他，应中南大学二级学院调整的需要，担任了中南大学土木建筑学院的院长。虽然他年事已高，并常年患有高血压、心血管疾病等，但他仍然带病准时上下班，参加各种会议。有时开完一个会走路都比较困难了，但他还是坚持有会必到。他认为既然当了院长，就应负起院长的责任。他还自己出钱设立“院长奖”，以奖励为土建学院争得荣誉的老师和同学。在他任职期间，中南大学土建学院获得桥梁隧道工程、道路铁道工程两个国家重点学科，岩土工程省重点学科，土木工程博士后流动站等成绩。目前土木建筑学院已发展成拥有国家一级重点学科两个，国家工程试验室一个，博士后流动站两个，跻身于我国高校的前列。目前，他仍然每年坚持培养博士生数人，并担任中南大学铁道科学研究院院长。

四、学术无国界，从中国到世界

刘宝琛认为“科学无国界，中国人应当登上世界科技舞台表演一番”。他早就期望着把自己的学术成果推向世界。他能流利的讲英语、波兰语、俄语、德语、日语，这使得他在参加国际学术交流活动时极为方便。

1965 年 10 月，刘宝琛参加在德国莱比锡召开的国际岩石力学会议。他在会上宣读了用德文写的论文《中国煤矿冲击地区及其防治》，这是他第一次在国际学术论坛发表论文，中国仅此一篇，受到了与会专家的好评。

1979 年，刘宝琛参加在瑞士举办的第四届国际岩石力学会议。他提交的两篇学术论文：“采矿引起地表移动研究”和“矿山支护机理研究”，让国际同行了解中国在岩石力学方面研究的进展和成果。1980 年 8 月，英国帝国大学布郎在《采矿杂志》上发表题为“岩石力学在中国”的文章。文中说“中国，矿业岩石力学最活跃的中心是在长沙矿冶研究院，刘宝琛及马光在岩石力学基础及应用研究达到很高水平”。从此，刘宝琛成了国际知名的岩石力学专家。1981 年，他被指定为采矿大会国际岩层力学局委员；1982 年，他当选为国际隧道会议组委会委员和国际《采矿科学技术》杂志编委会委员。

刘宝琛在澳大利亚访问和讲学长达一年多。1989 年 3 月，他应澳大利亚昆士兰大学的邀请，赴该大学访问考察，还协助米克指导两位博士研究生。后应澳大利亚工程科学院、新南威尔士大学和纽卡斯特大学的邀请，在这三所大学传授他的理论与方法。

1990 年，刘宝琛应国际岩石力学学会前主席、英国帝国大学哈德逊的特邀，为他所主编的《岩石工程全书》撰稿。他分写第 4 卷第 29 章“中国地下开挖导致的地表移动”，共计 28 页。这是一套由世界上 150 位权威专家共同编写的专著，中国被邀请参加写作的只有陈宗基和刘宝琛两人。

1992 年，刘宝琛的名字被收入“剑桥世界名人传记中心”。

刘宝琛在随机介质理论及应用方面做出了重大贡献，其学术水平被波兰科技界认为已经超过该理论的发源地波兰，具有创造性的发展。1994 年 5 月 27 日，波兰科学院在华沙召开全体院士大会，刘宝琛被选为波兰科学院外籍院士。1995 年 2 月 6 日，波兰驻华大使馆在北京举行隆重的新闻发布会，为刘宝琛颁发外籍院士证书。人民日报社、新华社、科技日报社、中国科学报社等十几家新闻单位的记者参加采访和报道。刘宝琛是继郭沫若、钱伟长、郭仲衡和刘国光之后的第 5 位中国籍的波兰科学院外籍院士。

五、学术民主，桃李满天下

与已取得的成果相比，刘宝琛更倾向于培养人才。他认为，人生是有限的，老一辈科学家的学术和经验需要青年人继承；祖国科技事业的发展，需要一代更比一代强。社会是不断向前发展的，长江后浪推前浪，学生就应该超过老师，否则社会就会倒退。

1978 年国家恢复研究生制度，刘宝琛成为长沙矿冶研究院第一批培养研究生的导师。1979 年，他担任副院长以后，任务多，时间紧，仍然没有放松培养研究生的工作。1986 年，身为副教授的刘宝琛，由于学术成果突出，经国务院审批，破格确定为博士研究生导师，在中南工业大学兼职。1999 年正式调入中南大学，把更多精力投入到培养博士研究生中。

刘宝琛治学严谨，言传身教，要求研究生扎扎实实地打好外语基础和理论基础。他自己攻读过博士生，深知博士研究生的求知欲望和心理。他认为作为导师，要高瞻远瞩，给自己的研究生把准方向。在确定博士研究生的选题时，要有超前性和预见性。他把自己承担的重要科研项目与培养研究生的工作紧密结合起来，力图既出科研成果，又出有独创精神的高级人才。

刘宝琛培养研究生，既注重研究生的理论研究，又注重实践学习。他每次外出去解决技术难题，身边常带一两位研究生。1998 年 1 月，湖南省衡山县大源渡水电站要炸掉临时围堰，又要保护临时围堰紧挨着的十几个刚建好的大坝闸墩，请刘宝琛到场指导。他带着博士研究生张家生亲临现场，认真审查了爆破设计，修正了原来的爆破参数，取得爆破成功。张家生说，“跟着导师出差，能学到许多书本上没有的知识”。

循循善诱是刘宝琛培养研究生的重要方法。他善于指导研究生在浩如烟海的资料中检索最新观点，了解本学科发展的动态及前景；他告诫学生，一定要时刻注意最新的科技动态，要善于接纳、引进、融合新思想、新观点。宽松的学术氛围，也是他最具特色的教学方式。他鼓励学生放开思路，大胆设想。鼓励学生在学术问题上与他争论，哪怕是争得面红耳赤。他还利用自己在国外的声誉，为研究生提供出国深造的机会。

对于学生，他总是希望他们“青出于蓝而胜于蓝”，他就像一个培育花朵的辛勤园丁，毫无保留地把自己的知识和做人的道理都悉心传授给每一个学生。在他与学生合写的论文或著作中，第一作者总是学生。他说：“我是共产党培养出来的，我学的东西要继续下去，为党和国家做贡献。”如今，他已培养硕士研究生 7 人，博士研究生40余人，他们中许多已在采矿和岩土工程领域建功立业，成为主要技术骨干和跨世纪的学术带头人，可谓是桃李满天下。

一个人的生命是有限的，而刘宝琛的教育事业是常青的。如今，已80高龄的刘宝琛，仍然在教育事业的第一线培养着多位博士研究生，他像一颗灿烂的星星，继续为科教兴国奉献自己的光和热！

六、刘宝琛主要论著

Liu B C. 1961. Application of the theory of stochastic media to the determination of the profile of the subsidence through on ground surface due to the exploitation of an inclined deposit. Bulletin of the Polish Academy of Sciences Techniques，9 (9)：541-546.

Liu B C. 1962. Motion of rock masses due to advancing exploitation butt in the light of the theory of Stochastic media. Bulletin of the Polish Academy of Sciences Techniques，10 (4)：243-252.

刘宝琛，廖国华. 1962. 关于本溪矿务局采屯煤矿耐火材料厂下压煤安全开采的建议. 中国科学院矿冶研究所.

刘宝琛，廖国华. 1964. 矿山岩体移动的时间—空间问题. 煤炭学报，1 (3)：1-14.

刘宝琛，廖国华. 1965. 煤矿地表移动的基本规律. 北京：中国工业出版社.

刘宝琛. 1978. 条带开采时的地表移动. 长沙矿冶研究所.

刘宝琛. 1981. 开采引起的矿山岩体移动的基本规律. 煤炭学报，(1)：39-55.

刘宝琛. 1982. 矿山岩体力学概论. 长沙：湖南科学技术出版社.

刘宝琛，林德璋. 1983. 浅部隧道开挖引起的地表移动与变形. 地下工程，(5).

刘宝琛. 1984. 锦屏磷矿西山矿区地表将军崖古岩画及其保护范围内的地表移动观测站设计. 长沙岩石力学工程技术咨询公司.

刘宝琛. 1992. 随机介质理论及其在开挖引起的地表下沉问题中的应用. 中国有色金属学报，2 (3)：8-14.

刘宝琛，崔志莲，涂继飞. 1997. 幂函数型岩石强度准则研究. 岩石力学与工程学报，16 (5)：437-444.

阳军生，刘宝琛. 1999. 抽水地面沉降预计的随机介质模型. 水文地质工程地质，(5)：11-13.

刘宝琛. 1999. 综合利用城市地面及地下空间的几个问题. 岩石力学与工程学报，18 (1)：109-111.

阳军生，刘宝琛. 2002. 城市隧道施工引起的地表移动及变形. 北京：中国铁道出版社.

刘宝琛，张家生，等. 2004. 随机介质理论在矿业中的应用. 长沙：湖南科学技术出版社.

主要参考文献

刘宝琛. 1998. 中国工程院院士自述. 上海：上海教育出版社：415-416.

撰写者

乔世范（1975～），博士（后），现为中南大学土木建筑学院，副教授，兼任刘宝琛的秘书。

钱鸣高

钱鸣高（1932～），江苏无锡人。采矿工程专家，中国矿山压力与岩层控制学科主要奠基人之一。1995年当选为中国工程院院士。1954年毕业于东北工学院，1954～1957年就读于北京矿业学院，进行研究生学习。1981年他提出了采场上覆岩层在受开采影响而破断后形成的结构模式，即“砌体梁”力学模型，进而创立了视老顶岩层为弹性基础上悬露板的力学模型，为综采工作面液压支架工作阻力的确定及老顶来压预测预报奠定了基础。他在研究“支架—围岩”相互作用的基础上建立了一套集“围岩运动预测、支架选型设计和采场矿压监控”为一体的实用工程技术，即“支架—围岩”系统的故障诊断技术。随着对岩层控制科学研究的不断深入以及为了解决岩层活动中更为广泛的问题，他进一步提出了影响采动后控制岩层应力场和裂隙场分布状态的关键层理论，为控制煤层采动后引起的地表沉陷、地下水流失和瓦斯抽采等为内涵的煤矿绿色开采系统提供了新的理论平台。结合煤炭资源、环境保护和安全生产等要求提出了科学采矿的理念、技术途径和条件。主编教材《矿山压力及其控制》，出版《中国煤矿采场围岩控制》《岩层控制的关键层理论》等专著10余部，发表学术论文150余篇。获国家科技进步奖2项，国家自然科学成果奖1项，省部级科技进步奖17项。

一、成长足迹

钱鸣高，1932年农历12月11日出生于江苏无锡的一个小镇（新渎桥）上，他父亲是锡澄长途汽车公司的职员，在当时能谋到这样一个职业已是很不容易的事，以此维持着一家人的生活。在他5岁那年抗日战争爆发。那是一个动荡不安的年代，也是中华民族遭受苦难的年代，就是在那一年他父亲因患肺结核而过早地去世，家庭失去了主要的经济来源。这使他在少年时代就饱受了民族的苦难及生存的艰辛。他亲眼目睹了日本侵略者对中国人民的杀戮，民族自尊心受到极大的伤害，在幼小的心灵里种下了反抗的种子，同时这也培养了他倔强的性格与发奋图强的意志。在整个小学与初中阶段，他发奋学习，每年都以优异的成绩获得奖学金，并在小镇上完成了小学和初中的学业。1945年日本投降，但由于国民党政府的腐败，这并没有给中国人民带来幸福，也没有获得战胜国应有的地位，人民仍然生活在水深火热之中。正步入青年时期的他，受到科学救国思想的影响，认为只有发展工业才能救中国。1947年钱鸣高考入省内著名的高级中学——苏州中学。这所中学曾培养出很多著名的科学家，师资力量雄厚，图书馆藏书丰富。在这里，他受到了良好的高级中等教育，并学会置身于图书馆独立猎取知识的本领。他广泛阅读课外书籍，不断吸取知识的营养。依靠姐姐的帮助，他顺利地完成了高中的学业。

1949年4月，苏州解放，这也使钱鸣高获得了上大学的机会。1950年春天，东北工学院在上海招生，他顺利通过了考试。由于在中学读书时喜欢物理，因此报考了机械系。当年4月他和大批被录取的南方新同学，坐上了由上海开往东北的列车，首先来到我国当时的重工业基地抚顺，参观了抚顺煤都，如当时闻名世界的开采近百米厚煤层的西露天煤矿和提升设备非常先进的龙凤煤矿及老虎台煤矿。对于出生在江南水乡，当时只看到过纺织厂、面粉厂等轻工业的年轻人来说，抚顺的采煤工业对他产生了巨大的吸引力。他更加坚信国家的兴盛必须走发展重工业的道路。采矿专业是一门艰苦的专业，当时报考这个专业的人很少，而国家根据能源发展的需要又急需采煤工程方面的专业人才。因此学校号召同学们在自愿的基础上改报采矿工程专业。对钱鸣高来说，他并不熟悉采煤，也不知道这门学科的深浅，只是初生牛犊不畏虎，而且认为越是艰苦的地方越是一片没有被开垦的处女地。因此他毅然响应号召，积极报名，由机械系转入采矿系。当时采矿工程专业的学生实行全额供给制，这样也解除了他经济上的后顾之忧，使他能够专心于学习。

四年的大学学习生活转瞬即逝，这期间他深深地感到我们国家在重工业建设上的落后。中华人民共和国成立前，我国的采矿科学事业几近空白，几个著名的矿山（如开滦、抚顺等）都是由英国人和日本人所开办，学校的教材是英文版的采矿手册。中华人民共和国成立后，我国的采矿工业由学英美转而向苏联学习，上课的教材或是俄文，或是由俄文仓促编译而来；教科书中所有的学术观点、技术方法也都是外国人的，没有一点是由中国科学家提出；当时有些课程是由苏联专家教授，毕业论文指导工作也是在苏联专家和中国老师共同指导下完成。由于他在大学期间的优异成绩以及所表现出来的对科学的独立探索能力，毕业后被分配到北京矿业学院这一矿业界全国最高学府继续深造，进行研究生学习，师从张正平及苏联专家И. Е. Ломов。他非常珍惜这次机会，刻苦学习，全身心投入到科学研究中。1956年初，由于长期的学业负担及艰苦的科研工作，使他的身体一直处于超负荷运转状态，最终经医院检查，患了空洞型肺结核。这种病在过去是很难治愈的，即使在当时也仍然是难治病之一。几经周折，学校送他到北京八大处的“亚非学生疗养院”治疗。经过近半年的疗养与治疗，他的病情得到缓解。在知道了自己的病情之后，他并没有悲观失望，反而变得更加顽强和坚定。因为他知道，自己的事业还未起步，人生的道路还很长，他必须要挺过这一难关，终于，靠着乐观的心态和医生的精心治疗，肺上的空洞硬是被“挤”掉了。至今，他还一再提及若没有社会主义的公费医疗制度和对年轻知识分子的关心，他就不会再有健康的身体，也就不会再有以后的事业。

1957年钱鸣高出院后，学校决定他由研究生转为助教，继续留校任教，科研方向是矿山压力及其控制。众所周知，采矿学科是一门实践性很强的学科，它要求研究者不断地深入现场，同时又要具备扎实的基础理论知识，这样才能在实践过程中将千变万化的现象提炼成反映事物本质的力学模型。在他的学习生涯中，尤其是研究生学习阶段，是他的导师将他领入采矿科学殿堂之门，并教会他做学问的一些方法。一开始他更多地套用这些方法进行科学研究，即主要由现场实测到实验室研究，注重事物规律性的探讨，很少考虑如何解决实际问题。每当对一些现象能作出一定的科学解释时，他就会陶醉于自我欣赏之中。一次与一位矿总工程师的谈话，使他认识到完成“实践—理论—实践”全过程的重要性。那是在开滦赵各庄矿，经过长时间的实测，得到了开采过程中矿山压力变化的一些规律。将研究结果向矿总工程师汇报后，他满以为能得到好评，可是矿总工程师的回答却是：“谈得不错，但如何解决我矿现在面临的实际问题?”由此他明白事情只做了一半，更重要的还在于利用这些规律去解决实际问题。1958年到1964年这段漫长的时间里，他全身心地投入到工程实践之中。这期间他在阜新、开滦、阳泉、大同等矿区第一线搞技术革命，置身于工人、工程技术人员中间，学到了他们理论联系实际、踏踏实实的工作作风及解决实际问题的能力，同时也丰富了他对矿山压力控制的很多感性认识。

正当钱鸣高在科学的前沿不断拼搏奋斗时，1964年他奉命去北京东郊朝阳区崔各庄进行“四清”，并同时接受贫下中农再教育。后又去房山葫芦垡村进行“四清”，前后持续一年多时间，直到“文化大革命”开始才返回学校。在这期间，他了解到当时农民生活的艰辛。“文化大革命”期间，他除了认真“改造”自己外，不参加任何派系的斗争，成了一个“逍遥派”。1969年全校下放到京西煤矿劳动，他也被分派到京西王坪村矿，成了一名煤矿工人，在井下挖煤、推车、运料。1970年4月，学校决定从北京搬迁到四川，他被任命为先遣队员，举家一起捆绑行李直赴四川广安。在广安他先为后续来的教师准备住宿（主要工作包括在大厅内打隔墙、搬运床架等），后又奔赴四川华蓥山搞“三线”建设，在秃山头上打眼放炮取石，以此作为建筑材料建造学校的教学楼及宿舍。当时的生活条件非常艰苦，在荒秃秃的山顶上住着工棚，全家分居数地。鉴于全国的形势一直动荡不安，因此他对自己从事劳动“改造”在内心也还感到平静。后来学校招收工农兵大学生，他又走上了教学第一线。在学校的生活稍加安定后，每年春节一过，他即收拾行装去现场，进行科学研究与技术革新，中间换季时回来一次，然后到年末返校总结，根本无暇顾及家庭及孩子。当时他的工作地点主要在阳泉矿务局，进行我国自己制造的第一套综采液压支架的井下试验及研究新型的支架。由于科研条件的简陋，生活又极不安定，因此在这十多年的时间（1964～1980）内是很难做出有影响的成果来。

1978年，党的十一届三中全会的召开，我们国家迎来了科学的春天。学校也在徐州重新选择了校址，建设了当时全国少有的美丽的校园。钱鸣高由此全身心地投入到科研和教育工作中，他建立了实验室，培养研究生，有了自己的科研团队。

1980年，钱鸣高被选派到德国埃森采矿研究中心访问与考察。这对他以后在科学研究上与世界接轨起到极为重要的作用。德国当时的采煤技术处于世界领先地位，而埃森采矿研究中心在岩层控制技术方面，拥有世界上最有影响的科学家。在德国考察的三个月时间里，他比较全面地了解了德国在岩层控制方面达到的水平。

钱鸣高于1983年晋升为教授，同年6月加入中国共产党。

1985年钱鸣高重访德国。当时国内正大力推广液压支架，煤矿使用的进口的支架中有相当数量是德国产品。在德国期间，他参观了Westfalia支架厂。厂方经理在展示厅里放映他们的产品宣传片，并介绍其中几个型号的支架已出口中国。当时他就告诉德方有一种型号的支架在中国的煤矿生产中损坏严重。在参观结束后举行的座谈会上，该厂总工程师滔滔不绝地大谈支架应如何操作才不至于损坏。显然德方认为支架的损坏是由于中国工人操作不当所造成。介绍结束后，钱鸣高针对这种型号支架的力学特性、在特定条件下的“支架—围岩”适应性以及造成损坏的原因作了全面系统的分析，此时该厂的总工程师也就默不作声了。

随着国家对科技发展的重视，钱鸣高针对煤矿现场的技术问题，不断地经过“实践—理论—实践”的过程，获得了丰硕的科研成果，既解决了实际问题又提高了理论水平。由此1984年他获得首批国家有突出贡献专家称号，并被国务院学位委员会地、矿、油学科组评为我国煤炭系统采矿工程专业的第一位博士生导师，同年被任命为该学位委员会学科评审组成员。

在近花甲之年时，他还坚持长期在井下调查研究。煤矿井下的工作条件非常恶劣，事故频繁，在工业生产中伤亡率占第一位。有一次，他与他的学生在阳泉井下，由于过度的劳累，他在爬完两个上山（煤矿井下带有一定坡度的巷道）以后，体力已难以支撑，昏倒在铁轨上。至今他的脸部仍然留着当时受伤的疤痕。

他经常跟他的研究生说，采矿专业实践性强，要做出些成绩来必须比别人多一份勤奋，要勤于实践、勤于学习、勤于思考和勤于总结。要把握住“树木和森林”的关系，不要钻牛角尖。

1987年钱鸣高培养出了我国煤炭系统采矿工程专业第一位博士研究生，同年他出任中国矿业大学采矿工程系系主任，他领导的采矿工程学科被评为国家级重点学科。

1980～1997年，他出访过德国、英国、俄罗斯、美国、西班牙、比利时、荷兰、澳大利亚、印度等国，在这些国家讲学、作报告或宣读论文，并在第十一届岩层控制国际会议上当选为组织委员和执行主席。

鉴于钱鸣高在岩层控制理论与技术上的突出贡献，他成为1990年国家首批特殊津贴获得者，1991年被聘为 *International Journal of Geotechnical and Geological Engineering* 的中国编委，1994年获孙越崎能源科学技术奖，1995年当选为中国工程院院士，1996年获全国五一劳动奖章，1997年被任命为国务院学位委员会矿业学科评审组召集人，2000年荣获全国先进工作者称号，2007年当选为中国煤炭学会名誉理事长。

二、科学贡献与思想

1. 创建了采场上覆岩层岩体结构及采场矿山压力整体力学模型

钱鸣高最具代表性的工程理论研究成果为采场上覆岩层活动规律，它是岩层力学的核心，是确定岩层控制、支护设计、开采顺序和预测预报顶板来压的基础。长期以来国外学者在这方面提出了不少假说，但在解决具体的工程实际问题时都有一定局限性。钱鸣高提出了上覆岩层断裂后，岩块互相咬合而形成的“砌体梁”力学模型、岩体结构失稳以及采场前后岩体的三个分区（煤壁支承、离层及重新压实区）理论，经过对大屯孔庄矿岩体内部移动过程的大量观测得到证实。

钱鸣高根据采场上覆岩层断裂后形成的“砌体梁”和视老顶岩层为弹性基础上悬露“板”力学模型得出了相应的支架载荷、顶板下沉量与来压步距等计算公式，从而突破了传统的定性假说。

该力学模型在全国采场矿压理论与实践讨论会中，被认定为迄今以来解释采场矿山压力最完善的力学模型，并被录入中国大百科全书矿冶卷有关地压条目。1982年钱鸣高在英国国际岩层力学大会上宣读了有关论文，得到著名岩石力学专家

I. W. Farmer 和其他著名采矿专家的高度评价，英国 B. G. D. Smart 专门撰写论文加以评论，有关的岩石力学专家把他的理论称为“鸣高模型”。

该研究成果对防治顶板事故和科学确定支架支护性能、参数、架型提供了依据。钱鸣高为我国推广单体液压支柱及液压支架，形成适应于我国地质开采条件的支架架型及参数，防止支架损坏和冒顶、发展采煤机械化做出了重要贡献。此外，该成果打破了传统的层状矿体群只能由上向下的开采顺序，提出了在一定条件下可先开采下层而后回收上层的新技术。

在此基础上，钱鸣高进一步提出了岩层形成“砌体梁”平衡的“S-R”稳定条件，并以老顶岩层“砌体梁”力学模型为基础，在考虑直接顶变形条件下，结合“支架—围岩”相互作用刚度系统，形成了采场矿山压力整体力学模型，从而使该理论更趋于完善。以上述理论为基础编写的“中国煤矿采场围岩控制”获 1998 年国家科技进步三等奖。

2. 提出了岩层“板”破断及其在岩体中引起扰动的理论

煤矿开采中最大的安全问题之一是老顶的稳定性和破断规律，钱鸣高建立了以老顶岩层作为夹持在弹性基础上的悬露“板”力学模型，分析其极限状态，并提出了老顶破断时断裂线处于煤壁之内的观点，在理论上解决了老顶岩层断裂时在岩体中引起的扰动规律，提出了“板”破断时形成的 O-X 型破坏规则，从而为利用岩层断裂与来压的时间差以及在远离采煤工作面地区利用扰动信号判断断裂线的位置，为顶板来压预测预报奠定了理论基础，该成果与采场上覆岩层活动规律中的岩体结构模型一起在 1987 年被评为第四次国家自然科学成果三等奖。

3. 开发了采场“支架—围岩”监控体系

煤矿采场支架与围岩事故一直制约着煤矿生产。钱鸣高在长期治理低产工作面的实践基础上，提出了主动控制矿山压力的新方向。他根据岩体结构模型以及直接顶稳定理论，提出了完整的“支架—围岩”关系监测原理，同时以防止端面冒顶为目标的一系列“支架—围岩”监测指标的确定方法，形成了一套相应的工作面低产故障的诊断技术。该成果近十年来共获得省部级奖 6 项，于 1996 年获国家科技进步三等奖。

4. 提出了煤矿岩层控制的“关键层理论”

煤矿开采中的主要采动损害如顶板岩石冒落、瓦斯涌出、井下突水、地表沉陷等都与采动后岩层移动和破断有关。随着对岩层控制科学研究的不断深入以及为了解决岩层活动中更为广泛的问题，在已有采场“砌体梁”结构理论的基础上，钱鸣高院士进一步提出了岩层控制的关键层理论。关键层理论的基本学术思想是：由于成岩时间及矿物成分不同，煤系地层形成了厚度不等、强度不同的多层岩层。实践表明，其中一层至数层厚硬岩层在岩层移动中起主要的控制作用。将对采场上覆岩层局部或直至地表的全部岩体起控制作用的岩层称为关键层。为了弄清岩层移动由下往上传递的动态过程，并对岩层移动过程中形成的采场矿压显现、煤岩体中水与瓦斯的流动和地表沉陷等状态的变化进行有效监测与控制，关键在于弄清关键层的变形破断及其运动规律以及在运动过程中与软岩层间的相互耦合作用关系。

5. 全面阐述了煤矿绿色开采与科学开采的体系

关键层理论的提出，全面地解释了采场矿山压力现象，并实现了矿山压力、岩层移动与地表沉陷、采动煤岩体中水与瓦斯流动研究领域的有机统一，它对采动后岩体应力场和裂隙场的改变以及它对地表沉陷的影响将作出更为全面与深入的解释。由此控制开采对环境的影响（地面环境、地下水的流失、煤矸石充填和瓦斯的涌出等）以岩层控制关键层理论为基础，钱鸣高提出了煤矿绿色开采的技术系统，引起了学术界同行及煤矿现场工程技术人员的广泛关注和重视。鉴于煤炭资源是耗竭性稀缺资源，是国家的宝贵财富，2006 年以来，钱鸣高的团队针对我国大规模开采不仅对环境有很大的影响，而且在安全方面也存在很多隐患现状，认为我国的煤炭开采技术必须实现重大变革以适应社会发展的需要，提出了科学采矿的学术思想。综合考虑煤炭资源开发中的安全、环境、经济与行业社会地位等方面后，钱鸣高认为煤炭资源开发中要遵循经济原则、安全原则和环保原则。科学采矿是指在保证安全、保护环境和珍惜资源的前提下，高效采出煤炭资源。主要内容包括综合机械化高效开采技术、绿色开采技术、安全开采技术及提高资源采出率开采技术等。提出科学的产能应该是指“与环境容量相匹配，具有持续发展储量以及与赋存条件相应的科学、安全和保护环境的技术，将资源最大限度采出的能力”。对于具体的矿井来说，科学产能就意味着“资源、人才及相应的科学技术和装备”都必须到位，是综合能力的体现。认为要实现科学采矿，必然要求实行煤炭的完全成本。自 2007 年以来，连续 3 年召开了科学采矿的全国性学术研讨会，已引起了学术界同行及煤矿现场工程技术人员的广泛关注和重视。

6. 复杂困难生产地质条件下开采研究

钱鸣高领导的科研组深入研究煤矿的深部开采、岩层内部移动与离层区分布，顶底板围岩分类与底板突水等采矿课题，保障煤矿在复杂困难的生产地质条件下正常生产，解决了长期困扰煤矿生产的深部地压预测和巷道维护问题，提出了预测巷道围岩稳定性的工程指标和合理布置方法，采场顶底板围岩分类，地面钻井抽采瓦斯等研究获原煤炭部多项科技进步奖励。

三、钱鸣高主要论著

钱鸣高 . 1981. 采场上覆岩层的平衡条件. 中国矿业学院学报，2：31-40.

钱鸣高，李鸿昌. 1982. 采场上覆岩层活动规律及其对矿山压力的影响. 煤炭学报，2：1-12.

Qian M G. 1982. A study of the behaviour of overlying strata in longwall mining and its application to strata control. Proceedings of the Symposium on Strata Mechanics，Elsevier Scientific Publishing Company：13-17.

钱鸣高，朱德仁，王作棠. 1986. 老顶岩层断裂形式及其对工作面来压的影响. 中国矿业学院学报，2：9-18.

Qian M G，Liu S Y. 1987. A Study of the Interaction between the 2-leg Shield Support and the Roof Strata. Proceedings of the International Symposium on Mining Technology and Science，China Coal Industry Publishing House and Trans Publications：27-38.

Qian M G，Zhao G J. 1987. The Behaviour of the Main Roof Fracture in Longwall Mining and its Effect on Roof Pressure. Rock Mechincs，Proceedings of the 28th U. S. Symposium：1123-1128.

Qian M G，He F L. 1989. The behaviour of the main roof in longwall mining，weighting Span，Fracture and Disturbance. Journal of Mine，Metals and Fuels，June-July：240-246.

Qian M G，Liu S Y，Yin J S. 1989. Future study of roof falls in the prop-free area of longwall faces. 8th International Strata Control Conference. Dusseldorf Germany.

钱鸣高，刘听成. 1991. 矿山压力及其控制（修订本）. 北京：煤炭工业出版社.

Qian M G，He F L，Zhu D R. 1992. Monitoring indices for the support and surrounding strata on a longwall faces. 11th International Conference on Ground Control in Mining，The University of Wollongong，7：7-10.

陈炎光，钱鸣高. 1994. 中国采场围岩控制. 徐州：中国矿业大学出版社.

Qian M G，Miao X X. 1995. Mechanical behaviour of main floor for water inrush in longwall mining. Journal of China University of Mining and Technology，15（1）：9-16.

钱鸣高，缪协兴. 1995. 采场上覆岩层结构的形态与受力分析. 岩石力学与过程学报，14（2）：97-106.

钱鸣高，缪协兴，黎良杰. 1995. 采场底板岩层破断规律的理论研究. 岩土工程学报，17（6）：55-62.

钱鸣高，缪协兴. 1996. 岩层控制中的关键层理论研究. 煤炭学报，21（3）：225-230.

Qian M G，He F L，Miao X X. 1996. The System of Strata Control around Longwall Face in China. International Symposium on Mining Science and Technology：15-18.

钱鸣高，缪协兴. 1997. 采动岩体力学——一门新的应用力学研究分支学科. 科技导报，3：29-31.

钱鸣高，许家林，缪协兴. 2003. 煤矿绿色开采技术. 中国矿业大学学报，32（4）：343-348.

钱鸣高，缪协兴，许家林. 2003. 岩层控制的关键层理论. 徐州：中国矿业大学出版社.

钱鸣高，缪协兴，许家林. 2006. 资源与环境协调（绿色）开采的概念与技术体系. 采矿与安全工程学报，23（1）：1-5.

钱鸣高，缪协兴，许家林，2007. 资源与环境协调（绿色）开采. 煤炭学报，32（1）：1-7.

钱鸣高，缪协兴，许家林，曹胜根. 2008. 论科学采矿. 采矿与安全工程学报，25（1）：1-10.

主要参考文献

李进尧，邓传淮. 1994. 中国煤炭科技明星荟萃. 徐州：中国矿业大学出版社.

李春霞. 1996. 压不垮的矿山脊梁——记中国工程院院士钱鸣高. 中国煤炭报：2-25.

中国工程院学部工作室编. 1998. 中国工程院院士自述. 上海：上海教育出版社.

撰写者

曹胜根（1968～），中国矿业大学教授，博士生导师。

周世宁

周世宁（1934～），江苏扬州人。煤矿安全工程学家。1999年当选中国工程院院士。1953年毕业于中国矿业学院采矿系，留校从事教学和科研工作，是煤矿瓦斯地质、煤层瓦斯流动理论、瓦斯参数测定技术、瓦斯抽采和煤与瓦斯突然喷出防治的主要开拓者。20世纪60年代，他率先提出了影响煤层瓦斯含量的八项地质因素，通过数学分析、物理模拟和相似理论，创建了煤层瓦斯流动方程。80年代在长期实践中发现了煤层瓦斯排放后煤体收缩、强度增大、渗透率增加、地应力降低的效应，揭示了地应力场与瓦斯压力场的耦合作用，提出了预抽瓦斯防治突出的技术指标。发明了用固体封液体，液体封气体的主动式封孔测压技术，解决了国内外长期因测压孔周漏气测不准的难题。这些理论和技术在煤矿获得广泛应用。以第一作者获得国家自然科学奖（四等）、国家发明奖（三等）和煤炭工业部科技进步一等奖两项。他的学术思想是不强调专业知识，而强调基础理论和科学思维方法。1959年研制的通风网路模拟计算机曾被选送到德国莱比锡国际博览会展出，他在机械、电气、流体、磁学等方面有六项专利。1986年获全国优秀科技工作者称号和五一劳动奖章。2001年被教育部任命为高等学校地矿学科第一届教学指导委员会主任。

一、成长历程及贡献

1. 迷糊的少年，直到上大学才知道学习的重要

周世宁1934年出生在扬州市左卫街，小学和中学都是在扬州度过的，在这个比较守旧的大家庭中，他年龄最小。他的哥哥周世恭比他大18个月，初中和高中都在同一学校、同一班级，虽然学习成绩远不及哥哥，但因年纪小，家里认为只要不留级就不严格要求了，这样从小给了他一个宽松自由的环境。家里藏书较多，除了爱看武侠小说之外，就喜欢读科学家的名人传记，对他影响最大的是一本爱迪生的传记，爱迪生勤奋学习、勇于创新的形象从小给他留下了深刻的印象。

初中阶段，除了不懂事贪玩之外，也犯过不少错误，有一次将从校园中捉来的麻雀，放在课桌抽屉里，上课时麻雀跑出来，他不顾一切在教室里抓鸟，他的好朋

友也一块儿帮他在教室里捉麻雀，课堂秩序大乱，因而受到了处罚，但他干什么事都比较专注，学习平面几何时，听老师说一角三等分是世界十大难题，他为了尝试一角三等分，连着几天一直画图研究到深夜。为了星期天到城外小河去捞鱼，可以编织渔网到凌晨。制作橡皮筋牵引的模型飞机，所有的材料包括螺旋桨，都是自己用小刀削刻出来的。宽松的生活环境给了他发展想象力的空间和有时间去锻炼动手能力，培养了自信和坚持的性格。那时他没有认识到系统学习知识的重要性，虽然在名校江苏省立扬州中学学习，但学习成绩平平。

1950年周世宁考入复旦大学化学系学习，后由于家庭经济困难，离开上海到天津中国矿业学院享受供给制的学习待遇。随着年龄增长，在抗美援朝许多英雄事迹的教育下，通过学校的教育，他开始认识到学习的重要和自己对社会的责任，在认真努力的学习中体会到理解科学的趣味和快乐，从而以各科成绩优秀的条件，告别迷糊的青少年时代，毕业留校工作。

2. R—S—R 学习方法

周世宁在学习和工作中一再强调：学习一定要学好。怎样才能做到学深、学透呢？他的个人感受是必须在学习中反复思考。考试得100分，仅仅是第一步，要深刻体会理论的来龙去脉，理论的关键之处，把握科学家怎样发明理论的思维方法和过程，这样才能理解前人智慧的一部分精髓，这样你才能把知识变成自己的，才有可能用好、用对。他在大学毕业后，为了研究煤层瓦斯流动规律，学习渗流理论时，深感在一年级没有把数学学好，又重新自学高等数学一年多，经过这一反复后，才觉得对高等数学有了较深的理解和认识。

他的学习方法是：第一，恭恭敬敬地听讲、看书，努力弄懂理论的由来和立论的依据以及它的适用条件；第二，就是千方百计地找毛病来推翻它，深化对它的理解和认识；第三，在不能否定它之后，就坚定地相信它，在任何情况下都不动摇，并且在工作中恭恭敬敬地应用。他把这一“学习—质疑—学习”的方法称为R—S—R学习方法，即 From Respect to Suspect，From Suspect to Respect，从尊敬到质疑，从质疑到尊敬。

这一学习方法使他对知识的理解变得深刻和牢固，令他终身受益。以后在工作中遇到重大决策时，能相信自己的分析，不犹疑不退却，特别是在紧急情况下，依靠基本概念，能做出正确的判断和决定。

例如：1978年4月煤炭工业部给当时搬迁到华蓥山的矿业学院打电话说：甘肃窑街矿务局三矿在砂岩中掘进大巷时发生了岩石和二氧化碳突然喷出，突出岩石

2000t、二氧化碳24万m^3，牺牲了90人，让学校派人参加事故的分析处理。周世宁参加这一工作时，通过内心的分析判断，他不相信这一情况，因为砂岩对二氧化碳没有吸附力，只能以游离状态存在于砂岩的孔隙，砂岩的孔隙率一般只有10%。24万m^3的二氧化碳存在于100m^3的空间，压力将达2400atm（1atm＝1.01325×10^5Pa，下同），而在常温下二氧化碳在80atm就变成液体，而液体是不可压缩的。他确信这是一次煤和二氧化碳突出，肯定是掘进中的岩巷突然遇到断层，把煤层落在岩巷的前方，由于煤层含高压的二氧化碳，岩巷误穿煤层，导致了这次事故。当时还处于阶级斗争为纲的年代，他是反动学术权威，不能乱说乱动，所以这一看法不能与别人讨论。在事故分析会上他要求立即下井到事故地点调查，他确信在现场一定能找到煤，调查结果表明与他事先分析的结果一致，当他在岩巷事故现场很快找到煤块时，充分感受到了知识就是力量的快乐。

3. 创建煤层瓦斯流动方程

中国是一个煤炭资源丰富的国家，能源主要依靠煤炭，但煤层瓦斯含量大，瓦斯灾害是煤矿最严重的自然灾害。旧中国从事煤矿开采研究的人少，没有专门研究防治瓦斯灾害的专家，也没有有关的论著。周世宁1953年分配到采矿系通风安全教研室工作，为了加深对煤矿的了解，他带着行李住到开滦煤矿和抚顺煤矿，甚至把户口从北京迁到了抚顺。通过在煤矿中的实践，对瓦斯在矿井中的涌出和运移开始有了感性认识。

当时的教科书上写着：瓦斯（甲烷）对煤矿的危害，除了爆炸性以外，对人体还有窒息性。他不理解为什么，人进入了高瓦斯的巷道，不赶快跑出来，而被窒息死亡呢？这样他在焦作煤矿见到一个高瓦斯空洞时，他让别人看着，自己钻进洞里去尝试感觉。结果表明：他的感觉是发热、犯困、想睡觉，这才明白了为什么人进入高瓦斯巷道时，发生不自觉窒息的原因。为了解决煤矿的瓦斯问题，他跑遍了全国各主要瓦斯矿井，有时一年中有大半年是在煤矿度过的，他认为帮助煤矿解决问题是最好的学习机会。

与煤层瓦斯流动相近的是地下水力学，石油和天然气对岩石都没有吸附性，而煤层对瓦斯有很强的吸附性，90%以上的甲烷气体是以固体状态存在于煤层孔隙表面，以动平衡的状态与游离气体不断交换。煤对瓦斯的吸附属于Langmuir方程，难于用简单的数学分析处理，周世宁采用近似的抛物线方程表达瓦斯压力和含量的关系，并导出煤层瓦斯流动的单向、径向、球向流动的微分方程式。为了从微分方程式导出在工程中实用的计算公式，他在实验室中建立了单向和径向流动的模型，用二氧化碳在煤粉中渗流的实验，寻求高吸附性的气体在多孔介质中的流动方程。在孙辑正的帮助下，用相似理论，从微分方程中导出相似准数。把模型实验中的瓦斯压力、流量、吸附性、流动时间等参数代入到相似准数中处理，从而从一个具体的实验测定结果中，导出了普遍的计算公式。这一研究成果发表在《北京矿业学院学报》和1963年的《北京矿业学院科学文选》中，这是国内外首次用简单的代数方程表达出煤层瓦斯的单向、径向和球向流动的方程。在以后的许多年中，实际在煤矿应用的结果表明：周世宁建立的这些计算公式在煤矿瓦斯防治的工程中是适用的，因而在1993年获得国家自然科学奖（四等奖）。

4. 创制了矿井通风网路电模拟计算机

风流在矿井通风网路中的流动是紊流流动，压差和流量是平方关系，属于非线性流动。良好的通风状态是煤矿安全的基础，20世纪五六十年代没有电脑，因而很难准确地调节计算和控制矿井的通风系统。周世宁想根据相似理论用线性电阻网络模拟风网，用电压模拟风压，用电流模拟风量，用电阻模拟风阻，但电流的线性流动规律不同于风流的非线性方程，存在着根本的差别。经过反复地抽象思维，他突然想到风网中风流的流动是稳定的，每一条风路只有一个风量和压差，在坐标图上只有一个工作点。而线性电阻网络在相应的电路上也只有一个电流、电压工作点，只要通过逐步调节的方法使各条电路电的工作点和相应风路风的工作点重合，就可以圆满地完成模拟过程，这就是他在相似理论和模拟技术中提出的新概念——点模拟，也是对相似理论的新发展。他设计了一个有许多可调电阻的网络，通过调节线性电阻逐步逼近非线性的风网。研制的矿井通风网路电模拟计算机取得了成功，在开滦煤矿用这一仪器对林西矿的65条复杂风路的风网进行计算取得了与实际一致的结果，这是当时该领域的世界最新成果。1959年该成果被北京市和国家科委选送到德国来比锡国际博览会展出。

研制的过程是很艰难的，在研制过程中，他搬到实验室居住，有了新的想法可以半夜里起来做试验，缺少元器件夜里骑自行车上火车站到天津买。1958年是“大跃进”的年代，强调一切都要政治挂帅，周世宁因为整天都想着模拟计算机，不愿参加务虚会，被认为是“白专”道路的典型，所以不应给予表扬和奖励。一直到了1964年才当上讲师，但到了1966年便破格提升成为“反动学术权威”。

5. 发现了地应力场和煤层瓦斯压力场的耦合作用

煤层瓦斯的涌出和煤及瓦斯突然喷出都是一种力学现象，但当时对突然喷出的力学过程知之甚少。20 世纪 80 年代周世宁在四川许多突出矿井的研究实验中，发现一个有趣的现象，就是煤层瓦斯排放后，煤层收缩顶底板靠拢，但煤层的渗透率反而增加几百倍之多。这表明煤层内部的煤体有收缩效应，煤体的收缩，扩大了煤层内部的裂隙，增大了煤的强度，降低了地应力，提高了煤层的渗透率，表明了煤层的瓦斯压力场和地应力场是相互耦合的。从而在世界上首次提出地应力、瓦斯压力、煤强度三项突出要素之间存在有机耦合新概念，推动了瓦斯突出防治技术的发展。为了充分证实这一观点的正确性，又和华安增、俞启香在天府煤矿和中梁山煤矿专门进行了四年的实验研究，结合煤和瓦斯突出灾害防治，找出了消除突出危险的技术指标，这是瓦斯灾害防治技术的重大进展。在中梁山煤矿突出危险性很强的煤层，单纯采用预抽瓦斯技术措施消除突出危险后，在煤层中用爆破方法安全掘进了 200m。这一成果在 1983 年获煤炭工业部科技进步一等奖。

6. 发明了主动式封孔测定煤层瓦斯压力的技术和装置

煤层中的瓦斯流动和电流在电场中的流动相仿。瓦斯压力相当于电压，它是瓦斯涌出和突出的动力，是防治煤矿瓦斯灾害最重要的参数，但长期以来，国内外对瓦斯压力很难准确测定，其根本原因在于向煤层打钻孔封孔测压时，钻孔周边在强大的地应力作用下，产生许多微裂隙，封孔的固体材料不能进入微裂隙封堵瓦斯的漏失，煤层渗透率一般都很低，极微量的漏气都能使测得的瓦斯压力值大大低于煤层真实的瓦斯压力。错误的测压值导致错误的技术决策，因而造成了重大损失和事故。20 世纪 80 年代周世宁设想用高于瓦斯压力的液体封孔，由于压力液体可进入孔周的微裂隙防止瓦斯的泄漏，因而可以获得真实的瓦斯压力值。为了维持液体的压力，必须在封孔段两端用胶圈、胶囊等固体物封孔，这样就形成了固体封液体，液体封气体的主动式封孔测压系统。只要封孔的液体压力在测压的过程中始终大于瓦斯压力，则测定的压力值必然是可信的。用这一技术制作的胶圈—压力黏液瓦斯压力测定仪，在天府煤矿多次测得 7MPa 以上的瓦斯压力。甘肃窑街矿务局用这一仪器测出煤层中的二氧化碳气体压力高达 7.6MPa，这是世界上测得的最高的煤层二氧化碳气体压力。

煤矿巷道大多是煤巷，煤层钻孔松软，裂隙多，高压的密封液往往像刀子一样，切割破坏钻孔，从薄弱点冲出泄漏，使测压失败。周世宁想：必须采用新的密封液，由于泄漏都是由高压流向低压，如果密封液中有许多小气泡和漂浮在黏液中的轻质固体小颗粒，当气泡通过裂隙泄漏时，气泡就会膨胀变大，将黏附在气泡表面的固体颗粒涂抹压附在裂隙表面，从而减少了裂隙通道的宽度，形成了自我封堵。这是一种新的密封理念和技术，实验表明在内外压差 2MPa 的情况下，宽度达 4mm 的裂隙，15min就能自动封闭，漏失的三相泡沫液仅25ml。为了能在松软的煤孔中封孔，他和林柏泉、张仁贵研究制作了胶囊—三相压力泡沫密封测压仪。当密封泡沫泄漏时，气泡膨胀将泡沫上附着固体颗粒，紧紧地抹在裂隙表面，迅速堵塞裂隙通道，形成自动封堵的系统。这一仪器也在煤矿中取得良好的应用效果。他发明的主动式封孔测压技术，三相泡沫密封裂隙介质的技术和装置，解决了长期以来困扰国内外瓦斯压力测不准的难题，为此获得了1986年国家发明三等奖。

7. 研究含瓦斯煤体的流变性

周世宁在长期实践中体会到饱含瓦斯的煤体变软，有从固体变为塑性体的特点。在井下煤层打钻孔时，一个直径12cm的钻孔能排出2～3t的煤粉。一次抛出上百吨的煤和瓦斯突出，往往事后找不到孔洞，在南桐煤矿一次5000t大突出事故后，在距突出点158m的地方，看到了煤体流动位移的痕迹。他想：是不是流变性强、易于流动的煤，容易形成大的突出？是危险性强的标志？

1986年他让他的博士生何学秋对此进行专门的研究。由于实验煤样在压力机的压力下，流变速度很慢，当时没有长时间的自动记录仪，何学秋就睡在压力机旁，过几小时做一次记录，做一个煤样要10～15天。实验结果表明：不同的煤的流变特性是不同的，有的煤在压力下的流变渐渐趋缓，有的则在平稳一段时间后突然加速变形，直至破坏。这样就第一次把时间因素加入到煤体破裂形成突出的过程中，填补了含瓦斯煤体缓慢失稳破裂的空白，这对解释煤和瓦斯的延期性突出起到了重要作用。实验证明了煤的流变特性是突出危险性的重要因素，易于流变的煤容易形成大的突出，也容易产生延期性突出，这对制订合理预防措施是有益的。

8. 用人工二次炭化的方法制作实验煤样

在实验室研究时，需要不同煤质、不同强度和渗透率的煤样。天然煤样达不到这一要求，而人工用煤粉压制的人工煤样，因为强度太低，也难于满足实验要求，这是一个国际上普遍存在的难题。周世宁想：煤是大自然的产物，是植物在地下的高温、高压下缓慢炭化下形成的，我们能不能在实验室中对年轻的煤进行人工二次炭化，制作实验需要的煤样？

他让研究生姚宇平先在压力机上压制成型煤样，然后将煤样放在特制的电加热器中，在压力机上一边加热，一边加压。用改变压力和温度的方法，调制出不同煤质、不同强度、不同渗透率的煤样，完全达到了实验要求。这一创新远优于国外在煤粉中添加黏合剂的做法，因为它没有改变煤的性质。

此外，他在实验室测定煤样的渗透率时，由于天然煤样的渗透率非常低，煤样与金属套和橡胶套之间的缝隙，存在泄漏通道，严重影响测定的结果。他想出了一个将试样放在压力液体中测试的办法，完全杜绝了胶套漏气的间隙效应，取得正确的实验结果。

9. 不会说英语，却去参加和主持国际学术会议

1978年十一届三中全会后，周世宁获得彻底平反，提升为副教授。煤炭工业部安全局为了参加1979年在南斯拉夫召开的第十八届国际采矿安全大会征集论文。他的“煤层透气系数的测定方法”论文被大会组委会选中，1979年6月他收到会议组委会的通知：大会在10月6日召开，请你担任7日大会的执行副主席……。他一看就蒙了，因为上大学后改学俄语，英语是中学学的，二十多年没有用过，连字母发音都像俄语。英语的论文是重庆市翻译公司给写的，如果用英语宣读论文，努努力也许能凑合，如果当副主席坐在主席台上，和大会主席在一起，说什么呀？再加之当了十年的“反动学术权威”，老老实实接受改造的弯子还没有转过来。心里是又高兴、又紧张、又害怕，后来一想这是难得的机会，现在离开会还有三个多月，只要拼命努力，还是有可能完成任务的。他把论文分解成八张幻灯片，自己查字典编写解说词，尽量写成短句，进行背诵，他想每天背三到五遍，这样到9月底也背了两百多遍了，再念念英语九百句，好在主席台上和大会主席聊两句，也就能对付了。经过一个多月的努力，英语水平有了很大进步，这让他信心大增。当10月4日飞到克罗地亚的杜布罗夫尼克时，看到亚得里亚海风景如画的海滨景色，因为是第一次出国，他非常地兴奋，但是在参加了第一天的会议后就感受到了沉重的心理压力。

这是因为15分钟的报告后，要站在讲台上面对几百名听众回答5分钟的问题。第一天有位日本教授因为听不懂问题，出现了非常尴尬的局面，而日本代表团中英语很好的成员又不准上台帮忙，所以他见到这一情景，心中异常紧张。第二天上午就是他自己作报告和主持会议的日子，他对如何当场面对面回答问题，没有一点准备，这是没有想到大会不准请人翻译造成的。为了解决这个难关，他想：问的问题反正都是论文中的事，可以把论文逐段分解，找出可能提问的问题，事先写好答案并且背熟，只要听懂两个字就开始慢慢腾腾地回答，并向提问人致谢，让他不好意思再问，想办法把这5分钟混过去。

经过了大半夜的辛勤准备，第二天的大会终于来临了，在大会会场和会议主席互致问候后，他送了主席一个熊猫纪念章，主席一高兴就请他先讲，他说声谢谢后，就第一个上台宣讲，他在背诵报告时，唯一担心的就是别背串了行，落掉了一段，

在台上可没法补。

当他流利、准时地背完后，听到台下掌声雷动，心想不管真的、假的，第一场演出总算成功。接下来，就是站在台上面对听众回答问题，会上一共提了四个问题，前三个问题都是用听懂两句话就顺杆爬的办法，对号入座地背诵了答案，到最后一个问题时，实在是听不懂，他就选用了一个万能答案：你的问题是很重要的，但是三言两语，不能说清楚，我想请你在会下交流。当他听到台下热烈的掌声时，心想终于完成了演出任务。大会中间休息时，有六七个国家的代表来向他祝贺，称赞论文的内容，有的还说：论文是优秀的、你的记忆力也是优秀的，因为你在讲述论文时，没有看一眼你的文章，所有的公式符号都说得很对，甚至小数点后面的两位数都是准确的。他嘴上说谢谢，心里想：你们不知道我费了多大的劲，我的论文是背的，我背了两百多遍，当然符号和数字都是正确的。

第一次出国讲述学术报告的成功，给他打开了通向世界的窗户，也增加了他参与国际学术交流的自信，一些国家请他去讲学、作学术报告，这次国际会议为他以后的国际交流，创建了良好的开端。

10. 在国内外讲述创新思维方法的报告

周世宁在创新方面的观点是：创新能力是人的潜能，对多数人来说，都能在不同的岗位上做出创新的成绩，但是要做到这一点也是不容易的，需要在素质上培养，在理论上学习，在实践中锻炼。发明创造并不是天才的行为，而是科学思维方法在工作中的应用。他认为创新人才的素质应当具有六个方面：第一，坚定的自信；第二，深厚的理论基础和广博的知识面；第三，强烈的创新愿望；第四，良好的分析能力和实践技能；第五，掌握正确的研究方法；第六，健全的体魄和坚强的心理承受能力。

为什么把自信作为素质的首要品质？这是由创新的特点来确定的，创新的关键是新，是做前人没有做过的事。从某种意义上讲，创新是个人行为，能不能成功，要看实践的结果，这里充满风险和困难，创新者必须对自己的选择和决定，具有坚定的信心，才能开始进行研究工作。在工作的过程中出现问题和失败是必然的，这里更需要坚定的信念，才能克服困难取得胜利，所以对创新者来说，需要自信、自信、再自信。在任何困难的情况下，都要坚信经过自己反复思考的奋斗目标是有科学依据的，是一定能实现的，这是创新成功的基础。

创新的想法必须建立在科学的基础上，特别是原始创新是建立在深厚的基本理论之上的，所以学习一定要好。要做到学深学透，学会学活是不容易的，但是一旦你真正掌握了理论，它就会显示出强大的力量，取得你事先难于想象的好结果。

创新者必须要有强烈的创新愿望，时刻注意周围的新技术、新工艺和新事物，千方百计把它应用到工作中来，所以要勤奋学习，善于思考，勇于实践，因为创新思维一定要建立在科学的基础上，加上深入细致的实践，才能使理想转变为现实。根据他的体验，一项新的创造往往要经过几次失败，才能取得成功。不能把失败当成痛苦和打击，而要把它当成一个过程，所以在内心要充满自信，相信自己的选择、分析和决策是正确的。要有坚强的心理素质，遇到困难和挫折，不动摇，不退却，这就是创新成功的道路。

他认为：丰富的想象力是创造发明的动力和源泉，而中国的传统思想是不利于创新的。如“标新立异”、“异想天开”，都是贬义词，“行高于众，人必非之”、“木秀于林，风必摧之”，“出头的椽子先烂，枪打出头鸟”等中庸之道的思想都是不利于创新的。

青少年时代是人生中想象力最丰富的时期，而目前的教育方法大多是扼杀想象力的，做题要符合标准答案，不管做得对不对，差一点就要扣分。作业和试题多得做不完，根本没有时间去思考，去想象，去探索，把学生训练成做题机器，使学生仅仅满足于会解题的水平。这样的教育方法是不利于培养大师级的人才的，所以长期以来我国没有能产生诺贝尔奖的获得者，近几年国家自然科学一等奖和国家发明一等奖的连续空缺也说明了这一问题。

有些人抱怨生不逢时，不像十八、十九世纪科学处于发展初期，发明创造的机会多，认为现在研究问题的难度大。这也是错误的。他认为发明的机会比比皆是，就在我们的身边，关键在于你去不去探索和实践。在矿山安全领域，矿井瓦斯灾害的防治是他的主要研究方向，但他在机械、电气、密封技术、流体和化工方面也取得了几项专利。例如，他在江苏电视台的科学宫节目中看到日本的水射流手术刀，觉得很有新意，但是他认为日本用水泵做动力源太笨重，且不利于消毒，他就给它改用高压氮气压缩切割液塑料袋来产生切割的水射流，结果在医院的实用中效果良好，且成本远低于国外相似的产品。

有一次他在看北京电视台的节目时，看到玉泉营家具城火灾，许多消防车喷出的水，大多流失到地面上，没有起到灭火的作用。从而萌发了在水中加一点添加剂，使水的流动性与普通水相仿，但当水停止流动时，就变成了糨糊，黏附在着火物体的表面上，减少水的流失，提高灭火的效果。也就是配制一种能吸引水分子的高分子聚合物，在水中形成结构，即形成非牛顿态流体，提高水的利用率和灭火效率。实验表明，这一思路是可行的。

1999 年科索沃危机，美国和南斯拉夫之间爆发了战争，美国使用了一种叫石墨炸弹的新武器，当飞机将石墨炸弹投在南斯拉夫高压电网的上空，导电的石墨纤维缠绕在高压线上，引起电网短路，电力中断，使美国不战而胜。他见了这一报道，深感自责，因为1985年他在学习英语课本《新概念英语》时，其中有一课文描述：美国西部一次森林火灾和大停电，是由于森林中的大鸟抓住一条蛇，将蛇吊挂在高压电线上引起的。这里，鸟相当于飞机，蛇相当于石墨纤维，如果早想到这一点，那石墨炸弹就可能是我们中国的发明了，因为它的技术并不复杂。

小时候看章回小说《七侠五义》，其中有个故事，包公的书童包兴找到一个游仙枕放在床上，睡觉时进入了美妙的梦境，周世宁想：只要我们掌握了向人的大脑输入信息的技术，就可以在睡眠时学习和娱乐，这种理想是可以实现的。甚至，将来有可能将发明创造的过程，编成程序，把现有的技术储存到数据库，就可以用电脑进行发明了。

他认为：中国是一个有着五千年历史的文明古国，但在近代的科学技术史上，中国的发明创造实在是太少了。我们应努力去创新，生产出一大批具有自主知识产权的产品来，振兴中华，为人类做出贡献。大胆去探索，做符合科学的试验，在创新的道路上要打破专业界限，在创新工作中不存在专业对口的问题，要做到用什么就学什么，但是一定要学深学透，基本概念正确，因为创新是靠基本理论和科学思维方法。

20世纪90年代以来，他在国内外许多大学和研究机构讲述《创新思维方法》，对创新活动起了一些推动作用。2008年8月他的文章《我对创新的体会》在中国工程院刊物《院士通讯》刊载。

二、周世宁主要论著

周世宁，孙辑正. 1965. 煤层瓦斯流动理论及应用. 煤炭学报，2 (1)：26-39.

周世宁. 1965. 用线性相似材料模拟非线性稳定现象的方法. 煤炭学报，2 (2)：22-30.

瓦斯研究组. 1979. 煤和瓦斯突出的防治. 北京：煤炭工业出版社.

周世宁. 1980. 煤层透气系数的测定和计算. 中国矿业学院学报，(1)：4-9.

周世宁. 1983. 电子计算机在研究煤层瓦斯流动理论的应用. 煤炭学报，(2)：31-37

Zhou S N. 1984. Some basic characteristics of mine ventilation networks. International Journal of Mining Engineering，2.

Zhou S N. 1985. Gas-coal dynamic phenomena in China. Queensland government mining journal，7.

周世宁，何学秋. 1990. 煤与瓦斯突出机理的流变假说. 中国矿业学院学报，(2)：4-11.

周世宁. 1990. 瓦斯在煤层中的流动机理. 煤炭学报，15 (1).

周世宁，林柏泉. 1998. 煤层瓦斯赋存与流动理论. 北京：煤炭工业出版社.

撰写者

周世宁

宋振骐

宋振骐（1935～），湖北武汉人。矿山压力与岩层控制专家，中国“实用矿山压力与岩层控制”理论的开拓者和奠基人。1991年当选为中国科学院学部委员（院士）。1957年8月毕业于北京矿业学院（现中国矿业大学）采煤工程系地下开采专业。创造性地建立了“以岩层运动为中心”，包括岩层运动和矿山压力的预测预报、控制设计（决策）和控制效果判断为一体的理论体系，在建立和完善“以岩层运动为中心”的“实用矿山压力理论”，以及在应用该理论指导煤矿安全生产及机械化发展等方面做出了重大贡献。1979年组建了中国煤炭系统高等院校第一个“矿山压力和岩层控制工程”研究和实践的山东矿业学院（现山东科技大学）矿山压力研究所。1992年荣获全国五一劳动奖章；成果获得国家科技进步二等奖、煤炭工业部科技进步一等奖、国家科技攻关表彰等奖励；先后被授予“全国煤炭工业劳动模范”、“国家级有突出贡献的中青年专家”；先后担任国际岩石力学学会（ISRM）中国组成员，国际岩石力学局（IBSM）成员，中国煤炭工业劳动保护学会常务理事，顶板防治专业委员会主任等职务。

一、成长经历

宋振骐，原名汤学光。1935年3月10日生于湖北汉阳兵工厂一个普通工人家庭里，谁也不会想到这个吮吸着指头的小孩竟会与日后中国数千万采煤工人的生命安全联系到一起。苦厄的年代让年幼的宋振骐提前感受到了生活的艰辛，抗日战争爆发，随着国民党节节败退，父亲所在的工厂内迁，他跟随父母辗转于鄂、桂、黔等地。多年颠沛流离的逃难生活使得年幼的他痛苦却又深刻地认识到国家贫穷、落后、软弱就要挨打，国家的兴衰与个人的命运紧密相连。

贵州桐梓县的一段时光在宋振骐的一生中留下了难以忘怀的记忆。那段时间父亲和哥哥在兵工厂做工，母亲则要在每天凌晨三点带着宋振骐和比他更年幼的弟弟一起做米粉卖给上班的工人。宋振骐永远忘不了秋冬时节，凄冷的清晨，昏暗的油灯下母亲忙碌的身影，影子的缩短与拉长，现在想起这个场景，仍让他心里隐隐作痛。卖完米粉后，母亲还得忙着去完成另外一份工作——到大户人家做工。母亲去做工的时候他和弟弟是不能跟着去的，现在回想起来，也许是母亲害怕雇主担心她因为孩子拖累了工作，或者也许是母亲不想再让自己的孩子看到自己辛苦卑微的样子。此时他就带着弟弟上山采摘能够充饥的东西，有时家里实在无法度日，他就到当地的食堂中求得人家的允许，从饭桌上和剩菜缸中捞取残羹拿回家，捡些相对好些的留给弟弟，自己则依靠剩下的充饥。

后来举家来到重庆，为生活所迫，一家人不得不靠拾柴、捡煤渣过日子，他至今还记得为了能多捡煤渣，滚烫的、泛着红红烈焰的煤渣时常碰触到他那稚嫩的手脚，像烙铁一样，滋滋声响，缕缕青烟从自己手脚上升腾。往往生活的艰辛可能会毁灭一个人，也可能会成就一个人，宋振骐恰恰属于后者，生活的不幸无形之中砥砺出他坚强不屈的性格。

宋振骐也是幸运的！1946年，为了能够让他得到读书的机会，父母将他过继给重庆子弟小学的教师宋鸿福，从此他改名为“宋振骐”。

养父是从安徽流浪到重庆的读书人，虽然身为小学教师，在那个年代家里也是一贫如洗，但是养父却倾其所有来供养这个让他十分怜爱和懂事的孩子。仅仅半年的工夫，在养父的教育引导下，宋振骐便以七门功课总分666分的成绩跃居全校第一，全校老师都惊讶于他在如此短的时间内从一个“差生”变成了“状元”。这其中倾注了养父多少心血，包含了宋振骐多少废寝忘食的努力，只有他们两人最清楚。后来异常勤奋的宋振骐以优异的成绩顺利完成了自己的初中和高中学习。1953年，17岁的宋振骐怀着喜悦和献身“与千变万化的地层作斗争”的煤炭事业的想法，在高考志愿书的三栏里毫不犹豫地都填上了“地下开采（采煤）”，最终他如愿以偿地考取了新中国第一所煤炭高等学府——北京矿业学院，开始了他精彩的大学生活。

煤矿井下工作条件比较艰苦，因此选择采矿专业的人少之又少。但时任北京矿业学院院长吴子牧的一句话“艰苦和有危险的事业才是祖国人民最需要的，敢于献身的青年人也是最光荣的！”深深地激励了青年时期的宋振骐，他暗暗立下了为艰苦光荣的煤炭事业奋斗终生的志向。他如饥似渴地学习每一门课，特别是数学、力学。他很爱读毛泽东的文章，特别喜欢《实践论》《矛盾论》及有关军事战略方面的著作。他注意研究学习方法，喜欢思考、类比、归纳、推演。在做一个抛体力学题时，他会主动同时运用运动学、动力学和能量守恒原理三种方法求解，收到举一反三之利。在学理论力学时，由平面运动刚开始进入刚体转动，他就推出了刚体转动的运动学、动力学和能量原理的全部方程式，本以为是自己的发现和创造，后来一看书，才知道书上全部都有，但是却锻炼了独立思考的能力。

学习之余，宋振骐还是文体活动和社会工作的积极分子，担任着班上的学习委员、院民乐队队长、系篮球队队长。1956年是中国现代科学技术发展史上具有里程碑意义的一年，年初中共中央发出了“向科学进军”的伟大号召，年轻的宋振骐参与组织成立了“学生科学技术小组”，自己则担任了北京矿业学院第一届学生科学技术协会主席。这些活动锻炼了身体、意志，培养了为他人服务的精神和组织能力，也督促他不断地改进学习方法，争取到各门功课全五分的成绩。最终宋振骐受到北京市三好学生等表彰奖励，出席了北京市三好学生代表大会。

为了响应毛泽东关于“三好”的号召，1956年他和班里的同学自编自演了快板剧《不做啃书匠》，几乎演遍北京市的大学和中学。在怀仁堂纪念“一二·九”运动演出后，周恩来总理亲自接见并表扬了他们，大家为此受到了很大的鼓舞。

直到后来在唐山矿实习的时候，宋振骐才认识了真实的矿山：脏、乱、差，黑、险、苦，才意识到了现实中的煤矿怎能用一个单纯的危险来概括：乌黑的世界，让人窒息的煤尘，超负荷的体力劳动，随时可能冒落的岩层，让每一个工人随时都在与命运“赌博”。一天，在井下实习的他，被突然冒落的顶板碎石困住了，处境十分危险，在场的工人却不顾自身的安危前来救他。宋振骐被深深地打动了：“全国那么多矿工，他们随时随地都可能遇到这样那样的危险，为了千百万矿工的安全，我这个学采煤的有责任啊!”1957年，风华正茂、激情满怀的宋振骐以优异的成绩毕业，并作为“优秀毕业生”留在母校任教，开始了用自己的所学为中国煤炭事业和教育事业的发展奉献光和热的人生。

1958年，宋振骐遇到了陪伴他走过金婚、与他伉俪情深的祝伲，想到井下异常恶劣的工作环境，她无时无刻不担心着丈夫的安危，但是大爱的精神却使她一直坚守在后方默默地支持着宋振骐，让宋振骐在工作时没有任何后顾之忧，全身心地为中国的煤炭工业发展和煤矿工人们的生命安全奋斗。

巴尔扎克曾经说过：苦难是人生的导师。宋振骐始终认为，正是其人生中一次又一次的苦难经历促使其树立了正确的人生观、世界观和价值观，并为一个宏伟的目标奋斗终生。

二、奋斗历程

曾经的懵懂少年，用学问铸成大地的风景。1957年8月，宋振骐走上人民教师的讲台。在为师治学当中，他特别注重理论与实践的结合，始终坚持带领学生深入煤矿生产第一线，特别是那些比较艰苦、有一定危险和需要有创造性活动的地方学习、劳动，从事科学研究和生产实践。先后开设了采场矿山压力、矿山岩体力学、实用矿山压力与层岩控制等课程，自己编写教材，将自己的科研实践写入教材，努力开始了科研反哺教学的摸索和实践。

在1958～1962年全国水力采煤机械化高潮中，他和学生参加了我国第一个水力开采矿井的试生产，在淮南谢一矿首先系统地开展了水力开采及顶板运动规律的实测研究，1959年还完成《采煤学》水力开采部分主编任务。1960年由于水力开采方法及顶板运动规律研究和教学改革方面的工作成绩他被评为北京市先进工作者。

1961年他完成《采煤学》下册修编和再版任务（主编水力开采部分)。1963～1964年，承担煤炭工业部重点项目“水力开采参数的研究”，发表了“我国水采现状”、“水采顶板活动规律”等多篇论文和研究报告。同时他们为回采工作面采煤机械化而奋斗，不顾煤壁片塌、顶板冒落的危险研制试验了装煤犁、安全支柱和回柱装备以及“吊挂滑轮”、“弹簧枪”等支柱回撤装备。为此煤炭工业部召开现场会议，时任部长张霖芝亲临参观，他们的成果在“全国煤展会”上展出。

1967年3月宋振骐因工作需要调入山东矿业学院，自此开始了在山东、安徽、山西、河北等主要产煤省市从事矿山压力与顶板管理的研究实践的历程，先后写出了“单体支柱井下工况”、“缓倾斜煤层顶板活动规律”、“综采工作面顶板破碎原因分析”等十多篇学术论文和研究报告。为使煤矿工人脱离顶板垮塌事故的威胁，宋振骐与同事们不断进行艰苦的顶板活动实测研究，甚至在“文化大革命”时期也没有间断。1977年他筹备并参加了煤炭工业部矿压理论讨论会，在会上发表了“以岩层运动为中心的矿山压力理论纲要”和有关研究成果。会后，根据时任煤炭工业部技术委员会主任何以瑞和时任煤炭研究院院长范维唐等领导的指示，建立中国第一个矿压实验室——山东矿业学院“矿山压力研究室”。1978年宋振骐深入山东、吉林、四川、黑龙江等省局矿，就完善“以岩层运动为中心的矿压理论”，研制有关测试手段进行控制实践，开展系统的研究工作。同年主持煤炭工业部矿山压力培训班，用先进的分配、用人机制和科研机制开始为生产现场培养从事矿山压力研究的技术骨干，并创造性地研制了矿山压力机械模拟实验台、顶板事故模拟实验台等实验装备，为发展矿山压力实验研究做出了贡献。

20世纪70年代末，中国矿压仪器可以说是一片空白，有钱却无处买仪器。“没有就自己造!”针对当时国内矿山矿压监测手段落后的局面，宋振骐动员了一大批物理、机电、计算机专业的老师和研究生，组成联合课题组，日夜奋战，先后完成了CH-50型压力盒、KY-82型岩层动态仪、DCC-1型遥测仪、DK-Ⅱ支柱质量监测仪、SY-50、SY-60 型支柱测力计等一大批矿用仪器仪表的研制工作，为了让科研成果尽快转化为生产力，为现场服务，宋振骐倡导联合十几个单位把科研、教学、设计、制造、销售串成一体，组织成一个联合体。80 年代中期，宋振骐领导的仪器工厂生产了全国近 75%的矿压仪器。多年来，他带领矿山压力研究所的同事利用自己的理论成果和监测手段，对中国事故严重的局矿的近百个工作面进行顶板预测预报和控制实践，取得了成功的控制效果，同时研究所结合中国国情研制的支护装备对保证现场支护有效工作和掘进机械化发展也起到了重要的推动作用。

手段是理论的载体，生产现场掌握更多的科学理论又有利于掌握手段和认识机理，两者是并行不悖的。带着这种思想，宋振骐南下北上，足迹几乎遍及全国所有产煤省市的局矿、学校和研究单位，去宣传和实践矿山压力理论，指导现场煤炭开采，所到之处都受到热情的欢迎，大家亲切地称其为为矿山“号脉”的“老中医”。

成果转化还要以传播为先导，他在学校教书育人，闲暇便潜心著文写作，著有《实用矿山压力控制》《采煤学》（合著）《采掘区队长》《煤矿顶板事故防治》等。其中他的专著《实用矿山压力控制》被选为优秀科技图书，收入《中国优秀科技图书要览》，另外还先后发表了 30 多篇在国内外有影响的学术论文，其著书为文的一个特点仍然含有他的理论个性：实用性。让工程理论转化为现实生产力，这是宋振骐毕生为之奋斗的目标。1979 年他担任煤炭工业部矿山压力情报分站站长，协助部有关司局组织推动现场矿压的观测研究工作。1980～1983 年他主持煤炭工业部重点项目“普采矿压规律研究”、“陶庄矿水采冲击低压研究”、“松树镇矿采煤方法改革”等的研究工作，获得重要成果。在理论研究方面深入地揭示了矿山压力分布、显现与上覆岩层运动间的关系。在测试手段方面完成了 KY—80 型顶板动态仪的研制，产品装备了近百个局矿。1982 年 7 月他还应邀参加了第二届岩层控制国际会议，发表了“采场矿压显现与上覆岩层运动间关系”的重要论文。1983 年 5 月出席了全国煤炭系统第二次科技大会并被评为“煤炭系统优秀专业技术干部”。1986 年他主持的“六五”国家重点攻关项目通过国家鉴定，在国家科委召开的“六五”攻关表彰大会上获得“六五”攻关表彰奖。1987 年主持项目“采场矿压及顶板预测预报和控制的理论与方法”获得国家科技进步二等奖，他获“山东省科技拔尖人才”称号。

宋振骐言有物，行有格，用自己的实际行动不断地鼓励学生，感化周围。他成立了学生科技创新小组，为中国煤矿事业培养了一大批杰出人才，当年科技创新小组的成员，后来都成长为国内外有一定影响的专家学者，也有成为国内大学校、院长，继续为中国高等教育优秀人才的培养工程建功立业。

在高等学校发展中，宋振骐坚持高校既要拓展办学空间，提供人才培养平台，又要重视“内涵建设”，加强高校校风、教风、学风建设的理念。作为人才强国战略的积极呼吁者，近十年来，他先后应邀到全国几十所高校和省市干部及企业领导学习班上就“高等教育与人才强国战略”、“知识经济时代特征和人才强国战略”等作专题报告，支持、宣传和实践“人才强国”战略。他求贤若渴、爱生如子、惜才如命，拿出自己的积蓄，设立“院士奖学金”，每年资助贫困优秀大学生，帮助他们顺利完成学业。对于青年人宋振骐更是不遗余力地培养，为他们提供展示自己的舞台。宋振骐讲求资源共享，对于研究成果都是主动公开，让其他人来批评、指正、研究、发展。

宋振骐为中国“人才强国”梦奔走着，年逾古稀仍不忘教育大业。2009 年 9 月 7 日，宋振骐应邀在南开中学演讲，激情演讲赢得现场观众一次又一次的掌声。宋振骐鼓励学生们不要死读书，重视锻炼身体，要想提高高等教育的教学质量，需要进行大胆改革，高等教育应落实和扩大高等办学自主权。

正是凭着对祖国的热爱和对科学、教育的不断追求，宋振骐上下求索，天问的路上，生命融入了人类科学的发展。

三、主要研究领域及学术思维

矿压理论的研究，在国外已有近百年的历史，而中国 20 世纪 50 年代才刚刚起步。从 1953 年迈入大学学堂到工作以后，宋振骐研究了很多学者同行的各种理论假说，去粗取精，决心从“动”的观念出发，解决顶板压力预测预报的问题。当时脚下是一片空白，没有理论，没有数据，什么都没有，于是到生产现场总结探索各种经验教训，分析研究了以前数百起重大顶板垮塌事故，整理分析了数以百万计的观察数据。

1965～1968 年，开滦局范各庄矿为了搞“三下”采煤，探究采场上覆岩层运动规律，在十多个工作面之上打了七个钻孔，每个孔设有十几个测点，测出大量的数据。这些数据由于“文化大革命”被搁置了五六年之后被他发现。他利用带领学生在范各庄矿实习之机认真地分析研究了所有资料，由此撰写出“采场上覆岩层运动的基本规律”论文，奠定了他的矿压理论基础。宋振骐认准了现场，在峰峰、平顶山、淮南、开滦，无数个工作面上留下了他的足迹。

1974 年炎夏，宋振骐来到开滦范各庄煤矿。他带领学生联合矿上的工程技术人员起早贪黑，苦干了两个多月，分析了5万多个数据，初步摸索出岩层运动的规律，写出了“范各庄矿上覆岩运动的基本规律”的论文，为新的矿压理论的形成打下了基础。

第三年春天，宋振骐再下开滦，来到了林西矿井下。数百米的地层深处，“咣咣、嘎嘎”的板炮声此起彼伏。顶板来压了！宋振骐心头一喜，强令学生和工人撤离，自己却掏出秒表，向前一趴，迅速向老塘（采空区）爬去。周围人都被这突如其来的危险吓得目瞪口呆，大家一起喊，宋老师不要进去，可宋振骐却好像什么也没听到，什么也没想到，他现在要的只是顶板来压这一关键时刻的数据！事后，他的一个学生说：“当时我真怀疑宋老师‘疯’了，为了一个数据，他真可以不要命啊!”现场一位老工人抑制不住内心的激动，逢人便说：“像宋老师这样的人我见得不多。他不知疲倦，不怕风险地战斗在现场，这样干事业，哪能不成功!”

1976年，兖州局南屯矿的井下工作面发生多次塌跨事故。在山东煤管局的领导下，组成了由宋振骐为组长的“顶板工作组”，在南屯的5个月里，他有4个月都坚持在井下一线，抢夺测到了数以十万计的顶板动态信息数据，就像中医“号脉”一样，在井下探测矿压的变化规律。宋振骐当选院士后，在给学生作报告中，还经常说：“现场是苦、是累，可苦点、累点怕什么？苦，苦出本事来了；累，累出成果来了!”他整理分析了数以百万计的数据，硬是从现场找到了顶板运动和破碎的规律，并对支柱的工作状况及实际支撑能力等技术细节有了更清晰的认识，一套“面目一新、独树一帜”的顶板控制理论诞生了。这套理论指出：采场顶板的运动是有规律的，就像天气预报一样，来压的时间、压力的大小是可以预测预报的。

当别人为宋振骐的成功欢呼时，他又带起了行囊，向新的科研项目进发，轻型半卸载自移支架、内循环外加载单体支柱、轻型炮采单体液压支柱等样品陆续投入生产。北京矿务局门头沟矿有几十年的开采历史，20世纪20年代英国人开采时留房柱，50年代苏联专家改成刀柱，这种方法不仅丢煤多，坑木消耗大，而且经常发生事故。有一次产生了3.5级的冲击地压，连市里的人都感到了震动。1984年，宋振骐接受了协助改革采煤方法的任务。有个好心的同志劝他：“老宋啊，这可是几十年没啃下的硬骨头，小心毁了名声!”此中情况宋振骐比谁都清楚，但他不愿把难题留给后人。当年的5月4日，宋振骐带着一班人进矿了。经过一番艰苦的探索，改革采煤方法成功了。一位老矿工激动地说：“咱们中国人就是有志气、有能力，外国人打怵的事，宋老师愣是把它办成了!”

1980年，吉林省通化矿务局松树镇煤矿发生了震惊全国的瓦斯爆炸事件，宋振骐在事故现场，进行了详细的调查研究。在局里组织的报告会上，他几乎在吼：“事故的教训告诉我们，要抓科学，而不是抓人。事故的根源在哪里？在于顶板管理和采煤方法的落后!”他带着学生，和工人一起，将刀柱采煤改为长臂连续推进采煤，巷道的风通畅了，避免了瓦斯的聚集，并较好地控制了坚硬的顶板，年产量一下子由18万t提高到40万t，坑木消耗每万吨下降230m^3，煤层回采率提高了30%，获直接经济效益539万元。

宋振骐以深入揭示矿山压力及其显现与岩层运动关系为核心，把矿山压力及顶板活动的预测预报、控制设计及控制效果判断联系起来，形成了比较完整的理论体系，工程界和理论界都认为他的理论很有“实用性”。他指出“矿山压力”及其“显现”在不断发展变化之中，其变化是有规律的，这个规律是由岩层运动决定的，提出了矿山压力及其控制的理论应以研究上覆岩层运动为中心，把深入揭示矿山压力及其显现与上覆岩层运动间的关系放在核心地位的指导思想。

在这一学术思想的指导下，通过现场实测研究、实验室相似材料及计算机模拟研究以及理论分析，深入地研究和揭示了矿山压力及其显现与上覆岩层间的关系以及它们随采场推进发展变化的规律，创立了“两个应力场”的理论。他创造性地利用在回采工作面超前巷道中观测的“顶板动态”的简易方法，实现了采场顶板来压的预测预报。这方面的研究和实践工作是由宋振骐首创的，国际上还没有见到先例。为使来压预测预报提高到一个新的水平，他主持并成功地完成了国家攻关项目“顶板动态监测计算机系统”的研制工作（包括监测手段，监测信息的传输和整理分析系统以及计算机预报软件等）并通过了国家鉴定，在煤矿推广应用。这一研究成果把中国矿山压力及顶板活动预测预报技术推进到了地面遥测和依靠计算机工作的国际领先水平。

在经历了矿井下的生死考验、学术界的激烈争论、工程上的成功实践和理论上的艰苦探索后，宋振骐的“实用矿山压力理论体系”已逐步形成并日趋完善，在国内外产生了很大的影响。煤炭工业部1984年召开的矿压理论评议会指出，宋振骐的理论“方向对头，自成体系，指导生产效果明显”。煤矿工程技术界认为宋振骐的理论“结合中国的国情，符合现场实际”，“是对传统的突破”，“为指导煤矿安全生产提供了有力的理论基础”。宋振骐也应邀到美国、保加利亚、俄罗斯、印度、德国、日本、波兰、瑞典等国家参加国际学术会议和讲学，而他一手创建的矿山压力研究所也先后接待了来自美国、德国、俄罗斯、英国、波兰、日本、法国等十多个国家从事岩石力学和岩层控制研究的学者、专家和代表团的访问。德国威尔克教授称矿山压力研究所的成果“不仅在中国是先进的，在国际上也是先进的”。著名学者和专家埃维林在参观矿山压力研究所后的来信中说：“非常高兴地看到了您在岩石力学和岩层控制方面卓有成效的工作。我可以肯定，就像我们研究所（德国埃森采矿研究中心）为德国采矿工业起着重要作用一样，贵所将会为中国采矿工业发展起到重要作用。”

1989年，在人们对放顶煤还只有模糊概念的时候，宋振骐就带领队伍在郑州矿务局王庄矿、芦沟矿开展了放顶煤研究，此项成果一直沿用至今。

1990年，兖州矿区在如何摆脱传统采煤方法、争取效益和效率有大的突破的论证过程中，宋振骐提出了放顶煤开采是兖州矿区步入现代化矿区的必由之路，并组织课题组进行了全面的论证，提交了有科学依据的论证报告。20年来的实践证明，宋振骐的观点是完全正确的。

1995年，宋振骐带领课题组深入开滦赵各庄矿一干就是3年，基本解决了矿区深部开采的冲击地压问题。

1997年，宋振骐根据他的岩层运动理论，提出了“支托层控制地表沉陷”的观点，并在开滦唐山矿进行了多层位注浆的试验，取得了良好的效果。

1999年5月，印度巴兰布引进了中国的综采支架，由于顶板坚硬，井下一直不能正常生产。宋振骐作为主要专家，提出了正确的支架阻力计算方法和相应的顶板处理措施，成功地控制住了顶板。宋振骐还参加了中国第一个海下放顶煤安全高效开采工作面的试采和正规开采研究，无论产量、效益、生产机械化和管理自动化程度上取得的成果，都是世界其他国家没有达到过的。

21世纪以来，他推进的“煤矿安全高效开采决策支持系统”项目通过与宁煤集团、兖煤集团、同煤集团和淮煤集团合作，投入近千万元资金研究和相关矿井的应用实践，取得了重要的阶段性突破成果。这个项目在各煤炭集团相应矿井的运行成果都通过了鉴定，再一次证明了实用矿山压力理论及重大事故预测控制模型是实用的，是经得起检验的。

他担任技术顾问和支持评估鉴定的郑州煤机厂和神华集团共同研发的6.3m液压支架投入使用。这是目前世界上已投入使用、工作阻力最大、支护高度最高、适应煤层变化最大的液压支架，并创下了月产109万t的世界纪录；他参与的大同煤炭集团塔山矿22m特厚煤层综放开采研究项目取得了安全推进1200m、平均月产90万t、年生产能力突破1000万t的重大突破性成果，在当今世界也可说是绝无仅有的。

通过以矿山压力和采煤理论为指导，大力发展循环经济，最大限度地采出和高效的利用不可再生的煤炭资源，实现煤矿安全高效生产，最大限度的控制开采环境灾害成为宋振骐思考的另一个课题。目前他正在积极推进发展循环经济特别是突破煤矸石、电厂粉煤灰等工程废弃物以及井下可采伴生资源转化为矿用高强、耐久、价廉的“绿色”工程材料，实现无煤柱充填开采，控制煤矿重大事故、控制环境污染和开采沉陷造成环境灾害，与相关企业联合组建“循环经济工程中心”和“现场工程示范基地”，推进中国煤矿特别是量大面广的中小型煤矿，实现安全高效生产，节能减排、绿色开采，循环经济事业的发展。

为中国煤炭事业奋斗了几十年，宋振骐也已是华发满头。当他看到煤矿还有很多安全问题等着解决，他心急如焚，身先士卒，走南闯北，在解决了煤矿一个个难题的同时，带出了一支特别能战斗的队伍。

至今，宋振骐心里放不下两件大事：一个是煤炭生产安全，一个是人才的培养。为了全国1万多个煤矿的安全生产和中国煤炭技术水平的提高，他殚精竭虑，不懈科研攻关，坚持产学研结合，把年轻人推向科研和生产实践的前沿；为了培养更多的人才，实现科技强国，他诲人不倦，呼吁大力发展高等教育，提高教育质量，努力培养更多的创新型人才，为中国的发展和经济建设服务。

精神矍铄，步履稳健，行色匆匆，已经70多岁的宋振骐珍惜着每一秒钟，他要把自己的知识毫无保留地传给更多的年轻人。他说自己不可能停下脚步，因为他明白肩上的责任，他要对得起院士的荣誉。他仍在奔波于全国各地，带领一大批年轻人正迈着新的步伐，为继续探索着地下黑色宝藏的秘密而乐此不疲，继续奋斗。

四、主要学术成就

1. 创造性地发展了“矿山压力控制”学科理论

第一，严格地区分和定义了“矿山压力”以及“矿山压力显现”两个基本概念，强调了矿山压力显现的相对性。从理论上为准确地解释各种矿山压力现象以及利用容易得到的“矿压显现”推断矿山压力分布及上覆岩层运动状况提供了基础。

第二，针对煤矿采场不断推进的工程特点，正确指出“矿山压力”及其“显现”在不断发展变化之中，其变化是有规律的，这个规律是由岩层运动决定的。从而提出矿山压力及其控制的理论应以研究上覆岩层运动为中心，把深入揭示矿山压力及其显现与上覆岩层运动间的关系放在核心地位的指导思想。在这一学术思想的指导下，通过现场实测研究、实验室相似材料及计算机模拟研究以及理论分析，比较深入地研究和揭示了矿山压力及其显现与上覆岩层间的关系以及它们随采场推进发展变化的规律。通过广泛实践建立起的“两个应力场”的理论，为在生产现场通过观测支承压力显现发展变化规律，预测预报采场顶板运动（来压），推断支承压力大小分布以及正确建立采场矿压（包括工作面及巷道矿压）控制设计结构力学模型提供了基础。

第三，正确指出明显影响矿压及显现的上覆岩层范围是有限的（一般包括“直接顶”及“老顶”两个部分）、可知的（可以通过它们运动时对矿压显现的影响找到）、可变的（通过改变采高、开采程序、顶板处理方法等采动条件使之变化），因而也是可以人为控制的。宋振骐抛弃了根据岩层强度划分该范围顶板属性的传统做法，提出了按岩层在运动过程中的结构力学特征（特别是推进方向上保持传递作用力的特性）及运动对矿山压力显现的影响划定顶板属性的新思想和新观念。并通过揭示其间关系的研究和实践，找到了在生产现场确定该范围厚度及结构参数的办法。从而解决了矿山压力理论发展历史中控制对象无法具体确定的难题。

第四，在比较深入地研究来压时刻支架的支护强度与顶板位置状态（可以用任何控顶处顶板下沉量表达）关系的基础上，首先正确提出了支架相对“老顶”“位态”可以在“给定变形”和“限定变形”两种状态下工作的新观点。建立了支架在“限定变形”条件下工作的近似方程——“岩梁位态方程”，并提出了在生产现场建立位态方程的具体方法。与此同时在对数以百计的重大顶板事故统计分析及有效控制实践的基础上，提出了顶板控制设计的准则及相应的力学保证条件。这些成果为后来正确解决采场顶板控制设计问题奠定了基础。

第五，在对采场支架井下实际工作状况进行大量实测的基础上，首先提出了采场支架有效支承能力的概念，分析和研究了有关影响因素，提出了相应的计算办法，从而为合理选择采场支护形式、确定支护密度提供了依据。

上述在理论上的系统性和创造性发展，为把采场矿山压力研究从定性推向定量，把中国煤炭生产现场顶板控制从过去主要依靠统计经验决策提高到能够针对具体煤层条件进行定量决策的阶段做出了重要贡献。

2. “实用性”即直接用于指导现场生产实践，是矿山压力理论的重要特色

第一，针对结合具体煤层及开采技术条件的定量目标，形成了比较完整的理论体系。宋振骐以深入揭示矿山压力及其显现与岩层运动关系为核心，把矿山压力及顶板活动的预测预报，控制设计及控制效果的判断连成一体，形成了比较完整的理论体系。

第二，创造了“井下岩层动态观测研究方法”。以解决工程控制实际问题为目标，实现了理论和方法的统一。该方法的创造性贡献包括：①在深入研究了矿山压力及其显现与岩层运动间关系的基础上，创造性地利用在回采工作面超前巷道中观测的“顶板动态”的简易方法，实现了确定顶板控制范围及结构参数，预测预报采场矿山压力分布和顶板活动的目标。②成功地研制了“顶板动态仪”等监测“顶板动态”的手段，把巷道顶底板位移测量精度从毫米级提高到忽米（毫米的 1/100）的水平，从而首先在中国成功的捕捉到顶板断裂出现的“反弹”及“压力高峰转移”

等重要信息，为预报顶板来压及推断支承压力高峰位置提供了依据。③主持并成功地完成了国家攻关等项目（包括监测手段，监测信息的传输和整理分析系统以及计算机预报软件等），这些研究成果为把中国矿山压力及顶板活动预测预报技术推进到国际领先水平奠定了基础。

五、宋振骐主要论著

宋振骐，杨有根，洪允和. 1965. 水采煤层合理开采强度确定方法的探讨. 煤炭学报，(1)：71-85.

Song Z Q. 1982. Manifestation of mine pressure and its relations to overlying strata movements. Second Conference on Groundcontrol in Mining.

宋振骐. 1983. 关于矿山压力及其控制的几个名词及其概念的意见. 矿山压力研究论文选编.

Song Z Q. 1983. Auswirkang des tragenden Drucks vor and nach dem Bruch der Cesteinsbalken——Anwendung bdider Abbaulanung. Application of rock Mechanics to Planning and Design Prior Mining.

宋振骐. 采场支承压力显现规律与上覆岩层运动的关系. 煤炭学报，(1).

宋振骐. 1985. 采场周围巷道矿压控制设计问题. 国际采矿科学技术讨论会论文集.

Song Z Q. 1985. Research and practice of reforming the mining procedures in burst——tended seam under high stress. Mining Systems Adjusted to High Rock Pressures Conditions.

宋振骐. 1987. 采场矿山矿力和顶板运动的预测预报. 北京，第二十二届国际采矿安全会议论文集.

Song Z Q. 1987. Basic research on the theory and method of control designing in coal face. Modelling of Mine Structures.

宋振骐. 1988. 老顶总体状态方程及其力学机理. 现代采矿技术国际学术讨论会论文集.

宋振骐. 1988. 巷道顶板岩层稳定性的极限分析法. 中国矿业学院学报，(2)：19-27.

宋振骐. 1988. 底板巷道矿压显现规律与合理位置的研究. 矿山压力，(1).

宋振骐. 1988. 陶庄煤矿水采区冲击地压的研究. 煤炭学报，(3)：3-12.

宋振骐. 1988. 实用矿山压力控制. 北京：中国矿业大学出版社.

宋振骐. 1991. 煤矿顶板事故防治. 北京：煤炭工业出版社.

宋振骐. 2010. 无煤柱矸石充填绿色安全高效开采模式及其工程理论基础研究. 煤炭学报，(5)：4-9.

主要参考文献

宋振骐. 1994. 我的路——献给青年朋友们. 中国煤炭，(2)：54-55.

王毓静，信永华，宋振骐. 2008. 探秘地下宝藏的行者. 走向世界，(9)：36-39.

王毓静. 2008. 老骥伏枥志在千里. 山东科技大学学报，(4).

撰写者

宋振骐

薛娇（1988～），山东科技大学学生记者团记者。

范维唐

范维唐（1935～），湖北鄂城人。矿山压力及开采机械化专家。中国工程院院士、瑞典皇家工程科学院外籍院士。1963 年获苏联莫斯科矿业学院技术科学副博士学位。曾任煤炭科学研究总院总工程师、院长，煤炭工业部总工程师、副部长，中国煤炭工业协会会长，中国能源研究会理事长，世界采矿大会组委会副主席。主要从事研究及主持综合机械化采煤技术攻关，做出了重大贡献，建立了中国采煤机械化的试验室及体系，大量科研成果广泛应用于生产，形成了符合国情，适用于不同生产地质条件的综采及高档普采成套技术装备与工艺，取得了巨大的经济效益。主持制定了煤炭工业技术政策，组织提出了煤炭工业科技、教育发展规划纲要和洁净煤技术发展规划以及煤炭工业的质量振兴纲要等，初步建立了中国煤炭工业的质量标准化体系。此外，他在能源和公共安全方面，积极倡导发展洁净煤技术，主持完成了多项战略性研究课题，研究并提出了中国公共安全科技发展的总体思路、战略重点和重大任务，促进中国公共安全逐步从传统经验型向现代高科技型转变，为实现经济和社会全面、协调、可持续发展提供了可靠的公共安全技术保障。

一、生 平 概 要

范维唐 1935 年出生于北京，祖籍为湖北鄂城。1956 年毕业于北京钢铁学院采矿系；1956 年 9 月～1959 年 9 月在北京外国语学院、北京矿业学院和北京钢铁学院进修；1959 年 9 月～1963 年 4 月在苏联莫斯科矿业学院攻读研究生，获技术科学副博士学位。1963 年 9 月～1972 年 4 月在煤炭科学研究院北京开采研究所任技术员、工程师、课题组长、研究室主任；1972 年 4 月～1986 年 9 月任煤炭科学研究院总工程师、副院长，煤炭工业部科技局副局长、局长，煤炭科学研究总院院长；1986 年 9 月～1988 年 5 月任煤炭工业部总工程师兼技术咨询委员会主任；1988 年 6 月～1993 年 5 月任中国统配煤矿总公司总工程师、副总经理；1993 年 5 月～1998 年 3 月任煤炭工业部党组成员、副部长；1988～2007 年担任世界采矿大会组委会副主席；1994 年 5 月当选为中国工程院首批院士；1994～2000 年任工程院主席团成员、能源与矿业工程学部主任；1998～2005年任中国科协工程学会联合会主席；1989～2001年任中国煤炭学会理事长；2001～2007年任中国煤炭工业协会会长；1998～2002年任中国能源研究会副理事长，2002～2007年任中国能源研究会理事长；2002年当选瑞典皇家工程科学院外籍院士；2003年任清华BP清洁能源研究与教育中心顾问委员会主席。

曾被选为中国共产党第十、第十一、第十二次全国代表大会代表，历任第八、第九届全国政协委员。

二、主要研究领域和学术成就

范维唐是中国煤炭工业一名博学的技术专家，又是中国煤炭工业一位敬业的高层领导，他是中国煤炭工业的一个标志性人物。他身兼数职，经历并参与了中国煤炭工业的多次变革。中国煤炭工业由最初的人工打眼放炮等落后生产工艺过渡到全面采用先进的综合机械化采煤技术，其中饱含他的心血。中国煤炭工业由粗放型发展模式到集约型发展模式的转变，实现走新型工业化道路的目标，其中也有他的汗水。中国煤炭工业的发展与他息息相关，他与中国煤炭工业同呼吸、共命运。范维唐对中国公共安全也有着自己的见解，组织并参与了公共安全领域的课题研究，为使我国公共安全逐步从传统经验型向现代高科技型的转变竭尽所能、贡献所学。他将学好科学技术、报效祖国作为理想，并在工作与生活中用实际行动很好地诠释了自己的理想。

1. 主持了煤矿开采机械化的技术攻关及推广应用工作

煤炭一直是中国的重要能源，支撑中国经济不断向前发展。在20世纪70年代，我国的煤炭工业开采是依靠大量工人在井下体力劳动来进行作业，采煤技术落后、装备落后、开采效率低下、安全状况很差，严重影响了煤炭工业的健康发展。为了改变这种煤炭生产技术落后、效率低下的局面，燃化部领导确立了发展采煤机械化的总方针。1972年，范维唐作为煤炭科学研究总院的总工程师全面领导、直接参加并主持了开采机械化的技术攻关。作为技术总负责人，他确立了技术主攻方向、技术途径、技术方案、研制路线，主持了整体配套和具体技术方案的论证、审查，集中了众多行业的力量，做出了具体的决策，具体安排并亲自参加了设备的试制及成套设备的井下工业性试验。经过长达十年艰苦不懈的努力和攻关，取得了大量重大科技成果，并广泛应用于生产，形成了适用于我国生产地质条件的技术及成套装备，主要成果有：第一，缓倾斜煤层综采技术及装备。主持了中国首批国产技术及装备的研制，突破了液压支架的元部件及配套设备的技术关。第二，分层开采自动铺网技术装备及工艺。针对我国厚煤层占有很大比重，组织开发了厚煤层分层综采工艺，并在主要厚煤层矿区得到广泛应用，取得良好效果，其中分层开采自动铺网支架为世界首创，受到世界各国的重视。第三，坚硬顶板条件下综合机械化开采。提出了用强制顶板冒落（强制爆破及预注水软化）和强力支护（高支撑阻力及抗冲击大流量安全阀）的技术途径解决了大同坚硬顶板控制难题，使我国最大的大同矿区实现了综合机械化开采和安全生产，生产技术面貌发生了根本性的变化。第四，放顶煤综采技术。组织研发了厚煤层放顶煤综合机械化采煤技术装备与工艺，包括采放平行作业的高产高效工艺、急倾斜特厚煤层的短机身采煤机的综采工艺等。有效解决了特厚煤层、不稳定厚煤层及急倾斜特厚煤层开采难题，实现厚煤层的高效安全开采，现已广泛推广应用，经济效益突出，吨煤成本显著降低。第五，经济型综采成套设备。主持开发了生产能力适中、可靠性高、技术先进、价格便宜的经济型综采成套设备（成本比普通设备低40%），已推广应用，成为我国南方煤矿采用的主要综采成套设备。第六，高档普采成套设备。为适应不同的生产地质条件和对技术装备不同层次的要求，主持开发了以单体液压支柱和与之相配套的采煤机、运输机等组成的高档普采成套设备，并得到了广泛的推广应用。

经过开采机械化技术攻关，取代了落后的人工打眼放炮技术及单体支柱支护顶板的生产工艺，奠定了我国煤矿生产机械化的技术基础，大幅度提高了煤炭产量，保证了国民经济发展对煤炭日益增长的需求，煤矿安全状况也得到了改善。现在有的综采队年产量已超过800万t，达到世界领先水平。目前，我国液压支架已出口美国、俄罗斯等国，成套装备已出口印度、土耳其等国。

2. 主持煤炭工业重大项目的研究与推广工作

范维唐主持制定及组织实施了煤炭工业“八五”、“九五”科技发展规划，推动了煤炭行业的科技进步。在兼任煤炭工业技术委员会主任期间，他主持了“煤炭工业技术政策”、“中国采煤机械化合理技术途径”、“关于加快发展煤炭工业的若干建议”的研究及一批矿区发展规划等，研究成果已被有关方面采纳应用。鉴于他在咨询工作中做出的突出成绩，被亚洲开发银行聘为中国首批亚行注册咨询专家。

在主持重大科研成果的转化和推广工作中，对一些有广泛应用前景的成果进行移植和二次开发，使之成龙配套，形成综合生产能力，并推广应用于生产实践。例如炮采新工艺及“三小”光爆锚喷技术等20项重点项目的推广应用，使煤炭企业取得了巨大的经济效益和社会效益。

3. 主持研究我国可持续发展能源战略

1994年当选为中国工程院首批院士后，曾担任中国工程院主席团成员、能源与矿业工程学部主任，在此期间，范维唐一直致力于我国能源发展战略，主持完成了一批重大能源咨询研究工作。

立足中国国情，他提出了要实施中国可持续发展能源战略，必须提倡科学引导能源的需求与消费，切实把节能放到更加突出的地位，引导国民经济走上资源节约型道路，做到需求合理，消费适度，大幅度减少能源需求总量；必须优化经济结构，引导国民经济走上质量效益型发展道路，大幅度降低能源强度（单位产值能耗）；必须开发和采用先进的能源技术，提高能效、优化能源结构，搞好一次能源转化，保障能源安全和保护环境。他组织并参加了“中国可持续发展能源战略研究”、“先进能源技术产业化研究”、“中国后续能源研究”以及“减排SO_2合理技术经济途径及其综合效益评估”等项目，提出了许多重要建议，受到有关政府部门的重视和采纳。

他积极倡导发展洁净煤技术，并从中国国情出发，阐述了洁净煤技术在中国的特殊重要性。他认为，美国作为世界上用煤最多的发达国家，但污染较少、环境很好，说明煤炭自身并不是造成严重污染的原因，关键在于采用先进的用煤技术。他强调要加强人们的环保意识，合理用煤、科学用煤、洁净用煤，根据我国富煤少油的现实国情，以及煤炭的可靠性、经济性及可实现的清洁性，应将煤炭作为重要的基础能源。他还倡导煤炭企业和电力企业联合发展洁净煤技术，从煤炭开发、运输、洗选、加工、转换及污染控制技术等方面全过程实施洁净煤技术。他主持了第一次全国洁净煤技术研讨会，促进了洁净煤技术发展纲要的起草及实施，并主持了由中国主办的国际洁净煤技术研讨会。他认为发展高效、洁净的燃煤发电技术，发展煤炭液化、气化是优化终端能源结构和解决能源安全问题的有效途径。作为多年来始终站在煤炭行业发展前沿的专家，他坚定地认为，未来很长一段时间内，煤炭仍然是中国的主要能源，中国煤炭工业不是夕阳工业，洁净煤技术是通向未来能源洁净、高效、永续利用的桥梁。

4. 主持了公共安全领域的课题研究

当前，中国公共安全保障基础相对薄弱，与经济高速发展的矛盾越来越突出，影响和制约了国民经济全面、协调、可持续发展。如何建设有中国特色的公共安全技术体系，提高经济与社会的安全度，改善人们的生存环境，满足全面建设小康社会的需要是一个重大的战略任务。为解决此类问题，在2003年开展的国家中长期科学和技术发展规划战略研究中，首次设置了公共安全科技问题研究专题。范维唐担任了公共安全科技问题研究专题组组长，并进行了专题战略研究。他指出我国的公共安全科技问题研究还处于初级阶段，涉及公共安全的许多深层次问题远未解决，公共安全科技发展严重滞后于经济发展，与发达国家相比存在很大差距。另外，我国没有从整体层面上进行系统的公共安全科技研究，没有形成公共安全理论和技术框架，更缺乏完善的国家公共安全体系，各相关领域研究处于条块分割状态；公共安全相关领域的安全体系的建立刚刚开始，研究基础弱；公共安全实验条件差，设备落后；公共安全科技意识淡薄，专门人才严重不足、公共安全教育缺乏；公共安全科技经费投入严重不足；缺乏相关的法律、法规、政策等支撑条件。在范维唐的带领下，与有关专家一起，研究提出了我国公共安全科技发展的总体思路、战略重点和重大任务，即关注七个重点领域，突出两个优先主题，实施一个重大专项。这七个领域是：食品安全领域、生产安全领域、防灾减灾领域、核安全领域、火灾与爆炸安全领域、社会安全领域、国境检验检疫领域。两个优先主题是：公共安全科技理论基础研究、突发公共安全事件预测、预防、预警与调查处置关键技术研究。一个重大专项是公共安全工程——国家公共安全预测、预防、预警和应急处置技术体系与示范。通过他们的努力，我国公共安全逐步从传统经验型向现代高科技型转变，并为实现“以人为本”和经济、社会全面、协调、可持续发展提供可靠的公共安全技术保障。

5. 推进煤炭工业走新型工业化道路

煤炭是我国的主体能源，如何保障我国煤炭长期稳定供给，促进煤炭行业健康、协调、可持续发展，是煤炭工业面临的严峻挑战，也是支撑国民经济快速发展的重要保障。2001年范维唐担任中国煤炭工业协会会长后，针对煤炭工业存在的煤矿生产技术水平落后和煤炭产业集中度低，煤矿安全保障能力差，以及多数国有煤矿企业经济困难等问题，提出了煤炭工业通过优化结构、合理开发利用，保障煤炭长期稳定供给，促进煤炭行业健康、协调、可持续发展的发展战略。通过优化行业结构，抓好大型煤炭基地建设，培育和发展大型煤炭企业集团；通过优化生产技术结构，用先进适用技术改造和提升煤炭工业，建设高产高效矿井，淘汰生产技术落后的小煤矿，促进产业升级，实现煤矿生产技术装备的现代化；通过优化产品结构，发展和推广应用洁净煤技术，减少煤炭利用过程中的污染物和温室气体排放，提高煤炭及煤炭行业的竞争力。他先后主持完成了“中国资源利用战略研究——煤炭资源的合理开发利用"、"十五高技术产业化发展规划——先进能源技术研究"、"中国可持续发展煤炭资源战略研究"、"高层次工程科技人才成长规律研究——煤炭行业"，"煤矿灾害防治的技术与对策研究"等研究课题。组织并主持了四次中国煤炭高层论坛，推进煤矿企业改革创新，促进煤炭工业走出一条科技含量高、经济效益好、资源消耗低、环境污染少、安全生产好、人力资源优势得到充分发挥的新型工业化路子。

三、范维唐主要论著

范维唐．1962．光弹性立体模型的研究，莫斯科矿业学院研究报告．

范维唐．1963．地下巷道的稳定性及支架与围岩相互作用的研究（副博士论文）．莫斯科矿业学院报．

范维唐．1980．提高综合机械化开采技术经济合理性的途径．煤矿机械，(5)．

范维唐．1982．煤炭工业年鉴·煤炭科学技术发展的方向及任务．北京：煤炭工业出版社．

范维唐．1982．中国煤炭工业技术的发展．采矿杂志（波兰）．

范维唐．1983．中国煤炭资源开发及技术进步．资源与环境国际研讨会，日本．

范维唐．1992．高产高效综采技术国际研讨会论文集·中国厚煤层综采技术现状和发展方向．中国潞安．

范维唐．1995．中国能源工业的发展与展望．中国工程院第二次院士学术报告汇编．

范维唐．1997．跨世纪煤炭工业新技术．北京：煤炭工业出版社．

范维唐．1997．洁净煤技术的发展与展望·共同走向科学——百名院士学术报告汇编．北京：科学出版社．

Fan W T. 1997. Future trends of energy development in China. Proceedings of International Symposium of Clean Coal Technology.

范维唐．1998．中国可持续能源发展的研究．中国工程院研究报告．

Fan W T. 1999. Energy in China for the 21th century. Proceedings of internation Symposium of Clean Coal Technology.

Fan W T. 2000. Study on rational technical and economic access for SO_2 emission reduction. Proceedings of International Conference on Engineering and Technological Sciences.

Fan W T. 2000. Cooperation in the energy future of China and the United States. National Academy Press, Washinton. D. C.

范维唐．2000．中国"十五"先进能源技术产业化的研究．中国工程院研究报告．

范维唐．2002．中国科学院2002年高技术发展报告——中国煤炭资源勘探、高效开采与洁净利用．北京：科学出版社．

范维唐．2003．我国安全生产形势，差距和对策．北京：煤炭工业出版社．

范维唐．2004．Promotion of mine safety and clean coal technologies and realization of sustainable development of coal industry．第13届国际煤炭研究大会论文集．

范维唐．2006．依靠科技进步，推进煤炭工业调整转型．中国煤炭企业管理，(1)：5-7．

主要参考文献

范维唐. 1997. 献身煤炭科技——记我国首批工程院院士范维唐. 中国煤炭,(9):56-57.

胡省三. 2005. 范维唐//中国科学技术协会. 中国科学技术专家传略. 工程技术编. 能源卷 1. 北京:中国科学技术出版社:307-316.

撰写者

郑志峰(1977～),山西五台人,国家安全生产监督管理总局办公厅干部。

顾心怿

顾心怿（1937～），上海嘉定人。石油矿场机械专家，高级工程师。1995年当选为中国工程院院士。山东石油学会的常务理事和中国造船学会的名誉理事。主要从事石油钻井、采油、修井等装备和石油海洋平台的研究。1953年毕业于上海中华职业学校石油机械科，1956年毕业于北京中央燃料工业部干部学校俄语专修科。曾在玉门油田等地任俄语翻译一年。1957年后，他始终在胜利油田及其前身从事石油装备的科研工作。研制成功了为胜利油田的发现井取得了油层岩心的“大直径取心工具”；发明的适合于在深井工作、抽吸较稠原油的长冲程“链条抽油机”1980年获国家技术发明二等奖；研制的中国第一座坐底式的钻井平台“胜利一号钻井船”1987年获国家科技进步三等奖；研制的能在海陆过渡区的泥滩和极浅水中，一步一步走到井位的“步行式钻井平台”1991年获得了中国专利金奖，1992年获得全国十大科技成就奖，1995年获得国家发明二等奖。研制的能将动力机空转时未加以利用的能量和管柱下放时释放出的一部分能量蓄存起来再利用的“液压蓄能石油修井机”1995年获中国专利金奖，2003年获得国家技术发明二等奖。还获得何梁何利基金科学技术进步奖和山东省最高科技奖，以及“石油工业有突出贡献的科技专家”和“全国优秀科技工作者”等称号。

一、成长经历

1. 国难时期的童年

1937年初，阴历还是丙子年底的腊月二十三日那一天，顾心怿出生在上海的一个店员家庭。父亲顾镜诗祖籍嘉定，很小就来上海学徒，后来在商店中当会计，母亲钱汝华是小学教员。虽然家庭不富裕，但因当时家中人口少，他又是大儿子，所以婴幼儿时他得到宠爱，比较“享福”。后来抗日战争开始，上海沦陷，加上弟弟妹妹不断增加，为照顾孩子母亲不能再工作了，全家很快就陷入贫困。从他记事时起就没有穿过好的衣衫，时常只能以咸菜加稀粥来充饥。

他看到日本兵扛着刺刀枪在街上巡逻、站岗和欺负、殴打中国人，小小年纪的他心中又害怕又仇恨。他和大家一样，不愿当亡国奴，渴望着早日“光复”。

好在家里虽穷却是和睦温馨的，父亲日夜拼搏兼职工作挣钱养家，母亲从摇篮曲开始教他，培养了他喜欢唱歌的爱好，教他摒弃各种陋习做一个好的、正派的人。祖父在老家早已去世，和全家一起生活的外祖父钱友桐是前清秀才，溺爱他并和外祖母一起给他讲了很多古代爱国志士和英雄人物的故事，常常感动得他热泪盈眶。

终于盼到了日本投降，顾心怿高兴地和大人一起欢呼着上街庆祝，他看到日本兵还在街上站岗，但是脑袋已经耷拉下来了，过去那种凶神恶煞的气势荡然无存。幼小的他明白了一个道理：“国家”的强大太重要了。如果国家积弱，个人也不可能有好的生活。他暗下决心：要为曾经如此光辉而现在贫困落后饱受列强欺凌的祖国做些贡献，希望中国重新富强起来！

2. 艰难的求学过程

作为长子，父亲希望他能早点受教育，早点工作，好早点帮助分担家庭的重担，所以顾心怿 4 岁半就上小学了。小学毕业后他考上了很有名的上海市立敬业中学，为了上完初中他陪着父亲多次出入当铺，有时还不得不卖掉“当票”。

1950 年他初中毕业，当时在他们所住的主要是工人和城市贫民的里弄中，初中生已经算是知识分子，上高中那就近乎“奢侈”了。应该去找个工作来减轻家里的负担。可是刚解放不久的上海很不景气，而且 13 岁的他又瘦又小，身体羸弱，一时连当个学徒的差事也找不到。

这时，家附近的中华职业学校招生，该校是黄炎培主办的，学校强调面向社会需要，重视实际工作能力的培养，都说该校毕业的学生没有失业的，所以穷孩子去考的很多，父亲也同意他去报考。考上并入校后要分科，他高兴地知道有一个“石油机械科”是中央燃料工业部委托办的，愿意读该科的学生免交一切学杂费，还可每月得到十几元钱的助学金，比当学徒好多了。条件是：毕业后要服从分配去大西北从事石油工业工作。对于穷苦人家来说，上海本来就不是天堂，到大西北去建设祖国也符合顾心怿的理想，全家都支持，于是他就在这里学了三年石油机械的中专。从此他的一生和石油工业联系在一起了。

1953 年，中专毕业的他一心想到西北去“直接参加生产建设，亲手创造物质财富”。可是却偏偏事与愿违，他被分配到北京中央燃料工业部干部学校俄语专修科去继续读大专，学俄语。仍然是靠助学金生活，第一次离家的他虽然很想家，但是在北京学习的三年中一次也未能回家看看，因为来回上海最便宜的路费也要 30 元钱，哪儿有钱？寒假暑假同学们都走了，孤单的他除了唱歌自娱外又养成了看书自学的习惯。能学到大专毕业，已是他做梦也没有想到的。大专学历不高，专业理论基础更是不够，所以在工作中他利用上夜大和坚持自学等办法尽可能地补上了这一缺憾。

3. 到祖国的大西北去

1956年从俄语专修科毕业，他申请到向往已久的祖国大西北去，并终于实现了这一夙愿，到位于甘肃省的玉门油田任俄语翻译实习员。

祁连山下戈壁滩上的玉门油矿在童山大漠之中，“山多不长草，风吹石头跑”的恶劣自然环境并没有吓倒他，早年石油人“一年四季一张老羊皮”，西北贫困地区农民“全家一条裤，外出轮流穿”等形容艰苦生活的情景更增强了他努力工作让祖国早日富强起来的愿望。从来没有在油田生活过的他终于有机会去近距离地了解油田和石油工人，他去看早年工人住的土窑洞、看东岗上用新技术钻的双筒井，看老式的采油树（那时叫“圣诞树”），看钻井工人打快速钻井，看采油工人用抽子抽提原油，看地震队打眼放炮，外出时也看戈壁滩上少数绿洲上的农民如何种地……一切都是如此的新鲜，很多事至今记忆犹新，譬如：那时戈壁滩上的路都没有铺设水泥或沥青，是高低不平一楞一楞的“搓板路”，汽车走在上面很是颠簸，可是当地老百姓的牛车走在上面却十分平稳。原来它的木头车轮直径特别大，有两米多，远看只见轮子，不见牛和车，所以不怕坑坑洼洼。谁说老百姓不聪明呢？谁说事物只能一成不变呢？大漠荒野的粗犷，塞外汉子的豪爽，工农大众的智慧，教育着、陶冶着这个上海青年，他决心献身大西北的石油事业，并为此奋斗一生。

又是一次事与愿违：在玉门只工作了几个月，领导又将他调离西北到东部沿海去。原来那时候国家决策要在东北和华北地区找油，有一批钻井人员从玉门调到山东、河南一带，成立“华北石油钻探大队”，配备了新进口的当时苏联最先进的深井钻机，还请了多名苏联专家随队工作，帮助中国掌握这种钻机的使用和维修，并钻成两口深探井，因此需要俄语翻译。既然是工作需要，他就离开了玉门来到山东和河北交界的南宫县明化镇开始了新的生活。

在大西北短短几个月却是他人生的一次重要经历，给了他一些初步的锻炼，留给他很多难忘的回忆。

4. 与胜利油田结下不解之缘

在华北石油钻探大队顾心怿参加了“华一井”（华北第一口石油探井）的钻探。在完成翻译工作的同时他努力向苏联专家及井队干部、工人学习。

1957 年夏，华一井在钻井中途发生了严重的“井漏”，钻井无法继续，就在这困难的时刻，在那里工作的苏联专家突然奉命回国。怎么能在这紧要关头扔下事故井不管、不完成合同就走呢？这件事让他终于明白：“中国的事最终还要依靠中国人自己解决”。当时石油工业部通知他到北京重新安排工作，可是他想：“这套钻机不同于老式钻机，是气控制的，有不少特点，除了苏联专家，就数我对它了解最多，因为我是专业翻译，还读过石油机械的中专，苏联专家是通过我来教中国同志的，也只有我才看过很多有关的俄语资料……我留下对工作有利”。于是他立即写申请要求不去北京而留在野外的华一井。报告得到批准，为此他还受到了大家广泛地欢迎，从此他开始了现场石油机械技术人员的生涯。

华一井报废了，勘探却继续进行。华二井、华三井……华七井，这些井上都留下过他的足迹和汗水，不管是钻机、柴油机、发电机，只要有什么损坏或故障，他就会责无旁贷地出现在井上帮助解决问题，得到了广大石油工人的信任和好评。时常一身油泥奔波在生产现场的他也由此积累了很多理论和实际结合的知识。

1961 年初，山东东营的“华八井”钻到石油，冒出了中国华北地区的第一股油流。当时他就在这口井上。华八井的出油终于发展成为现在的胜利油田。东营也由一片盐碱滩上的小村发展成为一个中等城市。顾心怿一直在这里工作到现在，始终拼搏在生产和科技第一线。50 多年来从第一口探井起，他见证和亲历了这个中国第二大油田的诞生和发展的全过程，也和胜利油田结下了不解之缘。

二、创新的业绩

1. 第一项创新——大直径取芯工具

1961 年在“华八井”的钻探过程中，泥浆中带出了原油的油花和天然气的气泡，这是钻到油层的明显信号。大家兴奋不已：华北、华东地区还从来没有发现过石油呢！

地质专家要求取出油层的岩心来做分析，可是几次取芯钻进效果都不理想，取不到完整的大段岩心。井队队长知道顾心怿肯动脑筋，就请他来想想办法。

顾心怿思索了一阵子，就带着他的一些初步想法去找几位老司钻商量，一位老师傅说：“这里的油层软，苏联制的取芯工具岩心直径又太细，钻具一震动、泥浆一冲刷就散了、掉了”。这个分析和他的想法不谋而合：加粗岩心的直径。于是他连夜设计绘图，和几名机械工人一起很快就因陋就简地做出了一套“大直径取芯工具”。现场制作，条件有限，质量不能说好，但是思路正确，结构合理，下井后一举取出了大段的油砂岩心，为早日出油做出了贡献。这实际上是他的第一项科技成果。那时没有什么鉴定、评奖等激励措施，但是大家没有忘记他，把他推选为1962年华东石油勘探局和上海市的先进工作者。“大直径取芯”这个新概念也逐渐被广泛地接受，现在再也看不到那种小直径的取芯工具了。

1969年阿尔巴尼亚也因为使用苏联取芯工具取不出岩心而向中国政府提出了一个科技合作项目，所以顾心怿于1969～1970年被派往阿尔巴尼亚工作了8个月，有实践经验的他驾轻就熟地和大家一起成功地研制了三套适合不同条件应用的“大直径取芯工具”，得到了好评和表扬。

2. 链条抽油机的发明

1965年下半年顾心怿担任胜利油田采油攻关队队长，带领一批刚毕业的大学生做科技攻关工作。

那时采油用的抽油机是清一色的游梁抽油机，俗称“磕头机”。这种抽油机世界各国普遍应用，因为它能在野外露天日夜不停地工作，能在无人值守的条件下完成负荷反复变化的繁重的抽油作业。但是它效率较低，耗能较多也比较笨重，不适宜需要长冲程和大负荷的稠油深井。于是顾心怿他们想研制一种新的长冲程的抽油机。

他们根据链传动中链轮不停地旋转而链节在链条轨迹上作长行程的往返运动的现象提出了研制“链条抽油机”的想法。

1966年第一台粗糙的链条抽油机试验机做出来了。它有两条同步运行的轨迹链条来驱动抽油杆和平衡块。厂内试运转后，装到油井上，抽出了油，但是这台机器从原理到结构都不成熟，制作质量也不高，所以只抽了两天的油就坏了。坏了就修，修了又坏……就在这时候“文化大革命”开始了。顾心怿被批判后“靠边站”了，链条抽油机项目也被“勒令停止”。但是他坚信科学技术、发明创新本身没有错，所以“文革”期间仍不断地学习、研究，甚至“偷偷地”做一些实验。链条抽油机的工作原理在不断研究中得到了升华、结构得到了不断改进，发明了“轨迹链条-往返架换向机构”，取得了成功。

这个项目获得了1978年全国科学大会奖和1980年的国家技术发明二等奖。在20世纪80～90年代曾推广应用了3000多台，为国家创造了增产节约几十亿元的财富。

可惜的是当时中国还没有专利法，所以后来美国公司无偿地使用了这项技术，在关键核心技术不变的情况下稍加改进取名为“皮带抽油机”并在中国建合资企业生产。现在“皮带抽油机”已取代了“链条抽油机”并在国内外取得更加广泛的推广，成为各种新型抽油机中应用数量遥遥领先的抽油机。

“轨迹链条-往返架换向机构”的技术也得到了普遍的认可。

3. 中国第一条浅海坐底式钻井船

胜利油田1964年开始生产石油，很快就成为仅次于大庆油田的中国第二大油田。1975年在黄河出海口以北的“五号桩”地区海边又钻出了一口高产油井。海里有油已没有疑问，问题是如何才能下海找油？开始时油田组织了大量的民工用简陋的办法在潮汐区的高潮线附近修筑土堤和土平台，钻机就安装在土平台上，结果也钻到了石油。但是这种办法只能在潮汐区使用不可能进入海区，哪怕是很浅的海区，而且要动员大量的民工做十分繁重的劳动。

这时顾心怿的链条抽油机项目的发明已基本完成，关键技术已经基本解决，所以他想应该急生产之所急，抽出精力和时间来研究浅海石油钻井装备的问题。他带领一批年青的科技人员开始了新的攻关。首先是大量的学习和调研，学习了很多海洋、造船、海洋钻井船（平台）等方面的书籍和教材，分析了目标区的水文、气象、地基等方面的所有能收集到的资料，跑遍了当时天津和山东所有的船厂和平台建造厂，参观了解并向厂里的专家请教。在这个基础上，顾心怿提出了建造坐底式浅海钻井船的方案，这个方案借鉴了美国的坐底式钻井船，又根据我们的具体条件做了几项重大的改变：①沉垫宽度加大、厚度减薄以适应在开宽海域工作的条件；②增设自己研制的长方形断面液压抗滑桩，以避免在大风浪中滑移；③增设自己研制的井架和钻台的液压调平、机械锁紧装置以适应海床自然坡度的变化。

在天津大学、黄河船厂和烟台船厂的帮助下中国第一条具有自己特色的命名为“胜利一号”的浅海坐底式钻井船（平台）终于建造成功并顺利地钻成了一批浅海石油探井。从此揭开了胜利油田向浅海石油勘探领域进军的序幕。该项目于1987年获得国家科技进步三等奖。

4. 步行式钻井平台

前面介绍的坐底式钻井船“胜利一号”沉垫的吃水只有1.8m，能进入实际水深只有2m的浅海区坐底钻井。但是这里的海岸带是由大量黄河泥砂淤积的成海滩、潮汐带和浅海区，海床坡度十分平缓，很多地方的宏观坡度只有1/1000～1/2000，海陆过渡区宽达数千米，在这里，陆上的车辆会陷在泥滩上，海上的船舶要搁浅，很难进入。即使“胜利一号”这样浅吃水的船也实现不了石油钻井的“海陆连片”。

问题就是课题，顾心怿他们又开始了新的研究。翻遍资料找不到能将上千吨重的钻井设施运入这一海陆过渡区的运载工具，苦思冥想茶饭不香也想不出好的办法。还是再去现场调研，海滩上留下他们一串串赤脚的脚印，再坐船出海进入这个过渡区看看，果然搁浅了，费了三天两夜的劲才勉强使船只摆脱了困境。水太浅了，搁浅的时候船员们竟可以跳下海，在海床上一步一步地行走。目睹这一情景，他突然产生了一个念头，一个“灵感”：“这里船要搁浅，车开不进，而人的两只脚可以行走！那么为什么不能造一座有两只脚、会行走的钻井平台呢”？设想太大胆了，几千吨的钻井平台在海水里、在泥滩上步行？顾心怿不是一个轻言放弃的人，他抓住这个灵感的启示不断的设想、计算、分析，终于提出了一个“步行式钻井平台”的设想方案。油田支持他，同事们鼓励他，特别是上海交通大学的杨櫆和校领导肯定了他的设想可行，还组织了很多教授和顾心怿的同事们组成了联合研究设计团队，由青岛北海船厂承担了这座平台的建造。经历了很多曲折，克服了很多困难，六年多以后的1988年，重达4000t的“胜利二号步行式平台”终于自己一步一步地走向大海。又在胜利油田的海陆过渡区一步一步地行走到井位，成功地实现了步行爬滩，打出了一批油井。

这个项目1991年获得了中国专利金奖，1992年获得全国十大科技成就奖，1995年获得国家发明二等奖。

以“胜利一号”、“胜利二号”为开端，胜利油田依靠科技大胆地进入了浅海和极浅海地区，现在已经在那里建成了年产250万t石油的极浅海油田，为国家做出了贡献。

5. 液压蓄能石油修井机

20世纪90年代，胜利油田浅海区的石油勘探开发正常开展起来了，在装备方面需要创新的难题相对地少了，于是顾心怿的目光又转回到了陆上的装备。油田用的专用设备数量最多的是抽油机、钻井机和修井机。现场职工都说钻井机和修井机操作时最重要的是刹车，司钻手下的刹把如果掌握不好就会机毁、井废、人亡。为什么刹车这样重要？顾心怿开始思考分析。原来钻井机和修井机要把几十吨甚至几百吨的管柱从几千米深的井里一根一根提出来又一根一根地下到原来的地方。管柱很重，刹不住会“顿”下去，出大事故。宏观地看管柱起出来又放下去，没有做功，可是要使用上百甚至上千千瓦功率的柴油机不停地工作。虽然大部分时间需要的功率不大，但是要频繁地短时间地大负荷工作，所以装机功率小了不行。而刹车的主要目的是要把储存在起到地面的管具中的大量位能在下入井里的过程中通过刹车带和刹车鼓的摩擦消耗掉，白白浪费掉，还磨出很多有害的石棉粉尘危害工人的健康。

为什么不能把管柱的位能和柴油机空转时可以利用的能量储存起来再利用呢？一个新的创新想法又开始在他的脑海中萌芽。于是他收集、筛选各种蓄能的方法，设想蓄能方法用于起下管柱的可行性……又是一个刻苦思索、反复试验、失败再来的十年。到2002年，一种外形和原理均不同于常规的液压蓄能修井机问世了。这种机器以直立的组合油缸通过滑轮直接举升管柱，不用井架和绞车，有一套液压油压缩高压氮氧的蓄能系统，可以蓄存动力机空转时可以利用的能量和一部分管柱下行时释放出的位能。通过再利用蓄存的能量，使动力机的装机功率仅为常规机的1/3左右，而且动力机运转的时间也缩短了，因此节能50%以上。尽管因为可蓄存的能量还不大（只能蓄存10^5～10^6 J），大部分的位能仍需要通过刹车来消耗掉，但是因为采用了液压节流刹车，所以完全杜绝了石棉粉尘。这种机器还有很多优点：比较安全，不会顶天车，操作安装方便、噪声小……1995年“液压蓄能修井机”获得中国专利金奖，2003年2月获得国家技术发明二等奖。现在已有十多台液压蓄能修井机在现场应用并正在逐步扩大推广中。

6. 壮心未已

现在顾心怿已经70多岁了，仍然在胜利油田、在东营工作，还时常到钻井和采油井现场去。一生中他有很多次机会可以去大城市工作，他都放弃了。当然，现在的东营已经不是他50多年前刚来时那样了，那时候东营只是一个连砖瓦房都没有的贫穷小村，如今已经是一个欣欣向荣、美丽、现代的城市了。

他常常说，一个人一生中能看到自己的祖国由贫穷落后、民不聊生的境地重新崛起，并能为之做一点工作，那是最愉快的。现在他的精力虽然不如过去了，但是雄心依然、而经验和知识则更丰富了。他决心为自己热爱的祖国再做一些事。

他过去发明的链条抽油机在可靠性方面还有差距，一直是他的一件心事。2006年他经过刻苦钻研又提出了一种更好的设想“长环形齿条抽油机”。申请了发明专利并已获批准，已经试制试验成功，通过了科技成果鉴定并获得了省级技术发明奖，正在系列化研制及推广应用中。

他还想：液压蓄能的技术也可以用到钻机上“液压蓄能石油钻井机”的形象在他的脑海中已经有了轮廓。还有，他想：我国有一些河流湖泊、浅海区……因为水浅螺旋桨不能有效的工作而无法通航。能不能利用水浅的特点，规避水浅的缺点，利用可在水底滚动的轮子或履带来推动浮在水上的船舶呢？于是提出了一个“浅水底轮推进船”的设想。经过努力最近一个宽4m、长16m的小型试验船已经制作出来，初步试验证明即使在浅于0.5m的水中只要船体能浮起来，底轮就能顺利地推动它前进、后退和转向。

年龄不饶人，一个人的能力和生命总是有限的。一个民族发展的历史，人类的历史总是由一代一代人不断接替来书写的，所以还有培养年轻人的任务。他在中国石油大学当兼职博导，培养博士生，他积极参加油田博士后工作站的工作，培养博士后，他认真参加“名师带徒”活动，还经常为青少年讲述科技、讲述人生……

进入老年时期的顾心怿生活依然忙碌、充实，时间依然紧张、宝贵。

三、几 点 感 悟

70多年的人生历程50多年的工作磨炼使顾心怿有几点感悟：

（1）人生要有一个值得为之终生奋斗的大目标，才能始终有方向、始终有动力，对他来说就是决心为祖国的富强、为中华民族的崛起贡献自己的力量。

（2）人生要有一个定位，做一个什么样的人？他说：“工作一段时间后，我对自己有了了解，决心一辈子就踏踏实实地做一名企业基层的工程技术人员，做一些生产上需要的创新”。他这个决心践行了一辈子，终于取得了丰硕的成果。1980年时他已经是油田钻采工艺研究院的副院长了，当时正是提拔优秀知识分子当领导干部的时候，但是为了集中精力搞好科研，他竟决意辞去了副院长职务。这件事在油田群众中传为美谈。

（3）终生学习十分重要。他学历不高也不特别聪明，但坚持学习弥补了他的缺憾，他抓紧时间上夜大，结合工作需要不断自学，连“文化大革命”十年中也不敢懈怠，没有进过一天脱产学习班的他，自学掌握了英语，能够不用翻译出国工作，不是学海洋造船的他能主持海洋平台的研制……他说：“学一门知识就像在白布上滴了一小滴墨水，化成一个中间深周围浅的圆形色迹。我不断地滴上墨水，而且力图使一个个色迹连接起来，当这些知识联系起来而且形成一大片的时候，我就感到我的创新思维能够在里面比较自由地驰骋了”。

（4）创新要抓住灵感，更要锲而不舍的坚持始终。顾心怿说：“科技创新工作中真的有灵感，灵感不常有，它只是在某件事物的触发下显示给那些有阅历又在刻苦思考而一时找不到办法的人。灵感稍纵即逝，就像黑夜中的一缕闪电，瞬间照亮了前进的道路和方向。”

要抓住灵感，有时候半夜里出现一个想法，他就立即爬起来，把它仔细记录在纸上，怕再醒来时会忘得无影无踪。

当然灵感不等于成功，一个好的想法往往还要“十年磨一剑”地坚持去做才能实现。聪明而不能坚持到底的人，取得的成绩可能不及那些不太聪明但是能“傻乎乎”地不断坚持锲而不舍去做的人。

四、顾心怿主要论著

顾心怿，应华素. 1979. LCJ5/38型链条抽油机. 全国油田开发技术座谈会论文集.

顾心怿. 1981. 链条抽油机的试验和研究. 中国石油学会采油机械学术讨论会.

许崇浦，顾心怿，等. 1982. 胜利一号浅海沉浮座底式钻井船的设计和应用. 钻采技术，(2).

顾心怿. 1986. 胜利一号浅海坐底式钻井船情况介绍. 钻井技术，(1).

顾心怿，张希贞，等. 1988. 我国现有坐底式钻井平台的设计特点及其在浅海作业的适应性. 中国海洋平台，(1).

顾心怿，邴如吉，马志良，等. 1989. 胜利二号钻井平台从设想到实现. 中国海洋平台，(2)：5-6，21-24.

马志良，范根发，顾心怿，等. 1990. 胜利二号钻井平台的总体设计与性能研究. 海洋工程，(1)：3-13.

顾心怿. 1994. 谈谈搞发明的体会. 石油科技论坛，(1)，(2).

顾心怿，邴如吉，马志良，等. 1994. 胜利二号步行坐底式钻井平台. 中国海洋平台，(Z1)：122-129.

顾心怿，马志良，等. 1994. The Bottom Supported Walking Drilling Rig shengli-2. 亚太地区国际海洋工程会议论文集.

顾心怿，王运安，等. 1995. The First Experimental Hydraulic Energy-Storing Workover Rig XXJ300/600. SPE国际石油工程会议论文集.

顾心怿. 1998. 我始终走着自学的路. 高教自学考试，(6).

张路军，李继志，顾心怿，等. 2001. 节能型XXJ300/500液压蓄能修井机. 石油机械，(11)：22-23，33，60.

张路军，顾心怿，李继志，等. 2002. XXJ300/500液压蓄能修井机管柱起升速度特性分析. 石油大学学报，(3)：11，87-90.

顾心怿. 2002. 液压蓄能石油修井机的试验和实践. 中石化科技委员论文集.

顾心怿，潘伟，张爱恩，等. 2003. 具有节能和环保优势的液压蓄能修井机. 石油机械，(S1)：46-48.

顾心怿，周世宁，等. 2004. 发展燃气机充分利用我国燃气能源的研究. 中国工程院咨询报告.

董怀荣，顾心怿，张慧峰，等. 2004. 一种新型液压蓄能石油钻机设计. 天然气工业，(5)：10-11，80-83.

顾心怿，周焕波，崔焕勇，等. 2009. 长环形齿条抽油机的研制及应用. 石油机械，(5)：45-47.

撰写者

顾心怿

王德民

王德民（1937～），河北唐山人。油气田开发专家，中国化学驱提高原油采收率技术的开拓者之一。1994 年当选为中国工程院院士。1960 年毕业于北京石油学院钻采系。先后担任中国石油学会常务理事和国际石油工程师学会（SPE）著名演讲人评选委员会委员等职务。创新完成了多项重大科技成果，包括试井方法、分层开采工艺和分层测试工艺，特别是在化学驱提高原油采收率方面，首次在世界上提出了具有弹性性质的流体可以提高微观驱油效率的理论，并主持研究了“聚合物驱油技术”、“三元复合驱油技术”和“泡沫复合驱油技术”等重大技术，其中“聚合物驱油技术”已投入工业化生产，使目前中国化学驱采油的年产油量达 1000 多万吨，化学驱提高原油采收率整体技术水平达到国际领先水平。先后获国家科技进步特等奖 1 项、一等奖 2 项，国家技术发明二等奖 3 项；获国家科技进步二等奖、科技大会奖、省科技进步一、二等奖以及中国石油天然气集团公司特等、一、二、三等奖等 24 项，取得国家专利 10 项、国外发明专利 6 项。在国内外核心期刊和重要学术会议上发表和宣读论文 90 多篇。

一、成长历程

1. 初识人生的滋味

1937 年 2 月，王德民出生于河北省唐山市林西区（原林西矿）一个医生家庭。父亲王世贵是一位留美学成归来的医生，母亲文安清是一位中国籍瑞士人。

旧中国涉外婚姻非常罕见，也很难得到社会和家庭的接受与认同。王德民的祖母根本就不接受这个外国儿媳，就连逢年过节都不大肯与她见面。家庭和社会的不认同使得这个五口之家不得不过着封闭式的生活，与外界来往很少，做过教师的母亲亲自对孩子们进行启蒙教育，教他们英语、数学和音乐。家庭环境潜移默化地影响着王德民的性格，乃至人生。王德民从小便不爱与人交往，很少说话，这种内向的性格使他孤立，但却善于独立思考问题。由于家里平时说的是英语，小时候他几乎不认识汉字，却能说一口流利的英文。

2. 把握成长的罗盘

为了使子女们受到良好的教育，1946 年父亲决定举家由唐山迁到北京，并在北京同仁医院工作，后升任副院长，母亲也在中央对外贸易学院任教。父母非常注重对子女的品德教育，从小就培养他们要勤劳、正直和诚实。教育他们对人、对工作、对社会、对生活要有责任感和献身精神，干一项事业一定要全心全意地投入。父亲常常用自己的留学经历来教育孩子：中国必须强大，华人才能自立于世界民族之林；而祖国强大之途，就是科学救国；做人一定要有知识，有学问，知识就是力量。从小灌输的这些思想，对王德民的成长和强烈的爱国主义情怀有着深远影响。

在家庭环境的熏陶下，父母自身做人的态度和榜样也影响着孩子们。母亲的豁达坚韧、父亲的宽容大度成为王德民日后在逆境中仍保持积极进取，达观向上的原动力。

二、求学生涯

1. 找准人生的定位

新中国成立时，王德民已是一名初中生。由于北京汇文中学的图书馆是其祖父王祥和捐资兴办的，他无需考试就进了这所著名的教会学校，并以毕业考试第一名的好成绩被保送升入高中。升入高中后，他不但数理化各门成绩均名列前茅，还是班上的短跑健将和篮球运动员。

特殊的出身给了王德民特殊的境遇，1955 年，王德民以优异的成绩高中毕业，他的高考成绩远远超过了著名大学的录取分数线，但收到的却是北京石油学院的录取通知书。起初，他遗憾甚至情绪低落，但很快调整了心理状态，怀着科技兴国的宏愿来到了北京石油学院钻采系采油专业。从此，他的命运就和祖国的石油工业紧紧地连在了一起。

2. 点燃理想的圣火

大学五年中，他门门功课都是五分。作为课代表和班长，他用来辅导别人的时间比自己学习的时间还多，不但辅导同学们功课，还教给他们学习方法。各方面的突出表现，使他成为全学院三名模范学生之一，并很快加入了共青团。

20 世纪 50 年代的中国，石油资源非常匮乏。“中国是陆相沉积的地质构造，不会有大油田”的“贫油论”，像一块浓密的阴云紧紧压在莘莘学子的心头。石油是工业的血液，没有石油，工业就会瘫痪。新中国成立后我们用的是从苏联进口的石油，中苏关系恶化后，石油短缺到公共汽车上顶着个庞大的煤气包。要想改变中国的落后面貌，首先要大力发展石油工业，丰富的资源是发展的基本条件。

陆相沉积固然比海相沉积复杂，但这并不意味着中国就一定缺油！王德民不服气，也不愿意接受这样的现实。身为学习石油专业的一名大学生，他憧憬着不久的将来，祖国能勘探出丰富的石油资源。

1960年即将毕业的王德民面临着种种选择，当他和同学们听说松嫩平原发现了特大油田的时候，非常兴奋，主动向组织提出要求到大庆油田工作，他盼望着祖国能早日摘下“贫油国”的帽子。当时，王德民成绩优异，学校有意将他留校任教，父母也舍不得儿子离开身边，可是王德民说：“我是学石油的，要不奔向石油会战的战场，不到蕴藏石油的地方去拼搏，就无法实现自身的价值，又怎么能够谈得上报效祖国呢?”就这样，王德民怀着开发石油、报效国家的满腔热忱来到了大庆油田。在大庆，他一干就是50多年，从年富力强的毛头小伙子到华发满鬓的古稀老人，他义无反顾地将自己的青春和才智献给了大庆，献给了祖国的石油工业。

三、学术成就

（一）砥砺智慧的火花

1960年，王德民被分配到大庆油田的基层测压队工作。当时大庆的生活条件十分艰苦，住的是牛棚，照明取暖用的是原油，下雨天漏水，睡一夜挪好几个窝儿，屋里没有烟囱，人人熏成了“黑脸包公”。工作虽然又苦又累，却能够直接发现生产中存在的问题，有的放矢地探索解决问题的方法，王德民有了大显身手的机会和舞台。

1. 推导出我国第一套不稳定试井方法

开发大油田，必须有大量齐全准确的第一手资料，测压队的任务，就是运用一定的工艺手段，把特制的仪器下到1000多米深的油水井里，测定油层的压力，这是掌握油田开发动态的关键资料，是制定正确的开发方案和工作部署的重要依据。为了及时准确地掌握油层的变化情况，大庆油田决定打破国外油田几年测一次压力的老框框，组织测压会战，也就是要求给所有的油井一个月测一次地层压力并画出一张等压图。为什么要这样做？因为油井压力一下降就会出气，就很难再采出油了。

压力太高了也不行，太高了，容易出水，油也不出了。国际上这样的教训很多，国内一些油田也有这样的教训，大庆是一个特大型油田，决不允许出现类似的现象。

大量的第一手资料测定出来了，但用什么方法解释这些资料呢？当时沿用的是国外一种叫“赫诺法”的解释方法，但实践很快证明，用这个方法解释的资料与大庆实际情况不符，而且油田开发时间越长，误差会越大，会直接影响整个油田的开发方针和工作部署。当时只是一名实习员的王德民，下定了决心，拼了命也要搞出新的解释方法来。为了系统地掌握国外的各种解释方法，了解基本原理和适应范围，他跑遍了油田的资料室，几乎查遍了美国、苏联在1952年以后所有关于这方面的资料。为了增强外文阅读能力，他在掌握英文的基础上，抓紧一切时间学习俄文。经过不懈的努力，终于在1961年春节那天推导出了符合大庆油田实际情况的油井压力计算公式。经过鉴定，大家称这个方法为“松辽法”，并很快在全油田推广使用。接着，他又根据油井的不同情况，搞出了第二种、第三种、第四种方法。在全油田推广后，证明这套方法计算简单，精确度较高，误差只有“赫诺法”的1/5，同类的方法，国外杂志在十几年以后才有类似的报道。这一方法目前还在全国各油田继续应用，已累计应用100万井次以上。

2. 首次研制和推广出一套钢丝起下的分层测试技术

1963年底，组织上分配王德民到采油工艺研究所测试队工作。大庆油田采用的注水开发就是用水驱动地下的原油，当时油田注入水单层突进严重，含水上升得比较快。含水上升快就意味着油田的采收率不高，会有上亿吨的原油残留在地下。含水上升快的主要原因是由于大庆地下有100多个油层，油层之间的性质相差很大，因此在有的油层中水跑得很快，另一些则很慢，一个油层出水了，其他层就不容易出油了。要解决这个问题，关键问题之一是要取得大量准确的分层动态资料，弄清楚每一个油层的情况再采取相应的解决措施。要做到这一点，没有分层测试工艺技术是不能实现的。分层测试，就是从地面往千米以下的井筒中下不同的专用仪器，不只是了解全井的压力高低，更要了解每个油层的出油、出水、进水情况和压力高低。作为主要负责人，他和同事们一道开展了这项研究工作。为了便于大量推广使用，他们确定了不用国际上通常使用的电缆，而要用钢丝起下的技术措施。经过反复实践，用了两年多时间，先后搞出了多油层试油和油水井分层测试等一整套新工艺，录取了大量分层测试资料，满足了油田开发生产的需要。大庆油田开发以来，方案的符合率一直都在95%以上，很重要的一条原因是具备大量的有关每一个油层的第一手资料。有这些原始资料，可以用计算机较准确地计算出油田动态变化情况。

这项技术填补了我国的空白，在国际上也处于领先地位。外国专家多次来大庆，没有不羡慕大庆有这么多准确的第一手资料的。他们在任何油田都没有看到过这么好、这么多的分层资料。

这些工艺技术与其他工艺技术配套，从技术上保证了大庆油田原油产量的持续增长。

（二）跨越困苦的羁绊

“文化大革命”的特殊年代使原本就出身特殊的王德民遭受了常人难以想象的打击和压抑，事业和生活的挫折并没有使他屈服，他以他特有的“弹性”挺了过来，并创造了技术奇迹。

1. 首次研制和推广了我国自己的偏心配水器和配产器

1971年，已开发十年的大庆油田，又出现了地层压力下降、原油产量下降、含水上升的严重问题。为了迅速扭转油田开发这种不利局面，需要尽快研制出一套分层配水和分层配产的新工艺。这个项目技术难度很大，过去大庆已有人先后研究过两次都没有成功，国内其他两个油田也试验过，均没有成功。对于王德民来说，这个项目不仅技术难度大，而且政治上要冒风险。但如果不尽快研究出新工艺，油田地下情况就会更加恶化。要改变这种局面，就要合理调整每个油层的产量。当时由于工艺不完善，工人作业时，调整一个层段的产量在一口井上要连续多次起下油管，有时作业机不够，采油队几十名工人就站成一排，用钢丝绳把1000多米长10多吨重的管柱从井底一根一根拉出来。王德民想要是有个偏心配产器，只需要几个人用钢丝起下（重量只有几十公斤），问题就会解决。他和攻关组的其他同事整整干了两年多，经过1000多次的试验，终于研究成功了偏心配产、配水器，它比国外同类产品轻1/2、短2/3，并能与其他测试仪器配套使用。这套偏心工艺应用后，配水合格率由原来的30%提高到70%以上，油田含水上升率也由3%下降到2%左右，对油田的长期高产稳产起到了重要作用。现在这套工艺已在全国各油田推广使用。

1970年以后，油田进入中含水开采期（也就是原油中的含水超过20%），而原有的采油工艺大部分是针对无水采油期和低含水采油期的，不适应中含水期进一步提高产液量的要求，必须采用新的技术。他和同事们从油田实际出发，吸取国内外的经验教训，确定了一批新的科研课题。经过努力，共取得了20多项科研成果，其中有3项达到国内外先进水平。这套工艺与其他工艺技术配合，从技术上保证了油田在中含水期持续地、大幅度地增产。例如其中的分层压裂技术推广应用后，每年为油田增产100多万吨油。

2. 主持研制和推广薄差油层限流法压裂技术

大庆油田油层特别多，而且厚薄悬殊。一口井，少则80多个油层，多则140多个油层，而国外一般特大型油田只有几个油层。整个大庆油田0.2～0.5m的薄油层约占全部油层的1/4。这种薄油层，在世界石油开发史上，还没有开采的先例。因此，无论国内国外，在计算地下储量时，都不计算在内。因为油层在地下，要能在1000多米的地下发现并射开0.2m厚的油层，深度误差就得小于0.2‰，即万分之二。许多人认为在地下不可能使准确度达到这么高，因此即使有油层，也采不出来，当然就不算储量了。王德民提出了用“限流压裂法”压开这些薄油层的攻关课题，经过他和课题组其他成员的努力，终于使这项攻关课题取得了一次压开20～30个薄油层、最多一次压开70多个薄油层的成果。而在国际上，类似的压裂，一次只能压开3～4个油层。这项技术的突破，使大庆油田原来无法计算、也没列入开发储量的薄油层变成了可开发的油藏。1980年以后，开采这些薄油层为每打一口调整井而新增加5万t可采储量起到了重要作用。每年打1000口调整井，就可新增可采储量5000万t，相当于大庆每年的原油产量。这在世界上是少有的。国家组织的鉴定委员会对这项成果的评价是：“这一科研成果，在整体上达到了世界先进水平”。在油田推广应用后，与其他工艺配套，使储量增加了7亿t，等于又找到了一个大型油田。进一步确保了大庆第一个十年稳产目标的实现，并为油田继续稳产打下了基础。

(三) 迎来事业的春天

1978年，全国科技大会的胜利召开标志着广大科技人员迎来了“科学的春天”。由此，王德民的人生也掀开了新的篇章。

1. 倡导自喷开采转为机械（抽油机）开采

1978年，王德民走上大庆石油管理局副总工程师的岗位。面对油田十年高产稳产的目标，经过调查与分析，他认为依靠当时以注水提高地层压力为中心的开发技术，很难实现这一目标。原因是，如果继续强化注水，当整个油田的地层压力超过原始地层压力时，地下油层就会在巨大的压力下破裂，造成大面积的水淹和大范围的套管损坏，如果出现这种情况，原油产量将以每年几百万吨的落差大幅度递减。在原油生产的紧迫形势下，他带领一批科技人员，深入到基层，认真收集分析数据，开展现场试验，讨论方案并与其他同志共同完成了以自喷采油转变为机械采油的攻关方案。这项技术措施实施后，确保了“六五”期间油田在注水压力略有下降的前提下实现高产稳产，并使套损井数大幅度下降，同时为“七五”进一步延长稳产期提供了保证。

2. 提出打加密调整井和开发表外储层的稳产措施

1980年大庆油田综合含水达到60%，油田进入高含水期开发阶段。实际资料表明，如果油田仍然按原井网开采，产量将在五年内下降37%，严重影响油田整体开发效果。油田分层开采实际资料表明，注水开发过程中，不同类型油层动用状况差异很大。原井网条件下，即使采用分层开采技术，一些中厚层和薄层由于分布零散，连通不好，仍然不能动用，或者由于渗透率低、压差较小，动用不好，为了挖掘这些潜力，有关科技人员提出了进行钻二次加密调整井的技术措施，而王德民是这一技术措施的主要倡导者之一。1981年至现在进行了大规模的加密调整，保证了油田的持续稳产。

为了保证油田高水平，高效益，可持续发展，王德民和他的同事们又提出了要进行表外储层开发试验，目前已经取得较好效果，是二次加密和三次加密的重要开采对象，这项措施已成为油田稳产的重要手段之一。

（四）突破瓶颈的方略

王德民对大庆及类似油田提高原油采收率的方法方面有着深入的研究和独创的见解，尤以“化学驱”提高原油采收率方法最具代表性。早在1976年大庆油田年产油量达到5000万t时，他和油田开发方面的专家就开始探讨一个共同的问题：大庆油田年产5000万t可持续多少年？靠什么方法持续？到了1983年，通过油田开发方面的专家研究预测，依靠在原来开发井网的基础上，逐步缩小开发井距，钻加密调整井的方法，可增加6亿～8亿t的可采储量，这样，大庆油田年产5000万t以上也只能持续到1995年。此后，大庆油田依然面临外围油田勘探没有重大发现，老油田可采储量接替不足的问题。要想维持油田年产5000万t以上，唯有研究开发新技术，提高原油采收率。

我国及大庆油田在提高原油采收率方面，已研究探索了许多年，自1963年开始，大庆油田就调查研究了国际上提高原油采收率的一些普遍做法，如热采方法、混相驱油方法和化学驱油方法等。多个国内外咨询公司及油田开发专家也对大庆油田提高采收率的方法进行过论证，均认为大庆油田的条件不适合应用热采及混相驱油等提高采收率方法。而国外化学驱油方法的试验研究结果均表明，其在经济上又是不成功的。面临着如此艰巨的技术挑战，王德民与研究人员一起，结合大庆油田地质特点，果敢地确立了化学驱油方法为大庆油田提高原油采收率的主要研究攻关方向。

方向确立后，王德民在聚合物驱油基础理论研究方面，首先突破了传统的聚合物驱油理论，创造性地提出了聚合物溶液非牛顿流体的黏弹性，特别是弹性在提高采收率方面的作用，并通过宏观及微观实验，证实了弹性对提高驱油效率的作用，从理论上发展了聚合物驱提高采收率的机理，为大庆油田成功实施聚合物驱油技术奠定了理论基础。在此基础上，王德民带领研究及工程技术人员，在驱油用聚丙烯酰胺（聚合物）的物理化学特性、分子量选择、布井方式、井下注入工艺、地面配制工艺以及采出液处理等方面，做了大量卓有成效的研究工作，优选出分子量适合于大庆油田的聚合物，解决了聚合物高黏性非牛顿流体在管道输送及矿场高压注入等一系列工艺难题，并在矿场实践中得以成功地验证。以此为基础，王德民又成功地组织论证了年产 5 万 t 聚丙烯酰胺生产厂的建设，为 1995 年后大庆油田应用聚合物驱油技术提早做好了技术准备。1996 年，大庆油田自北部开始，逐块开始应用聚合物驱油技术，经济效益和社会效益逐年增加。截至 2010 年底，聚合物工业化区块已达 64 个，动用地质储量 8.31×10^{8}t，聚合物年产油量连续 9 年超过 1000 万 t 以上。王德民首次提出的聚合物溶液弹性对提高驱油效率的作用及其独特的流体力学特性，通过实践已在大庆油田现场推广应用，正逐渐地被同行业的国外专家及研究人员所认可。

由于整体上世界领先的技术水平和对国家的突出贡献，“聚合物驱油技术”荣获了 1998 年度国家科技进步一等奖。

“聚合物驱油技术”的成功，对于王德民来说，既是一种喜悦，又是一种压力。因为油田的持续发展，需要不断的科技创新来保障。为此，他在“聚合物驱油技术”取得成功后，又与研究人员一起，提出并确立了低酸值的大庆原油条件下，以“碱—表面活性剂—聚合物”的复合驱油技术为主攻方向，来进一步提高原油采收率。在他的指导下，从驱油体系配方、室内驱油实验及数值模拟等基础研究入手，逐步研究开发出了大庆油田“碱—表面活性剂—聚合物”复合驱油技术，并通过 5 个矿场试验证实，此项技术的提高采收率幅度可比水驱提高 20%，是聚合物驱油技术提高采收率的 2 倍以上。此外，他还在探索研究“泡沫复合驱油技术”等更新的提高原油采收率方法，并组织了世界上第一个成功的“泡沫复合驱油技术”现场试验，比水驱提高采收率 30%。

王德民主持研究的化学驱提高原油采收率技术，特别是高弹性聚合物驱方法可比普通聚合物驱提高采收率幅度高出一倍左右，研究的“碱—表面活性剂—聚合物”复合驱油方法可以提高采收率 20%左右，上述两种方法可以使大庆油田的动用可采储量增加 50%左右，对大庆油田及类似油田的开发与发展具有深远的意义。

（五）挥毫人生的写意

近些年，王德民继续针对大庆油田进入超高含水期（含水超过 90%）利用多元复合驱以及相应的采油工艺技术进一步提高采收率并延长稳产期的问题，提出并组织了“无碱”超低界面张力表面活性剂、三次采油与三次加密结合、二元复合驱、低于凝固点免清蜡和常温输送原油、采黏弹性流体防偏磨、大幅度降低机采井举升能耗和同井注采等技术的研究和科技攻关。大部分已成功进入现场试验，有些已推广使用。其中常温输送已推广 3000 多口井、防偏磨措施已推广 10 000 多口井。这些工艺技术研制成功并进一步推广后，将进一步较大幅度地降低开采成本（已取得年降成本 5 亿元以上）、增加油田可采储量（有望可采储量增加 8 亿～10 亿 t），使目前部分不能动用的“难采储量”动用起来（大庆目前有 10 亿～15 亿 t“难采储量”），较大幅度地增加油田产量（若在大庆全面推广，有望增加年产量 500 万～1000 万 t 左右），此外，正在研究的“同井注采工艺”可以使油井含水超过 98%以后仍能经济有效开采，上述工艺从技术上确保了大庆油田的可持续发展，并促进了石油工业化学驱油理论及与相应的工艺技术的发展。这些都是目前世界油田开发方面意义最大、难度最大、工艺最先进的、世界尚未解决的技术范畴内的工艺技术（许多发达国家已经研究了几十年，还处于试验研究阶段，甚至还未开始研究），对石油工业的继续持续稳定发展有重要影响。

一分耕耘，一分收获，多年来王德民取得了丰硕的科研成果，先后获国家科技进步特等奖 1 项、国家科技进步一等奖 2 项、国家发明二等奖 3 项，此外获国家科技进步二等奖、国家科技大会奖、省科技进步一、二等奖以及中国石油天然气集团公司（石油工业部）特等、一、二、三等奖等 24 项奖励，并取得国家专利 10 项、国外发明专利 6 项。同时，在国内外核心期刊和重要学术会议上发表和宣读论文 90 多篇。他不仅是国内著名的石油专家，而且以他渊博的石油专业知识、丰富的油田开发经验和娴熟的英语交流能力，在国际石油界享有盛名。1995 年 11 月～1996 年初，王德民作为亚太地区首位国际石油工程师学会（SPE）“杰出演讲人”，先后赴印度、荷兰、沙特阿拉伯等 17 个国家巡回讲学，他向国际石油工业界宣传、介绍了中国大庆油田在低渗透油田、多层非均质砂岩油藏的高效开发及提高原油采收率技术，提高了大庆油田在国际石油工业界的影响力，扩大了我国与世界石油界的技术交流。1997年还获得了SPE亚太地区“贡献奖”。2001年荣获了国际石油工程师学会（SPE）“杰出会员奖”，是我国石油工业界目前唯一获得SPE此奖的专家，并为表彰他对国际石油工业的杰出贡献，还授予他SPE“终身会员”荣誉。2009年荣获“何梁何利基金科学与技术成就奖”，是我国石油开发领域首位获此奖项的科学家。2010年获国际石油工程师学会（SPE）颁发的“强化采油开拓奖”，是北美学者之外首位获此奖项的学者。

目前，王德民正从事“四次采油”、“一元驱”、“二元驱”、“多元、多相驱油”“可调阻力驱”、“特高含水期进一步经济开采工艺技术”和与之配套的采油工艺技术等对石油工业有重大影响的理论和工程技术研究工作。

（六）彰显品格的魅力

在大庆油田从事油田开发研究和管理工作40多年来，王德民将自己的人生理想和事业倾注在了北大荒这片他所钟爱的沃土，无怨无悔，默默奉献，创造了油田开发技术上的奇迹，同时也无处不彰显着他做人做事的品格魅力。

在王德民几十年的科研生涯中，他总是从油田的实际出发，在生产中遇到问题的地方选题，而且经常跨专业、跨学科，表现出很广的知识面，一旦选定题目，他便集中精力不顾一切地刻苦攻关，哪怕是世界性难题也不畏惧。他以坚韧向上的品格、创新独特的思维和博学睿智的才华，不断向世界采油难题发起着挑战，攀登上了一个又一个采油技术高峰！当世界公认水平最高的美国埃克森石油公司，运用他们的技术计算出大庆采油率只有32%时，王德民运用自己研究的一整套强化分层开采工艺技术和“聚合物驱油”等技术，使采收率达到50%以上，打破国际采油权威的断言。他凭借着严谨求真的治学态度，热诚无私的奉献精神和孜孜不倦的创新追求，脚踏实地，勇于开拓。几十年来，他搞的项目没有一个是“锁在柜子里的项目”，每个项目都转化成了生产力，为大庆油田创造了无法估量的巨大价值。这些重大科研成果的应用，对大庆油田各个阶段的发展和稳定，乃至整个中国陆上石油工业的发展和稳定都起着重要的推动作用。

四、王德民主要论著

王德民，等．1963．不稳定试井方法在大庆油田的应用．石油技术．

Wang D. 1983. Separate production techniques for multiple zones in Daqing oil field. Journal of Petroleum Technology，35（8）：1521-1529.

王德民，等．1986．分层开采的理论分析．油田分层开采．北京：石油工业出版社．

王德民. 1988. 油井产状与油田动态分析. 北京：科技文献出版社.

Wang D, Hao Y, Ye Z, et al. 1993. Results of Two polymer flooding pilots in the central area of Daqing oil field. SPE Annual Technical Conference and Exhibition, 3-6 October, Houston, Texas, USA.

Wang D, Zhang Z, Cheng J, et al. 1997. Pilot tests of ASP flooding in Daqing oil field. SPE Reservoir Engineering, 12 (4): 229-233.

Wang D, Jiang C, Sun Y,. 1997. Major technical measures to increase the recoverable reserves of large heterogeneous sandstone oil fields. SPE Advanced Technology Series, 5 (1): 6-14.

王德民，程杰成，杨清彦，等. 2000. 黏弹性聚合物溶液能够提高岩心的微观驱油效率. 石油学报，21 (5): 7, 56-62.

王德民，吴军政，韩培慧，等. 2000. 强化采油. 1999/2000中国科学技术前沿（中国工程院版）. 北京：高等教育出版社：401-427.

Wang D, Li Q, Gong X, et al. 2000. The engineering and technical aspects of polymer flooding in Daqing oil field. International Oil and Gas Conference and Exhibition in China, 7-10 November, Beijing, China.

Wang D, Song C, Gong X, et al. 2001. Large scale field gathering of oil-water-gas at temperature below the pour point of crude oil successful. SPE Annual Technical Conference and Exhibition, 30 September-3 October, New Orleans, Louisiana, USA.

Wang D, Cheng J, Li Q, et al. 2001. First ultra-low interfacial tension foam flood test is successful. SPE Annual Technical Conference and Exhibition, 30 September-3 October, New Orleans, Louisiana, USA.

Wang D, Cheng J, Wu J et al. 2002. Experiences learned after production of more than 300 million barrels of oil by polymer flooding in Daqing oil field. SPE Annual Technical Conference and Exhibition, 29 September-2 October, San Antonio, Texas, USA.

Wang D, Pan S, Xie C, et al. 2003. Introduction to Methods to Fracture More Than 30 Zones in a Well-Per-Day and Used on About 1, 000 Wells-Per-Year. SPE Annual Technical Conference and Exhibition, 5-8 October 2003, Denver, Colorado, USA.

Wang D, Jiang Y, Wang Y, et al. 2004. Viscous-elastic polymer fluids rheology and its effect upon production equipment. SPE Production & Facilities, 19, (4), 209-216.

Wang Y, Wang D, Sun Z, et al. 2004. Technology for controlling eccentric wear of sucker rods and tubing in pumping wells lifting fluids containing polymer. SPE Annual Technical Conference and Exhibition, 26-29 September 2004, Houston, Texas, USA.

王德民，程杰成，吴军政等. 2005. 聚合物驱油技术在大庆油田的应用. 石油学报，26 (1): 77-81.

Wang D, Liu C, Wu W, et al. 2008. Development of an Ultra-Low Interfacial Tension Surfactant in a System with No-Alkali for Chemical Flooding. SPE/DOE Symposium on Improved Oil Recovery, 20-23 April, Tulsa, Oklahoma, USA.

Wang D, Xia H, Yang S, et al. 2010. The influence of visco-elasticity on micro forces and displacement efficiency in pores, cores and in the field. SPE EOR Conference at Oil & Gas West Asia, 11-13 April. Muscat, Oman.

Wang D, Wang G. 2012. New insights on the mechanism of displacement efficiency of natural cores by chemical flooding and its influence on the development and selection of chemicals for EOR. SPE Improved Oil Recovery Symposium, 14-18 April. Tulsa, Oklahoma, USA.

主要参考文献

朱汉生. 2001. 院士人生——记工程院院士王德民. 三月风.

范兴川，张平. 2005. 崎岖奋斗之路绮丽石油人生——专访著名石油工程专家、原大庆油田管理局副局长王德民. 科技日报.

撰写者

王刚（1966～），大庆油田有限责任公司技术发展部高级工程师，院士助手。

陈宏（1971～），大庆油田有限责任公司第一采油厂高级工程师。

古德生

古德生（1937～），广东梅县人。采矿工程专家，中国振动出矿技术和地下金属矿连续开采工艺技术的开拓者之一。1995年当选为中国工程院院士。1960年中南大学毕业，留校任教。他发明了颠振型振动出矿机和移动式分节振动运输列车等多种新型振动设备，大大推动了中国矿山装运工艺与物料处理工艺的发展；在金属矿床地下开采中变革了传统的两步骤回采工艺，创造了一步骤回采的采矿模式，深刻地影响着未来采矿理论与技术的发展；针对松软破碎矿体开采的世界性矿业难题，提出了“开采环境再造”的技术思路，在松软破碎矿体中实现了深孔诱导大量崩矿，开辟了松软破碎矿体规模化开采的新途径；他提出在深井高地应力环境下诱导矿岩致裂的学术思想，首次在金属矿山实现了基于人工扰动诱发岩石力学系统失稳原理的诱导崩落采矿技术；创造性地研制成功岩石诱变力学实验系统，开展了岩石诱变力学的原创性研究。1992年“地下矿连续开采工艺技术与装备研究”获国家科技进步一等奖。1983年“颠振型振动出矿机”获国家发明三等奖。

一、成长经历

古德生于1937年10月13日出生于广东梅县。母亲原侨居毛里求斯，为了奉养年迈祖母，于1936年底带着两岁的大儿子，怀着孕回国。次年古德生降生，为古家增添了许多欢乐，拥有两个活泼男孩的家里，充满着阳光和希望。但是，就在古德生3岁那年，他还没有来得及感受父爱，父亲却在国外因病撒手人寰。从此，这个失去顶梁柱的家庭，全由祖母、母亲的孱弱身躯来支撑，全靠耕田种地来维持；为了抚养小哥俩和12岁的姐姐，她们日出而作，日落而归；常年含辛茹苦，也没能改变家庭的困境，姐姐因此辍学回家务农，渴求上中学的兄弟俩，也因交不起学费而进了私塾学堂。两个稚嫩的孩子，天天在老先生的眼底下朗读古文，实在无奈，于是就经常到中学门口痴痴地看别人孩子读书、玩耍；见孩儿的落寞与失望的神情，母亲无比痛苦，一个学期过后，毅然挑着两担大米来到学校，才换来兄弟同时跨进中学校门的机会。

古德生的童年在穷乡僻壤的山村度过。山村是临近市镇的游击队根据地，村小学老师多从事党的地下工作，古德生从小就受到革命思想的熏陶，他参加过儿童团和读书会。1950年初，家乡解放，人人欢天喜地，穷孩子有了上学机会，古德生像久旱大地上的花草，尽情地吮吸着每一滴雨露，蓬勃向上。他原是村里的儿童团团员，家乡解放后，转为梅县丙镇中学的第一批少年先锋队队员，他当上少先队大队长，后又担任少先队辅导员，高中毕业那年加入了共青团。他活泼开朗，做事认真，为人友善，深得同学和老师的好评。他喜欢唱歌跳舞，是中学合唱团的领唱，得过中学歌咏比赛独唱第二名；他爱绘画，喜欢临摹人物像；他与同学一起讨论“时势造英雄”和“英雄造时势”等饶有兴味的辩题。少年的灵气在和煦的阳光下得到充分的释放。

古德生深受客家“崇文重教”传统的熏陶，在祖母、母亲“吃得苦中苦，方为人上人”的思想影响下，他努力学习，从不荒废一点时光，自习桌上那盏煤油灯，陪他度过了中学阶段的无数夜晚；他十分体惜家庭的艰辛，一担谷子换来的力士鞋，伴他在乡村小道走了六个春秋。他品学兼优，成为村上乡亲教育孩子的榜样。

世界多彩诱人，追逐理想、挥洒灵性是中学生的天性。古德生爱学习、勤思考，对周围事物充满着好奇，常有搅动他那灵感的新鲜事。14岁那年，在跟随母亲抢收的大忙季节，他也有兴致去观察、琢磨脚踏式打谷机的问题，并给县农机厂寄去一张防倾倒、更省力的革新草图；他这行动不为别的，只是为了了却那求实的冲动；后来方案被采用了，厂方寄来感谢信，并给了三元钱的“重大”奖励，他的好奇心得到了极大的满足，观察、思考、解惑的唯真意识，在少年心中萌生，他那朦胧的创新精神在平常小事中得到了升华。

1955年4月，古德生面临高中毕业，因国防建设的需要，他被学校推荐去海军学院学习，这是个诱人的选择，但是，瘦小的他，体检第一关就因体重不合格而被淘汰下来，刚刚动心的志向泡汤了，十分懊恼，于是准备考大学。这是百废待兴的年代，该报考什么志愿？古德生思考着。在国家实施第一个五年计划的热火朝天的年代，他朦胧地意识到，国家非常重视发展重工业；人民画报上有一幅阜新露天煤矿的照片，一台八面威风的大电铲正向大机车装载着矿石，满载的列车，轰隆隆地奔驰着。古德生被这一壮观的场景深深地吸引住了，他的思绪与国家建设的节拍产生了共鸣，一个向往上大学、做着金色梦的纯真少年，就这样选定了志愿，从此与矿业结下了不解之缘。

1955年7月的一天，这是一个难忘的日子。古德生兄弟同时收到大学录取通知书，哥哥考入华南工学院（现华南理工大学），他考入了中南矿冶学院（现中南大学)。贫穷农家一下出了两个“状元郎”,在山村引起不小轰动,辛劳一辈子的祖母、母亲,终于盼到了这一天,全家沉醉在幸福之中。赴校报到的日子快到了,古德生带着向往未来的激情和对家乡的眷恋,相邀四个伙伴,在薄雾缭绕的清晨,登上了童年一直向往的梅州高山之巅——五指峰,面对喷薄旭日东升,他憧憬着美好的明天。

古德生来到有千年文化积淀的长沙岳麓山下,开始了大学生活。在大学里,除学习很紧张外,农家子弟还有经济的拮据,然而,贫困家庭出身的古德生,早已学会了刻苦、勤俭和忍耐。他没有奢望,每月九元的助学金用于伙食、文具和生活用品也已足矣;生活磨炼造就了他那奋发自强的个性,他常告诫自己:事无艰难,何来人杰。他十分珍惜大学的学习机会,如饥似渴地读书,他原本喜爱唱歌、跳舞和绘画,但在大学五年的有限时间里,这些也被他视为是虚度时光;他专心一意地读书,每天的生活轨迹就是宿舍、食堂和教室的三点一线,读书几乎成了他生活的全部。古德生的成绩优良,做事认真,为人友善,深得老师和同学的好评;他当班长,在同学中享有威信,他以身作则、带领大家把学习放在第一位,他的班级多次被评为优秀集体。他刻苦学习,尊师循道,深受汪锦璋、钟时猷、夏纪顺、李德成等名师的教育和熏陶,得到了老师们的正直为人、严谨治学和专业学术的真传,学会了做人,学到了做学问和搞科研的方法,为其终生受用。由于古德生有优良的表现,作为学生中的佼佼者,他加入了教研室的大孤山铁矿科研团队,并提前进入了学校的教师队伍。五年的大学生活非常充实,少年时代泛舟书海的梦想如愿以偿,他隐约感受到科学殿堂的大门正向自己悄然敞开。

古德生和他那年代的中学生一样,曾经读过苏联作家奥斯特洛夫斯基写的《钢铁是怎样炼成的》一书,在班上讨论过“要做一个什么样的人?”书中主人公保尔·柯察金明白地说道:“人的一生应该这样度过,当他回忆往事的时候,不因虚度年华而悔恨,不因碌碌无为而羞愧。”这句名言,一直伴随古德生度过难于忘怀的中学和大学的年代,也激励着他走过了为采矿科技事业奋发图强的几十个春秋。

二、攀登历程

1960年,古德生留校任教,他怀着干一番事业的信念,在脑海中常浮现“海市蜃楼”。但是,那年代的政治运动太多了,一场洗礼过后,总叫人惘然。特别是1966年开始的“文化大革命”,无休止的派性斗争,使学校长期处于瘫痪状态,他曾试图再度关门读书,寻找心灵的安慰,但偌大的校园难觅一角安宁。古德生想:

徒有一腔热血，空有一身力气，为什么不能做点有益于国家的实实在在的事情呢？“天将降大任于斯人也”。

1973年夏天，“停课闹革命”仍在延续，学校氛围实在叫人窒息，古德生的心难以宁静，于是与几个同事，义无反顾地走向矿山生产第一线，来到工人中间。在劳动中，他熟悉了各个生产环节，也体验到矿工们的艰辛，他深深地认识到：出矿作业在每吨矿石成本中占30%～45%，在全矿工伤事故中占40%～50%，这是生产系统中最薄弱的环节。过去有过许多研究，但成效甚微，时间长了，人们也就视而不见，无所作为，古德生为此萌发了变革现状的决心。他以宽广的学术视野，开拓思路，独辟蹊径，最后选择了通过振动能量传递来降低矿石散体的内摩擦力、改善矿石的流动性的技术路线。

要有效地改善矿石的流动性，就必须寻求一种能置于矿堆下工作的振动设备，如何实现？在古德生的脑海里和资料文库一样，几乎一片空白。为了寻求一条新路，他们走遍大江南北，进行振动技术考察，从中寻找灵感、构思方案。在制订方案与设计的半年多时间里，他们超然入静、如醉如痴，不知经过多少日日夜夜，经历多少次的否定与肯定，最后才完成单质体、超共振型的颠振型振动出矿机全套图纸。然而，在那“文化大革命”年代，工厂停产，无法加工，他们就自己动手，学着车、钳、刨、焊；当时，大家还身不由己，要轮流“下乡锻炼”、“学大寨”，一去就是一年半载，但为了实现已定目标，大家矢志不移，断断续续地坚持了七个年头，最后才把设备加工出来，并获得工业试验成功。

由于振动出矿是通过对矿石散体的强力振动，并部分借助矿石的重力势能而实现的连续、均匀、易控的强制出矿，使放出矿石的尺寸提高了2～3倍，它有效地消除了传统工艺经常发生的卡堵、跑矿等现象，工伤事故基本消除，出矿效率提高2～4倍。恰逢1978年的拨乱反正，迎来了科学的春天，在国家的支持下，建成了“国家新技术推广示范样板”，成果很快在全国1000多个企业得到推广，带来很大轰动，创造了巨大的经济效益，我国的出矿技术从此进入一个新的发展时期。1983年，“颠振型振动出矿机”获国家发明三等奖。

受无穷进取心的驱使，古德生团队根据作业条件的差异和工艺技术新思路的提出，又相继研制成功原矿振动给矿筛洗机、定向振动装载机等十种不同功能的新型振动设备，创造了主溜井振动出矿自动化作业线、原矿仓给矿、筛分、脱泥短流程等六项新工艺，给大块物料、粉料和泥质料的处理工艺带来一场变革；与此同时，依据不同的矿床开采技术条件，又创新了振动出矿留矿法、盘区回采连续开采法等五种采矿方法，还创造了采场出矿的实际技术生产能力1064t/h的新纪录。众多成果在多次国际学术会议上得到同行专家的高度评价。

在振动出矿技术取得重大成果的基础上，针对20世纪80年代发展起来的大量落矿采矿法中存在的落矿高效率与出矿低效率的严重问题，古德生提出了实现地下金属矿采场连续工艺的科学命题。大量落矿采矿法一次可落矿几万吨、甚至十几万吨，而重力放矿和电耙出矿每天却只能放出二三百吨，这种间断式的出矿工艺，严重抑制着矿山生产的发展，必须变革。1986年，“地下矿连续开采工艺技术与装备研究”列为国家项目，古德生主持制定了：“牙轮钻机钻凿垂直深孔、多排同段爆破侧向挤压崩矿、采场平底结构、轻型组合式振动机出矿、移动式分节振动运输列车运搬矿石、原矿振动条筛上聚集与处理大块、电机车运矿”的攻关总体方案。由于具有我国特色的、能运输1100mm大块的单质体、超共振、自同步惯性定向振动的分节式振动运输列车等全套连续作业设备的研制成功，由于创造性地实行了“采场块度标准两部制”的大块控制与管理，并首次在地下矿金属矿山建成采场出矿运矿连续作业线，从而创造了采场生产能力1643t/d的奇迹。当万吨崩落矿石通过连续作业机组，源源不断地从采场运搬出来的时候；当人们在现场称赞这奇迹般创举的时候，古德生深深体会到：一个人最大的快乐和幸福莫过于为国家做出了贡献。在第二届世界非金属矿物会议上，该成果引起澳、印、俄等国专家的极大关注。1992年，“地下矿连续开采工艺技术与装备研究”获国家科技进步一等奖。

如果说20世纪70年代开创“振动出矿技术”新领域是古德生迈上的第一科研高地的话，80年代实现的“采场连续工艺”，则是他攀登上的第二高地；在两项成果的基础上，古德生又提出了90年代攀登第三高地的新目标，即变革传统的“二步骤回采”为“一步骤回采”，实现“地下金属矿床连续开采”。

在房式采矿法中实现“一步骤回采”，就是要在开采阶段上不留间柱、连续推进。这是实现规模化开采，最大限度地回收矿产资源的根本途径。1995年“硬岩无间柱连续开采技术研究”列为国家重大项目，古德生亲自主持制定了总体方案：“以大矿段为回采单元，在阶段开采连续推进（不留间柱，一步骤回采）回采过程中，落矿、出矿、运矿、充填（废石）四个工序各自具有相对独立的作业条件，各工序间相互协调、在不同空间平行连续进行，采下矿石用连续作业机组运至采场溜井，用电机车运往井底车场”。工业试验中，采用了与高效落矿相适应的采场出矿运矿连续作业线，实施了与深孔落矿相适宜的块度控制技术，从而创造了各采矿工序间相互协调的高效连续采矿法，试验取得很大的成功。2001年“硬岩无间柱连续开采技术研究”获国家科技进步二等奖。

古德生的科研团队，从开创振动出矿技术、采场连续工艺，到实现地下金属矿床连续开采，经历了18个年头，20世纪70年代古德生所萌发的大胆设想终于得到实现。它给国内外一直沿用的传统采矿模式带来了变革，它为地下金属矿山的作业机械化、工艺连续化、生产集中化和管理科学化起了很大的推动作用；他所开创的金属矿矿床连续开采的技术路线，已在许多矿山得到发展，并深刻影响着矿山的未来。

古德生的科研轨迹，始于国家重大需求，一直向着采矿科技前沿方向延伸。由于传统的二步骤回采模式，特别是大范围的非常规采矿，使我国金属矿山留下许多安全隐患，矿产资源损失也十分惊人；有色金属矿山的隐患矿产资源就占25%～35%，这对资源相对贫乏的我国来说，是个非常严重的问题。针对这种状况，古德生在1998～2007年，重点开展了隐患矿产资源有效回收的研究，先后完成了“金属矿床开采矿岩致裂与控制技术及其应用”与“隐患金属矿产资源安全开采与灾害控制技术”两个重大项目，并于2005年和2007年分别获得国家科技进步二等奖。

随着矿床开采深度的增加，国内外矿业面临许多新的挑战。近20年来，世界矿业界面对一个重大科技问题，就是千米深井高地应力环境下的岩爆灾害问题。长期以来国际学术界把深井高地应力固化为致灾因素，把注意力几乎全都集中在岩爆机理与灾害防治方面；但事实上任何事物都有两面性，高地应力是否也可以将其诱变为有利因素而加以利用呢？2001年，古德生突破传统思维，在香山科学会议第175次学术讨论会上，首次提出深井矿岩在高应力环境下诱导致裂的原创性学术思想，认为高地应力固然是致灾因素，但也可以通过诱导手段来利用高应力矿岩的内部能量，实现致裂破碎的目的。这一诱导高应力矿岩致裂的全新学术思想的提出，大大地拓展了深井开采科学技术的发展空间。古德生在1998～2007年所完成的两个重大项目，也是基于诱导致裂学术思想上开展的；在科研过程中，基于人工扰动诱发岩石力学系统失稳原理的诱导崩落技术，在复杂空区环境下的隐患矿体的开采中取得成功。实践表明，这是高应力矿岩环境下首创的一种低成本的高效采矿技术。

工程实践表明，深井开采的许多技术难题实际上都源于深井岩石力学，因此，古德生团队在高应力矿岩诱导致裂学术思想的基础上，于2005年提出了“岩石诱变力学”的研究方向。由于深井高应力环境下的矿岩工程对外部动力扰动的影响及效应是个未知领域，它不是单纯静载环境的岩石力学问题，因此，岩石诱变效应很难用传统的岩石力学实验和理论加以解释；为了开展岩石诱变力学的研究，古德生团队创造性地自行研制了岩石真三轴诱变实验系统，以期从研究岩石诱变效应与机理入手，实现深部矿床开采、地下工程、水利工程等工程领域的理论创新和技术创新。

科学研究是条没有尽头的路，科研人生是本写不完的书。古德生在科研征途中风雨兼程，奋力攀登，他深深地领悟到科学技术的真谛：

科技事业是需要集体智慧的群体事业。小道崎岖路漫漫，只靠个人力量是困难的，尤其是工程类的科研，单枪匹马断难获得重大成果。40多年来，古德生的团队始终保持着旺盛的科研热情，大家淡泊名利、携手同行、尽心尽力，事事凝聚着大家的学术灵感与智慧。古德生得过许多荣誉，但他常说：荣誉首先应属于团队。

科技事业是需要坚强意志的强者事业。科研工作事事顺意者固然有之，但大多的成功是在艰难和挫折之后，在坚持之中。他们深深体会到，科研最后几步往往需要更大的勇气和信心，事倍功半、甚至功亏一篑的事是常有的。成功要付出代价，在磨难面前，强者义无反顾、勇往直前；弱者患得患失，望而却步。成功与失败就在其中分道扬镳。

科技事业是没有终点的永恒事业。40多年来，古德生团队不断开拓新的科技领域，从一个起点走向更高的新起点，连续不断，累计获国家级与省部级科技奖励30余项。他们开创的振动出矿技术、矿床连续开采技术、开采环境再造采矿技术和高应力矿岩诱导致裂的学术思想，大大拓展了采矿科学技术的发展空间，已在金属矿业得到发展和延伸。

科技事业是需要奉献精神的壮丽事业。在漫长的科研历程中，古德生深深地体会到：一个人的最大幸福和快乐莫过于为国家做出了贡献。他们摒弃功利主义，物我两忘，全身心地奉献给了科学事业；一起摸爬滚打的王启宇、黄存绍两位教授，由于积劳成疾，刚下一线就住进医院，并都先后离开人世，人们永远怀念他们。值得欣慰的是，在这崎岖道路上成长起来的年轻一代，接踵而来，已肩负起了国家矿业现代化的重任。

三、科技成就

古德生长期从事教学、科研工作。在采矿学科中，从事的研究领域主要包括：振动出矿技术、连续作业振动设备与物料处理、金属矿床连续开采工艺技术、矿床开采环境再造技术和深井高应力矿岩诱导致裂理论与技术等。先后有30余个项目获奖，包括：国家发明三等奖1项（1983年），国家科技进步一等奖1项（1992年），国家科技进步二等奖3项（2000年、2004年和2007年）；另有省部级的奖励22项，其中：省部级科技进步（或自然科学）一等奖6项，省部级科技进步二等奖9项，三等奖7项。

此外，有发明专利7项，出版专著6部，在国内外发表学术论文140多篇；创建了三个国家重点学科，培养了博士后14人、博士42人、硕士16人。

综合上述成果，古德生的科技成就主要反映在以下六个方面：

1. 建立和发展了振动出矿技术与矿床连续开采技术的理论体系

在研制成功静、动态振动直剪仪的基础上，开展了散体动力学专题研究，揭示了振动场中矿岩散体的应力-应变关系和τ、C、ϕ值的变化规律、振能耗散与振动减阻机理，丰富了散体动力学内容；提出了以振能有效作用范围、受振的矿石性态，以及振动出矿机埋设参数优化等内容为核心的振动出矿原理；发展了以R. Kvapil和г. M. Малохов为代表的放矿理论。此外，针对振动机置于矿堆下的作业条件，提出了以振动台面压力计算、激振器与激振方式、惯性振动出矿机自同步、激振力传递与功耗等为中心内容的振动出矿机设计理论。在系统总结科技成果的基础上，形成了以采场连续工艺系统、连续作业机组的优化配套、无间柱连续回采与采场地压显现规律等为主要内容的地下金属矿床连续开采理论。

2. 发明颠振型振动出矿机，研制成功十种不同功能的新型振动设备

为了变革传统的重力放矿工艺，发明了颠振型振动出矿机；在这基础上，针对各类不同物料和采场、溜井、原矿仓、粉料仓等不同工艺技术条件，又研制成功分别具有破拱、消堵、防跑、装载、运搬、给矿、筛分、脱泥等不同功能的新型振动设备，包括：组合式振动出矿机、定向振动装载机、摆振型破拱机、振动给矿筛洗机、重型振动给矿机、原矿振动条筛和移动式分节振动运输列车等。众多设备的诞生，使传统工艺一直无法解决的物料卡堵、组拱、堆滞、管流等诸多事故基本消除；给大块物料、粉料和黏性料的处理工艺，带来了重大变革。建成了“国家示范推广样板”，成果大面积推广，获得很大的经济效益。

3. 创新了地下金属矿山五种采矿方法，创造了六项新工艺

振动出矿技术的应用，推动着采矿方法的发展。先后创新了盘区回采振动出矿连续采矿法、振动出矿留矿法、振动出矿VCR法、振动出矿汽车运输阶段矿房法、振动出矿阶段崩落法等五种采矿方法。这些成果，使采场出矿能力普遍提高1～3倍，出矿成本大幅度降低。

创造了六项新工艺，包括：高溜井振动出矿工艺、振动给矿筛洗工艺、原矿仓重型振动给矿工艺、粉矿仓的破拱与装载工艺、主溜井自动化出矿作业线、采场出

矿运矿连续作业线。最令人瞩目的是：上述新工艺为矿山生产系统全面畅通提供了成熟技术，安全条件大大改善，出（给）矿作业的工伤事故基本消除，为金属矿山的生产发展提供了重要技术支撑。

4．开创了地下金属矿连续开采技术，建成采场出矿运矿连续作业线

在国内，首先著文提出地下金属矿山连续开采这一科学命题，并出版专著全面论述其科学内涵、工艺技术和一系列新概念；在国家攻关中主持制定了采场振动机组等六项有创见性的技术方案，首创振动出矿机、振动运输列车、原矿振动条筛和液压破碎机组成的采场连续作业机组，建成了具有我国特色的采场出矿运矿连续作业线，创造了采场日产1643t的新纪录。此外，在实现采场连续工艺的基础上，通过攻关，变革了传统的二步骤回采模式，实现了一步骤回采，矿产资源的回收率大大提高，使我国地下金属矿连续开采技术步入世界先进行列。所开创的连续开采的技术路线，深刻地影响着未来采矿技术的发展。

5．发明了针对松软破碎矿体的“开采环境再造深孔诱导崩矿采矿法”

针对松软破碎矿体开采这一国际性矿业难题，提出了“开采环境再造”的学术思想。通过人造工程，有效地改变了矿床开采的不利条件，创造有利于实现高效率、低成本的良好的开采环境，达到优化开采的目的。在实施“松软破碎矿体顶底柱超前回采深孔诱导崩落连续采矿法”（国家项目）的工业试验中，通过开采环境再造，在松软破碎矿体中首次实现了深孔诱导大量崩矿，取代了下向分层进路回采胶结充填采矿法；它打破了人们头脑中根深蒂固的、所谓“采矿方法完全取决于客观存在的矿床开采条件”的传统观念，为我国大量松软破碎矿体实现低成本、高效率的规模化开采，开创了一条新的途径。

6．提出了“岩石诱变力学”原创性研究方向，研制了岩石诱变实验系统

针对深井高地应力环境中出现的岩爆问题，首次提出了矿岩在深井高应力环境下诱导致裂的原创性学术思想，认为可以通过诱导手段来利用高应力矿岩的内部能量，实现矿岩致裂破碎的目的。这一学术思想，突破了把高地应力只看作是致灾因素的传统观念。其后所开发的基于人工扰动诱发岩石力学系统失稳原理的诱导崩落技术，在工程实践中获得了成功。2005年，又提出了“岩石诱变力学”的原创性研究方向，为了探明岩石诱变效应及机理，创造性地自行研制了岩石真三轴诱变实验

系统，以期实现高地应力环境下的矿床开采、地下工程、水利工程等工程领域的岩石力学理论与工程技术的创新。

古德生 40 多年的科研生涯，成绩突出。他先后荣获湖南省最高科技奖科技兴湘奖（1994 年）、王丹萍科学奖（1994 年）、何梁何利基金科学与技术进步奖（2002 年）、光华工程科技奖（2008 年）等奖励。1995 年当选为中国工程院院士。

古德生先后出任全国地矿学科教学指导委员会主任，全国工程教育专业认证委员会委员，中国工程院能源与矿业工程学部常委，国家安全生产专家，中国矿业协会高级资政，中国有色金属学会常务理事，等等。

四、古德生主要论著

古德生. 1980. 振动出矿原理. 中南矿冶学院学报，(6)：40-48.

古德生，王惠英，李觉新. 1989. 振动出矿技术. 长沙：中南工业大学出版社.

Gu D S，Wu A X. 1989. A technology of strengthening ore draw in the ore pass. Proceeding of the Second World Congress on Non-metallic Minerals. II：17-21.

古德生，许伦武. 1992. 地下金属矿山采矿连续工艺. 中国矿业，1（2）：49-52.

Dai X G，Gu D S. 1992. The calculation of high dynamic stress during ore drawing. 中南矿冶学院学报，23（4）：387-392.

古德生. 1993. 地下金属矿山采矿连续工艺技术与装备研究. 全国采矿学术会议论文集：554-561.

Wu A X，Gu D S. 1993. The characteristics of inner and boundary friction of bulk solid under vibration. 中南矿冶学院学报，24（4）：459-465.

李夕兵，古德生. 1994. 岩石冲击动力学. 长沙：中南工业大学出版社.

古德生，邓建. 1999. 无间柱连续采矿的岩石力学优化. 中南工业大学学报，30（5）：441-444.

Gu D S，Deng J，Li X B. 1999. Three dimensional numerical simulation of excavation and backfilling in mining engineering. Transaction of nonferrous Metals Society of China，9（2）：417-421.

Deng J，Gu D S，Li X B. 1999. Energy and numerical solution to backfill critical height in non-pillar continuous mining. Transactions of Nonferrous Metals Society of China，9（4）：847-851.

彭怀生，古德生. 2001. 无废害开采规划与评价. 北京：冶金工业出版社.

古德生，邓建. 2001. 地下金属矿山无间柱连续采矿可靠性分析与设计. 中国工程科学，3（1）：51-57.

古德生，李夕兵. 2002. 金属矿床深部开采中的科学问题//科学前沿与未来（第六集），北京：中国环境科学出版社：192-201.

Deng J，Gu D S. 2004. A reliability based approach for evaluating slope stability under seismic loadings. The 9th ASCE Joint Specialty Conference on Probabilistic Mechanics and Structural Reliability，July：26-28.

Deng J，Gu D S. 2005. Structural reliability analysis for implicit performance functions using artificial neural network. Structural Safety，27（1）：25-48.

古德生，李夕兵，等. 2006. 现代金属矿床开采科学技术. 北京：冶金工业出版社.

陈建宏，古德生. 2007. 矿业经济学. 长沙：中南大学出版社.

Deng J，Gu D S，Pandey M D. 2008. Determining quantile function from censored Sample using partial maximum entropy and fractional partial probability weighted moments. Computer Methods in Applied Mechanics and Engineering Structures.

撰写者

古德生

张铁岗

张铁岗（1946～），河南许昌人。采矿工程与安全专家。2003年当选为中国工程院院士。毕业于焦作矿业学院。在煤矿生产第一线长期致力于复杂煤矿开采和安全工程技术的攻关，取得了多项具有开创性的研究成果，并广泛应用于生产实践，取得了巨大的社会和经济效益。曾担任国家“九五”重点科技攻关项目“矿井瓦斯综合治理示范工程配套技术研究”的课题组组长，首席科学家；该项目5个专题23个子专题通过国家验收，其中4个分项达到国际领先水平，使中国防治矿井瓦斯技术系统化、规范化，整体水平向前迈进一大步。编著出版了《难采、复杂煤层的开采》《矿山抢险救灾》《矿井瓦斯综合治理技术》等。有11项成果荣获国家、省部级科技进步奖，2002年获国家科技进步二等奖2项，1项排名第一；1997年他被评为首届全国优秀科技工作者，2001年获孙越崎能源科学技术奖，2002年被国家聘为安全生产专家（矿业组副组长），2005年被评为全国劳动模范。现为教育部创新团队负责人、河南理工大学教授、博士生导师、煤矿瓦斯与火灾防治重点实验室主任、平顶山职业技术学院名誉院长。同时还任中国煤炭劳动保护协会安全与工程专业委员会主任、中国煤炭学会副理事长。

一、苦命童年　练就坚强意志

张铁岗祖籍河南省许昌县榆林乡花牛张村，因家境贫寒，祖父带着全家逃荒至汝南县做小生意。1946年9月，张铁岗在汝南县降生了。自小聪慧的他5岁开始上学，7岁时全家因他乡生活艰辛又返回原籍。在他9岁的时候，母亲因肺癌撒手人寰，留下4个孩子，他是家里的老大，最小的还是3个月的婴儿。当时张铁岗的父亲在开封求学，家里只有多病的曾祖父、祖父、祖母，老的老、小的小，生活异常艰难。

说起小时候的生活，张铁岗感慨万千：“那时家里相当穷，没吃过好面馍，什么榆树叶、柳树芽、坏红薯都吃过，甚至连榆树根都捣碎吃了。过年没吃过肉，用红薯面包点红薯包就算过年了。”幼年的困苦经历在他的心里留下了深深的烙印。

"小时候冬天穿的都是刷筒棉衣，因为没有替换的衣物，衣服总穿得起明发亮，把腿上的肉磨得发红，耳朵、手、脚常常都冻烂了。"张铁岗回忆，因为家里没有被子，一直到他大学毕业，家里盖的都是麻包片套麦秸，"晚上我就拱到烟炕屋的麦秸窝里睡觉。"贫寒的家庭摧不垮他好学上进的意志。上学时，张铁岗成绩一直很好，小学、中学总是考全班第一。

二、勤奋学习 成绩崭露头角

1962年，张铁岗参加了高考，当时正值三年自然灾害时期，物资资源匮乏，国家停办了一些学校，许多学生辍学，而他却考出了优秀的成绩。以分数而论，他的成绩上名牌大学绰绰有余，但他却选择了焦作矿业学院。张铁岗说："采矿专业艰苦，当时没人愿意报，可我就报了这个专业。我吃过苦，不怕吃苦，就想学点本事，将来有碗饭吃。"张铁岗被学校录取了，可家里没钱供他上学，校方了解到张铁岗家的实际情况，又看到张铁岗的优秀成绩，学校领导研究后就把书费、伙食费给他全免了。冬天太冷，同学们看他穿得不像样，就给他找了一件穿破的绒衣，让他套在刷筒棉袄里。"穿着可舒服了，这是我第一次穿绒衣。"张铁岗脸上浮起了温暖的微笑。

在谈到自己大学的毕业设计时，张铁岗笑着说："毕业实习是在鹤壁市的一个水采煤矿——梁峪矿，当时一个留苏博士领着唐山专家、鹤壁设计院的技术人员都在为这个煤矿的深部水采系统搞设计。我和同学也想搞这个设计，鹤壁矿务局就同意让我们去练练兵。"

于是，张铁岗就领着5个同学开始埋头苦干，没想到几个学生作出的设计最后竟比专家的设计更合理。"鹤壁矿务局的总工程师直夸我们的方案好。经过论证，专家评审最终采纳了我们的方案，并马上投入了施工。当时，焦作矿业学院的校报头版头条报道了我们的毕业设计如何战胜留苏博士和设计专家们的事儿。"说到这儿，张铁岗又露出了自豪的微笑。就因为这次搞毕业设计出了名，唐山设计院就到学校聘请他，他当时也同意分配到该设计院工作。可这时"文化大革命"开始了，毕业分配不得不推迟。1967年，他最终分配到了离家较近的原平顶山矿务局四矿。

三、刻苦钻研 奋战采煤第一线

张铁岗一毕业就下到了采煤一线，采煤工、支架工、镏子工、掘进工、放炮员……井下所有工种他都干过。良好的理论基础加上实践经验，一年之后，在当年分来的 70 多个学员中，他第一个被聘为技术员。随后又调到总办室负责矿井设计。他大胆创新，方案新颖，令平顶山矿务局领导对他刮目相看，点名借调他到设计院，参加全局矿井的技术改造设计与会审工作。张铁岗不负众望，以精心的规划，充分的论证，使整个矿井实现了集中生产，建成了矿区第一个百万吨级综合机械化采煤工作面，使平顶山矿务局四矿年生产能力由原来的 60 万 t 上升至后来的 240 万 t，年平均利润增长 8000 万元。由他完成的“厚煤层综采工作面无煤柱巷道布置”在矿区实施后，为国家多回收煤炭 1.96 亿 t。

后来，张铁岗调到有平顶山“西伯利亚”之称的大庄矿任矿长，他快刀斩乱麻，迅速调整了生产布局。他提出沟通一二水平暗斜井，解决了矿井提升能力不足和水平接替难题。针对周边小煤窑乱采滥挖的情况，他果断决定改“抽出式”通风为“压入式”通风，使该矿年产量由 90 万 t 增到 145 万 t，年均增长利润 2800 万元。当年，该矿 6 项主要经济指标创全国先进水平。

张铁岗说，他与别人不同的地方，可能就是爱研究问题，有点好奇心，遇到什么问题、解决了什么问题他都爱反复研究，爱写论文、画图纸、写总结。平时的用心积累为他以后攻克更难的技术问题打下了坚实的基础。“放炮一拉完，稍候进采面，刨去探头煤，找掉锅底矸，铁梁及时挂，顶板背完善，柱子升打紧，保持有迎山，每次打柱子，铁梁向上搬……”这是张铁岗当时为采煤工编的“五字经”，40 多年过去了，他依然记得十分清楚。这些都是张铁岗利用自己的实践经验在业余时间编写的，当时平顶山矿务局将他编的采煤各工种“五字经”印成小册子，在全局推广，许多新采煤工上岗的第一件事儿，就是先背会这些“五字经”。这些朗朗上口的顺口溜通俗易记，受到了矿工们的欢迎。

张铁岗感慨地说：“是实践给了我成功的机会。”他曾在一次井下现场工作中，对工程师们毫不客气地说过这样的话：“我下去四个小时，不用记录，看出的问题上来能讲两个小时，我要说错了可以不当总工程师！”他对井下各工种的熟悉程度，令许多人佩服不已。张铁岗说，他这样说是希望工程师、技术人员都能深入实践，多和工人们接触，多经历一些世面，多增长一些才干，“这样的技术人员才有用。为什么现在的大学生眼高手低？因为他们没有实践经验。所以我不主张大学生一毕业就分配到机关工作，应该让他们下基层锻炼锻炼，增长才干”。

“文化大革命”期间，由技术人员现场给大学生讲课，也给了张铁岗更多将理论与实践相结合的总结机会。当年许多高校实行“开门办学”，一些高校将学生带到生产一线，让生产技术人员现场教学，“由于我的理论功底，再加上有实践经验，给我创造一个现场教学的条件。当时来的有中国矿业大学、焦作矿业学院、重庆大学、辽宁工程技术大学等高校的毕业班，我为这几个大学讲了好几届，特别是毕业设计课都是我讲的。”当时张铁岗讲课讲出了名，阜新矿业学院（现辽宁工程技术大学）就通过煤炭工业部来挖他。说起这些往事，张铁岗爽朗地笑了：“我是井下出来的，让我专职教学还不习惯呢，我还是喜欢下井。”

四、受命危难　立志“制服”瓦斯

自从人类开采煤矿以来，瓦斯一直是煤矿安全生产的一大隐患。瓦斯事故使国家财产和矿工生命都付出沉重的代价。平顶山矿区曾是瓦斯重灾区，历史上发生过特大事故7起，特别是1993～1996年四年间连续发生3次特大事故，人员伤亡惨重，财产损失巨大，震惊中外。当时，张铁岗已调任矿务局调度室主任。

1996年，张铁岗受命于非常时期，接任平煤集团总工程师，他立志要制服瓦斯。从发生的全国重大瓦斯爆炸事故中，张铁岗发现这些事故多发生在采面上隅角。为了弄清上隅角瓦斯涌出规律及相关影响因素，他反复下井测量研究，有时一连几个小班不升井，饿了啃块馒头，渴了喝口凉水。终于，他测算出60%的瓦斯来自上隅角，而且涌出量与放炮装药量成正比，与放炮间隔时间成反比。带着这个课题，他带领技术人员研究并设计出“高压水射流风机”、“小型液压风机”等，抽放上隅角的瓦斯，取得了意想不到的成功。一时间，张铁岗被人们奉为“瓦斯克星”。

1998年4月8日，平煤集团八矿14081机巷瓦斯突出5万余立方米，600多吨的原煤被强大的推力抛出巷道140余米。事发前一天，恰在现场的张铁岗发现瓦斯忽大忽小的突出前兆，果断命令工人撤到该采区防突门以外，当班39人无一伤亡。事故发生后，他冒着生命危险，再次进入事发区域进行观测，采集数据，总结出了保证预测准确及时的新方法。在他的主持下，平煤集团还完成了《高突矿井瓦斯地质图》的绘制工作。

为此，国家将“九五”重点科技攻关项目“矿井瓦斯综合治理示范工程配套技术的研究”安排在了平煤集团，由张铁岗担任领导小组组长，组织集团公司工程技术人员会同有关院校进行攻关。从瓦斯的预测、分级、防治、装备等方面进行系统研究，开发出一批防治瓦斯的新装备和瓦斯抽放新方法，大部分产品产业化并应用于实践，产生了巨大的社会效益和经济效益，部分技术被写入《煤矿安全规程》。

该研究成果在平煤集团推广后，平煤集团十多年来没有发生瓦斯重大事故，瓦斯抽放量从原来的年400万m^3上升到8500万m^3；年瓦斯超限次数从8700次降至现在的118次，百万吨死亡率由1996年的5.16下降到2005年的0.11。他们研究开发的技术装备已在韩城、丰城、淮南、淮北、邢台、开滦等全国16个矿务局的40多个高瓦斯突出矿井得到了推广和应用，使我国瓦斯防突、分级、隔抑爆等技术达到国际领先水平。

张铁岗谦虚地说："'九五'重大科技攻关项目是一个庞大的系统工程，作为总工程师，我是这个课题的带头人；作为研究人员，我只是这个项目的一份子。这些项目凝结着我们集团公司广大工程技术人员的心血和汗水，也凝聚着两院两校专家辛勤的劳动和汗水，希望这些成果能在实践当中得以充实、完善和提高。"

在研究防治瓦斯突出和预防瓦斯事故这个课题上，以前从未将瓦斯突出与地应力相结合。而张铁岗却敏锐地发现瓦斯和地应力互为诱因，就看谁是主导因素，应该把这项内容的研究提升到一个新阶段。因此2006年他提出了"冲击地压与瓦斯突出互为诱因矿井灾害机理及对策"的新课题，得到全国煤炭行业专家的支持。他组织了数十人的团队经过五年攻关和现场实践，取得了重大进展，所实施的矿井无一发生事故，带来巨大的经济效益和社会效益。2012年该项目获河南省科技进步一等奖。2012年7月美国工程院院士、采矿专家Syd S. Peng应邀在河南理工大学讲学时，指出"张铁岗院士提出的符合动力灾害概念和理论是煤矿动力灾害防治的标志性成果，具有重要的学术价值，也为动力灾害防治提供了新的技术路线。"

五、抢险救灾　心系矿工安危

张铁岗还是一位抢险救护专家。在组织抢险中，他思路清晰，决策果断，挽救了许多矿工的生命。

1983年7月，张铁岗调九矿任总工程师。一次井下三采区起火，他担任灭火指挥小组组长。因山地黄土奇缺，黄土价高于煤价，他根据调查大胆采用了姚孟电厂废物粉煤灰灭火，从搅拌池到注浆池，包括整个设备、管路系统都是由他设计的，灌浆结果使大火很快被扑灭，效果很好。随后，这种粉煤灰灭火法开始在全国推广。

1999年5月，新华二矿发生大火，他应新华区政府的邀请带领救护队火速前往。当他到达现场时，凭经验发现矿井扇风机突然停了。扇风机是不能停风的，一停风，火区因缺氧燃烧后的有害气体会立刻使人死亡。他迅速命令立即打开扇风机，检查完瓦斯后命令救护队马上下井寻找被困人员，13名因停风晕倒在巷道里的矿工全部获救。

2001年，禹州市云镇山二矿发生透水事故，张铁岗赶赴现场。当时水位以上一

60m巷道里还有7人，困在里面已经三天了，巷道氧气不足12%，人员处于死亡边缘，如果排新管道需要两天。张铁岗立即否决原来的抢救方案，尽快恢复老排水系统，成功救出了被困的7人。更为神奇的是，2002年的一个夜晚，张铁岗接到国家煤炭局的紧急通知，利用家里电话和手机指挥了东北南山矿瓦斯爆炸的抢险工作，一时传为佳话。

最使人感动的是，2011年11月3日河南义马千秋煤矿发生冲击地压，一声巨响，在几秒钟时间里75名矿工被埋在垂深900多米的巷道里。虽然相关部门第一时间里赶到现场指挥抢险，但两天两夜过去了……大家心急如焚。正在北京开会张铁岗接到电话后，丝毫不怠慢，马上乘飞机抵郑州，下飞机连夜奔赴义马，以最快的速度赶赴事故现场，马上到现场看打深孔钻与井下小断面施工巷道连通事故地点通风方案的实施情况，并立即否决之前的救援方案。深夜两点召集抢险指挥部开会，他说："人七天不吃饭可以饿不死，三天不喝水可以渴不死，但缺乏空气人马上就会死亡，这些方案需要施工一周以上，还有啥用?!"他决定救护人员立即脱掉防弹衣，去掉武警的钢盔改用矿工帽轻装上阵，接通皮带运输机机尾快速出碴，他亲自计划防塌方冒顶的各种材料，小断面快速恢复塌方巷道，仅用23个小时就把75名遇难工人全部救出，其中8人已死亡，其余昏迷的67人经抢救全部生还。当时中央电视台现场跟踪报道了这些抢险经过。河南省省委书记卢展工高兴地讲："什么是科学家，张院士看准问题，桌子一拍提出新方案，很短时间从灾区救出75人并救活67人，这才是真正的科学家!"

多少年来，张铁岗参加矿井水、火、瓦斯爆炸等重大事故的抢险指挥40余次，其中11次因抢救及时把事故消灭在萌芽状态，未发生1人死亡；1995年以来，已形成重大事故后通知他赶去抢险的有30多次，共救出867人，其中从死亡线上救出293人。

这些年来张铁岗在矿山救护方面重点研究矿山均压灭火的理论和技术，并把它写入《矿山安全工程设计》这本书中，应用这些理论和技术成功地扑灭了许多次矿山火灾。就该项目内容2007年，张铁岗代表中国在美国田纳西州纳什维尔市第三届国际矿山救援大会上作了发言，鼓舞了各国到会专家。

干了大半辈子煤矿工作的张铁岗也曾经三次险些被死神夺走生命。每次亲人们闻讯赶来，纷纷劝他离开井下，别再干这活儿了。张铁岗说："是农民就得种好地，在煤矿就要操心多挖煤、挖好煤，这是我的工作。"一次他在井下出了冒顶事故，工人们把他抢救出来，他躺在病榻上，半身不能动弹，妻子哭着劝他："为了孩子，为了全家，你别再下井了，去干点别的事中不中？要么咱回老家种田中不中呀?"张铁岗说："我学的是采煤，煤矿需要我，咱咋能回家种地呢？再说我们不干煤矿，让谁干……"

由于对煤矿事业的一腔热爱，张铁岗从未把自己当领导看，他始终把自己和普通采煤工的命运连在一起，工人受伤或者生病，他都会跑前跑后照料，自己掏钱买饭买营养品。有位同学因井下车祸牺牲，他了解到该同学家中老母亲有病，便经常把老人接到自己家中去住，像对待亲生母亲一样照顾老人。

六、矿山脊梁　保持一颗平常心

作为一位直接从煤矿一线成长起来的院士，凡事亲历亲为已成张铁岗的工作作风。2005 年春节前，接连发生的河南大坪、陕西陈家山矿难，他作为国务院事故调查组专家组组长，写出的反馈意见直接向温家宝总理作了汇报。根据这些意见，他就煤矿安全的技术基础不扎实，如何依靠科技进步促进煤矿安全工作写出了他的建议，直接上报国家有关部门，同时这些调查意见还促成了国家《关于加强煤矿瓦斯突出防治的意见》和《在重点矿开展瓦斯防治专家会诊的意见》等文件和措施的出台。

张铁岗在紧张的工作之余，写出的《矿井瓦斯综合治理技术》一书为我国矿井瓦斯治理提供了一整套系统的理论、指标、方法和技术。2002 年 8 月他应美国煤炭协会的邀请赴美在斯波坎、华盛顿等地作"中国矿井瓦斯综合治理技术"学术报告，会后会长向他索要学术光盘，双方互换了研究成果。张铁岗所著的《难采、复杂煤层的开采》一书，对于解决当前我国高瓦斯煤层、三软煤层和构造复杂煤层的开采有着重要的指导意义，有同类情况的印度、越南等国家多次发函邀请他前去讲学。2000～2004 年，他又出版了《矿井抢险救灾》《煤矿安全技术基础管理》等书。同时，他还担任教育部瓦斯预测与治理研究创新团队带头人，平顶山职业技术学院名誉院长，受聘于河南理工大学、辽宁工程技术大学、中国矿业大学担任教授，俄罗斯国家能源中心斯可琴斯基研究院聘他为学术委员。1997 年，张铁岗被中国科协评为首届全国优秀科技工作者。2001 年，他被评为全国煤炭工业技术创新十佳优秀人才，获孙越崎科学技术奖。2002 年，他被国务院聘为国家安全生产专家组专家，任矿业组副组长，并获得国家科技进步二等奖两项。2005 年他被评为全国劳动模范。2007 年张铁岗当选为全国政协委员。

张铁岗脸上总带着笑容，从容地接受这尘世生命中的变迁与机会，淡定地面对来临的艰苦和顺利。2004 年 1 月 5 日，在平煤集团公司百米井下摸爬滚打了 30 多年，曾历任技术员、工程师、矿设计室主任、副矿长、矿长、总调度室主任、总工程师的张铁岗，成为中国工程院唯一一名来自河南本土和煤炭企业的院士。“所有的荣誉只是对我过去工作的肯定，当选院士是我人生的新起点。在科技的道路上我还有很长的路要走。”他爽朗地笑了。

在同事眼里，他是一名出色的学者；在同行眼里，他是一名睿智的专家。而在与他接触过的矿工眼里，张铁岗仍然是矿工的一员，依然是那么可亲，依然和过去一样可以和他促膝谈心，毫不拘束。他可以和过去的老工友们在夜市上畅饮抒怀，可以在晚会上拉一曲二胡小调，可以因喜上眉梢而挥毫泼墨。

七、兢兢业业　永远奋勇前进

如今他还在运筹联合大专院校、研究院所矿山抢险的技术人才，申请组建国家矿山抢险工程研究中心。受科技部委托 2011 年他负责国家“973”项目“能源矿产资源安全开采与高效转化基础研究”的六个项目的研发与攻关，该项目由河南理工大学、东北石油大学、太原理工大学、山东科技大学、江西东华理工大学、宁夏大学共同参加，张铁岗任首席科学家，为煤矿的安全生产和为煤矿走节约、环保和安全开发路子提供坚实有力的技术和装备保障。

“两会”期间，作为全国政协委员和中国煤炭学会副理事长的张铁岗在政协小组讨论中表示，关停小煤矿一定要慎重，应变“堵”为“疏堵”相结合，让其发挥更大作用。他在发言中列举了煤炭资源开采浪费的“三重罪”：第一，薄煤层开发少。薄煤层储量占全国煤炭储量的 28%，而其产量仅占煤炭总产量的 8%。很多薄煤层低硫低磷，品质优良，而且开采安全条件好。但是有些煤炭企业领导抱着“快提升”的目的，只顾政绩而“挑肥弃瘦”，置国家资源浪费于不顾。希望政府立即制定限制丢弃薄煤层开采的政策，遏制企业短视行为的发生。第二，瓦斯利用率低。瓦斯是灾害源，大家谈虎色变。但瓦斯也是能源，我们国家抽采瓦斯 50 亿 m^3，但实际使用只有近 18 亿 m^3。把瓦斯直接排放到大气十分可惜，也造成了空气污染。目前河南、陕西和贵州等省已经利用技术手段大大提高了瓦斯利用率，下一步要在全国铺开。第三，小煤矿没有合理利用。我国小煤矿的产生有它的必然性，是现阶段经济发展的产物。小煤矿产量占全国煤产量的三分之一，大多是 20 世纪 50～90 年代国有大矿开采余下的边角废料，开采成本较低，有其合理利用价值。对待这些小煤矿，符合开采条件的应当让其开采，把剩余的煤炭资源充分利用起来。对违法违规的，坚决整顿关闭。

张铁岗介绍说，现在煤矿事故多发主要原因是关停小煤矿不科学。现在地方政府治理小煤矿更多的是用“堵”的方法，一个煤矿出了问题，所有小煤矿都要关停整改。煤矿有别于其他的产业，一关停意味着风机也要关闭，瓦斯就会聚集在矿道里排不出来，复产后再开风机，一旦出现电线短路，人员下井时出现火花，都会出现意外。此外，水、火、矿压都可能造成事故。

他特别提到了透水问题，“我国地下水储量大，一旦发生透水，几分钟就能造成淹井。美国和澳大利亚专家曾到平顶山煤矿考察，对这种复杂的煤层也无计可施，放在他们国家就不开采了。但对于我国这样的能源消耗大国来说，煤炭的需求占总能源的70%，因此暂时还不能放弃这类复杂类型煤矿”。最后他提出建议，“我们应该下大力气治理小煤矿，但方法一定要变，疏堵结合，让小煤矿真正发挥最大的作用，满足国民经济需要，把更多的优质煤矿留给子孙后代。”

在谈到我国能源问题的时候，张铁岗认为，“河南是煤炭大省，在对煤炭资源的开发利用上大有潜力可挖。现在提倡要大力推进资源节约和综合利用，加快发展循环经济，这与国家提出的走安全能源、清洁能源道路的产业政策十分吻合。”

“发展循环经济，推动煤炭产业走煤电化工的路子，经过平煤集团多年来的生产实践，已收获丰硕的成果。”张铁岗说，“利用废弃煤矸石，我们可以建成煤矿石热电厂、坑口电厂，实现平煤发电自给自足；平煤一矿建成的矸石砖厂，可年产6000万块价廉质优的矸石砖；我们走煤化工道路炼焦，用回收的煤焦油加工生产出了甲醇、醌、二甲醚等几十种产品，效益非常好，多余的废气还可生产化肥……”

“这些年来，平煤集团利用循环经济技术，在开封投产的年产2.2万t超高功率石墨电极产品项目，解决了国内大电炉炼钢企业所需直径500～700mm超高功率石墨电极产品一直依靠进口的问题，也使我国成为世界上第四个有能力生产此类产品的国家。”张铁岗非常自豪地说。

2002～2004年，全国煤矿重特大事故频发，引起国务院高度关注。2005年初国家安全生产监督总局、煤矿安全监察局在全国组织91人的专家组分为10个小组对十多个省的45个统配矿务局进行煤矿安全会诊，张铁岗任专家组顾问而且兼任第一组的组长，同时负责对老大难地区的湖南、江西两省的煤矿会诊。通过下井、座谈、查阅相关资料、信息反馈等手段，用半年的辛苦最后为各煤矿开出了“良方”，受到了当地政府和煤炭部门的高度评价。经会诊，全国发现重大隐患3840条，当时多数问题立即进行了整改，遏制住了特大事故频发的局面，使煤矿百万吨死亡率由前三年的平均3.27，后三年平均下降到1.69，平均每年少死亡3700多人。当年7月19日在北京，以张铁岗为首的专家受到了国务院的表彰。

2008年，南方罕见的雪灾、四川汶川的大地震给我们带来了巨大的灾难和损失。张铁岗奔波于雪灾和地震引起的矿震灾区现场，从抢险救灾到灾难事故的调查，为灾区排忧解难，为国家献计献策，为遇险者挽回生命，张铁岗不知熬过了多少个日日夜夜，流下了多少艰辛的汗水，然而换回的确是丰硕的成果。

是煤矿的生活，培育出了张铁岗的性格；是矿工的质朴，给予他奋斗的力量。翻开张铁岗随身携带的笔记本，“永远前进”四个字赫然入目，那是2005年新年第一天，温家宝总理专门给他的题词。他说，“这是鼓励、更是鞭策，我要为煤矿安全事业奉献毕生!”张铁岗一直在用斗争、探索、操劳的火焰燃烧自己，每一次发奋努力的背后，必有加倍的回报。含泪播种的人一定能含笑收获。祝愿张铁岗在他的煤炭科研路上“永远前进”!

八、张铁岗主要论著

张铁岗．1995．煤矿安全工程设计．北京：煤炭工业出版社．

张铁岗．1997．高瓦斯综采工作面的瓦斯综合治理．中国煤炭，(3)：17-19.

张铁岗．1997．煤矿生产安全调度指挥系统的研制及应用．中国安全科学学报，(3).

张铁岗．1997．依靠科技进步、促进煤炭生产．中国煤炭，(4)：38-40.

张铁岗．1998．难采、复杂煤层的开采．北京：国际图书出版公司．

张铁岗．1999．十矿高位钻孔瓦丝抽放参数优化研究．煤炭科学技术，(4)：24-26.

张铁岗．1999．煤与瓦斯突出工作面预测指标可靠性评价方法．矿业安全与环保，(2)：30-32.

张铁岗．2001．矿井瓦斯综合治理技术．北京：煤炭工业出版社．

张铁岗．2001．平顶山矿区煤与瓦斯突出预测及防治．煤炭学报，26 (2)：62-67.

张铁岗．2002．矿山抢险救灾．徐州：中国矿业大学出版社．

张铁岗．2002．煤炭资源价值与级差的理论、预测方法、模型及其应用研究．徐州：中国矿业大学出版社．

主要参考文献

林柏泉，张建国，等．1996．矿井瓦斯抽放理论与技术．徐州：中国矿业大学出版社．

孙茂远，黄盛初，等．1998．煤层气开发利用手册．北京：煤炭工业出版社．

张铁岗．1999．依靠科技进步，综合治理瓦斯，开创平煤集团公司“一通三防”工作新局面．煤矿安全，(11).

张铁岗，张建国，魏风清．1999．煤与瓦斯突出工作面预测指标可靠性评价方法．矿业安全与环保，(2).

国家煤矿安全监察局．2001．煤矿安全规程．北京：煤炭工业出版社．

撰写者

张铁岗

谢克昌

谢克昌（1946～），山西五台人。煤化学工程专家。2003年当选为中国工程院院士。1968年毕业于天津大学化工系，1981在太原工学院（现太原理工大学）获理学硕士学位，后留校任教。1983～1985年在美国南卡罗来纳大学留学，专修煤化工；1999在日本信州大学专修能源工学，获工学博士学位。中国工程院副院长、中国科协副主席、教育部科技委员会副主任、全国煤化工标准化委员会主任委员、中国煤炭学会常务理事、国际煤科学大会国际组委会成员、国际醇燃料会议委员会成员、海峡两岸气候变迁与能源可持续发展论坛理事会（大陆）理事长、太原理工大学煤科学与技术国家重点实验室培育基地主任等。长期致力于煤化工研发、教学和能源战略研究工作，是中国煤化学和煤炭能源化工领域的开拓者之一。连续两次作为首席科学家承担国家能源领域关于煤热解、气化和多联产应用的“973”项目，提出气化煤气与热解煤气共制合成气多联产模式。作为第一完成人获2001年国家科技进步二等奖1项，2008年国家自然科学奖二等奖1项。先后被评为国家级有突出贡献的中青年专家、享受国务院政府特殊津贴专家、全国优秀归国留学人员、全国杰出专业技术人才，获何梁何利基金科学与技术进步奖等。出版专著5部，其中《煤的结构与反应性》是该领域的第一部专著；主编《现代煤化工技术丛书》（14分册）。

一、成长历程

在龙城太原一个叫做湖广路的小巷里，有一个幽静的小院子，这是一个教育世家。1946年10月5日，谢克昌就出生于此，他是这个家庭的次子。其祖父谢维楫留学归国后在川至医学院任教，其父亲谢益棠则是太原工学院教授、热能专业奠基人。两代长辈教育救国的理念、教书育人的操守，早已潜移默化地融入了家庭成员们的血液。如今，谢克昌一家三代人中就有13位教师。

一个人一生会经历许多事，但常常只有几件事能使人终生受益。谢克昌少年之时在太原五中读书，身心都在迅速发育。其时正值1960年，国家处于困难时期，食物严重短缺。为了孩子们，学校在操场上种了胡萝卜，在水池中养了小球藻，食堂也根据学生的年龄大小、个头高矮、男女差异，分了甲、乙、丙三个就餐标准，馒头的大小、窝头的厚薄随标准依次递减。那时谢克昌在同学中年龄最小，就餐标准被定为丙等。定量供应的窝头直径仅八厘米，厚度不超过两厘米，活泼好动的少年谢克昌总是处于饥饿状态。班里的同学们看在眼里、记在心上，同学们经常从可怜的配额中分一些给他。谢克昌实在不忍心从别人口中“夺食”，常常违心地告诉他们自己吃饱了，有时为了使人相信，还特意做几个跳跃动作。尽管这样，谢克昌却经常在宿舍的床头发现还温热的窝头。当真切的关心和无私的友情如甘泉般流入谢克昌心中的时候，年轻的心田里报效社会的种子也因受到友爱的滋润而开始生长。时隔多年之后，谢克昌还常常满怀感慨和温情地回忆起这段经历的点点细节。

1968年，谢克昌以优异成绩从天津大学化工系毕业，被分配到河北黄骅县机械厂工作。当时的黄骅荒凉落后，遍地都是盐碱滩，一杯水能沉淀出1/5的泥沙。在这种艰苦的条件下，刚二十出头的谢克昌干起了与所学专业毫无瓜葛的车工。有一次，他在清理铁屑的时候不慎脱手，装有上百公斤铁屑的铁盒将他的脚趾砸得血肉模糊。当地领导知道这个消息后认为一个大学生白白浪费太可惜，于是动员他说：“你不是学化工的吗？咱们这有盐、油、天然气，你给咱们搞个化工厂吧!”话说得简单，但对于一个刚从学校出来，只有一些书本知识的学生来说，要承担一个化工厂的全部设计工作简直是天方夜谭！可是谢克昌初生牛犊不怕虎，说干就干，他捡起已经放了一年的书本，搞起了化工厂的设计，居然建成了一个颇具规模的制碱厂。在黄骅的十年间，谢克昌总共牵头设计并投产了三座化工厂！翻出谢克昌当时写在硬皮本上的设计书，看过的人都叹为观止：翔实的数据、整齐的字迹和规范的图表就像是成型的印刷品。现在看来，这位领导当时的安排未必有什么深意和远见，但客观上却为谢克昌日后成为化工领域的大家，以一种奇特的方式开辟了道路。

1978年，中共十一届三中全会召开。此时已是河北省劳动模范的谢克昌也迎来了人生中的又一次转变，他以高分考取了太原工学院攻读硕士学位研究生。根据他多年化工实践中遇到的具体情况和切身体会，谢克昌选择了催化研究方向。看着当时太原满天煤烟笼罩，他毅然决然将具体研究课题定在了煤化工领域，专攻燃煤污染物二氧化硫的转化利用。已过而立之年、有了妻室儿女的谢克昌开始在一个崭新的领域中艰难跋涉。当时可以得到的为数不多的文献竟包含了好几个语种。为了了解课题的研究前沿，除英语、俄语外，他还加学了日、德两门外语，但有一篇关键文献居然是波兰语。没有波汉字典，他借来俄波字典“绕道”对照。文章弄明白了，也编出一本世所独有的“波汉字典”。1981年，谢克昌以优异成绩毕业并留校任教。

1983年，山西省选拔优秀青年教师赴国外留学，谢克昌到美国南卡罗来纳大学专修煤化工，然而遭遇的却是导师的冷漠。这位具有英国贵族血统的导师瞧不起来自贫穷中国的学生，既不让谢克昌深入接触课题，也不安排他尽快进入实验室。在令人难堪的冷漠面前，谢克昌没有自卑和退却，他收集和翻阅了这位导师带过的所有博士的学位论文，认真研究了这些博士的工作，有针对性地写出了颇有见地的12条意见呈给导师。在他递交材料的第二天，导师的态度变了，不但把实验室钥匙交给了他，还请他辅导研究生。后来这位导师推荐他成为当时美国化学工程师学会数量稀少的外籍会员之一。谢克昌用实际行动昭示了中国人的能力和智慧。

1985年2月，即将完成进修的谢克昌放弃休息日在实验室工作。突然，意外发生了，有着强烈腐蚀作用的氢氟酸和硫酸混合蒸汽，居然透过两层乳胶手套侵蚀到他的指甲缝里。十指连心，他疼得失去知觉被送进医院。迷迷糊糊中听到有人说“必须截去十指”时，他拼尽全力告诉医生：“请为事业留下我的双手!”面对恳求，聪明的犹太裔医生通过全美互联网会诊，远程紧急获得治疗方案：在双手每平方厘米皮肤上注射一支葡萄糖酸钙。谢克昌为此承受了200多次疼痛钻心的针扎……奇迹发生了，他的双手保住了。1985年底，谢克昌按期结束了进修，回到祖国。此后，谢克昌的工作、生活就一直与其钟爱的煤化工和煤科学事业紧密联系在一起。

1986年谢克昌的煤化工课题研究刚起步时，他所供职的太原工业大学的科研状况非常落后，可以利用的实验室只有两间平房，条件非常简陋，被人称为“作坊”。他凭着在国外进修和从事科研掌握前沿的经历和优势，积极申请并获准国家自然科学基金和科技攻关项目。不论当时经费怎样紧张，他都咬紧牙关去添置设备和仪器，并鼓励同事和学生集中精力进行科研创新。他经常鼓励大家：“不是因为有些事情难以做到，我们才失去自信，而是因为我们失去了自信，有些事情才显得难以做到”。研究和实验方案拿出来后，很多设备和装置还必须靠自己设计，甚至自己动手制作。即使在这样艰苦的条件下，谢克昌仍然特别注意了解最新学术信息，经费再紧张、工作再繁忙，国内外重要的学术会议也要想方设法去参加。1990年9月，国际能源组织在英国剑桥大学召开首届“煤结构和反应性”国际学术会议，有来自30多个国家的200多位专家出席。谢克昌是唯一参会的中国学者，大会组织者担心中国学者因经费等原因报名多、到会少而把他的论文安排在了最后一个宣读。大会进行到后期，谢克昌一登上讲台，就以创新性的工作、流畅的英语、深入浅出的宣讲，赢得了同行们的关注。报告结束时，他把一幅即兴手绘的漫画打到幕布上。漫画上，一只形神毕肖的老鼠拖动着一把木锨。面对全场几百双疑惑的眼睛，谢克昌幽默地解说道：“感谢组委会对我发言的重视，因为中国有句话叫做‘老鼠拉木锨——大头在后边’，就是说最重要和最精彩的要放在后面。我们中国现在还比较穷，但是21世纪是中国的世纪，这也是‘老鼠拉木锨——大头在后边’!”全场响起热烈的掌声。掌声没有给他带来更多的喜悦，他的心头仍然沉甸甸的。“21世纪是中国的世纪”，而他自己则注定要用毕生的精力去论证这道命题。天将降大任于斯人也!

谢克昌清楚地认识到，必须组织起科研团队，搭建起研究平台，才能在现代科学研究中有所作为。申报博士点是谢克昌科研团队建设的第一步。对申报报告，他不仅要求在内容上过硬，在文字表述上反复推敲，在文本样式和装订等细节上也一丝不苟。1993年，谢克昌所申报的有机化工学科获准成为博士学位授权点，他本人也被国务院学位委员会批准为博士生导师。2000年，以谢克昌为首席学科带头人的化学工程与技术专业又成为一级学科博士学位授权点。

谢克昌率领着他的研究团队，论文一篇又一篇地在国际学术会议上交流、在一流专业刊物上发表。以他本人为首席科学家的“973”项目就曾经连续两次获准。同时，他们的研究成果也两次获得国家大奖。这位坚韧不拔、思维敏锐、作风严谨的中国学者逐渐以新巧的思路、丰硕的成果和出众的才华，渐渐地令世界煤化工和煤科学同行界刮目相看，成为中国煤化工和煤科学的核心人物和中坚力量。2003年，谢克昌当选为中国工程院院士，成为煤化工和煤科学领域的第一位院士。

二、主要研究领域和学术成就

(一) 持之以恒，始终以国家和地方发展的需要为己任，选择煤的洁净转化为研究方向

中国能源特点是“丰煤、少油、缺气”，煤炭是最主要的能源，但同时又是主要污染源。谢克昌的家乡山西自古以来就有“煤海”的美称，山西的煤为国家的经济建设做出了很大贡献。身为山西人的谢克昌从小就为家乡丰富的煤炭资源深感自豪。然而，随着学识的增长，谢克昌的忧虑也越来越深：山西之长在于煤，山西之短也在于煤。山西的煤炭长期以来处于粗放式开采和利用的水平，却以环境的严重污染和生态的严重破坏为代价。谢克昌认为：一方面由于禀赋特点是能源资源的主要提供者，另一方面因为技术落后又是环境生态的主要污染源，煤炭对中国而言无疑是一种两难选择，发展煤化工，开发和推广洁净煤技术是唯一出路。无论是作为能源还是化工原料，煤炭洁净转化都可以增值几十倍甚至几百倍。让他感到痛心不已的是：老天爷明明厚待山西人，把“乌金”埋藏在山西人生活的地方，可宝藏的挖掘却没有让山西人富裕起来，而是让山西人承受了土地、水资源、环境等太多的灾难。几乎是从步入学术研究的一开始，谢克昌就致力于如何洁净高效地利用好煤炭，使

这个地下的“乌金”变成“真金”。他在这个研究方向一干就是三十多年。现在，由他开创的专门从事煤的洁净转化研究的煤科学与技术教育部和山西省重点实验室，已发展成为研究力量雄厚，面积9000余平方米、仪器设备总值5000余万元的现代化实验室，拥有煤科学与技术基础、气体净化及污染物控制、一碳化学化工、量子化学计算和分子模拟、等离子体转化技术、新型无机孔材料等多个主体研究方向，都紧紧围绕国家和山西省的重大需求。在经过一番奋斗和坎坷后，这个实验室已成为煤科学与技术国家重点实验室培育基地。

煤炭作为我国的主要一次能源和重要化工原料的同时，对环境和生态也造成了严重的负面影响。面对这一难题，谢克昌利用发表论文、出版著作、在国际国内学术会议上发表报告、在全国政协和全国人大常委会议上发言等多种形式，就煤的高效洁净转化方面的科学问题和关键技术提出了一系列具体建议和实施方案。作为煤化工专家，他不仅对煤炭能源化工领域的科学和技术问题有着深刻的理解和把握，而且对宏观性的技术、经济策略以及行业与区域发展的战略全局有着深入的思考和研究。早在20世纪八九十年代他就多次主持和参与煤化工发展战略研讨和规划制定，与国外同行共同开发的PDAS（工业产品地区空间分布）模型曾用于山西煤化工发展规划。针对一段时期国内出现的“煤化工过热”现象，他先后在十几个省、区宣讲煤化工发展的科学规划、能源的可持续发展以及循环经济与低碳经济的基本原理，在国内外产生重要的学术影响和社会影响。为了降低煤在利用过程中二氧化碳的排放，谢克昌创造性地提出“高碳能源低碳化利用”的理念，同时以基础研究结果和技术开发实例诠释并付诸实践。这一理念的论述在2009年6月的《光明日报》发表后，正式写入全国人大常委会通过并颁布的《关于积极应对气候变化的决议》。谢克昌经常引用《诗经》中的一句诗：“靡不有初，鲜克有终。”在煤化工和煤科学领域不懈奋斗，致力实现煤的洁净转化，就是他所追求的“终”。

（二）筚路蓝缕，始终关注本质性科学问题，关注国家重大需求，取得丰硕成果

谢克昌的科学研究一直紧密围绕煤的高效洁净利用这一主题。这个主题与国家重大需求紧密相关，又包含许多煤的本质性科学问题。他所致力的是：通过煤化工和洁净煤技术的研发和推广，最大限度地降低消耗、减少污染，使高碳能源得到低碳化利用，使煤这种深埋地下的“乌金”变成使经济可持续发展的“真金”。在不断探索的过程中，谢克昌发表煤化工和煤科学以及相关领域学术论文500余篇，出版专著5部，主编专业丛书1套。

为加强学术交流，提高我国在煤化工领域的水平和地位，谢克昌积极承办和协

办本领域的学术会议，如国际煤科学大会、中日煤化学和一碳化学会议、中澳洁净煤利用会议、国际醇燃料会议等。2008 年 10 月在太原主办的第 17 届国际醇燃料会议上被选为国际醇燃料会议国际组委会主席，2010 年在山西长治举行的“海峡两岸气候变迁与能源可持续发展论坛”理事会（大陆）上，被推选为理事长。广泛的学术影响使他多次在国际会议上作特邀报告，其中在 2007 年国际煤科学大会（英国）上的报告是唯一的大会特邀报告。2009 年，谢克昌由中国工程院化工、冶金与材料工程学部转入能源与矿业工程学部，对我国化石能源的可持续开发利用更成为他魂牵梦萦的情结。2010 年 6 月当选为中国工程院副院长后，他立即组织队伍、申请立项、几易其稿，于 2011 年 2 月正式启动了由开采、输配、燃烧、转化等十个课题组成的重大咨询项目“中国煤炭清洁高效可持续开发利用战略研究”。半年后，由谢克昌作为项目负责人的另一个重大咨询项目“我国非常规天然气开发利用战略研究”也正式启动。两个项目共有 50 余位院士、300 余位专家参加。

经过长期的艰苦工作，谢克昌及其所率领的团队在煤化工和煤科学的应用基础研究中取得一系列重要研究成果。

1. 研究和揭示了不同尺度上煤的组成结构及其与反应性的关系，为煤的洁净高效利用，实现节能减排提供了关键理论基础和指导

主要创新性体现在：系统阐述了显微组分、超分子、分子尺度上煤的组成结构特征与本质差异，建立了煤超分子结构分析方法；采用创新的煤热转化机理的研究方法，发现了煤热解反应的活性组分，提出了实施煤分级定向转化的理论依据；创立了利用少量煤结构参数预测煤反应性的定量关系的实验和研究方法；创立了通过理论方法在微观分子水平阐明煤转化特性的一般方法；揭示了煤中含氮组分的热转化规律，提出了定向脱除方法；通过煤结构改性调变发明了煤的非热转化直接利用新方法。总括来讲，就是通过对煤分子的研究，深入到煤的结构层面上，为煤的高效利用，提出了新的理论和方法。该成果获 2008 年国家自然科学奖二等奖。

2. 研究和揭示了煤热解和气化过程中的热力学和动力学规律，阐明了煤中硫的赋存形态以及转化规律，开发了硫的脱除技术

自主建立了可模拟工业条件的高温高压多气氛差热分析装置和相应的变换差热分析理论，获得适用于不同煤种在不同压力和气氛中气化的通用动力学规律；用超快速原位热解-红外技术，建立了用少量参数预测任一煤种热解反应性的定量关系，指导了煤气化的新技术开发和传统技术的优化运行；在对煤化工利用中的关键过程——气体脱硫的研究中，确认了硫在煤中的主要赋存形式和在煤的不同热转化过

程中的变化及分布，发现在煤热解过程中约50%的硫进入气相，在气化阶段绝大部分硫进入气相并以硫化氢为主，且随工艺不同有量的变化。依托这些研究工作成功实现了脱硫技术的优化、匹配，引导了脱硫净化技术的优化和系列脱硫剂的开发，取得了显著的社会和经济效益。相关成果获2001年度国家科技进步奖二等奖。

3. 研究和揭示了煤的直接利用和转化的基本理论和方法，成功开发出煤填充高分子复合材料和等离子热解煤制乙炔技术

煤是复杂的网状大分子物质，传统的煤利用途径由于需经热化学转化而普遍存在环境污染严重、利用效率低下的问题。以煤为原料制取化学品和材料越来越受到关注。直接利用煤的网状大分子结构，开发不经或少经热化学转化而直接利用的煤填充高分子复合材料新技术，是煤清洁、高效利用的新途径。通过对煤进行闭环的超细粉碎分级，脱除部分挥发分、表面化学改性和强制排气式共混，制得了具有广泛用途、成本低廉的黑色煤粉填充聚烯烃母料，将该母料用于热塑性塑料，获得具有较好强度、韧性和优良电绝缘性能的复合材料，并在耐腐蚀管材、电缆料等产品中得到应用。同时，自主设计和开发出煤制乙炔等离子体反应器，从化工过程的高效率、低能耗和长周期要求的角度对煤等离子体热解制乙炔工艺进行了深入的探讨，建立了由等离子体发生器的工况参数求取电离度，进而通过Saha方程计算等离子体温度的方法，建立了煤在电弧等离子体中热解的动力学和热力学模型等。这两项成果分别获得教育部和山西省科技成果一等奖。

4. 研究和开发了一系列与煤化工密切相关的催化剂

通过一系列应用基础研究，发现含铁工业废渣可用作煤气化的催化剂，发现石灰石在煤气化中同时具有催化与固硫功能；开发出甲烷/二氧化碳催化重整的抗积炭催化剂；建立了描述二氧化硫在钒催化剂上氧化速度不连续性动力学方程；发现 Fe/TiO_2 催化剂在烃类合成中的金属-载体强相互作用。这些创新性成果为煤的洁净转化利用提供了理论依据，并具有重要的工程意义，先后获得山西省科技成果基础理论奖一等奖。

5. 创立了煤化工过程中双气头多联产的理论和方法

充分考虑我国目前每年有数百亿立方米焦炉气未得到利用的现状后，创新性地提出将富含氢气和甲烷的焦炉煤气与富含一氧化碳和二氧化碳的气化煤气共重整技术，调节碳氢比取代传统的一氧化碳变换制氢，获得合理组成的合成气。这项技术可以实现煤基多联产和源头减排二氧化碳与节水节煤。以谢克昌为首席科学家的有

关“973”项目，通过近五年的实施已解决了加压大规模气化工程基础和气化煤气与热解煤气（焦炉煤气）共转化制备合成气的关键基础问题，醇醚燃料浆态床合成催化剂的制备基础和反应器的工程基础及驰放气、粗煤气燃烧的关键问题，双气头多联产系统特殊规律与复杂系统设计优化理论与方法等关键问题。虽然“973”项目属于基础研究，但为了满足国家重大需求，谢克昌主动把任务加码，克服困难，依托基础研究成果积极进行中试，以促使这一重大基础研究项目尽快产业化，通过生产焦炉气、醇醚燃料和产生电能实现原料组成和能量的合理与梯级利用。

（三）教书育人，始终把教育作为自己的应尽义务，不遗余力培植后学，悉心探索培养人才和团队建设机制

谢克昌作为教师、导师、实验室负责人和学校主要领导长期供职于高校。以师长言，他有着教育家的悲悯和胸襟，深谙中国高等教育的发展现状和规律。他素以严谨治学、坚韧不拔、率真为人而深令学生敬重。对待知识，他孜孜以求；对待科研，他一丝不苟；对待学子，他诲人不倦；对待朋友，他如水相交。

谢克昌先后编写了《化工过程分析》《现代煤气化过程》《固体表面化学》等讲义，并用英文讲授，使他的学生受益匪浅。他十分重视科学严谨、求实求真的学风建设，要求自己所带的研究生论文必须有创新、有质量，对课题研究和论文写作要求严格更是出了名的。从选题报告、中期工作到学位论文他都要严格把关，不仅提出问题和看法，而且仔细审阅，然后从文字上、实验上、逻辑上修改。有的博士论文要多易其稿，严厉得使人感到难堪。他曾在为研究生们的一次辅导中细细历数了八类学生论文常犯之错：一是论文选题脱离实际，缺乏创新；二是文献综述照抄照搬，缺乏分析；三是实验研究方法陈旧，数据不准；四是实验结果处理不当，就事论事；五是论文写作逻辑不清，表达不明；六是图表公式制作粗糙，有失规范；七是英文摘要语句晦涩，词不达意；八是引文注释随心所欲，前后不一。之后一一细数错误之成因与改正之方法。特别重要的是，谢克昌对于学生的各种学术观点，即使他未必赞同，都宽容地给予平等的生长空间，悉心呵护培育使之发展壮大。正是这种兼容并包、求实求真的学术作风开辟了他所率领的团队重理求实的学术作风和不断创新的源头活水。如今，他培养出的近 50 位博士大多承师之业、建树独到，奋战在国内外煤化工和煤科学领域之中。

谢克昌对学生的教育，不仅仅局限于专业知识，更重视对学生的心灵启迪。他要求学生们要学会思考人类，有放眼世界的胸怀、洞察宇宙的感悟和关心众生的悲悯；要懂得适应时代，有与时俱进的思想、终身学习的理念和自强不息的决心；要能够服务社会，有健康完整的人格、成就事业的能力和利国利民的理想。“思考人

类，适应时代，服务社会”后来也成为谢克昌担任15年大学校长期间的办学思想和育人理念。2009年初，谢克昌以获得“何梁何利基金科学与技术进步奖”和国家自然科学奖二等奖的全部奖金为基础设立了太原理工大学“晋昌”博士创新奖励基金，旨在鼓励该校科研能力和创新能力突出的在读博士研究生。他表示，此举并不是看重物质对科研创新的推动力，而是倡导一种理念，激励一种斗志，鼓舞一股士气，为选择科研道路的年轻博士们营造良好氛围。

谢克昌非常重视事业绵绵后学之继续，决意要培养出一支有志于煤化工和煤科学事业的年轻、有活力的队伍。多年来，谢克昌以身作则、甘当人梯，通过优化工作条件、营造“绿色”环境，积聚了一批有志于煤化工和煤科学事业的人才，提出“敬业、求实、协作、创新”的团队宗旨，形成了年龄结构合理、学术思想活跃、具有创新精神的学术队伍。来过实验室的国内外同行，无一不称赞这支在欠发达、重污染、收入低的地区立志于煤化工和煤科学事业，充满朝气和活力的队伍，而这也正是谢克昌为之付出最多并最引以为自豪的。实验室年轻的科研人员，大多都有在国外学习或进修的经历。作为首席学科带头人的谢克昌一直为学生的前途着想，鼓励他们出去学习。实验室管理非常宽松，从来不用合同、约定之类的东西束缚外派人员。按常规，“宽出”带来的很可能是人才的流失，但大家最终都选择了回归。究其原因，大家众口一词，认为这里事业留人，环境留人，感情留人，人人都可以尽情施展自己的才华和实现自己的抱负；在这里，和同事在一起，既有亲情、友情，还有手足情，氛围亲切，环境融洽，工作起来也得心应手。他们常常是带着多年研究心得回国，如鱼得水地在团队里奔向新的标高，为社会经济和科学事业的发展做出新的贡献。此情此景正如谢克昌所说：“是事业这个巨大的磁场，是环境这种良好的氛围，吸引远在他乡的学子，迈出归来的脚步。”

30年前，煤炭开采和利用引起的环境污染和地质灾害开始显现时，年轻的谢克昌便把煤化工和煤科学锁定为毕生的研究方向，把为山西人“开采”明媚阳光作为终生的奋斗目标。30年来，谢克昌一直致力于煤炭能源化工领域的研究和教学，为解决国家重大需求，弘扬科学真理，传播人文理念，倾注了大量心血。一方面，谢克昌对煤炭能源化工领域的科学和技术问题有着深刻的理解和把握，他的学术思想集中体现在专著《煤的结构与反应性》中。德国煤化工专家van Heek对该书的评论恰当地评价了谢克昌的学术贡献：“该著作深入到煤结构的层次，广泛地总结和评价了其所涉及研究领域创新性的研究成果，适应了加强关于高效和清洁煤加工工艺所依托的基础研究的需求，是一个极好的具有方向性的研究路线。它是科学研究结果向实际转化之关键所在，展示了煤的研究如何给众多的学科提供了令人着迷的课题，展示了新的研究方法如何应用于深入研究煤的微观组成、结构以及基本反应研究之中。祝贺谢克昌博士如此成功地完成了这一巨大而重要的工作。”另外一方面，谢克昌对煤炭能源化工领域宏观性的技术和经济策略以及区域发展的战略全局也有着深入的思考和研究，其科学思维集中地体现在《煤化工发展与规划》这部著作之中。从书中收编文章的年代，可以体会到他对我国煤炭能源化工事业的执著；从书中对我国能源安全、环境保护等重大问题的理性分析，可以发现他许多20多年前的文章所具有的战略前瞻；从书中的研究领域和研究成果，可以感受到他理工并重、文理兼通的治学方法和学术思想。30年来，谢克昌不仅在煤化工和煤科学领域取得了令人瞩目的成绩，为国家制定能源重化工战略起到了积极的参谋作用，还作为教书育人的老师，以培养“思考人类、适应时代、服务社会”的高层次创新型人才为目标，栽培了一大批煤化工和煤科学研究领域的高级人才。

最后借用作家萧乾的一段话作为本文的结语，“波浪的寿命总归短暂，大海则是永恒的。我原来自大海，仍将回到它的怀抱。我所有的一切都是它给的，我也必将把自己的全部献给它，直到最后一滴”。

这句话正是谢克昌一直很喜欢的。

三、谢克昌主要论著

Xie K C，Nobile A J. 1985. Discontinuities in the rate of sulfur dioxide oxidation on vanadium catalysts. Catal，94（2）：323-334.

Xie K C，Nobile A J. 1986. An internal recirculation reactor and its use in studies of heterogeneous catalysis. Applied Catalysis，20（1-2）：53-77.

谢克昌. 1989. GDAS模型应用于煤化工发展规划的实例分析研究（I）实例研究范围和技术过程设计. 煤化工，(1)：1-8.

谢克昌，凌大琦. 1990. 煤的气化动力学和矿物质的作用. 太原：山西科学教育出版社.

Xie K C. Zhang Y F. Li C Z. 1991. Pyrolysis characteristics of macerals separated from a single coal and their artificial mixture. Fuel，70（3）：474-479.

谢克昌. 1994. 煤炭能源的优化利用中的重要基础科学问题. 中国科学基金，8（3）：195-197.

Xie K C，Li W Y. 1994. Catalytic effects of calcia（CaO）on the gasification of coal macerals. Fuel Science and Technology International，12（1）：145-150.

Xie K C，Li F. Feng J. 2000，Study on the structure and reactivity of swollen coal. Fuel Processing Technology，64（1）：241-251.

Xie K C. Lu Y K. Tian Y J. 2002. Study of coal conversion in an Arcplasma jet. Energy Sources，24（12）：1093-1098.

谢克昌. 2002. 煤的结构与反应性. 北京：科学出版社.

谢克昌，李忠. 2002. 甲醇及其衍生物. 北京：化学工业出版社.

谢克昌. 2003. 新一代煤化工和洁净煤技术利用现状分析与对策建议. 中国工程科学，(6)：19-28.

谢克昌，李忠. 2004. 煤基燃料的制备与应用. 化工学报，(9)：5-11.

谢克昌. 2005. 煤化工发展与规划. 北京：化学工业出版社.

Xie K C. 2006. Development and innovation of China’ s coal chemical industry. Applied Chemical Industry，35 (sup)：11-22.

谢克昌，张永发，赵炜. 2008. “双气头”多联产系统基础研究——焦炉煤气制备合成气. 山西能源与节能，(2)：10-12.

Xie K C. 2009. Low carbon economy and energy technologies for a low carbon future. Energy Sources，31 (18)：1593-1597.

谢克昌. 2009. 煤炭的低碳化转化和利用. 山西能源与节能，(1)：8-10.

谢克昌，房鼎业. 2010. 甲醇工艺学. 北京：化学工业出版社.

谢克昌. 2005-2011. 现代煤化工技术丛书. 北京：化学工业出版社.

主要参考文献

谢克昌. 2002. 煤的结构与反应性. 北京：科学出版社.

谢克昌. 2005. 煤化工发展与规划. 北京：化学工业出版社.

王秉默. 2006. 谢克昌：用生命求证. 人物，(3)：17-21.

谢克昌. 2009 7-14. 高层次创新人才应“思考人类、适应时代、服务社会”. 科学时报.

卢淼. 2009. 谢克昌：让“乌金”变“真金”. 团结，(1).

撰写者

王宝俊（1964～），山西祁县人，工学博士，太原理工大学教授。主要从事煤结构与反应性的量子化学计算方面的理论研究。1999～2004 年任谢克昌秘书。

苏义脑

苏义脑（1949～），河南偃师人。油气钻井工程专家。2003年当选为中国工程院院士。1976年毕业于武汉钢铁学院机电系，1982年、1988年分别获硕士、博士学位，1990年由北京航空航天大学博士后流动站（力学）出站。中国石油集团钻井工程技术研究院教授，博士生导师；油气钻井技术国家工程实验室主任，北京振动工程学会理事长。长期从事油气钻井工程技术研究、开发与应用，在钻井力学、特殊井工艺、井眼轨道控制和井下工具研究中多项创新成果居国际先进水平，形成体系并用于生产，效益显著；创造性地把工程控制论和航天制导技术引入钻井工程，开拓"井下控制工程"新领域，从事基础性研究并组织攻关。建立螺杆马达线型理论体系；提出井眼轨道预测与控制的理论和方法；主持研制成功P5LZ四大系列导向钻具和K7LZ系列空气螺杆钻具；主持导向钻井工艺技术研究和高陡构造防斜打快技术研究，均取得很好的经济效益；主持设计中国第一口薄油层中曲率水平井轨道控制方案并负责实施成功，首创钻深2080m处水平击中6m靶窗中线仅偏0.14m；主持研制成功以CGDS-1地质导向钻井系统为代表的井下控制技术，为提升中国钻井核心竞争力做出重要贡献。获国家科技进步一等奖1项、二等奖1项，国家技术发明二等奖1项。

一、个人传略

（一）曲折求学路

1949年7月9日苏义脑出生在河南省偃师县一个乡镇医生家庭，父亲苏逢周是一名西医，开办了一所"济生医院"，母亲粗识文字，协助父亲当司药和护理，家境不算小康，倒也能维持温饱。

因为父亲的工作经常流动，频繁搬家，苏义脑在上小学的时候，先后辗转上过8所小学，每到一所学校，学习成绩总能名列前茅。父母觉得他"是块念书的材料"，决心培养他将来上大学，学西医，以子承父业。

1961年苏义脑升入初中时，总算有了一个相对稳定的学习环境。因为学习成绩突出，苏义脑成为学校里的"名人"。在初一上学期的期中考试中，他以594分（平均 99 分）的总成绩名列全校第一名，老师在校刊上写了一篇“天才出自勤奋”的评论文章表扬他，让苏义脑懂得了，要想在学习上取得好成绩，仅靠聪明和兴趣还不够，从此他把“勤奋”二字牢牢地记在心里。

初中的老师给学生们讲科学家的故事，其中中国科学家“三钱”（钱三强、钱学森、钱伟长）的故事，深深地吸引了苏义脑，从那时起，那些为国家做出贡献的科学家成为苏义脑心目中的榜样。

1964 年苏义脑从一个偏远的农村中学考入了河南省重点高中——郑州一中。

高一的俄语课，让苏义脑第一次在学习上感受到挫折。其他同学都在初中学过三年俄语，而来自农村中学的他，仅在初三学过一年，上俄语课时压力很大。后来，在董国衡老师鼓励下，他一边学新课，一边补习初二、初三的内容，终于在五个月后的期末考试中获得全班最高分。这件事让他加深了对勤奋的理解，悟出了“世上无难事，只要肯努力”的道理，使他受益终生。

郑州一中提倡“生动、活泼、主动”的学习精神，强调深入理解和灵活运用。高二的一次数学课上，苏义脑解出了一个题目后，蒋庚老师希望他用其他方法再解解看，他冥思苦想，又做出了几种解法，蒋老师要他整理写出来，公布在学校《数学园地》“一题多解”专栏上。这种要求激发了他的学习兴趣，从此养成了深入研究、灵活思考问题的习惯。

正当苏义脑努力学习，准备将来报考大学时，“文化大革命”开始了，苏义脑不得不终止了学业。

1968 年 8 月，苏义脑加入到上山下乡知识青年的行列之中。离校前，班主任蒋庚老师送给他一本《解析几何与微积分》教程，希望他下乡后不要忘记学习。

苏义脑在农村除了和农民们一起参加劳动之外，每天夜里，都在煤油灯下挑灯夜读，从蒋老师送给他的《解析几何与微积分》开始自学。后来，苏义脑被推选为村里的电工，为村庄架线通电、办加工厂、买拖拉机、办广播站。当时苏义脑对交流电的知识仅稍有了解。为了不让乡亲们失望，他努力自学，向邻近大队的电工求教，向当时驻在附近的工矿电工师傅学习。

在外出采购电料时，他买了一套《农村电工》，在旅馆昏暗的灯光下一读就到深夜。经过刻苦自学和辛勤工作，他终于使农民家里亮起了电灯，面粉加工厂开始营业。此间，苏义脑集中精力自学《农村电工》和《实用农村电工手册》，进一步掌握了交流电的理论知识，并学会了电动机（马达）的维修和小型变压器的设计。后来，他凭着自学微积分打下的高等数学基础，开始自学大学工科的《电工学》课程。

除了当电工，机械维修也成了苏义脑的日常工作。他运用自学到的知识，对磨面机进行革新。这种磨面机有五层箩网，按设计流程被轧碎的麦粒要依次从上到下过五层箩网，才能实现麸面分开，效率很低。苏义脑思考了几天，画出了改进方案和图纸，找了一位有经验的木工合作，终于实现了这一设想。新改进的机器多了一个出料口，而且可由磨工控制，操作方便，大大提高了工作效率。

在插队期间，苏义脑除自学了大学的《高等数学》和《电工学》课程，还涉猎《机械制图》，尝试进行技术革新。在艰苦的自学中有很多无法解决的困惑，激发起他想进大学学习深造的强烈愿望。

1971年7月，结束了三年农村插队生活，苏义脑被招工进入了位于河南三门峡市的“化工部化工矿山机械厂”，成为一名铆工学员。

由于具备《机械制图》的自学基础，苏义脑下车间的第二天就开始画图，令职工们感到惊讶。在铆焊车间，球罐的球体展开是经典难题，往往是晋升6级铆工的传统考题，有十几年工龄的铆工们一般都不敢问津。一向好学的苏义脑在学会了书本上的标准画法之后，但又不想照搬，他总结了书上的知识和自己找出的诀窍，设计了另一种方法，经过在纸上缩小放样后，成功地做成了满意的小球体。这是他下车间几个月的事。

时隔不久，车间接到一个构件任务，其中有一块不大的弧形板，最多面积在0.5m×0.2m范围之内，但圆弧的半径却长达25m。按照铆工画大弧的惯例，要用加长的接杆圆规，但25m的圆规怎么准备？另一个方法是用绳子系上钢针，但场地、绳重和伸长都很难控制。此时，喜欢思考的苏义脑用《解析几何》的方法计算了这个弧形工件下底边上依次等分点处的垂线坐标，依次画出，将钢板尺弯曲使之通过这些点就描出了这条圆弧，很快就在一块不大的纸板上做成了下料的样板。这一方法省工省料又准确，受到大家的赞扬，也显示出他利用知识灵活解决实际问题的能力。

在工厂的两年间，苏义脑进行过两次技术革新，即设计制作半自动胀管机和剪板机自动对刀装置。在他技术革新中遇到难题时，越发感到自己知识的缺乏和不系统，希望进大学深造的想法就愈加强烈。

一心想上大学深造的苏义脑几经挫折，终于在1973年走进了武汉钢铁学院的校门，专业是矿山机械。因为有过农村和工厂经历，他格外珍惜这来之不易的学习机会。“文化大革命”中的武汉钢铁学院，各种干扰使得教学无法正常进行，苏义脑作为班上的学习委员，尽其所能排除一切干扰，同时有意识地把自学放在重要位置。凭着原先积累的自学经验，他把培养和提高自己的分析和解决问题的能力作为目标。

大一时有一道关于对数螺线的数学题，几分钟就可完成，但联想到矿用斗柄式装载机的斗柄曲线为什么要采用对数螺线这一个老师未能解答的问题，苏义脑“小题大做”，力求深入展开，一连七天泡在图书馆，突击自学一两年后才学习的力学课和专业课，终于写出了50页的研究笔记，得到了新的结论；在大二时，苏义脑对《理论力学》中的柯尼希定理进行了推广（几年后被专家评议为“作者的贡献在于发现其轨迹是一个圆”）；在学习《材料力学》时，苏义脑对要用微分方程求解压杆稳定的一种机加工工艺习题构造了简单的经验公式，只用加减乘除即可求解。

在三年的大学生活里，积累了一些研究方法与心得，但常常又让他陷入新的困惑，感到所学的知识仍很不够，产生了进一步攻读研究生的愿望。

（二）走进石油，攀登油气钻井科研高峰

大学毕业回厂工作三年之后，他又冲破重重阻力，在很多好心人的支持和帮助下，于1979年考取了北京石油勘探开发科学研究院的首届研究生，实现了自己几年前的理想。当时正值改革开放之初，中国石油工业的科研事业进入了一个新的发展时期，为他提供了施展才华的机遇。

1. 螺杆钻具研制

苏义脑30岁读研究生，年龄在全班12个同学中列第11位，还属于比较年轻的。当时要求很严，规定只有三分之二的人毕业时能拿到学位。苏义脑深知机会来之不易，学习非常努力。

当时实行学时制，一年半的基础课学习，900个学时，课程12～14门。苏义脑在完成必修课外，又在清华、北大等四个学校选修或旁听，其中在北大和清华听课的时间超过了一个学期。前后一起算下来，他总共学了21门课，1702个学时，其中，数学类课程8门，力学类课程7门；一外是英语，规定的二外他自选了俄语，此外，按导师的要求，他又选学了120学时的德语课。凡是他感到对将来的研究工作有用的，以及相关领域出现的新分支新进展，他都贪婪地去涉猎和吸收，以期开阔眼界，启发思路。

经过一年半的学习，研究生开始进入科研阶段。苏义脑把科研看得非常神圣，因为这是他多年的梦想。

在石油工业中，钻井工程长期以来被称为“龙头”，因为钻井工程技术的每一次进步，都会带动石油工业迈上一个新的台阶。20世纪70年代末，我国定向井钻井技术刚刚起步，所需用的螺杆钻具只有美国和苏联有，价格非常昂贵。为了摆脱这

种关键工具依赖进口的局面，研究院就接受了石油工业部重点研究项目“LZ6 1/2″螺杆钻具研制”的攻关任务，要做中国自己的螺杆钻具。1981年初，苏义脑作为研究生，参加了中国第一台螺杆钻具样机的研制攻关。

导师谢竹庄是该项目的负责人，也是我国石油界螺杆机械研究的先驱者。谢老师分配给苏义脑的任务是，在谢老师所做工作的基础上，把螺杆钻具线型的理论体系建立起来。这是一项理论性很强、难度很大、极富挑战性的基础性课题，数理知识要求高，吃苦受累冒风险，一直乏人问津。但苏义脑喜欢挑战，偏爱数理，他满心欢喜地接受了这个课题。

当时石油工业部从美国进口了几套Dyna Drill（单头螺杆钻具），配置在几个油田里使用。当苏义脑在油田调研时，发现这种工具内部的一个关键部件万向轴发生过断瓣现象，造成整机停用，备件很难解决。苏义脑当时敏锐地意识到这是一个十分重要的问题，因为不解决万向轴的断瓣原因，不仅影响钻井生产，也会使国产样机研究中断，导师很可能会调整自己的论文方向而让自己来攻这个堡垒。于是，他背着十几公斤重的断瓣万向轴，马不停蹄赶回北京向导师汇报，欣然接受了新的任务。接下来的近一年时间里，苏义脑建立万向轴的曲线方程、运动及受力模型，描述和模拟其工作过程，用当时先进的计算工具——袖珍计算器，计算了2万多个数据，配合材料理化实验，分析了万向轴瓣齿的工作应力、危险截面和破坏机理，确定了在特殊工况下会发生断裂的必然性；接着设计了一种完全不同原理与结构的NLZ挠性连接轴（获国家发明专利），又专门设计了对比实验台，带着自己画好的全套图纸到外地工厂加工制造：然后又带着加工好的挠性连接轴赶回北京和油田，为国产样机和进口工具配套组装，亲自参加了前4口井的钻井实验，取得成功。为此，石油工业部李天相副部长专门写信予以表扬。

但是，苏义脑仍然舍不得放弃螺杆马达线型研究这个极富挑战性的难题。在外地工厂驻厂加工NLZ挠性连接轴的几个月中，他利用空隙时间，开始了马达线型的系统研究。当时的条件非常艰苦，由于住的楼房正在改造施工，18磅大锤砸得头顶上的天花板震耳欲聋，灰石飘落，苏义脑头戴草帽，身披被单，以床当桌，全神贯注地推导线型公式。功夫不负有心人，就这样克服重重难关，他在螺杆马达线型研究中取得多项重要成果，写出了14万字的研究笔记，初步形成理论体系。

1982年6月，苏义脑完成两篇硕士学位论文《单螺杆马达线型研究》和《单螺杆钻具万向轴的设计研究》提交答辩。答辩委员会对此做出评价：“无论是从质上、量上、深度上还是广度上，都是我国螺杆钻具研究的领先著作。”“把我国螺杆钻具的研究向前推进了一大步。”他的第二篇论文被列为1983年国产首套螺杆钻具样机鉴定会的技术文件之一，该项目成果获 1984 年石油工业部科技成果一等奖。现在，螺杆钻具已经成为钻定向井必不可少的工具，不仅完全实现了国产，并有批量出口，年产值达 10 亿元以上。

2. “定向井丛式井钻井技术研究”攻关

硕士毕业两年之后的 1984 年，苏义脑考取石油工业部的首届博士生，师从力学专家白家祉，参加国家“七五”重点科技项目“定向井丛式井钻井技术研究”攻关，博士论文的研究方向是该项目的基础研究专题“定向井井眼轨道控制理论与技术”。当时定向井钻井技术在我国刚刚起步，丛式井技术还属空白。苏义脑觉得这是为国效力的重要机会，为此主动放弃了一次争取去国外攻读博士学位的机会。

在博士学位论文中，苏义脑把导师白家祉提出的分析井下钻具组合受力变形的新方法“纵横弯曲法”（得到国外同行权威专家赞许并被写进美国 SPE 教科书）加以发展，由转盘钻的一、二、三维分析发展到带弯接头—井下动力钻具组合和带各类弯角的导向钻具的一、二、三维分析，由等截面组合发展到变截面组合，扩展了该方法的应用范围（“八五”期间又由小挠度分析发展到大挠度分析），完善了纵横弯曲法的理论体系，使之成为国际上求解 BHA 受力变形的四种代表性方法之一，获得广泛应用；进一步提出定向井轨道控制的“力—位移”模型、地层力定量分析模型、侧向切削的多元幂积模型和井眼轨道拟合预测方法，并与同事们合作开发了 DTCPS 软件包。博士论文的内容在攻关实践中得到了应用和验证，受到专家委员会的高度评价，其中几个理论要点被写进 1991 年国家科技进步一等奖的申报书。

1986 年 11 月，当苏义脑从文献资料中了解到国外在定向井连续控制方面的最新进展时，立即意识到这将是一项突破，但在国内难以推广应用，必须根据我国国情，开发出实用的连续控制钻井工艺技术。当时他已基本完成博士论文任务，不久即可申请答辩，但他仍然抑制不住“再来一个创新”的冲动，毅然自选课题决心一试，并纳入论文范围。接着他就开始建立力学模型，分析计算，设计工具和工艺。1987 年春节期间，妻子帮他画图描图，几天后他又亲自背着加工图纸来到外地一家制造厂，4 月份又带着工具去辽河油田。此后的 8 个月中，苏义脑二上辽河，七赴大港，为实验这一新技术来回奔忙。在 −18℃的寒流中，仍坚持在井场进行实验，实在太冷了就靠近柴油机取暖。这一自选课题，从他一人开始，后逐步扩大成研究小组；从模型分析、工具设计、加工制造、工艺研究、软件编制、现场实验到生产应用和规模推广，前后历时达 14 年之久，逐步形成一套适合我国国情、便于推广应用的钻井新技术，产生了良好的技术效果和显著经济效益，并于 2002 年获国家科技进步二等奖。

现在，定向井技术的发展方兴未艾，已在全国大规模推广形成主流生产技术，据统计，2008年国内陆上年钻井数超过3万口，各类定向井和特殊工艺井占57.4%（达1.7万口以上），绝大多数定向井都采用连续控制技术，科研成果变成了切切实实的生产力。

3. “石油水平井钻井成套技术研究”攻关

20世纪80年代，在发达国家逐步完善的石油水平井技术被誉为国际石油界的一项革命性技术。1990年，苏义脑参加了国家“八五”重点科技项目“石油水平井钻井成套技术研究”的攻关，担任专题组长负责“水平井井眼轨道控制理论与技术”专题，工作内容主要包括下部钻具组合的大挠度分析、导向钻具研制、控制工艺研究与科学实验井的现场控制施工。由于前些年的工作积累，苏义脑带领他的团队在短短的几个月中，研制成功P5LZ系列弯壳体导向螺杆钻具产品，解决了钻水平井要从国外购买专用工具的问题，为国家节约了大量外汇；他进一步提出预测工具造斜能力的“极限曲率法”和轨道控制方案设计的“应变法”，并在亲赴大庆油田进行工具先导实验的基础上完成了树平1井的控制方案设计。1991年8月，苏义脑和专题组的几位同事在大庆参加我国第一口中曲率薄油层水平井轨道控制的现场施工，担任现场施工的控制组组长。在他的主持下，大家齐心协力，团结奋战，克服重重困难，创出了在井下2080m深处准确钻入6m靶窗仅偏离靶中线0.14m的高精度指标，赢得了美国同行的高度赞扬。在三开钻进的九天里，苏义脑五天五夜仅睡了10多个小时，进靶过程的50多个小时一直没有合眼，夜里一连9个小时站在钻台上。1991年9月25日中央电视台新闻节目专题报道：“我国第一口薄油层中曲率水平井，应用我国自行研制的先进钻井工具装备和技术，在大庆油田钻进成功。”

1997年，这项由中国石油天然气总公司组织、有762名科技人员参加的国家重点科技项目“石油水平井钻井成套技术研究”的攻关成果，获得国家科技进步一等奖，并被评为国家能源领域“八五期间为国民经济贡献巨大的十大攻关成果”之一。苏义脑作为项目组代表参加了向国家科技奖励评审委员会的答辩。该项目成果在1991～1995年的5年攻关期间，已推广至国内11个油田，钻成各类水平井62口；当时投产的47口，平均每口水平井成本为直井的2～3倍，而产量为其3～5倍甚至更多，累计新增产值9.52亿元以上。现在，水平井技术已被作为提高我国石油工业经济增长方式的一种重大举措，以更大规模和速度推广应用，以中国石油天然气集团公司为例，2006年钻成水平井522口，2007年钻成水平井806口，2008年钻成水平井 1005 口，获得了重大的经济效益和技术效果。现在水平井技术已在全国形成主流生产技术，每年钻水平井 1000 口以上（仅 2008 年就钻成 1653 口），累计钻成各类水平井 3740 口，由此可见规模效益。

水平井钻井技术的攻关成果推动了我国老井侧钻、大位移井和多分支井钻井技术的进步。此后几年中，苏义脑又主持研发了其他几项技术，如高陡构造防斜打快技术和 K7LZ 系列空气螺杆钻具研发，等等，这些填补国内空白的成果也都变成了切切实实的生产力，为我国深井超深井、欠平衡钻井和气体钻井技术的发展做出了贡献。

（三）开辟“井下控制工程学”新领域

1988 年 6 月至 1990 年 6 月，苏义脑在北京航空航天大学（简称北航）做博士后研究，师从航空力学专家黄克累。

苏义脑是带着想把工程控制论和航天制导技术引入钻井工程，从而提高井眼轨道控制精度与水平的新追求进入北航的。在此之前，他拜读过钱学森与宋健合著的《工程控制论》，认定井眼轨道控制与航天器姿态控制在本质上是一回事，因而想在上天与入地两大技术之间来一个交叉，独辟蹊径，自主创新。

在北航浓厚与自由的学术氛围中，苏义脑提出了“井眼轨道制导控制理论与技术研究”新方向，寄希望于“井下闭环控制”和“用手段解决问题”。开始的路走得艰难而又谨慎，从问题性质的判断到新概念的引入或建立，从对新领域内涵的思索和界定到一系列研究课题的分解，从系统模型、方程、边界条件的推演和确定到某项专利方案的构思和设计，无不伴随着反复的徘徊、反思、自我诘问和自我验证，并且基本上是以“业余”方式进行和完成的。1991 年末，当从技术消息报道中发现国外一些同行也在或开始在致力于这一方向的研究并也采用了“Closed Loop Control”的思路和提法，这使他进一步坚定了继续前进的信心。1990 年苏义脑离开北航时，对这一新领域的学术框架和重大课题的分解已基本确立；1993 年前后，在前几年探索工作的基础上，考虑到油气井各种工艺环境的共性及都存在控制问题的普遍性，苏义脑又把研究对象从钻井轨道控制进一步扩展到各种井下工艺过程，把认识从对具体问题的研究提高到对理论与技术体系的考虑，于是提出了“井下控制工程学”这一新概念，1997 年，中国石油工程学会钻井基础理论学组把它列为油气钻井工程的新分支。

20 世纪 90 年代以来，国际钻井技术呈现出加速发展的态势，其中最引人注目和竞争最为激烈的领域之一就是井下信息与控制技术。1988 年在国内开辟这一新领域后的头几年中，苏义脑基本上是在承担其他攻关任务的同时坚持进行这一方面的探索，此后通过指导研究生的方式一起开展相关的基础性课题研究。90年代中期以来，局面有了进一步改观，遥控钻井技术、地质导向钻井技术相继被列为中国石油集团公司课题乃至国家项目内容，苏义脑作为负责人组织和主持攻关，克服多方面困难，坚持不懈，终于取得重大进展；2008年2月，经国家教育部网上公示，中国石油勘探开发研究院把“井下控制工程”列为“石油天然气工程”这个一级学科下的二级新分支，并在这一新学科方向招收培养硕士研究生和博士生；国内一些研究部门和高等院校也相继建立相关研究机构和研究方向，开设必修及选修课程；苏义脑带领的科研团队，也由一个课题组发展成为中国石油集团钻井工程技术研究院的“井下控制工程研究所”，打开了自主创新研发我国油气井井下信息测量和控制高端技术产品的新局面。

（四）十年磨一剑：CGDS-I近钻头地质导向钻井系统研制成功

20世纪90年代以来，全球石油工业找油、找气难度不断加大，我国的油气钻井工程遭遇到很多世界性技术难题的挑战。为了提高复杂地质条件下探井的发现率和开发井的采收率，特别是提高薄油层水平井的钻遇率和产量，我国迫切需要地质导向钻井技术。而这项诞生于1993年、被国际石油工程界公认为21世纪高新技术的地质导向钻井技术，仅被国外三家著名技术服务公司所拥有，只提供高价服务而不出售产品。为满足国内的生产急需，尽快打破受制于人的局面，以提高我国钻井队伍在国际市场上的核心竞争力，研发我国CGDS-I地质导向钻井系统（China Geosteering Drilling System-I）的重任，责无旁贷地落在了苏义脑的肩上。1999年，中国石油天然气集团公司果断决策立项，组织科研院所、制造厂家和用户公司联合攻关，由中国石油勘探开发研究院钻井所牵头，苏义脑任课题组长，开始了长达数年的艰苦攻关。

地质导向钻井技术是把钻井、测井和油藏工程技术融为一体，形成在随钻过程中既可以进行工程和地质参数的测量，又同时具有导向功能的一种新技术。由于地质导向钻井系统是在油气井下恶劣的环境和工况中进行钻进作业的机电液一体化产品，同时实施随钻参数测量、信号传输、判断决策和控制导向从而让钻头追踪油气层，被业内人士誉为“航地导弹”，因此研制难度极大。

在长达七年的攻关过程中，项目组在苏义脑的带领下，克服了国外封锁、经费短缺的重重困难，顶着压力，抱定“铁心十年磨一剑，自主创新攀高峰”的信念，从应用基础理论研究开始，历经系统总体设计、分系统设计、模型建立、室内实验、算法研究、软件编制、工艺研究、样机制造、子系统现场实验、系统联调等多个环节和多次全系统现场钻井实验，终于获得成功。其中一个关键零件所需的一种特殊钢，国内没有，国外禁运，他们就和某研究所合作，用小炉一炉一炉试炼，摸索了7种牌号和3种热处理工艺，最终取得突破。该系统本身及在应用基础理论研究和多个单项技术方面填补国内空白，已申报12项发明专利和形成23项特有技术，因此拥有我国独立知识产权。

中国第一台CGDS-I近钻头地质导向钻井系统，由4个子系统组成：新型正脉冲无线随钻测量系统、测传马达、无线接收系统及地面信息处理与决策系统。它具有测量、传输和导向三大功能：其一，实时测量近钻头地质参数（钻头电阻率、方位电阻率和方位自然伽马）和工程参数（井斜角、工具面角），用无线短传技术把近钻头测量信息越过导向马达传至上方的随钻测量仪器MWD；其二，以MWD作为信息传输通道，通过泥浆脉冲把所测的井下信息（部分）进一步上传至地面处理系统，作为导向决策的依据；其三，地面信息处理与导向决策软件系统将井下测量信息进行处理、解释、判断、决策，用井下导向马达作为导向执行工具，准确钻入油气目的层。用业内人士的话讲，这是“给钻头装上眼睛和鼻子，让钻头闻着油味儿走。”，由于作业人员可以根据所测参数对地层与岩性进行判断，实时分辨和确定是否储层，并可区分油气水界面，从而可以大大提高探井的发现率与开发井的钻遇率和油气采收率，故对油气勘探、开发和钻井工程均有重大作用。

在多次重大现场实验和工业化应用取得成功的基础上，2006年3月3日，中国石油天然气集团公司科技发展部组织了专家评审，认为该成果“达到国际先进水平，它的研制成功是我国油气钻井技术的重大突破和里程碑，将为我国油气勘探开发提供重要的技术支持，并具有广阔的应用前景。”2006年12月26日，该成果被评为“2006年中国石油天然气集团公司十大科技进展”之一；2006年12月28日，中国石油天然气集团公司组织了CGDS-I产品发布会，宣告我国成为继美、法之后第三个掌握此项高端技术的国家，中国石油天然气集团公司成为全球第四个掌握此项高端技术的公司；2007年该系统在冀东油田、辽河油田等进行了八口水平井和定向井的现场工业化应用和生产技术服务，获得好评；2007年11月13日，中国石油集团组织了产品鉴定会，鉴定委员会一致认为，“该项目技术难度大，创新性强，是我国油气钻井技术的重大突破，属国内首创并达到国际先进水平”；2008年5月，苏义脑带着CGDS-I近钻头地质导向钻井系统模型与资料参加了在美国休斯敦举行的OTC国际石油技术大会和装备展，受到与会国际石油专家和装备制造商的高度关注。这一年，由苏义脑主持并作为第一完成人的“近钻头地质导向钻井系统与工业化应用”项目成果，被中国石油天然气集团公司授予2008年度技术发明一等奖，此后获得2009年度国家技术发明二等奖。

CGDS-I地质导向钻井系统产品已在冀东、辽河、四川、江汉等油田成功钻成生产井30余口，其中所钻的最薄油层厚度仅为0.66m；以此及相关产品为基础形成了高新技术和经济的增长点，目前达到年产10套以上的批量生产能力，可为我国油田钻井生产和海外钻井业务提供技术与装备支持。

从1979年进入我国石油工业科研战线至今的30年中，苏义脑在不断攀登科学技术高峰的同时，还十分重视后继科技人才的培养。他从1988年开始指导硕士研究生，1993年被国务院学位委员会批准任博士生导师，迄今先后指导硕士、博士、博士后80余名。他的很多学生现在已成长为油气钻井领域里的专家、学者和管理干部。

30年来，他在完成本职的科研工作的同时，还受聘担任一些学术兼职，如：中国工程院能源与矿业工程学部副主任，油气钻井技术国家工程实验室主任，国家“十一五”“863”重大项目“先进钻井技术与装备”总体专家组组长，国家科技奖励专业组评委，中国博士后科学基金会第四届理事会理事，国家专业技术人才知识更新工程专家指导委员会委员，中国石油天然气集团公司科技委员会委员，中国振动工程学会常务理事和北京振动工程学会理事长，北京市科协委员，《石油学报》等九刊物编委，中国石油天然气集团公司钻井工程重点实验室主任，中国石油大学等高校兼职教授和博士生导师，等等。

30年来，苏义脑作为主研人员参加的国家及部级重点科技项目，获国家科技进步一等奖2项、二等奖1项，国家技术发明二等奖1项，国家二委一部“七五”攻关优秀奖1项，部级一等奖3项（其中发明奖1项），省部级二等奖5项，总公司重大成果奖1项；获国家发明专利11项、实用新型专利18项，另多项国家发明专利待授权；出版学术专著7部、编著1部，编、译7部；发表学术论文200余篇。他获得的主要荣誉奖有：1991年被国家授予“做出突出贡献的中国博士学位获得者”称号，1994年获中国博士后科学基金会颁发的首届“国氏博士后奖励基金奖”，1999年获中国石油天然气集团公司“科技铁人奖”，2004年被国家授予“中央企业劳动模范”称号，2005年被评为中国石油天然气集团公司特等劳动模范并获“首届铁人奖章”，2005年被国家授予“全国优秀博士后”称号，2008年获何梁何利基金科学与技术进步奖，2010年获光华工程科技奖。

二、主要学术成就与工程科技贡献

苏义脑在钻井力学、井眼轨道控制理论与技术、井下工具研究方面，取得多项具有创新性、系统性的重要理论成果和重大技术成果，形成了以“力-位移”模型、“纵横弯曲法”、地层力分析和侧向切削为理论特征，以轨道预测与控制软件和井下动力钻具为软硬件特征的井眼轨道控制技术体系；这些成果用于定向井、丛式井、水平井及直井控制，取得显著的技术效果和重大经济效益。在此基础上，把工程控制论引入钻井工程，率先开拓“井眼轨道制导控制理论与技术”研究新领域，进一步提出“井下控制工程学”，开展基础性研究并组织攻关，推动井眼轨道控制由人工开环控制向井下闭环控制发展。

（一）理论研究成果

1. 钻井力学方面

（1）发展完善了分析下部钻具组合受力变形的“纵横弯曲法”：提出等效钻铤、扩展连续条件、处理弯角的两种方法、动力钻具组合的普遍方程、大挠度分析的等效载荷法等，把白家祉提出的分析下部钻具受力变形的“纵横弯曲法”由转盘钻的一、二、三维分析发展到带弯接头—井下动力钻具组合和带各类弯角的导向钻具等的一、二、三维分析，由等截面组合发展到变截面组合和由小挠度分析发展到大挠度分析，扩展了该方法的应用范围，完善了纵横弯曲法的理论体系。现在该方法已成为国际上求解 BHA 受力变形的四种代表性方法之一，获得广泛应用，为钻具组合设计提供了力学分析基础。

（2）系统建立了钻头与地层相互作用的地层力定量分析理论体系，包括：提出钻压圆锥法、钻头各向异性指数（和美国学者 Ho 各自独立提出）、综合切削异性指数、地层临界倾角等新概念和新方法；建立了地层力普遍方程、地层变井斜力和变方位力计算公式、临界地层倾角方程；给出了求综合切削异性指数、地层倾角的方法，并研制了整套分析计算软件。这一成果实现了对地层力和地层作用的定量分析。

（3）建立了短半径水平井铰接式马达的力学分析模型并进行参数敏感性分析，提出了工具造斜率预测的预测公式，为铰接马达的力学总体结构设计提出了理论基础和设计方法。

（4）建立了求取定向钻井井底真实钻压的理论模型和计算方法。

2. 井眼轨道控制方面

（1）提出预测和控制井眼轨道的新方法“力-位移模型”法，并以此为基础建立分析软件系统。

（2）建立了钻头侧向切削的多元幂积模型。

(3) 提出了井眼轨道预测公式和自适应跟踪预测法。

(4) 提出预测工具造斜能力的极限曲率法（即 K_C 法）。

3. 井下工具方面

(1) 在前人基础上对螺杆马达线型开展了系统研究，包括：提出摆线线型的研究方法，构成马达的充要条件、平面线型的隔离和消失条件、判断接触—密封性的 ϕ 函数与接触图，推导两种广义短幅线型方程和几何量算式，建立定义域分离公式、马达最小长度通式和接触点数通式等，形成了马达摆线线型理论体系。

(2) 螺杆钻具工作理论与受力特性研究，包括：确定马达和钻具组合在定向/旋转两种工况下的受力特征，建立多头马达转子轴向力公式、万向轴载荷频率、强度分析方法等，为钻具设计和应用提供理论基础。

(3) 建立了任意截面的圆柱螺旋弹簧轴向弯曲的计算通式。

4. 井下控制工程

(1) 1988 年在国内率先把工程控制论引入钻井工程，开拓“井眼轨道制导控制理论与技术”研究新领域，提出一系列新概念、研究思路和方法。

(2) 1993 年提出“井下控制工程学”，搭建了这一分支学科框架，包括定义、研究对象、技术特征、研究方法和研究内容等。其研究内容由四部分构成：应用基础理论研究（井下系统动力学和可控信号分析）、设计学研究（井下控制机构与系统设计理论与方法）、应用开发和实验方法研究。“井下控制工程学”于 1997 年被列为“油气钻井工程”的新分支，2008 年被列为“石油天然气工程”的新分支，并在这一新学科方向招收培养硕士研究生和博士生；国内一些研究部门和高等院校也相继建立相关研究机构和研究方向，开设必修及选修课程。

(3) 在井下系统动力学、可控信号分析、信息测量与传输、井下控制机构与系统设计方面进行基础性探索工作并组织攻关，自 1999 年主持“地质导向钻井技术研究与应用”项目，获得一批理论成果和技术专利。

5. 特殊工艺井

(1) 导向钻井工艺研究，包括工艺构成、转换时机、操作方法与规程。

(2) 空气钻井工艺研究与工具研制，包括新模型建立、压力计算、携岩公式、排量选择、温度分布、钻速优化和空气螺杆钻具的设计方法。

以上理论成果均属创造和创新性成果，大部分属于和国际上保持平行研究而提出的新方法与新理论，一部分属于国际上尚未提出的。由这些理论形成了相应的技术成果，其工程应用背景是“六五”、“七五”、“八五”、“九五”、“十五”、“十一五”国家及部级重点科技项目。

（二）工程技术成果与贡献

1. 苏义脑的上述理论研究成果形成了下述的主要技术成果，并应用于国家及部级“六五”、“七五”、“八五”、“九五”、“十五”、“十一五”重点科技项目：

（1）定向井下部钻具组合设计方法；

（2）定向井井眼轨道预测与控制软件系统；

（3）CNS导向钻具；

（4）水平井导向钻具造斜率预测与总体设计方法；

（5）水平井井眼轨道控制工艺方案设计方法；

（6）水平井井眼轨道预测控制软件系统；

（7）P5LZ165、P5LZ197、P5LZ120三种系列导向螺杆钻具产品；

（8）BW5LZ165地面可调弯壳体导向螺杆钻具产品；

（9）自动井斜角控制器等多项专利技术；

（10）单螺杆马达线型设计方法与万向轴设计方法；

（11）短半径水平井铰接式马达总体设计方法与造斜率预测方法；

（12）连续控制钻井技术工艺、工具与软件系统；

（13）直井防斜打快的反摆钟组合与P-F图评价方法；

（14）空气钻井工艺技术研究与K7LZ系列空气螺杆钻具研制。

（15）CGDS-I地质导向钻井系统研制。

2. 作为主要研究人员和项目、课题、专题负责人，连续参加国家及部级“六五”、“七五”、“八五”、“九五”、“十五”、“十一五”重点科技项目，上述理论与技术成果得到应用，产生了显著的技术效果和重大经济效益和社会效益，并获得多项国家及省部级科技奖励，主要有：

（1）参加石油工业部“六五”重点项目“LZ6-1/2″螺杆钻具研制”，负责马达线型研究与万向轴设计。该项目获1983年石油部科技成果一等奖和优秀新产品二等奖。所研制的螺杆钻具填补国内空白，成为国内定向钻井的重要工具。

（2）作为主要研究人员参加国家“七五”重点科技攻关项目“定向井丛式井钻井技术研究”（承担BHA力学分析与轨道控制专题，是该项目的理论基础和关键技术之一），该项目获1989国家二委一部“七五攻关优秀奖”、1990年中国石油天然气总公司特等奖和1991年国家科技进步一等奖。当前我国每年钻定向井数量已超过17000口。

(3) 作为主要研究人员参加国家“八五”重点科技攻关项目“石油水平井钻井成套技术研究”(承担水平井轨道控制技术研究专题，是该项目的理论基础和关键技术之一)，该项目经国家鉴定达到“90年代初国际先进水平”，被评为国家“八五”期间能源领域“对国民经济贡献巨大的十大攻关成果”之一，获中国石油天然气总公司第5次科技大会“重大成果奖”，并获1997年国家科技进步一等奖。主持研制P5LZ四个系列导向螺杆钻具(担任理论研究和总体设计人)，填补国内空白，成为国内水平井攻关的主要工具(其中P5LZ165被评为1993年国家级重点优秀新产品)；指导国内首台短半径工具总体结构设计，钻出3.79°/m造斜率；主持设计全国第一口薄油层中曲率水平井轨道控制方案并负责实施成功，首创钻深2080m处水平击中6m靶窗中线仅偏0.14m的高精度指标。当前我国每年钻水平井数量已超过1000口。

(4) 率先在国内研究和推广导向钻井技术，形成一套适合国情、效益明显的井眼轨迹连续控制工艺技术，获2002年国家科技进步二等奖。当前我国定向钻井的90%以上都采用这种控制工艺；主持空气螺杆钻具研制和空气钻井工艺研究，研发的K7LZ系列螺杆钻具用于生产，填补国内空白；主持高陡构造防斜打快技术研究，其技术成果获中国石油天然气集团公司科技创新二等奖。

(5) 提出并主持“地质导向钻井技术研究与应用”课题(自1999年以来先后被列入中国石油、国家重大装备研制和“863”计划重大项目)，带领科研团队研制成功“CGDS-I质导向钻井系统”这一具有我国独立知识产权的高端钻井技术装备，使中国成为全球第3个拥有此项技术的国家；同时研发成功几种相关的井下测量与控制工具系统，均填补国内空白，并以此为基础推动产业化，形成高新技术经济增长点；推动了我国钻井技术进步，提高了在国际上的核心竞争力，具有重大经济和社会效益。这一领域目前已形成几十项专利和专有技术。

三、苏义脑主要论著

苏义脑，于炳忠，谢竹庄. 1986. 单螺杆钻具马达线型分析. 石油学报，7(4)：97-111.

白家祉，苏义脑. 1990. 井斜控制理论与实践. 北京：石油工业出版社.

苏义脑，白家祉. 1991. 用纵横弯曲法对弯接头——井下动力钻具组合的三维分析. 石油学报，12(3)：110-120.

苏义脑. 1992. 大庆树平1井的井眼轨道控制. 石油钻采工艺，14(4) 7-16.

Su Y N, Zhou Y H. 1992. Analysis of Formation Forces and Prediction of Bit Trajectory in Directional Drilling. SPE 22433.

Bai J Z, Su Y N. 1993. Deviation control in Directional Drilling. China Petroleum Industry press.

苏义脑. 1993. 关于井眼轨道控制研究的新思考. 石油学报，14（4）：129-135.

Su Y N, Zhao J P. 1995. Analysis and Design of Articulated Downhole Motor Assembly for Short Radius Horizontal Drilling. SPE 29977.

苏义脑. 1995. 正在兴起的“井下控制工程学”. 中国科学报，(2).

苏义脑，陈元顿. 1995. 连续控制钻井技术在我国的初步实践. 石油钻采工艺，17（1）：23-26.

Su Y N, Wang G Q. 1998. Development and Application of Horizontal Drilling Technology on Land in China. SPE 50898.

Su Y N, Wang Z Y. 1998. Study of Vertical Drilling Technology in High Dip and Application of BHA with Offset Axes Sub. SPE 50889.

苏义脑. 2000. 水平井井眼轨道控制. 北京：石油工业出版社.

苏义脑. 2001. 螺杆钻具研究及应用. 北京：石油工业出版社.

苏义脑. 2001. 井下控制工程学研究进展. 北京：石油工业出版社.

苏义脑. 2003. 油气直井防斜打快技术. 北京：石油工业出版社.

苏义脑. 2004. 油气井工程新分支——井下控制工程学及其在我国的研究进展. 《中国科学技术前沿》，中国工程院版，第7卷. 北京：高等教育出版社.

苏义脑. 2005. 地质导向钻井技术概况及其在我国的研究进展. 石油勘探与开发，32（1）：98-101.

苏义脑. 2008. 钻井力学与井眼轨道控制文集. 北京：石油工业出版社.

主要参考文献

苏义脑. 2008. 中国工程院院士自述（第二卷）. 北京：高等教育出版社.

撰写者

王明毅（1947～），生于安徽巢湖，中国石油报采访部副主任，主任记者。

苏义脑

周守为

周守为（1950～），四川蓬溪县人。海洋石油开发专家，中国现代海洋石油开发技术体系建立的领军人，海上稠油高效开发新模式的奠基者。2009年当选为中国工程院院士。毕业于西南石油学院石油和天然气工程专业，获博士学位。现任中国海洋石油科技委副主任，中国海洋石油工程技术中心主任，海洋石油高效开发国家重点实验室主任等，曾任中国海洋石油总公司副总经理，中国石油学会副理事长，中国海洋学会副理事长，世界石油理事会中国国家委员会副理事长，中国石油和石油化工设备工业协会理事长，中国石油和化学工业联合会高级副会长。20世纪80～90年代，参加海洋稠油开发技术、海上边际油田开发技术、全海式（浮式采油生产储运系统）开发技术和海上优快钻完井等技术的研发，并实现关键技术的突破，为中国建立海上油气田开发技术体系和海洋石油工业体系，成功建成“海上大庆”奠定了坚实的技术基础。21世纪以来，又从中国海上油田开发的实际出发，创建海洋石油高效开发重点实验室，研究探索海上油田高效开发新模式，并建立海上稠油高效开发示范区，大力促进科研成果的工业化，取得了很好的社会经济效益。同时，为建立中国深海油田开发工程技术体系进行深入探索并已初步形成深海工程技术系列。近年来一直致力于南海深水及东海油气勘探开发战略及关键技术研究，完成专著3部，论文17篇。他和其率领的团队取得的科技成果曾获国家科技进步一等奖1项，国家科技进步二等奖3项。

一、成长经历

周守为1950年11月出生在四川省蓬溪县县城一个教育世家，父亲是四川省省立中学南充高中的校长，母亲是一位小学教员。取名为守为，意为“退可守进有为”之意，表达了父母对子女的期望。1959年，国家遭受三年自然灾害，父母多病，他曾跟随在四川省仪陇县中学任教的哥哥周守一，在仪陇县完成部分小学和中学的教育。1969年，响应国家“知识青年到农村去”的号召，他在四川省仪陇县瓦子人民公社六年，当过农民、民办教师、民兵、赤脚医生等。1975年底，经招工他被录取到仪陇县交通运输管理站下属运修厂当工人。那时县里供电非常紧张，为满足运修厂的生产需要，他作为一名发电工，需照管一台小型柴油发电机供厂用电，由此他初步接触到工业上的一些基本常识。1977年经刻苦自学，他考取了西南石油学院开发系采油专业，于1982年1月毕业后便分配到石油工业部海洋石油勘探局（天津塘沽）工作。时值我国海洋石油工业在改革开放中快速起步，他主动要求到海上生产一线，从基层技术骨干到领导岗位，一干就是三十年。前十年，一直在海上平台工作，经历了我国早期自营的海4平台、海7平台和海8平台的生产管理，曾在我国第一个对外合作的平台渤海埕北油田工作了四年；第二个十年，在渤海石油公司采油公司及生产部从事基层技术管理工作；近十年，在中国海洋石油总公司总部工作。三十年来，他一直从事安全、生产和科研工作，从未脱离科研生产的第一线。2009年，由于他在海洋石油开发技术上的杰出贡献，当选为中国工程院院士，现任中国海洋石油科学技术委员会副主任，中国海洋石油工程技术中心主任，海洋石油高效开发国家重点实验室主任，中国海洋石油总公司技术总顾问，国家海洋事业发展高级咨询委员会委员。

二、主要研究领域和学术成就

1. 攻克海上稠油技术难关，提出渤海四大滚动开发技术系列，形成了渤海油田年产3000万t的开发格局，为建成全球海上最大稠油油田奠定技术基础

在改革开放之初，我国的海上石油技术非常薄弱，截止1982年，海上原油产量还不足10万t。日本一个石油代表团考察我们自己还引以为豪的渤海6号生产平台指出，“你们生产工艺上，除了有安全阀外，几乎没有液面、压力、温度的自动控制仪表，全靠人工手动控制，很容易出事。”通过十多年对外合作，虽然掌握了部分开发海洋石油的国际标准和规范，但海洋石油现代开发技术体系基本还是空白，而我国海上石油勘探开发却遇到了一系列世界级技术难题，如在渤海先后勘探出有约40亿t的原油储量，其中68%左右都是稠油，其地下黏度一般都在50～450mPa·s，最稠的达到了11°API，比重达到了0.993g/cm^3，且储层胶结疏松，容易出砂。按陆上一般采用加密井网和热采的办法，海上加密井网要多建平台，加上渤海湾冬天气温很低，蒸汽热采方法热损失大，管线腐蚀严重，这两种技术都因成本过高限制了在海上的应用。雪佛龙公司先后发现旅大等亿吨大油田，最后都由于担心没有经济效益而不敢贸然开发，准备与BP公司合作希望借助其先进技术开发也未能如愿，将其称之为“21世纪的挑战”。

而国外海上稠油油田多为海相沉积，有足够边水，不需注水注气；我国渤海的稠油油田多为陆相沉积，面临天然能量不足的巨大挑战。其中最有代表性的是储量达3亿多吨的绥中36-1油田，对这一油田周守为知难而进，精心组织了渤海稠油注海水强采技术的攻关，针对注入水同地层水不配伍容易产生沉淀堵塞油层破坏油层的技术难点，以及渤海油田储层渗透率大、孔隙度大、油层厚和非均质性严重等特点，从储层上发现有注海水的可能，经过一系列实验，提出稠油注海水强采的技术思路，实践证明对高孔高渗的渤海油田，在一定控制条件下，其沉淀物的碳酸盐优先沉淀于需要堵塞的大孔道，可以起到调整吸液剖面的作用，并组织研发出与之配套的工艺技术和产出液的处理技术，获得渤海稠油注海水强采技术研究的成功。

绥中36-1油田距岸边70km，为尽量减少海上工程投资的成本，需尽量减少海上的生产设施，将含水稠油输送到陆地终端进行处理。面临解决稠油长距离输送（70km）压降大，易凝固，难以伴热，难以增压等技术难点，周守为通过研究分析稠油长距离混输过程中流态变化规律，以及稠油与产出水不同混合比例下不同黏度与阻力变化规律，还有稠油混输停输后再启泵的规律，全面掌握了海底稠油的混输技术，建立起我国乃至世界至今最长的稠油混输管道，解决了稠油的长距离输送问题，使渤海油田在2010年的产量达到3000万t，成为世界上海上最大的稠油产区，其技术也为多家外国公司采用，并荣获2007年国家科技进步二等奖。

到20世纪90年代初，渤海的石油产量还徘徊在200万t左右，难以实现经济有效地开发。渤海已发现油气田，存在主力油田、边际小油田分散，不集中的规律，周守为在二十多年前主持渤海勘探开发时，就提出渤海实现1000万t的四大勘探开发体系，即以其中一些油气田为骨干油气田，或将周边的中小油气田带动开发，或目前没有骨干油气田，但通过小型油气田的连片开发，并为以后油气田的发现和开发奠定基础，留下工程和技术上的可行性，通过四大技术体系的实施，二十多年过去了，渤海的产量不止1000万t，2010年达到3000万t，他提出的四大勘探开发技术体系，得到了完善和发展，为渤海进一步展开区域性开发和全油田开发奠定了基础。

2. 研发全海式开发工程模式（浮式生产储油及外输技术体系，FPSO），提出边际油田勘探开发新思路

海上油田开发模式的选择，是油田开发的关键。周守为通过多项研究和实践，在众多的油田开发模式中，判断选择以FPSO方式作为海上油田开发的主要模式。22年前，我国从法国引进第一条巨型旧油轮改造的FPSO之后，他仅经过两年艰苦备尝的摸索，即创新建设了我国第一条FPSO，并逐步建立起我国FPSO的技术体系和行业标准。他从我国南海台风、渤海稠油、渤海冰区和渤海极浅海的诸多实际

问题出发，进一步组织研发 FPSO 的核心技术并创新性地提出台风海域永久性三组九缆不解脱式单点系泊系统，适合于浮式生产系统使用的稠油生产工艺与优化设计技术，研发了 FPSO 系统上部生产工艺及下部船体的联合设计和联合测试等技术，使生产工艺及浮体系统做到设计、施工、建造一体化，并先后参加了我国五艘 FPSO设计、建造、施工和管理，组织建立 FPSO 的技术体系。他直接参加建造的第一条 FPSO（渤海友谊号）被评为中国百年造船史上的十大名船。现在 FPSO 已经成为海上油气田开发的基础装备之一，我国 FPSO 的建造水平也达到世界先进水平，建造时间和成本都低于国际水平，中国海油则是世界上目前拥有 FPSO 最多的公司（共 17 条，其中由我国自主创新建造的 11 条）。现在周守为提出的以 FPSO 作为我国海上油田开发工程的主要模式已经基本实现，正支持着我国海上油气田生产 75％～80％的产能，FPSO 也成了我国海洋工程的一个高科技高附加值的新兴支柱产业，带动了造船、机械、电子和钢铁等相关行业的发展，这项技术 2005 年获得了国家科技进步二等奖。

国际海上单独开发的油田储量一般储量都在 2000 万～3000 万 m^3，而在我国渤海湾低于 1000 万 m^3 的油田达到 80 多个，边际油田的开发成为一个十分突出的问题，周守为据此提出“三一模式”（即一个简易平台、一条管线、一条电缆）和“蜜蜂式”（可移动的简易采油设施）等边际油田开发新理念，并亲自组织攻关研发，让边际油田依托已开发油气田组成联合开发体系。迄今已有四十多个边际油田利用此项技术，8 亿多吨的边际储量得到了有效的开发，并为以后的小型油气田开发奠定了技术基础。

3. 创新海上优快钻完井技术，大幅度降低海上油田开发成本

以往，海上钻完井周期长、成本高，几乎占海上油田投资成本的一半左右，成为制约海上油田开发的主要瓶颈。面对这个技术难题，周守为提出我国海上钻完井降低开发成本新思路，即优快钻完井技术体系，并集思广益与有关专家共同开发十项优快钻完井技术，形成海上优快钻完井技术体系。其中重点研发了一趟管柱多层防砂技术、优质梯级筛管适度防砂技术、一遍多控技术，实现钻完井的优质快速，成本大幅度降低，仅为原来同类钻完井成本的 1/2～1/3，使一大批边际油气田得到了有效地开发，现在优快钻完井已成为我国海上油田钻完井的主导技术，1999 年获得国家科技进步二等奖。

4. 建立中国海洋油气勘探开发科技创新体系

海洋石油作为一个高风险、高科技、高投入的新兴产业，在西方国家已经走过

了一百多年的历程，我国海洋石油尽管在改革开放后有了长足的发展，但在勘探开发进程中仍然面临着一系列高新技术问题的挑战。海上油气田的开发技术如稠油的高效开发和提高采收率，老油田的稳产，边际油田的开发，高温高压油气田的开发，以及海上大型的生产、作业、装备等都急需突破和创新。

周守为具体组织和实施科技领先战略，在已建重点实验室和已经建立起来的海上稠油开发技术体系的基础之上，建立起我国海洋石油工业近海油气勘探开发科技创新体系。重点是加速自主创新能力，突破影响海洋石油工业发展的重大关键技术瓶颈，重点攻关带动油气储量快速发现和高效开发的核心技术，建立以生产为导向，形成核心优势的差异发展技术体系，同时建立以提升创新效率和效益为主，并激发创新动力的管理体系，包括决策机制、绩效考评、投入机制、人才发展、科研合作、成果转化及专利管理机制创新等科技创新的全过程。

这套海洋油气勘探开发科技创新体系的建立，为建成"海上大庆"、鼓励科技创新发挥了组织保证作用，也为我国海洋石油工业的进一步发展奠定了技术基础和组织体系的支撑基础。因此，在2010年获得国家科技进步一等奖。

5. 探索建立海上油田高效开发新模式

进入21世纪，随着我国海上稠油油田达到高水平的开发，多达40亿t的稠油储量，很快又面临如何提高采收率的重要问题。每提高1%的采收率，就相当于发现一个1亿～2亿t储量的大油气田，而且可以充分利用原有油田的生产设施，做到低成本开发。针对这一问题，周守为在2001年创建了中国海上油田稠油开发重点实验室并担任实验室主任，经过艰苦探索、群策群力，提出了海上稠油开发的新模式，即在传统的油田开发模式——一次采油（自喷）、二次采油（注水）、三次采油（化学驱、热采）的基础上，大胆突破一、二、三次采油界限，将三个阶段的系列技术优化创新，综合应用，油田开发早期即注水，注水即注聚，注水注聚相结合，使油田投产一开始就尽可能提高采油速度，并保持较长的高速开采期。在这种技术思路的指导下，开展了海上开发地震关键技术及应用，海上丛式井整体加密及调整技术，多枝导流适度出砂技术，以及海上稠油油田化学驱技术和热采技术研究，其技术思路是将海上开发地震的技术结果与油气田生产的动态资料，以及油气田在勘探开发阶段所做的最早的开发地震的物探资料进行综合对比，并适当补充井间的地震资料，为弄清开发过程中的海上复杂油气田残余油饱和度的准确分布奠定地质基础。同时通过海上复杂河流相稠油油藏高含水期剩余油饱和度的定量描述，研发海上稠油油田综合调整油藏关键技术和海上丛式井网整体加密调整的钻采配套技术。在成功开发的海上稠油砾石防砂技术的基础上，还进一步研发多枝导流适度出砂技术，其原理是利用海上稠油黏度高，携砂能力强的特点，有意将一定粒径的细粉砂和水、稠油一同进入井底并经管柱进入生产工艺流程，生产工艺流程主体也允许其顺利通过，这样既达到了改善地层渗流能力的作用，又扩大了油气流动的通道，借助钻分支井的部署，形成大型的快速通道，最后通过主井眼流向地面工艺流程。研究其理论应用、完井方式、多枝数模、完井工艺、配套工具，并制作出模板，极大改善地层渗流能力，最大限度提高产能。

海上稠油化学驱技术是包括注聚在内的多种化学驱相结合的方式以提高海上稠油采收率，由于海上稠油开发中遇到井距大，油稠，含盐度高以及二价离子含量高等技术难点，研发出与陆上油田注聚不一样的聚合物类型和聚合物配方，并完成海上注聚的生产工艺流程研究，在此基础上又进一步研发海上热采技术。

这些技术被纳入国家重大科技专项“大型油气田和煤层气开发”研究，并获得重大阶段性成果，已作为海上油气田提高采收率的主导技术，该重点实验室已被批准列为国家级重点实验室。

6. 进军深水，构建我国深海开发技术体系的框架

近年来，世界超过亿吨级的大油田一半以上都在深水发现（业内“深水”指超过 300m 水深的海域），我国有 70 多万平方千米的深海海域，根据地质勘察，油气储量极为丰富，将成为我国能源接替的主要领域，进军深海这一陌生而又前景巨大的领域，已成为我国海洋石油面临的重大挑战。周守为组织制定深海油气勘探开发战略，攻克深水勘探及评价技术，深水钻完井及装备技术，深水平台及系泊定位技术，深水水下井口及水下生产系统技术，深水立管和深水管道技术，深水施工安装及铺管技术，深水环境载荷分析及风险评估技术，深水油气田流动安全保障技术，深水工程评价技术，深水维修技术，目前业已形成深水十大关键技术体系的雏形。与此同时组织建造我国首批深水重大装备，重点研发了 3000m 水深的半潜式钻井平台，并针对墨西哥湾事故之后研发出具有自主知识产权的深水海底本质安全型自动关断系统，并成功地在 3000m 钻井平台（海洋石油 981）得到应用。并将深海勘探技术、开发技术、装备技术均纳入国家重大工程，同时将南海深水勘探开发作为国家重大专项的示范工程，为建立我国深海工程技术体系打下了坚实的基础。

从南海深水区的实际出发，周守为提出了我国第一个深水气田（荔湾 3-1 气田）采用半海半陆、深海加浅海组合模式的总体开发思路，即根据油田所在海域海底地貌特点，将水下井口群放在 1500m 深的海底，通过 70km 长的海管垂向爬坡 1200m，

在水深200多米的相对浅海建立中心处理平台，对油、气、水进行分离处理，再将天然气输送到陆地终端，这不仅大大降低了该油气田开发的风险和成本，而且建立起我国第一个深海区域开发模式的雏形。他还筹划组建了全国第一个深海勘探开发公司，为深海油气田的勘探开发奠定了组织基础和技术基础。

三、周守为主要论著

周守为，韩明，向问陶，等. 2006. 渤海油田聚合物驱提高采收率技术研究及应用. 中国海上油气，18（6）：386-389.

周守为，韩明，张健，等. 2007. 用于海上油田化学驱的聚合物研究. 中国海上油气，19（1）：25-29.

周守为. 1982. 稳定法测定气—水（油）相渗透率时合理实验压差的选择. 石油勘探与开发，（5）：60-63.

周守为. 1984. 对“向地层挤原油降低油气比工艺”的探讨. 石油钻采工艺，（3）：69-71.

周守为. 1985. 利用压力恢复曲线确定双重介质地层油井的地质储量. 石油勘探开发，12（5）：45-50.

周守为. 1986. 巴西海上石油早期生产系统. 海洋石油，（3）：55-64.

周守为. 1986. 渤海埕北油田采油生产平台——我国第一座海上自动化采油平台简介. 海洋石油，（4）：71-79.

周守为. 1990. 浮式生产储油装置上的原油外输计量标定系统. 中国海上油气（工程），2（6）：63-69.

周守为. 1990. 海上巨型油轮串靠输油的技术特点. 中国海上油气（工程），2（5）：51-56.

周守为. 1991. BZ28-1 FPSU上的污水监测排放系统及改进意见. 中国海上油气（工程），3（1）：25-29.

周守为. 1992. BZ-28-1高压碳酸盐岩油田初投产特点. 石油钻采工艺，14（3）：57-59.

周守为. 1992. 渤海BZ 28-1油田初投产的技术要点. 中国海上油气（工程），4（1）：47-49.

周守为. 1993. 锦州20-2凝析气田的特点及投产管理. 中国海上油气，5（6）：58-64.

周守为. 1993. 凝析气田双相流长输海管解堵技术试探. 中国海上油气（工程），5（4）：35-39.

周守为. 1995. 绥中36-1油田试验区在生产实践中的再认识. 中国海上油气（工程），7（3）：1-7.

周守为. 2005. 中国海洋石油高新技术与实践. 北京：地质出版社.

周守为. 2007. 海上油田高效开发新模式探索与实践. 北京：石油工业出版社.

周守为. 2009. 海上油田高效开发技术探索与实践. 中国工程科学，11（10）：55-60.

周守为. 2009. 中国近海典型油田开发实践. 北京：石油工业出版社.

主要参考文献

周守为. 2007. 海上油田高效开发新模式探索与实践. 北京：石油工业出版社.

周守为. 2009. 中国近海典型油田开发实践. 北京：石油工业出版社.

撰写者

周守为

王佩云（1941～），原中国海洋石油报主编，长期从事海洋石油科技成方面的报道。

付强（1984～），周守为的助手。

谢和平

谢和平（1956～），湖南双峰人。工程力学专家。2001年当选中国工程院院士。1987年毕业于中国矿业大学获博士学位。是国务院学科评议组成员、四川省科协主席、中国煤炭工业协会副会长、中国煤炭学会副理事长，是国家“973”项目和国家自然科学基金委“创新研究群体”首席科学家，兼任*Geomechanics and Geoengineering*荣誉主编。长期从事矿山工程力学的理论与应用研究。20世纪80年代在中国最早建立了裂隙岩体宏观损伤力学模型来研究其自然性状及导致灾害性事故发生的机理和过程，开拓了裂隙岩体损伤力学研究新领域。创造性地引入分形方法对裂隙岩体进行非连续变形、强度和断裂破坏的研究，形成了裂隙岩体非连续行为分形研究的新方向。率先组织开展了灾害环境下重大工程安全性的基础研究以及深部煤炭开发中煤与瓦斯共采理论研究，组织研究并提出了煤炭科学开采和科学产能新理念。率先提出了全球CO_2减排不应是CCS，而应是CCU，开创了CO_2矿化利用新领域。曾获国家自然科学二等奖（2007）、国家科技进步二等奖（2000）、国家科技进步三等奖（1999）、国家自然科学三等奖（1995），及孙越崎能源科学技术奖（2001）、何梁何利基金科学与技术进步奖（2004）。2007年被德国克劳斯塔尔工业大学授予荣誉博士学位，2008年入选香港理工大学“杰出中国访问学人奖励计划”，2012年被香港理工大学和英国诺丁汉大学授予荣誉博士学位。

一、求索之旅

1. 童年艰辛

谢和平1956年1月出生在湖南省双峰县一个叫二步村的小村庄，在那个年代那个村庄很穷，只有30多户人家，延绵不绝的大山阻隔了与外界的联系，古朴、原始的自然风光，生生不息地哺育了代代农家子弟。谢和平6岁才会讲话，8岁才上小学，童年的谢和平酷爱读书，贫苦的生活使他特别珍惜读书的光阴。上小学时，他从课本中知道了美国发明家爱迪生的故事，了解到他靠自学和勤奋，一生注册的发明专利多达2000余项。这个故事给谢和平幼小的心灵以强烈震撼——要改变家乡的贫困、要使祖国富强，就必须要靠科学。谢和平暗自发誓：一定努力学习，长大也当科学家。

然而，理想和现实有时会有难以逾越的鸿沟。好好学习，对于一个农村孩子来说，难啊！家境的贫困，使他每天放学后不得不去放牛、割草、干家务，渴求新知的他只能利用放牛的间隙看书学习。童年的谢和平对两件东西情有独钟，一是煤油，二是鸡蛋。山村没有电，晚上照明只能用煤油灯，而煤油必须用鸡蛋去换。为了能节约煤油，谢和平不得不每天早睡早起，天刚蒙蒙亮就跑到山坡上去看书。

中学毕业后，谢和平赶上了“文化大革命”，没有高考，他不得不回乡务农。每天他和大人一样，下田挣工分，进煤窑挑炭，上山抬石头。但真正让谢和平与煤矿结下不解之缘的还是那至今仍让他刻骨铭心的一幕。一天，正当午时，随着一声巨响，就在谢和平曾经挑过煤的乡办煤窑里，几名年轻矿工的生命在瓦斯爆炸事故中消失了，那场景惨不忍睹……当时谢和平暗暗发誓：一定要用知识和技术改变这种状况，使煤矿走向安全。

2. 求学路上

1977年，国家恢复高考制度，谢和平毫不犹豫地报考了中国矿业大学，并以高分被录取。大学四年，谢和平每月仅靠19元钱的助学金来维持最低的生活水平，并从牙缝中一分一分地挤出钱来购买图书。1982年谢和平大学毕业后，考取了力学专家陈至达的研究生，在中国矿业大学北京研究生部潜心攻读，提前一年攻下了硕士学位，因学业突出，1985年直接攻读博士学位，从此开始了他在岩石力学领域里的艰苦跋涉。

岩石力学中关于岩石断裂理论的研究，是采矿、石油、地质、水利、铁道等部门急需解决的问题，尤其是采矿工程的顶板垮落、片帮、冲击来压、煤与瓦斯突出、露天边坡失稳等一系列的事故与岩石损伤断裂过程有密切联系。为了寻找一种最新的理论和方法来研究突破这一岩石力学中的难题，谢和平劳心焦思，废寝忘食，跑遍了北京各大图书馆，查阅了大量中外资料，并挤出时间去北京几所相关学校和研究所听各类讲座，开阔自己的视野。他为了获得一个实验结果，往往要在实验室泡上六七天，做上百次测定，将岩石损伤断裂的实验照片在光学显微镜下一个个地去测量，几年下来，仅底片就放满了一木箱。在谢和平的眼里，没有寒暑假、星期六和星期天，甚至连每天8小时的睡眠也难以保证。在北京攻读硕士、博士学位的五年中，谢和平连附近的公园都没有去过。1984年初，他妻子李东晓从徐州来北京探亲，当时他的研究正进入一个阶段性的关键时期。为了计算几个数据，他不分昼夜在中国科学院半导体研究所上机，在计算机上反复验证数据，一直工作了半个月。15天的探亲假很快就过去了，妻子看着他疲倦的面容，心痛地劝他注意身体，并默默地替他拆洗完被褥，悄悄地走了。他也想好好陪着妻子轻松愉快地度过假期，但为了自己的研究成果早日面世，他只能忘我地工作……

谢和平具有非凡的勇气，对学术研究敢于创新。当他了解到损伤力学是20世纪70年代兴起的学科，国外有人做了一些工作，但仅停留在对岩石力学性质的模拟上，而国内尚无人涉足的情况后，他把目光瞄准了这个全新的研究领域——将分形几何与损伤力学相结合，开辟岩石力学新领域。他毅然选择了“岩石蠕变损伤的非线性大变形分析”作为博士论文选题。在同行们看来，他选择这样的课题简直有点不可思议，要在短短的读研期间攻克国际力学界的难题极不现实。搞难度这么大的课题，至少需要时间保证。如果把它当成博士论文，那么就必须在研究生期间完成。谢和平这样做无异于冒险，因为一旦攻克不下这个难题，连个博士学位也拿不到。但新领域对于弱者是一堵森严的墙，对于开拓者来说是一种诱惑。谢和平决定，在这个尚无人涉足的领域里冒一次险。

3. 生活磨砺

就在谢和平研究应用损伤力学进行岩石断裂理论的过程中，来自生活中的“损伤”却一次一次无情地冲击他和他的家庭，生活中的不幸接踵而至。谢和平经历了一次又一次的人生磨难。

1984年夏，谢和平的弟弟考取了北京医科大学，却因突患脑瘤未能入学。手术后的弟弟瘫痪在床，需要大量的医疗费、营养费，使这个清贫的家庭负债累累，家人几次劝他不要再上学了，早点出来工作，以便挣钱支撑家庭的生活。谢和平陷入了进退两难的境地。可是，他实在舍不得放弃已耗费了多年心血并且离成果诞生近在咫尺的研究工作。在矛盾中，他说服了家人，通情达理的双亲支持了他。“只要你能干出为国家争光的事，家里困难再大，我们来承担。”父亲的一席话，使谢和平更加坚定了沿着科学之路走下去的信念。那些日子，谢和平从每月仅有的51元研究生津贴中挤出20元钱供给家中，剩余的钱买书、吃饭，就这样硬是把学业坚持了下来。同时，他的研究课题在读研期间也圆满地画上了一个句号。

1987年，就在他刚刚拿到博士学位时，不到50岁的母亲，因操劳过度，猝然倒在了田间，再也没能起来。母亲去世的噩耗传来，谢和平默默地承受着这沉重的打击，心里更是暗暗下定决心：一定要干出点成绩来，告慰九泉之下的母亲。

残酷的命运似乎要考验谢和平追求科学的意志，丧母之泪未干，他的爱女又因病永远地离他而去。当他从北京赶回徐州家中时，妻子只能含泪望着他，从孩子没出世时，他就在北京上学，孩子出生时，他还在北京苦读，妻子含辛茹苦把孩子拉扯到一岁，却被无情的病魔夺去了幼小的生命。面对悲痛欲绝的妻子，他心如刀绞，无言以对……

4. 持之以恒

经典的力学理论已不能很好地描述岩体的这种非连续非线性特性，迫切需要新的理论和思路，他当年开辟的新领域就是在这样的背景下开始的。对于学生时代选择的这个具有挑战性的课题，他为之倾力研究，历经二十余载，到今天他创立的裂隙岩体力学损伤与分形研究理论体系一直处于国际领先地位，并且在一些诸如岩爆、开采沉陷、放顶煤开采、深部巷道支护等重大工程问题中获得了成功应用，经济效益和社会效益十分显著。

宝剑锋从磨砺出，梅花香自苦寒来。对事业炽热的追求，就像开拓者埋下的种子，只要辛勤耕耘，就会硕果累累。成功总是垂青于那些不懈追求的人，外国专家们魂牵梦绕渴求的岩石损伤理论，终于由谢和平这位中国自己培养的“土博士”创造出来了。1987年，就在谢和平取得博士学位的同时，他成功地将损伤力学和分形几何相结合，在国际上首次给出了岩石断口分维与断裂韧性的关系；创造性地建立了岩石微观断裂的穿晶与沿晶和穿晶相偶合的分形模型以及裂纹分叉的分形模型，对一些物理现象给予了定量定性的解释；利用分形几何进行了岩爆与地震的预测预报研究、解释了地震学中未有解释的低b值对应大地震产生的物理理论。他提出了岩石微观断裂机理，从而形成了岩石损伤断裂的分形几何新领域。

科学之路上的跋涉是艰难的，对于一个探索者来说，不断地追求才是生命真谛之所在。作为分形几何与岩石损伤力学的嫁接者——谢和平，不仅在于他的理论研究上取得了原创性重大突破，还在于他将自己的理论成果成功地应用到采矿工程中以解决实际问题。他结合自己的多年积累，依据收集到的矿山岩爆大量数据，应用损伤力学和分形概念推导出了分维与能量释放大小的负指数相关关系，为矿山事故预测、预报提供了新的手段和方法。

5. 声名鹊起

谢和平的成果引起了国际岩石力学界的广泛关注，英、美、法、德、波兰、加拿大、澳大利亚等十多个国家的许多科学家曾专门来函索取他的英文论文、资料，许多国家邀请他前往讲学或进行科研合作。1990年1月7日，谢和平走上了美国犹他大学地球科学学院的讲坛。此刻，这位来自东方的年轻教授、中国科学院国际材料物理中心成员、国际岩石力学计算方法及进展协会会员正在向美国的专家、学者讲授他创建的新学科——分形岩石力学。他受《国际岩石力学与采矿杂志》编委、国际岩石力学专家帕瑞森邀请，作为访问教授赴美国犹他大学讲学。谢和平为该校博士生开的分形岩石力学和损伤力学两门课，被正式纳入该校的教学计划。这些成绩的取得使谢和平激动不已：是国家把这个农家子弟从小学到大学一直培养成博士，从传统耕种的田间一步步走进科学殿堂，跨出国门，给碧眼金发的洋博士讲学，作为一个中国人，他怎么能不自豪呢？两个学期的讲学结束了。他魂系祖国，谢绝诱人的高薪、优厚的物质条件，毅然踏上了归国的征程。

1992年9月～1993年6月，他又被聘为英国皇家学会客座研究员和英国南安普顿大学客座教授进行合作研究，并于1993年、1994年和1996年三度应邀作为客座教授赴德国汉诺威大学讲学。同时，他还应邀于1993年、1997年和1999年作为客座教授三次赴波兰西里西亚工业大学讲学与合作研究。国际岩石力学学会专门邀请他撰写英文专著 *Fractals in Rock Mechanics*，作为国际岩石力学丛书第一卷，1993年由 Balkema 出版社出版，他是该丛书的唯一中国作者，该书被誉为“第三代分形科学研究领域的代表作”。谢和平还多次应邀担任国际学术会议的主席和副主席。

2007年9月18日，德国克劳斯塔尔工业大学授予谢和平荣誉博士学位仪式在该校会议中心隆重举行，荣誉博士学位的授予是一所大学所能给予的最高荣誉！在该校博士制度中这样写道：只有在至少五分之四有表决权的学院领导成员赞成并得到校长及校务董事准许的情况下，学院可以在极少数情况下对在科研或创造领域做出卓越贡献的学者授予荣誉工学博士学位。谢和平的荣誉博士学位的授予是以全票通过的！克劳斯塔尔工业大学建立于1775年，建校232年仅有4位杰出学者获得了该项殊荣，谢和平是第5位。在授予决定中这样写道，基于谢和平博士在世界开创岩石力学的分形理论以及损伤力学与工程应用的开创性工作与杰出学术成就和贡献，德国克劳斯塔尔工业大学决定：授予四川大学谢和平博士德国克劳斯塔尔工业大学荣誉博士学位称号。

6. 硕果累累

今天的谢和平已是硕果累累，目前他已出版中英文专著5部，发表论文200余篇，论文被 SCI 收录40余篇、引用300余次。他的科研成果2007年获国家自然科学二等奖，1995年获国家自然科学三等奖，1999年获国家科技进步三等奖，2000

年获国家科技进步二等奖（以上均为第一获奖人），2001年当选为中国工程院院士。

谢和平对岩石力学的研究，不仅充分展示了他的智慧和追求，也充分展示了他回报国家培养的赤子情怀。由于他的突出贡献和成就，国家给予他许多荣誉：首届“中国青年科学家奖”（为全国6名获奖者之一）、国家级有突出贡献的中青年专家、中国青年科技奖、何梁何利基金科学与技术进步奖、教育部首届“跨世纪优秀人才计划”青年专家、首届“国家杰出青年科学基金专家”等。2007年12月28日，在人民大会堂举行的“中国青年科技奖20周年暨第十届中国青年科技奖颁奖大会”上，谢和平作为“中国青年科技奖”设立20年以来的历届获奖者代表做了发言。

1993年3月，谢和平被任命为中国矿业大学副校长；1998年8月，他被任命为中国矿业大学校长；2003年5月，他又被任命为四川大学校长。他在继续指导研究生、给研究生上课的同时，还要为学校的建设发展思索、忙碌，繁重的行政事务牵扯了他许多精力，可他并没有停止对科学的追求，依然挤出时间从事他的科学研究。正如中央电视台2003年播出的“东方之子”栏目对谢和平的访谈一样，当被记者问及“您当校长之后学术研究势必会受到影响，您觉得可惜吗?”，谢和平答到：“我觉得人就应该追求事业，当校长是一种事业，是一种更重要的事业，也是责任；搞学术也是一种事业，是自己的兴趣爱好。我希望把两件事情都做好。”

二、学术贡献与思想

1. 主要学术成就

谢和平长期从事矿山工程力学的理论与应用研究。20世纪80年代在中国最早建立了裂隙岩体宏观损伤力学模型来研究其自然性状及导致灾害性事故发生的机理和过程，开拓了裂隙岩体损伤力学研究新领域，并应用于深部巷道大变形预测、蠕变分析及其相关的巷道支护设计等重要工程领域。1985年起他创造性地引入分形方法对裂隙岩体进行非连续变形、强度和断裂破坏的研究，形成了裂隙岩体非连续行为分形研究的新方向，并与损伤力学相结合在岩爆、地表沉陷、顶煤破碎块度控制等重要工程应用中获得成功，取得显著经济和社会效益，为岩体（宏观连续与非连续）力学与工程的发展做出了重大贡献。谢和平的主要学术贡献包括以下几个方面：

(1) 岩体损伤力学研究　岩体为天然损伤体，其变形特征为大变形，常规方法难以准确描述和计算。20世纪80年代他在国内首先提出了一个考虑裂隙岩体能量耗散和大变形的损伤因子，建立了岩石损伤断裂全过程的损伤演化方程和本构模型；提出了岩石蠕变非线性大变形损伤理论及有限元数值方法，成功预测了采动围岩的损伤大变形程度和蠕变稳定过程，从而广泛应用于岩层移动和巷道大变形预测等重要工程领域，取得了显著的经济效益。

（2）岩体力学的分形研究　岩体工程中经常遇到断层、节理、破碎断裂、矿体块度控制等非连续行为，他在岩石损伤力学描述岩体整体宏观连续性行为基础上，创造性地引入分形方法对裂隙岩体的非连续行为进行研究，并在裂隙岩体工程中得到了应用。对岩体中的节理断层，他应用分形方法建立了节理构形模型，得到节理分维值与JRC（节理粗糙系数）的定量关系，对JRC进行了准确预测。谢和平提出和建立了岩体断裂表面形貌的客观描述模型，首创了直接量测法——投影覆盖法(Projective Covering Method，简称PCM法)，该方法是一种真正意义下的二维分形量测方法，使得估算的分形维数 $D_s \in [2, 3)$。PCM法解决了长期困扰的直接测定断裂表面分维的关键性理论与技术难题，成为当前国际上最佳的二维粗糙表面分形测量的直接测量方法。他还通过实验研究了粗糙节理引起的应力场奇异性问题，建立了节理面抗剪强度、剪切变形与粗糙度的关系，发现岩石断裂表面分形维数与岩石抗拉强度成反比，且岩石拉、剪和压剪复合断裂面的多重分形谱在形状和值域上均有所不同，反映出岩体特有的断裂机制。进一步揭示了岩体断层滑移变形、沉陷量与节理空间分布和粗糙度间的关系与演化规律，为科学地预测岩体开挖产生的不连续变形和地表移动提供了理论基础。采矿、岩土等众多实际工程中往往只能获得断层表面信息的有限样本和局部样本，而大型工程计算则需提供全局信息，针对这一问题，谢和平研究了矩形区域上根据局部信息获得全局信息，通过间断信息获取连续信息的二元分形插值方法，并证明了分形插值的稳定性和维数定理，进行了插值精度分析，形成了利用局部样本生成断层、节理表面形貌的方法。该工作对于根据少量数据研究、模拟和直观显示复杂几何形态，如地形地貌、断层表面和材料断裂表面都具有重要意义。对矿山采动引起的岩体破坏断裂行为，他应用分形方法建立了岩石穿晶断裂、穿晶沿晶耦合断裂的分形模型，推导出岩石断裂破坏的临界扩展力，推广了Griffith准则并得到实验验证。针对岩石动态断裂行为，他建立了岩石动态裂纹扩展力学行为与细观结构关系的分形模型，从宏观上定量解释了岩石动态裂纹扩展速率实验值远低于理论值、裂纹分岔导致断裂韧性增加的物理机制，从全新角度分析了岩体动静态裂纹扩展规律和行为，为矿山采动引起的冲击地压、边坡失稳等重大工程灾害的科学预测与控制提供了理论基础。

（3）坚硬煤层放顶煤开采的理论与技术　顶煤块度控制是顺利实施坚硬厚煤层综放开采的关键技术。谢和平运用分形方法和能量耗散理论，建立了煤岩体破碎的随机分形模型，指出并证明了块度分维可以作为评价煤岩体破碎效果的定量指标，详细研究了爆炸载荷下煤岩体破碎块度的分布规律和分形特征。根据分形和能量耗散理论，建立了煤岩体破碎块度分维与能耗之间定量关系，提出了煤岩体爆破块度控制的分形方法。得到了破断岩体强度与缺陷分布之间的关系，推导出反映岩体细观结构缺陷的岩体分形统计强度统一表达式，建立起岩体强度与内部缺陷演化之间的定量关系，由此提出和设计一套“顶煤弱化预爆破技术方案”，保证了顶煤放落的块度要求，提高了回收率，使大同硬煤条件下放顶煤技术获得成功。该方案的实施使吨煤成本平均下降 5.53 元，1997～1999 年新增产值 4.5 亿元，新增利税 1.09 亿元。对富含断层和节理的非连续矿山岩体的开采沉陷问题，他首次应用分形方法得到了岩体断层滑移、沉陷量与节理空间分布、粗糙度的定量关系；提出用局部有限样本进行分形插值获得矿山深部断层表面形态的方法；研究了富含节理和断层的上覆岩体破坏和地表移动规律。波兰国家科委连续三年资助该成果在中国和波兰矿山的应用和深入研究，成果在河南鹤壁矿务局应用，取得了近千万元的直接经济效益。

（4）岩体灾变能量理论与工程应用　谢和平系统研究了岩石变形破坏全过程的损伤特征、能量积聚、耗散及释放规律，提出了基于能量原理的岩体损伤模型、强度理论和整体灾变准则。从矿山岩体介质损伤与灾变破坏的能量属性出发，改变了由连续应力-应变角度分析岩体损伤与灾变的岩石力学传统模式，形成了非连续岩体力学与灾变能量分析的新方向。已被应用于矿山巷道、边坡、隧道、地下厂房等工程的变形破坏与稳定性分析。

（5）低碳技术与 CO_2 矿化及综合利用技术　谢和平率先提出了全球 CO_2 减排不应是 CCS（二氧化碳捕集与封存），而应是 CCU（二氧化碳捕集与利用），开创了 CO_2 矿化利用新领域。他系统研究了我国利用层状盐岩封存 CO_2 的可行性、利用 CO_2 开采石灰岩建造地下储库的理论与工程技术，研发了 CO_2 地质封存的资源开发技术。他还领导、组建了四川大学“低碳技术与 CO_2 矿化研究所”、中德科学基金资助的“中德能源储备 CCUS 合作小组”、科技部批准的国家级国际科技合作基地“能源储备和 CCUS 国际合作研究基地”，负责了 4 项重大国际合作项目。

（6）多组裂隙体力学理论与应用　谢和平系统研究了资源开采涉及的断层、节理、煤岩破碎、块度描述与力学行为等广泛关注的非连续介质难题，取得了一系列特色鲜明的原创性成果。通过大量含多组自然裂隙岩石的宏细观力学和声发射实验，根据多组裂隙的组合方式，提出了对自然裂隙进行统计分类的方法，并系统地研究单轴和多轴加载下多组裂隙岩体的强度和缺陷敏感行为，揭示了裂隙岩体统计强度规律，定量分析了多组裂隙体对岩石力学性质和断裂机制的影响。对深埋高应力隧道及地下厂房设计、施工和稳定性评价具有重要指导意义。

2. 严谨治学，贵在创新

谢和平关于岩石力学的分形研究在国际上受到普遍关注后，尤其是1990年他在美国犹他大学讲授“分形岩石力学”，以及1991年受国际岩石力学学会邀请撰写专著*Fractals in Rock Mechanics*后，创立一门新兴学科的想法久久萦绕在谢和平的脑海，挥之不去。1994年，他应中国力学学会邀请参加了“21世纪中国力学”研讨会，会上，他大胆提出了他的想法，做了题为“当代力学新的发展方向—分形力学”的报告，并于次年在力学刊物《力学进展》上发表了“分形力学的数学基础”一文，详细阐述了分形力学的内涵、基本定理以及应用前景。

谢和平认为，分形力学就是在分形空间中考虑物体的变形、强度、破坏等力学过程和力学参数，具体地说，就是在力学问题的分析和求解过程中考虑分形效应的影响。众所周知，现有力学理论和定律是建立在欧氏空间即整数维空间的假设基础上，对于“分形体”的力学行为，现有力学理论只能给出近似描述，有时甚至无能为力。因此，在分形力学中，现有的一些力学概念和定律需要重新定义、重新认识和重新建立在分形空间中。一般地，分形力学的研究范畴包含了三个层次，第一层次是研究分形力学的数学基础，形成基本的分形力学的数学框架，以及重新认识和建立分形空间中的力学量和力学定律；第二个层次是广泛、系统地研究探讨力学中的分形行为和分形结构，揭示力学中复杂现象的形成过程和物理机制，应用分形定性定量地解释和描述力学中过去只能近似描述乃至难以描述的问题和现象；第三个层次是将分形力学的理论和研究成果应用到实际工程，对工程中的复杂性关键技术问题进行统计描述，解决工程问题，促进工程问题中的定量化、精确化和可预测性。从目前国内外研究现状看，第一个层次的研究实际上是数学基础理论的研究，由于分形数学本身尚待进一步发展，因此这方面的研究相当滞后，进展缓慢。第二层次的研究一直是国内外研究热点，是最活跃的领域，并取得了大量成果，形成了广泛影响，但仍需在深度和广度上继续探讨。第三个层次的研究也有了一些实际应用成果，但离满足工程需求仍有很大距离。

分形力学中一个无法回避的问题是可微和可积问题，由于分形空间中不存在欧氏几何意义下的导数和积分，因此经典力学中基于微积分运算的力学量就无法计算甚至无法定义。为了解决这一问题，很多研究者尝试通过新的数学手段对该问题进行研究。谢和平将该领域的基础性工作划分为两个方面：一是通过分数阶微积分进行定义和计算；二是借助泛函的深层次分析。他认为前者已表现出强大的生命力。

谢和平的观点在得到国际同行普遍认同的同时，也受到国内一些专家的质疑甚至反对。此时的谢和平不争辩、不反驳，耐得住寂寞，埋头苦干，甘愿坐冷板凳，表现出一个科技工作者难能可贵的品质。2006年加拿大科学家Epstein M. 和Sniatycki J. 在国际权威刊物*Physica D*发表了一篇题为“Fractal mechanics”的文章，系统提出了“分形力学”的研究方法，但比谢和平的思想晚了整整14年。

谢和平十分关注国家重大科学研究计划和重大工程的需求，致力于将自己的理论成果应用于解决现场生产难题。他分析了中国煤矿逐步进入深部开采的形势，率先在国内总结了深部开采面临的岩石力学问题，并于2001年组织召开了“香山科学会议”，专门就深部开采问题进行研讨。在他的倡导下，争取到国家自然科学基金委员会对该领域两个重大计划的资助，他自己出任“创新研究群体”负责人。针对中国水利、交通、矿山等重大岩土工程的特点，尤其是中国西部灾害环境下重大工程的安全问题，谢和平认识到传统的基于应力、应变的岩体强度理论已经很难适应复杂岩体的特性，他创造性地提出了通过能量耗散和能量释放的理论与方法来研究复杂岩体的变形与强度特征。

深部煤与瓦斯共采不仅能保障我国经济持续发展对能源的需求，还将进一步提升我国煤矿安全高效洁净生产水平，尤其对优化我国能源结构、减少温室气体排放具有十分重要意义。尽管我国煤与瓦斯共采的工程实践已初具规模，但尚未形成科学性、有效性、针对性的煤与瓦斯共采基础理论体系。他针对煤与瓦斯共采的“深部、高强、低透”三大特色，围绕深部开采条件下含瓦斯破断煤岩体力学核心问题，创造性地开展了不同开采条件下煤岩体采动力学行为研究，首次考虑了开采方式的影响，建立了采动力学与开采方式的联系，在煤炭科学基础研究领域实现了本质突破，为针对性研究开采方式对煤与瓦斯共采的影响提供了全新的理论指导和实验技术方法。

针对煤炭行业“以需定产”、科学化水平不高、煤炭产能的开发已大大超出资源、技术、环境、安全等方面承载能力的局面，从根本扭转我国煤炭工业“高危、污染、粗放、无序”的行业形象出发，提出了煤炭资源“科学开采”和“科学产能”的新理念。以科学发展观为引领，以实现煤炭科学开采为目标，从我国煤炭行业现状出发，创新地提出了煤炭行业转变经济发展方式的根本途径，首次提出了科学产能理念下三个量化度的内涵和评价指标，特别是定量地建立了科学产能的综合评价指标与分析体系。全面系统地分析了全国及西方发达国家煤炭开发的科学化水平，系统提出了全国五大区域实现科学产能的首要制约因素、技术与装备发展重点和技术路线图。进一步从煤炭资源科学开采技术发展水平与资源赋存约束条件出发，首次提出了煤炭极限开采深度的概念，并给出了极限开采深度范围。

自加入《京都议定书》以来，中国将面临越来越大的减排国际压力。针对这一情形，谢和平率先提出了全球CO_2减排不应是CCS而应是CCU和CCM（二氧化碳捕集与矿化）。世界各国的科学家们一直在尝试CO_2的利用。人们曾将CO_2转化为有机物及高分子聚合物等化工产品；另一种途径是将CO_2与水分解，转化为甲醇、石油等再生能源。但上述这些方法和技术成本高、能耗高、碳循环周期短、工业规模小，对CO_2减排的贡献小，普遍不被看好，不适合作为缓解温室效应的核心技术。谢和平团队率先开创了CO_2矿化利用新领域，在谢和平的研究中，只要利用地壳中1%的钙、镁离子对CO_2进行矿化利用，按照理论上50%的转化率计算，就可以满足人类约8.5万年的减排需求。实际上，天然矿物或工业废料中蕴涵着丰富的镁、钾、硫、钛等人类所需要的资源，碳捕获和利用的新理念和技术路线，即为在低能耗、低成本条件下，利用CO_2矿化，转化联产高附加值的化工产品，实现将CO_2作为一种资源，真正实现高效利用。

3. 教书育人，德高为范

谢和平具有丰富的教学经验，但他的理论难度大，学生接受困难。为了让学生认识和了解他的工作，他常常在教学中深入浅出，通过一个简单的例子来说明分形是如何引进到岩石力学研究中的。他上课时将一个海绵立方体展示给学生，然后将其压缩为一个平面，他让学生猜想是什么原因造成了这样一个从三维到二维的转化。面对这样一个生活中常见但从未认真思索过的问题，学生们给出的答案五花八门但又不得要领。他解释到，这种表观的三维体向二维体的转化其根本原因就是海绵体是一个孔隙高度发达的物体，在压力作用下，孔隙结构逐渐消失，表观上看，立方体变成了平面。岩石中的孔隙也是高度发达的，其中存在大量不同阶次的孔隙，从该意义上讲，岩石表观上是三维的，而本质上却是一个分形体，传统的欧氏几何表示的是物体的表观现象，而分形几何才能描述物体的本质特征，因此分形引入岩石力学研究存在一定的客观性和必然性。通过这种由浅入深的讲解，学生的学习兴趣一下子被调动了起来。

谢和平是一个非常敬业的人，办事风格精益求精、追求卓越。他为人实在、踏实，与周围的人关系融洽，是个正直的人、坦诚的人、热心的人。作为校长，谢和平是一个尊重知识、尊重科学、尊重人才的人，他向来就事论事，一是一、二是二。他大公无私，从不为自己、也不为身边的人谋私利，用人、选才一律公正、公开、公平。这些品质和人格魅力使他身边聚集了一大批优秀人才，为了共同目标、共同理想，大家都长期辛苦工作、无怨无悔。谢和平极少批评学生，但学生们从他忙碌于办公室、实验室的身影，一遍又一遍修改的论文，一次又一次核对的数据，已深刻感受到了他的威严和压力。他的学生只有少数能按时毕业获得学位，但每年报考他的学生却越来越多。对于新入门的弟子，谢和平极其认真地提出两点要求：一是踏实做事，学风严谨；二是低调做人，严于律己。

谢和平十分关注相关学科的国际前沿，每次出国讲学，他都无一例外地购买或复印大量文献，沉甸甸的行李中书籍占了一半。现在研究条件好了，大学图书馆都购买了电子资源，查文献容易了，但他仍坚持对非杂志文献的收集和携带。文献带回国后，谢和平仔细分类并标注阅读对象。他的学生拿到这些宝贵资料，除了感激，还能充分感受到导师的一片苦心。随着国家经济发展和国力强盛，谢和平的课题组赶上了千载难逢的发展机遇，国家高度重视，课题经费充足，每拿到一笔科研费，他都要提醒课题组成员这些经费可以建多少个希望小学、可以解决多少孩子入学，等等，以此督促课题组不要乱花钱，要将有限的经费用在产出高水平成果上。

谢和平热爱祖国、追求真知的高尚风范，严谨勤奋、追求卓越的治学态度，百折不挠、不畏艰辛的精神品格，不但使他攀登上了科学的高峰，而且也激励着后来的学者们、学生们在学术科研的道路上不断奋力前行。

三、谢和平主要论著

Xie H. 1989. The fractal effect of irregularity of crack branching on the fracture toughness of brittle materials. International Journal of Fracture, 41 (4): 267-274.

谢和平. 1990. 岩石、混凝土损伤力学. 徐州：中国矿业大学出版社.

Xie H, Pariseau WG . 1993. Fractal character and mechanism of rock bursts. International Journal of Rock Mechanics and Mining Science, 30 (4): 343-350.

Xie H . 1993. Fractals in rock mechanics. A. A. Balkema Publishers, Netherlands .

Xie H, Sanderson DJ, Peacock DCP. 1994. A fractal model and energy dissipation for En Echelon fractures. Engineering Fracture Mechanics, 48 (5): 655-662.

Xie H, Sanderson DJ. 1995. Fractal effects of crack propagation on dynamic stress intensity factors and crack velocities. International Journal of Fracture, 74: 29-42.

Xie H. 1995. Effects of fractal crack. Theroetical and Applied Fracture Mechanics, 23: 235-244.

Xie H, Sanderson DJ. 1995. Fractal kinematics of crack propagation in geomaterials. Engineering Fracture Mechanics, 50 (4): 529-536.

谢和平. 1996. 分形-岩石力学导论. 北京：科学出版社.

Xie H, Xie WH, Zhao P. 1996. Photoelastic study on the mechanical properties of fractal rock joints. Fractals, 4 (4): 521-531.

Xie H, Wang JA, Qian PJ. 1996. Fractal characters of micropore evolution in marbles. Physics Letters A, 218:

275-280.

Xie H, Wang JA, Xie WH. 1997. Fractal effect of surface roughness on the mechanical Behavior of rock joints. Chaos, Solitons and Fractals, 8 (2): 221-252.

Xie H, Wang JA, Xie WH. 1997. Photoelastic study of the contact mechanics of fractal joints. International Journal of Rock Mechanics and Mining Science, 34 (5): 865-874.

Xie H, Wang JA, SteinE. 1998. Direct fractal measurement and multifractal properties of fracture surface. Physics Letters A, A 242: 41-50.

Xie H, Yu GM, Yang L, Zhou HW. 1998. The influence of proximate fault morphology on ground subsidence due to extraction. International Journal of Rock Mechanics and Mining Science, 35 (8): 1107-1111.

Xie H, Wang JA. 1999. Direct fractal measurement of fracture surfaces. International Journal of Solids and Structures, 36: 3073-3084.

Xie H, Chen ZH, Wang JC. 1999. Three-dimensional numerical analysis of deformation and failure during top coal caving. International Journal of Rock Mechanics and Mining Science, 36 (5): 651-658.

Xie H, Sun H, Ju Y, Feng ZG. 2001. Study on generation of rock fracture surfaces by using fractal interpolation. International Journal of Solids and Structures, 38: 5765-5787.

Xie H, Gao F. 2003. The mechanics of cracks and a statistical strength theory for rocks. International Journal of Rock Mechanics and Mining Science, 37: 477-488.

Xie H, Zhou HW. 2008. Application of fractal theory to top coal caving. Chaos, Solitons and Fractals, 36: 797-807.

Xie H, Liu JF, Ju Y, Li J, Xie LZ. 2011. Fractal property of spatial distribution of acoustic emission during the failure process of bedded rock salt. International Journal of Rock Mechanics and Mining Science, 48: 1344-1351.

主要参考文献

王大珩，高景德. 1996. 求索何惧路漫漫//未来世纪的巨子（第二集）.. 北京：科学普及出版社.

李春霞. 2004. 走进成功. 徐州：中国矿业大学出版社.

撰写者

周宏伟（1965～），中国矿业大学（北京）教授、博士生导师，谢和平的学生。

李中锋（1975～ ），四川大学校办副主任。

袁 亮

袁亮（1960～），安徽金寨人。采矿工程及煤矿瓦斯治理专家，中国煤与瓦斯共采理论的奠基人之一。2009年当选为中国工程院院士。1982年毕业于安徽理工大学（淮南矿业学院）采矿工程专业。曾任淮南矿业集团总工程师，现任煤矿瓦斯治理国家工程研究中心主任、中国矿业大学安全工程学院院长，教授，博士生导师。1996年提出了低透气性高瓦斯煤层群卸压开采抽采瓦斯和煤与瓦斯共采理论，研究解决了低透气性煤层瓦斯治理等世界性技术难题。2004年又提出并开发成功无煤柱煤与瓦斯共采成套技术，被誉为煤炭行业原创性重大科技成果。他是中国第一个系统提出并在瓦斯地质条件最复杂的矿区全面实现煤与瓦斯共采、把瓦斯变害为宝的人，研究成果效果显著，淮南矿区应用研究成果由过去全国瓦斯事故重灾区变为瓦斯治理先进单位，连续15年杜绝了瓦斯爆炸事故。2000年以来研究成果在国内外高瓦斯煤矿推广应用，技术覆盖产能近20亿t，为中国煤矿瓦斯治理科技进步做出了重大贡献。

一、成长经历

1960年6月袁亮出生于皖西大别山腹地金寨县的千山万岭之中，童年经历三年自然灾害的艰苦生活和家庭多次迁移的磨炼，培养了他坚强和特别能吃苦的品格。他出身于书香门第，母亲是大家闺秀，知书达理，教育袁亮要做个有道德有志向的人，受母亲深刻影响和潜移默化，他从小就养成了爱读书、学习、思考的好习惯，对知识的追求如饥似渴，他在小学、中学阶段就获得很多个第一名。母亲每次看到儿子的优异成绩，比什么都欣慰，但总是不忘叮嘱袁亮，不能骄傲自满，学无止境，学习如逆水行舟，不进则退，学习就像爬山，不到顶点不能停步。他有着大别山人特有的性格，坚韧不拔，沉稳多思，大山造就了他坚毅果敢的性格和不竭探索的优秀品质，这为他在攻克低透气性高瓦斯煤层瓦斯治理技术难题，在指挥处理重特大瓦斯事故中的突出表现起到了至关重要的作用。

袁亮的青少年时期正是“文化大革命”动荡年代，幸运的是赶上了恢复高考，1982年，22岁的袁亮以优异的成绩从安徽理工大学（淮南矿业学院）采矿工程专业毕业。他被推荐分配到当时的煤炭工业部机关（情报研究所）工作，但是两位教授同时看中了他，真心要求他留校任教，母亲也十分希望他能有一个相对稳定的工作生活条件，多次让他选择留校任教。袁亮一心想着把在学校学到的专业知识用于煤矿，为国家煤炭科技做贡献。他深思熟虑后决定挑战命运，毅然放弃了去北京大机关和留校任教的工作机会，而是选择到煤矿第一线。此后，母校又三次调他回校任教，也没有动摇他扎根矿山的决心。从此，他与煤炭科研和瓦斯治理结下了不解之缘。

毕业后，他被分配到淮南矿区条件最复杂的谢一矿，并担任采区的技术员。他不辞劳苦，在采煤工作面和工人一起摸爬滚打，一边劳动，一边熟悉情况，双脚跋涉在谢一矿的万米巷道中。他如鱼得水，灵活地将学校学到的理论知识应用到采矿现场，每天带着罗盘在井下仔细观察煤层的节理方向，并研究思考和回采方向的关系，发现回采方向不利于采煤工作面顶板的安全管理，大胆向矿方提出改变回采方向的建议并得到采纳。从 1984 年开始，矿领导让他主管全矿的采区设计、科研等技术管理工作，跟随煤炭院校老一辈科学家和现场工程师学习实践解决煤矿技术难题的方法，在千米井下观测瓦斯和巷道围岩变形参数。那时，他的严肃认真和创新精神就初露锋芒，在很多技术问题上见解独到，工作极为出色。他不是一个死读书的人，通过煤矿井下研究发现，岩层移动的“三带”和课本上经验公式有较大出入，就结合煤岩赋存条件，认真研究差异性的原因，发现冒落带和岩性、采高等因素直接相关，并积极向矿总工程师建议为赢得时间和空间，联络采场的生产准备巷道可以穿过采空区“冒落带”。建议在现场得到验证，巷道安全通过，当年多采出煤炭 30 万 t。这次建言，初显了他的采矿理论功底，矿方也领略了这位采矿专业高才生的技术才能。领导的赏识让袁亮更加努力，在煤矿基层工作的 11 年，几乎每天晚上 12 点前都在矿上辛勤工作，经常最后一个离开办公室。为了获得准确的煤与瓦斯突出后的各种参数，他一天下 3 次井，并为解决安全开采和瓦斯治理提出了很多卓有成效的技术方案。他的努力和才干终于得到矿领导的认可，也受到了矿务局高层领导的关注。这里有两件事值得一提：一是 25 岁时上级让他负责并矿方案和井筒煤柱开采设计，要求井筒在采动中至少保持两年时间，难度极大，没有成功先例可借鉴。他接到设计任务后，翻阅了国内外资料，提出了在井筒上下侧煤层对称开采的方案，即井筒在上下采场应力的相互运动中保持动态平衡，使上下采动应力相互抵消的原理，局矿两级领导批准了设计方案，宣布由他负责项目工程技术和组织实施，他每天都在井下组织方案实施，研究攻克了一系列技术难题，终于成功了，井筒维持了三年时间，安全采出煤炭近2000万t，成果获得淮南矿务局科技进步特等奖。从此，袁亮在淮南矿区“出名”了。二是27岁时他工作的矿井主采煤层全部升级为煤与瓦斯突出煤层，安全生产陷入十分被动的局面，全矿上下一筹莫展。在这种情况下，矿领导又把目光投向了袁亮。怎么办？他也是苦思了很长时间，认为要想让三个因瓦斯升级不能开采的采区恢复生产，只有突破经典采矿和瓦斯治理理论，打破传统的自上而下的开采程序，采用先开采底部的低瓦斯煤层，让煤岩层松动卸压，消除动力灾害和瓦斯威胁。他胸有成竹地将准备好的设计方案提出后，大家沉默了，能行吗？这一次他理直气壮，提出了大量现场获得的一手观测资料，论述了可行性，即实现先采瓦斯后施工巷道再采煤的大胆设想。大学毕业5年煤矿一线成功实践和扎实的工作表现，让矿长、总工程师没有理由怀疑他，只有支持他。不用说，他又成功了，呆滞的煤炭被解放了，煤层变性了，高瓦斯煤层群经过釜底抽薪，转变成了低瓦斯煤层，当年多采出50多万吨煤炭，这一成果和近十年的努力，让他在30岁时便获得了淮南矿务局“优秀知识分子标兵”的殊荣，更为重要的是为他日后解决淮南矿区瓦斯难题积累了宝贵的一手技术资料和现场经验。功夫不负有心人，1991年，他荣获中宣部和国家教委命名的“八十年代全国优秀大学毕业生”称号。

1993年，袁亮已是矿副总工程师，矿党委书记让他在副矿长和总工程师两个方向上选择，袁亮毫不犹豫地说：“我要走技术这条路!”1993年7月，他被提拔为淮南矿务局生产处总工程师。一分耕耘，一分收获，1995年又被任命为淮南矿务局副总工程师。袁亮的成功再次说明了机遇总是给有准备的人，1996年7月，煤炭工业部党组任命袁亮为淮南矿务局总工程师，他成为全国千万吨特大型煤矿企业最年轻的总工程师。

淮南矿区瓦斯地质条件极其复杂，是我国高瓦斯矿区的典型代表，主要特点为高瓦斯（10～36m^3/t）、低透气性（0.0011mD，标准规定＜1mD为低渗透率）、煤层群（8～15层）开采条件，瓦斯压力高达6.4MPa（浅部为2～3MPa），煤层埋藏深（－800～－1500m），煤岩松软，煤炭工业部专家组评价认为淮南是我国煤矿瓦斯治理等开采条件最复杂的矿区。矿区煤炭资源量丰富，达500亿t，煤层气近7000亿m^3，是我国东部最大的整装煤田，且矿区区位优势明显，邻近江浙沪经济发达区，长期以来是华东重要的煤电生产基地，由于重大技术难题没有解决，1998年以前淮南矿区瓦斯爆炸事故频繁发生，1980～1997年发生瓦斯爆炸事故17起，曾是煤炭工业部认定的全国瓦斯事故重灾区，每生产百万吨煤死亡人数高达4.01人。受到瓦斯灾害的制约，淮南矿区几十年煤炭产量一直徘徊在1000万t左右，资源和区位优势长期得不到发挥，企业生产经营十分困难，几乎到了破产的边缘，袁亮临危受命任总工程师。他曾四次冒着生命危险指挥井下瓦斯爆炸事故抢险。

担任总工程师以来，得益于煤矿基层扎实的工作实践和研究基础，1996年他提出卸压开采抽采瓦斯、煤与瓦斯共采的设想和技术路线后，国内众多专家提出质疑，甚至断言不可能成功，他仍然坚信自己的科学思考和多年研究经验，发誓要用聪明才智解决淮南矿区瓦斯治理等世界性技术难题，并带领工程技术人员，开展了长期、系统的探索研究，突破了科研禁区和传统理论，系统提出了低透气性高瓦斯煤层群卸压开采抽采瓦斯、无煤柱煤与瓦斯共采理论，并研究成功关键技术，研究成果得到国家相关部门高度评价和认可。

2000年以来，他任课题组长，主持开展了“十五”国家重点科技攻关项目“防治煤矿瓦斯爆炸监控技术”、“十一五”国家科技支撑计划项目“矿井深部开采安全高效保障技术及装备开发”、国家重大科技专项“大型油气田及煤层气开发两淮矿区煤层群开采条件下煤层气抽采示范工程”等研究。经过长期的攻关研究，取得了一整套瓦斯综合治理等具有自主知识产权的技术创新成果；他针对高瓦斯矿井设计存在的问题，提出了一系列国际先进的高瓦斯矿井技术标准和设计规范，在全国高瓦斯复杂地质条件矿区率先建成了技术先导型示范企业，探索成功以总工程师为首的技术体系和产学研合作模式；他在煤与瓦斯共采领域的开创性研究成果和贡献全面提升了我国瓦斯综合治理科技水平，得到了国内外采矿界的高度关注和肯定。他先后主持编写了《全国煤矿瓦斯治理和利用总体方案》《全国煤矿瓦斯会诊标准和指导纲要》《煤矿总工程师技术手册》等政策法规、技术标准。他创建了我国第一个煤矿瓦斯治理国家工程研究中心，并将研究成果推向全国，煤与瓦斯共采技术成果被国家发改委、国家煤监局列为重点创新项目，多次发文、召开现场会要求全国煤炭行业、煤矿企业全面推广应用；他负责组织十多个技术研发和技术服务机构，聚焦山西、陕西、安徽、黑龙江、辽宁、河北等地高瓦斯矿区开展技术服务，开创了我国以煤矿企业为主体的煤矿瓦斯治理技术服务的先河；2009年当选院士以来，应邀向大型煤炭企业、高等院校以及煤炭主管部门作瓦斯治理专题报告70余场；主持召开了十多场瓦斯治理安全开采高层论坛和五届具有较大国际影响的煤矿瓦斯防治国际高端学术会议；亲自授课为煤炭行业培训高管、技术人员近8000人次。袁亮为我国煤炭行业瓦斯治理和科技进步做出了突出的贡献，他1998年获“国家有突出贡献的中青年专家”，2003年获孙越崎能源科学技术奖，2006年获安徽省重大科技成就奖。

二、主要研究领域和学术成就

1. 提出了煤与瓦斯共采理论，攻克了低透气性高瓦斯煤层群卸压开采抽采瓦斯、煤与瓦斯共采世界性技术难题

我国煤矿地质条件极其复杂，95%以上为井工开采，国有重点煤矿70%以上是高瓦斯、煤与瓦斯突出矿井，大部分为低透气性煤层（渗透率<1）。低透气性煤层瓦斯治理是世界性难题，长期以来没有解决，此类煤矿瓦斯爆炸事故多发、生产效率低下，安全高效开采难以实现。

袁亮经过长期的探索研究及工程实践发现，低透气性高瓦斯煤层群瓦斯治理和巷道围岩控制是困扰此类矿区安全开采的两大技术难题。传统技术在瓦斯治理方面采用加大风量降低开采过程中的瓦斯浓度，此外，引进美国地面开采煤层气、大钻机井下煤层直接抽放瓦斯技术，都难以奏效；在巷道围岩控制方面，引进了欧洲新的支护技术，也不能解决问题。袁亮研究发现：传统的瓦斯治理以风排为主，瓦斯含量大于5m^3/t时，配风量大、风流不稳定、风速超限，严重违反国家《煤矿安全规程》，造成本煤层和邻近煤层的瓦斯大量涌入首采工作面，瓦斯超限难以控制；传统保护层开采只卸压不抽取瓦斯，大于30倍采高的保护煤层，被保护层中90%的瓦斯仍然存留在煤层中没有被释放，瓦斯问题没有解决，小于30倍采高的保护层，被保护煤层中的瓦斯大量涌入保护层工作面，构成了重大安全威胁；传统巷道围岩控制以被动支护为主，支护强度和结构不适应，巷道变形通风困难，瓦斯经常达到爆炸浓度。针对传统瓦斯治理和巷道围岩控制存在的问题，袁亮提出：突破传统技术的关键是增加煤层透气性、开采前把瓦斯抽出来；但煤体是原生裂隙体，在地应力作用下煤体裂隙处于压实状态，必须找到松动煤体、解除应力和增加透气性方法；突破传统巷道围岩控制的被动支护，必须研究主动的巷道支护技术。

1996年以来，袁亮主持开展了低透气性煤层增透的实验室研究，找到了地应力与瓦斯压力、煤层透气性系数之间的关系及岩层移动时空规律。他组织开展了煤的瓦斯解吸研究，发现淮南煤为高吸附性（吸附瓦斯占90%），卸压法能明显增加煤层透气性，且透气性系数与地应力有强相关性，煤层压力从5MPa降低至0.74MPa以下，淮南煤中90%的吸附瓦斯解吸为游离瓦斯，透气性大大增加。根据实践及试验研究结果，1996年，袁亮提出了低透气性高瓦斯煤层瓦斯治理的煤与瓦斯共采理论：在煤层群中选择安全可靠的煤层首先开采，造成上下煤岩层膨胀变形、松动卸压，增加煤层透气性；研究清楚并调动首采层开采后应力场、裂隙场及其形成的应

力降低区和裂隙发育区，为构建卸压解吸瓦斯流动通道、形成瓦斯富集区创造条件；布置巷道和钻孔对瓦斯富集区进行充分抽采，实现被卸压煤层瓦斯含量、瓦斯压力分别抽采降低到安全指标以下，实现高瓦斯煤层煤与瓦斯共采后在低瓦斯状态下安全高效开采；把瓦斯作为资源，采煤必须采瓦斯，先抽瓦斯后采煤，煤与瓦斯共采，在开采煤炭的同时建立井上下瓦斯抽采系统，把瓦斯集中“抽采”至地面，变害为宝加以利用。

2000年以来，袁亮在煤与瓦斯共采技术取得成功后，主持开展了大量的基础研究，首先针对煤系地层难以准确模拟和建立数学模型的实际，为精确研究首采关键层的应力场、裂隙场和瓦斯场演化、分布规律，袁亮创新了传统的实验室模拟的手段，首次提出把开采地层作为模型，开展大尺度（1∶1）煤与瓦斯共采基础理论研究。他以真实的煤系地层和采掘工作面为实验点，从地面到井下布置观测钻孔，采用国际先进的岩层应力、位移、孔隙流压等实时监测手段，围岩变形与水气耦合的COSFLOW数值模拟技术以及研究采动区流场特征的CFD模拟技术，根据对覆岩卸压、渗透率分布、抽采瓦斯动态运移规律的研究和认识，首次发现了煤层群首采层开采后上覆岩层存在“高位环形裂隙体”，并揭示了首采关键层应力场、裂隙场和瓦斯场演化、分布规律，提出了卸压系数并建立了采动区覆岩卸压系数分布的基本模型，为高瓦斯煤层群高效抽采卸压瓦斯和煤与瓦斯共采提供了可定量的理论基础，并经过典型煤矿工程研究实践，验证了煤与瓦斯共采理论的科学性。

2. 创立了低透气性高瓦斯煤层群卸压开采抽采瓦斯、煤与瓦斯共采技术体系，成功开发出具有自主知识产权的成套关键技术

在理论研究的基础上，袁亮提出了低透气性高瓦斯煤层群卸压开采抽采瓦斯、煤与瓦斯共采技术路线：利用淮南矿区煤层群赋存的有利条件，打破传统自上而下的煤层开采程序，设计了制造煤体松动卸压的开采方案。他带领科研团队，选择典型矿井先行试验，成功后在矿区全面推广，实施了调整开采程序及巷道布置、近百万米的系统工程，取得了煤与瓦斯共采和巷道围岩控制技术的重大进展。他首先提出在首采层工作面形成的应力降低区和裂隙发育区内布置瓦斯抽采工程，待首采层卸压开采后抽采采空区卸压解吸瓦斯的工程技术方法。开展了首采保护层工作面开采后应力及裂隙分布、演化规律，不同瓦斯地质条件下煤层的卸压范围、卸压瓦斯富集区和瓦斯抽采巷道工程的合理层位以及抽采卸压瓦斯技术等研究。在采动岩体裂隙场内，发现了首采关键层煤层顶板环形裂隙发育区和上向楔形裂隙发育区，为布置瓦斯抽采工程提供了依据，主要成果为：一是开发了首采煤层顶板抽采富集区瓦斯技术，发现了首采层瓦斯富集区位于两巷顶板采空侧上方宽0～30m，高8～

25m的环形裂隙区、顶板破碎角50°对应向上40～58.7m的竖向裂隙区；二是开发了大间距上部煤层抽采被卸压煤层解吸瓦斯技术，研究发现首采层卸压开采后，上向卸压范围为走向卸压角80.8°～84.7°，倾向卸压角83°～85°，上向卸压层间距达10～150m，采用在被卸压煤层底板弯曲下沉带预先布置巷道钻孔抽采卸压瓦斯的技术方法。抽采率达65%以上；三是开发了多重开采下向卸压增透瓦斯抽采技术，研究发现多重卸压开采后，下向卸压范围为走向卸压角99.3°～100.1°，倾向卸压角为102°～110.0°，下向卸压距离达15～100m，采用预先布置巷道和穿层钻孔抽采卸压瓦斯，瓦斯压力由3.6MPa降至0.2MPa，透气性系数增大了570倍，抽采率达50%以上；四是开发了地面布置钻孔抽采被卸压煤层解吸瓦斯技术，发明开采卸压煤层地面钻孔结构及抽采工艺，研究发现采后30m钻孔抽出高浓度瓦斯，单孔流量8～32m^3/min，瓦斯浓度60%～95%，瓦斯抽采率64.71%。

2000年以来，该技术在我国煤矿全面应用，效果显著，瓦斯抽采率达60%左右，瓦斯压力下降到0.74MPa以下，吨煤瓦斯含量将至8m^3/t以下，煤层透气性系数增加了800～3000倍，回风流瓦斯浓度降至0.8%以下，为杜绝瓦斯爆炸事故创造了前提条件，实现了高瓦斯煤层在低瓦斯状态下安全开采。

为满足煤与瓦斯共采技术预先在采动影响区布置瓦斯抽采工程和维护巷道的需要，改善围岩条件，解决松软围岩巷道控制难题，袁亮在研究瓦斯治理的同时，提出并开发成功高应力极软岩工程锚注支护技术：揭示了巷道围岩锚注浆液流动规律，研究成功适合矿区围岩特点的“锚杆注浆、锚杆封孔一体化”支护技术；主持在淮南矿区推广应用，修复控制30多万米巷道，解决了软岩巷道支护难题，巷道断面保证了卸压开采（巷道最大下沉量达1.56m，保持有效长度达220～260m、抽采瓦斯80～100天）抽采瓦斯要求。开发成功煤矿极易离层破碎型顶板预应力控制技术，提出了利用围岩自身强度并采用“楔形加固区”预应力桁架支护整体控制围岩的技术路线，开发成功煤矿极易离层破碎型顶板预应力控制技术，研究取得两个方面的重大进展：揭示了矿区极易离层破碎型顶板渐次垮冒的失稳规律，实测水平应力是垂直应力的1.1～1.7倍，结合岩层结构，对矿区煤层顶板稳定性进行了分类；开发成功极易离层破碎型顶板预应力巷道支护技术，巷道变形率控制在5%左右，保证了卸压开采抽采瓦斯和矿井通风安全。成果获2005年国家科技进步二等奖。

低透气性高瓦斯煤层卸压开采抽采瓦斯、煤与瓦斯共采理论与技术取得成功后，发现传统矿井设计难以实现卸压开采抽采瓦斯。为了使低透气性高瓦斯矿井能满足卸压开采抽采瓦斯最大化的要求，2000年，袁亮首次提出了高瓦斯矿井设计应遵循的技术原则：一是井筒应有安全开采半径，淮南小于4km；二是安全生产系统设计应预留富余能力80%以上；三是开采程序应选择多层卸压开采抽采瓦斯。研究成果获2004年度中国煤炭工业科技进步一等奖。他应用研究成果，主持在高瓦斯复杂地质条件矿区建成了张集、顾桥等8对500万～1200万t/a的现代化特大型示范矿井，新井建设工期由原来8～13年缩短到3年左右，生产矿井采煤工作面个数由66个减少到30个，单产和效率提高8～10倍，实现了合理集中生产和安全高效开采，综采工作面最高单产达到600万t/a以上，创高瓦斯煤矿世界最好水平。

卸压开采抽采瓦斯煤与瓦斯共采理论打破了传统的自上而下的煤层开采程序，突破了传统保护层保护范围30倍采高、采动范围内无法布置和保留巷道的禁区，在煤炭开采史上具有划时代的意义，成果荣获2003年国家科技进步二等奖。卸压开采抽采瓦斯煤与瓦斯共采的成功，使他成为中国煤炭行业公认的瓦斯治理专家，也对他进一步优化完善煤与瓦斯共采理论和技术体系奠定了坚实的基础。

3. 首次提出无煤柱煤与瓦斯共采技术原理，成功开发出具有自主知识产权的全套工艺技术，将“卸压开采抽采瓦斯煤与瓦斯共采”推向了“无煤柱煤与瓦斯共采”科学采矿的新阶段

我国煤矿随着开采深度增加和首采层瓦斯升级，低透气性高瓦斯煤层瓦斯治理面临着瓦斯抽采工程量大、成本高以及U型通风上隅角瓦斯难治理等新问题，必须优化煤与瓦斯共采技术，确保首采层安全开采。2004年，他提出了无煤柱煤与瓦斯共采技术原理：改变首采层通风流场，将空气压力场能位和瓦斯场流动运移向采空区后方挪移，消除上隅角瓦斯的安全威胁，采用Y型通风、采空区护巷、在留巷内布置钻孔连续抽采采空区卸压解吸瓦斯。开展了在煤层群中选择瓦斯含量低、安全可靠的薄煤层（0.4～1.0m）首先开采、首采层采场内应力场、裂隙场、瓦斯场分布和演化规律、采空区护巷围岩控制技术、留巷钻孔连续抽采采空区瓦斯技术等试验。研究获得多项国家发明专利，取得了4个方面的重大进展：第一是揭示了首采保护层采场内应力场、裂隙场分布及演化规律，首次发现增压区位于首采保护层工作面前方0～30m，应力集中系数为2～3倍，采空区300～500m以外方为卸压稳定区，裂隙发展期为首采保护层工作面后方0～50m，活跃期位于50～500m，衰减期为500m以后且呈楔形偏向采空区发展，为布置抽采瓦斯钻孔提供了依据；第二是发现了首采层开采后顶底板不同层位存在4个瓦斯富集区，揭示了Y型通风采空区顶板瓦斯浓度及瓦斯场分布规律，发现Y型通风留巷末端是系统能位最低点，为采空区瓦斯汇，采空区瓦斯不向工作空间扩散，上隅角处于进风流，无瓦斯积聚，现场实测研究发现了瓦斯浓度分布规律：留巷采空区顶板向上5～40m，后部50m瓦斯浓度超过10%、100m位置瓦斯浓度超过20%、300m位置采空区瓦斯浓度达到

40%；第三是开发了适合国情及淮南矿区煤岩特点的无煤柱护巷围岩控制关键技术，研制成功巷旁充填一体化快速构筑模板支架，满足了综采工作面日推进10m、日产2万t的快速开采要求，实现900m深井护巷断面8～10m²，长度达2900m的世界纪录，是国外的2～3倍，成本仅为欧洲的1/3；第四是开发成功无煤柱（护巷）Y型通风留巷钻孔法抽采瓦斯关键技术。此项研究开启了煤与瓦斯共采的新方向，发展了煤炭科学开采，奠定了我国采矿学国际领先的学术地位。

成果应用效果显著：首采卸压层工作面瓦斯抽采浓度由60%提高到70%～90%，抽采率由60%提高到70%以上，被卸压高瓦斯煤层瓦斯压力降至0.2～0.4MPa以下、瓦斯含量抽采至3～5m³/t以下，首次达到了上向150m，下向100m的有效卸压范围；研究成功护巷工艺和围岩控制等关键技术，实现了护巷内钻孔连续抽采富集区解吸瓦斯和煤与瓦斯共采，瓦斯抽采浓度、抽采率大幅上升，抽采时间较传统方法延长3～5倍，分源立体抽采，消除了工作面上隅角瓦斯积聚安全威胁，瓦斯被作为资源和能源抽采至地面加以利用，实现了瓦斯抽采和利用最大化，矿区深部瓦斯治理与利用成本降低了50%以上；煤炭资源回收率提高了8%～10%；有效解决了深井开采的热害问题，工作面降温3～5℃，改善了作业环境，煤矿工人亲切地称之为“积德”技术。

无煤柱煤与瓦斯共采是采矿技术的一次革命，该成果为我国深部3万多亿吨煤炭资源安全开发提供了重要的技术支撑。“低透气性煤层群无煤柱煤与瓦斯共采关键技术”获2008年中国煤炭工业科学技术特等奖、2009年国家科技进步奖二等奖。国家发改委、国家煤矿安监总局召开推广会并联合下文重点推广该技术，全国30多个高瓦斯矿区的近300个工作面争相采用这项新技术，覆盖产能近15亿t。袁亮将“卸压开采抽采瓦斯”推向了“无煤柱煤与瓦斯共采”科学采矿的新阶段，研究成果并被誉为“袁氏方法”。

煤与瓦斯共采成果也受到了国际采矿界的高度认可和肯定，2011年第22届世界采矿大会授予袁亮“突出贡献奖”，以表彰他“在改善世界煤矿安全理论创新及工程实践方面的突出贡献”，世界采矿大会国际组委会主席杜宾斯基感叹道：“采矿核心技术在中国，煤与瓦斯共采是未来煤炭开采永远的主题”。

淮南矿区应用煤与瓦斯共采研究成果，瓦斯抽采量由1997年的1000万m³增加到2011年的4.5亿m³，瓦斯抽采率由5%提高到68%，产量由1000万t/a增加到7000万t/a，连续15年避免了瓦斯爆炸事故，百万吨死亡率由4.01降至0.07以下，达到国际先进水平，煤炭资源回收率由60%提高到70%，采煤机械化程度由1997年的不到30%提高到2011年的98%以上。煤与瓦斯共采技术在煤炭行业推广效果显著，自 2005 年以来，在煤炭产量持续增加的情况下，全国煤矿安全生产形势持续稳定好转，与 2005 年相比，2011 年全国煤矿瓦斯事故死亡人数和事故起数分别下降了 75.4%和 71.3%，达历史最好水平。

在开展了多项原创性研究活动的同时，袁亮还时刻不忘培养后备的技术人才。他先后指导了 20 多名博士和博士后，培养了一批优秀的科技人才，他们中的许多人都已经成为我国煤矿瓦斯治理领域的知名专家、学者，为推广煤与瓦斯共采发挥了作用，做出了贡献。

袁亮曾 4 次在井下指挥和处理瓦斯爆炸事故，经历了生与死的考验，也亲眼目睹了矿工兄弟的生命被瓦斯事故无情地吞噬的惨痛场面。也正因为此，他决心继续和同行专家一起继续煤与瓦斯共采的研究，为我国乃至世界煤炭开采事业的科技进步而奋斗终生!

三、袁亮主要论著

袁亮. 2004. 松软低透煤层群瓦斯抽采理论与技术. 北京：煤炭工业出版社.

袁亮. 2006. 高瓦斯矿区复杂地质条件安全高效开采关键技术. 煤炭学报，(2)：174-178.

袁亮. 2006. 淮南矿区煤矿煤层气抽采技术. 中国煤层气，(1)：7-10.

袁亮. 2006. 深井巷道围岩控制理论及淮南矿区工程实践. 北京：煤炭工业出版社.

袁亮. 2007. 淮南矿区现代采矿关键技术. 煤炭学报，(1)：8-12.

袁亮. 2008. 低透高瓦斯煤层群安全开采关键技术研究. 岩石力学与工程学报，(7)：1370-1379.

袁亮. 2008. 低透气煤层群关键层卸压开采采空侧瓦斯分布特征与抽采技术. 煤炭学报，(12)：1362-1367.

袁亮. 2008. 低透气性煤层群无煤柱煤与瓦斯共采理论与实践. 北京：煤炭工业出版社.

袁亮. 2008. 低透气性高瓦斯煤层群无煤柱快速留巷 Y 型通风煤与瓦斯共采关键技术. 中国煤炭，(6)：9-13.

袁亮. 2008. 高瓦斯复杂地质条件安全高效煤矿开采. 中国科学技术前沿，(11)：301-334.

袁亮. 2008. 留巷钻孔法煤与瓦斯共采技术. 煤炭学报，(8)：898-902.

袁亮. 2009. 卸压开采抽采瓦斯理论及煤与瓦斯共采技术体系. 煤炭学报，(1)：1-8.

袁亮. 2011. 低透气性煤层群煤与瓦斯共采中的高位环形裂隙体. 煤炭学报，(3)：357-365.

撰写者

袁亮

薛俊华（1963～），煤矿瓦斯治理国家工程研究中心，教授级高工，学术助手。

孟建兵（1984～），煤矿瓦斯治理国家工程研究中心，工程师，秘书。

20世纪
中国矿业科学
技术与工程大事记

20 世纪中国煤矿业科学技术与工程大事记

1875 • 台湾试办新式煤矿。1876 年，沈葆祯在台湾设矿务局。1878 年，中国首座近代煤矿——基隆煤矿投产。

1877 • 成立开平矿务局，1881 年建成唐山矿。1912 年与滦州煤矿合并，成立开滦矿务局，时年产煤 1.6Mt，全国第一。

1895 • 创办中国第一所设采矿专业大学——天津北洋西学堂，后改称北洋大学。

1898 • 外国取得中国采矿权。萍乡煤矿局在安源建矿。

1905 • 唐山矿自建电厂，随后萍乡、抚顺、中兴（枣庄）等煤矿自建电厂。

1907 • 《大清矿务章程》颁布，煤炭生产开始有统计资料。

1909 • 创办焦作路矿学堂，1931 年改名为私立焦作工学院，设采矿冶金系。

1913 • 抚顺用机械进行露天采煤。

1914 • 北洋政府公布《矿业条例》。

1930 • 国民政府颁布《矿业法》。

1937 • 抚顺矿区产煤 9.24Mt，约占全国总产量 30%。

1942 • 4 月 26 日，本溪湖矿柳条沟井发生世界采矿业死亡人数最多（1500 多人）的瓦斯煤尘爆炸事故。

1946 • 3 月 21 日，国民政府设立抚顺矿务局研究所。

1947 • 国民政府在资源委员会下设煤业总局，管理煤炭生产和运销。

1949 • 10 月，中央人民政府成立燃料工业部，下设煤炭管理总局。

1950 • 8 月，焦作工学院迁往天津，在此基础上创办中国矿业学院。1953 年迁北京，更名为北京矿业学院，1988 年，更名为中国矿业大学。

• 12 月 22 日，政务院通过《中华人民共和国矿业暂行条例》。

1951 • 9 月，燃料工业部颁发《中华人民共和国煤矿技术保安试行规程》。

• 太原矿山机器厂率先制成割煤机。

1953 • 7 月，阜新海州露天矿（苏联援助设计，年产 3Mt）投产。

• 12 月，推广新采煤法——长壁采煤法。鸡西煤机厂制造出顿巴斯 I 型联合采煤机。

1954 ·9月，成立北京煤矿安全研究所筹备处。1955年5月17日更名为北京煤矿研究所筹备处，开始基建工作。

1955 ·8月，撤销燃料工业部，成立煤炭工业部。

·9月，鹤岗矿务局东山立井（苏联援助设计，年产0.9Mt）投产，是新中国建设的第一对大型矿井。

1956 ·3月5日，煤炭工业部建立唐山、抚顺煤炭科学研究院。

·11月24日，决定建立北京煤炭科学研究院，1960年起该院负责领导管理全国的煤炭专业研究单位，1988年更名为煤炭科学研究总院。

1960 ·5月9日，大同老白洞矿发生煤尘爆炸，死亡684人。

·10月，煤炭工业部颁发《矿业安全生产暂行规定》。

1963 ·8月，在北京召开煤炭工业技术工作会议。

1964 ·煤炭工业部组织北京煤炭科学研究院与四川中梁山煤矿开展“瓦斯歼灭战”，为西南地区煤矿安全开采奠定了技术基础。

1965 ·国产首台滚筒采煤机投产，功率60kW，在60～70年代大量推广。

1967 ·国产第一台双滚筒采煤机（MLS-1型）研制成功。

1969 ·6月，淮北朔里矿用钻井机打成直径3.5m、深90m的风井。

1970 ·9月，北京煤炭科学研究院上海院设计的功率100kW的全液压采煤机在平顶山一矿试验成功，3个月平均日产煤1000t，最高日产煤2700t。

1972 ·燃料化学工业部确定采掘综合机械化为煤炭技术发展主攻方向，北京煤炭科学研究院院长贺秉章负责组织研发。决定进口43套综采设备和部分制造生产线。

1973 ·1月，燃料化学工业部郑州专业会议安排了大同煤峪口矿、开滦范各庄矿和唐山矿、徐州庞庄矿和阳泉四矿等五个综采试验工作面。

1974 ·12月，北京煤炭科学研究院唐山院研发的液压支架在唐山矿试验成功，是第一套通过部级鉴定的国产液压支架。

1977 ·10月29日，决定进口100套综采设备，国内自制500套。到1979年底，从联邦德国等六国13家公司引进的百套综采设备和百台煤巷掘进机基本到货。

1978 ·10月11日，国务院批准成立淮北爆破技术研究所、中国矿业学院和阜新矿业学院成立科学研究所。

1979 ·4月20日，煤炭工业部完成全国煤炭系统科技人员普查汇总工作。到1978年6月底，科技人员137 727人（包括有行政职务者）。

·6月7日，煤炭工业部决定，今后矿区规划、矿井设计、改造，都要把保护环境、综合利用作为重要内容，设专门机构管理。

·7月24～31日，在北京召开了第一次全国煤炭科技工作会议。

·8月1日，中国煤炭学会举行首届会员代表大会。贺秉章当选为理事长。

·9月7日，煤炭工业部《煤炭工业技术政策》颁发试行。

1980 ·3月7日，煤炭工业部技术委员会成立。

·9月17～27日，第一届国际矿山开发与规划技术讨论会在人民大会堂开幕。

·12月14日，中法两国公司签署了合作建设兖州东滩煤矿的协议。

1981 ·国家投资建设煤矿采掘装备等测试实验室。1990年，项目计划建设的10个测试系统（共29个实验室）全部完工，达到国际20世纪80年代先进水平。

1982 ·1月，煤炭工业部颁布了《煤炭工业部科学技术奖励暂行办法》。

·5月12日，中国技术进口总公司与法国巴黎兴业出口公司在北京签订合同，利用法国出口信贷，引进关键设备，建设兖州东滩矿井，用矿井建成后生产的煤偿还贷款。

·6月10日，全国煤矿首届环境保护工作会议在平顶山召开。

·11月7～12日，中美能源资源环境会议在北京举行。

1983 ·7月8～16日，第二届全国煤炭科技大会在烟台召开。方毅副总理出席并讲话，指出：煤炭工业也是技术密集工业。会议决定从国有煤矿维简费中每吨煤提取0.1元作为行业科技发展费。

·11月，《中国煤炭工业年鉴》1982·中英文版出版，首次公布了1949年以来煤炭工业统计资料。这是中国工业部门率先出版的年鉴。

·在北京煤炭科学院重庆院建成长900m的瓦斯、煤尘爆炸试验巷道投入使用。

·煤炭工业部陆续恢复和成立了煤矿专用设备标准化技术委员会、煤炭质量标准化技术委员会和煤矿防爆安全标准化技术委员会。

1984 ·与奥地利阿尔卑尼公司签订AM-50悬臂式掘进机合作制造合同，由淮南煤矿机械厂负责制造。

·煤炭工业部组织北京煤炭科学院在兖州兴隆庄矿开展“歼灭战”，该矿现代化建设取得较大发展。

·4月24日，煤炭工业部与美国西方石油公司签署合作建设平朔安太堡露天矿协议，1985年7月1日，露天矿开工，设计能力15.33Mt/a，1987年9

月10日投产。1991年7月1日，美国西方石油公司从合资企业退出。

•8月20日，中煤公司和美国国际伯克德公司合资成立“中美国际工程公司”，公司聘请华罗庚等国内外知名专家为顾问。

•12月23日，中国矿业学院在徐州重建工程竣工。

1985 •5月15日，在北京举办首届煤炭工业科技成果交易会。

•5月25日，在北京召开第三届全国煤炭科技大会。

•9月18日，国际采矿科学技术讨论会在中国矿业学院举行。

•10月，国际煤炭技术及设备展览会在沈阳举行，国外55家厂商参展。

•煤炭工业部机械制造公司、煤科总院上海院、潞安矿务局等完成的“3.5m厚煤层一次采全高综采成套设备”；开滦矿务局、煤科总院西安院等完成的“开滦矿务局特大透水灾害治理”；淄博矿务局、煤科总院抚顺院完成的“煤矿用乳化炸药”和徐州矿务局等完成的“光爆锚喷新技术在矿井支护中的应用”获国家科技进步奖一等奖。

•佳木斯煤矿机械与日本三井三池制作所签订了以技贸结合方式转让S-100A掘进机技术合同。

•太原矿山机器厂引进英国技术，生产AM-500液压牵引采煤机。

1986 •2月5日，煤炭工业部做出《关于建设现代化矿井的决定》。1987年1月2日：命名潞安矿务局为“现代化矿区”，潞安王庄煤矿、晋城古书院煤矿、兖州兴隆庄煤矿等为“现代化矿井”。

1987 •11月2日，第22届国际采矿安全会议在北京举行。

•12月7～20日，中国首批特大型矿井开滦钱家营矿和大同燕子山矿先后投产，设计能力均为4Mt/a，全部综采作业。

1988 •3月，煤科总院上海院设计、鸡西煤机厂制造的功率300kW的厚煤层采煤机通过鉴定，至1996年已生产150多台。

•8月8日和1994年4月28日，国家技术监督局批准在煤科总院系统内建立7个国家质量监督检验中心。1988～1993年，煤科总院内建成了8个部级产品质量检验中心。

1989 •由煤科总院上海院、沈阳电器传动研究所等十个科研、厂、矿完成的“煤矿井下千伏级供电系统研究”获国家科技进步一等奖，中国矿井电压历史性升级。

1990 •5月14～18日，第14届世界采矿大会暨国际采矿设备技术展览会在北京举行。

1991 · 3月22日，国家科委在人民大会堂组织召开了中国企业科技进步案例——路安矿务局试点成果发布会。

· 11月，全国人大常委会副委员长朱学范、全国政协副主席钱伟长等人发起成立"孙越崎科技教育基金"。

1992 · 6月，联合国开发计划署和中国能源部签署了"中国煤层气资源开发"项目，并通过全球环境基金（GEF）援助资金1000万美元。

· 7月3日，国家技术监督局批准在煤科总院重庆院建立国家矿山安全计量站。

· 9月14～18日，高产高效综采技术国际研讨会在山西潞安矿务局召开。中、英、美、法、俄、波、日等国代表参加了会议。

· 11月7日，全国人大颁布《中华人民共和国矿山安全法》，1993年5月起执行。

· 11月29日，兖州矿务局、煤科总院等单位合作完成的"兖州煤矿工程建设技术"获国家科技进步奖特等奖。

1993 · 10月25～28日，国际煤炭技术交流及设备展览会在京举行，以后每两年举行一次。

· 北京煤机厂、大同矿务局、煤矿总院唐山院、太原院等完成的"厚煤层分层自动铺联网液压支架及配套设备"获国家科技进步一等奖。

1994 · 5月，美国环保局（USEPA）和煤炭工业部（煤炭科技信息研究所）共建中国煤层气信息中心。出版《中国煤层气》期刊。

· 11月2日，煤炭工业部颁发《煤炭工业环境保护暂行管理办法》。

1995 · 6月26日，全国煤炭科技教育大会在北京召开，强调科教兴煤。

1996 · 3月30日，由煤炭工业部、地矿部和中国石油天然气总公司联合组建中联煤层气有限公司，任务为煤层气的勘探、生产建设和经营。

· 8月29日，全国人大颁布《中华人民共和国煤炭法》，12月起执行。

· 8月，由煤科总院、鸡西煤机厂和西北煤机厂等研制的"日产7kt综采成套技术装备"在铁法矿务局通过技术鉴定。

· 9月22日，签署了中印煤炭常务工作组会谈纪要，签订了中煤装备公司向印度煤炭公司所属煤矿出口四套综采设备并帮助其达产的合同。

· 11月4日，全国煤炭工业环境保护会议在北京召开。

· 11月，国家计委批准煤科总院重庆院筹建煤矿安全技术国家工程研究中心。

1997 ·8月25日，煤科总院抚顺院、上海院、唐山院和北京开采分院等筹建煤矿专用产品质量监督检验中心。

1998 ·“兖州矿区煤炭生产技术研究与开发”获国家科技进步一等奖。

1999 ·3月，国家科学技术奖励工作办公室批准设立“孙越崎能源科学技术奖”，由设立在中国科学技术发展基金会的孙越崎科技教育基金会承办。

·4月16日，西北煤机一厂一次通过五项技术鉴定：国家“八五”“日产万吨综采设备”一条龙项目两种轮式破碎机、两种顺槽刮板转载机和铸焊结构刮板输送机。

·12月20～22日，国家煤矿安全监察局和中国煤炭工业协会在北京共同组织召开第五次全国煤炭科学技术大会。会上启动中国煤炭工业协会科学技术奖。

2002 ·10月10～12日，中国煤炭工业协会与国家煤矿安全监察局共同在北京举办“2002年中国国际安全生产论坛暨中国国际安全生产及职业健康展览会”。

·神华大柳塔煤矿年产煤10.86Mt，是中国第一个“一井一面”年产千万吨矿井；活鸡兔矿和该矿合并后，2003年产煤20.76Mt，达到“双井双千万吨”，成为世界上最大地下矿井。

2003 ·1月，继“低位放顶煤液压支架”之后，兖矿集团又有“采煤机机载高压荷电喷雾高效降尘装置”和“综放液压支架高压水雾吸尘装置”两项技术在澳大利亚获得发明专利。这是中国煤炭系统首次在国外获得三项专利。

·11月10～12日，全国煤矿瓦斯治理技术交流会在淮南矿业（集团）公司举行。

·11月17～21日，第三届国际甲烷与氧化亚氮减排大会在北京召开。二十多个国家和地区的260名专家出席了会议。

·12月20日，煤炭行业第一个国家工程研究中心在煤科总院重庆院通过验收。

·12月，“神东现代化矿区建设与生产技术”获国家科技进步一等奖。这是世界上最先进的由千万吨级矿井群建成的亿吨级地下煤矿区。

2004 ·6月28日，全国最大水采矿开滦吕家坨矿改为综采。

·10月21日，兖矿集团与英美资源公司签订放顶煤技术输出协议，这是中国煤炭企业向跨国煤炭公司输出先进技术的第一个协议。

·4处双高矿井创出7项煤炭生产世界纪录，其中神东矿区6项：大柳塔矿两井年产 21.0956Mt；榆家梁矿一井两面年产 14.80Mt；上湾矿一次采全高综采面生产 10.75Mt；上湾矿综采队、大柳塔矿活鸡兔井综采队分别在 2004 年 8 月、10 月生产原煤 1.04Mt、1.07Mt；大柳塔矿活鸡兔井综采面于 2004 年 10 月 27 日产 47.9Kt。兖矿集团 1 项：东滩矿综采放顶煤工作面年产 6.58Mt。

2005 · 6 月 7 日，国务院下发《国务院关于促进煤炭工业健康发展的若干意见》。

· 8 月 12 日，中国首个海下采煤工作面在龙口矿业集团北皂煤矿试运转成功。

· 10 月 26～27 日，第一届中国国际煤矿瓦斯防治与利用大会在北京召开。

· 10 月，国家发改委批准由淮南矿业集团和中国矿业大学组建煤矿瓦斯治理国家工程研究中心。

· 11 月 4～16 日，在北京召开第六次全国煤炭科学技术大会，会议讨论修改《煤炭工业“十一五”科技发展规划》和《煤炭工业技术政策》。

· 12 月底，中国高瓦斯、煤与瓦斯突出矿井已全部装备监测监控系统，67 个瓦斯灾害严重的重点煤矿已有 66 个实现内部联网，95 个重点产煤县已有 69 个实现县域联网。山西省高瓦斯、煤与瓦斯突出矿井实现了省、市、县、矿四级联网。

2006 · 5 月 1 日，山东兖矿集团向德国 DBT 公司输出放顶煤综采液压支架技术。至 2009 年底，兖矿集团共输出 14 项技术专利。

· 7 月 28 日，国家科技部批准由中国矿业大学（北京、徐州）组建的煤炭系统第一个国家重点实验室——煤炭资源与安全开采国家开采实验室建成。

2007 · 3 月 17 日，国家发改委印发《煤炭工业发展“十一五”规划》。

· 12 月 26 日，在人民大会堂举行“中华环境友好煤炭企业”授牌仪式。淮南、兖州、神华获此称号。

2008 · 4 月 7～8 日，国家煤矿安监局与国际能源署在成都举办煤矿瓦斯抽采利用国际研讨会。

· 4 月，山西晋城煤业集团建总装机容量 12 万 kW 的世界最大的寺河瓦斯发电厂，年发电量 8.4 亿 kW · h，利用煤矿瓦斯 1.8 亿 m^3。

· 8 月，国家科技部、国务院国资委、全国总工会联合公布首批“创新性企业”名单，神华集团、煤科总院名列 91 家之中。

· 12 月 5 日，国家发改委、国家能源局在安徽淮南矿业集团顾桥煤矿举行亿吨级煤电基地竣工投产仪式。这是首个正式建成投产的国家规划的 13 个大型煤炭基地。

2009 ·11月11日，山西大同同煤集团塔山矿完成年产1500万t，是世界设计年产量最大的单井口井工煤矿。同煤集团同期正建7个千万吨级煤矿。

2010 ·8月，国家发改委批准在淮南矿业集团设立煤矿生态环境保护国家工程实验室，这是中国首个生态环境保护国家实验室。

·国产年产6Mt综采成套装备研制成功并正常使用，个别矿井使用国产综采成套装备年产达千万吨级。

主要参考文献

煤炭工业部，等. 1985～2009. 中国煤炭工业年鉴. 北京：煤炭工业出版社.

信息研究院. 2005～2010. 煤炭信息周刊.

中国煤炭报社. 中国煤炭报.

撰写者

芮素生（1933～），江苏宜兴人，高级工程师，教授。长期从事煤炭科学技术工作，曾任煤炭科技情报所所长兼煤炭工业出版社社长、中国煤炭报社社长、中国煤炭科学研究总院院长兼煤炭工业部科技局局长等，现任中国老科学技术工作者协会煤炭工业学会理事长、中国矿业大学客座教授等职。

王金华（1957～），河北衡水人，博导，长期从事煤炭科学技术研究与开发和企业管理工作。

陈明和（1934～），北京市人，教授级工程师，曾任煤炭工业部总工程师，中联煤层气公司董事长，中国煤炭学会副理事长。

吴志莲（1933～），上海市人，编审，曾任煤炭工业出版社副总编辑。

叶敦和（1934～），福建福州人，研究员，曾任煤炭科技情报研究所文献室主任。

20世纪中国石油和天然气科学技术与工程大事记

1835 • 用绳式顿钻钻井方法，在四川自流井构造钻成燊海井（气井），井深1001.42m，是世界上第一口井深超过千米的井。自流井气田是世界上第一个规模开发的气田。

1878 • 用蒸汽驱动的顿钻钻机在台湾苗栗油矿钻成苗1井，是近代中国第一口石油井。

1905 • 成立延长油矿。

1907 • 在延长油矿钻成延1井，是近代中国大陆第一口油井。

1937 • 在新疆独山子构造钻成的第一口自喷油井2号井出油，是中国使用苏制旋转钻机钻的第一口油井。并与苏联合作铺设了管径159mm，管线长2.5km的钢输油管线。

1939 • 在甘肃省玉门老君庙构造钻成老1井，钻至115.51m时遇含油层，日产原油10.5t，是玉门油田的发现井。

1940 • 有杆泵采油技术开始用于玉门老君庙油田。

1945 • 合作建成钢管输油、钢罐储油的管径114mm、管长3200km的中印成品油长输管道向昆明输送抗战用油。

1946 • 中国石油公司在上海成立，由翁文灏任董事长兼总经理。

1947 • 中国油轮公司在上海成立。

1949 • 年产天然石油7万t，年产天然气0.1亿m^3。

1950 • 设立石油管理总局，康世恩任局长。

• 燃料工业部委托北洋大学在该校采矿系、机械系抽调学生，改学石油专业，这是中国培养石油专业人才的开端。

1952 • 清华大学石油工程系成立。

1953 • 以清华大学石油工程学系为基础成立北京石油学院。

1954 • 玉门油矿首次进行酸化试验获得成功。

• 玉门油矿采用边缘注水开发方式，揭开了中国以注水开发油田作为主体技术的序幕。

1955 · 成立石油工业部，李聚奎任部长。

· 新疆准噶尔盆地西北缘黑油山1号井（现克1井）喷出工业油流，从而发现克拉玛依油田。

· 上海钻头厂是中国第一个钻头制造厂，制造出了7.75inch（1inch＝25.4mm）以下的三牙轮钻头。

1956 · 玉门油田采用涡轮钻井技术钻定向井。

1958 · 1205钻井队采取“并车起钻”、“加压打井”、“三泵齐开”等新工艺，创造了月进尺5000m的纪录。

· 在柴达木北缘的冷湖五号构造钻探地中4井，日喷油量达800t左右，是青海油田的发现井。

· 依奇克里克1号井发生井喷，日产原油140t，是塔里木油田的发现井。

· 石油工业部石油科学研究院成立。院长张俊，副院长侯祥麟、翁文波。

1959 · 中国自主建设的第一条长距离原油输油管线——克拉玛依至独山子的输油管线建成，管径168mm，管长147km。

· 兰州石油化工机器厂仿制成功中国第一批3200m成套乌德钻机。

· 松基3井喷出工业油流，是大庆油田的发现井。

· 扶27井喷出工业油流，是吉林油田的发现井。

1960 · 大庆油田技术座谈会上提出每口探井要取全取准20项资料和72个数据。

· 玉门油矿32129钻井队在老君庙油田钻成中国第一口4个井筒的分支井。

· 解决大庆原油集输的“萨尔图流程”试验成功。

· 在莺歌海钻成英冲1井和英冲2井，均有油气显示。

1961 · 在山东东营钻成的华8井获得工业油流，是胜利油田的发现井。

· 大庆油田地质技术座谈会上确定在萨尔图油田中区三个试验区内进行油田开发十大试验，开始了中国油田开发先导试验的科学决策。

1962 · 河北省羊三木构造黄3井获得工业油流，是大港油田的发现井。

1963 · 从四川巴县石油沟至重庆市的输气管道建成，管径426mm，管长54km，是中国第一条长距离输气管道。

· 大庆油田研制成功“封隔器”和“配水器”，解决了分层注水，分层采油的关键技术。

1965 · 在山东东营地区的胜利村附近打成坨11井，日产原油1134t，是中国第一口千吨油井。

· 基本形成了以分层注水为主要内容的“六分、四清”工艺技术系列。

· 在辽河盆地东部凹陷黄金带构造上钻探辽2井时，获得工业油气流，是辽河油田的发现井。

· 在江汉平原的工场构造钻工2井获工业油流，是江汉油田的发现井。

· 大庆钻井指挥部自制气动下灰车试验成功，实现了固井施工机械化。

· 四川石油管理局3201钻井队在四川遂宁县磨溪构造上钻成中国第一口水平井磨3井，完钻井深1685m，井斜角92°，水平段长160m。

· “水套式加热炉单管密闭油气混输流程”、“萨尔图油田开发设计方法初步研究”、“镶装阶梯式刮刀钻头”等10项成果获国家发明奖。

· 中国石油产量达到1131.5万t，上了1000万t台阶。

1966 · 四川威远至成都的输气管道、日处理能力140万m^3的威远脱硫一厂和气田集输气工程，同步建成投产。

· 大庆油田1205、1202钻井队，用中型钻机创年钻井10万m的纪录。

· 钻成的松基6井井深4719m，是中国第一口超4000m的深井。

1967 · 用自行设计制造的海上固定式1号钻井平台钻成的渤海海1井喷出原油，这是渤海第一口工业油流井。

1970 · 位于庆阳县马岭的庆1井喷出工业油流，是长庆油田的发现井。

1971 · 中国首次建设的第一条大口径、加热输送的长距离输油管道——大庆至抚顺输油管道建成投产；干线全长663.4km，管径720mm，一期工程年输油能力为2000万t，设备全部国产。

· 在新野东庄背斜构造上钻南5井获得工业油流，是河南油田的发现井。

· 中国建成“大庆28号”和“大庆39号”油轮，前者载重2万t，后者载重2.5万t。

1972 · 石油勘探开发规划研究院在北京成立。

1973 · 由大连造船厂和兰州石油化工机器厂等单位建造的国产第一台自升式钻井平台——渤海1号钻井平台，首次出海钻井。

1974 · 高雄外海的致昌1号井开钻，5月22日钻至井深3360m完钻，日初产天然气$1\times10^6m^3$以上，是台湾第一口海上天然气井。

· 华北石油会战指挥部海洋石油勘探指挥部32209钻井队在渤海4号固定式钻井平台钻成海4-6定向井，完钻井深2020m，经试油获日产原油1025.8t，是中国海上第一口千吨油井。

· 从山东东营至青岛黄岛的东黄输油管线建成投产。第一座十万吨级深水油港码头——黄岛油码头建成。

- 中国自行设计制造的第一艘双体海洋地质勘探船“勘探1号”，首次出海试钻成功。
- 《石油勘探与开发》杂志创刊。

1975
- 大庆至北京全长1507km的大庆—铁岭—秦皇岛—北京的输油干线全线通车投运。
- 任4井在上元古界生物灰岩雾迷山组喷出高产油流，日产原油1014t，是华北油田的发现井。
- 渤海4油田建成我国第一座综合采油平台。
- 河南东濮凹陷濮参1井喷出工业油气流，是中原油田的发现井。
- 铁岭至大连输油干线投产，外输大庆油田的东北原油管网构成。

1976
- 四川龙女寺构造上的女基井钻至井深6011m完钻，是中国第一口井深超过6000m的超深井。
- 大庆油田原油生产量达5000万t，占全国原油产量的一半以上。
- 中国年产天然气101亿m^3。首次突破百亿方大关。

1977
- 中国第一座地下水封石洞油库在山东黄岛建成投产。
- 四川石油管理局7001钻井队承钻的关基井钻至井深7175m完钻，是中国第一口井深超过7000m的超深井。

1978
- 第一条纵贯我国南北的输油管道——鲁宁输油管道建成，正式输油。管线长665km，管径720mm，年输油能力为2000万t。
- “六千米七千米超深井钻井工艺”、“分层注水和采油技术”等150项代表中国石油工业科技水平的科研成果在全国科学大会上获奖。
- 石油工业部成立石油勘探开发科学研究院。
- 中国石油年产量超过1亿t。

1979
- 石油工业部召开全国石油钻井速度翻番群英会，会上大力推广喷射钻井、优质轻泥浆和高效能钻头三项技术。
- 中国石油学会成立。
- 胜利油田32693钻井队创造一只金刚石刮刀钻头钻进3135.78m新纪录。
- 采用热处理降凝输送技术的濮阳—临邑的输油管线建成。

1980
- 《石油学报》创刊。
- 中国自行研制的链条抽油机获国家发明二等奖。

1981
- 石油工业部成立石油管材研究所。

1982
- 中国海洋石油总公司成立。

1984 · 上海船厂建造的国产第一台钻深能力6000m的半潜式钻井平台“勘探3号”投入使用。

1985 · 华北油田天然气进京输气管线工程建成，北京开始有了民用天然气。

· 由兰州石油机械钻井所和兰州石油化工机器厂共同研制的中国第一台直流电驱动ZJ60D钻机出厂。

· 中国自行研制的座底式钻井平台投产使用。

· “大庆油田长期高产稳产的注水开发技术”获国家科技进步特等奖。“半潜式海上石油钻井平台”、“埕北油田A钻井平台设计和海洋丛式钻井技术”、“喷射钻井技术的研究与应用”、“稠油注蒸汽吞吐工艺技术”获国家科技进步一等奖。

1986 · 中国南海第一个海上油田——北部湾涠10-3油田建成投产，日产量为1万桶（合1370t）。

· 配有干线压缩机站的濮阳—沧州输气管线建成。

· 连接四川、重庆、贵州、云南等地的输气管构成环路。

1987 · 中国第一个特高凝油田——辽河沈阳油田建成投产。

· 中国第一台沙漠钻机25-60DS，在宝鸡石油机械厂研制成功。

1988 · 华东石油学院更名为石油大学，在山东东营和北京昌平两地办学。

· “限流法压裂在薄油层开发中的运用”成果获国家科技进步一等奖。

1989 · 中国最大的陆地丛式井——河50大组丛式井钻井平台在胜利油田成功钻完42口井。

· 陕参1井在下古生界奥陶系灰岩中获高产工业气流，为发现中国目前最大的整装气田揭开序幕。

· 哈密盆地的台参1井获工业油流，发现了鄯善油田，是吐哈油田的发现井。

· 塔中1井喜获工业油气流。塔中4井随后出油，由此发现了塔克拉玛干沙漠腹地的塔中四油田。促成了横亘塔克拉玛干的沙漠公路的兴建。

1990 · 中国世界海拔最高的原油管线——花格线（青海花土沟至格尔木，全长430km）建成投产。

1991 · 中国灭火队，赴科威特布尔甘油田，成功扑灭十口高难度油井大火。

· 国家“十五”攻关重点项目“定向井、丛式井钻井技术研究”获国家科技进步一等奖。

1992 · 发明的胜利二号极浅海步行坐底式钻井船被评为“全国十大科技成就”之一。

1993 •陆上油田第一个自动化采油作业区——鄯善作业区在吐哈油田建成。

1995 •西南石油学院的油气藏地质及开发工程实验室通过国家重点实验室的验收。

1996 •南海崖城13-1气田正式通过海底管道向香港供气，管长778km。

•中国新星石油有限责任公司成立，2000年整体并入中国石油化工集团公司。

•聚合物驱油技术首次在大庆喇萨杏油田实现了工业化生产。

•“大庆油田高含水期稳油控水系统工程”获国家科技进步特等奖；“塔里木沙漠石油公路工程技术研究”、“绥中36-1油田开发工程”获国家科技进步一等奖。

1997 •国内首例利用SAGD技术的成对水平井在辽河油田试验成功。

•38册约1500万字的《中国油藏开发模式丛书》首发式举行。

•南海西江24-3-A14井完钻斜深9238m，水平位移8062.7m，是中外合作钻成的第一口高难度大位移井，创当时水平位移最大的世界纪录。

•建成长庆—北京的输气干线，长918km，年输量33亿m^3。从此开始为气化北京提供了可靠的气源。

•第十五届世界石油大会在北京召开。

•由北京石油勘探开发科学研究院机械所自行研制成功的首台国产DQ-60D顶部驱动钻井装置通过现场试验。

•石油大学的“211工程”列入国家重点建设项目。

•国家“八五”重点攻关项目“石油水平井钻井成套技术研究”、“6000米电驱动沙漠钻机”获国家科技进步一等奖。

1998 •克拉2探井获得高产气流，标志着克拉2大气田的成功发现，成为中国一个大型的整装天然气田。

•中国石油天然气集团公司和中国石油化工集团公司进行了战略性重组。

•由大庆油田完成的“聚合物驱油技术”项目获国家科技进步一等奖。

1999 •塔里木探区哈德逊构造上的哈德4水平探井钻至井深5522m，创裸眼段长4716.69m的高难度薄油层水平井纪录。

•建成东海平湖油气田至上海和浙江岱山的海底输气、输油管道，分别长365km和306km。

•中国海洋石油研究中心在北京成立。

2000 •莆深1井钻至井深5500m完钻，井底温度219.7℃，是中国井底温度最高的井。

- 中国石化石油勘探开发研究院在北京成立。

2001 • 中联煤层气有限责任公司在山西沁水盆地南部发现了中国第一个煤层气田——沁水煤层气田。

- 涩北—西宁—兰州天然气管道全线竣工。管径660mm，管线长930km，设计年输气量20亿m^3。

2002 • 当时中国最长的成品油输送管道“兰成渝”输油管道建成投产，管线长1250km。

2003 • 研制成功的液压蓄能石油修井机获得国家发明二等奖。

2004 • 西气东输一期工程全线建成投产。管径1016mm，管线长3840km，输气设计规模为年输气120亿m^3。

2005 •“泡沫复合驱油”技术荣获国家创造发明二等奖。

- 为京津供气的陕京二线建成投产，管线长935.4km，设计年输气量120亿m^3。
- “塔里木盆地高压凝析气田开发技术研究及应用”获得国家科技进步一等奖。

2005 • 由广东茂名经广西、贵州至云南昆明的大西南成品油管道建成投运，全长1590km。

2006 • 中国石油天然气集团公司钻井工程技术研究院在北京成立。

- 中国第一条拥有完全自主知识产权的石油管生产线在无锡西姆莱斯石油专用管制造有限公司宣告投产。
- 中国石油天然气集团公司的“注烟道气提高采收率”成果摘取“世界石油奖”最佳开采技术大奖。
- 中国石油化工集团公司在塔里木盆地钻成塔深1井，井深8408m。
- 从哈萨克斯坦进口原油的阿拉山口至独山子炼厂的管道建成投运，长246km，管径813mm，是中亚原油管道的一部分。

2007 • 由管道局机械公司承担的中国石油集团公司重点科研项目——直径1620mm感应加热弯管机组研制成功。

- 国内第一条数字化管道西气东输冀宁管道工程竣工。
- 中国陆上规模最大的天然气合作开发项目——长北气田投入商业生产，年供气能力达30亿m^3。
- 由中石油、中石化和中海油三大石油公司编写的4卷4册大型图书《中国石油钻井》发行。
- 中国首台拥有自主知识产权的12000m交流变频电驱动特深井石油钻机及

配套顶驱装置研制成功，被评为全国十大科技进展。

- 辽河油田公司曙光采油厂双水平 SAGD 井组杜 84-馆平 59 井组，正式进入 SAGD 生产，这是全国首例正式投入生产的 SAGD 井组。
- 由乌鲁木齐—鄯善—兰州的西部原油及成品油管道工程建成投运，输送中亚进口原油及新疆地区的原油及成品油，干线各长 1838km，管径分别为 813mm 及 559mm。

2008 • 油气钻井技术国家工程实验室成立。

- 中国石油大学列入“985 工程”、“优秀学科创新平台”建设项目进行建设。
- 国家战略原油储备库一期工程历时 5 年全部建成投运，包括舟山、镇海、黄岛、大连 4 个基地，总量 1640 万 m^3。

2009 •“近钻头地质导向钻井系统与工业化应用”获得国家技术发明二等奖。

- 中国石化石油工程技术研究院在北京成立。
- 进口中亚天然气的西气东输二线工程西段建成投运，从新疆霍尔果斯到宁夏中卫，干线全长 2366km，管径 1219mm，压力 12MPa。是当今世界上用 X80 钢管建设的管径最大、压力最高的干线。

2010 • 全国人大常委会通过《石油天然气管道保护法》，自 2010 年 10 月 1 日起施行。

主要参考文献

申力生. 1980. 中国石油工业发展史. 北京：石油工业出版社.

申力生. 1980. 中国石油工业发展史. 第一卷. 北京：石油工业出版社.

申力生. 1984. 中国石油工业发展史. 第一卷：古代的石油与天然气. 北京：石油工业出版社.

焦力人，李天相，申力生. 1988. 当代中国的石油工业. 北京：中国社会科学出版社.

申力生. 1988. 中国石油工业发展史. 第二卷：近代石油工业. 北京：石油工业出版社.

傅诚德. 2000. 中国石油科学技术五十年. 北京：石油工业出版社.

张乐勇，张卫东，王树勇，等. 2007. 院士与创新. 东营：中国石油大学出版社.

李润生，温厚文，王志明. 2008. 当代中国石油工业（1986～2005）. 北京：当代中国出版社.

温厚文，王竹君，张江一，等. 2009. 百年石油. 北京：当代中国出版社.

撰写者

张卫东（1968～），山东平阴人，博士，副教授，从事油气井工程教学科研工作。

20世纪中国非煤采矿科学技术与工程大事记

1895 • 北洋大学成立，开办了中国最早的采矿专业。

• 全国产钢1400t，铁5600t。

1896 • 清政府设立水口山铅锌矿局，标志中国民族铅锌工业的开端。

1899 • 湖南桃林铅锌矿开始民采，1908～1919年由德国人开采；1940～1945年由日本人控制；1965年年生产能力达到100万t；2002年宣布破产。

• 英、法在贵州汞矿设立英法公司收购汞矿石。

1900 • 云南东川矿区矿铜产量下降至625t，1948年降至47t；1951年，东川矿务局筹备处成立，1960年5月、7月，因民、烂泥坪采选厂先后投产。

1906 • 德国人控制金岭铁矿，1916～1945年为日本人控制，日产铁矿800～1000t，矿工有1万多人。

1907 • 广西平桂矿务局开始官办采锡砂矿。

1911 • 马鞍山一带凹山、姑山、东山、钟山铁矿建矿，矿工人数超万，最高年产矿石约80万t，1916～1945年共有1024万t铁矿运到日本。

1912 • 山西中条山篦子沟铜矿停止开采。

• 北洋政府在辽宁杨家杖子矿区开采铅锌矿；1931年，日本人接管并发现钼矿床，1940年正式开采钼矿；1999年末关闭破产。

1913 • 广西大厂矿区开始手工开采；1953年起陆续进行长坡、巴里等锡矿采选工程建设，1979年建成铜坑锡矿。

1914 • 湖南瑶岗仙钨矿开始民采，1928年成立泽民公司，1947年由国民政府资源委员会收买接办。

1917 • 官商合办的龙关铁矿公司（宣钢前身）成立，1918年改为官商合办龙烟铁矿股份有限公司，并投资兴建石景山炼铁厂（首钢前身）。

1919 • 江西盘古山钨矿、岿美山钨矿、漂塘钨矿开始民采。

1929 • 重庆大学成立，采矿专业是其办学历史最悠久的学科之一。

1930 • 云南易门铜矿由盈泰公司开采，1945年由国民政府资源委员会滇北矿务局经营，但不久即停产。

1932 ·广西大学开始开办采矿专修科、采矿工程本科专业。

·2月12日，中华苏维埃共和国中央临时政府在铁山垄钨矿成立中华钨矿公司，国家银行行长毛泽民兼任中华钨矿公司总经理。

1935 ·日本人始建辽宁华铜铜矿，1943年正式投产，1945年由国民政府接收，1947年中共东北局接手后复产，“一五”期间，国内第一个引进分段采矿法。

1941 ·江西画眉坳钨矿开始开采。

1944 ·日本人开始开采铜官山铜矿的富铜矿，1945年由国民政府资源委员会接管；1949年12月，铜官山铜矿恢复建设，1952年6月投产，1952年9月28日成立铜官山矿务局。

1945 ·12月，夹皮沟金矿开始生产黄金；1948年5月恢复机械化生产。

1947 ·东北非铁金属工业管理局在吉林成立，1948年11月更名为东北有色金属工业管理局并迁往沈阳，负责夹皮沟金矿、华铜铜矿等12个矿山的恢复生产和改扩建工作，制定了有色、稀有、贵金属矿山技术规程和矿山安全规程，在东北创办了各种专业的培训班，培养了大批有色金属矿山技术人才。

1948 ·11月，青城子铅锌矿开始复产工程，1949年生产原矿20593t。

·全国产钢76000t，铁147000t。

1949 ·在原东北大学工学院和理学院部分系科的基础上，成立沈阳工学院，1950年联合抚顺矿专、鞍山工专组建成立东北工学院（现东北大学）。

1952 ·合并武汉大学、湖南大学、广西大学的矿冶系等在长沙成立了中南矿冶学院（现中南大学）；抽调北洋大学冶金系、采矿系金属矿组组建了北京钢铁学院（现北京科技大学）；哈尔滨工业大学1950年组建的采矿系并入东北工学院。

·弓长岭、大孤山、南芬、龙烟、金岭、利国和大冶铁矿等陆续恢复生产，铁矿石产量达到429万t。

1953 ·1月，以东北有色金属工业管理局设计处为基础，成立有色金属工业管理局设计公司，1956年6月更改名为冶金工业部有色冶金设计总院（1979年改为北京有色冶金设计研究总院，现为中国恩菲工程技术有限公司）。

·1月，中南有色金属工业管理局成立设计处，同年底在江西赣州成立了重工业部有色金属工业管理局中南分局设计公司，1954年9月迁至长沙，1955年1月更名为北京有色冶金设计院长沙分院，1958年更名为冶金工业部长沙有色冶金设计院。

· 4月，寿王坟铜矿组建，1954年1月被列为国家“一五”重点工程，1957年4月1日投产。

· 9月，西南有色金属工业管理局设计公司成立，1954年撤销，1957年10月恢复组建成云南有色局设计院，1979年成立昆明有色冶金设计研究院（现云南华昆工程技术股份公司）。

· 由苏联专家设计（或指导），陆续扩建和新建了大孤山、东鞍山、弓长岭、南芬、白云鄂博、大冶、大庙、黑山、龙烟铁矿，铜陵、白银、东川等铜矿，西华山、大吉山、岿美山钨矿，以及云锡锡矿、杨家杖子钼矿、会泽铅锌矿、山东铝厂沣水矿区等重点矿山，1957年，全国铁矿石产量达到1937万t。

1954 · 9月1日，云南大学、贵州大学的矿冶系合并成立昆明工学院（现昆明理工大学）。

· 10月，重工业部设计公司更名为沈阳有色冶金第二设计院，1955年1月更名为北京有色冶金设计院沈阳分院，1957年底更名为冶金工业部沈阳有色冶金设计院，1958年改称沈阳铝镁设计院。

1955 · 1月，重工业部成立中南钨矿局，下设设计处；2月设计处从长沙迁往赣州，1958年1月改建为江西有色金属工业管理局设计公司，8月改为江西省冶金设计院并迁往南昌；1963年2月更名为南昌有色冶金设计院（现为中国瑞林工程技术有限公司）。

· 中国科学院长沙矿冶研究所成立，后更名为冶金工业部长沙矿冶研究院。

· 海南石碌铁矿一期恢复建设。

1956 · 长沙有色金属矿山科学研究所（现长沙矿山研究院）在长沙成立。

· 冶金工业部鞍山黑色冶金矿山设计院成立。

· 11月26日，中国金属学会成立，随后成立了中国金属学会采矿学术委员会，并于1962年、1963年、1965年和1980年分别在长沙、鞍山、武汉和北京举办了全国性大型采矿学术交流活动。

· 7～12月，中国首次、世界罕见的抛掷和松动大爆破在白银公司露天矿进行，中苏双方共同设计，3次爆破共用炸药15640t，抛出岩石227万m^3，松动679万m^3，大大缩短了矿山基建时间。

1957 · 新冠采选厂3000t/d水采水运开采工艺投产。

1958 · 江西冶金学院（现江西理工大学）在赣州成立。

· 锡矿山在全国金属矿山中率先实现井下粉尘浓度低于 2mg/m^3 的卫生标准。

· 5 月，德兴铜矿成立，1965 年建成北山矿，地下开采；1971 年建成南山矿，露天开采，后几经扩建现已成为世界级大型露天矿之一，采矿能力 13 万 t/d。

· 9 月，兰州有色冶金设计院成立，1962 年更名为西北有色冶金设计院，1978 年更名为兰州有色冶金设计研究院（现兰州有色冶金设计研究院有限公司）。

1959 · 6 月，冶金工业部决定成立永昌镍矿；1961 年 1 月更名为金川有色金属公司；1978 年 8 月至 1986 年，先后组织了大规模的金川资源综合利用科技联合攻关；1983 年，金川镍年产量首次突破 1 万 t。

· 金堆城钼矿成立，1965 年 4 月恢复建设，1972 年 4 月形成了 5000t/d 生产能力，1990 年 5 月，二期建设工程通过国家验收。

1960 · 北京矿冶研究院（现北京矿冶研究总院）设立采矿研究室。

· 苏联撤走援华专家，并停止供应重要设备。中国自主完成了 17 个国家重点矿山工程的设计，其中德兴铜矿 1 万 t/d 扩产设计、金川镍矿一期工程设计等被评为全国优秀设计项目。

· 黄金砂矿开始进入采金船和机械化开采时代，并在“七五”“八五”期间取得较大发展。

1961 · 锡矿山矿务局试验成功杆柱房柱法；1966 年，两步回采的人工壁柱房柱法试验开采南矿河床保安矿柱成功，创国内金属矿山“三下”采矿之先例。

1964 · 镜铁山铁矿全套引进 1000 万美元瑞典气动无轨设备，为中国地下矿山逐步走向无轨化揭开了新一页；马鞍山矿山研究院成立。

1965 · 3 月，冶金工业部将华铜铜矿、长沙矿山研究院等单位研制的 18 种矿用设备和装置集中到寿王坟铜矿分别组成流水作业线，初步树立起小型矿山机械化样板。

· 鞍山黑色冶金矿山设计研究院从瑞典引入的无底柱分段崩落采矿法在大庙铁矿试验成功，经过多年改进完善，至 20 世纪末，全国冶金地下矿山约有 80%以上应用该方法采矿。

1969 · 中国 10 种有色金属矿产量从 1949 年的 1.17 万 t 增长到 50.14 万 t，首次突破 50 万 t 大关。

1970 · 首次引进瑞典尾砂分层充填和点柱分层充填新工艺及全套采选设备的凤凰山铜矿建成投产（设计规模 2000t/d），全国铁矿产量达到 6422.0 万 t。

1971 · 攀枝花朱家包包铁矿狮子山万吨级大爆破成功起爆，用炸药10162.2t，爆破岩石1140万m^3，为中国矿业史上最大一次露天爆破。

1972 · 白银矿冶研究所（现西北矿冶研究院）设立采矿研究室。

1973 · 金川开始首次原岩应力测量，得出了金川原岩应力的一些规律。

· 冶金工业部矿山信息网（现全国冶金矿山信息网）成立，由马鞍山矿山研究院担任组长（网长）单位。

1975 · 1月，冶金工业部有色金属矿山技术情报网（现中国有色金属工业采矿信息网）成立，由长沙矿山研究院担任组长（网长）单位。

· 第一座机械化开采露天黄金矿山——规模500t/d的黑龙江省团结沟金矿建成。

1977 · 小寺沟铜钼矿成为中国第一座建设主斜坡道、采用无轨设备开采的矿山。

· 凡口矿开始使用铲运机出矿的盘区机械化充填法采矿。

1978 · 全国铁矿石产量突破1亿t，达到11779万t；下向低分层倾斜进路胶结充填采矿法试验成功并在金川公司生产中推广应用，长沙矿山研究院主编的《充填采矿方法》由冶金工业出版社出版。

1979 · 振动放矿技术在全国矿山获得全面推广使用。

1982 · “RJ系列乳化炸药”和“EL系列乳化炸药”成果开始在全国大中型矿山推广应用。

1983 · 4月4日，中国有色金属工业总公司成立；1998年国务院决定撤销中国有色金属工业总公司，成立中国铜铅锌集团公司、中国铝集团公司、中国稀有稀土集团公司和国家有色金属工业局；2000年7月，国务院又决定撤销三大集团公司，成立中国铝业公司，并将铝以外原中央管理企业下放到地方管理。

· 10月24～30日，“第一届全国采矿学术会议”在安徽马鞍山市召开，337名代表出席，录用论文177篇。

1984 · “高浓度砂浆管道重力自流工业试验”取得重要科研成果，并在国内一些矿山推广应用。

1985 · “塑料导爆管非电起爆系统”成果开始在全国推广应用。

1986 · 依托老矿山建设的康家湾铅锌矿投产。

· “冶金矿山潜孔钻具新材料、新工艺和新技术”获国家科技进步奖一等奖。

· “YZ-35型牙轮钻机”成果开始在全国适宜矿山推广应用。

· “凡口大孔径深孔采矿法”成果开始在全国适宜矿山推广应用。

· “金川、铜绿山胶结充填料浆管道输送新工艺”成果开始在全国适宜矿山推广应用。

· 11月21～26日，“第二届全国采矿学术会议”在河北唐山市召开，371名代表出席，录用论文153篇。

1987 · 12月，安庆铜矿开工建设，并进行了一系列卓有成效的新模式办矿探索与实践，1991年3月一期投产并开始二期工程建设，1999年底全面竣工投产。

· 北京有色冶金设计研究总院张富民等主编的《采矿设计手册》（1～4卷）陆续由中国建筑工业出版社出版。

1988 · 费子文、吴统顺等主持编写的《采矿手册》（1～7卷）陆续由冶金工业出版社出版。

· “钻井凿井技术”获国家科技进步奖一等奖。

1989 · “千万吨级冶金露天矿大型成套设备”、“金川资源综合利用”获国家科技进步奖特等奖；针对金川复杂矿岩条件，北京有色冶金设计研究总院和瑞典联合设计，并首创采用机械化大型设备、大面积空场进路式下向胶结充填采矿法在金川获得全面推广应用。

· 20万t/a氯化钾水采水运工艺在青海投产，主要设备为从美国引进的水采船，1999年4月2日国产水采船投产，2003年8月，以国产世界领先水平水采船为基础的百万吨钾肥项目正式建成投产。

1990 · 中国大洋矿产资源研究开发协会成立；长沙矿山研究院、长沙矿冶研究院、北京有色冶金设计研究总院等单位开始大洋多金属结核采矿技术研究。

· 晋宁、黄麦岭、大峪口等规模大、设备先进、技术水平较高的重点化工矿山相继建成，晋宁磷矿采用间断连续采矿工艺和无穿爆采矿工艺，生产能力率先突破200万t/a。

· 3月28日～4月2日，“第三届全国采矿学术会议”在湖南长沙市召开，300名代表出席，录用论文144篇。

· 4月9日，国务院下发了《国务院关于同意申请国际海底矿区登记的批复》。同意1990年内，以“中国大洋矿产资源研究开发协会”的名义向“联合国海底筹委会”申请矿区登记；同意将“大洋多金属结核资源勘探开发”作为国家长远发展项目，并给予专项投资。

· 5月14～18日，“第十四届世界采矿大会和展览会”在北京召开，50多个国家和地区的1000位外宾和2700位国内代表出席了会议和展览会，录用论文 184 篇。

- “154 吨电动轮自卸汽车”获国家科技进步奖一等奖。
- 中国 10 种有色金属矿产量达到 212.24 万 t，首次突破 200 万 t 大关。

1991
- 7 月 22 日～25 日，“深海采矿政策研讨会”在青岛召开，120 多人参加了研讨会，提交会议交流的论文 80 多篇。
- 8 月 28 日，联合国秘书长德奎利亚尔在联合国总部代表联合国海底筹委会，向中国常驻联合国代表李道豫大使颁发了将中国大洋协会登记为先驱投资者的证书。
- “BCRIMM 乳化炸药及其混装机械化的研究与推广应用”成果开始在全国适宜矿山推广应用。

1992
- 全国铁矿石产量突破 2 亿 t，达到 20926 万 t；“地下矿连续开采工艺技术及装备”获国家科技进步奖一等奖。

1993
- 5 月 15～19 日，“第四届全国采矿学术会议”在江苏南京市召开，260 名代表出席，录用论文 193 篇。
- 铜矿峪铜矿“自然崩落法技术与装备研究”取得成功，铜矿峪铜矿矿山产量迅速由 60 万～80 万 t/a 提高到 400 万 t/a；二期工程 600 万 t/a。

1994
- 金川镍矿建成中国第一套膏体泵送充填系统，1999 年在铜绿山铜矿获得推广应用。

1996
- 10 月 7～11 日，“第五届全国采矿学术会议”在四川成都市召开，200 名代表出席，录用论文 172 篇。
- 中国非金属行业工业总产值 350 多亿元，超过黑色及有色金属矿采选产值的总和。

1997
- 7 月，太钢尖山铁矿 100km 铁精矿浆长距离管道输送系统投产。
- 10 月，齐大山铁矿在国内首次引进建成一套移动式矿岩破碎-胶带运输系统。

1998
- GPS 汽车调度系统在德兴铜矿投入使用；首钢矿业公司、上海梅山矿业公司等矿山开始探索数字矿山建设。

1999
- 10 月 11～15 日，“第六届全国采矿学术会议”在山东威海市召开，约 200 名代表出席了会议，录用论文 206 篇。
- “江铜德兴铜矿特大型低品位斑岩铜矿床采选综合技术的研究与应用”获国家科技进步奖一等奖。
- 长沙矿山研究院在济南张马屯铁矿推广应用全尾砂充填，并实现了无尾矿排放。

2000 ·“地下矿山高阶段强化开采新工艺综合技术研究”成果开始在全国适宜矿山推广应用；“新城金矿复杂条件矿床开采方法研究”成果开始在全国适宜矿山推广应用。

2001 ·1月，中国第一座按无废开采理念设计的千米深井大型矿山——冬瓜山铜矿工程开工，2007年10月通过国家安全监督总局的安全验收。

·9月14日，由长沙矿山研究院、长沙矿冶研究院等6个单位承担的“大洋多金属结核矿产资源研究开发中试采矿系统”在云南抚仙湖首次试采成功，打通了采矿系统工艺流程；3天内分别进行了结核采集和输送综合试验，累计7个采集段，试验获得成功。

·“硬岩无间柱连续采矿技术研究”成果开始在全国适宜矿山推广应用。

·全尾砂下向胶结充填工艺开始在全国适宜矿山推广应用。

2002 ·“难采难选低品位铜矿地下溶浸工艺研究设计及工程化实践”成果开始在全国适宜矿山推广应用。

·中国10种有色金属产量达到1012万t，位居世界第一。

2003 ·5月，南京栖霞山锌阳矿业有限公司（现南京银茂铅锌矿业有限公司）率先实现尾矿和废水两个“零排放”，次年5月通过ISO14001环境管理体系认证，2006年通过职业健康安全管理体系OHSAS18001认证。

·12月17日，依托长沙矿山研究院组建“国家金属采矿工程技术研究中心”，2007年通过验收，2008年3月3日正式命名。

2004 ·8月，长沙矿山研究院研制的“深海浅层岩心取样钻机”在太平洋深水区域进行了深海试验并投入使用，在1300～2585m深水域共进行了数十次取样，其中90%以上的取样获得合格岩心；2007年，取得“深海浅地层岩心取样钻机系列及其勘探工艺”重要成果。

·9月20～21日，“第八届国际充填采矿会议”在北京召开，10个国家的121名代表参加了会议，录用论文54篇。

·中国铁矿石产量突破3亿t，达到33546万t，“金属矿床开采矿岩致裂与控制技术研究及应用”成果开始在全国适宜矿山推广应用。

2005 ·中国铁矿石产量突破4亿t，达到42019万t。

2006 ·9月8～12日，“第七届全国采矿学术会议”在青海西宁市召开，中、美、澳、加4个国家的258名代表出席了会议，录用论文203篇。

·全国铁矿石产量突破5亿t，达到58817万t。

· 首钢矿业公司 ERP 项目成功上线。

2007 · 全国铁矿石产量突破6亿t，达到68247万t；“隐患金属矿产资源安全开采与灾害控制技术研究”成果开始在全国适宜矿山推广应用。

· 全国10种有色金属产量超过2000万t，达到2370.05万t。

· 3月，昆钢大红山铁矿400万t/a采、选、管道工程投产，铁精矿长距离输送管道（171km）输送能力为230万t/a。

2009 · 于润沧主编的《采矿工程师手册》由冶金工业出版社出版。

· 9月，乌努格吐山铜钼矿项目投料试车，第一次使用世界最大的ϕ40m深锥浓密机用于尾矿干堆。

· 11月24～29日，“第八届全国采矿学术会议”在海南海口市召开，约400名代表出席了会议，录用论文215篇。

主要参考文献

焦玉书. 1993. 21世纪的采矿技术. 矿业工程，(10).

姚培慧，等. 1993. 中国铁矿志. 北京：冶金工业出版社出版.

周爱民. 1999. 建国以来我国金属矿采矿技术的进展与未来展望. 矿业研究与开发，19 (4)：1-4.

焦玉书，等. 2000. 中国冶金矿山可持续发展战略研究. 北京：冶金工业出版社出版.

周爱民. 2001. 我国金属矿采矿技术主要成就与评价. 采矿技术，1 (2)：1-5.

吴爱祥，王洪江，杨保华，尹升华. 2006. 溶浸采矿技术的进展与展望. 采矿技术，6 (3)：39-48.

刘荣，李事捷，卢才武. 2007. 我国金属矿山采矿技术进展及趋势综述. 金属矿山，(10).

中国钢铁工业协会. 2009. “冶金矿产资源领域‘十二五’科技发展战略研究报告”初稿. 北京：中国钢铁工业协会.

撰写者

鲍爱华（1962～），高级工程师，长沙矿山研究院科技信息中心主任。

(TD—0081.0101)
ISBN 978-7-03-036931-4
9 787030 369314 >